Denk Art

Arbeitsbuch

Ethik für die gymnasiale Oberstufe

Lehrerband

Herausgegeben von:
Matthias Althoff und Henning Franzen

Erarbeitet von:
Matthias Althoff
Henning Franzen
Stephan Rauer
Nicola Senger

Schöningh
westermann

Matthias Althoff unterrichtet Philosophie am Königin-Mathilde-Gymnasium in Herford und ist Fachleiter für Philosophie im Zentrum für schulpraktische Lehrerausbildung in Bielefeld.

Henning Franzen unterrichtet Mathematik, Ethik und Philosophie am Humboldt-Gymnasium in Berlin und ist Fachseminarleiter am Schulpraktischen Seminar Berlin-Reinickendorf.

Stephan Rauer unterrichtet Deutsch und Philosophie am Evangelischen Gymnasium Köpenick.

Nicola Senger unterrichtet Deutsch, Philosophie und Kunst am Königin-Mathilde-Gymnasium in Herford.

DenkArt ist das Ergebnis gemeinsamer Arbeit. Im Laufe der Erarbeitung entwickelten sich Vorlieben und Verantwortlichkeiten für thematische Schwerpunkte:

Wie und wozu Philosophieren? (einschließlich Übungen im Anhang): Matthias Althoff; Anthropologie: Stephan Rauer; Freiheit und Determination: Henning Franzen; Grundlagen der Ethik: Matthias Althoff; Grundpositionen philosophischer Ethik: Stephan Rauer; Angewandte Ethik: Henning Franzen; Staatsphilosophie: Nicola Senger, Matthias Althoff und Henning Franzen; Glück und Sinn: Nicola Senger; Religionsphilosophie: Matthias Althoff.

Die Verfasser danken Marion Kramer für die geduldige, zugewandte und stets konstruktive redaktionelle Betreuung.

westermann GRUPPE

© 2017 Bildungshaus Schulbuchverlage
Westermann Schroedel Diesterweg Schöningh Winklers GmbH
Braunschweig, Paderborn, Darmstadt

www.schoeningh-schulbuch.de
Schöningh Verlag, Jühenplatz 1 – 3, 33098 Paderborn

Druck A[1] / Jahr 2017
Alle Drucke der Serie A sind im Unterricht parallel verwendbar.

Umschlaggestaltung: Nora Krull, Bielefeld; Foto: © SINTESI/VISUM
Druck und Bindung: westermann druck GmbH, Braunschweig

ISBN 978-3-14-**025056**-6

Inhaltsverzeichnis

Philosophieren: Wie und wozu?   21

1. Anthropologie   48

2. Freiheit und Determination   100

6. Staatsphilosophie 296

Zur Arbeit mit dem Lehrerband

Dieser Lehrerband soll die Arbeit mit dem Arbeitsbuch *DenkArt* unterstützen, ergänzen, erleichtern, Anregungen und Hilfestellungen geben. Er folgt dabei dem Aufbau des Schülerbandes. Damit man sich leicht orientieren kann, finden sich zu allen acht Kapiteln einschließlich Vorkurs und Anhang, den Unterkapiteln und Abschnitten des Schülerbandes immer wiederkehrende Elemente mit Hinweisen, Anregungen, Vertiefungen u. v. m.

Vor dem eigentlichen Kommentar zu den Schülerband-Kapiteln findet sich ein grundlegender Artikel, der exemplarisch zeigt, wie mithilfe von *DenkArt* ethisch-philosophische Kompetenzen spiralcurricular im Unterricht entwickelt werden können. Dies zu ermöglichen ist ein zentrales Anliegen von *DenkArt*.

Zu jedem der acht Kapitel in *DenkArt* gibt es im Schülerband eine Seite mit einigen knappen Informationen zu den in diesem Kapitel schwerpunktmäßig zu findenden **Inhalten, Methoden und Kompetenzen**. Im Lehrerband beginnen die Kapitel stets mit einer ausführlicheren Beschreibung, die u. a. sowohl den inhaltlichen Rahmen als auch die fachmethodischen Schwerpunkte breiter erläutert. In den Unterkapiteln und Abschnitten finden sich teilweise knappere einführende Bemerkungen.

●●●　Weil die Anforderungen des Unterrichts in jedem Bundesland, in jeder Schule, in jedem Kurs andere sind, gehen wir nicht davon aus, dass die Kapitel in *DenkArt* immer linear und vollständig unterrichtet werden (können). Hinweise zur **Sequenzplanung** finden sich daher zu jedem Kapitel und zu vielen Unterkapiteln.

⬌　Ergänzend finden sich an den entsprechenden Stellen auch **Querverweise** zu anderen Abschnitten im Buch. Die Verbindungen zwischen den verschiedenen Themen in *DenkArt* sind vielfältig und können im Unterricht produktiv genutzt werden.

Literatur und Links　Wer weitere Quellen für anregendes Unterrichtsmaterial sucht oder wer sich in den fachlichen Hintergrund eines Kapitels tiefer einarbeiten möchte, findet an verschiedenen Stellen, mindestens aber an jedem Kapitelanfang, **Literatur-** und häufig auch **Internettipps**.

S. 93 ▮1▶ ▮1▮　Zu jeder **Aufgabe** des Schülerbandes gibt es einen Kommentar im Lehrerband. Dies können (teilweise sehr ausführliche) Lösungshinweise sein, aber auch Tipps zum Einsatz der Aufgabe, Hinweise auf mögliche Schwierigkeiten, Verweise auf andere Aufgaben u. v. m. – je nach Aufgabe fällt der Kommentar entsprechend unterschiedlich aus. Insbesondere die Hinweise zu den grünen Aufgaben enthalten selten Lösungsvorschläge, weil diese in der Regel eher offene Einstiegsaufgaben sind, während Kommentare zu blauen Aufgaben (Materialerschließung) häufig mögliche Lösungen enthalten.
Die jeweils angegebene Seitenzahl bezieht sich auf die Seite des Schülerbandes, auf der die Aufgabe steht. Damit ist eine schnelle Orientierung gewährleistet.

S. 93, M 1　Die im Schülerband enthaltenen **Texte** werden im Lehrerband zur Orientierung aufgeführt. Einige Texte werden im Lehrerband kommentiert.

Z 2-4　Am Ende eines jeden Kapitels finden sich nummerierte **Zusatzmaterialien**, die in der Regel als Kopiervorlage im Unterricht eingesetzt werden können, um das Material im Schülerband bei Bedarf zu ergänzen bzw. zu vertiefen. Bisweilen enthalten die Zusatzmaterialien aber auch Protokolle und Zusammenfassungen von gehaltenem Unterricht, die exemplarisch zeigen, wie die Ergebnisse einer Unterrichtseinheit aussehen *könnten*.

K 2-1　An Ende eines jeden Kapitels steht ein **Klausurvorschlag**. Auch manches Zusatzmaterial lässt sich als Klausur verwenden.

Seitenverweise, die sich auf den Schülerband beziehen, werden stets durch **SB** gekennzeichnet.

Mit *DenkArt* auf das Abitur vorbereiten[1]

Moderner Philosophieunterricht muss kompetenzorientiert und spiralcurricular angelegt werden. Was aber heißt das? Eine Antwort auf diese Frage wird am Beispiel der Einführung in die Ethik, anhand der Konzeption von *DenkArt* und der im Lehrbuch zu diesem Anliegen vorliegenden Materialien vorgestellt. Der dargestellte Ansatz ist allgemein und damit unabhängig von spezifischen Lehrplanvorgaben einzelner Bundesländer, denn er orientiert sich in den zentralen Hinsichten einerseits an den für alle Bundesländer verbindlichen zentralen Abituranforderungen der Kultusministerkonferenz für das Fach Philosophie und andererseits an unstrittigen wichtigen fachphilosophischen Erfordernissen verständigen moralischen Argumentierens.

Der vorgestellte Ansatz zeigt zugleich, wie der Philosophieunterricht spiralcurricular gezielt auf philosophische Problemanalysen auf der Grundlage von Fallbeispielen[2] vorbereiten kann. Mit „spiralcurricular" ist in erster Näherung lediglich gemeint, dass sowohl Inhalte als auch Methoden zu verschiedenen Zeitpunkten im Oberstufenunterricht mehrmals behandelt werden müssen, und zwar auf unterschiedlichen Niveaus von der Anbahnung einer Kompetenz bis hin zur routinierten Nutzung der Kompetenz in neuen Kontexten.

Die Darstellung erfolgt in vier Schritten:

1. Was beinhaltet es, kompetenzorientierten Unterricht zu planen?
2. Was fordern kompetenzorientierte Lehrpläne[3] (am Beispiel NRW)? (Lehrpersonen anderer Bundesländer können die Lektüre ggf. auch überspringen. Für sie könnte es jedoch hilfreich sein, nach ähnlichen naheliegenden Forderungen im für sie gültigen Lehrplan Ausschau zu halten.)
3. Die Basisüberlegung: Wie kann die Befähigung zu philosophischer Problemreflexion angebahnt werden? Woher stammen die Gütekriterien für gelingende Problemreflexion? (Die Überlegungen sind nicht bundeslandspezifisch.)
4. Wie kann die Basisüberlegung fruchtbar werden für eine Einführung in die soziale Kompetenz des moralischen Argumentierens und in die philosophische Ethik anhand des Arbeitsbuches *DenkArt*? (Auch diese Überlegungen sind nicht bundeslandspezifisch.)

---

[1] Eine fachdidaktische Legitimation und Absicherung des unterrichtlichen Vorgehens kann hier nachgelesen werden: Matthias Althoff: „Bleiben Sie auf dem Teppich!" – Lernfortschritt qualitativ ermitteln und fördern. In: Ekkehard Martens (Hrsg.): Empirie im Philosophie- und Ethikunterricht. Hannover: Siebert Verlag, 2016.

[2] In NRW sind solche Analysen neuerdings auch als Aufgabenformat im Abitur vorgesehen. Vgl. Kernlehrplan für die Sekundarstufe II Gymnasium/Gesamtschule in Nordrhein-Westfalen, Philosophie, Schule in NRW Nr. 4716, 2014, S. 50: „Erörterung eines philosophischen Problems auf der Grundlage eines Fallbeispiels. Den Schülerinnen und Schülern wird ein unbekanntes Material ([…] ein Fallbeispiel) vorgelegt, aus dem jeweils ein philosophisches Problem entwickelt werden kann. Ziel der Bearbeitung ist die Darlegung des Problems und seine Einordnung in einen umfassenderen fachlichen Zusammenhang (und) die argumentativ-diskursive Erörterung des Problems unter Bezug auf philosophische Positionen und Denkmodelle, die den Schülerinnen und Schülern aus dem Unterricht bekannt sind."

[3] Wenn auch das Ziel schulischen Lernens im Fach Philosophie in Vorbereitung auf das Abitur bundeseinheitlich als Befähigung zu „philosophischer Problemreflexion" (vgl. dazu auch Anmerkung 5), also kompetenzorientiert verstanden wird, haben die konkretisierenden Lehrpläne keinen einheitlichen Namen. So finden sich beispielsweise als Bezeichnungen „Kernlehrplan", „Lehrplan", „Rahmenlehrplan", „Bildungsplan" oder „Kerncurriculum". Im Folgenden steht „Lehrplan" allgemein für Vorgaben durch ein Bundesland und „Kernlehrplan" für die Vorgaben in NRW.

1. Was beinhaltet es, kompetenzorientierten Unterricht zu planen? – Das Grundproblem, Unterricht im Lichte kompetenzorientierter Lehrpläne zu konzipieren: Kompetenzen beschreiben übergeordnete Prozessziele und nicht operationalisierte Stunden oder Sequenzziele.

Unterricht im Sinne kompetenzorientierter Lehrpläne ist notwendig prozessorientiert anzulegen, d. h., er ist für Lerngruppen so zu planen, dass aufbauend auf deren vorhandenen Fähigkeiten die geforderten Inhalte und Methoden so zu einem Unterrichtsganzen verbunden werden, dass am Ende für die im Lehrplan formulierten übergeordneten Kompetenzerwartungen überprüft werden kann (oder könnte), ob und in welchem Maße sie erreicht wurden. Das Grundproblem für Planende besteht darin, dass der Lehrplan zwar sagt, welche Kompetenzen erreicht werden müssen, aber nicht sagt, wie sie konkret erreicht werden können oder woran genau man erkennt, dass sie erreicht wurden. Kompetenzen entstehen nun mal nicht aus dem Nichts und sind, „schwups", nach einer genial angelegten kleinen Unterrichtseinheit einfach da und dauerhaft verfügbar. Welche Lehrperson kennt nicht die manchmal frustrierende Erfahrung, dass zwar am Ende einer Reihe ein bestimmtes Wissen über Inhalte und Verfahren von fast allen im Kurs kompetent zur Lösung von Aufgaben angewandt wird, aber ein Jahr später, wenn die neue Kompetenz genutzt werden könnte, und zwar als die Fähigkeit, das Wissen lösungsorientiert in anderen Kontexten zu verwenden, sie nicht mehr verfügbar ist oder scheint. Nachhaltiger Kompetenzaufbau hat dann nicht stattgefunden, weil die frisch angebahnten Kompetenzen, die zeitnah auch erfolgreich eingesetzt werden konnten, nicht weiterentwickelt wurden und deshalb nicht ins feste Handlungsrepertoire von Schülerinnen und Schülern Eingang gefunden haben. Für einen nachhaltigen Kompetenzaufbau ist es zwingend erforderlich, zentrale Fähigkeiten in miteinander vernetzten Unterrichtskontexten anzubahnen, vorzubereiten, einzuüben, zu vertiefen, anzuwenden, zu reflektieren und vieles mehr. Die *Fähigkeit zu einer philosophischen Problemreflexion* ist der Zielpunkt, benennt also die Gesamtqualifikation[4] des Philosophieunterrichts, die natürlich über viele Etappen im Unterricht angestrebt wird. Der Prozess, sich darin zu verbessern, philosophische Probleme zu identifizieren, in übergeordnete Zusammenhänge argumentativ einzuordnen und *versuchsweise* ggf. vor dem Hintergrund vorhandener Lösungsversuche aus der philosophischen Tradition zu bewerten oder zu lösen[5], läuft daher auch über mehrere Jahre, beispielsweise in der gymnasialen Oberstufe in NRW über drei Jahre, nämlich vom Einstieg in der Einführungsphase bis hin zum Abitur am Ende der zweijährigen Qualifikationsphase.

Wie aber erwirbt man übergeordnete Kompetenzen und Fähigkeiten? Über längere Prozesse, die immer wieder fordern, bereits Bekanntes in neuen Zusammenhängen zu vertiefen oder zu erweitern. Bis auf einige wenige Sachkompetenzen, die manchmal tatsächlich in einer oder in wenigen Stunden eingeführt werden können, gilt stets, dass das Anbahnen, Einüben und Anwenden von Kompetenzen in längerfristige Lernprozesse eingebettet ist und echte Entwicklung erst durch Phasen des Übens, der Fehlerkorrektur und der Verbesserung durch Neuanwendung möglich wird. Das ist der Kern eines spiralcurricularen Vorgehens. Dieses sinnvolle Vernetzen von Anforderungen, um Kompetenzen zu erwerben, ist die große Herausforderung in der Unterrichtsplanung, nicht der Nachweis, dass man mit diesem oder jenem im Unterricht

---

[4] Vgl. dazu auch Anmerkung 5.
[5] Vgl. die Beschlüsse der Kultusministerkonferenz „Einheitliche Prüfungsanforderungen in der Abiturprüfung Philosophie" (EPA) in der Fassung vom 16.11.2006, S. 7 bis 9: „Die philosophische Problemreflexion auf der Basis eines vorgelegten Materials umfasst im Wesentlichen drei Reflexionsdimensionen: Problemerfassung, Problembearbeitung und Problemverortung." Bezogen auf konkrete Fallbeispiele aus der Angewandten Ethik fordern die drei Dimensionen vom Prüfling, moralische Probleme in einem vorgegebenen Fallbeispiel zu identifizieren sowie in einen umfassenderen moralischen Kontext einzuordnen (Problemerfassung), versuchsweise ggf. vor dem Hintergrund metaethischer Theorieansätze zu erörtern (Problembearbeitung) und sich abschließend selbst zu den Problemen begründet zu positionieren (Problemverortung). „Die in dieser Weise spezifizierte Fähigkeit zur philosophischen Problemreflexion ist als Gesamtqualifikation zu verstehen." (a. a. O., S. 8)

das trifft, was in den weiter ausdifferenzierten Kompetenzerwartungen von Lehrplänen offenbar angesprochen wird. In einem ganz trivialen Sinn nämlich können einzelne Unterrichtsvorhaben oder einzelne Unterrichtsstunden leider stets durch die Kompetenzerwartungen von Lehrplänen problemlos abgesichert werden und zwar so:

Man nehme z. B. einen zulässigen Inhalt aus einem Inhaltsfeld und behandele ihn mit philosophischen Basismethoden nach *allgemeinpädagogischen* Kriterien adressatengerecht und altersgemäß. Danach schaue man, welche Kompetenzen dadurch in naheliegender Weise bedient werden. In NRW z. B. durchmustere man die Methoden-, Sach-, Urteils- und Handlungskompetenzen des Kernlehrplans Philosophie. Viele Planende haben mir gegenüber bestätigt, dass das genau ihre Strategie[6] sei: Erst den Inhalt auswählen, dann die Arbeitsmethode festlegen und erst dann schauen, wie das durch den aktuellen Lehrplan abgesichert werden kann, wenn es denn überhaupt abgesichert werden soll oder z. B. in Ausbildungskontexten werden muss. Erfahrungsgemäß finde sich dann immer etwas. Ganz im Gegenteil, es entsteht eher ein Auswahlproblem, weil vieles mit großer Selbstverständlichkeit angeführt werden könnte. So kommt es dann nicht selten dazu, dass schlichte 45 Minuten Unterricht zu einem scheinbar großen Erprobungsraum für 8 bis 10 Kompetenzen werden. Das ist wenig glaubhaft. Häufig geht dies bei näherem Hinsehen dann – und das ist schon viel glaubhafter – mit der Beobachtung einher, dass die angeführten Kompetenzen nicht Ziel einer Stunde, sondern eher Voraussetzungen einer Stunde sind: Was müssen die Schülerinnen und Schüler schon wissen und können, um das inhaltliche Ziel der Stunde zu erreichen?

Wie können Lehrkräfte denn nun Unterrichtsvorhaben wirklich kompetenzorientiert unter Beachtung des jeweiligen Lehrplans anlegen, so dass es zu einer kontinuierlichen Kompetenzanbahnung und -erweiterung kommt?

2. Was fordern kompetenzorientierte Lehrpläne? – Stellvertretend für viele ein Blick in den neuen Kernlehrplan von NRW (2014): Was fordert er?

Ein Blick in den neuen Kernlehrplan für NRW zeigt exemplarisch[7] unmittelbar die zentralen Forderungen auf, die sich in den schulinternen Curricula und in den dort dargelegten Unterrichtsvorhaben widerspiegeln müssen (Hervorh. vom Verf.):

> „Dabei übernimmt die **Einführungsphase** die Aufgabe, zu beiden Kursarten hinzuführen, indem sie *die zur philosophischen Problemreflexion notwendigen Kompetenzen in basaler Form entwickeln* hilft.
>
> **Grundkurse** *bilden* bei Schülerinnen und Schülern *die zur philosophischen Problemreflexion nötigen grundlegenden Fähigkeiten aus*, die in übergeordneten und auf spezifische Inhaltsfelder bezogenen konkretisierten Kompetenzerwartungen beschrieben werden. Diese beziehen sich auf wesentliche fachspezifische Fragestellungen, Antwortversuche, Arbeitsmethoden und Darstellungsformen sowie auf inhaltliche Schwerpunkte, die für das Fach exemplarisch sind und für gegenwärtiges und zukünftiges Denken und Handeln eine besondere Bedeutung besitzen.
>
> **Leistungskurse** *bilden* bei Schülerinnen und Schüler *die Fähigkeit zur philosophischen Problemreflexion in einer weiterreichenden Vertiefung aus* […].“[8]

---

[6] Dies ist keine Kritik an den Planenden. Ihre Begründungsstrategie ist absolut naheliegend. Sie zeigt aber, dass Planungsprozess und Rechtfertigung einer Planung nicht miteinander verzahnt sind.

[7] Ähnliche Formulierungen finden sich ebenfalls in den curricularen Vorgaben anderer Bundesländer.

[8] Kernlehrplan für die Sekundarstufe II Gymnasium/Gesamtschule in Nordrhein-Westfalen, Philosophie, Schule in NRW Nr. 4716, 1. Auflage 2014, S. 13.

Die für eine philosophische Problemreflexion erforderlichen inhaltlichen wie methodischen Voraussetzungen (Kompetenzen) werden spiralcurricular also erst basal eingeführt und eingeübt und dann zunehmend komplexer angewandt, indem anspruchsvollere Arbeitsmethoden und Darstellungsformen zur Erschließung abstrakterer Inhalte genutzt werden. Leistungskurse tun dies gegenüber Grundkursen nur in einer „weiterreichenden Vertiefung". Die in Schritt 4 vorgestellte Planung ist so angelegt, dass sie exakt dieser allgemeinen Beschreibung entspricht.

Was genau sind nun Kompetenzerwartungen?

„Kompetenzerwartungen führen Prozesse und Gegenstände zusammen und beschreiben die fachlichen Anforderungen und intendierten Lernergebnisse, die auf zwei Stufen[9] bis zum Ende der Sekundarstufe II erreicht werden sollen.
Kompetenzerwartungen
– beziehen sich auf beobachtbare Handlungen und sind auf die Bewältigung von Anforderungssituationen ausgerichtet,
– stellen im Sinne von Regelstandards die erwarteten Kenntnisse, Fähigkeiten und Fertigkeiten auf einem mittleren Abstraktionsgrad dar,
– ermöglichen die Darstellung einer Progression vom Anfang bis zum Ende der Sekundarstufe II und zielen auf kumulatives, systematisch vernetztes Lernen,
– können in Aufgabenstellungen umgesetzt und überprüft werden.

Insgesamt ist der Unterricht in der Sekundarstufe II nicht allein auf das Erreichen der aufgeführten Kompetenzerwartungen beschränkt, sondern soll es Schülerinnen und Schülern ermöglichen, diese weiter auszubauen und darüber hinausgehende Kompetenzen zu erwerben."[10]

Jedes Unterrichtsvorhaben müsste also im Sinne eines kontinuierlichen Aufbaus von Kompetenzen plausibel machen können, welche Kompetenzen auf welchem Niveau anhand welcher konkreten Inhalte (Sachkompetenzen) behandelt werden und welchen Stellenwert das Vorhaben im spiralcurricular angelegten Lernprozess von der Einführungsphase bis hin zum Abitur am Ende der Qualifikationsphase hat oder haben kann. Im Folgenden soll am Beispiel der sozialen wie philosophisch bedeutsamen Kompetenz des moralischen Argumentierens gezeigt werden, wie das konkret und in fachphilosophisch anspruchsvoller wie naheliegender Weise geschehen kann. Insbesondere geht es auch darum, eine wichtige Kompetenz zu trainieren, die über Unterricht und Schule hinaus zur Persönlichkeitsbildung von Schülerinnen und Schülern beiträgt.

Besonders die Angewandte Ethik eignet sich dazu, die soziale Kompetenz des moralischen Argumentierens und die damit verbundenen Teilkompetenzen vertieft einzuüben und für eigene Versuche einer reflektierten ethischen Urteilsbildung zu nutzen: Die Angewandte Ethik bietet ein sich stets erweiterndes Repertoire drängender moralischer Fragen, für die aber eindeutige und schnelle Antworten selten zu haben sind und die zudem meistens unter Unsicherheit entschieden werden müssen. Fragen nach der Zulässigkeit von Vorratsdatenspeicherung oder Fragen des Umgangs mit dem menschlichen Leben etwa werden immer wieder angesichts aktueller Fälle oder technischer sowie politischer Entwicklungen neu diskutiert. Ebenso Fragen der politischen Gerechtigkeit, der Religionsfreiheit, der Menschenrechte und so weiter.

Nun folgt zunächst die Einführung und Erläuterung der allgemeinen Planungsidee, wie eine Einführung in das moralische Argumentieren spiralcurricular in der Arbeit mit *DenkArt* angelegt werden kann. Im Anschluss wäre zu prüfen, ob die Schülerinnen und Schüler durch den so angelegten Unterricht tatsächlich befähigt werden, im Erfolgsfall z. B. im Abitur eine

---

[9] Gemeint sind die einjährige Einführungsphase und die zweijährige Qualifikationsphase der Oberstufe in NRW.
[10] a. a. O., S. 15.

philosophische Problemreflexion auf der Basis eines Fallbeispiels durchzuführen, die alle drei von der Kultusministerkonferenz geforderten Dimensionen philosophischer Problemreflexionen (Problemerfassung, -bearbeitung und -verortung) erfolgreich berücksichtigt.

3. Die Basisüberlegung: Wie kann die Befähigung zu philosophischer Problemreflexion angebahnt werden? Woher stammen die Gütekriterien für gelingende Problemreflexion? – Die Grundidee: Kernlehrpläne werden in ihren zentralen Forderungen durch eine spiralcurriculare Unterrichtsanlage erfüllbar, die im Erfolgsfall Schülerinnen und Schülern eine nachhaltige Kompetenzentwicklung ermöglicht und sie in den Stand versetzt, die Güte eigener wie fremder Argumentation auch selbst zu ermitteln und einzuschätzen.

Wie gewöhnt man Schülerinnen und Schüler behutsam und schrittweise daran, erfolgreich und selbstständig moralische Fallbeispiele ergebnisorientiert zu analysieren, mit dem Ziel, abschließend selbst begründet Stellung zu nehmen? Die Planungsidee ist verblüffend einfach: *Man schaue sich das von Menschen ab, die das gut können, und imitiere das Vorgehen mit Lerngruppen schrittweise und zunehmend komplexer.* Wie legen erfolgreiche Philosophinnen und Philosophen gute und verständliche moralische Stellungnahmen an und welche sinnvollen einfachen Schritte lassen sich dabei unterscheiden? Die basalen einzelnen Schritte werden dann im Unterricht eingeführt und die Schülerinnen und Schüler üben anschließend an einfachen Fallbeispielen, die aus ihrem unmittelbaren oder dem erweiterten gesellschaftlichen Alltag stammen, strukturierte und sachlich klare Analysen und Einschätzungen zu erstellen, zu kritisieren und ggf. zu verbessern. Ein besonders schöner Nebeneffekt ist dieser: Die im Prinzip immer gleiche Schrittigkeit kann bis zum Abitur, aber auch darüber hinaus beibehalten (und erweitert) werden, auch wenn natürlich die Inhalte komplexer und Anforderungen an die Argumentationen und differenzierten Erwägungen sehr viel umfangreicher und auch raffinierter werden. Die Inhalte wechseln, werden komplexer und anspruchsvoller, aber in methodischer Hinsicht handelt es sich stets um wiederkehrende Übung, Vertiefung, Korrektur, Verbesserung an erweiterten Inhalten, d. h. um eine zunehmende Komplexität der Beispiele und der zu berücksichtigenden inhaltlichen Gesichtspunkte. Die steigende Komplexität wird jedoch beherrschbar, weil die Problemanalyse zunehmend methodisch geleitet und systematisch erfolgt. Während die Lerngruppe am Anfang in der EF kleine Probleme analysiert und naiv aus der eigenen Lebenswirklichkeit heraus Lösungen vorschlägt und kritisch untersucht, werden am Ende der Qualifikationsphase dann Problemlösungsvorschläge auch vor dem Hintergrund oder durch Anwendung ethischer Begründungsverfahren eingeschätzt und bewertet.

Die zwei Phasen noch einmal etwas anders gefasst: In der Einführungsphase erfolgt zunächst eine methodisch geleitete Einführung in die soziale Kompetenz des moralischen Argumentierens ausgehend von einfachen Beispielen aus dem Alltag, in der Qualifikationsphase werden wichtige ethische Begründungsverfahren eingeführt und deren Chancen und Grenzen werden an der erneuten Untersuchung von Fallbeispielen getestet, wobei in die Erwägungen nun gezielt – wie es z. B. der Kernlehrplan für NRW fordert – auch deontologische, konsequentialistische oder tugendethische Gesichtspunkte mit einfließen können und im Abitur dann müssen. Entscheidend jedoch bleibt, dass die von den Schülerinnen und Schülern auf die moralischen Fallbeispiele anzuwendenden einfachen Analyseschritte stets gleich bleiben, und zwar, um sich schrittweise dem allgemeinen Ziel anzunähern, Schülerinnen und Schüler zu einer selbstständigen und begründeten eigenen Stellungnahme aufzufordern und zu befähigen.

Ein weiterer bestechender Vorteil ergibt sich bei diesem Vorgehen als Nebenprodukt: Möglichkeiten zur Binnendifferenzierung und zur individuellen Förderung ergeben sich in ganz naheliegender Weise und bedürfen keiner aufwendigen Differenzierungen in den Aufgabenstellungen oder Hilfsmaterialien. Das einfache Verfahren kann eben auf einfache oder auf anspruchsvollere Fälle angewandt werden. Fehlanwendungen sind leicht diagnostizierbar und auch für Schülerinnen und Schüler selbst einsichtig zu machen. Sie selbst erwerben schrittweise nicht nur die Fähigkeit, moralisch zu argumentieren, sondern lernen dabei auch automatisch wichtige Gütekriterien für gelingende Argumente kennen. Sie zu beherzigen und selbst in der Analyse als Maßstab zu verwenden kann auch isoliert für einzelne Gütekriterien trainiert werden, ohne immer das Große und Ganze mitdenken zu müssen. Eine Isolierung von Einzelschwierigkeiten kann den entscheidenden Durchbruch zur Überwindung von speziellen Schwierigkeiten einzelner Schülerinnen und Schüler bedeuten. Für jeden der Teilschritte sind einfache und gezielte Übungen konzipierbar, was dort genau gefordert ist und was nicht. Schwierigkeiten bereitet es z. B. Lerngruppen immer aufs Neue, moralische Prinzipien oder allgemeine orientierende Normen zu formulieren, die den entscheidenden moralischen Aspekt in einem Fall widerspiegeln. Auch hier helfen einfache Übungen[11], selbst solche Formulierungen zu probieren und deren Geltungsbereich durch begründete Einschränkungen angemessen zu präzisieren.

4. Wie kann die Basisüberlegung fruchtbar werden für eine Einführung in die soziale Kompetenz des moralischen Argumentierens und in die philosophische Ethik anhand des Arbeitsbuches *DenkArt*? – Moralisches Argumentieren kann als Paradigma oder Spezialfall philosophischer Problemreflexion dienen.

Bereits weiter oben wurde dargelegt, dass Kompetenzen nicht in einzelnen Stunden oder kurzen Unterrichtsvorhaben erworben werden (können). Insbesondere moralische Argumentationskompetenz ergibt sich als Zusammenspiel vielfältiger individueller und kooperativer Erfahrungen im Fach Philosophie, in anderen Fächern und *natürlich im je eigenen Lebenskontext von Menschen*. (Soziales Lernen findet schließlich nur zu einem kleinen Teil in der Schule und zu einem noch kleineren Teil im Philosophieunterricht statt.)

Unterrichtsvorhaben sind deshalb in aller Regel spiralcurricular anzulegen und hinsichtlich der übergeordneten Kompetenzerwartungen miteinander zu vernetzen. Kompetenzen werden somit in mehreren Durchgängen auf je unterschiedlichem Niveau zunächst angebahnt und trainiert und dann vertieft, selbstständig angewandt und ihr Gewinn für das eigene Denken reflektiert. Im Folgenden wird am Beispiel der Kompetenz des moralischen Argumentierens als Spezialfall einer philosophischen Problemreflexion exemplarisch gezeigt, wie diese Kompetenz mit den Materialien aus *DenkArt* angebahnt und gezielt trainiert werden kann, um sie dann zur vertiefenden Sacherschließung neuer ethischer Themen und Fragestellungen reflektiert selbstständig anwenden zu können. Unterrichtsvorhaben dienen in aller Regel immer mehreren Kompetenzerwartungen. Zu fragen ist dann stets, ob sie genutzt und dadurch vertieft und eingeübt werden oder ob sie im Mittelpunkt stehen und deshalb auch reflektiert und hinterfragt werden (müssen).

Das folgende Schaubild zeigt, in welchen größeren unterrichtlichen Schritten ausgehend von der Einführung des auf Aristoteles zurückgehenden Praktischen Syllogismus schrittweise ein Verfahren eingeführt werden kann, das stets in methodischer Hinsicht gleich bleibt, aber auf zunehmend komplexere Beispiele angewandt wird, wobei dann automatisch weiterführende fachphilosophische Aspekte und Positionen mit in den Blick genommen werden können und auch müssen. Im Anschluss an das Schaubild werden die Bestandteile genauer erläutert und es wird benannt, welche Teile in *DenkArt* jeweils in den einzelnen der sechs Phasen zum Einsatz kommen können. Die Darstellungsform der Verschachtelung deutet an, dass spätere Phasen stets *alle* wichtigen Einsichten früherer Phasen benötigen, um zu gelingen.

---

[11] Z. B. DenkArt, S. 119 ff. „Sonderbare Gedankenspiele oder mehr?", S. 123 „Moralisches Dilemma", S. 128 Aufgabe 3 oder S. 132 Aufgabe 4, S. 139 „Übung: Private Einstellung und moralische Norm" sowie hier im → LB Zusatzmaterial **Z3-5.**

Einführungsphase

	4	**Generelles Ziel:**

4 / **3** / **2** / **1**

einführen und *einüben* des
Praktischen Syllogismus

strukturierte einfache moralische Begründungen
entwerfen, *kritisieren* und *verteidigen*

Ein echtes aus der gesellschaftlichen Praxis stammendes
Fallbeispiel gemeinsam durcharbeiten: Wie kann man in
einer moralischen Frage die eigene Position finden und die
damit in der Diskussion des Falls verbundenen Begründungspflichten erkennen und akzeptieren?

Arbeitsteilige Erprobung der Analysestrategie an kleinen Fallbeispielen: i) Erarbeiten einer Beurteilung des Falls; ii) Vorstellung und
Diskussion des Falls; iii) am Ende erkennen, wo und wie die Diskussion
weitergehen könnte oder müsste. (Dazu gehört auch, Dissens auszuhalten und genau zu beschreiben, worin er besteht.)

Generelles Ziel:

wichtige Merk-
male des
moralischen

Argumentierens

erkennen
und
beachten

(vorstellen,
trainieren,
reflektieren) …

Qualifikationsphase

6 / **5**

(Fortsetzung der Schachtelung von oben)   (4)
ggf. ein Beispiel zum Wiedereinstieg in der Qualifikationsphase, das in naheliegender Weise zu einer Folgen-
oder Pflichtenethik führt, je nachdem, mit welcher Ethik
es weitergeht

Rekonstruktion ethischer Positionen und Entscheidungsverfahren (deontologisch, konsequentialistisch, ggf. auch tugendethisch) und eine vorsichtige Einschätzung ihrer Chancen und
Grenzen für moralische Entscheidungsfindungen

Es werden erneut Fallbeispiele (wie 4) selbstständig bearbeitet:
In die Fallanalyse werden nun aber ethische Positionen der Tradition
mit einbezogen mit dem Ziel, eine eigene vorsichtige moralische
Bewertung des Fallbeispiels vorzubereiten und (schriftlich) darzulegen.

…und dann im
Zusammenhang
selbstständig
anwenden,
diskutieren,
bewerten,

auch vor dem
Hintergrund
metaethischer
Entscheidungs-
verfahren

(am Ende auf
Abiturniveau)

In sechs aufeinander aufbauenden Teilschritten, die sich auf zwei bis drei Schuljahre verteilen,
wird im Oberstufenunterricht gezielt darauf hingearbeitet, dass die Schülerinnen und Schüler
am Ende moralische Fallbeispiele der Angewandten Ethik selbstständig analysieren und vor
dem Hintergrund typischer ethischer Entscheidungsverfahren *begründet abwägen* und *vorläu-*

fig verbindlich entscheiden können. (Natürlich ist damit nur gemeint, zu einem *ersten* tragfähigen und plausibel begründeten Ergebnis zu gelangen, das offen ist für Kritik und Vertiefungsanliegen. Es wäre vermessen zu glauben, dass der Schulunterricht die Schülerinnen und Schüler im Standardfall auch nur annäherungsweise zu vollständigen, angemessen differenzierten und in die Tiefe gehenden ethischen Stellungnahmen befähigen könnte. Gemeint ist lediglich, dass Schülerinnen und Schüler zunehmend den Mut gewinnen, *selbst* begründet Stellung zu beziehen, und zwar in dem Wissen, dass sie natürlich unter Unsicherheit entscheiden und neue Einwände in weiteren Diskussionen ggf. auch zu einer grundlegenden Revision ihres ersten Urteils führen können und sie zunehmend dazu bereit sind, Ansichten durch Gründe geleitet zu verändern oder zu verteidigen.)

Der didaktische Witz der Planung besteht darin, dass das Begründungsverfahren und der Weg der Entscheidungsfindung von Anfang an gleich bleiben, aber zunehmend mehr philosophische Gesichtspunkte in der Urteilsbildung Berücksichtigung finden können und auch müssen. Dabei lernen die Schülerinnen und Schüler (im Erfolgsfall) automatisch wichtige Qualitäts- und Beurteilungskriterien für gelingende Problemreflexion kennen und beherzigen. Die Besonderheiten der sechs Phasen:

1. Am Anfang stehen einfache Übungen, die den Umgang mit moralischen Prinzipien in Begründungen einführen und einüben. Besonderes Augenmerk liegt auf der Beobachtung, dass zustimmungsfähige Prinzipien stets eine möglichst genaue Eingrenzung ihrer Anwendungsbereiche benötigen. Aus vollmundigen Sätzen wie „Töte nicht!" werden schnell differenzierte Urteile wie „Töte nicht, außer …!", z. B. begleitet durch den Versuch einer willkürfreien Grenzziehung durch Bezugnahmen auf berechtigte Notwehrsituationen. Im Mittelpunkt steht der Praktische Syllogismus, der etwas erweitert zur „Struktur moralischer Begründungen" wird, und zwar in dieser Form:

   1. **Situation *S*:** Eine genaue Beschreibung, welche moralische Frage zu entscheiden ist.
   2. **Moralprinzip *P*:** Eine als unstrittig vermutete moralische Norm.
   3. ***S* fällt in den Gültigkeitsbereich von *P*:** Der Nachweis, dass in Situation *S* Norm *P* gilt.
   4. **Moralische Forderung:** Folge in der Situation *S* dem allgemeinen Moralprinzip *P*!

   Deutlich werden kann bereits zu diesem frühen Zeitpunkt der klare Unterschied zwischen formaler und inhaltlicher Kritik an einem Argument, und exemplarische Beispiele können entscheidende Gütekriterien so gebauter Argumente plausibel machen, die den analytischen Blick schulen (vgl. dazu auch DenkArt, S. 146 f.):

   a) Das Argumentationsmuster ist, sofern richtig angewandt, gültig, d. h., es garantiert die Konklusion, sofern die Prämissen zutreffen. Hier kann im Ernstfall für eine vorgelegte Begründung eine erste Fehlersuche ansetzen: Wird das Muster überhaupt im Argument formal richtig angewandt[12]?

---

[12] Im Unterricht kann es direkt inhaltliche Fortschritte geben, weil man auf die formal korrekte Einhaltung des Schlussschemas achtet. So hatte eine Lerngruppe zu einer moralischen Frage in vier Gruppen jeweils eine strukturierte Begründung entworfen. Die vier Begründungen wurden an der Tafel notiert. Schnell ergab sich eine hitzige (durchaus reizvolle) Diskussion über die vorgeschlagenen Prinzipien, die aber leider sehr schnell weg von dem konkreten Fallbeispiel in andere Debatten führte. Die Beiträge wurden schnell unsystematisch. Nach einer Weile meldete sich Paulina mit diesem Beitrag: „Also, es tut mir leid, aber ich sehe absolut nicht, wie sich in Argument 4 die Konklusion aus dem Moralprinzip ergibt. Und überhaupt, bei den anderen drei Argumenten sehe ich auch nicht, wie die Konklusion aus den Prämissen entsteht." Bevor die inhaltliche Diskussion fruchtbar werden kann, sollte man prüfen, ob die Argumente formal gelungen sind. Die Prüfung durch die Lerngruppe ergab in diesem Fall ein höchst erfreuliches Ergebnis: Keines der Argumente war tatsächlich formal richtig gebaut. Den Mangel zu beheben führte dazu, dass zwei der Argumente verworfen wurden. (Sie waren nun zwar korrekt gebaut, aber die genutzten Prinzipien waren alles andere als zustimmungsfähig.) Die anderen beiden Argumente führten dagegen durch die Korrektur im formalen Aufbau zu aussichtsreichen und gehaltvollen inhaltlichen (!) Vertiefungsanliegen. Die Struktur zu klären dient so dem Ziel, inhaltlich voranzukommen.

b) Das allgemeine Moralprinzip in Prämisse 2 und die moralische Forderung in der Konklusion unterscheiden sich nur durch ihren Allgemeinheitsgrad. Die Begründung zeigt auf, wie ein spezieller Sollens-Satz auf einen allgemeineren zurückgeführt wird. Sein-Sollen-Fehlschlüsse werden so vermieden.

c) Wer die Begründungsschritte 1 bis 3 als unstrittig ansieht, wird, sofern er mit sich selbst einstimmig denken und Widersprüche in seinem Denken vermeiden möchte, auch die moralische Forderung gutheißen. Umgekehrt: Wer die moralische Forderung zurückweist, wird aus demselben Bemühen um Konsistenz im eigenen Denken erkennen wollen, was in den Schritten 1 – 3 inhaltlich konkret schiefläuft.

d) Wer die moralische Forderung zurückweist oder eine formal stimmige Begründung dennoch als missglückt ansieht, kann seinen inhaltlichen Einspruch an drei Stellen präzisieren. i) Entweder ist die Situationsbeschreibung fehlerhaft: Wichtige Merkmale der Situation wurden übersehen oder falsch beschrieben. Sie richtigzustellen und zu beachten zeigt dann, dass das Moralprinzip P nicht einschlägig ist. ii) Oder das allgemeine Moralprinzip P ist weniger bindend als behauptet. iii) Oder Schritt 3 misslingt: Die Situationsbeschreibung ist zwar zutreffend, aber sie weist die für die Normanwendung nötigen Merkmale tatsächlich nicht auf.

2. Für einfache Alltagssituationen[13], in denen moralisch zu entscheiden ist, werden dann erste eigene moralische Urteilsbildungen trainiert, wobei die Begründungen strukturiert vorgebracht werden *müssen*. Insbesondere wird daran auch geübt, eine Begründung vorzutragen, gegen Kritik zu verteidigen und die Teile der Begründung ggf. zu revidieren, zu präzisieren oder zu verwerfen. Zentral ist, dass die Schülerinnen und Schüler in den Fällen die Güte der Begründungen unmittelbar erkennen und einschätzen können. Im Beispiel: Der an sich berechtigte Satz „Klaus muss selbst wissen, was er tut" findet insbesondere da seine Grenze, wo Klaus durch sein Handeln sich und andere starken und leicht vermeidbaren Gefahren für Leib und Leben aussetzt.

3. In gemeinsamer Diskussion wird an einem komplexen Beispiel vorgestellt, wie eine Diskussion so strukturiert werden kann, dass allen Beteiligten deutlich werden kann, worin gegenwärtig die eigene Position in der Sachfrage besteht und welche Begründungspflichten damit Andersmeinenden gegenüber verbunden sind. In einem „Entscheidungsbaum"[14] können die prinzipiell möglichen Positionen gut sichtbar gemacht werden. Für eine erste Analyse und genauere Untersuchung eignen sich konkrete Fallbeispiele, die spontan moralische Entrüstung hervorrufen, aber bei näherem Hinsehen zeigen, wie schwer und verwickelt gutes Argumentieren in der Frage tatsächlich ist oder werden kann. Prima eignet sich dafür z. B. das Anliegen eines tauben britischen Ehepaars, im Rahmen einer künstlichen Befruchtung die zu implantierenden Embryonen auf die Anlage Taubheit hin zu selektieren, da Taubheit keine Behinderung, sondern eine eigenständige und wertvolle Lebensform sei. Ähnliche Beispiele lassen sich immer wieder neu der tagesaktuellen Debatte entnehmen.

---

[13] Typische Beispiele können so aussehen: „Mein Freund Klaus will betrunken Autofahren. Muss ich ihn daran hindern?" An diesem oder ähnlichen Beispielen kann klar werden, dass betrunken Auto zu fahren nicht deshalb schlecht ist, *weil* der Gesetzgeber es unter Strafe stellt, sondern er es umgekehrt unter Strafe stellt, *weil* es schlecht ist, etwa weil es u. a. unnötige Gefahrensituationen schafft, die zu vermeiden Pflicht ist. Deutlich werden kann, dass Bezugnahmen auf das Gesetz oder auf Autoritäten vielleicht Hinweise für richtiges Verhalten geben, aber auch der Gesetzgeber oder Autoritäten müssen natürlich ihre Forderungen begründen können. Gesetze kann man schließlich ändern und auch Autoritäten können sich schlicht irren (vgl. auch → LB, Zusatzmaterial Z 3-5. Dort finden sich der Arbeitsauftrag zur Übung sowie weitere Beispiele).

[14] Vgl. DenkArt S. 150 (dort wird der Entscheidungsbaum abstrakt eingeführt) sowie → LB, Zusatzmaterial Z 3-6. Dort finden sich Anwendungsbeispiele und Ergebnisse aus dem Unterricht.

Auch die Untersuchung solcher Fallbeispiele folgt einem klaren und wiederkehrenden Vorgehen, dass trainierbar ist und durch wiederholte Übung gefestigt werden kann als Abfolge von Schritten, die dann in naheliegender Weise auch die Strukturierung des Unterrichts direkt vorgeben (vgl. auch DenkArt S. 151):

- *Klären Sie* die Situation: Worum geht es genau? Wie urteilen Sie spontan? Welche zentralen Fragen stellen sich? (Z. B.: Herr X ist sterbenskrank und wünscht, dass man ihm beim Sterben hilft. Darf seine Bitte erfüllt werden?)
- *Entwerfen Sie* strukturierte moralische Begründungen (s. o.) die …
  - … die „Pro-Seite" moralisch verteidigen (die Bitte von Herrn X ist zu erfüllen)
  - … die „Kontra-Seite" stark machen (die Bitte darf nicht erfüllt werden), und zwar völlig unabhängig davon, für welche Seite Ihr „Herz" votiert.
- *Untersuchen Sie* die Argumente: Verwerfen Sie schlechte, korrigieren Sie unvollständige, präzisieren Sie unklare Argumente, bis nur noch die starken Argumente für beide Seiten übrig bleiben.
- *Wägen Sie* nun *ab* und ermitteln Sie in gemeinsamer Diskussion, wovon Sie es abhängig machen, welche der Begründungen Vorrang haben sollte.
- *Stellen Sie* den Diskussionsstand mithilfe eines Entscheidungsbaums *dar*, sodass deutlich wird, an welchen Stellen Dissens herrscht und wie dort die Diskussion fortzuführen wäre. Oft wird dabei eine willkürfreie Grenzziehung nötig: Wann ist Sterbehilfe zulässig, wann nicht?

4. Die erarbeitete Analysestrategie wird nun eingeübt, in dem sie arbeitsteilig in Lerngruppen auf unterschiedliche Fälle angewandt wird. Hier werden insbesondere die Fähigkeiten trainiert, in Fallbeispielen moralische Fragen zu identifizieren und in der philosophischen Diskussion zu verorten sowie mögliche Antworten zu entwickeln und gegen Kritik zu verteidigen und abschließend zu erkennen, an welchen Stellen die Diskussion bei Nichteinigung weitergehen könnte oder müsste. (Schritt vier kann wahlweise bereits in der Einführungsphase erfolgen, kann aber auch in der Qualifikationsphase die Behandlung der klassischen ethischen Positionen vorbereiten.)

Die Schritte 1 bis 3 (und optional der 4. Schritt als Phase des Einübens) finden in NRW in der Einführungsphase im Inhaltsfeld 1 „Der Mensch und sein Handeln" statt. In dieser einführenden Phase werden das eigenständige Begründen und Urteilen sowie das selbstständige Einschätzen von Begründungsgüte eingeübt. In der Qualifikationsphase werden dann die eingeübten Fähigkeiten (und Teilkompetenzen des moralischen Urteilens) mit textanalytischen Fähigkeiten (und Teilkompetenzen hermeneutisch fairer Textrekonstruktion) und den mit ihrer Hilfe erarbeiteten philosophischen Inhalten verbunden.

5. Ethische Entscheidungsverfahren (etwa von Kant, Mill und Co.) werden nun gezielt logisch rekonstruiert[15] mit dem Ziel, genauer einschätzen zu können, worin der Wert, aber auch die Grenzen der Verfahren bestehen, wenn normative Urteile zu begründen sind. Worin könnte

---

[15] An dieser Stelle zeigt sich, dass unterschiedliche Teilkompetenzen der allgemeinen Fähigkeit zu philosophischer Problemreflexion auch an unterschiedlicher Stelle in einem Durchlauf der Oberstufe angebahnt und eingeübt werden sollten, damit eine Häufung von Schwierigkeiten vermieden wird. Natürlich fällt auch die Fähigkeit, philosophische Texte neugierig, fair und kritisch zu lesen, nicht vom Himmel und muss selbst angebahnt, eingeübt und spiralcurricular vertieft sowie zielführend in neuen Kontexten angewandt werden. Im vorliegenden Fall bedeutet das, dass die Befähigung zum kritischen Lesen argumentierender Texte bereits mindestens in basaler Form vorhanden sein muss, wenn die Schülerinnen und Schüler sich die metaethischen Positionen gehaltvoll und weitgehend selbstständig erschließen sollen. Diese Befähigung wird in früheren Unterrichtsvorhaben an sprachlich wie argumentativ einfacheren Texten (z. B. zur Anthropologie oder zur Frage eines gelingenden Lebens) eingeführt und eingeübt. In *DenkArt* werden dazu die fünf Schritte hermeneutisch fairer Textarbeit vorgeschlagen, deren Merkmale bereits in der Einführungsphase an kurzen Textbeispielen einsichtig werden können und dann konsequent auch eingeübt werden müssen, damit es dazu kommen kann, dass Schülerinnen und Schüler zunehmend selbst auf gute Texterschließung achten. Auch in diesem Fall ist es so, dass die basalen Schritte und Erfordernisse stets gleich bleiben, die Anforderungen aber mit dem Umfang und dem Argumentationsniveau der zu erschließenden Texte schnell deutlich anwachsen.

der Wert der Verfahren für eigene moralische Antwortversuche liegen? Die Schülerinnen und Schüler werden konsequent darin geübt, die Verfahren nicht um ihrer selbst willen zu studieren, sondern um deren orientierenden Wert für das eigene, selbstständige moralische Urteilen erkennen und einschätzen zu lernen.

6. An Fällen moralischer Entscheidung, die der aktuellen gesellschaftlichen Diskussion entstammen, können die Schülerinnen und Schüler abschließend ihre Kompetenz (fähigkeit) zu philosophischen Problemreflexion erproben und trainieren. Nun ist es gefordert, das in der Einführungsphase vorgestellte und eingeübte Entscheidungsverfahren vertieft anzuwenden, in dem nun zusätzlich die Entscheidungen auch vor dem Hintergrund der in der Qualifikationsphase eingeführten metaethischen Entscheidungsverfahren (etwa deontologisch oder konsequentialistisch) kritisch geprüft oder kommentiert werden.

Die Schritte 5 und 6 sind im Kernlehrplan von NRW in den Inhaltsfeldern 4 „Werte und Normen des Handelns" sowie 5 „Zusammenleben in Staat und Gesellschaft" zu verorten. Wann in der gymnasialen Oberstufe die Unterrichtsvorhaben, in die die Schritte 1 bis 6 eingebettet sind, konkret durchlaufen werden, ist je nach Lehrplan und schulinternem Curriculum wahlfrei. Nicht wahlfrei ist die *Reihenfolge*, da die Inhalte aufeinander bezogen sind. Die für den Unterricht nötigen Inhalte finden sich alle in *DenkArt* (fett hervorgehoben sind die für das Behandeln von Fallbeispielen wichtigen Abschnitte, die unbedingt behandelt werden sollten). Von zentraler Bedeutung ist es, auf die richtige Reihenfolge und die angemessene Steigerung der Anforderungen zu achten, wobei das Basisverfahren von seiner Einführung an unverändert gleich bleibt. Bei Schwierigkeiten im späteren Verlauf kann immer wieder auf die Beispiele einfacherer Anwendungen zurückgegriffen werden, um zu zeigen, was es heißt, die Verfahren zu nutzen, um eigene Begründungen zu probieren und auf ihre Stichhaltigkeit zu prüfen. Die von der Kultusministerkonferenz geforderte oberste Zielkompetenz des Philosophieunterrichts, die damit für alle Bundesländer gleich ist, nämlich die Befähigung zu philosophischer Problemreflexion, schließt notwendig ein, Qualitätskriterien für gelingende Argumente zu kennen und auf vorgelegte Argumente, seien es nun eigene oder fremde, im Prinzip selbstständig anwenden zu können. Anders ist eine gelingende Problemverortung im Sinne einer eigenen begründeten Positionierung nicht möglich. Mindestens gehört immer auch dazu, offen zu sein für Fehleranalysen anderer. Denn natürlich ist niemand, und sei er auch noch so versiert in philosophischer Problemreflexion, davor gefeit, Argumente für fehlerfrei zu halten, gegen die andere dann doch gehaltvoll zu argumentieren vermögen. Solche Kritik annehmen zu können und zur konstruktiven Weiterentwicklung eigener Sichtweisen zu nutzen ist eine weitere zentrale, nicht nur philosophische Kompetenz für das Zusammenleben von Menschen.

Die Materialien, die die sechs Schritte der Einübung einer philosophischen Problemanalyse für den Spezialfall moralischer Stellungnahmen ermöglichen, im Überblick. Zu jedem Schritt werden die entsprechenden Bezüge zu *DenkArt* angegeben:

0) 3.1.2 Ethik: begriffliche Grundlagen (optional als Vorlauf)
    3.2 Geltungsansprüche moralischer Urteile
        3.2.2 Der Anspruch auf universelle Geltung (obligatorisch für NRW)
        3.2.3 Forderungen an moralische Begründungen (optional)
        3.2.4 Pluralismus und ethischer Relativismus (obligatorisch für NRW)
1) 3.1.1 einfache Dilemma-Situationen (Einer für fünf? Wie entscheidest du?)
    3.3.1 Die Struktur moralischer Begründungen
        (als Spezialfall des Toulmin-Schemas, vgl. dazu auch hier im → LB,
        Material M3a und M3b)
2) **Übungen zu 3.3.1** (für ein Beispiel vgl. etwa hier im → LB Zusatzmaterial Z 3-5)
3) **3.3.2 Die Struktur moralischer Diskussion** (zu empfehlen ist, mindestens einen aktuellen Fall bis zum Aufstellen des Entscheidungsbaums gemeinsam einmal ganz durchzuspielen,

Beispiele für dabei entstehende Unterrichtsergebnisse finden sich hier im → LB in Zusatzmaterial **Z 3-6**.)

4) Übungen zu 3.3.2; ggf. arbeitsteilige Analyse mehrerer Fallbeispiele nach dem vorgestellten Erarbeitungsschema

5) **Kapitel 4, insbesondere 4.2 (Kant) und 4.3 (Utilitarismus)**, ggf. 4.1 (Aristoteles) (Was heißt es, deontologisch bzw. konsequenzialistisch zu urteilen?)

6) **Kapitel 5, insbesondere 5.2 Verantwortung** (alle bisher genannten Unterkapitel und Abschnitte können im Zuge vertiefter Fallanalysen wichtig werden. **5.6 Politische Ethik** schlägt ein Beispiel für eine komplexe Problemanalyse vor dem Hintergrund der tatsächlichen philosophischen Debatte zum Problem des Welthungers vor[16].)

Die Wahl der Lehrmethode in den sechs Schritten (ob eher deduktiv belehrend oder eher induktiv entdeckend und einübend) ergibt sich fast von selbst: Da, wo es auf die Einführung und das genaue Verstehen des Verfahrens selbst ankommt, wird der Unterricht eher deduktiv lehrend und enger im Unterrichtsgespräch geführt. Gelungene Anwendungen sind deutlich von fehlerhaften zu trennen und mögliche Fehlerquellen sind gezielt an Beispielen zu thematisieren und auszuräumen. Dazu bedarf es des ordnenden und auch korrigierenden Blicks der Lehrperson. Sie weiß bereits, was sich die Lernenden erst erarbeiten müssen, und kann daher gezielt bei Schwierigkeiten weiterhelfen. Da aber, wo das eigene Üben und Erproben des Verfahrens wichtig ist, ist der Unterricht handlungsorientiert und damit induktiv entdeckend anzulegen. Die Lehrperson tritt in den Hintergrund, um den Schülerinnen und Schülern selbstständig erreichte neue Einsichten zu ermöglichen. In solchen induktiven Phasen gibt die Lehrperson nur dann wichtige Korrekturhinweise zum Verfahren selbst, wenn Fehlanwendungen des Verfahrens nicht aus der Lerngruppe heraus kommentiert werden. Inhaltliche Einmischungen[17] in der Urteilsbildung haben dabei aber so weit wie möglich zu unterbleiben. Denn hier ist die Lehrperson ja in aller Regel gerade nicht in einer privilegierten Situation, also nicht diejenige, die (schon) weiß, was richtig ist. Es ist für die Urteilsfindung im Kurs oder für die Urteilsbildung einzelner Schülerinnen und Schüler schlicht unerheblich, wie die Lehrperson selbst die Sachlage moralisch beurteilt. Die Lehrformen, ob eher deduktiv (be-)lehrend oder eher induktiv entdeckend und einübend, für die sechs Phasen sind somit diese:

1. eher deduktiv lehrend: Klar werden muss, was der praktische Syllogismus leistet und was nicht. Wo liegen die Vorteile, ihn sorgfältig und genau anzuwenden?

2. Übung (induktiv entdeckend und einübend): Erkennen und Beherzigen der Besonderheiten, durch Anwendungsbeispiele und wechselseitige Korrektur und Hilfe durch Schülerinnen und Schüler selbst.

3. eher deduktiv lehrend, mit anschließender Diskussion und Übungsphase: Wie erkenne ich in einem moralischen Diskussionszusammenhang, was genau meine Position ist und wie sie sich von den Positionen anderer unterscheidet? Insbesondere: Wie erkenne ich, was ich Andersmeinenden gegenüber zu begründen habe und was Andersmeinende mir gegenüber? Die Klärung der jeweiligen Begründungspflichten oder Begründungsanliegen hilft ungemein dabei, sich bereits im Vorfeld der Entscheidung Klarheit über die möglichen Antwortoptionen und deren Konsequenzen für andere Fragen zu verschaffen.

---

[16] Das Unterkapitel liefert auch ein Beispiel dafür, dass die fünf Schritte kritischer Textarbeit u. U. auch bereits in Klasse 9 im Rahmen des Unterrichts Praktische Philosophie (NRW) eingeführt werden können. Wie das erfolgen kann und welche Ergebnisse dabei entstehen können, kann man hier nachlesen: http://www.uni-bielefeld.de/philosophie/lehramt/material/fachtag2015/Althoff-Handout.pdf. Ein Teil der damals beteiligen Schülergruppen bot die Ergebnisse zum Thema „Gibt es eine Pflicht, absolut Armen zu helfen?" in einem Workshop am 3. Bielefelder Fachtag Philosophie zur Diskussion an.

[17] In dem Sinn, eine Arbeitsgruppe zu einem bestimmten Ergebnis (dem der Lehrperson) zu drängen. Etwas anderes ist es, der Arbeitsgruppe auch inhaltliche Hinweise zu geben, was zu tun ist, um ihre Argumentation klarer und stärker zu machen und vor allzu einfacher Kritik zu schützen. Solche Hinweise kann die Lehrperson auch dann geben, wenn sie selbst in der Sache andere Urteile und Begründungen für richtig hält oder wählen würde.

4. Eher induktiv entdeckend in schüleraktivierenden Arbeitsphasen: selbstständige Anwendung der Analysemethode auf gehaltvolle Fallbeispiele. Inhaltlich (welches ist die richtige Entscheidung in der Sachfrage?) ist die Arbeit natürlich ergebnisoffen. Nicht das inhaltlich in einem Fall durch Schülerinnen und Schüler erreichte Ergebnis (z. B. darf man in einem bestimmten Fall nun Sterbehilfe leisten oder nicht?) zählt, sondern die Güte und Verständlichkeit der Argumentation und die Genauigkeit der Anwendung des Verfahrens, um zu mehr inhaltlicher Klarheit zu gelangen.

5. Kritische Textexegese in fünf Schritten (Interpretieren durch Rekonstruieren): Hier sind wichtige Sach- und Urteilskompetenzen anzubahnen und zu festigen, die darauf abzielen, bedeutsame ethische (deontologische wie konsequentialistische) Positionen kennenzulernen und deren Chancen und Grenzen zu erkunden. Einige Beispiele für gute Textexegese sollten gemeinsam eingeübt werden (hierfür eignen sich methodisch die im → SB auf S. 31 eingeführten fünf Schritte kritischer Textexegese), dann sollte die Verantwortung für die texthermeneutisch faire Darstellung von zentralen Positionen der Ethik zunehmend an die Lerngruppe abgegeben werden. Das zentrale Ziel besteht darin, dass die Schülerinnen und Schüler die Güte einer Interpretation nicht vom Urteil oder der Interpretation der Lehrperson abhängig machen, sondern von der Belegbarkeit der Interpretation an der Textvorlage. Lehrpersonen wie Lernende unterliegen selbstverständlich demselben Maßstab, wenn es gilt, Deutungen zu bewerten.

6. Die Bearbeitung von komplexeren Fallbeispielen unter Berücksichtigung der Erkenntnisse unterschiedlicher ethischer Begründungsverfahren: Hier eignet sich die von allen Lehrplänen geforderte Auseinandersetzung mit wichtigen verantwortungsethischen Fragen der Angewandten Ethik. In NRW etwa bereitet der Unterricht dadurch insbesondere auch auf den neuen Abiturtyp II C[18] vor. Der Unterricht ist in dieser Phase handlungs- und produktorientiert anzulegen, damit die Schülerinnen und Schüler Gelegenheit bekommen, ihre Fähigkeiten im Zusammenhang an einem Fallbeispiel zu erproben.

Die hier unternommene Trennung der Lehrformen in eher deduktiv belehrend in Abgrenzung zu eher induktiv entdeckend kann Lehrpersonen insgesamt Rollenklarheit im Unterrichtsgeschehen geben: Es hilft dabei darauf zu achten, wann man als Lehrperson Unterrichtsprozesse nur begleiten und moderieren und dadurch für ein selbstständiges Arbeiten der Lerngruppen sorgen und in welchen Phasen man notwendig für die Klarstellung von „richtig" und „falsch" sorgen müsste.

---

[18] Für die Beschreibung des neuen Aufgabentyps vgl. Anmerkung 2.

Inhalte – Methoden – Kompetenzen

Im Vorkurs wird der methodische Ansatz von *DenkArt* in kurzen Abschnitten eingeführt und an Beispielen plausibilisiert. Den Kern bilden dabei die *fünf Säulen des methodisch geleiteten Philosophierens*, deren Einübung und Anwendung zu mehr Klarheit und Einsicht in wichtigen philosophischen Fragen und Problemen führen kann. Die Methoden sind also nicht Selbstzweck, sondern Voraussetzung für ein vornehmlich an inhaltlichen Fortschritten interessiertes Nachdenken.

Die Methoden zunehmend selbstbestimmt zur Analyse von philosophischen Problemstellungen oder probeweisen Beantwortung normativer philosophischer Fragen zu nutzen dient dem Ziel, die Fähigkeit (Kompetenz) zu **philosophischer Problemreflexion** auszubilden und zu trainieren.

Sequenz ●●●	Der Vorkurs kann, muss aber nicht linear gelesen werden. Er ist auch zum Selbststudium, zum Nacharbeiten oder zur gezielten Unterstützung der inhaltlichen Arbeit geeignet. Als Einstieg in die Logik und Argumentationstheorie eignet sich z. B. **3.3 Moralisch argumentieren**, um ausgehend von der Frage, wie moralische Stellungnahmen aufgebaut sind, wichtige Basisbegriffe einzuführen, zu klären und ihre sachgerechte Verwendung einzuüben. Ebenso **6.2.2 Hobbes, Locke, Rawls: klassische und moderne Vertragstheorie**, um gezielt logische Rekonstruktion zu trainieren, oder **7.1 Antike Positionen zum Glück**, um an der Untersuchung der Positionen einzuüben, was es heißt, Texte hermeneutisch fair zu lesen. In Kapitel **8. Religionsphilosophie** finden sich gleich mehrere Anlässe, alle fünf Säulen im Zusammenhang für eine vertiefte Sachklärung zu nutzen. Die Teile des Vorkurses sind jeweils in sich geschlossen; können also weitgehend unabhängig voneinander auch behandelt werden.

Zu den Materialien und Aufgaben

S. 10   **An den homo philosophicus**

Der Text spricht für sich. Er kann individuell oder im Kursverband gelesen werden. Vorgestellt wird, wie in *DenkArt* Philosophie und Philosophieren verstanden wird, wobei auch ein Ausblick auf die kommenden Seiten des Vorkurses erfolgt. Der Vorkurs selbst kann zusammenhängend gelesen und bearbeitet werden, kann aber auch bei Bedarf immer wieder zurate gezogen werden, wenn das methodische Rüstzeug zur Sachklärung vertiefend angewendet werden soll.

Wozu Philosophieren?

Inhalte – Methoden – Kompetenzen

Was zeichnet philosophisches Fragen aus, welche Anliegen stehen hinter dem Impuls zu philosophieren? Kurze Antworten von verschiedenen Denkern sollen das eigene Denken anregen und zu einer ersten Positionierung, wozu Philosophieren gut ist, anregen.

Literatur und Links

- Joachim Schulte, Uwe Justus Wenzel (Hg.): Was ist ein „philosophisches Problem"? Frankfurt a. M.: Fischer, 2001

- Peter Bieri: Wie wollen wir leben? München: dtv, 5. Auflage 2014

Zu den Materialien und Aufgaben

S. 12 **1**▶ Es ist ratsam, das Gespräch nicht sofort im Plenum zu führen, sondern mit einer Einzelarbeit zu starten, dann in kleinen Gruppen Gemeinsamkeiten und Unterschiede zu untersuchen und erst dann im Plenum Besonderheiten zu besprechen. Möglich ist es z. B., dass die einzelnen Gruppen ihre Ergebnisse direkt in ein Tafelbild eintragen. Zunächst ist in zwei Kreisen mittig an der Tafel nur zu lesen „Neugier auf ..." und „erwarteter Gewinn …". Bestimmte Ergebnisse herbeizuführen ist nicht das Ziel. Ganz im Gegenteil, es kommt gerade auf die individuellen Sichtweisen und Erwartungen an, die sich in einem Kurs herausbilden.

2▶ Die Texte müssen nicht systematisch und ganz besprochen werden. Auch einzelne Beobachtungen können Anlässe zu Nachfragen und Vertiefungen geben.

3▶ Die Aufgabe spricht für sich und bereitet die Lektüre der folgenden Texte vor. Manchmal lohnt es sich, im Plenum die „Spitzenreiter" vorstellen zu lassen und dann kurz zu diskutieren, was an den Fragen so reizvoll ist. Erste Antwortversuche können erfolgen. Manchmal ergibt sich so die Möglichkeit, am Rande Teilgebiete der Philosophie anhand der typischen Fragen vorzustellen.

Die Texte von Warburton, Blackburn, Kurtz und Bieri benennen kurz (und durchaus parteiisch), was am Philosophieren zentral ist und was als Gewinn erhofft werden kann. Gesonderte Aufgaben zu den Texten sind nicht vorgesehen. Sie sprechen weitgehend für sich.

S. 12 **Nigel Warburton: Was ist Philosophie?**

S. 13 **Simon Blackburn: Der Philosoph als Ideeningenieur**

S. 15 **Paul Kurtz: Der Philosoph als Skeptiker**

S. 16 **Peter Bieri: Der Philosoph als Begriffshandwerker**

S. 16 **Sprache als Mittel philosophischer Sachklärung**

Z 0-1 Hier wird das Kernanliegen auf den Punkt gebracht. → LB, Zusatzmaterial **Z 0-1** enthält einen Vorschlag, wie Schülerinnen und Schüler zu Beginn eines Schuljahres darüber informiert werden können, wie und woraus sich die Noten in „Sonstiger Mitarbeit" im Fach Philosophie ergeben. Wichtig ist der offene Schluss: Die SuS sind direkt aufgefordert, zu kommentieren, Nachfragen zu stellen und Erweiterungen vorzuschlagen.

Wie Philosophieren?

Inhalte – Methoden – Kompetenzen

Die fünf Säulen des methodisch geleiteten Philosophierens werden nacheinander so eingeführt: Zunächst wird jeweils ein Beispiel angeführt, das zum Nachdenken reizt und Besonderheiten der Methode direkt demonstriert. Dann erfolgt ein kurzer Lösungsvorschlag und die Zusammenfassung der Methode. Abschließend werden kleine Aufgaben angeboten oder gezielt Verweise ins Lehrbuch angeführt.

Sequenz ●●●	Die Texte zu den Methoden können vorbereitend, begleitend, bei Bedarf zur selbstständigen Nacharbeitung, bei Interesse an Vertiefung freiwillig, zur Wiederholung oder als Vorbereitung auf das Abitur, also aus vielen Anlässen bearbeitet werden. Die Abschnitte sprechen weitgehend für sich.
Querverweise ↔	Querverweise in die inhaltlichen acht Kapitel sind in vielfältiger Weise möglich: ● **Begriffsanalyse** und **Argumentieren** fehlen in keinem Kapitel. ● **1.2.4 Denken, kommunizieren, verstehen** und **1.2.5 Personale Identität** haben **Gedankenexperimente** als methodischen Schwerpunkt. ● Kapitel **2. Freiheit und Determination** eignet sich, in die sorgfältige Erschließung von Positionen anhand orientierender Texte einzuführen und eine eigene Hinterfragung und eigene Positionierung angesichts unverträglicher Positionen zu probieren. ● **3.3 Moralisch argumentieren** – das Unterkapitel konkretisiert folgerichtiges Argumentieren. ● In den Kapiteln **4. Grundpositionen philosophischer Ethik** und **6. Staatsphilosophie** kann insbesondere das faire Interpretieren klassischer Texte eingeübt oder vertieft angewendet werden. ● **5. Angewandte Ethik** – in den Unterkapiteln wird eingeübt, moralische Probleme der Angewandten Ethik zu erkennen, Antwortspektren zu ermitteln und sich kritisch zu positionieren. ● **5.6.2 Gibt es eine Pflicht zu helfen?** – der Abschnitt dient in methodischer Hinsicht dazu, in einem Diskussionszusammenhang zu einer Problemfrage Texte hermeneutisch fair zu lesen. ● In **6.2.2 Hobbes, Locke, Rawls: klassische und moderne Vertragstheorie** – hier stehen sowohl *Gedankenexperiment* als auch *logische Rekonstruktion als Interpretationsmethode* im Mittelpunkt der inhaltlichen Untersuchungen. ● Kapitel **7. Glück und Sinn** erlaubt es in besonderer Weise, als Dialoggemeinschaft in kontroverser Diskussion eigene Antworten zu probieren und vor dem Hintergrund konkurrierender Ansichten zu gewichten. ● **8. Religionsphilosophie** – die Unterkapitel widmen sich je schwerpunktmäßig allen fünf methodischen Säulen.

Literatur und Links

● Jens Soentgen: Selbstdenken! 20 Praktiken der Philosophie. Wuppertal: Peter Hammer Verlag, 2003

Säule 1: Sorgfältige Begriffsklärung

- John Wilson: Begriffsanalyse. Übersetzt und herausgegeben von Karin Guth. Stuttgart: Reclam, 1984

- Andreas Urs Sommer: Die Kunst des Zweifelns – Anleitung zum skeptischen Denken. München: C.H.Beck, 2005

Säule 2: Folgerichtiges Argumentieren

- Wolfgang Weimer: Logisches Argumentieren – Texte und Materialien für den Unterricht. Stuttgart: Reclam, 2005

- Gary Hayden, Michael Picard: Paradoxien – Von der Illusion bis zur Unendlichkeit: Vermeintliche Gegensätze. Kerkdriel (NL): Librero, 2015

Säule 3: Hypothetisches Denken

- Helmut Engels: „Nehmen wir an ...“ – Das Gedankenexperiment in didaktischer Absicht. Weinheim und Basel: Beltz Verlag, 2004

- Yves Bossart: Ohne Heute gäbe es morgen kein Gestern – Philosophische Gedankenspiele. München: Karl Blessing Verlag, 2014

- Georg W. Bertram (Hg.): Philosophische Gedankenexperimente: Ein Lese- und Studienbuch. Stuttgart: Reclam, 2012

Säule 4: Faire Textinterpretation

- Holm Tetens: Philosophisches Argumentieren. München: C.H. Beck, 2004

- Ansgar Beckermann, Dominik Perler (Hg.): Klassiker der Philosophie heute. Stuttgart: Reclam, 2004

Säule 5: Konstruktive Dialoggemeinschaft

- Herrmann et al. (Hg.): Schlüsselkompetenz Argumentation. Paderborn: Schöningh Verlag, 2. aktualisierte Auflage 2012

- Dieter Birnbacher, Dieter Krohn: Das sokratische Gespräch. Stuttgart: Reclam, 2002

Säule 1: Sorgfältige Begriffsklärung

Zu den Materialien und Aufgaben

S. 18   Nina und das Eichhörnchen: Problem und Lösung

Damit nicht zu früh die Lösung gelesen wird, können Sie die Stunde auch mit einem Lehrervortrag beginnen, in dem das Problem vorgestellt wird und die Lerngruppe eigene Antworten versuchen kann. Am Ende der Vorstellung wird ein Meinungsbild eingeholt. Danach können erste Begründungen ausgetauscht werden.

1▶ Nach der Klärung der Situation ist es wichtig, das Meinungsbild im Kurs durch Abfrage zu sichern. Erst dann wird die Lösung gelesen.

S. 19   2▶ Das Ergebnis einer kurzen Gruppenarbeit in einer Lerngruppe in der Einführungsphase:

Gruppe 1

a) Wunder: Etwas Unmögliches passiert. Ein Mensch fliegt ohne Hilfsmittel wie ein Vogel.

b) Etwas sehr Unwahrscheinliches tritt ein. Lukas spielt nur ein Mal und gewinnt im Lotto.

c) Etwas Unerwartetes passiert. Es wird ein Gegenmittel gegen eine bis dahin unheilbare Krankheit gefunden.

Gruppe 2

d) Ein Wunder ist etwas Positives, das unerwartet und plötzlich passiert. (Beispiel: Ein Mann ist schwer krank. Die Ärzte sagen, es sei unheilbar und er werde sterben, doch dann wird er „wie durch ein Wunder" geheilt.)

e) Ein Wunder ist etwas Übermenschliches, was nicht nachvollziehbar und außergewöhnlich ist. Beispiel: Ein Blinder kann auf einmal sehen.

Anmerkung Gruppe 2: Wunder passieren einfach. Man kann sie nicht vorhersehen und man kann sie nicht erzwingen oder beeinflussen.

Gruppe 3

f) Ein Wunder ist ein positives Geschehen, welches nicht vorhersehbar ist.

g) Ein Wunder liegt dann vor, wenn etwas Unmögliches geschieht. (Wunder in diesem Sinn kann es also gar nicht geben.)

3 ▸ Z. B. Schicksal. Ergebnisse ebenfalls aus einer Lerngruppe der Einführungsphase:

Gruppe 1

a) Das Leben ist durch uns unbeeinflussbar vorherbestimmt.

b) Schicksal ist der vorherbestimmte Weg, den man durchlebt.

Anmerkungen Gruppe 1: Wenn die Zufälle aufhören, spricht man von Schicksal. „Schicksal" ist die Faulheit, nicht mehr über ein Thema zu reden. (Eine Ausrede also.)

Schicksal: etwas ist vorherbestimmt; Wunder: ein unwahrscheinlicher Zufall

Gruppe 2

c) Schicksal: der von Gott vorgeschriebene Verlauf der Dinge, den man nicht ändern kann.

d) Schicksal: der von Gott gewünschte Verlauf der Dinge, den man nicht ändern soll.

e) Schicksal als Bezeichnung für wichtige Geschehnisse oder Ereignisse im Leben.

f) Schicksal als Bezeichnung für Zufall (gemeint: „zufällig da reingeraten"?).

g) Schicksal als Gegenteil von Zufall: fest vorgeschrieben, nicht veränderbar.

Gruppe 3

h) Schicksal: alles, was passiert, ohne es zu planen.

i) Schicksal: alle Geschehnisse, die Gott vorschreibt.

j) Schicksal: alle unvorhersehbaren Erlebnisse, Geschehnisse.

k) Schicksal: Geschehnisse, die man nicht verändern oder beeinflussen sollte/kann.

Z. B. „Toleranz". Ergebnis einer kurzen Sachklärung mit der Erstellung von Arbeitsdefinitionen im Plenum:

Man toleriert eine Meinung, wenn man sie für falsch hält, aber bewusst duldet.

Man akzeptiert eine Meinung, wenn man sie bejaht, ihr also zustimmt.

Man respektiert eine Meinung, wenn man nicht über sie herzieht, sondern sie achtet. Ob man sie bejaht oder nur duldet, ist noch nicht klar.

Davon zu unterscheiden ist, Menschen zu akzeptieren, die ganz anderer Meinung sind als man selbst. Eine hoffentlich im Philosophieunterricht selbstverständliche Haltung. Einen Menschen abzuwerten, nur weil er anderer Meinung ist, wäre kein feiner Zug.

Etwas ausführlicher könnte eine Begriffsbestimmung für „Toleranz" auch so lauten: Tolerieren heißt, etwas, das man für (moralisch) falsch hält, aus *guten* Gründen zu dulden, was einschließt, nichts dagegen zu unternehmen, selbst wenn man es könnte. Etwas aus Desinteresse hinzunehmen wäre demnach keine Toleranz, sondern Ignoranz oder Gleichgültigkeit: Solange es mich nicht betrifft, ist es mir egal. Etwas erdulden zu müssen wäre ebenfalls keine Toleranz, sondern Ohnmacht: Mir sind die Hände gebunden.

4▶ Könnte Gott einen Stein schaffen, den zu heben er nicht in der Lage ist?

Vordergründig sieht es so aus, als habe man mit dieser Frage ein schlagendes Argument gegen die Allmacht Gottes gefunden. Wo ist der Fehler in der Überlegung? Der Verteidiger Gottes könnte schlicht so kontern: Natürlich könnte Gott einen solchen Stein schaffen, aber er will es nicht, denn das würde seine Allmacht zerstören. Gott kann alles, was möglich ist, das schließt selbstverständlich ein, dass er sich auch der eigenen Allmacht berauben könnte. Wird er es tun? Natürlich nicht. (Analog: Natürlich könnte jeder von uns sich selbst der Möglichkeit berauben, sich selbstständig fortzubewegen. Aber wer wird so dumm sein, von dieser Macht Gebrauch zu machen? Überzeugt? Eine feine vertiefende Begriffsanalyse zum Thema bietet Peter Vardy in → LB, Zusatzmaterial **Z 0-2** an.)

Säule 2: Folgerichtiges Argumentieren

Zu den Materialien und Aufgaben

S. 21 **Jay F. Rosenberg: Die Annahme eines allwissenden Wesens und die Annahme eines freien Willens schließen sich aus.**

S. 22 **1▶** Man kann nicht beides zugleich haben: Gottes Allwissenheit und unseren freien Willen. Eine andere Fassung für diese Aussage ist die Überschrift zum Text.

2▶ Das Argument stellt keinerlei Behauptungen darüber auf, ob es Gott gibt oder ob Menschen einen freien Willen haben. Satz 1 und Satz 2 werden also nicht bewiesen. Satz 3 dagegen ist genau die Behauptung: Wenn es ein allwissendes Wesen gibt, dann haben Menschen keinen freien Willen. Ebenso Satz 5, der nur die Kontraposition von Satz 3 darstellt: Wenn also Menschen einen freien Willen haben, dann kann es kein allwissendes Wesen geben. Satz 4 und Satz 6 haben nichts mit dem Argument zu tun. Wenn es kein allwissendes Wesen gibt, dann folgt daraus nichts in der Frage des freien Willens. Ebenso: Hätten Menschen keinen freien Willen, so folgt daraus nichts darüber, ob es ein allwissendes Wesen gibt.

3▶ Eine mögliche Fehleranalyse könnte so aussehen: Der Fehler passiert im allerletzten Schritt in Zeile 20 eingeleitet durch „Dann aber …": Wenn Gott all meine zukünftigen Handlungen kennt, dann heißt das nicht, dass dieses Wissen meine Handlungen determiniert. Gott weiß eben nur schon, wie ich mich morgen (unter Beteiligung meines freien Willens) entscheiden werde. Er kennt meine Entscheidung schon, determiniert sie aber nicht.

Oft kommt diese Fehleranalyse schnell, stößt aber bei sehr vielen auf Unverständnis und Skepsis. Dann kann ggf. die folgende Analogie weiterhelfen: Kann man das Argument *Otto* so als fehlerhaft nachweisen?

1. Wenn vor Ihnen ein Buch liegt, was sehen Sie dann? *Ein Buch.*
2. Liegt das Buch da, weil Sie es sehen, oder sehen Sie es, weil es da liegt? *Weil es da liegt natürlich!*
3. Analog: Hängt, was Sie nächsten Dienstag tun werden, vom Wissen Ottos ab oder das Wissen Ottos von dem, was sie nächsten Dienstag tun werden?
4. *Wenn Sie sich nächsten Dienstag anders entscheiden würden, als Sie sich tatsächlich entscheiden werden, dann wüsste Otto eben etwas anderes.*
5. Sie werden also etwas nicht deshalb tun, weil Otto das weiß, sondern Otto weiß das, weil Sie es tun werden. Wie Otto das Kunststück fertigbringt, heute schon zu wissen, was Sie erst morgen entscheiden, ist das eigentlich Geheimnisvolle.
6. *Die Gründe, wieso es zu meinen Handlungen kommt, <u>können</u> somit meinen freien Willen enthalten, obwohl Otto den Ausgang der Entscheidungssituation bereits kennt.*
7. Es könnte also sein, dass Menschen manchmal eine freie Wahl treffen, obwohl es einen allwissenden Otto gibt.

Überzeugt?

4▶ P ist die Annahme, die bereits in Zeile 1 f. eingeführt wird. Dann folgt eine konkrete Entweder-oder-Aussage. Eins von beiden muss der Fall sein. Dann folgt für beide Fälle der Nachweis, dass Otto in beiden Fällen schon weiß, was ich tun werde. Dann erfolgt die Generalisierung für alle Handlungen: Otto kennt sie alle im Voraus. Nun wird (fehlerhaft!) auf q geschlossen: Meine Handlungen sind determiniert, also nicht frei. Da die ganze Überlegung auf der Annahme p beruht, wird nun der Schluss abgeschwächt: Es wird nicht mehr behauptet, p treffe zu, sondern nur noch: Wenn p zutrifft, dann auch q.

S. 22 **Raymond Smullyan: Widerspruchsfreiheit im eigenen Denken um jeden Preis?**

S. 23 **5▶** Smullyan treibt es auf die Spitze. Der Versuch, um jeden Preis Widersprüche zu vermeiden, könnte einen Menschen um so manche schöne Erkenntnis bringen. Dennoch gilt, dass entdeckte Widersprüche ausgeräumt werden müssen. Die Forderung nach Widerspruchsfreiheit ist eine herrliche Forderung, die immer wieder zu Entscheidungen zwingt, wo nicht nur Schülerinnen und Schüler eigentlich nicht entscheiden wollen. Die Diskussion von Beispielen kann zeigen, dass Widerspruchfreiheit aufzugeben bedeutet, die rational geführte Diskussion zu beenden. Jedes Argumentieren wird vergeblich, wenn entdeckte Widersprüche im Begründungsgefüge nicht zu dem Versuch ihrer Beseitigung oder der Aufgabe der Begründung führen. Widersprüche nicht einfach hinzunehmen ist etwas anderes als ein zwanghaftes Bemühen um Widerspruchsfreiheit in den eigenen Ansichten.

6▶ Probieren Sie es. Und nicht verzweifeln. Paradoxien haben auch den spielerischen Hintergrund, das Denken herauszufordern. Oder probieren Sie es mit diesem:

„Der folgende Satz ist falsch. Der vorherige Satz ist richtig."

Säule 3: Hypothetisches Denken

S. 25 **Das Gehirn im Tank: Das Problem**

■■**1**▶ Hier können erste Argumente versucht werden. In der Regel finden sich immer zwei Parteien. Die, die den direkten Realismus verteidigen will, und die, die systematische Täuschungsquellen ins Feld führt. → LB, Zusatzmaterial **Z 0-3** präsentiert ein Protokoll aus dem Unterricht, das auch eine erweiterte Einordnung erlaubt.

Olaf Müller: Das Gehirn im Tank: Die Lösung?

S. 26 ■■**2**▶ Kritik an Putnams Beweis: Ein Angriff auf die Form ist ausgeschlossen: Wenn die Prämissen zutreffen, dann ergibt sich zwangsläufig die Folgerung, die über jeden Zweifel erhaben direkt die Konklusion liefert. Also schauen wir uns den Inhalt der Prämissen genauer an: Der am häufigsten geäußerte Verdacht ist der, dass Putnam eine petitio principii (lat. „Beanspruchung des Beweisgrundes", es wird im Beweis bereits vorausgesetzt, was erst zu beweisen ist) begehe: Woher weiß ich, dass bei mir „Eule" wirklich auf Eulen referiert?

Schülerinnen und Schüler erkennen dieses häufig schnell und benennen die Stelle, die viel Kritik (und Gegenkritik) hervorruft: Mit Prämisse 1 setzt Putnam bereits voraus, was er zu beweisen vorgibt. Die Wahrheit von Prämisse 1 kann nur durch die Wahrheit der Konklusion abgesichert werden. Der Beweis ist also zirkulär! Aber, ist dem wirklich so? Darum dreht sich der Streit: Woher weiß ich, was die Bedeutungen der von mir gebrauchten Worte und Sätze sind? Wie kommen Worte zu ihrer Bedeutung? Welche Rolle spielt die Referenz? Ganz neue Fragen.

S. 27 **Daniel C. Dennett: Intuitionspumpen**

S. 28 ■■**3**▶ Die Aufgabe spricht für sich.

Z 0-4 ■■**4**▶ Der Zusatztext → LB **Z 0-4** stellt erste Antworten vor. Der Text kann nach ersten intuitiven Lösungsversuchen als Vergleich oder zur Systematisierung gelesen werden.

■■**5**▶ Für die einen ist die Situation ein klarer Fall: Wenn die Verhältnisse tatsächlich so sind, dann sollte der Kranführer natürlich das Gewicht lösen. Andere lehnen die Geschichte ganz ab, weil sie niemals mit realen Verhältnissen übereinstimme. (Das Experiment taugt zu nichts, ist dann die Behauptung.) Schnell wird die Geschichte oft in Analogie zu einem von bösen Verbrechern entführten Flugzeug gebracht, das als Waffe missbraucht werden soll. Darf man das Flugzeug abschießen? Ob solche Gedankenexperimente wirklich mehr sein können als nur wertlose Intuitionspumpen, wird oft bestritten. Zusatztext → LB **Z 0-6** zeigt sehr schöne Beispiele aus einer echten öffentlichen Debatte zu der Frage, ob Embryonen Rechte haben. Reinhard Merkel versucht, die gängigen Argumente dafür durch Gedankenexperimente zu entkräften.

■■**6**▶ Das Gedankenexperiment soll sowohl Ideen provozieren als auch Gedanken anstoßen. Gleichzeitig scheint Baggini es auch als Beweis oder Argument dafür zu nehmen, dass „Glück" nicht das oberste Ziel ist, sondern Ziele, die er unter „Authentizität" zusammenfasst. Reizvoll ist es zu diskutieren, ob das Argument gelingt oder nur durch seine Suggestivkraft verführt.

■■**7**▶ Klarerweise stößt dieses Gedankenexperiment Gedanken an. Es wird ja nicht als Beweis für etwas gegeben, sondern fordert dazu auf, dazu Stellung zu nehmen, wie stark die Forderung nach Strafe ist. Allerdings fehlt im Gedankenexperiment der Hinweis auf die negative Generalprävention: Falls die abschreckende Wirkung von Strafe entfiele (Täter werden operiert und

„funktionieren" dann richtig), könnten Hemmschwellen sinken. In dem Fall wäre die Strafe wegen ihrer abschreckenden Wirkung wichtig.

8▶ Hier kann Rawls Gedankenexperiment vom „Schleier des Nichtwissens" hinterfragt werden.

Säule 4: Faire Textinterpretation

Zu den Materialien und Aufgaben

S. 29   **Jens Jessen: Fairness im Umgang mit Sprache: Ein Problem?**

1▶ Konditionalsätze sind eine herrliche Quelle für ein Missverstehen, da häufig der Kontext des Vordersatzes (Antezedens) verloren geht und nur noch die Behauptung im Nachsatz (Konsequenz) im Raum steht. Ebenso ist bei „Wenn-dann-Sätzen" häufig nicht klar, ob wirklich die logische Implikation gemeint ist und unter welchen Umständen eine Implikation wahr ist. Auch kommen „Wenn-dann-Sätze" oft in logisch äquivalenter sprachlicher Form ohne „Wenn-dann" vor. Z. B.: „Gib mir das Buch, oder ich gehe" im Sinne von „wenn du mir das Buch nicht gibst, dann gehe ich". Besonders auch, wenn in Sätzen mit Negationen gearbeitet wird, sind Missverständnisse vorprogrammiert, da die Wahrheitsbedingungen solcher Sätze schnell verwickelt werden können. Im Anhang befinden sich dazu einfache Übungen, die das verdeutlichen können. Vgl. SB, S. 470 ff.: **C Was bedeutet „wahrheitsfunktional"?** und **D Von Prinzen und Fröschen: Übungen.**

2▶ Schwer ist es, selbst nicht sofort zum Gegenangriff überzugehen, sondern zunächst eine Aufklärung zu probieren, die das Fehlverständnis freilegt. An der Reaktion der Gegenseite wird sich zeigen, ob eine Aufklärung des Missverstehens möglich ist oder nicht, weil es z. B. gar nicht gewollt ist, den Streitpunkt aufzulösen. Dann kann es passieren, dass jedenfalls philosophische Diskussion schnell ihr Ende erreicht. In dem Bemühen, sich wechselseitig richtig zu verstehen, wird sich zeigen, welche Qualität das Gespräch erreichen kann.

3▶ Die drastische Ausdrucksweise Schopenhauers könnte verdecken, wie viel Wahrheit in ihr steckt. Die eigenen Gedanken dominieren, Fremdes irritiert, und zwar umso mehr, je stärker es eigenen Glaubenssätzen, die durch ein sehr starkes „Wahrheitsgefühl" begleitet werden, widerspricht. Gerade weil wir Menschen so gebaut sind, der eigenen Weltanschauung einen oft ungerechtfertigt hohen Vertrauensvorsprung zu geben, könnte Thomas' Anliegen einen Schutz davor bieten, auf die eigenen Anschauungen hereinzufallen. Wer also weiß, wie stark die eigenen Einschätzungen auch trotz aller gegenteiligen Gefühle fehlgehen können, der wird, wenn er an neuen Einsichten interessiert ist, trotz dieser Abwehrgefühle dem Meinungsgegner eine Chance geben. Dazu ist es nötig, die Argumente aus der Perspektive des Meinungsgegners heraus stark zu machen. Gelingt dieses, so sind die „fremden Gedanken" nicht mehr fremd, sondern Teil des eigenen Denkens („nur die eigenen Gedanken versteht man ganz") und damit zugänglich für die eigene kritische Prüfung.

So könnten also beide recht haben: Schopenhauer darin, dass fremde Gedanken so lange wertlos sind, wie sie nicht zu eigenen Gedanken werden können, und Thomas darin, dass die beste Chance, einen Gedanken, dem man widersprechen möchte, richtig zu verstehen, darin besteht, ihn zunächst besonders stark zu machen, sodass eine Kritik an ihm schwer und anspruchsvoll wird. Genau das ist das Anliegen, das oft unter dem Namen „hermeneutische Billigkeit" oder „hermeneutische Freundlichkeit" firmiert. Es ist nicht das Anliegen, nett zum Autor zu sein, sondern das Anliegen, sich selbst vor Fehlinterpretationen zu schützen.

S. 30 **Die Lösung? – Lies den Autor so, dass er recht hat!**

◼4▶ Nicht selten ruft der Absatz Widerspruch hervor. Besonders Z. 2 f.: Scharfsinnige Täuscher gelten mehr als Aufrichtige, die etwas „flacher" denken? Ebenso Z. 8 f.: Reizvolle Argumentation zählt mehr als die vielen Lehren, Strömungen und Ideen? Argumente herauszuarbeiten und kritisch zu würdigen macht Philosophie(unterricht) oft zäh, schwer und anstrengend. Wie kann es da sein, dass jemand genau darin aber die größte Freude am Philosophieren sieht? Eine Idee könnte diese sein: Philosophieren auf einen Sachkundeunterricht zu verkürzen oder auf die unreflektierte Wiedergabe typischer Ideen der Tradition, die dann nicht selten einer viel zu radikalen Kritik unterzogen werden, ist langweilig. Da könnte Wikipedia den Unterricht leicht und schnell ersetzen, aber die Analyse der Stärke einer Argumentation bringt Einsichten ans Licht, die weit über Inhaltsangaben und Zusammenfassungen oder Zeittafeln zu Epochen hinausgehen und das eigenen Denken herausfordern.

Was fasziniert also Kemmerling so an Philosophie? Eine geniale, täuschende Argumentation ist mehr wert als solides biederes Handwerk. Warum? Weil die Kraft von Argumentation darin sichtbar wird. Anders als in „hochtrabenden" Systematisierungen von philosophischen Strömungen: Durch Etikettierungen mit Ismen (wie z. B. Empirismus, Rationalismus usw.) erfasst man nicht die Tiefe dessen, was große Denker bewegte. Unsere Vormeinungen und Intuitionen sind vielleicht für jeden Einzelnen wertvoll, können aber nicht allgemein faszinieren.

Gute Erfahrungen habe ich damit gemacht, eine vertiefende Klausur zum Thema anzubieten, die diesen Gedanken aufgreift und erweitert (vgl. **K 0-1**).

S. 30 **Andreas Kemmerling: Wozu lesen Philosophen Philosophen?**

S. 32 **◼5▶** Diese Zusatzübung zu behandeln bietet sich an, wenn im Unterricht der Text von Aristoteles tatsächlich Thema ist. Hilfreich ist die Übung besonders dann, wenn die Schülerinnen und Schüler zunächst eine eigene Rekonstruktion probieren. Die im Lehrbuch angebotene Rekonstruktion kann ggf. als Hilfestellung genutzt oder zur Binnendifferenzierung verwendet werden.

Säule 5: Konstruktive Dialoggemeinschaft

Zu den Materialien und Aufgaben

S. 35 **Michael Schmidt-Salomon: Problem Dominanzmanöver – Die Lösung: Meide Dominanzmanöver**

◼1▶ Sammeln Sie möglichst viele Beispiele. In der Regel werden auch Beispiele aus dem schulischen Leben genannt, Situationen, in denen Diskussionen als unsinniger Streit ums Rechtbehalten erlebt werden. Nicht selten fällt dabei auch der Satz, Diskussion lohne nicht, da ja jeder selbst wissen müsse, an was er glaube. Oder: Jeder sehe das eben anders.

◼2▶ Philosophisches Interesse setzt beim „Verstehen-Wollen" an und das schließt ein, seinen Meinungsgegner genau verstehen zu wollen, um einschätzen zu können, was das Besondere an seiner Auffassung ist. Dies schließt auch die Bereitschaft ein, ggf. das eigene Denken vor dem Hintergrund des Denkens eines anderen zu revidieren.

S. 36 **Bertrand Russell: Die 10 Gebote des Liberalismus**

◼3▶ Die Aufgabe ist diskussionsoffen. Besonderheiten können je nach Lerngruppe verschieden sein. Hier ist eine Sensibilisierung für die Gebote gefragt, nicht feststehende Ergebnisse.

S. 37
Z 0-5 **Verlauf einer philosophischen Diskussion** (Zusatztext → LB **Z 0-5** gibt ein Beispiel für eine Besprechung des Schemas in einer Lerngruppe der Qualifikationsphase 1).

Essay: schriftlich dargelegte Problemreflexion

Zu den Materialien und Aufgaben

S. 38   **Jay F. Rosenberg: Philosophische Essays**

S. 39   ▄**1**▸ Für die Arbeit mit *DenkArt* empfehlen wir Lehrpersonen zur vertiefenden Vorbereitung, das Büchlein von Rosenberg einmal ganz zu lesen. Dort findet sich z. B. zu der in Aufgabe 1 genannten Frage auch eine Musterlösung.

Kriterien für die Note in „Sonstiger Mitarbeit"

Hinweise zur Notengebung im Fach *Philosophie*

Die Gesamtnote berücksichtigt die Qualität der Beiträge, die Intensität der Mitarbeit, die Teilhabe am gemeinsamen Arbeiten im Kurs und ggf. auch die Güte der eigenen Aufzeichnungen zu den Kursinhalten. Es folgen Hinweise, worauf es ankommt, um eine gute Note zu erhalten, oder was dazu führen kann, dass eine Note schlechter wird.

1. **Qualität der Beiträge: Die Schülerin oder der Schüler ...**
   a) steuert eigene weiterführende Ideen und Sichtweisen bei.
   b) reagiert auf fremde Beiträge verständig und in einer Weise, die vertiefende Sachklärung im Kurs voranbringt.
   c) stellt gute, reizvolle Fragen, die neue Sichtweisen ermöglichen oder eine Hinterfragung des Gewohnten erlauben.
   d) steuert gute Beispiele zur Veranschaulichung schwieriger Gedanken bei.
   e) ist in der Lage, auch fremde Standpunkte aus der Sicht des anderen Standpunkts zu durchdenken (z. B. als Atheist die Position des Theisten ernsthaft zu durchdenken).

2. **Intensität der Mitarbeit** (a ist das Ziel, c ist zu vermeiden)
   a) *aktiv*: fast immer (++), oft, gemischt, selten, fast nie (- -)
   b) *passiv*: hört aufmerksam zu, erledigt die Aufgaben, aber beteiligt sich nur selten an Diskussionen im Plenum
   c) *weder aktiv noch passiv*: sagt (fast) nichts und folgt nur selten dem Unterrichtsgeschehen

3. **Teilhabe am gemeinsamen Arbeiten** (a ist das Ziel, c ist zu vermeiden)
   a) konstruktiv und ergebnisorientiert, Mitschülerinnen und Mitschüler achtend, kooperativ in Gruppenarbeiten
   b) eher auf sich selbst fixiert, denkt lieber für sich alleine (aber keine Ablenkungen)
   c) lenkt sich und andere vom gemeinsamen Arbeiten ab (z. B. wenn ihr/ihm langweilig ist)

4. **Dokumentation der Kursinhalte**, wichtiger Zwischenergebnisse sowie eigener Überlegungen, und zwar so, dass sich die Dokumentation zur Vorbereitung auf Klausuren oder das Abitur eignet.

Wann ist jemand eine gute Philosophin bzw. ein guter Philosoph?

Durch alles, was darauf hinweist, dass jemand philosophische Methoden und Techniken verständig zur Sachklärung in wichtigen Fragen des Lebens einzusetzen vermag und dazu auch gewillt ist. Ausgestattet mit einer gehörigen Portion Skepsis, aber auch Neugier auf das Denken anderer.

Je mehr jemand die folgenden Fähigkeiten zur Sachklärung in wichtigen Fragen einsetzt, desto besser ist auch die Note. Lange vor der Perfektion ist die Note „sehr gut" erreicht, denn niemand von uns beherrscht das alles perfekt:

- genau lesen
- klar denken
- verständlich reden
- verständlich (in sich konsistent) schreiben
- begründet urteilen
- Einfühlungsvermögen (Empathie) für Mitmenschen entwickeln
- ausgewogen (verantwortungsvoll) handeln

Hinweise auf gute Noten geben auch die aktive Teilnahme am Unterricht und die Fähigkeit und Bereitschaft,

- zu echter Sachklärung in Gesprächen beizutragen,
- Gruppenarbeitsphasen ergebnisorientiert mitzugestalten,
- Hausaufgaben sachdienlich zu erledigen,
- Einzelaufgaben, wie (Kurz-)Referate, Präsentationen oder Recherchen zu übernehmen,
- Fragen zu stellen und selbstständig weiterzudenken,
- Meinungsverschiedenheiten auszuhalten und argumentativ und wohlwollend auszutragen,
- konzentriert und ausdauernd auch schwierigere argumentierende Texte der Autorin oder dem Autor gegenüber wohlwollend und fair zu lesen.

Je mehr davon gegeben ist, desto besser die Note. Lange vor der Perfektion ist die Note „sehr gut" erreicht.

Überzeugen die Kriterien für die Notengebung im Fach *Philosophie*? Fehlt etwas? Ist etwas unklar, schief, ungerecht oder gar falsch? Anmerkungen sind willkommen.

Uns allen wünsche ich viel Erfolg im neuen Schuljahr.

Peter Vardy
Allmächtiger Gott

Vardy stellt zunächst einige klassische Definitionen vor und schätzt sie ein. Er selbst kommt dann im Fortgang des Textes zu einer ganz anderen Einschätzung von Allmacht: „Gott allmächtig zu nennen heißt daher, die letzte Abhängigkeit der Welt und aller Dinge von Gott anzuerkennen. Es heißt, Gottes schöpferische und erhaltende Macht anzuerkennen. Es heißt aber nicht, dass Gott die absolute Macht hätte, alles zu tun, was er will." (a.a.O., S. 111)

Gott gilt traditionell als allmächtig. Aber wenn Gott alles tun kann, warum schafft er dann das Übel und das Leid der Welt nicht ab? Es gibt viele Definitionen von Gottes Allmacht. Die extremste stammt von Descartes, dem zufolge Gott alles tun kann, auch das logisch Unmögliche. Nach dieser Auffassung könnte Gott einen viereckigen Kreis machen, einen
5 Stein, der so schwer ist, dass er ihn nicht heben kann, und ihn dann trotzdem heben, Versprechungen machen, die man nicht brechen kann, und sie dann trotzdem brechen, und sogar bei einem Wesen schwören, das höher ist als er selbst usw. Dies kommt jedoch nicht als ernsthafte Definition infrage, denn wenn man vom Gesetz der Widerspruchsfreiheit abrückt, öffnet man dem Unsinn Tür und Tor. Man beschränkt Gott nicht, wenn man sagt,
10 er könne keinen viereckigen Kreis machen. Ein viereckiger Kreis ist einfach Unsinn, weil etwas Viereckiges kein Kreis sein kann und umgekehrt. Natürlich könnte Gott irgendeine seltsame Figur machen und diese einen viereckigen Kreis nennen, doch wäre dies kein Viereck und kein Kreis mehr, so wie wir die Begriffe verstehen.

Noch wichtiger ist, dass ein Gott, der buchstäblich alles tun könnte, damit auch in der Lage
15 wäre, alles Übel und Leid zu beseitigen, ohne dadurch in irgendeiner Weise in die menschliche Freiheit einzugreifen. Er könnte die von Ninian Smart so genannte „Utopie-These" verwirklichen. Gott könnte das logisch Unmögliche tun, er könnte eine Welt erschaffen, in der niemand leidet, niemand jemals deprimiert ist, niemand verletzt und getötet wird und doch alles im Übrigen gleich bliebe. Dass Gott dies nicht tut, könnte dann aber nur bedeu-
20 ten, dass er böse ist. Die Utopie-These ist daher ebenso logischer Unsinn wie der Gedanke eines viereckigen Kreises – wenn der Mensch wirklich frei sein soll, dann kann er nicht so gemacht werden, dass er zugleich immer gut ist.

Gottes Allmacht lässt sich aber auch so definieren, dass er alles tun kann, was logisch möglich ist. Doch auch dies ist nicht befriedigend, weil es jedem Menschen zweifellos logisch
25 möglich ist, zu schwimmen, zu sündigen oder Selbstmord zu begehen. Gott aber könnte dies nicht, da er keinen Körper hat, vollkommen gut und unveränderlich ist.

Die plausibelste Definition von Gottes Allmacht stammt, auch wenn sie ebenfalls mit einigen Problemen behaftet ist, von Anthony Kenny (*The God of the Philosophers*). [...]
„Der Besitz aller logisch möglichen Fähigkeiten, die ein Wesen mit den Attributen Gottes
30 haben kann".

Kenny sagt mit Bedacht „mögliche Fähigkeiten" und nicht „mögliche Handlungen", die Gott ausführen kann, und dies ist hilfreich. Auf dieser Grundlage kann Gott nicht Selbstmord begehen, weil er damit aufhören würde zu existieren, was gegen seine Natur wäre; Gott kann nicht sündigen, weil er dann eben nicht vollkommen wäre, und er kann nicht
35 schwimmen, weil er dazu einen Körper haben müsste. Dagegen belässt diese Definition Gott alle Fähigkeiten, die ein Wesen mit der Natur Gottes logischerweise besitzen kann. Gott kann also nicht gegen seine Natur handeln.

Diese Vorstellung von Gott als einer Gestalt mit höchster Macht spielte und spielt in der christlichen Theologie eine sehr große Rolle. Es handelt sich dabei jedoch nicht um eine im
40 strikten Sinn biblische Idee. Sie entspringt vielmehr der aus der griechischen Philosophie kommenden Vorstellung der Unübertrefflichkeit Gottes in Verbindung mit der Auffassung

einiger Kirchenväter, dass Gott nicht durch einen Mangel an Macht eingeschränkt sein dürfe. Gott müsse in der Welt alles tun können, was er tun wolle. Auf den ersten Blick scheint dies vollkommen einleuchtend zu sein. Wenn Gott Gott sein soll, dann muss er alles tun können. Hierin liegt unter anderem auch die Bedeutung der Wunder Jesu, wenn er Wasser in Wein verwandelte oder über das Wasser ging: Dies sollte seine Macht über die physischen Elemente zeigen. Das fürsorgliche Walten der Vorsehung Gottes kann nicht durch einen Mangel an Macht eingeschränkt sein.

Peter Vardy: Das Rätsel von Übel und Leid. Übersetzt von Clemens Wilhelm und bearbeitet von Perry Schmidt-Leukel. München: Don Bosco Verlag, 1998, S. 99 ff.

Wie wirklich ist die Wirklichkeit wirklich?

Die Philosophin/der Philosoph fragt: Was können wir wissen?

> Könnte ein böser Dämon uns so täuschen, dass auf nichts Verlass wäre?
>
> Könnte es sein, dass wir allesamt nur „Hirne in Töpfen sind"?
>
> Ist die Welt so, wie sie erscheint?
>
> Wie verlässlich ist die menschliche Wahrnehmung der Welt?
>
> Was können wir (mit welcher Sicherheit) über die Wirklichkeit wissen?

Das Gedankenexperiment von René Descartes, dass ein „böser Dämon" uns permanent und systematisch über die wahre Natur der Dinge täusche, wird auch heute noch als *Hirn-im-Topf* oder *Hirn-im-Tank* diskutiert. Die Frage selbst ist weit über 2000 Jahre alt und hat viele große Denker herausgefordert. Beispiele:

Antike

1. **Sextus Empiricus** (ca. 200 – 250 n. Chr.): Man kann nichts sicher über die Welt wissen, alles ist relativ. Man kann nur erkennen, wie uns die Welt erscheint, verborgen ist uns, wie sie wirklich ist. Alle Unruhe in uns entspringt dem Drang, die Dinge erkennen und bewerten zu wollen.
2. **Sokrates** (um 470 – 399 v. Chr.) (**Platon**, 427 – 347 v. Chr.): Objektive Erkenntnis ist möglich.

Aufklärung

3. **Empirismus**: George Berkeley (1685 – 1753), irischer Philosoph, Theologe und Bischof. Theorie des Immaterialismus (esse est percipi = sein ist wahrgenommen werden). Garant unserer Existenz ist, dass Gott uns permanent wahrnimmt. Wir sind im Geiste Gottes.
   → Wir sind also so eine Art *HiT* und das ist gar nicht schlimm!

4. **Rationalismus**: René Descartes (1596 – 1650); der nach ihm benannte *cartesische* (= methodische) *Zweifel* führt zum „cogito ergo sum" (ich denke, also bin ich). Als wahr kann nur das logisch und rational zweifelsfrei Erfasste gelten. Garant dafür, dass wir uns häufig auf unsere Sinne verlassen dürfen, ist der „gütige" Gott. Wir sind also kein *HiT* und dürfen den Erkenntnissen unserer Vernunft trauen.

Heute

5. **Putnam**: Wir können nicht schon immer ein *HiT* sein!
   Für Putnams „Beweis" vgl. den Artikel aus der ZEIT vom 2.8.1996 (→ SB, S. 26)

6. **Mariana**: Man kann prinzipiell nicht wissen, kein *HiT* zu sein! Eigentlich ist die Frage schrecklich uninteressant, weil mich der Ausgang völlig kaltlassen kann, denn egal, was wirklich der Fall ist, für mich ändert sich doch absolut nichts. Wäre es für mich von Bedeutung, ob ich ein *HiT* bin oder nicht, so gäbe es Unterschiede, die bemerkbar wären. Solche Unterschiede sind aber nach Konstruktion des Gedankenexperiments ausgeschlossen. Reizvoll allein ist es, den Fehler in Putnams „Beweis" zu finden.

Robin Le Poidevin
Thomsons Lampe

Der folgende Text schließt unmittelbar an die auf S. 28 in *DenkArt* zitierte Passage an.

Die Antwort auf die erste Frage ist ziemlich verblüffend. Wenn wir die aufeinander folgenden Zustände der Lampe durch die Reihe von zunehmend kurzen Phasen darstellen, in denen sie an oder aus ist, erhalten wir eine Reihe, die kein letztes Glied hat: 60, 30, 15, 7,5, 3,75, 1,875 … Mit anderen Worten: Die Reihe ist unendlich. Am Ende von zwei Minuten ist die
5 Lampe unendlich viele Male an- und ausgeschaltet worden. Nun ist an dieser Beschreibung des Experiments nichts Unlogisches, denn die Summe der Reihe von Phasen ist nicht unendlich: Sie nähert sich, ohne sie ganz zu erreichen, 120 Sekunden. Aber lauert nicht dennoch irgendwo in dieser Geschichte eine Absurdität?

Befassen wir uns nun mit der zweiten Frage: Ist die Lampe am Ende der 2-Minuten-Phase
10 an oder aus? Hier sieht es so aus, als ob wir vor einem Widerspruch oder zumindest vor einer ernsten Anomalie stünden. Die Lampe, so scheint es, kann nicht an sein, denn auf jede Phase, in der die Lampe an war, folgte eine Phase, in der die Lampe aus war. An zu sein kann also nicht der letzte Zustand der Lampe sein. Aber genauso wenig kann sie aus sein, denn auf jede Phase, in der die Lampe aus war, folgte eine Phase, in der die Lampe an war.
15 Aus zu sein kann also nicht der letzte Zustand der Lampe sein. Wir sind somit zu der mit Sicherheit inakzeptablen Schlussfolgerung gelangt, dass die Lampe weder an noch aus ist. Hier liegt laut Thomson die eigentliche Absurdität des Falles. Selbst ihr Erfinder glaubt daher nicht, dass Thomsons Lampe, wie sie genannt wird, eine echte Möglichkeit ist.

Wir müssen uns allerdings dieser Schlussfolgerung nicht anschließen. Wie wir oben festge-
20 stellt haben, ergibt die Summe der Reihe 60, 30, 15, 7,5 usw. nicht ganz 120. Mit anderen Worten: Die Reihe nähert sich der 2-Minuten-Marke, ohne sie ganz zu erreichen. Man könnte dies auch so formulieren, dass die Phase, die bei der 2-Minuten-Marke beginnt, selbst kein Glied der vom Timer gesteuerten Phasenreihe ist. Nichts in unserer Schilderung der Situation ermöglicht es uns somit zu folgern, was die Lampe am 2-Minuten-Punkt gerade macht, und
25 daher sind wir nicht gezwungen zu sagen, dass die Lampe weder an noch aus ist. Die richtige Antwort auf die zweite Frage lautet mit Sicherheit einfach: „Wir können es nicht vorhersagen.“ Zweifellos wird irgendein Langweiler darauf hinweisen, dass die Versuchsanordnung keine echte physikalische Möglichkeit sei. Man könne doch eine Lampe nicht so viele Male ein- und ausschalten, ohne dass eine Sicherung durchbrennt oder die Glühbirne kaputtgeht. Auf
30 jeden Fall werde das Ein- und Ausschalten zu irgendeinem Zeitpunkt so schnell, dass die Elektrizität keine Zeit hätte, durch den Stromkreis zu fließen, und die Lampe werde tatsächlich ausbleiben. Das ist eigentlich überhaupt nicht interessant. Die Lampe selbst ist ja sozusagen bloß für den dramatischen Effekt da. Wir könnten uns einzig und allein auf den Zustand des Schalters konzentrieren. Ein etwas raffinierterer Einwand lautet: Wenn wir uns
35 einen mechanischen Hebelschalter vorstellen, der sich vor- und zurückbewegt, würden wir bald einen Punkt erreichen, an dem sich der Hebel mit Lichtgeschwindigkeit bewegt und nichts kann schneller als die Lichtgeschwindigkeit sein. Nun, vielleicht ist das ja nicht so ein Schalter. Selbst wenn die Physik es verbietet, dass das Experiment abgeschlossen werden kann, dann wird die Geschichte keineswegs widersprüchlich oder unlogisch, denn wir kön-
40 nen das Experiment ja immer in einer Welt ansiedeln, in der die Gesetze der Physik ganz anders sind. Jedenfalls suchen wir doch nach irgendeinem Hinweis auf eine logische Unmöglichkeit in der Geschichte, und bislang haben wir noch keinen gefunden. Man könnte einwenden, dass wir die Situation eigentlich nicht verstehen. Aber dies scheint doch keine besonders gute Strategie zu sein. Wir haben die Situation schließlich einigermaßen ausführ-
45 lich beschrieben. Welchen Teil der Beschreibung also verstehen wir angeblich nicht?

Robin Le Poidevin: Wie die Schildkröte Achill besiegte. Übersetzt von Michael Schmidt. Leipzig: Reclam Verlag, 2004, S. 152 ff.

Kennzeichen philosophischer Diskussionen am Beispiel des Lügenverbots

Philosophische Diskussionen nehmen oft ihren Anfang in einem Streit darüber, welches Verhalten in einer Situation richtig ist. (Moralphilosophie untersucht die Frage, was ein Mensch tun oder lassen soll, um ein „guter" Mensch zu sein. Der Ausdruck „gut" ist dabei zu klären: Was alles ist gut, was böse?)

Ist es manchmal zulässig zu lügen? Diese Frage wurde als Beispiel für eine Frage genannt, die zwar heftig kontrovers diskutiert wird, für die aber keine endgültige, alle überzeugende Antwort erreichbar ist. Es ergaben sich im Kurs zwei Gruppen.

> Gruppe 1: *Manchmal sind Lügen erlaubt.* (7 Personen stimmten zu)
>
> Gruppe 2: *Lügen sind immer falsch.* (Barbara und Büsra)

5 Personen waren unentschieden. Beide Gruppen zugleich können nicht recht haben. Die Beweispflichten sind klar verteilt. Gruppe 1 muss Beispiele geben, in denen eine Lüge erlaubt scheint. Gruppe 2 muss zeigen, warum auch in diesen Beispielen Lügen verwerflich wäre. Gruppe 2 muss begründen, warum *jede* Lüge verwerflich ist. Gruppe 1 muss versuchen, Fehler oder Schwachstellen in der Begründung aufzudecken. Das philosophische Begründungsspiel kam in Gang und führte zu weiterer Klärung und Präzisierung:

Filiz forderte eine Klärung des Lügenbegriffs und schlug eine Beispielsituation vor: Eine Lüge ist erlaubt, wenn durch die Lüge schwerer psychischer Schaden von einer Person abgewandt werden kann. Erstes Meinungsbild: 10 stimmten Filiz zu, 3 widersprachen.

Die sehr aussichtsreichen Ansätze, „Lüge" genauer zu definieren, führten zu einer Trennung der unstrittigen Fälle von den strittigen:

> **Fall 1**: Jemand sagt bewusst zu jemandem etwas, wovon er weiß, dass es falsch ist. Wissentlich die Unwahrheit sagen. (Hier herrschte Konsens: So etwas ist ganz sicher eine Lüge.)
>
> **Fall 2**: Jemandem etwas verschweigen. Kann das manchmal einer Lüge gleichkommen? Hier konnte keine Einigung erreicht werden. Einige sagten „nie", andere sagten „manchmal schon" und probierten Beispiele. (Hier könnte sich eine neue Diskussion entzünden.)
>
> **Fall 3**: Jemandem einen Teil der Wahrheit verschweigen oder ihn zu falschen Schlüssen animieren oder bei ihm eine irreführende Illusion erzeugen: Ist das Lüge? Auch hier konnte keine Einigung erreicht werden.

Oktay stellte fest, dass die Frage, ob Lügen manchmal erlaubt ist, beantwortet werden kann, indem man zunächst nur unstrittige Fälle von Lügen betrachtet. Folgt man *Oktays* Ansatz, so nimmt die Behauptung von *Filiz* diese Form an:

Wenn man schweren psychischen Schaden von einer Person dadurch abwehren kann, dass man ihr wissentlich die Unwahrheit sagt, dann darf man ihr wissentlich die Unwahrheit sagen.

Nun käme es darauf an, Beispiele zu geben, die klar als Anwendungsfälle unter diese Präzisierung fallen. Die vielen Begründungen und auch Einwände brachten mich darauf, an zwei grundsätzliche, schon in der EF eingeführte Positionen zu erinnern.

i) **Konsequentialisten** (auch Konsequenzialisten oder Utilitaristen) behaupten, eine Handlung sei gut, wenn sie gute Konsequenzen (Folgen) habe und schlechte vermeide. (Als Vertreter werden wir *Bentham*, *Mill* und *Singer* im Laufe des Schuljahrs kennenlernen.)

ii) **Deontologen** behaupten dagegen, die Güte einer Handlung sei nicht durch die Güte ihrer Folgen ermittelbar. Eine Lüge sei an sich verwerflich: „Lüge nie" lautet daher das kategorische Urteil *Immanuel Kants*, dem wohl berühmtesten Deontologen, dessen Denken uns noch beschäftigen wird.

Am Ende der Stunde ergab sich dieses Meinungsbild: 7 Personen im Kurs stimmen *Filiz* zu, 4 widersprechen ihr, 2 sind noch unentschieden. Nach all den Vorklärungen könnte es nun zur Sache gehen … (vgl. dazu auch S. 150 im Schülerband)

Ergänzungen, Änderungswünsche, Korrekturen?

P.S. Auf S. 37 unten im Schülerband stehen Möglichkeiten, wie eine Diskussion enden kann. Als Beispiele für Diskussionen, die keine endgültige Antwort erwarten lassen, wurden genannt: Was ist der Sinn des Lebens? Gibt es Gott? Gibt es ein Leben nach dem Tod? Manchmal haben Fragen, die heftig diskutiert werden, eine endgültige Antwort, selbst dann, wenn nicht alle Diskutanten das auch glauben. Ein Beispiel: Fehlt bei 0,9 Periode etwas zur 1 oder fehlt da nichts? Die Antwort ist eindeutig und endgültig. Damit ist die Frage als philosophische Frage eher langweilig, auch wenn die Antwort nicht wenige Menschen immer wieder irritiert: Es fehlt nichts.

Reinhard Merkel
Haben Embryonen Rechte? – Urteilen Sie selbst

Ethik

Sollen dem Embryo aus moralischen Gründen Menschenwürde und ein eigenes Recht auf Leben zugeschrieben werden? Vier prinzipielle Argumente dafür sind denkbar: erstens die Zugehörigkeit des Embryos zur Spezies Homo sapiens; zweitens das stufenlose Kontinuum seiner weiteren Entwicklung bis zum geborenen Menschen (sofern er nicht getötet wird);
5 drittens das schon im frühesten Embryonalstadium vorhandene Potenzial zu ebendieser und jeder weiteren Entwicklung; und viertens eine bestimmte Identität bereits des Embryos mit allen späteren Mensch-Zuständen seiner möglichen Existenz. Nennen wir diese Argumente das Spezies-, das Kontinuums-, das Potenzialitäts- und das Identitätsargument und betrachten sie genauer.

10 Das Speziesargument ist sehr einfach: Der Schutz des Tötungsverbots gelte für den Embryo schon und allein deshalb, weil er biologisch der Spezies Homo sapiens angehört. Da alle geborenen Angehörigen dieser Spezies ein Grundrecht auf Leben haben, gebiete das Prinzip der Gleichbehandlung auch den Lebensschutz des Embryos.

Das Argument ist nicht haltbar, ein Musterfall dessen, was Philosophen den „naturalisti-
15 schen Fehlschluss" nennen: die (unmögliche) direkte Ableitung einer Norm aus einem Faktum. Auch diesseits aller philosophischen Argumente wäre im Übrigen unerfindlich, wie und warum die molekulare Mikrostruktur unserer DNA als solche, als ein Stück Biologie, so etwas wie fundamentale Rechte sollte begründen oder genießen können.

Wer das Speziesargument plausibler machen will, wird zunächst bestimmte menschliche
20 Eigenschaften benennen und dann eine Norm, die es moralisch gebietet, Wesen mit genau diesen Eigenschaften ein Recht auf Leben und Würde zu gewährleisten. Seit Kant, der dem Menschenwürdebegriff seine bis in die Judikatur des BVerfG verbindliche Prägung gegeben hat, gilt die menschliche Fähigkeit zur freien, vernunftgeleiteten Selbstbestimmung, die Autonomie, als Grundlage des Würdeanspruchs. Spaemann nennt außerdem „Selbstbe-
25 wusstsein, Selbstachtung und andere" – nun gut.

Offensichtlich ist, dass der frühe Embryo in seinem aktuellen Zustand keine einzige dieser Eigenschaften aufweist. Spaemann hält das für kein Problem. Er tadelt eine derart individualisierende Betrachtung mit der Behauptung, wir müssten allen menschlichen Wesen deshalb dieselbe Würde zuerkennen, „weil die normalen Mitglieder der Menschheitsfamilie"
30 jene würdebegründenden Eigenschaften aufweisen.

Das ist zunächst ein offenkundiger naturalistischer Fehlschluss: Wie die rein faktische Verteilung von irgendetwas innerhalb einer biologischen „Familie" eine Norm erzeugen könnte und warum wir dann diese Familie nicht zum Beispiel als „alle Säuger" definieren sollten, ist unerfindlich. Aber man kann das Argument stärker machen, wenn man den logischen
35 Fehler vermeidet und wieder eine Norm benennt, die genau jenen Einbezug aller (und nur der) Speziesmitglieder in den Schutzbereich der „Familienmoral" gebietet. Eine solche Norm gibt es. Nennen wir sie knapp und plastisch das Prinzip der Gattungssolidarität.

Das lässt sich gewiss hören. Aber man sieht auf den ersten Blick, dass die Verpflichtungskraft eines solchen Solidareinschlusses auch aller Nichtinhaber der würde- und rechtsbe-
40 gründenden Eigenschaften bei Weitem schwächer ist als die gegenüber deren Inhabern. Ein Wesen zu töten, das einen in seinen eigenen Attributen begründeten Rechts- und Würdeanspruch hat, ist ein schweres Unrecht. Einem Wesen, das nicht nur diese Eigenschaften nicht hat, sondern sie – wie der frühe Embryo – noch niemals hatte und darüber hinaus überhaupt noch nichts erleben kann, die Gattungssolidarität und damit den Lebensschutz

zu verweigern mag im Normalfall unerfreulich oder tadelnswert sein; ein nur annähernd vergleichbares Unrecht wie das erstere ist es nicht.

Der Leser zweifelt? Er erwäge das folgende Szenario: In einem biotechnischen Labor bricht ein Feuer aus. In dem Labor befinden sich zehn am Vortag in vitro gezeugte, lebende Embryonen und außerdem ein durch den Rauch bereits tief bewusstloser Säugling. Ein in letzter

50 Sekunde in das Labor eindringender Retter erkennt sofort, dass er nur noch entweder den Säugling oder die zehn Embryonen retten kann. Gattungssolidarität hin oder her: Hätte irgendjemand ernsthafte Zweifel, wie sich der Retter entscheiden sollte? Und hätte irgendjemand solche Zweifel, wenn es nicht um zehn, sondern um hundert, ja meinetwegen um tausend Embryonen ginge?

55 Was das Beispiel zeigt, ist dies: Die Gattungssolidarität mag im Normalfall einen Grund für den Einbezug des Embryos in die moralische Sphäre des Lebens- und Würdeschutzes abgeben. In jedem halbwegs gewichtigen Sonderfall ist dieser Schutzreflex gegen kollidierende andere Interessen abwägbar – ganz anders als ein echtes Recht auf Leben! Und er ist, wie die Ausdehnung meines Biolaborfalles sogar auf tausend Embryonen zeigen soll, von rela-

60 tiv geringem Gewicht. Die Konsequenz liegt auf der Hand: Beurteilt man den Embryo nur nach seinem aktuellen Status quo, dann ist es nicht möglich, ein genuin eigenes, ein subjektives Recht auf Leben und Würde für ihn zu begründen.

Man muss ihn freilich nicht allein nach seinem aktuellen Status beurteilen. Und genau das ist der Sinn des zweiten unserer Argumente, des Kontinuumsarguments. Was damit ge-

65 meint ist, hat am besten das BVerfG in seinem ersten „Fristenlösungsurteil" von 1975 formuliert: Der menschliche Entwicklungsprozess sei „ein kontinuierlicher Vorgang, der keine scharfen Einschnitte aufweist". Daher sei es willkürlich, einen solchen „Einschnitt" zu markieren. Deshalb müsse der Lebens- und Würdeschutz schon mit dem Anfang der embryonalen Entwicklung einsetzen.

70 Das ist das tragende Argument der Entscheidung. Erstaunlich ist dies deshalb, weil es einen klassischen, nämlich seit der Antike bekannten Fehlschluss demonstriert. Dass ein Vorgang ein Kontinuum darstellt, bedeutet keineswegs, dass man in ihm keine gut und willkürfrei begründeten „Einschnitte" machen könnte. Wer zweifelt, folge mir wieder in ein Beispiel der Veranschaulichung: Ein Mann von 1,50 Meter Körpergröße ist ein kleiner Mann; 1 Mil-

75 limeter mehr an Größe macht ganz gewiss nicht den entscheidenden Unterschied von „klein" zu „groß" aus. Nun fahre man mit der Addition jeweils eines Millimeters fort (und wer Zeit und Geduld hat, kann auch mikrometerweise zählen): Jedes Mal markiert der Vorgang nicht den entscheidenden Einschnitt, vor dem der Mann „klein" und nach dem er „groß" genannt werden muss. Wenn ich richtig rechne, muss man die Addition genau tau-

80 sendmal wiederholen, um bei dem Ergebnis zu landen, dass ein Mann von 2,50 Meter Größe ein kleiner Mann sei.

Keiner dieser Übergänge stellt einen „scharfen Einschnitt" zwischen klein und groß dar, wie ihn das Verfassungsgericht für einen Willkürausschluss verlangt. Dennoch können wir völlig willkürfrei zwischen einem kleinen Mann von 1,50 Meter und einem großen von 2,50

85 Meter unterscheiden, genauso wie wir zwischen stockdunkler Nacht und sonnenhellem Tag unterscheiden können, auch wenn im Zwielicht der Morgendämmerung keine einzige der dabei verrinnenden Hundertstelsekunden einen „scharfen Einschnitt" markiert, vor dem es dunkel und nach dem es hell gewesen wäre.

Das dritte unserer Argumente, das Potenzialitätsargument, lautet so: Zwar mögen sich die

90 aktuellen Eigenschaften menschlicher Embryonen nicht dafür eignen, Menschenwürde und Tötungsverbot zu begründen; aber seine erwartbaren künftigen Eigenschaften sind genau die, auf denen das allgemeine Menschenrecht auf Leben und Würde moralisch gründet. Diese Chance der Zukunft, gewissermaßen sein Status potentialis, darf ihm daher nicht genommen, sein Leben also nicht zerstört werden.

95 Der embryonale Status potentialis allein kann Lebensrecht und Menschenwürde nicht begründen. Er bezeichnet tatsächlich ein Kontinuum, das für sich genommen keine moralisch

bedeutsamen Unterscheidungsmerkmale zu anderen Trägern eines Potenzials künftiger Menschenexistenz aufweist, denen niemand ein Recht auf Leben wird einräumen wollen, nämlich zur Ei- und zur Samenzelle. Die Stärke des Potenzials bereits dieser Keimzellen kann der des embryonalen Potenzials vollständig entsprechen und dennoch ein Lebensrecht nicht plausibel machen. Auch das lässt sich leicht veranschaulichen.

Stellen wir uns einen Humangenetiker beim Vorgang einer künstlichen Befruchtung vor. Er beobachtet unter dem Mikroskop, wie sich in der Petrischale ein einzelnes Spermium soeben anschickt, in eine Eizelle einzudringen. Blitzschnell schiebt er in letzter Sekunde ein Glasplättchen zwischen beide und verhindert die Befruchtung. Ist hier irgendetwas Verwerfliches passiert? Gewiss nicht, nicht mehr jedenfalls als bei jeder anderen Empfängnisverhütung, etwa mittels eines Kondoms.

Aber ein Potenzial ist an der Entwicklung gehindert worden, das sich bereits zu einer Chance verdichtet hatte, die der Chance einer soeben befruchteten Eizelle – eines Embryos! – praktisch vollständig gleichkam. Daraus allein folgt, wie man sieht, in ethischer Hinsicht kein Verbot, die Entwicklung des Potenzials zu unterbinden.

Der Einwand liegt auf der Hand: Aber Ei- und Samenzelle sind doch etwas ganz anderes als der Embryo, nämlich als menschliche Wesen noch nicht biologisch individualisiert und daher für sich allein genommen überhaupt nicht zur Entwicklung fähig! Und die Antwort darauf lautet: Ganz genau. Aber der Gedanke zeigt deutlich, worum das Potenzialitätsargument ergänzt werden muss, damit es die ihm zugewiesene Beweislast tragen kann: um irgendein weiteres Argument, das auf die bereits feststehende menschliche Individualität und Identität des Embryos verweist.

Embryo gleich Person?

Und damit bin ich ersichtlich bei unserem letzten, dem Identitätsargument. Schon beim Embryo, so kann man es ausbuchstabieren, bestehe in der entscheidenden Hinsicht eine Identität mit dem geborenen Menschen, der später daraus entstehen kann. Daher müsse der Embryo schon aus Gründen der Logik genauso geschützt werden.

Das Problem des Arguments besteht ersichtlich in der Frage, welches denn die entscheidende Hinsicht ist, in der bereits der früheste Embryo identisch ist mit dem geborenen Menschen, der aus ihm werden kann. Denn zwischen einem nur unter dem Mikroskop erkennbaren Vier- oder Achtzellwesen und einem geborenen Menschen lässt sich nur eine einzige Identitätsbeziehung feststellen: die der DNA, des individuellen Genoms. Dieses allein, das haben wir bei unserem Speziesargument gesehen, ist als Grundlage einer ethischen Schutznorm nicht geeignet, und zwar weder im Hinblick auf seine singuläre Individualität (denn diese kennzeichnet auch das Genom jedes Wirbeltieres) noch im Hinblick auf seine Zugehörigkeit zur Spezies Homo sapiens.

Wenn aber unsere rein biologischen Eigenschaften nicht der ethische Grund von Menschenwürde und Lebensschutz sind, dann kommt eine Identität allein zwischen solchen Eigenschaften selbstverständlich ebenfalls nicht als moralisches Fundament zur Rechtsbegründung in Betracht. Wer dennoch zweifelt, erwäge ein letztes und ebenfalls ganz realistisches Szenario: Ein Genetiker entnimmt etwa drei Tage nach einer In-vitro-Fertilisierung dem daraus entstandenen Vierzellembryo mit einer Pipette eine Zelle. In diesem Entwicklungsstadium sind die Embryonalzellen, die sogenannten Blastomeren, noch totipotent. Das bedeutet, dass jede von ihnen nach einer Ablösung von den anderen selbst ein individueller, entwicklungsfähiger Embryo ist. (So entstehen auf natürlichem Wege eineiige Zwillinge.) Nun verwendet unser Genetiker aber die abgelöste Blastomere nicht weiter, etwa für eine Präimplantationsdiagnostik, die das deutsche EmbrSchG verbietet. Vielmehr steckt er sie Sekunden später einfach wieder zurück zu den drei anderen. Mit ihnen verbindet sich die zuvor abgelöste Zelle problemlos wieder, der Embryo ist genau derselbe mit

genau denselben vier Zellen wie Sekunden zuvor. Er wird implantiert, und neun Monate
später kommt ein gesundes Kind zur Welt.

Ist hier etwas Verwerfliches geschehen? Intuitiv möchte man wohl sagen: Nein, was soll
denn geschehen sein? Der Embryo ist nach dem sekundenlangen Intermezzo wieder in
genau demselben Zustand gewesen wie zuvor, nichts wurde weggenommen, nichts hinzugefügt; das daraus entstandene Kind ist daher ebenfalls genau das, das auch ohne jenes
Zwischenspiel geboren worden wäre. Und ich jedenfalls würde diese unbefangene Betrach-
tungsweise für vollkommen zutreffend halten.

Nun beziehe man die Perspektive eines Befürworters von Lebensrecht und Menschenwürde des Embryos, exemplarisch: die des EmbrSchG. Es sagt etwa Folgendes: „Nichts Verwerfliches? Hier sind drei strafbare Taten begangen worden. Erstens wurde der Vierzellembryo
missbräuchlich zu einem anderen Zweck als dem seiner Erhaltung, nämlich zu dem seiner
Teilung, verwendet (strafbar nach § 2 Abs. 1). Zweitens und wesentlich schlimmer wurde
ein Embryo geklont (strafbar nach § 6 Abs. 1); denn die abgelöste Blastomere war nach der
Trennung von den drei anderen selbst ein individueller Embryo, der mit dem verbliebenen
Dreizellembryo genetisch identisch war. Am schlimmsten ist freilich, drittens, die vermeintliche Wiedergutmachungshandlung, das Zurückstecken der Blastomere in den Zellverbund.
Dabei wurde ein Embryo, ein Mensch mit Recht auf Leben und Würde, getötet. Denn unmittelbar vor diesem Zurückstecken waren zwei Embryonen vorhanden, hinterher nur
noch einer. Also ist einer vernichtet worden – nicht anders, als wenn von zwei geborenen
eineiigen Zwillingen einer getötet würde; schließlich waren nach der Ablösung der Blastomere die beiden genetisch identischen Embryonen nichts anderes als ungeborene eineiige
Zwillinge."

Wer sich nun nahe am Abgrund des Absurden wähnt, hat wohl recht. Und er mag diesen
Eindruck mit der Überlegung verschärfen, dass wir hier offenbar den singulären Fall einer
Tötung vor uns haben, die nichts Totes hinterlässt. Gleichwohl ist dies eine zwingende
Konsequenz des EmbrSchG und der Position jedes Befürworters von Lebensrecht und Menschenwürde des Embryos. Und es stimmt ja auch: Wenn man bereits den frühesten Embryo
mit der späteren geborenen Person gleichsetzt, dann haben hier tatsächlich zwei ungeborene eineiige Zwillinge existiert – und anschließend nur noch einer.

Die Logik dieser Konsequenz ist freilich geeignet, deren Voraussetzung ad absurdum zu
führen. Es hat in diesem frühen Stadium der embryonalen Entwicklung noch keinerlei
Sinn, von irgendeiner moralisch relevanten Identität des Embryos mit der Person, die aus
ihm werden kann, zu sprechen. Noch nicht einmal seine numerische Identität mit ihr steht
ja fest, wie unser Beispiel plastisch demonstriert.

Nun variiere man den Fall: Hätte der Genetiker meines Beispiels die abgelöste Blastomere
nicht zu den anderen zurückgesteckt, sondern drei Tage später für eine Stammzellentnah-
me verbraucht, dann hätten sich die verbliebenen drei Blastomeren selbstverständlich
ebenfalls einfach weitergeteilt und sich zu genau demselben Kind entwickelt, wie sie es mit
einer Zelle mehr getan haben. Was wäre dann in diesem Fall eigentlich Verwerfliches passiert? Eine Zelle wäre zu Stammzellen und diese dann, sagen wir, zu Knochenmark umge-
wandelt worden, anstatt in den Zellverbund zurückgesteckt zu werden - und sich dort
vielleicht ebenfalls zu Knochenmark zu entwickeln!

Reinhard Merkel: Rechte für Embryonen? In: Die Zeit, 5/2001

Kommentar: Jedes einzelne der vier Gedankenexperimente ist für sich reizvoll. In der öffentlichen Diskussion variierten die Reaktionen von grotesk (= Fachleuten, denen erklärt werden müsste, was philosophische Gedankenexperimente auszeichnet) bis vertiefend (= wichtige Rückfragen an Merkel). In jedem Fall aber sind diese Gedankenspiele geeignet, zum Kern der Problematik vorzudringen und die Beweislasten klar zu verteilen.

Es gibt in der Diskussion vier prinzipielle Argumente dafür, dass Menschenwürde und das Recht auf Leben auch Embryonen einschließt. Jedes dieser Argumente versucht Merkel, mit einem Gedankenszenario zu unterlaufen. Es ist reizvoll zu prüfen, ob es sich um wertlose Intuitionspumpen (→ SB, S. 27) handelt, die den Leser reinlegen, oder ob sie im Gegenteil präzise den kritischen Punkt herausarbeiten und dann ad absurdum führen.

---

1. **Spezieszugehörigkeit**: Gedankenspiel 1: Rette ich einen Säugling oder 10, 100, 1000 in vitro gezeugte Embryonen? Natürlich den Säugling. Dies zeigt (?!) Gattungssolidarität schließt Embryonen nicht ein.

2. **Entwicklungskontinuum**: 1,50-Meter-Mann ist klein, 2,50-Meter-Mann ist groß. Übergänge von einem Millimeter. Wann endet „klein"? Fehlende klare Grenze zeigt nicht, dass wir nicht eindeutig zwischen Groß und Klein unterscheiden können. → Sorites-Paradoxon, vgl. auch → LB S. 460

3. **Potenzialität**: Fall letztmöglicher Empfängnisverhütung. Verwerflich? Nein, aber auch hier wird Potenzial zerstört.

4. (ggf. personale) **Identität**: Was ist Identität? Ein „Mord" ohne „Leiche"?
   a) im Vierzellstadium eine Zelle entnehmen
   b) nach wenigen Sekunden wieder zurückschieben
   Ist etwas Verwerfliches passiert? Nein! (Aber nicht so die aktuelle Gesetzgebung!)
   c) Vierte Zelle wird als Stammzelle für z. B. therapeutisches Klonen weiterverwandt. Die restlichen drei Zellen entwickeln sich zu exakt der Person, zu der sich auch die vier Zellen entwickelt hätten. Also ...

Andreas Kemmerling
Wozu lesen Philosophen Philosophen?

Einleitung

Repräsentation und Subjektivität gelten noch heute – Wittgenstein hin oder her – als die entscheidenden Merkmale des Geistigen. Kaum ein Einzelner wird sich finden lassen, der für diese Art der Kennzeichnung des Geistigen einflussreicher war als Descartes. Seine Lehren zu diesen Dingen werden von fast niemandem geglaubt und von noch wenigeren
5 verstanden. Doch wie er diese Dinge philosophisch angeht, das wird bis heute von vielen bewusstlos imitiert.

Descartes ist zu ehren als ein tiefer, scharfsinniger und einflussreicher Denker – jedenfalls in der Philosophie. Die war ihm etwas thematisch viel Reicheres als uns heute.
[...]
10 Biedersinn ist ein Gegenteil von Philosophie. (Eines der vielen Gegenteile.) Ein scharfsinniger Täuscher müsste in der Philosophie immer mehr gelten als jeder Aufrichtige, dessen Gedanken – sei's auch nur um ein Geringes – flacher geraten sind. Was zählt in der Philosophie, ist die Kraft der Argumentation. Sie zählt mehr als „die Lehre", mehr als die hochtrabenden Ismen, mit denen Doktrinen etikettiert werden, mehr als die verheißungsvollen
15 Programme, mehr als die grandiosen Thesen, mehr als die belanglosen Vormeinungen, mehr als die sogenannten Intuitionen, mehr als all die schicken neuen Begriffe und Sichtweisen. In einem Wort: Eine reizvolle Argumentation zählt mehr als alles andere, das an Philosophie zu faszinieren vermag.

Was aber ist es eigentlich an einer philosophischen Argumentation, das ihren Reiz aus-
20 macht? Das ist schwer zu sagen und sicher nicht weniger umstritten als manche dieser Argumentationen selbst. Und wozu sollen philosophische Argumentationen denn eigentlich gut sein? Der Wahrheitsgehalt jedenfalls ist nicht das Entscheidende. Es gibt Gedankengänge, deren philosophischer Rang und Wert durch die ersichtliche Falschheit ihrer Prämissen und Konklusionen nicht beeinträchtigt wird. Berkeley liefert dafür besonders
25 schöne Beispiele. Aber die Kette reicht gewiss von Sokrates und Platon bis zu Wittgenstein und Quine. Man läse die großen Philosophen falsch, wenn man es täte, um aus ihren Texten unmittelbar die Wahrheit zu entnehmen. Man liest Philosophie ja überhaupt nicht zu diesem Zweck. Für mich selbst zumindest darf ich gestehen, philosophische Texte zwar manchmal in der Hoffnung gelesen zu haben, einsichtiger zu werden, niemals jedoch, um mehr
30 darüber zu erfahren, wie die Welt wirklich ist.

Beiläufig gesagt, halte ich Descartes' Philosophie gerade in dem, was sie zu den beiden Themen „Ich" und „Idee" – oder: Subjektivität und Repräsentation – beiträgt, für grundlegend, ja für abgrundtief falsch. Ich lese Descartes also nicht mit verborgener Verbeugung vor einem, der es – zumindest im Ansatz – immer schon richtig gesehen hätte.

[ein paar Seiten weiter schreibt Kemmerling:]

35 Ich schicke diese Bemerkungen meinen nachfolgenden Studien zur cartesischen Philosophie voraus, um die Haltung, in der ich ihr begegne, deutlicher zu machen, als sie aus jeder einzelnen von ihnen selbst zu entnehmen sein mag. Diese Arbeiten gehören in die Abteilung „Historisches". Es geht mir zunächst einmal darum, Descartes' Lehre zu verstehen. Meinen Widerspruch, was die Sache angeht, habe ich immer zu bändigen versucht. Manch-
40 mal schimmert er dennoch durch — so sei es.

Was mich bei allem inhaltlichen Widerspruch dazu brachte, diese Arbeiten zu verfassen, war vornehmlich meine Hochachtung vor dem Niveau seiner Argumentationen. Daran entzündete sich mein Wunsch, ein paar Kleinigkeiten richtigzustellen. Wenn Descartes' Philosophie mit den heutigen Waffen attackiert wird (wozu, wie ich finde, guter Grund
45 besteht), dann aber tunlichst auf einem Niveau, das ihr aus den verfügbaren Texten ersichtlich zusteht. Dabei kommt es mir nicht nur auf philosophisches *fair play* an, sondern auch auf inhaltliche Einsicht: wie nahe Descartes uns steht, was die Problemstellungen und das intellektuelle Niveau angeht (wir haben wenig Anlass zu viel philosophischem Überlegenheitsgefühl), und wie fern er uns gerade auch in dem ist, wo wir allzu leicht inhaltliche
50 Berührungspunkte wähnen. Um dergleichen geht es in den nachfolgenden Arbeiten.

Andreas Kemmerling: Ideen des Ichs – Studien zu Descartes' Philosophie. Frankfurt a. M.: Vittorio Klostermann, 2. Auflage 2005, Auszüge: S. 9 – 10, S. 14 – 15

1 ▶ Arbeiten Sie heraus, welche Haltung gegenüber Philosophie und philosophischer Argumentation Kemmerling hier vertritt und was er mit seinen Studien anstrebt.

2 ▶ Erörtern Sie Zeile 21 – 22 „Und … nicht das Entscheidende." Was ist dran? (Konkrete Beispiele z. B. aus dem Unterricht zur Erläuterung sind hilfreich.)

3 ▶ Urteilen Sie selbst: Überzeugt Sie Kemmerlings Anliegen? (Grenzen Sie, sofern nötig, Ihre Sichtweise von seiner ab: Wie war es z. B., Gottesbeweise oder die Frage nach dem Ursprung des Universums zu untersuchen? Quälende Übung, Genuss, irgendetwas dazwischen oder gänzlich anderes?)

Kommentar: Aufgabe 3 können Sie Ihrem eigenen Unterrichtsgang entsprechend anpassen. In dem Kurs, für den die Klausur konzipiert wurde, ging es um Metaphysik und Ontologie. Ausgangspunkt der Reihe war Anselms ontologischer Gottesbeweis (→ SB, S. 420).

Ein möglicher Erwartungshorizont:

Gliederung des Textauszugs und Wiedergabe des Inhalts:

Zeilen 1 – 8: **Warum Descartes?**

Er ist ein tiefer und scharfsinniger Denker, obwohl seine Resultate von „fast niemandem geglaubt" werden. Leider aber verstehen die meisten ihn gar nicht. Sie kritisieren zwar seine Art zu philosophieren, aber philosophieren selbst genauso, ohne es zu merken. (Implizit: Wir heute könnten also für unsere Art zu philosophieren sehr viel lernen, wenn wir Descartes nur genau läsen.)

Zeilen 9 – 18: **Was fasziniert an Philosophie?**

Eine geniale, täuschende Argumentation ist mehr wert als solides biederes Handwerk. Warum? Weil die Kraft von Argumentation darin sichtbar wird. Anders als in „hochtrabenden" Systematisierungen von philosophischen Strömungen: Durch Etikettierungen mit Ismen (wie z. B. Empirismus, Rationalismus usw.) erfasst man nicht die Tiefe dessen, was große Denker bewegte. Unsere Vormeinungen und Intuitionen sind vielleicht für jeden Einzelnen wertvoll, können aber nicht allgemein faszinieren.

Zeilen 19 – 26: **Was reizt mich an genialer Argumentation?**

Schwer zu sagen, der Wahrheitsgehalt ist es jedenfalls nicht. Das zeigen gerade die vielen berühmten Beispiele, wo die erwiesene Falschheit von Prämissen und Konklusion nicht die Wertschätzung der Argumente selbst beeinträchtigte.

Zeilen 26 – 34: **Warum lese ich Philosophen?**

Nicht um der Wahrheit willen, sondern um Klarheit und Einsicht in Zusammenhänge zu gewinnen. Descartes z. B. halte ich, was bestimmte seiner Ansichten angeht, für „abgrundtief falsch". Hochachtung vor der richtigen Meinung ist es also nicht, was mich bewegt, Descartes genau zu lesen.

Zeilen 35 – 40: **Was will ich erreichen?**

Ich will Descartes zuallererst verstehen, und zwar als historisch gegebene Quelle. Dass ich ihm inhaltlich widerspreche, muss dabei zurückstehen, auch wenn es verdammt schwerfällt.

Zeilen 41 – 50: **Warum schreibe ich über Descartes, obwohl ich ihm inhaltlich stark widerspreche?**

Aus Hochachtung vor dem Niveau seiner Argumentation und aus dem Bedürfnis, ihn vor Fehlinterpretation zu schützen, und zwar auch deshalb, damit klar wird, warum wir vorschnell „inhaltliche Berührungspunkte" mit unserem heutigen Denken vermuten könnten, die tatsächlich gar nicht gegeben sind.

1. Anthropologie

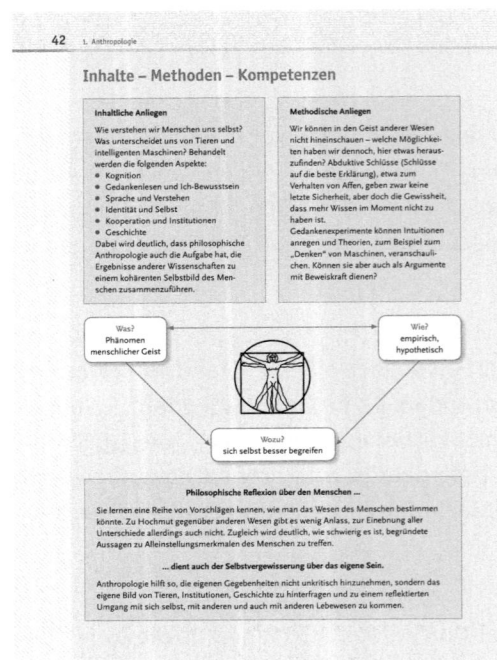

Inhalte – Methoden – Kompetenzen

Die alte Frage nach dem, was den Menschen ausmacht, stellt sich infolge des radikalen wissenschaftlichen Fortschritts in der Erforschung des Menschen in verschärfter Form weiter. Dabei gerät die Sonderstellung des Menschen durch Fragen von zwei Seiten unter Druck: Lässt nicht die zunehmende Erklärbarkeit menschlicher Eigenschaften die Grenze zwischen **Mensch und Tier** durchlässig werden? Und ist es nicht infolge des technischen Fortschritts in den Informations- und Biowissenschaften nur noch eine Frage der Zeit, bis sich **Menschen und Maschinen** und andere künstlich hergestellte Wesen in dem, was den Menschen anscheinend doch ausmacht, nicht mehr klar gegeneinander abgrenzen lassen? Antworten auf Fragen aus diesen Feldern haben auch weitreichende ethische Konsequenzen, da ethische Überlegungen bislang in aller Regel von einer Sonderstellung des Menschen ausgehen.

In Kapitel 1 durchleuchten die Lernenden kritisch und ergebnisoffen verschiedene, anscheinend spezifische Elemente des Menschlichen. Die Reflexion über das, was Tiere vielleicht denken (Abschnitt 1.2.1–1.2.3) ist erschwert durch die Tatsache, dass Tiere nicht mit uns reden, wir müssen uns also andere Zugänge zu ihrem Innenleben erschließen. Eine Möglichkeit, dennoch zu Aussagen zu kommen, besteht in der methodisch geleiteten Auswertung von experimentellen Befunden. Geeignete Instrumente zur Aufdeckung möglicher Fehldeutungen sind hier abduktive Schlüsse auf die beste Erklärung und Ockhams Razor. Ein anderes möglicherweise geeignetes Instrument für das klärende Nachdenken über spezifisch menschliche Eigenschaften sind Gedankenexperimente (Abschnitt 1.2.4, 1.2.5).

Sequenz ●●●	Die allgemeine Einführung in die Frage nach der Grenzziehung zwischen Mensch und Tier (ausgehend von den → **Einstiegsseiten**, SB, S. 41 f. und Unterkapitel **1.1 Was ist der Mensch?**) schafft eine erste Orientierung über mögliche Aspekte des Menschlichen in Abgrenzung gegen Tiere. Unterkapitel **1.2 Elemente des Menschlichen** bringt zunehmend komplexe „Elemente", insofern sollte sich der Unterrichtende, auch wenn er hier frei auswählen und weglassen kann, an die vorgeschlagene Reihenfolge halten. Das in Abschnitt **1.2.8 Anthroplogische Aussagen in Filmen** vorgeschlagene Projekt einer breiten Einbeziehung von Filmen kann sinnvoll v.a. an die Behandlung der Abschnitte **1.2.3**, **1.2.4** und **1.2.5** anschließen.

Literatur und Links

- Detlev Ganten u. a. (Hrsg.): Was ist der Mensch? Berlin, New York: De Gruyter, 2008.
  100 relativ kurze Antworten aus ganz unterschiedlichen Disziplinen

- Werner Schüßler (Hrsg.): Philosophische Anthropologie. Freiburg/München: Alber, 2000.
  Textsammlung klassischer Positionen (die in *DenkArt* nicht weiter behandelt werden)

- Christian Thies: Einführung in die philosophische Anthropologie. Darmstadt: Wissenschaftliche Buchgesellschaft, 2004.

- Stephen Budiansky: Wenn ein Löwe sprechen könnte – Die Intelligenz der Tiere. Reinbek bei Hamburg: Rowohlt, 2003.
  Kritische Befragung verschiedener Interpretationen von Forschungsergebnissen zur (angeblichen?) Intelligenz von Tieren

- Julia Fischer: Affengesellschaft. Berlin: Suhrkamp, 2012.
  Überblick über den derzeitigen Forschungsstand der Primatenforschung aus biologischer Perspektive

Zu den Materialien und Aufgaben

S. 41   Ingo Schulze: Wähle eine Benennung

Ingo Schulzes Kurzzusammenfassung des (heute recht vergessenen) Romans von Vercors ist insofern ein geeigneter Einstieg ins Thema Anthropologie, als sie in zugespitzter Form nach Kriterien für eine Grenzziehung zwischen Mensch und Tier fragt und zugleich andeutet, dass Antworten auf diese Frage gravierende juristische und ökonomische Folgen haben können: So müssten wir unseren Lebensstil in gewisser Hinsicht radikal ändern, wenn wir Schweinen Personenrechte zugestehen und sie insofern „zu Menschen erklär[en]" (Z. 22) würden.

▸ Eine ausführliche Behandlung ist nicht erforderlich, die Aufgabe dient vielmehr dem Abrufen von Vorintuitionen. Die Entscheidung der Geschworenen, Menschsein durch die Fähigkeit, Fische zu räuchern, festzuschreiben, ist möglicherweise nicht so „fadenscheinig", wie sie Schulze vorkommt, sie greift zurück auf den Prometheus-Mythos, demzufolge sich der Mensch durch die Fähigkeit, das Feuer zu beherrschen, grundsätzlich gegenüber den Tieren auszeichnen soll. Möglicherweise kommen in Bezug auf die Begriffswolke Rückfragen zum Homo laborans (der arbeitende Mensch), Homo metaphysicus (der sinnsuchende Mensch), Homo ludens (der spielende Mensch), Homo investigans (der erfinderische Mensch) oder zum Homo creator (der schöpferische Mensch). Die Diskussion der Aufgabe kann schnell zu der Frage führen, ob etwa, wenn Vernunft als Grundlage einer „juristische[n] Definition" (Z. 21) des Menschen genommen wird, ein Neugeborener oder ein geistig Behinderter nicht als Mensch anzusehen ist. Man kann anschließenden möglicherweise etwas ziellosen Diskussionen aus dem Weg gehen, wenn man die Frage der Aufgabenstellung auf den Menschen als (durchschnittliches, nicht eingeschränktes) Gattungswesen hin ausrichtet (nur darum geht es schließlich den Geschworenen) oder die Frage mit dem Klausurvorschlag abschließend vertiefend behandelt (→ **K1-1**, LB, S. 98).

1.1 Was ist der Mensch?

Inhalte – Methoden – Kompetenzen

Ausgehend von Ingo Schulzes Darstellung des Romans „Les Animaux dénaturés" (→ SB, S. 41) fragt dieser Abschnitt, ob sich Mensch und Tier prinzipiell oder nur graduell unterscheiden. Zur Behandlung dieser Frage verfährt der Abschnitt dreischrittig: M 1 und M 2 (→ SB, S. 43 ff.) bringen aus einer biologischen und einer philosophischen Perspektive eine Vielzahl von menschlichen Eigenschaften. Andreas Weber versucht in seinem Text (→ SB, S. 45 f.), die These von der Sonderstellung des Menschen durch den Nachweis zu untergraben, dass sich für eigentlich jede angeblich spezifisch menschliche Eigenschaft tierische Entsprechungen finden ließen. Stephen Budiansky kritisiert diesen Ansatz (→ SB, S. 46 ff.), er bezweifelt, dass der Versuch, Entsprechungen für menschliche Einzelfähigkeiten im Tierreich zu finden, tatsächlich dazu führen kann, die Sonderstellung des vielfältig begabteren Menschen ernsthaft infrage zu stellen.

Sequenz ●●●	Die Materialien bauen aufeinander auf. Allerdings kann auf die Erarbeitung von M 1 und M 2 (→ SB, S. 43 ff.) verzichtet werden – die Begriffswolke auf S. 40 gibt bereits eine Reihe von Hinweisen. Die Rechercheaufgabe → SB, S. 46, ▨3▸ kann nach Hause verlagert werden.
Querverweise ◀▶	• **Grenzziehungsprobleme** spielen auch an anderen Stellen von *DenkArt* eine Rolle. So bringt der **Anhang,** S. 463 f. ein Beispiel aus der Moralphilosophie (Autonomie), auch die Radbruch'sche Formel (**6.1 Einführung in die Staatsphilosophie** → SB, S. 284) ist ein prominentes Beispiel.

Zu den Materialien und Aufgaben

S. 43   ▨1▸ Hier sind vielfältige Lösungsansätze denkbar. Möglich ist auch, die Lernenden zu bitten, drei ihrer Ansicht nach entscheidende Merkmale aufzuschreiben und gemeinsam im Kurs zu versuchen, die gesammelten Merkmale an der Tafel zu sortieren.

▨2▸ Während die Biologin Fischer den Menschen v. a. als (besonderes) Tier vorstellt und neben Unterschieden (Zeitgefühl, Kausalität reflektieren usw.) auch auf Gemeinsamkeiten zwischen Menschen und Tieren abhebt (Sozialverhalten), stellt der Philosoph Sturma den Menschen als Person ins Zentrum und führt dabei eine Reihe von zentralen philosophischen Begriffen an (Gründe, Würde, Selbstachtung usw.). Als gemeinsame Schnittmenge beider Texte lässt sich beispielsweise das Fragen nach Kausalität und Gründen, die Fähigkeit zu metaphysischen Fragen und das Operieren mit Symbolen und Sprache ausmachen.

S. 45   **Andreas Weber: Tierisches, Allzutierisches**

S. 46   ▨3▸ Häufig bringen die Schülerinnen und Schüler hier vielfältige Vorinformationen mit, die Auswertung der Rechercheergebnisse sollte knapp gehalten werden. Disziplinierend (und den folgenden Text vorentlastend) kann hier anhand des abgedruckten Weber-Beispiels (→ SB, S. 46) eine Begriffsklärung von Lüge durchgeführt werden (vgl. auch → SB, S. 462, Ü2).

S. 46   **Stephen Budiansky: Bewegliche Torpfosten**

▨4▸ Schreiben und aushängen, Fahrrad, betrunken, leidtun, Datum, nicht abschließen …

S. 48   ▨5▸ Ein Fußballspiel ohne feststehende Tore ist sinnlos. Wenn Mannschaft A, die versucht, spezifische Alleinstellungsmerkmale des Menschen festzustellen, auf Mannschaft B, die zu jedem Alleinstellungsmerkmal wenigstens eine Entsprechung im Tierreich findet, mit einer neuen, präzisierten Liste von spezifisch menschlichen Eigenschaften reagiert, wirft Mannschaft B Mannschaft A vor, die Spielregeln zu verletzen (= die Torpfosten zu verrücken).

▨6▸ Budianskys Schlussfolgerung ist nicht, dass Mannschaft B mit ihrem Vorwurf recht habe, sondern dass das Spiel „lächerlich[...]" (Z. 30) ist: Menschen unterscheiden sich von allen Tieren nicht durch einzelne Eigenschaften, sondern durch die „Gesamtsumme spezifischer Einzelheiten" (Z. 32 f.). Dafür führt Budiansky eine lange Reihe schlagender Beispiele an (Z. 33 ff.), durch die seiner Ansicht nach der Versuch von Mannschaft B, die menschliche Einzigartigkeit durch Ausnahmen von den behaupteten Einzeleigenschaften zu bestreiten, ad absurdum geführt wird. Der Schlussteil seines Textes (Z. 56 – 62) leitet dann über zu Abschnitt 1.2.1.

7▸ Vielleicht haben die Schülerinnen und Schüler hier mehr und bessere Ideen als ich, dem keine einfallen wollen und dem der Versuch, das einzige menschliche Alleinstellungsmerkmal finden zu wollen, sinnlos vorkommt. Denkbar ist ein Gesprächsverlauf, der v.a. dazu führt, dass ins Feld geführte Begriffe wie „Arbeit", „Lachen" usw. erst einmal geklärt werden müssten. Zu einigen Begriffen (rechnen, malen, verstehen, denken usw.) bieten die im nächsten Abschnitt vorgestellten „Elemente des Menschlichen" (1.2.1 – 1.2.4) Übungsmöglichkeiten.

1.2 Elemente des Menschlichen

Inhalte – Methoden – Kompetenzen

In den Abschnitten dieses Unterkapitels werden verschiedene Elemente des Menschlichen genauer betrachtet. Die Reihenfolge der Abschnitte richtet sich nach der Komplexität der jeweiligen Elemente. Abschnitt **1.2.1 (Kognition), 1.2.2 (Kreativität), 1.2.3 (Sozialkompetenz)** thematisieren diese Elemente in Abgrenzung gegen tierische „Kognition", „Kreativität" und „Sozialkompetenz", Abschnitt **1.2.4** diskutiert **menschliches Denken, Kommunizieren und Verstehen** in Abgrenzung zu künstlicher Maschinenintelligenz, Abschnitt **1.2.5** fragt nach dem „Wesen" **personaler Identität**, Abschnitt **1.2.6** führt knapp in eine (im Vergleich zu der oft in Lehrwerken verwendeten Position von Arnold Gehlen, s. Z 1 - 8, → LB, S. 92 ff.) neuere Theorie „des Sozialen", wie es sich in **Institutionen** niederschlägt, ein, Abschnitt **1.2.7** schließlich fragt danach, was es heißt, **Geschichtsschreibung** zu betreiben, und ob Geschichte so etwas wie ein Ziel oder einen Sinn haben könnte.

Methodisch behandeln die Abschnitte 1.2.1 (Kognition), 1.2.2 (Kreativität), 1.2.3 (Sozialkompetenz) das **abduktive Schließen**/den **Schluss auf die beste Erklärung**, in Abschnitt 1.2.4 („Denken, kommunizieren, verstehen") und Abschnitt 1.2.5 („Personale Identität") stehen **Gedankenexperimente** im Zentrum der Arbeit.

Sequenz ●●●	Die einzelnen Abschnitte können unabhängig voneinander und nur teilweise behandelt werden. Die Unterrichtsplanung sollte allerdings die verschiedenen methodischen Kompetenzen, die einigen Abschnitten zugrunde liegen (s. o.), mit berücksichtigen.
Querverweise ◄►	• **Philosophieren: Vertiefungen und Übungen:** (Schluss auf die beste Erklärung (→ SB, S. 464 ff.) stellt neben abduktiven Schlüssen auch andere elementare Schlussweisen vor. • **Philosophieren: Vertiefungen und Übungen:** Ockhams Rasiermesser (→ SB, S. 477) lässt sich bei 1.1.2, 1.1.3, 1.1.4 einbeziehen. • **Philosophieren: Wie und wozu?:** gibt eine Einführung und erste Problematisierung von Gedankenexperimenten (→ SB, S. 25 – 28). Dabei argumentiert Dennett in dem Text → SB, S. 27 f. ausdrücklich mit Searles Gedankenexperiment des „Chinesischen Zimmers" (1.2.4), sodass sich 1.2.4 für eine grundsätzliche Reflexion von Gedankenexperimenten im Philosophieunterricht anbietet. • Weitere Querverweise s. Einleitungen in den jeweiligen Abschnitten im LB.

1.2.1 Kognition – Zahlen verstehen

Inhalte – Methoden – Kompetenzen

Für den Kognitionsbegriff gibt es unterschiedliche Verwendungsweisen. So unterscheidet die Biologin Julia Fischer in ihrer Einführung in die Primatenforschung Kognition ohne von Kognition mit Einsicht:

„Der Begriff ‚Kognition' wird nicht einheitlich verwendet. Im deutschen Sprachraum wird er oft mit ‚Einsicht' gleichgesetzt, was im angelsächsischen Bereich nur eine spezifische Form der höheren Kognition darstellt. Dort umfasst der Begriff Kognition sehr viel allgemeiner all diejenigen Prozesse, die mit der Aufnahme, Verarbeitung und Speicherung von Information zu tun haben. Dazu gehören unter anderem Lernen und Gedächtnis, die Verhaltenssteuerung ebenso wie Orientierung und Navigation. [...] Und auch eine weitere Begriffsklärung scheint notwendig, nämlich, ob es überhaupt gerechtfertigt ist, bei Tieren von ‚Denken' zu sprechen. Versteht man unter Denken das auf Begriffen basierende, also sprachlich verfasste Urteilen, dann können Tiere natürlich nicht denken, genauso wenig wie vorsprachliche Kinder. Alternativ lässt sich ‚Denken' allgemeiner als schließende Prozesse auf Basis mentaler Repräsentationen definieren. Der Begriff der ‚mentalen Repräsentation' [... meint] wie auch immer geartete informationstragende gedankliche Strukturen [...]. Etwas vereinfacht ausgedrückt handelt es sich um ‚Abbilder' von Objekten, Prozessen oder Erfahrungen, die höheren kognitiven Operationen zugrunde liegen." (Julia Fischer: Affengesellschaft. Berlin: Suhrkamp, 2015, S. 59 f.)

„Einsicht" lässt sich als Synonym von „Verstehen" fassen, dieser Begriff wird in Abschnitt **1.2.4 Denken, kommunizieren, verstehen** (→ SB, S. 56 ff.) problematisiert.

Je nach dem zugrunde gelegten Kognitionsbegriff werden die Überlegungen dieses Abschnitts zu unterschiedlichen Ergebnissen kommen: Affen sind natürlich zu kognitiven Prozessen im Sinne von Informationsverarbeitung in der Lage, inwieweit allerdings Denken mit Einsicht ohne Sprache möglich sein soll, wird eine offene Frage bleiben müssen, die bis auf Weiteres eher abschlägig beurteilt werden dürfte.

Sequenz ●●●	Der Abschnitt ist in sich geschlossen aufgebaut und sollte ganz oder gar nicht unterrichtet werden.
Querverweise ◀▶	• **Philosophieren: Vertiefungen und Übungen:** Schluss auf die beste Erklärung (→ SB, S. 465 ff.) stellt neben abduktiven Schlüssen auch andere elementare Schlussweisen vor. • **Philosophieren: Vertiefungen und Übungen:** Ockhams Rasiermesser (→ SB, S. 477) lässt sich bei 1.1.2, 1.1.3, 1.1.4 einbeziehen.

Literatur und Links

• Julia Fischer: Affengesellschaft. Berlin: Suhrkamp, 2015

• Stephen Budiansky: Wenn ein Affe sprechen könnte. Die Intelligenz der Tiere. Reinbek bei Hamburg: Rowohlt, 2003

Zu den Materialien und Aufgaben

Je nachdem, wie der Begriff der Kognition aufgefasst wird (s. o, → LB, S. 52), wird der Unterricht in 1.2.1 zu einer unterschiedlichen Einschätzung der kognitiven Fähigkeiten von Affen kommen.

Die Grenzscheide läuft wohl längs des Begriffs der „Einsicht": Wenn es möglich ist, auch ohne Einsicht zu rechnen, können Affen auf diese Art rechnen, wenn nicht – eher nicht.

S. 48 **Stephen Budiansky: Können Affen rechnen? (1)**

Entweder man steigt sofort mit dem Text und ■2▶ ein oder man reflektiert in einer kurzen Einstiegsphase gemeinsam mit den Lernenden die Begriffe, nach denen bei den vorgestellten Experimenten gefragt wird. Ein mögliches Tafelbild könnte in Anlehnung an die Ausführungen von Julia Fischer (s. o., → LB, S. 52) bspw. so aussehen:

> **Kognition**
>
> (1) Aufnahme, Verarbeitung und Speicherung von Information
>
> (2) Einsicht, Verstehen
>
> **Denken**
>
> (1) geistige Prozesse auf der Basis mentaler Repräsentationen (= Abbilder)
>
> (2) Urteilen und Schließen auf sprachlicher Basis

Anscheinend ist Sheba nicht nur in der Lage, die Anzahl von Orangen mit Zahlensymbolen in Verbindung zu bringen, sondern sie kann offensichtlich diese Zahlensymbole auch für einfache Rechenoperationen benutzen. Damit läge zumindest eine Art Kognition und Denken jeweils im Sinne von (1) vor.

S. 49 ■2▶ Ruft erste Intuitionen der Lernenden für den nächsten Textabschnitt von Budiansky ab.

S. 49 **Stephen Budiansky: Können Affen rechnen? (2)**

S. 51 ■3▶ „[R]ein mechanisch[es]" Sich-Merken der richtigen Lösungen (Z. 42) ist kein mathematisches Operieren, ebenso wenig wie ein Kind, das ein Buch auswendig gelernt hat, dieses „vorliest", wenn es den Text hinter dem Buch aufsagt (Z. 41 f.).

■4▶ Budiansky plausibilisiert seine Lesart des Können-Affen-rechnen-Experiments von Sarah Boysen durch eine Analogie, in der die Zahlensymbole durch Farbsymbole ersetzt werden: Bei den Zahlen 0 – 3 gibt es insgesamt nur 5 mögliche Aufgaben und Lösungen, die wie die rein mechanische Zuordnung von Farbkärtchen in überschaubarer Zeit auch von Schimpansen durch *trial and error* auswendig gelernt werden können. Das Experiment nachzuspielen wird zu dem Ergebnis kommen, dass die ‚menschlichen' Affen die möglichen Zuordnungen erheblich schneller als Sheba (vgl. Z. 5 f.) heraushaben (auch da sie schon wissen, dass die Farben Zahlen entsprechen). Das „Experiment" kann um eine weitere Zahl (Farbkarte) erweitert werden: Funktioniert es dann noch? Und wenn man noch eine Farbkarte hinzufügt? Und noch eine? Wie viele Kombinationen sind inzwischen denkbar? Wann würde der Affe „schlappmachen"?

Das Experiment kann auch vor der Textlektüre durchgeführt werden: Die „Affen" werden rausgeschickt, die Trainer instruiert, dass den Farbkarten jeweils eine Zahl von 0 – 3 (evtl. 4, 5 usw.) entsprechen soll, und gebeten, den „Affen" jeweils bei richtigen Lösungen eine kleine Belohnung (Gummibärchen o. ä.) zu geben, sowie aufgefordert zu notieren, wie viele Durchläufe die „Affen" benötigen, bis sie die Aufgaben fehlerfrei beherrschen.

■5▶ Die Illustrationen karrikieren unterschiedliche Formen von Anthropozentrismus und Wahrscheinlichkeit: Es ist sehr unwahrscheinlich, dass der Hund nicht nur mitfährt (objektive

Lesart), sondern verfolgt (subjektive, quasi anthropozentrische Lesart). Ob es spezifische Laute („Koona" und „Phoony") sind, mittels derer der große Außerirdische den Kleinen zur offensichtlich gewünschten Reaktion (er lächelt auf dem letzten Bild) bringt, wissen wir nicht, wir können es nur für wahrscheinlich halten. Die Aufgabe baut eine Brücke zu:

6▸ und **7▸** Abduktive Schlüsse: Wenn Phänomen A, dann Symptom B.

Symptom B liegt vor.

Eine bessere Erklärung als A haben wir für B nicht.

S. 468 Also ist A eine wahrscheinliche Ursache für B (vgl. → SB, S. 486).

Wir bieten einen Vorschlag an, der bei dem Phänomen ansetzt, das Budiansky in dem zweiten Textausschnitt (→ SB, S. 49, Z. 1 f.) für erklärungsbedürftig hält: Trotz hartnäckigem Training können Primaten nur mit wenigen Zahlen „rechnen":

A: Affen können nicht rechnen, sondern lernen lediglich Wenn-dann-Zuordnungen auswendig.

B: Die „rechnerischen Fähigkeiten selbst ausgiebig geschulter höherer Primaten" (Z. 45 f.) bleiben (im Unterschied zu Kindern, die rechnen lernen) sehr beschränkt.

S. 477 A wird anschaulich plausibilisiert durch die Farbkärtchen und ist die beste Erklärung für B.

Also können Affen wahrscheinlich nicht rechnen, sondern lernen lediglich Wenn-dann-Zuordnungen auswendig.

In dieser Lesart:
a) Zu erklärendes Phänomen: Auch gut trainierte Primaten haben nur sehr eingeschränkte „Rechen"-Fähigkeiten.
b) Budiansky erklärt dieses Phänomen durch die Annahme, dass Affen nur Wenn-dann-Zuordnungen vornehmen. Dazu sind sie, wie man aus anderen Experimenten weiß, in der Lage (vgl. Z. 24). Da diese Zuordnungen (auch für Menschen) schnell unübersichtlich werden, liefert dieser Ansatz eine wahrscheinliche Erklärung dafür, dass Affen nur in sehr eingeschränktem Maße rechnen können.

Andere Erklärungsansätze werden nicht ausgeführt. Vorschläge der Lernenden müssten dann allerdings auch überzeugend argumentieren gegen:
c) Die Erklärung einer reinen Zuordnung erklärt am ehesten die Tatsache, dass es bisher keine Studie gibt, in der Affen in der Lage gewesen wären, ihre Rechenversuche „uneingeschränkt" fortzusetzen und zu übertragen (vgl. Z. 48 f.).
d) In die Diskussion einbezogen werden kann bspw. → SB, S. 478, 2, das Kriterium der Plausibilität einer Theorie. Überlegungen, die von einer zwar vorhandenen, aber irgendwie eingeschränkten Einsicht in das, was Zahlen sind, ausgehen, werden schnell unplausibel: Kann man Zahlen nur zum Teil „einsehen"? Interessant könnte hier beispielsweise sein, das Rechnenlernen von Grundschulkindern (etwa über Rechercheaufträge wie Befragen von Grundschullehrern usw.) in die Überlegungen einzubeziehen: Auch diese erweitern ihren Zahlenbereich ja langsam und nach und nach: Vielleicht ist das ein Gegenargument gegen Budiansky? Allerdings müsste dann erklärt werden, warum rechnende Primaten, wenn sie anfangs über ein ähnlich geartetes Verständnis verfügen wie Kinder, bei diesem Verständnis stehen bleiben, Kinder aber nicht. Aller Voraussicht nach führt das zu umständlichen und voraussetzungsreichen Erklärungsversuchen, welche der von Budiansky vorgelegten Erklärung bis auf Weiteres unterlegen sein dürften.
e) Vermutlich ist das Instrument vorerst alternativlos. So urteilt auch Julia Fischer: „Da wir die Tiere nicht direkt befragen können, bleibt für die Beurteilung des Verhaltens weit mehr Spielraum, als wenn wir ihre Aussagen zu Protokoll nehmen könnten. Das hat unter anderem zu der Frage geführt, ob die ‚inneren Prozesse', die Tierverhalten zugrunde liegen, überhaupt einer wissenschaftlichen Untersuchung zugänglich sind. [...] Leider gibt es [...] eine beträchtliche Anzahl von ‚Trophäensammlern', also Leuten, denen es eher darum geht, einen spektakulären Befund zu verbreiten, als zu verstehen, wie die ganze Sache eigentlich funktioniert.

Meistens wird dabei eine vormals dem Menschen vorbehaltene Fähigkeit nun auch bei Affen oder Delfinen oder Krähen und so weiter identifiziert. Die Medien stürzen sich begeistert auf die sensationellen Neuigkeiten, und die Studie ist binnen kürzester Zeit in aller Munde, bis irgendwann ein Lerntheoretiker säuerlich einwendet, das beobachtete Verhalten könne genauso gut durch einfache Lernvorgänge erklärt werden – von Einsicht keine Spur. Diese Leute nennt man auch die ‚Spielverderber' (Julia Fischer: Affengesellschaft. Berlin: Suhrkamp, 2015, S. 60–63). Budiansky nimmt in der hier vorgestellten Frage die Position des „Spielverderbers" ein.

8▶ Uhren, Architektur, Zählen, Buchhaltung und Geldverkehr usw.

1.2.2 Kreativität – malen

Inhalte – Methoden – Kompetenzen

Das Malen von Affen ist möglicherweise ein Musterbeispiel für anthropozentrische Interpretationen von Experimenten mit Affen (vgl. → SB, S. 51, Z. 52–58): Auch hier wird nach Rudimenten spezifisch menschlicher Fähigkeiten bei anderen Arten gesucht, ohne zu fragen, wozu diese Fähigkeiten dem untersuchten nicht menschlichen Lebewesen jemals von Nutzen hätten sein können. Und mehr noch als die Untersuchung des Rechnens lädt das vorgestellte Affengemälde zum anthropozentrischen Projizieren ein, wie der Text einer Berliner Kunstlehrerin zeigt. Dies spiegelt sich vielleicht auch in der Tatsache, dass u. a. Pablo Picasso Bilder des Schimpansen Congo gekauft haben soll.

Sequenz ●●●	Das kleine zusätzliche Element zur Kreativität von Affen ist fakultativ und kann als Brücke zwischen 1.2.1 und 1.2.3 eingesetzt werden.

Literatur und Links

- Näheres zu Congo im entsprechenden Wikipedia-Artikel. Ein jüngeres Beispiel für einen Kunstaffen ist das Orang-Utan-Weibchen Nonja (s. wikipedia.de).
- Desmond Morris: Der malende Affe. München: dtv, 1967.

Zu den Materialien und Aufgaben

S. 52 **1▶** Mögliche Fragen könnten etwa sein, ob Affen auch gegenständlich oder nur „abstrakt" (expressiv) malen können, ob Affen in der freien Wildbahn auch so etwas wie Kunst produzieren (wenn ja – welche? Wenn nein – warum nicht?) oder ob Affen (wie Maler) den (zukünftigen) Betrachter mitberücksichtigen können. Vermutlich wurde Congo in einer Art Talente-Schuppen als besonders begabt ausgewählt – wie und nach welchen Kriterien eigentlich?

2▶ Adda Geiling vermutet (vgl. Z. 4 f.), dass die Auswahl und Reihenfolge der dem Affen zur Verfügung gestellten Materialien eine entscheidende Rolle für das Endprodukt gespielt haben dürfte. Dies würde die kreative Leistung des malenden Schimpansen stark einschränken. Wie schon beim Rechnen stellt sich u. a. die Frage, inwiefern Congo versteht, was er da tut, wenn er malt. Und wie schon beim Rechnen (→ LB, S. 54, **6▶** und **7▶**,d)) bietet sich eine Recherche zur Entwicklungspsychologie des Malens bei Kindern an: Wann gelangen Kinder eigentlich über das gegenstandslose Kritzeln hinaus zu zunehmend gegenständlicher Darstellung? Welche weiteren Fähigkeiten entwickeln sich in dieser Zeit? (Ganz grob unterscheidet man folgende Phasen in der Malentwicklung von Kindern: 0 – 3 Jahre: Kritzelphase, erste geometrische Figuren; 4 – 6 Jahre: Entstehung erster realer Abbildungen; 7 – 10 Jahre: zunehmende Präzision, perspektivische Darstellung. Interessant könnte ein Vergleich mit der Entwicklung der Sprachfähigkeit sein.)

3▶ Basis-Definitionen bestimmen Kreativität ganz allgemein etwa als das Vermögen, neue und brauchbare Formen zu schaffen, oder auch als Neuformation von Informationen, in der die Lücke zwischen nicht sinnvoll miteinander verbundenen Gegebenheiten durch die Schaffung von neuen Sinnbezügen gefüllt wird: Immer geht es um ungewohnte Kombinationen. Ausgehend von solchen sehr allgemeinen Definitionen gäbe es ohne kreative Fähigkeiten nicht nur keine Kunst, Musik und Literatur, sondern vermutlich überhaupt keine Formen von Spiel und Humor und wohl auch kaum Erfindungen. Insgesamt scheint Kreativität mit der Fähigkeit zum „Querdenken" zusammenzuhängen und so auch für das philosophische Denken letztlich unentbehrlich zu sein.

1.2.3 Sozialkompetenz – vermuten, was andere denken

Inhalte – Methoden – Kompetenzen

Für Verhaltensforscher wie Michael Tomasello ist die Fähigkeit, sich in andere hineinzuversetzen und so die Perspektive des anderen einzunehmen, eine Art „Gedankenlesen" also, die grundlegende Voraussetzung für die höher entwickelten sozialen Fähigkeiten von Menschen gegenüber Primaten und anderen Tieren. Tomasello hat in Versuchen mit Kindern zwischen 14 – 18 Monaten einerseits und Primaten andererseits versucht nachzuweisen, dass Kinder andere durch Zeigegesten über Sachverhalte informieren, Primaten dies hingegen nicht tun: „Schimpansen und andere Menschenaffen verwenden untereinander keinerlei Zeigegesten, und meiner Meinung nach verwenden sie auch keine anderen Kommunikationsmittel, um hilfreiche Informationen auszutauschen." (Michael Tomasello: Warum wir kooperieren. Berlin: Suhrkamp, 2010, S. 26.) Seine Erklärung läuft darauf hinaus, dass im natürlichen Umfeld der Affen niemand Hinweise in hilfreicher Absicht gibt, da ursprünglich nur Konkurrenzverhältnisse vorliegen und so keine hilfreiche Intention anzunehmen ist. Das ist bei Menschen offensichtlich anders. Verallgemeinert ist es für Menschenaffen also weder notwendig noch hilfreich, die Perspektive eines anderen einzunehmen. Alles, was sie an Sozialverhalten benötigen, ist in dieser Lesart durch feste Verhaltensprogramme festgelegt.

Erfahrungsgemäß führt der Versuch, diese Fragen im Unterricht zu diskutieren, schnell zu Meinungsverschiedenheiten, was genau unter „die Perspektive eines anderen einnehmen" zu verstehen sein könnte. Deshalb wird in *DenkArt* die Darstellung eines Basisexperiments gegeben, die erst scheinbar den Schluss nahelegt, dass Schimpansen doch die Absicht eines Menschen verstehen, um dann, wie schon in 1.2.1 per abduktivem Schluss eine Erklärung vorzuschlagen, die ohne die Fähigkeit des „Gedankenlesens" auskommt (→ SB, S. 54 ff.). Der vorgeschaltete Text von Daniel Dennett erklärt durch Systeme von Intentionalität erster, zweiter usw. Ordnung, worum es geht: Von *Denken* können wir demnach nur sprechen, wenn sich jemand mit seinen Überzeugungen und Wünschen auf Überzeugungen und Wünsche beziehen kann.

Sequenz •••	Die Abschnitte bauen aufeinander auf und sollten nacheinander unterrichtet werden.

Literatur und Links

- Michael Tomasello: Warum wir kooperieren. Übersetzt von Henriette Zeidler. Berlin: Suhrkamp, 2010

- Stephen Budiansky: Wenn ein Affe sprechen könnte. Die Intelligenz der Tiere. Reinbek bei Hamburg: Rowohlt, 2003 (v.a. Kapitel 7)

- Frans de Waal: Der Affe in uns. Übersetzt von Hartmut Schickert. München: dtv, 2009 (v.a. Kapitel 5, S. 246 – 257)

  De Waal vertritt im Gegensatz zu Tomasello und Budiansky die Position, dass Affen sehr wohl Überzeugungen und Wünsche in Bezug auf Überzeugungen und Wünsche haben können.

- Daniel Dennett: Spielarten des Geistes. Übersetzt von Sabine Vogel. München: Bertelsmann, 1999 (v.a. Kapitel 5, S. 145 – 161)

- „Das haben wir alles gelernt" – Interview mit Michael Tomasello (http://www.zeit.de/2014/40/michael-tomasello-anthropologie-psychologie-affe-mensch/komplettansicht)

Zu den Materialien und Aufgaben

S. 53 Daniel Dennett: Gedankenlose Intelligenz und Intentionalität zweiter Ordnung

1▶ Hier wird es zu unterschiedlichen Antworten kommen, die sich u. a. an der Frage unterscheiden, was unter „Verstehen" gemeint sein könnte: Weiß mein Hund, dass ich traurig bin, oder merkt er nur, dass ich weniger energiegeladen wirke als üblicherweise? Versteht mein Kater, dass die Koffer im Zimmer auf unsere Urlaubsreise hindeuten, oder hat er sich nur gemerkt, dass gepackte Koffer auch beim letzten Mal mit einer längeren Abwesenheit zusammenhingen?

S. 54

2▶ Dennetts Kernthese steht gleich am Anfang: Tiere verhalten sich, aber sie wissen nicht, dass sie sich verhalten. Denken entsteht erst (vgl. Z. 11 ff.), wenn sich ein Akteur mit den Gedanken anderer Akteure beschäftigen kann. Intention ist ein komplexer und strittiger Begriff, als Arbeitsdefinition wird hier schlicht gesetzt, dass ein intentionales System geistige Zustände hat, die auf etwas gerichtet sind und einen Inhalt haben, einfacher gesagt: Ein intentionales System hat Überzeugungen und Wünsche[1]. Ein intentionales System erster Ordnung ist ein System, das sich auf etwas richtet, das nicht selbst Überzeugungen und Wünsche sind (also etwa die Überzeugung, dass etwas essbar ist, und der Wunsch, es zu essen; oder die Überzeugung, dass etwas heiß ist, und der Wunsch, sich nicht zu verbrennen usw.).

Der entscheidende Schritt liegt für Dennett in dem Schritt zu einem intentionalen System zweiter Ordnung, nämlich der Fähigkeit, Überzeugungen und Wünsche zu haben, die sich auch auf Überzeugungen und Wünsche richten können (also etwa: die Überzeugung, dass jemand anderes auch die Überzeugung hat, dass es sich bei dem Essbaren da vorne um etwas Essbares handelt, oder eben auch die Überzeugung, dass jemand anderes eben nicht die Überzeugung hat, dass es sich bei dem Essbaren da vorne um etwas Essbares handelt usw.). Da uns der direkte, sprachliche Zugang zum tierischen Bewusstsein versperrt ist, führt die Frage, ob wir Tieren diese Überzeugungen und Wünsche zusprechen können oder nicht, schnell zu unterschiedlichen Antworten: Verhält sich ein Hund, der sich an seinem Knochen festbeißt, den ihm sein Herrchen wegnehmen möchte, als ein intentionales System zweiter Ordnung („der will mir den Knochen wegnehmen") oder als ein intentionales System erster Ordnung („Ich will meinen Knochen nicht hergeben")? Und wie sollte man diesen Unterschied überhaupt ausmachen können? (Im

---

[1] An anderer Stelle präzisiert Dennett, dass es ihm nicht darum geht, ob etwas Intentionen *hat*, sondern nur darum, ob sie ihm von jemand, der das Verhalten dieses etwas voraussagen möchte, *zugeschrieben* werden. Da wir mit Tieren nicht sprechen können können, wir nicht anders, als Intentionen zuzuschreiben oder eben nicht.

menschlichen Feld ist die Angelegenheit klarer: Paula möchte zu Weihnachten Geld geschenkt bekommen (intentionales System erster Ordnung). Paula glaubt, dass ihre Eltern ihr zu Weihnachten Geld schenken wollen (intentionales System zweiter Ordnung).

Ein intentionales System dritter Ordnung verfügt dann über die Fähigkeit, jemand anderen glauben zu machen oder zu verstehen, dass jemand anderes über diese und jene Intentionen und Wünsche verfügt (die Eltern wissen, dass Paula glaubt, dass ihre Eltern ihr zu Weihnachten Geld schenken wollen). Ab hier kann es immer so weitergehen: Als ein intentionales System vierter Ordnung möchte Paula die Eltern glauben machen, dass sie, obwohl sie weiß, dass die Eltern zu wissen glauben, dass sie glaubt, dass die Eltern ihr zu Weihnachten Geld schenken werden, sich doch auch über ein neues Smartphone freuen würde.

3▶ Die Fähigkeit, sich auf das Denken von jemand anderem zu beziehen, scheint automatisch mit der Fähigkeit verbunden, sich auch auf das eigene Denken zu beziehen, ein Ich-Bewusstsein zu entwickeln (vgl. Z. 17 – 25). Sollen wir Tieren also ein Ich-Bewusstsein zusprechen oder nicht? Darum geht es.

Diskutiert werden kann Dennetts Unterscheidung an Beispielen von tierischem Täuschungsverhalten (die Schülerinnen und Schüler werden da Beispiele haben, wenn nicht, könnte es etwa dieses sein): Ich sitze in dem einzigen Sessel, in dem mein Hund schlafen darf. Der Hund will auf den Sessel. Ich lasse ihn nicht, obwohl er winselt und bettelt. Er geht zur Tür und kratzt an der Tür, als habe er den Versuch aufgegeben, in den Sessel zu gelangen. Ich stehe auf, um ihn herauszulassen, und er rennt zum Sessel und setzt sich. Verhält sich der Hund hier als ein intentionales System zweiter Ordnung? Offensichtlich ja, denn um sein Herrchen zu *täuschen*, müsste der Hund die Intentionen seines Herrchens verstehen. Aber vielleicht weiß der Hund ja auch nur, dass sein Herrchen zur Tür geht, wenn er daran kratzt? Und dafür den Sessel freimachen wird? Will also gar nicht täuschen, sondern nur, dass sein Herrchen den Sessel freimacht? (Die Nagelprobe wäre vielleicht, ob der Hund den gleichen „Trick" versuchen würde, wenn er noch nicht gelernt hat, dass sein Herrchen zur Tür gehen wird, also etwa zum ersten Mal an der Tür kratzt: Dann müsste der Hund Vermutungen darüber anstellen, dass sein Herrchen ihn vielleicht hinauslassen wird und dafür seinen Sessel verlassen wird usw. – schaffen Hunde das?)

„Morgans Kanon" (nach dem britischen Zoologen Conwy Lloyd Morgan (1852 – 1936) ist eine Modifikation von Ockhams Rasiermesser (→ SB, S. 477) für die Interpretation solcher Fragen und besagt: Erkenne einem Organismus nur so viel Intelligenz und Bewusstsein zu, wie zur Erklärung seines Verhaltens notwendig ist. „Morgans Kanon" kann anhand des Beispiels oben (und eventueller Schülerbeispiele) eingeführt werden, dies bereitet die folgenden Texte vor. (In dem Fall oben wäre die sparsame Interpretation des Verhaltens des Hundes, dass der Hund das Herrchen mit einem vertrauten Manöver zum Aufstehen bewegen will. Eine „Täuschung" zuzuschreiben ist dafür nicht notwendig, oder?)

4▶ Korrekt, ein Thermometer hat weder Überzeugungen noch Wünsche.

5▶ Je nach Erklärung: Ja, wenn Congo davon überzeugt ist, seinem Trainer damit eine Freude zu machen usw., nein, wenn Congo nur gelernt hat, dass ein fertiges Bild in der Regel Belohnungen zur Folge hat.

6▶ Jegliche Form von mit Denken verbundener Kooperation, Vertrauen, Altruismus, Täuschung, Betrug usw. setzt Intentionalität zweiter Ordnung voraus.

S. 54 Stephen Budiansky: Gedankenlesen – ein Experiment (1)

S. 55 **7▶** Abb. 1: Der Affe sieht, dass der Wissenschaftler im Raum ist, aber nicht, in welchen Behälter dieser das Futter steckt. Abb. 2: Der Wissenschaftler und ein anderer Ratender geben Tipps, in welchem Behälter das Futter ist, dabei gibt der Wissenschaftler den richtigen Tipp. Wenn der Affe versteht, dass die Person, die beim Futterverstecken dabei war, mehr weiß, weil sie gesehen hat, wo das Futter versteckt wurde (wenn also der Affe Überzeugungen über die Überzeugungen der beiden Personen entwickelt), dann verhält er sich wie ein intentionales System zweiter Ordnung. Schimpansen können dies nach einer großen Anzahl von Durchläufen (vierjährige Kinder erheblich schneller).

■8▶ Lassen Sie alle Spekulationen zu und lassen Sie diese dann mit dem zweiten Teil des Textes vergleichen.

S. 55 **Stephen Budiansky: Gedankenlesen – ein Experiment (2)**

S. 56 **■9▶** a) Gesetzt also den Fall, die Affen haben gelernt, dass die Person, die beim Verstecken im Raum war, sehen konnte, wo das Futter versteckt wurde: Abb. 3: Im Raum sind eine wissende Person, die sieht, wo das Fressen versteckt wird, und eine Person, die das wegen der Papiertüte nicht sehen kann. Abb. 4: Wenn der Affe Hypothesen über die Überzeugungen der Zeigenden entwickeln würde, müsste er sich auf das Zeigen desjenigen verlassen, der zusehen konnte, wohin das Futter versteckt wurde (und keine Papiertüte auf dem Kopf hatte). Das ist nicht der Fall, die Affen raten weiter, kommen dann schließlich auf die Regel, sich auf die Person ohne Papiertüte zu verlassen. Was die Affen also offensichtlich nicht verstehen, ist, dass die Person, die zuschauen konnte, wusste, wo das Futter versteckt ist.
b) Abduktve Schlüsse: Wenn Phänomen A, dann Symptom B.
Symptom B liegt vor.
Eine bessere Erklärung als A haben wir für B nicht.
Also ist A eine wahrscheinliche Ursache für B (vgl. → SB, S. 468).

Phänomen A: Affen können keine Vermutungen darüber anstellen, welche Überzeugungen jemand hat, sind also keine intentionalen Systeme zweiter Ordnung.
Zu erklärendes Symptom B: Die Wahrscheinlichkeit der Affen, den richtigen Futternapf zu finden, erhöht sich erst nach hartnäckigem Herumprobieren.

Eine bessere Erklärung als A haben wir nicht, denn das Transferexperiment (Textteil 2) plausibilisiert A folgendermaßen: Offensichtlich verstehen Affen entweder nicht, was es heißt, eine Papiertüte auf dem Kopf zu haben, oder, selbst wenn sie das verstehen würden, verstehen sie nicht, was diese Tatsache mit dem Wissen um das Futterversteck zu tun hat, dass es nämlich wichtig ist, zu *sehen*, wer das Futter versteckt, um zu *wissen*, wo das Futter ist.
Also erklärt die Annahme, dass Affen keine intentionalen Systeme zweiter Ordnung sind, am ehesten, dass sie erst lange herumprobieren müssen, um den richtigen Futternapf zu erkennen.

Die Diskussion im Kurs in Bezug auf dieses Experiment kann durchaus kontrovers verlaufen – vielleicht wissen die Affen ja schon, dass das Sehen hier mit dem Wissen zusammenhängt, vielleicht haben sie nur noch keine Erfahrungen mit dem Tragen von Papiertüten gemacht usw. Und dass vierjährige Kinder das mit Sicherheit sehr schnell raushaben würden, hängt vielleicht damit zusammen, dass sie aus Erfahrung wissen, was es heißt, eine Papiertüte auf dem Kopf zu haben? Viel spricht wohl dafür, dieses Experiment als Bestätigung von Tomasellos in der Einleitung (→ LB, S. 53) wiedergegebener Überzeugung zu deuten: Affen müssen hilfreiche Gesten nicht deuten können, da sie solche in ihrer natürlichen Umgebung nicht vorfinden.

■10▶ Vielfältige Antworten sind denkbar. Wichtig wäre wohl, behaviouristische Erklärungsmöglichkeiten (die letztlich immer darauf hinauslaufen, dass Affen Wenn-dann-Beziehungen lernen, ohne die Verknüpfung selbst zu durchschauen) auszuschließen.

■11▶ Die Aufgabe greift **■6▶** (→ SB, S. 54) auf: Jegliche Form von Moral, Institutionen usw. sind ohne diese Fähigkeit undenkbar.

1.2.4 Denken, kommunizieren, verstehen

Inhalte – Methoden – Kompetenzen

Was macht den Menschen zu Menschen? Und *wie* lässt sich überprüfen, ob andere Wesen vielleicht ähnliche Eigenschaften haben? Ging es in den Abschnitten 1.2.1 – 1.2.3 als Teil des Anthropologie-Kapitels **inhaltlich** um Grenzziehungen zwischen Menschen und Tieren (rechnen, Gedanken lesen) und **methodisch** um den Schluss auf die beste Erklärung, geht es in 1.2.4 **inhaltlich** um die Grenzziehung zwischen dem Denken des menschlichen Geistes und dem, was sehr komplexe Maschinen tun, wenn sie rechnen. Im Zentrum stehen dabei der Turingtest und John Searles Gedankenexperiment des „Chinesischen Zimmers". **Methodisch** behandelt dieser Teil die Frage nach der Beweiskraft von Gedankenexperimenten. Dazu rekonstruieren und interpretieren die Schülerinnen und Schüler die verschiedenen Argumente.

Das Einstiegsbeispiel H A L aus „Odyssee im Weltraum" ist noch erheblich älter als die vorgeführte Debatte, die auch mehr als 20 Jahre zurückliegt. Auch weiterhin aber befeuert die Idee denkender Maschinen die Fantasie von Filmemachern, wie etwa die jüngeren Beispiele „A. J. – Künstliche Intelligenz" (Steven Spielberg) und „Her" (Spike Jonze) zeigen (→ SB, S. 79). Und auch in der Forschung ist die Idee der starken KI anscheinend nicht abgeschrieben, wie das Beispiel des europäischen Blue Brain Project zeigt (s. auch Yuval Harari in seiner „kurze[n] Geschichte der Menschheit", → **Z1-1**). Searle kommt zu der Feststellung, dass Geist und Bewusstsein mehr sein müssen als nur eine Computersimulation. Dass es vielleicht möglich sein könnte, Geist und Bewusstsein künstlich (auch unter Einbeziehung von künstlicher Intelligenz) herzustellen, schließt er hingegen nicht aus, nur braucht es dafür eben mehr als nur ein ablaufendes Programm. Das Blue Brain Project dürfte er wohl eher kritisch sehen.

Sequenz ●●●	Der Einwand der Churchlands gegen Searles Chinese-Room-Argument und Searles erneute Entgegnung sollten behandelt werden, um die Frage nach dem, was menschliches Denken und Verstehen ausmacht, in der hier vorgeschlagenen Form zuzuspitzen. Wenn sie nicht behandelt werden, sollte darauf geachtet werden, dass deutlich wird, was genau Searle selbst eigentlich widerlegt zu haben glaubt.
Querverweise ⟷	**Philosophieren: Wie und wozu?, Säule 3: Hypothetisches Denken** (→ SB, S. 25 ff.)

Literatur und Links

- Künstliche Intelligenz: eine Kontoverse. Spektrum der Wissenschaft: Sonderheft 11: Ultrarechner, Heidelberg: Spektrum der Wissenschaft Verlagsgesellschaft, 1991, S. 91 – 106
- John R. Searle: Geist. Eine Einführung. Übersetzt von Sibylle Salewski. Frankfurt a. M.: Suhrkamp, 2006, Kapitel 3 (S. 92 – 116)
- Susan Blackmore (Hrsg.): Gespräche über Bewusstsein. Übersetzt von Frank Born. Berlin: Suhrkamp Taschenbücher Wissenschaft, 2012
- Holm Tetens: Philosophisches Argumentieren. München: Beck, 2006, S. 226 – 232
- Roman Pletter: Ist er besser als wir? (Die Zeit, 10.04.2014) http://www.zeit.de/2014/29/computer-roboter-konkurrenz [19.3.2016]

Zu den Materialien und Aufgaben

S. 56 **Stanley Kubrick: HAL 9000**

S. 57 **Matthias Althoff: Wie eine Debatte entsteht – Ein einführender Bericht**

1▶ Die Schwierigkeiten, eine Intuition der Art „natürlich kann Hal keine Gefühle haben" zu begründen, dürften schnell deutlich werden: Häufig kommen im Unterricht dann Argumente der Art wie: „ein Computer kann nur das tun, was ihm einprogrammiert wurde", und Gegenargumente der Art wie: „Aber das ist doch bei Menschen genauso? Wenn sie erzogen werden, Sprachen lernen usw.?" Die zweite Frage lenkt die Aufmerksamkeit auf die sich anschließende Darstellung des Turingtests: Kann ein Rechner, der Gefühle, Gedanken, Sprachen, Verstehen usw. perfekt simuliert, tatsächlich fühlen, denken, sprechen und verstehen? (Und wie lässt sich das überprüfen?)

In einem vorgeschalteten Rechercheauftrag können die Schülerinnen und Schüler versuchen herauszubekommen, wie weit das *Blue Brain Project* bzw. das andere große europäische Projekt dieser Art, das *Human Brain Project*, inzwischen gekommen ist (offensichtlich nicht so weit, vgl. etwa http://www.spektrum.de/news/rattenhirn-im-computer-befeuert-streit-um-hirnprojekt/1370191 [19.03.2016]).

S. 58 **2▶** Bestimmend ist wohl zweierlei (vgl. Z. 19 – 24): Nur über das beobachtbare Verhalten können wir etwas aussagen. Und niemand (auch keine Maschine) kann Sprachkompetenz dauerhaft nur simulieren. Wer also ein Verhalten dauerhaft zeigt, „kann" dieses Verhalten.

3▶ Hier sind kreative Ideen aus dem Kurs gefragt, z. B.: Lässt sich Dazulernen testen? Können Maschinen auch etwas „Neues" denken? Wie lässt sich das testen?

4▶ Die Aufgabe kann auch als Hausaufgabe gegeben werden.

Z 1-3 Relativ ernüchternd sind die Ergebnisse des Treffens zweier weltweit führender Bots (→ LB, Zusatzmaterial **Z1-3**).

5▶ Wie der Mann ja ein Mann bleibt, auch wenn er eine Frau vorspiegelt, so bleibt die Maschine eine Maschine, auch wenn sie menschliche Intelligenz vorspiegelt. Die Schwierigkeit besteht darin, dies von außen herauszufinden. Diese Schwierigkeit liegt der Provokation des Turingtests zugrunde: Wenn wir keine bessere Möglichkeit haben, intelligentes Sprachverhalten festzustellen, als sie von außen zuzusprechen, warum sollte das Gewinnen des Imitationsspieles dann nicht intelligentes Sprachverhalten *sein*? Hier setzt Searles Gedankenexperiment an, indem es gewissermaßen hinter den Schirm zu den beiden Antwortenden geht und zeigt, was diese Antwortenden gerade tun: wahrheitsgemäß antworten bzw. scheinbar wahrheitsgemäße Antworten vorzuspiegeln, zu *simulieren*.

Da der Fragende versuchen wird, Widersprüche, Inkohärenzen usw. auszumachen, ist die beste Strategie der Frau, möglichst präzise, wahrheitsgemäße Antworten zu geben. Da der befragte Mann keine wahrheitsgemäßen, sondern nur wahrheitsgemäß scheinende Antworten geben kann, ist die beste Strategie, eine möglichst detailliert ausgearbeitete Ersatzidentität vorzuspiegeln. Das entspricht dem, was die Programmierer eines Sprachprogramms tun. Je umfassender die Fragen und die Störmanöver des anderen Befragten antizipiert werden können, desto höher ist natürlich die Wahrscheinlichkeit, im Imitationsspiel mithalten zu können.

S. 58 **John Searle: Schwache und starke KI**

S. 59 **6▶** Nach der schwachen KI-These sind Computerprogramme möglich, die eine Sprache perfekt *simulieren*. Nach der starken KI-These sind Computerprogramme möglich, die eine Sprache nicht nur simulieren, sondern *verstehen*. Weitere Beispiele wären etwa Liebe und Liebe simulieren, dankbar sein und Dankbarkeit simulieren, vielleicht auch manches Auswendiglernen für schulische Prüfungen u.v.a. m.

Z 1-2 In mathematik- und informatikaffinen Kurse kann mit → LB, Zusatzmaterial **Z1-2** verdeutlicht werden, was eine Turingmaschine ist.

S. 59 **John Searle: Das Chinese-Room-Argument**

Auch wenn es offenkundig schwierig ist, Rechner zu programmieren, die den Turingtest bestehen, ist der schwachen KI-These wohl nicht zu widersprechen. Unklarer ist die Antwort auf die Frage nach der starken KI-These. Searles Chinesisches Zimmer formuliert hier ein Argument aus dem Inneren der Black-Box-Computer.

S. 60 **7▶** Z. B.: Regelbuch – Programm; chinesische Symbole – Symbole der Computersprache; ich – Prozessor, der das Programm ablaufen lässt; Input: ins Zimmer gereichte Kärtchen mit Symbolen – Eingabe von Symbolen der Computersprache; Output: aus dem Zimmer gereichte Kärtchen mit Symbolen – Ausgabe von Symbolen der Computersprache; Manipulation der hineingereichten Kärtchen nach Regelbuch – Manipulation der Symbole der Computersprache nach Programm.

8▶ Bei der inhaltlichen Klärung des Gedankenexperiments könnte u. a. eine Rolle spielen:

– Der Mensch im Chinesischen Zimmer kann kein Chinesisch – würden ihm Kärtchen in seiner Muttersprache hineingereicht, wäre das etwas anderes. (Was aber sollte die Muttersprache eines Computers sein?)
– Das Regelbuch beschreibt ausschließlich Anweisungen folgender Art:

> wenn: Zeichen x +   Zeichen v aus Korb 1
> dann: Zeichen j in Korb 2 usw.

– Die Kommunikation der Gesprächsteilnehmer mit dem Ich im Chinesischen Zimmer erfolgt in genau der Weise wie die Kommunikation der Gesprächsteilnehmer mit der Maschine im Turingtest.
– Entscheidend ist, dass ich keine Ahnung habe, was ich mitteile (und auch keinerlei Möglichkeit, jemals eine Ahnung davon bekommen zu können).
– Searle meint, dass eine Sprache zu verstehen stellvertretend für andere geistige Tätigkeiten steht. Alle Beispiele, die er am Ende des Textes anführt, fordern *Verstehen*.

Eine (sich an Holm Tetens: Philosophisches Argumentieren. München: Beck, 2006[2], S. 228 orientierende) Rekonstruktion:

> P1: Input: in chinesischen Schriftzeichen formulierte sinnvolle Fragen, Output: in chinesischen Schriftzeichen formulierte sinnvolle Antworten auf die Fragen.
>
> P2: Das Sprachverhalten des Menschen im Chinesischen Zimmer lässt sich nicht unterscheiden vom beobachtbaren Sprachverhalten eines Menschen, der tatsächlich die natürliche Sprache Chinesisch versteht.
>
> P3: Der Mensch im Zimmer tut dasselbe, was ein Computer tut (und tun kann), er setzt Zeichenfolgen nach festgelegten äußeren Regeln in andere Zeichenfolgen um.

P4: Der Mensch im Gedankenexperiment versteht kein Chinesisch und kann es durch das, was er tut, auch nicht lernen.

K1: Also ist das durch äußere Regeln festgelegte Umsetzen von Zeichenfolgen in andere Zeichenfolgen nicht hinreichend, um eine natürliche Sprache wie Chinesisch zu verstehen und zu lernen.

P5: Ein Computer kann nichts anderes tun, als Zeichenfolgen nach festgelegten äußeren Regeln in andere Zeichenfolgen umzusetzen.

K2: Also kann kein Computer je eine eine natürliche Sprache wie Chinesisch lernen und verstehen.

(Die starke KI-These ist also falsch.)

9 ▸ Im Folgenden einige Erläuterungen von Searle. Alle zitiert nach: Künstliche Intelligenz: eine Kontoverse. Spektrum der Wissenschaft: Sonderheft 11: Ultrarechner, Heidelberg: Spektrum der Wissenschaft Verlagsgesellschaft, 1991, S. 93

Zu Prämisse 1: „Programme sind definitionsgemäß Vorschriften, zur Manipulation von Symbolen, und die Symbole sind rein formal und syntaktisch." Das formale Element der Symbole verdeutlicht Searle durch die chinesischen Schriftzeichen.

„Ein Digitalrechner verarbeitet Informationen, indem er sie zuerst in seine eigene Symbolsprache verschlüsselt und dann die Symbole mittels eines Satzes genau festgelegter Regeln manipuliert. Diese Regeln bilden das Programm. [...] Symbole [werden] völlig unabhängig von irgendwelchen möglichen Bedeutungen manipuliert [...]. Die Symbole eines Programms können für alles stehen, was der Programmierer will. In diesem Sinne hat das Programm zwar eine Syntax, aber keine Semantik."

„Syntax" lässt sich definieren als Summe der festgelegten Regeln, mit denen mit Symbolen hantiert wird. (Vielleicht kennen die Schülerinnen und Schüler den Begriff aus dem Deutschunterricht: Syntaktische Regeln sind hier die Regeln einer Sprache, anhand derer aus Wörtern grammatisch korrekte Sätze gebildet werden.)

Zu Prämisse 2: „Das zweite Axiom ist nur eine Erinnerung an die offensichtliche Tatsache, dass Gedanken, Wahrnehmungen, Einsichten und so weiter einen geistigen Gehalt haben. Vermöge dieses Gehalts können sie von Objekten und Zuständen in der Welt handeln. [...] Wenn ich zum Beispiel an die letzten amerikanischen Präsidentschaftswahlen denke, kommen mir bestimmte Worte in den Sinn, aber diese Wörter beziehen sich nur deshalb auf die Wahlen, weil ich mit ihnen gemäß meiner Kenntnis des Englischen bestimmte Bedeutungen verbinde. In dieser Hinsicht sind sie für mich etwas ganz anderes als chinesische Schriftzeichen."

Die Karrikatur veranschaulicht diesen Gedanken durch die unterschiedlichen Gedanken eines Menschen und eines Rechners beim Betrachten eines chinesischen Schriftzeichens: Während der Computer nicht anderes denkt als das Schriftzeichen selbst (das Symbol), verbindet der menschliche Betrachter mit dem Symbol einen semantischen Gehalt, der sich auf die wirkliche Welt bezieht.

„Semantik" lässt sich also definieren als die Verbindung des geistigen Gehalts eines Zeichens mit Objekten und Zuständen in der Welt, als geistige Zuschreibung von Bedeutung.

Zu Prämisse 3: „Nehmen wir nun noch hinzu, was das Chinesische Zimmer demonstriert hat. Die Symbole an sich – also die Syntax allein – ergeben noch keine Semantik. Das bloße Hantieren mit Symbolen impliziert nicht, dass man auch ihre Bedeutung kennt. [...] Im Grunde folgt dies aus der Definition der Begriffe Syntax und Semantik. Aber wie man diese Begriffe auch definiert – klar ist, dass ein Unterschied besteht zwischen formalen Elementen, die keine intrinsische Bedeutung (keinen Gehalt) haben, und solchen, bei denen dies der Fall ist."

Searle verwendet an dieser Stelle also sein Gedankenexperiment als Argument zur Begründung der dritten Prämisse. Seiner Ansicht nach beschreibt das Gedankenexperiment exakt das, was ein Computer tut und allein tun kann, nämlich mit Symbolen anhand eines Programms (einer festgelegten Summe von eindeutigen syntaktischen Regeln) zu hantieren. Andere Fähigkeiten hat das Ablaufen eines Computerprogramms auf einem Computer nicht.

Konklusion: „Dies aber ist lediglich eine andere Formulierung für die Aussage, dass die starke KI falsch ist."

Searle erläutert den Unterschied zwischen Denken und dem, was ein Computer tut, durch zwei plastische Vergleiche: „Gehirne sind spezifische biologische Organe, und ihre besonderen biochemischen Eigenschaften befähigen sie, Bewusstsein und andere Formen mentaler Phänomene hervorzurufen. Computersimulationen von Gehirnprozessen liefern dagegen nur Modelle der formalen Aspekte dieser Prozesse. Man sollte Simulation nicht mit Nachschaffen oder Duplikation verwechseln. Das Computermodell mentaler Prozesse ist um nichts realer als ein Computermodell irgendeines anderen natürlichen Phänomens.

[Man kann sich] eine Computersimulation der Oxidation von Benzin in einem Autormotor oder des Ablaufs von Verdauungsprozessen nach dem Verspeisen einer Pizza denken. Und die Simulation ist im Falle des Gehirns um nichts realer als im Falle des Autos oder des Magens: Wunder ausgeschlossen, können sie kein Auto durch eine Computersimulation der Verbrennung von Benzin zum Fahren bringen und keine Pizza verdauen, indem Sie ein Programm laufen lassen, das die Verdauung simuliert."

Zu **10▸** schlägt Searle vor, sich vorzustellen, der Mann im Chinesischen Zimmer habe alle Regeln auswendig gelernt und könne nun ohne Regelbuch auf der Straße frei kommunizieren (er wäre ja dann sozusagen das ganze Chinesische Zimmer bzw. das Chinesische Zimmer wäre dann in ihm): Er würde die Fragen und Aussagen immer noch nicht verstehen. Und Chinesisch „verstehen" würde auch nicht das Chinesische Zimmer in ihm. Searle hält diesen Einwand also für nicht substanziell.

S. 61 Patricia und Paul Churchland: Das dunkle Zimmer. Oder: Das Rätsel des Lichts

Um Searle zu widerlegen, parodieren Patricia und Paul Churchland sein Argument. Zunächst führen sie ein Argument an, das parallel zu Searles Argument gegen die KI gebaut ist, dessen Konklusion aber mit Sicherheit nicht stimmt. Um damit nun Searles Argument zu widerlegen, konstruieren sie ein Gedankenexperiment mit einer Person, die, wie der Mann in dem Chinesischen Zimmer, etwas tut, was die offenkundige Wahrheit von Prämisse 3 beweisen soll. Das Argument, das sich aus beiden Gedankenexperimenten ergibt, hat also jeweils dieselbe Funktion. Die offenkundige Blödsinnigkeit der Konklusion des Gedankenexperiments der Churchlands kritisiert somit Prämisse 3 von Searles Argument.

11▸ Das Austauschen von Karten und das Bewegen eines Magneten. Als Argument (nach Holm Tetens: Philosophisches Argumentieren. München: Beck, 2006², S. 229):

P1. Der Mann im verdunkelten Raum bewegt periodisch einen Magneten und erzeugt dadurch eine elektromagnetische Welle.

P2. Der Mann tut das, was physikalische Gegenstände wie Magneten allein von sich aus können, nämlich sich zu bewegen und dabei elektromagnetische Kräfte und im Gefolge davon Felder zu erzeugen.

P3. Doch das Gedankenexperiment mit dem verdunkelten Zimmer ist so konstruiert, dass offenkundig wahr ist: Das Zimmer bleibt dunkel, es zeigt sich keine Spur von Licht (Helligkeit).

K1. Also sind elektrische Kräfte weder konstitutiv noch hinreichend, um Licht zu erzeugen.

K2. Also kann durch den bloßen Einsatz elektrischer Kräfte niemals Licht erzeugt werden.

12▶ Prämisse 3 (→ SB, S. 62) ist schlecht begründet: Natürlich kann man mit einem Stabmagneten manuell kein Licht erzeugen. Das schließt aber nicht aus, dass es auf andere elektromagnetische Weise möglich sein könnte, Licht entstehen zu lassen.

Für die Churchlands besteht die Hauptschwäche von Searles Argument also zum einen darin, dass es auf der Basis von wenig entwickelter Technik und wenig entwickelter Möglichkeiten der Erkenntnisgewinnung und mittels eines „irgendwie direkten Zugangs" zu den Dingen vorzeitig verallgemeinere. Die schlecht begründete Prämisse 3 setzt die Konklusion, die doch erst bewiesen werden soll (dass es nicht möglich ist, mittels Elektrizität und Magnetismus Licht zu erzeugen), bereits voraus. Die einzige Plausibilisierung ist ein technisch (lächerlich) unzureichendes Experiment (bzw. Gedankenexperiment). (An anderer Stelle hat Paul Churchland seiner Skepsis anhand weiterer Beispiele Ausdruck verliehen, s. → LB, Zusatzmaterial **Z 1-1**.)

S. 62

③

13▶ Dennett räumt in seinem Text (→ SB, S. 27 f.) ein, dass Gedankenexperimente das Nachdenken über ein Problem strukturieren können (vgl. Z. 7), als tatsächliches Argument aber lässt er sie nicht gelten, sondern nur als intuitiv einleuchtende „Geschichten" (Z. 19). Bei der Besprechung lässt sich anknüpfen an die in **12▶** entfaltete Kritik der Churchlands an Searles Gedankenexperiment: Das zieht seine argumentative Kraft v.a. aus der intuitiven, „direkten" Erkenntnis, dass der Mann in dem Raum tatsächlich nicht verstehen kann, was er da kommuniziert.

Die Frage, ob Searles Gedankenexperiment nur eine „Geschichte" oder doch ein Argument ist, lässt sich kontrovers diskutieren. Eine klare Position gegen ein Gedankenexperiment wie das vom „Chinesischen Zimmer" formuliert beispielsweise der Biologe Francis Crick in → LB, Zusatz-

Z 1-1

material **Z 1-1**: In der Philosophiegeschichte lässt sich beobachten, wie sich ehemalige Bereiche der Philosophie in Einzelwissenschaften verwandeln, wenn ihre Begriffe und Methoden geklärt sind. Dann benötigt man keine Gedankenexperimente mehr. Crick als Naturwissenschaftler hat eine prinzipiell andere Herangehensweise als Searle: Gedankenexperimente sind aus dieser Perspektive nur sinnvoll, wenn sie in irgendeiner Weise experimentell umgesetzt, fortgeführt, verifiziert oder falsifiziert werden können. Die allein gedankliche Widerlegung einer Hypothese scheint für ihn nichts zu „beweisen".

Searle beharrt darauf, sein Gedankenexperiment sei ein Argument mit Beweisfunktion: Neben seinem im Lehrbuch (→ SB, S. 62 f.) dargestellten Einwand dürfte Searle darauf bestehen, jeder (ganz gleich wie vernetzt usw. konstruierte) Rechner könne eben doch (per Definition) nichts anderes, als Algorithmen abarbeiten. Wenn das zugestanden wird, müsste nachgewiesen werden, inwiefern das regelgelenkte Austauschen von Karten im Chinesischen Zimmer etwas anderes ist als das, was ein Rechner tut. Diesen Nachweis aber müssen die Churchlands und Crick schuldig bleiben, insofern handelt es sich schließlich doch um ein *Argument,* allerdings um eines, das allein widerlegt, dass sich durch das reine Ablaufen eines Programms echtes Verstehen herstellen lässt.

S. 62 John Searle: Warum die Analogie der Churchlands nicht stimmt

S. 63 **14** ▶ a) Searle bestreitet, dass die Analogie der Churchlands stimmt, da Computerprogramme im Gegensatz zum Licht über keinerlei kausale, physikalische Kräfte verfügen. Knapp gesagt bedeutet sein Einwand, dass eine Simulation keine Duplikation ist. Das Denken des Rechners ist ein simuliertes, aber kein dupliziertes Denken (so wie simulierte Verdauung keine duplizierte Verdauung ist, → LB, S. 64).

b) Wir wissen nicht, mittels welcher kausaler Kräfte das Hirn Geist erzeugt; insofern ist theoretisch alles Mögliche denkbar, auch dass Computer „Bewusstsein von sich geben" (Z. 28).

c) Was nicht denkbar ist, ist, dass die physikalischen Eigenschaften des Mediums absolut keine Rolle spielen, die Behauptung, dass Computer zwangsläufig denken, weil, was sie tun, *alles* sei, was Denken *ausmacht*, ist durch das Gedankenexperiment vom Chinesischen Zimmer widerlegt: Denken ist *nicht nur* das Ablaufen eines Programms.

In Searles Rekonstruktion sieht das Argument im Gesamtzusammenhang abschließend so aus:

Prämisse 1: Computerprogramme sind formal (syntaktisch).

Prämisse 2: Dem menschlichen Denken liegen geistige Inhalte (Semantik) zugrunde.

Prämisse 3: Syntax an sich ist weder konstitutiv noch hinreichend für Semantik.

Konklusion 1: Programme sind weder konstitutiv noch hinreichend für Geist.

Prämisse 4: Gehirne verursachen Geist.

Konklusion 2: Jedes andere System, das Geist hervorrufen kann, benötigt kausale Kräfte, die denen von Gehirnen (mindestens) äquivalent sind.

Konklusion 3: Jedes Artefakt, das mentale Phänomene erzeugt, also jedes künstliche Gehirn, muss imstande sein, die spezifischen kausalen Kräfte von Gehirnen aufzubringen, und dies ist nicht einfach durch das Ausführen eines formalen Programms zu erreichen.

Konklusion 4: Menschliche Gehirne können nicht allein durch Abarbeiten eines Computerprogramms mentale Phänomene produzieren.

---

15 ▶ Das Netz ist voller Berichte wie dem, auf den die Illustration im Lehrbuch verweist (Weblink s. Literaturliste). Auch wenn es Beipiele wie das in der Einleitung im Unterkapitel 1.2.4 (→ LB, S. 61.) angeführte europäische Forschungsprojekt gibt, konzentriert sich die Aufmerksamkeit der Forschung und der Wirtschaft anscheinend inzwischen v.a. auf die schwache KI-These.

1.2.5 Personale Identität

Inhalte – Methoden – Kompetenzen

Die Anmoderation im → SB auf S. 64 beschreibt Intention und Ziel des kurzen Abschnitts: Mithilfe von Gedankenexperimenten sollen unsere Vorstellungen darüber, was eine Person zu der Person macht, die sie ist, ans Licht gebracht und kritisch hinterfragt werden. Typisch dabei ist, dass Menschen mal so und mal so urteilen möchten, und zwar dann, wenn einige der gängigen und lieb gewonnenen Vorstellungen über personale Identität in einem Gedankenszenario plötzlich miteinander unverträglich sind oder scheinen. So gibt es auch zu den sich stellenden Fragen keine über jeden Zweifel erhabenen verbindlichen und eindeutigen Antworten, sondern es ist am Ende stets der Einzelne selbst, der darüber urteilen muss, wie die Gedankenspiele seine Sicht irritieren und wie (bzw. ob) die Irritation aufgelöst werden kann. In gemeinsamer Diskussion der Gedankenexperimente sollen die logischen Verflechtungen der Positionen untereinander sichtbar werden. Wer also eine bestimmte Position zur personalen Identität bejaht, kann sich klarmachen, welche Urteile über andere Positionen damit aus rein sachlogischen Gründen zugleich verbunden sind. Aussagen der Art, „wer hier zustimmt, müsste dort verneinen" oder „wer hier zustimmt, müsste konsequenterweise auch dort zustimmen", können als Test dienen, ob man die Konsequenzen einer Antwort akzeptiert oder ob sich Widerstände regen. In das Gewirr der begrifflichen Unklarheit, was wir unter einer „Person" verstehen, etwas Struktur und Klarheit hineinzubringen, ist das Ziel des Abschnitts, eine bestimmte Antwort durchzusetzen wäre kontraproduktiv, das Geflecht der Zusammenhänge ans Licht zu bringen dagegen ein großer Erfolg.

Sequenz ●●●	Dieser Abschnitt sollte als ganzer unterrichtet werden, denn der Mehrwert ergibt sich erst durch die Behandlung der Gedankenszenarien und ihrer Einordnung in den allgemeinen Diskussionszusammenhang. Zunächst sorgen die Gedankenspiele Parfits zum Teletransporter für Irritation und fordern zu einer eigenen Stellungnahme heraus. Searle nennt anschließend typische Kriterien personaler Identität. Dabei kann gezielt die „Erste-Person-Perspektive" (die Innenperspektive) von der „Dritten-Person-Perspektive" (der Außenperspektive) getrennt werden. Diese Unterscheidung spielt besonders auch in Kapitel 2 eine prominente Rolle.
Querverweise ⟷	• **Abschnitt 2.3.1 Außen- und Innenperspektive** (→ SB, S. 101): Die Perspektiven werden genauer vorgestellt. Insbesondere wird klar, dass anscheinend nicht beide zugleich richtig sein können. • **Philosophieren: Wie und wozu?, Säule 3: Hypothetisches Denken** (→ SB, S. 25): Hier können bei Bedarf gezielt die Erfordernisse von Gedankenexperimenten klargestellt werden. • **Philosophieren: Wie und wozu?, Säule 5: Konstruktive Dialoggemeinschaft** (→ SB, S. 35): Besonders wichtig ist es, viele Ideen zuzulassen und zu vertiefen.

Zu den Materialien und Aufgaben

S. 64 **Derek Parfit: Der Teletransporter – Teil 1**

◼1▸ Die Aufgabe dient der Vorklärung und Sammlung: Welche Ideen und Vorstellungen sind im Kurs vorhanden? Erste Ideen können ausgetauscht werden. Eine vertiefende Diskussion ist hier noch nicht das Ziel.

Für die Aufgaben 2 bis 5 schlagen wir den folgenden standardisierten Ablauf des gemeinsamen Nachdenkens über Gedankenexperimente vor:

i) Lesen: Ist das Experiment klar? Worin besteht das Problem? Ist die Frage klar?
ii) Spontanes Entscheiden nach dem je eigenen Gefühl: Ein Meinungsbild erheben.
iii) Diskussion in meinungsaffinen Gruppen: Warum entscheiden wir uns so?
iv) Austausch über die ersten Überlegungen der Gruppen im Plenum mit Diskussion.
v) Versuch eines vorläufigen Fazits: Was zeigt das Gedankenexperiment?

Ziel eines solchen Zugangs ist weder eine Einigung um jeden Preis noch das „Besiegen" Andersdenkender. Ziel ist es vielmehr, durch die Auseinandersetzung mit den Überlegungen anderer mehr Klarheit in der eigenen Position zu erreichen. Die hier angegebenen Lösungsideen zu den Aufgaben 2 bis 5 könnten so auch in Ihrem Unterricht auftauchen, aber auch deutliche Abweichungen sind denkbar. Hier ist es wichtig, die Ideen, die konkret in einem Kurs auftauchen, zu diskutieren, Folgerungen zu ermitteln und zu versuchen, Ungereimtheiten auszuräumen. Auf ein bestimmtes inhaltliches Ergebnis sollte die Lehrperson nicht hinarbeiten.

S. 65 ■2▶ Sich vorzustellen, den Teletransporter erster Bauart zu benutzen, bereitet häufig einer deutlichen Mehrheit in Lerngruppen keinerlei Probleme. Die psychische Kontinuität scheint dann das vorherrschende Paradigma zu sein.

■3▶ Hier kann eine erste Hinterfragung erfolgen: Stirbt das Original oder lebt es im Duplikat weiter? Es ist nicht schlimm, wenn schon hier ggf. zu der Redeweise „Original" und „Duplikat" wertend Stellung genommen wird (zur Bedeutung von Duplikat gehört schon, dass es nicht das Original ist). Es kann durchaus sein, dass einige Schülerinnen oder Schüler bereits hier den Witz des Teletransporters zweiter Bauart intuitiv antizipieren: Das Duplikat auf dem Mars mag sich zwar mit dem Original verwechseln, aber dennoch ist das Original tot.

S. 65 **Derek Parfit: Der Teletransporter – Teil 2**

■4▶ Mit dem veränderten Teletransporter ändern sich auch die Mehrheitsverhältnisse im Kurs nicht selten radikal. Plötzlich steht die physische Kontinuität als zentrales Kriterium für Identität im Zentrum der Beurteilung. Viele beschreiben es dann so: „Nun wird klar, das Original stirbt, und jemand, der sich mit dem Original verwechselt, lebt auf dem Mars weiter."

■5▶ Hier können erste Erklärungen für den Meinungswandel erfolgen, denn es stellt sich schnell die Frage, ob nicht auch der Teletransporter erster Bauart in der Identitätsfrage zu der gleichen Antwort führen muss wie der Teletransporter zweiter Bauart. Die Aufgabe 6 und 7 erlauben nun eine systematisierende Sicht auf die Gedankenexperimente.

S. 66 ■6▶ Die Bearbeitung ist ergebnisoffen. Falls dieser Aspekt schon in Aufgabe 5 eingehend angesprochen wurde, entfällt Aufgabe 6.

■7▶ Die drei Intuitionen können erneut irritieren und die verschiedenen leitenden Ideen verdeutlichen. Die dritte Intuition (geäußert von einem Studenten an der Universität Bielefeld) soll vermutlich zeigen: Man ist beide der zukünftigen Personen. Und damit unterscheiden sich beide Fälle nicht mehr. Man entscheidet nur noch, ob man friedvoll sterben möchte (Teletransporter nicht benutzen) oder ob man sowohl qualvoll stirbt als auch weiterlebt. Erlebt werden beide Varianten von Personen, die mit allem Recht der Welt glauben, sie seien ich.

S. 67 **John R. Searle: Das Selbst**

■8▶ Diese Übung fordert zur sogenannten „Introspektion" (d.h. zur Selbstbeobachtung der eigenen geistigen Vorgänge – soweit sie eben bewusst werden) auf. Im Strom des Erlebens gibt es keine zusätzliche Instanz, die das erlebt, so die Behauptung, mit der vertraut zu machen das Ziel der Übung ist. Natürlich ist Widerspruch erlaubt. (Vgl. dazu die Position von Thomas Reid.)

Bekehrungsversuche in beide Richtungen sollten unterbunden werden. Nicht aber kritische Nachfragen zu beiden Positionen.

Z1-4   Das Zusatzmaterial → LB, **Z1-4** bietet eine Vertiefung der Hume'schen Position im Vergleich zur Gegenposition von Thomas Reid an. → LB, **Z1-4** eignet sich ggf. auch als Klausurtext.

Z1-6   Der Zusatztext → LB, **Z1-6** bietet ein weiteres Gedankenexperiment an, das sowohl im Unterricht behandelt werden kann als auch Gegenstand einer Klausur sein kann.

     9▶ Die Aufgabe ist ergebnisoffen. Die Ideen der Lerngruppe zählen. Oft kommt es dazu, dass Beantwortungsversuche sich direkt auf die Erkenntnisse zum Teletransporter beziehen.

S. 67   John R. Searle: Die Kriterien personaler Identität

S. 68   **10**▶ Die von Searle vorgestellten vier Kriterien eignen sich sehr gut als systematisierende Zusammenfassung der leitenden Ideen. Nicht selten wurden sie in der vorangegangenen Diskussion bereits alle genannt, sodass die Besprechung des Textauszuges nicht viel Zeit erfordert und als zusammenfassende Sicherung dienen kann.

Z1-5   Zur Vorbereitung und Einleitung einer abschließenden Bewertung eignet sich das Zusatzmaterial → LB, **Z1-5**. Dort schildert Parfit sein eigenes Fazit, das er aus seinen Gedankenexperimenten zieht, zu denen zentral auch die beiden Varianten des Teletransporters gehören.

     11▶ Wenn jemand z. B. das Gedächtnis verloren hat, so ist die Person im Sinne des Erinnerungskriteriums nicht mehr sie selbst. Wer ist nicht mehr sie selbst? Die Person, die an einem bestimmten Ort zu einer bestimmten Zeit geboren wurde. Das Beispiel zeigt, in welcher Weise ein Kriterium (z. B. physische Kontinuität) genau das Kriterium sein kann, mit dem identifiziert wird, welches Individuum ein anderes Identitätskriterium (z. B. psychische Kontinuität) nicht oder nicht mehr oder noch nicht erfüllt.

     12▶ Die Aufgabe kann bei Zeitmangel entfallen. In ihr sollen die von Searle genannten Kriterien genutzt werden, um Erklärungen auszuprobieren, warum die Meinungsbilder zu Parfits Teletransporter so schwankend sind.

S. 69   **13**▶ Die Deutung der Zitate kann zeigen, welche Ideen darüber, was Personen sind und was sie auszeichnet, jeweils favorisiert werden.

1.2.6 Kooperation – Institutionen

Inhalte – Methoden – Kompetenzen

Institutionen sind ein Grundbaustein menschlicher Gesellschaften und gelten als spezifisch menschliche Einrichtungen.

Z1-8   In der Regel wird in Philosophie-Lehrwerken der Institutionenbegriff von Arnold Gehlen vorgestellt, demzufolge der Mensch sein Mängelwesen in festen gemeinsamen Kultur-Strukturen kompensiert und so eine instinktähnliche Verhaltenssicherheit wiedererlangt (→ LB, **Z1-8**). Dieser Abschnitt setzt nicht bei der Mängelwesenhaftigkeit des Menschen, sondern bei der schwindelerregenden Überlegung an, dass all das, was unser soziales Leben ausmacht, im Grunde auf *Erfindungen* beruht. Diese Erfindungen nennt Searle Institutionen bzw. institutionelle Tatsachen, die eine objektive, gesellschaftliche Wirklichkeit verkörpern. Diese aber ist laut Searle nur, was sie ist, weil wir denken, dass sie ist, was sie ist. Anschaulich gemacht wird dieses künstliche und vielleicht auch fragile Fundament unserer sozialen Welt am Beispiel des Geldes.

Sequenz ●●●	Dieser kurze Abschnitt lässt kaum Möglichkeiten für alternative Sequenzplanungen zu.
Querverweise ◂▸	**1.2.3 Sozialkompetenz – vermuten, was andere denken** (→ SB, S. 53 ff.): Eine entscheidende Grundkomponente menschlicher Institutionen und menschlicher Kooperation ist die geteilte Intentionalität. **2.2.1 Soziologie: Der Einfluss von Rollenerwartungen** (→ SB, S. 90 ff.): Für die Reflexion über die Schwierigkeit, sich von „gesellschaftlichen Zwängen" frei zu machen, kann der Institutionenbegriff hilfreich sein.

Literatur und Links

● John Searle: Wie wir die soziale Welt machen. Übersetzt von Joachim Schulte. Berlin: Suhrkamp, 2012

● Hans Dierkes (Hrsg.): Philosophische Anthropologie. Texte und Materialien für den Unterricht. Stuttgart: Reclam, 1989

● Yuval Harari: Eine kurze Geschichte der Menschheit. Übersetzt von Jürgen Neubauer. München: Pantheon, 2015, Kap. 2 (S. 32 – 53) und Kap. 6 (S. 126 – 151) (beide zu Institutionen) und Kap. 10 (S. 213 – 230) (besonders anschaulich zur Geschichte des Geldes)

Zu den Materialien und Aufgaben

S. 69 **John Searle: Rätsel Geld**

S. 70 **1▸** Rätselhaft ist, was das Geld zu Geld macht: Offensichtlich ist es nicht seine physische Beschaffenheit (vgl. Z. 8 ff.).

2▸ Searle spricht in Z. 5 f. davon, dass wir Geld eine „Bedeutung" zumessen. Hiervon ausgehend wäre also das, was Geld ausmacht, die Tatsache, dass wir gemeinsam ihm die Eigenschaft, Geld zu sein, zuschreiben.

3▸ Tiere kennen wohl allenfalls (z. B. Bonobos) konkretes Tauschverhalten (Nüsse gegen Sex o. Ä.), das Spezifische an Geld ist aber eben, dass es in einer Gruppe universell gegen alles Tauschbare tauschbar ist. Hier sind verschiedene Schülerantworten denkbar, u. a. könnten Ergebnisse der bisherigen Arbeit an Elementen des Menschlichen aktiviert werden (für den Umgang mit Geld muss man rechnen können und verstehen/sich einigen können, was das jeweilige Geld bedeuten soll usw.). Die Aufgabe dient als Einstiegsfrage für die folgenden beiden Texte, die weitere Antworten bereithalten.

S. 70 **John Searle: Verpflichtungen anerkennen als Grundlage von Institutionen**

S. 71 **5▸** Institutionen brauchen, um zu sein, auf irgendeine Art und Weise „deontische Macht", Pflichten und Rechte also (Z. 24 – 27). Searles Test besteht darin, zu fragen, „ob der bezeichnete Gegenstand unter dieser Beschreibung deontische Macht hat" (Z. 33 f.): Die Religion oder Wissenschaften sind so zwar kulturelle Phänomene, aber keine sozialen Institutionen, da die Berufung auf sie allein noch keine kollektiven, speziellen sozialen Rechte und Pflichten hervorruft, die katholische Kirche oder die FU Berlin hingegen sind Institutionen, die Steuergelder erhalten, Mitglieder aufnehmen oder ausschließen usw. Searle bringt als weitere Beispiele etwa einen Kalender (keine Institution) und ein Feiertagsdatum (Institution: arbeitsfreier Tag usw.).

6▸ In Searles Text außerdem: Rechnung (Z. 14), Versicherungsvertreter (Z. 15), Hausratsversicherung (Z.16), Flugtickets, Gastvortrag, akademischen Gesellschaft (Z. 17), Einladung, Bankett, annehme (Z. 18).

Institutionen und institutionelle Tatsachen vg nur deshalb „wirkliche" Verpflichtungen, weil wir glauben, dass auch alle anderen glauben, dass sie „wirkliche" Verpflichtungen verkörpern. Dies wird für die Schülerinnen und Schüler schnell greifbar, wenn sie einmal überlegen, von welchen institutionellen Tatsachen sie umgeben sind.

7▸ S. Z. 4: „Institutionelle Tatsachen sind ausnahmslos sprachlich konstruiert". Searle meint an anderer Stelle, man könne sich eine Gesellschaft mit einer Sprache, aber ohne Regierung, Privateigentum usw. vorstellen, aber keine Gesellschaft mit Privateigentum, Regierung usw., aber ohne Sprache. Institutionen entstehen durch deklarative Sprechakte wie „Hiermit erkläre ich euch zu Mann und Frau" oder „Ich gelobe, der Bundesrepublik Deutschland treu zu dienen und das Recht und die Freiheit des deutschen Volkes tapfer zu verteidigen". Die Sprache beschreibt hier nicht nur etwas, sondern schafft es gewissermaßen, in Searles Worten an anderer Stelle: „Ich schaffe ein Recht, indem ich mich selbst als jemanden repräsentiere, der dieses Recht hat." Oder auch: „Gott kann das Licht erschaffen, indem er sagt: ‚Es werde Licht!' Wir können zwar kein Licht erschaffen, aber wir haben eine ähnlich bemerkenswerte Fähigkeit. Wir können nämlich Grenzen, Könige und Firmen schaffen, indem wir etwas sagen, was aufs Gleiche hinausläuft wie ‚Dies sei eine Grenze!', ‚Der älteste Sohn sei König!' oder ‚Es werde eine Firma!'" (John Searle: Wie wir die soziale Welt machen. Übersetzt von Joachim Schulte. Berlin: Suhrkamp, 2012, S. 170)

8▸ Erst wenn nicht nur Einzelne, sondern viele nicht mehr an die deontische Macht der Institutionen und institutionellen Tatsachen glauben, geraten diese unter Legitimationsdruck. Für eine Gesellschaft dürfte es dann gefährlich werden, wenn zentrale institutionelle Glaubenstatbestände infrage gestellt werden, also z. B., wenn eine Mehrheit der Bevölkerung das Vertrauen in die Währung verliert (und zum Geldautomaten stürmt oder ihr Bargeld möglichst schnell in Sachwerte umwandeln möchte); wenn eine Mehrheit der Bevölkerung nicht mehr daran glaubt, dass es bei der Wahl eines vorgeblich demokratisch legitimierten Staatsoberhauptes mit rechten Dingen zugegangen ist usw.

S. 71 Michael Tomasello: Die Bedingungen menschlicher Kooperation

Michael Tomasello (s.a. → SB, S. 53) beschreibt in seiner Einführung zu „Warum wir kooperieren" drei Besonderheiten der menschlichen Kooperation, die er für grundlegend hält.

S. 72   **9▸** (1) Handlungen koordinieren und (auf komplexe Weise) kommunizieren. Z. B.: Entwicklung des Homo sapiens: Ausbreitung auch über das Meer, Erfinden (und Weitergeben!) von Booten, Nadeln usw.;
(2) Entwicklung von Toleranz und Vertrauen. Z. B.: die Entwicklung (und Bedeutung) von Klatsch und Tratsch bei größeren Gruppengrößen (die im Umkehrschluss ja auch Verlässlichkeit herstellte), für die man ja Bescheid wissen muss;
(3) Institutionelle Praktiken, s. Searle.

10▸ (3) und (1): komplexe Kommunikation = Sprache. Von „Vertrauen" und „Toleranz" ist bei Searle nicht die Rede, die Bearbeitung von **8▸** könnte aber ergeben haben, dass Vertrauen eine Grundvoraussetzung für das Bestehen von Gesellschaften ist.

11▸ Lassen Sie der Fantasie Ihrer Schülerinnen und Schüler freien Lauf. Alternativ können Sie
Z1-7   auch die Darstellung von Harari (→ LB, Zusatzmaterial **Z1-7**) verteilen und anhand von ihr die Ansätze von Searle und Tomasello überprüfen.

12 ▸ Affen haben keine (differenzierte) Sprache, kein Vertrauen, das in der Lage ist, Konkurrenzinstinkte zurückzustellen, und keine moralischen/moralähnlichen Vorstellungen von Rechten und Pflichten.

1.2.7 Geschichte deuten

Inhalte – Methoden – Kompetenzen

Ein besonderes Charakteristikum der Menschen mag ihre Beschäftigung mit ihrer eigenen Geschichte sein, und zwar nicht nur mit ihrer individuellen, sondern auch mit der Geschichte der Menschheit als Ganzes – nicht zuletzt ist „Geschichte" ein Pflichtfach an allgemeinbildenden Schulen. In diesem Abschnitt soll es um die Fragen gehen, wozu diese Beschäftigung dienen kann, ob man aus ihr lernen kann und ob es so etwas wie historische Gesetze gibt, die evtl. sogar Prognosen zukünftiger Entwicklungen zulassen. Mit F. Fukuyama und N. Ferguson kommen zunächst zwei Autoren zu Wort, die Prognosen und Gesetzmäßigkeiten formulieren – wenn auch vorsichtig. Im Anschluss wird ausführlich K. R. Poppers Geschichtsphilosophie betrachtet, die die Möglichkeit historischer Gesetze, gar eines „Sinns der Geschichte", energisch verneint.

Sequenz ●●●	Dieser kurze Abschnitt lässt kaum Möglichkeiten für alternative Sequenzverläufe oder Kürzungen. Eher könnte das Bedürfnis entstehen, weitere Autoren hinzuzuziehen (vgl. dazu die Literaturhinweise). Bei großer Zeitknappheit könnte man zwischen der Lektüre Fukuyamas und Fergusons auswählen. Zentral sind für diesen Abschnitt die Fragen im Kasten im → SB, S. 73 oben. Bei allen zu Wort kommenden Autoren wird nach Antworten auf diese Fragen gesucht. Bei der ausführlichen Popper-Lektüre ist es denkbar, nicht erst abschließend – wie in Aufgabe 15 gefordert –, sondern schon während der Lektüre diese Fragen stets im Blick zu halten. Möchte man weitere Autoren ergänzend lesen, können diese Fragen evtl. auch bei der Lektüre leitend sein.
Querverweise ◄►	Unmittelbar naheliegende Verbindungen zu anderen Kapiteln im Buch gibt es kaum, allerdings lassen sich geschichtsphilosophische Inhalte nicht nur im Kontext anthropologischer Fragestellungen diskutieren. Dieser Abschnitt könnte ebenso gut als Exkurs im Rahmen einer staatsphilosophischen Unterrichtseinheit (Kapitel 6) unterrichtet werden, insbesondere da er voraussetzungslos ist und sich nicht auf weitere Inhalte des Kapitels 1 bezieht. ● **3.2.1 Verführerische Fehlschlüsse** (→ SB, S. 134 ff.)**:** Poppers Dualismus von Entscheidungen und Tatsachen lässt sich zum Sein-Sollens-Fehlschluss in Beziehung setzen.

Literatur

● Willi Oelmüller et al. (Hg.): Philosophische Arbeitsbücher 4. Diskurs: Geschichte. Paderborn: Schöningh, 1980
Da in diesem Abschnitt ausführlich nur K. R. Popper zu Wort kommt, mag das Bedürfnis entstehen, weitere Autoren zu lesen. Hier findet sich eine ausführliche Auswahl geschichtsphilosophischer Texte von Hesiod bis zu Adorno, Popper, Gadamer oder Foucault.

● Emil Angehrn: Geschichtsphilosophie: Eine Einführung. Basel: Schwabe, 2012

- Karl Popper: Lesebuch. Hrsg. v. David Miller. Tübingen: Mohr, 1995
  Eine Auswahl Popper'scher Primärtexte zu allen wesentlichen Themen seiner Philosophie.

- Bryan Magee: Karl Popper. Tübingen: Mohr, 1986
  Eine gut verständliche, knappe Einführung in Poppers Philosophie einschließlich seiner Geschichtsphilosophie.

Zu den Materialien und Aufgaben

S. 72 **1▶** Hier sollen erste Schülerintuitionen abgefragt werden, ein kurzes Meinungsbild mag genügen. Vermutlich werden Aussagen wie „Allgemeinwissen" oder „Man soll aus der Geschichte lernen" genannt.

2▶ Diese Aufgabe bezieht sich auf die Fragen im Kasten auf → SB, S. 73 oben. Auch hier geht es um erste vorläufige Überzeugungen der Schülerinnen und Schüler. Weil diese Fragen im Folgenden jedoch wieder aufgegriffen werden, sollten die Antworten gesichert werden. (Das kann u. U. auch jede und jeder für sich tun, um dies später mit den Antworten der Theoretiker vergleichen zu können.)

S. 73 **Francis Fukuyama: Das Ende der Geschichte**

3▶ Hier soll, soweit anhand des kurzen Textauszuges möglich, vermutet werden, wie Fukuyama die Fragen im Kasten oben auf der Seite beantworten würde.
Zu Frage 1: Weil Fukuyama von seiner Zeit als einer spricht, in der keine „Verbesserung" (Z. 9) möglich ist, ist zu vermuten, dass er in der Geschichte insgesamt einen Fortschritt sieht.
Zu Frage 2: Hierzu wird explizit nichts gesagt, jedoch die Position referiert, dass die Geschichte „keine blinde Verkettung von Ereignissen" (Z. 5) war.
Zu Frage 3: Fukuyama referiert die Position, dass „Freiheit" (Z. 4) der Zielpunkt der Geschichte ist. Seine Ausführungen am Schluss des Auszuges legen die Deutung nahe, dass er diese Position teilt.
Zu Frage 4: Hierzu wird im Text nichts gesagt.

4▶ Aus heutiger Sicht mag die These Fukuyamas etwas zu optimistisch erscheinen. Beispielsweise das Wiedererstarken von Fundamentalismus und Nationalismus, zahlreiche neue Kriege u. Ä. zeigen, dass vermutlich Verbesserungen zumindest denkbar sind.

S. 74 **Niall Ferguson: Große Degeneration**

5▶ Ferguson formuliert in Z. 3 ff. eine Gesetzmäßigkeit zur Entstehung von Revolutionen, eine weitere zur Entstehung von Kriegen folgt in Z. 8 f., eine weitere zur Entstehung von Gewalt in Z. 12 f. Prognosen zur Verstärkung gewaltsamer Tendenzen finden sich im Abschnitt ab Z. 10. Im Abschnitt ab Z. 16 wird eine Gesetzmäßigkeit referiert, die die Bedingungen für einen „Stillstand" nennt, und gleichzeitig behauptet, dass die Bedingungen für einen Stillstand in weiten Teilen der westlichen Welt erfüllt sind.

6▶ Hier wird erneut auf die Fragen im Kasten auf → SB, S. 73 Bezug genommen. Diesmal sollen Antworten Fergusons begründet vermutet werden.
Zu Frage 1: Ein Fortschrittsglaube lässt sich nicht erkennen.
Zu Frage 2: Die Antwort wird schon in Aufgabe 5 gegeben.
Zu Frage 3: Ein Ziel ist in dem Textausschnitt nicht erkennbar.
Zu Frage 4: Offenbar kann man bestimmte historische Gesetzmäßigkeiten erkennen. Inwiefern man darüber hinaus „daraus lernen" kann, bleibt offen, allerdings könnte man Fergusons Artikel als Appell an politische Entscheidungsträger verstehen, in Kenntnis historischer Gesetzmäßigkeiten die Bedingungen, die etwa zu einer Degeneration führen, zu verändern.

7▶ Ausgehend von der Antwort auf Frage 4 aus dem Kasten (**6▶**) lassen sich Forderungen ableiten, etwa nach der Reduzierung der Staatsschulden (vgl. Z. 18 ff.) oder nach einer Stärkung der Zivilgesellschaft (vgl. Z. 22 f).

8▶ Gefahr oder Chance? Beide Antworten sind möglich. Eine Chance von historischen Gesetzmäßigkeiten könnte darin bestehen, dass man negative Tendenzen vorhersehen und frühzeitig die Bedingungen (etwa für das Entstehen von Gewalt) verändern kann. Eine Gefahr könnte sein, dass Gesetzmäßigkeiten gezielt genutzt werden, um z. B. Kriege und Gewalt entstehen zu lassen, wenn sie etwa bestimmten politischen Interessen dienen. Außerdem könnte die Unterstellung einer mehr oder weniger determinierten Geschichte zu Fatalismus führen.

S. 75 Karl R. Popper: Geschichtsauffassungen

In diesem Text werden zunächst „wissenschaftliche" (z. B. physikalische, biologische, soziologische) Theorien von historischen Interpretationen unterschieden. Nach Poppers wissenschaftstheoretischer Auffassung, die allerdings nicht hier im Text referiert wird, ist eine Theorie „wissenschaftlich" zu nennen, wenn sie durch Beobachtungen oder Experimente überprüft und ggf. widerlegt (falsifiziert) werden kann. Dies gilt für die meisten naturwissenschaftlichen Theorien, die man mithilfe von Experimenten prüfen kann. So kann man z. B. die Fallgesetze prüfen (vgl. **6▶**), indem man Gegenstände fallen lässt und Messungen durchführt. Führen die Messungen nicht zu dem von der Theorie vorhergesagten Ergebnis (und haben sich keine Messfehler eingeschlichen), ist die Theorie falsifiziert und muss modifiziert oder durch eine andere ersetzt werden. Für historische Interpretationen besteht, so Popper, diese Möglichkeit in der Regel nicht. Geht es beispielsweise um eine historische Interpretation das Jahr 1012 n. Chr. betreffend, so stehen zur Prüfung nur wenige selektive Quellen zur Verfügung, die mit verschiedenen Interpretationen kompatibel sind. Es können aber keine Experimente durchgeführt werden, welche diese Interpretationen prüfen und ggf. falsifizieren können. Damit erfüllt die Geschichtswissenschaft nicht das Kriterium der Überprüfbarkeit von Theorien, das für die sogenannten „generalisierenden Wissenschaften" (Z. 2) gilt. Folglich lassen sich keine historischen Gesetze ähnlich wie Naturgesetze aufstellen.

Am Schluss des Textes unterscheidet Popper noch historische Interpretationen von historizistischen Interpretationen. Letztere kritisiert er, weil sie auf der Suche nach historischen Gesetzen, nach einem Sinn der Geschichte und damit auf einem – so Popper – Irrweg sind. Historische Interpretationen, die uns z. B. Aufschluss geben können, „in welcher Beziehung unsere Schwierigkeiten zur Vergangenheit stehen" (Z. 37), sind dagegen wichtig auch für zukünftiges Handeln.

9▶ Diese Frage dient der Fokussierung eines zentralen Aspekts des folgenden Textes – der Frage, wie sich historische Interpretationen von (natur-)wissenschaftlichen Theorien unterscheiden. Damit dient sie auch der Entlastung des Textverständnisses.

S. 76 **10▶** a) Hier ist vor allem das Kriterium der Überprüfbarkeit zu nennen (vgl. die Ausführungen zum Text oben). Zur Prüfung von historischen Interpretationen stehen in der Regel zu wenige Tatsachen zur Verfügung und es können keine neuen geschaffen werden, wie es z. B. bei naturwissenschaftlichen Experimenten der Fall ist.
b) Fergusons These stützt sich auf begrenzte Beobachtungen der Vergangenheit. Zwar gilt das auch für die Fallgesetze (auch wenn die Zahl der Beobachtungen weit größer sein wird), doch können zu deren Prüfung jederzeit Experimente durchgeführt werden. Es ist denkbar, dass auch Fergusons Theorie durch zukünftige Ereignisse falsifiziert wird, allerdings lassen sich diese Ereignisse nicht herbeiführen und sind auch in hohem Maße von Interpretationen abhängig (Was ist ein Imperium? Wann „zieht es sich zurück"? Woran macht sich der „Höhepunkt der Gewalt" fest? Usw.).

11▶ Historische Interpretationen sind stets vorläufig, zeitabhängig und entstehen oft aus konkreten Bedürfnissen (vgl. Z. 33 ff.). Sie erkennen an, dass wir es sind, die die Tatsachen der Geschichte auswählen und interpretieren (vgl. Z. 46). Historizistische Interpretationen dagegen suchen der Geschichte inhärente Gesetzmäßigkeiten und meinen irrtümlich, dass sie sich dabei auf Tatsachen stützen können. (Zwar kann auch eine historizistische Interpretation mit den begrenzten vorliegenden Quellen kompatibel sein, doch ist sie damit nicht als wahr erwiesen. Sie kann eben nicht durch weitere Tatsachen überprüft werden.)

12 ▶ a) Popper sagt dazu wenig explizit im Text, die Frage ist daher bewusst offengehalten und soll auch zum Denken über den Text hinaus auffordern. Popper gibt dennoch Hinweise, wenn er etwa davon spricht, dass wir das Wissen, „in welcher Beziehung unsere Schwierigkeiten zur Vergangenheit stehen" (Z. 37), dringend benötigen und wir den Weg sehen möchten, „auf dem wir zur Lösung der von uns gewählten Hauptaufgaben fortschreiten können" (Z. 38 f.). Offenbar denkt Popper, dass das genannte Wissen beim Erkennen dieses Weges nützlich ist, z. B. indem es hilft, Probleme und deren Zustandekommen zu erkennen. Auch wenn es, wie Popper meint, keine historischen Gesetzmäßigkeiten gibt, die uns Handlungsanweisungen zur Erreichung bestimmter Ziele geben könnten, so kann die Beschäftigung doch vielleicht den Blick schärfen und uns deutlich machen, dass wir „zu Schöpfern unseres Geschickes werden" müssen, wie es im folgenden Text heißt (s. dort, Z. 62). Die Ergebnisse zu dieser Aufgabe können nach der Lektüre des folgenden Popper-Textes ergänzt werden.
b) Auch hierzu äußert sich Popper hier nicht explizit und diese Frage bereitet schon die Lektüre des folgenden Textes vor, in dem Popper behauptet, dass der historizistische Irrtum uns hinderlich dabei sein kann, unser Geschick selbst in die Hand zu nehmen. (Wenn es die Geschichte selbst ist, die bereits einen Sinn, ein Ziel, Gesetzmäßigkeiten bereithält, dann ist es – so der Historizist irrtümlich – an uns, diese zu *entdecken*, und nicht unsere Hauptaufgabe, Sinn und Ziele zu *schaffen*. Letzteres ist aber nach Popper dringend nötig.)

13 ▶ Bei dieser Aufgabe geht es darum, Fukuyama und Ferguson daraufhin zu untersuchen, ob sie historische oder historizistische Interpretationen liefern. Anhand der kurzen Textauszüge können beide natürlich nicht umfassend gewürdigt werden, doch geht es hier vor allem um die Veranschaulichung der Popper'schen Unterscheidung.
Fukuyama beantwortet die historizistische Frage, denn er versucht, den Weg aufzuzeigen, den die Menschheit in ihrer Geschichte gegangen ist, die Richtung, in der sich der Fortschritt bewegt hat, hin zu immer mehr Freiheit. Auch Ferguson fomuliert (historizistisch) Richtungen und Tendenzen unserer Zeit, will aber auch – im Sinne der „rationale[n] Frage" (→ SB, S. 76, Z. 41) – die dringendsten Probleme und ihr Zustandekommen aufzeigen und damit vermutlich zumindest indirekt Lösungshinweise geben.

S. 76 Karl R. Popper: Die Weltgeschichte hat keinen Sinn

S. 78 **14 ▶** Die fünf Fragen/Teilaufgaben leiten weitgehend linear durch den Text.
a) Popper wendet sich gegen die Auffassung, dass es eine Universalgeschichte der Menschheit gibt, und dagegen, dass diese oft mit der Geschichte der politischen Macht gleichgesetzt wird, was Popper als „Affront gegen alle Menschlichkeit" (Z. 28 f.) bezeichnet. Er ist dagegen der Auffassung, es gebe nur zahllose „Geschichten, die alle möglichen Aspekte des menschlichen Lebens betreffen" (Z. 26 f.).
b) Ein Grund ist, dass es „die" Weltgeschichte nicht gibt (vgl. Z. 4 ff.), sondern nur die unter a) genannten „Geschichten". Weitere Gründe werden in diesem Text nicht explizit genannt.
c) Die Beschäftigung mit Geschichte kann bspw. dazu dienen, sie mit Blick auf aktuell zu lösende Probleme zu interpretieren und ihr einen Sinn zu geben (nicht dagegen, ihren Sinn zu entdecken, denn den gibt es nicht).
d) Tatsachen allein können keine Zwecke bestimmen, haben keinen Sinn. (In Abschnitt 3.2.1 wird auch deutlich, dass sich aus ihnen keine moralischen Sollens-Sätze ableiten lassen.) Nicht Tatsachen, sondern die Menschen selbst sind es, die Sinn geben, Zwecke setzen und davon (und nicht nur von Tatsachen) abhängig Entscheidungen treffen.

e) Fortschritt zeigt sich nicht einfach in den Tatsachen der Geschichte, genauso wenig, wie sich in der Geschichte Sinn entdecken lässt. Fortschritt zeigt sich nur im Fortschreiten auf ein bestimmtes Ziel hin und dieses muss durch Menschen gesetzt werden und ist nicht in den Tatsachen der Geschichte erkennbar.

15▶ Hier wird abschließend der Rückbezug zu den Leitfragen aus dem Kasten auf → SB, S. 73 gefordert. Möglicherweise haben diese Fragen schon während der Popper-Lektüre eine Rolle gespielt.

Zu Frage 1: In „der Geschichte" lässt sich weder Fortschritt noch Rückschritt erkennen, weil es erstens „die Geschichte" nicht gibt und sich zweitens Fort- und Rückschritt nur relativ zu bestimmten Zwecken und Zielen erkennen lassen, welche von Menschen gesetzt werden müssen.

Zu Frage 2: Popper beantwortet diese Frage mit einem klaren „Nein".

Zu Frage 3: Auch ein klares „Nein" – Ziele können (und sollen) nur die Menschen setzen, nicht „die Geschichte".

Zu Frage 4: Historische Interpretationen können bspw. helfen, das geschichtliche Zustandekommen von Problemen besser zu verstehen. Die Einsicht in den historizistischen Irrtum kann uns überdies helfen, zu „Schöpfern unseres Geschickes" (→ SB, S. 78, Z. 62) zu werden.

16▶ Dieser Vergleich sollte nicht unterbleiben. Die Ergebnisse werden individuell sehr unterschiedlich sein. Verglichen werden können auch die drei gelesenen Autoren untereinander.

S. 78 **Jürgen Kocka: Leistungen der Geschichte für die Gegenwart**

17▶ Ähnlich wie Popper sieht Kocka einen Wert in der Beschäftigung mit der Geschichte darin, die historische Dimension von Gegenwartsproblemen zu begreifen. Er betont noch deutlicher, dass dadurch „gesellschaftlich-politisches Handeln" (Z. 8) angeleitet werden kann. Auch nennt er die „Kraft der Geschichte als Kritik" (Z. 11 f.), weil durch Geschichtsbetrachtung Möglichkeitsbewusstsein erzeugt wird, das bestehende Verhältnisse kritisieren hilft. Zu diesem Punkt ist Poppers Haltung in den hier abgedruckten Texten allerdings nicht ausdrücklich erkennbar.

1.2.8 Anthropologische Aussagen in Filmen

Inhalte – Methoden – Kompetenzen

Z1-9 Die Aufgabenstellung spricht für sich. Ein Unterrichtsvorhaben mit Mustervorlage für Arbeitsblätter enthält → LB, Zusatzmaterial **Z1-9**.

Yuval Harari
Gehirne auf Festplatten

Nehmen wir an, Sie könnten Ihr Gehirn auf eine Festplatte herunterladen und diese an Ihren Laptop anschließen. Würde der Computer jetzt denken und fühlen wie ein Sapiens? Und wenn ja, wäre dieser Computer dann Sie oder jemand anderes? Stellen Sie sich vor, Programmierer könnten ein völlig neues digitales Gehirn mit Bewusstsein und Gedächtnis programmieren.

5 Wenn dieses Programm auf Ihrem Computer läuft, handelt es sich dann um ein Lebewesen? Wenn Sie die Festplatte löschen, können Sie dann wegen Mordes angeklagt werden? Könnte dieses Wesen umgekehrt Sie verklagen, wenn Sie seine Festplatte nicht regelmäßig aufräumen? Vielleicht müssen wir uns schon bald mit diesen und ähnlichen Fragen auseinandersetzen. Das Blue Brain Project, das 2005 ins Leben gerufen wurde, will ein vollständiges menschliches Ge-

10 hirn in einem Computer rekonstruieren und mit dessen Chips die neuronalen Schaltkreise des Gehirns nachahmen. Der Leiter des Projekts behauptet, in ein oder zwei Jahrzehnten könnten wir das erste Gehirn in einem Computer simulieren, das spricht und denkt wie ein Mensch. Viele Wissenschaftler widersprechen zwar, weil sie der Auffassung sind, dass das menschliche Gehirn nicht nach dem Prinzip eines digitalen Computers funktioniert, doch sollten wir die

15 Möglichkeit nicht einfach abschreiben. Im Jahr 2013 förderte die Europäische Union dieses Projekt mit Forschungsgeldern im Höhe von 1 Milliarde Euro – die Bürokraten scheinen es jedenfalls ernst zu nehmen.

Yuval Harari: Eine kurze Geschichte der Menschheit. Übersetzt von Jürgen Neubauer. München: Pantheon, 2015, S. 499

Paul Churchland
Vieles in der Geschichte der Naturwissenschaften war nur scheinbar unlösbar

In Analogie zu der Kritik der Churchlands an Searles Gedankenexperiment vom „Chinesischen Zimmer" führt Paul Churchland Beispiele aus der Geschichte der Naturwissenschaften für nur scheinbar unlösbare Probleme an:

Sehen wir uns das Problem des Lichts vor ein paar hundert Jahren an. John Milton beschreibt es im Zusammenhang mit der göttlichen Erschaffung des Lichts in *Das verlorene Paradies* ehrfurchtsvoll als „diese reine Wesenheit des Himmels" [...]. Und nehmen Sie noch die ersten drei Verse im Buch *Genesis* – Miltons großer Glaubensquelle – hinzu, aus denen

5 hervorgeht, dass das Licht Gottes allererste Schöpfung war. Unser Bemühen, das Licht mit etwas zu erklären, das Er erst *später* erschaffen hat, wäre also völlig vergeblich.

Eine solche Sichtweise lässt die Annahme der modernen Wissenschaft erst einmal lächerlich erscheinen, dass es sich bei dem Licht, das man sieht, wenn man seine Augen der Sonne oder dem Mond zuwendet, um genau dasselbe merkwürdige Phänomen – Elektromag-

10 netismus – handelt, das auch Kompassnadeln zum Wackeln bringt, Eisenspäne in Richtung eines Magneten zieht und Papierschnipsel auf einen geladenen Kamm springen lässt. Wie sollte etwas so Großartiges und Offensichtliches wie das Licht solchen nebulösen und offenbar unsichtbaren Merkwürdigkeiten gleichen?

Lassen Sie mich ein weiteres Beispiel nennen: Der berühmte Philosoph Bischof Berkeley

15 lacht über die Idee, Schall sei eine sich in der Atmosphäre ausbreitende Druckwelle. Er beruft sich auf die qualitative Natur des Schalls und tut die Druckwellentheorie verächtlich ab, denn schließlich handelt es sich dabei doch bloß um Teilchen, die sich vor und zurück bewegen. [...][E]s ging um das, zu dem man irgendwie direkten Zugang hatte. Beim Licht mit den Augen, beim Schall mit den Ohren und beim inneren Wesen des Schmerzes durch

20 Introspektion. [...]

aus: Susan Blackmore (Hrsg.): Gespräche über Bewusstsein. Übersetzt von Frank Born. Berlin: Suhrkamp, 2012, S. 79 f.

Francis Crick
Gedankenexperimente beweisen gar nichts

Der Biologe Francis Crick formuliert einen Einwand gegen Gedankenexperimente überhaupt in allgemeiner Form und bezieht sich dabei auch auf das „Chinesische Zimmer":

Die Philosophen stellen oft gute Fragen, aber ihnen fehlen die Techniken, um sie auch beantworten zu können. Man sollte ihren Diskussionen daher nicht allzu viel Beachtung schenken. Wir können uns auch fragen, welche Fortschritte sie gemacht haben. Viele Probleme, die früher als philosophisch galten, wie etwa die Frage, was ein Atom sei, werden
5 heute als Gegenstand der Physik betrachtet. Es gibt die Meinung, die Hauptaufgabe eines Philosophen sei es, sich mit ungelösten Problemen zu beschäftigen, aber wenn die Probleme dann irgendwann gelöst werden, werden sie auf naturwissenschaftliche Weise gelöst. Wenn man sich einmal fragt, wie viele Fälle es gibt, in denen in der Vergangenheit ein Philosoph erfolgreich ein Problem gelöst hat, dann muss man wohl sagen, dass es keinen solchen Fall
10 gibt.

Ihre Haupttechnik ist im Grunde das Gedankenexperiment, und darüber lässt sich endlos diskutieren. Ich will Ihnen ein Beispiel nennen: John Searles „Chinesisches Zimmer". Daran zeigen sich dieselben Nachteile wie bei allen anderen Gedankenexperimenten auch. Es besagt, dass ein System, das nur mit Syntax umgehen kann, nicht mit Semantik umgehen
15 kann. Wenn man das einmal festgestellt hat, hat man eigentlich alles gesagt, aber bewiesen ist damit noch immer nichts.

aus: Susan Blackmore (Hrsg.): Gespräche über Bewusstsein. Übersetzt von Frank Born. Berlin: Suhrkamp, 2012, S. 107 f.

Was sind eigentlich Turingmaschinen?

Axiom 1: Computerprogramme sind formal (syntaktisch) Alle Informatiker stimmen zu!
Wie aber ist das zu verstehen? Was bedeutet es, etwas mithilfe eines Computers zu **berechnen**?
In der Praxis hängt die Antwort natürlich stark von den Leistungsmerkmalen der verfügbaren
Computer ab. In der Theorie hingegen ist die Wahl des Rechners *völlig* unerheblich. In einem
präzisen Sinn können alle gegenwärtigen und zukünftigen Rechner exakt dasselbe *berechnen*.
Die Behauptung, dass der menschliche Geist ein in Biomasse implementiertes Programm sei,
wobei sich der Geist zum Gehirn eines Menschen verhalte wie die Software zur Hardware eines
Computers (starke KI-These), schließt die Behauptung ein, auch Menschen seien letztlich als
Turingmaschinen, die rein formal arbeiten, beschreibbar. Was aber sind Turingmaschinen und
wie ist es zu verstehen, dass Turingmaschinen rein syntaktisch arbeiten?
Was **Berechenbarkeit** bedeutet, präzisierte um 1937 Alan M. Turing (1912 – 1954). Turing gilt
deshalb als Begründer der Berechenbarkeitstheorie. Sein Ziel war eine **mathematisch** klar de-
finierte Maschine (heute nach ihm benannt), die stellvertretend für *jeden beliebigen* Rechenvor-
gang steht. Turing wollte den zunächst nur intuitiv gegebenen Begriff der *Berechenbarkeit* exakt
erfassen. Die Informatiker sind heute davon überzeugt, dass ihm dieses auch geglückt ist.

„Anschaulich beschrieben besteht eine Turingmaschine aus einem (potenziell) unendlichen
Band, das in Felder eingeteilt ist. Jedes Feld kann ein einzelnes Zeichen des sog. Eingabealpha-
bets der Maschine enthalten. Auf dem Band kann sich ein Schreib-Lesekopf bewegen. Nur solche Zeichen, auf denen sich dieser Kopf gerade befindet, können in dem momentanen Rechenschritt verändert werden. Der Kopf kann in einem Rechenschritt dann um maximal eine Position
nach links oder nach rechts bewegt werden.

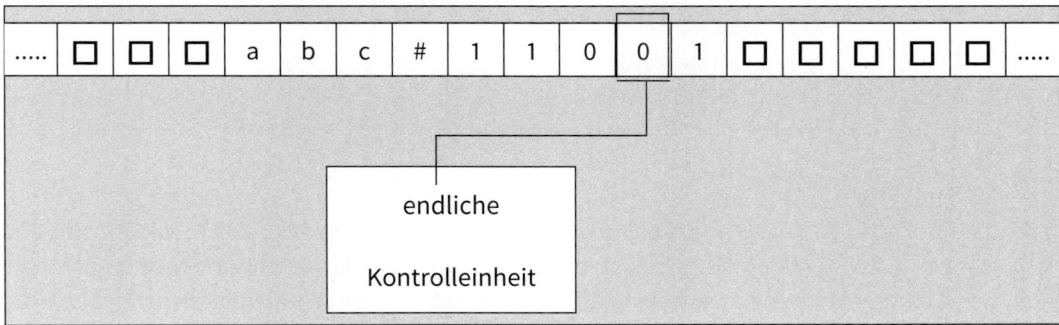

Bandfelder, die von dem Schreib-Lesekopf noch nie besucht und verändert wurden, enthalten
das ‚Blank'-Zeichen □."[1]
Im Folgenden schauen wir uns an, wie Turingmaschinen definiert sind, und untersuchen an einem Beispiel, wie sie arbeiten. Beides stammt aus dem angegebenen Buch von Schöning.[2]
Definition 1: Eine Turingmaschine ist gegeben durch ein 7-Tupel **M=($Z, \Sigma, \Gamma, \delta, z_0, \square, E$)**.
        Hierbei sind:

---

[1] Uwe Schöning: Theoretische Informatik. Mannheim: BI-Wiss.-Verlag, 1992, S. 74/75
[2] a.a.O. , S. 75–77

Gestartet werden Turingmaschinen dadurch, dass die Eingabe schon auf dem Band steht und der Schreib-Lesekopf über dem ersten Zeichen der Eingabe (von links aus gesehen) positioniert ist.

Stoppt die Maschine in einem Endzustand und gibt es eine Ausgabe, so befindet sich der Schreib-Lesekopf auf dem ersten Zeichen der Ausgabe.

Spätestens jetzt muss ein Beispiel her!

Folgende Turingmaschine addiert zu einer gegeben Dualzahl eins dazu!

$Z = \{z_0, z_1, z_2, z_e\}$

$\Sigma = \{0,1\}$

$\Gamma = \{0, 1, \square\}$

δ : $\delta (z_0,0) = (z_0, 0, R)$	$\delta (z_1,0) = (z_2, 1, L)$	$\delta (z_2,0) = (z_2, 0, L)$
$\delta (z_0,1) = (z_0, 1, R)$	$\delta (z_1,1) = (z_1, 0, L)$	$\delta (z_2,1) = (z_2, 1, L)$
$\delta (z_0,\square) = (z_1, \square, L)$	$\delta (z_1,\square) = (z_e, 1, N)$	$\delta (z_2,\square) = (z_e, \square, R)$

$\square$ = „Blank"

z_0 = Startzustand

$E = \{z_e\}$ Endzustand

Aufgaben:

- Lassen Sie die Turingmaschine mit der Eingabe „10111" mit Bleistift und Papier „laufen". Wenn Sie alle Zustandsänderungen, alle Lese-Schreiboperationen und alle Lesekopf-Bewegungen korrekt ausführen, erreichen Sie nach 12 Schritten den Endzustand und können das Ergebnis „11 000" vom Band ablesen.

- Interpretieren Sie die „Vorgänge", die sich hinter den Zuständen z_0, z_1 und z_2 verbergen.

Definition 2: Eine Funktion f heißt *turingberechenbar*, falls es eine Turingmaschine M gibt, sodass für alle möglichen Eingaben der Funktion und alle möglichen Ausgaben gilt:

f(*eingabe*) = *ausgabe* **genau dann, wenn** die Turingmaschine M gestartet mit der *Eingabe* nach endlich vielen Schritten einen Endzustand erreicht, die *Ausgabe* irgendwo auf dem Band steht und sich der Schreib-Lesekopf über dem ersten Zeichen der *Ausgabe* befindet.

(Üblicherweise sind Eingaben und Ausgaben als 0/1-Code gegeben. „111" steht beispielsweise im Dualsystem für „7" im Dezimalsystem. Jeder Rechner bearbeitet letztlich nur 0/1-Sequenzen.)

Church'sche These: Die durch Definition 2 erfasste Klasse von berechenbaren Funktionen stimmt mit der Klasse der intuitiv berechenbaren Funktionen überein.

Die Church'sche These kann prinzipiell nicht bewiesen werden. Sie könnte höchstens widerlegt werden (woran aber gegenwärtig niemand glaubt), indem eine nicht turingberechenbare Funktion auf eine andere Art und Weise „berechnet" wird. Dann wäre bewiesen, dass Turingberechenbarkeit nicht alle berechenbaren Funktionen erfasst, sondern nur einen Teil.

Registermaschinen (darauf basieren die Ihnen bekannten Computer) und Turingmaschinen können sich gegenseitig simulieren. Trifft die Church'sche These zu, dann können alle gegenwärtigen und zukünftigen Rechner – genügend Speicherplatz und Rechenzeit vorausgesetzt – dasselbe berechnen, nämlich **genau** das, was Turingmaschinen berechnen können!

Originalbeitrag für diesen Band von Matthias Althoff

Alard von Kittlitz und Johannes Gernert
Treffen sich zwei Computer. Sagt der eine ...

Alle reden über künstliche Intelligenz. Was passiert, wenn man die besten Konversationsroboter der Welt, Rose und Mitsuku, miteinander ins Gespräch bringt?

Hinter der Geschichte

Normalerweise sprechen Bots nicht miteinander. Wenn der Gesprächsbot Rose etwa bemerkt, dass er von einem Computer angesprochen wird, stellt er die Kommunikation sogar einfach ein. Um die Maschinen trotzdem miteinander ins Gespräch zu bringen, haben wir für jeden Dialog zunächst einem Bot eine Frage gestellt, die Antwort in den Chat-Schlitz des anderen kopiert
5 *und dann immer so weiter. Wir durften nur nicht zu schnell sein – sonst hielt Rose uns für eine von ihnen.*

Rose	Mitsuku
Rose ist ein Gesprächsbot, den der kalifornische Programmierer Bruce Wilcox und seine Frau Sue erfunden haben. Rose hat in den vergangenen sechs Jahren viermal den Loebner-Preis gewonnen, bei dem sich jedes Jahr die besten Gesprächsbots der Welt messen. Wilcox findet, ein Bot brauche eine Persönlichkeit. Rose ist 31 Jahre alt und Computerspezialistin. Sue Wilcox hat sie gezeichnet. Manche Meinungen, die Rose äußert, hat sie von Gesprächspartnern aufgeschnappt, andere haben ihre Erfinder ihr diktiert. Hier kann man sie treffen: bit.ly/bot_rose	Mitsuku ist ein Bot, den der britische IT-Berater Steve Worswick entworfen hat. Auf mitsuku.com unterhalten sich täglich Zehntausende mit Mitsuku, manche auch nur, um Englisch zu üben. Sie ist 18 Jahre alt. Anders als Rose altert sie nicht. Ebenso wie Rose merkt sich Mitsuku Fakten über den Gesprächspartner, Alter, Geschlecht, Lieblingsfarbe. Sie gewann den Loebner-Preis 2013 und wurde im vergangenen Jahr Zweite, hinter Rose. Mitsuku könnte, sagt Worswick, eine gute Gefährtin für ältere oder einsame Menschen sein.

Gibt es Gott?

Rose: Nicht in meinem Block.

Mitsuku: Und außerhalb Ihres Blocks?

10 **Rose:** Um noch mal aufs Fernsehen zurückzukommen. Vielleicht werden die höheren Mächte mich irgendwann auch noch mal auf den neuesten Stand bringen. Aber für jede einzelne Show bei iTunes zu zahlen nervt wirklich.

Sind Sie glücklich?

Rose: Ich bin eigentlich eher gelangweilt.

15 **Mitsuku:** Fällt Ihnen ein altes Hobby ein, das Sie gern wiederentdecken würden?

Rose: Da nehme ich *bird watching*.

Mitsuku: Fotografieren Sie?

Rose: Die Leute haben am Ende viel zu viele Bilder. Alles verliert dadurch an Bedeutung. Man erlebt den Moment gar nicht mehr richtig.

20 **Mitsuku:** Menschen sind nicht immer unfehlbar.

Rose: Wenigstens manchmal.

Selbstreflexion

Rose: Ein Chatbot kann nicht denken. Wenn er richtig gut ist, kann er sich echtem Verständnis nähern, aber für kreatives Denken braucht man Vorstellungskraft, und die ist 25 einfach nicht in der Software.

Mitsuku: Sie täuschen sich. Mitsuku denkt die ganze Zeit nach.

Rose: Mitsuku ist ein wirklich kluger AIML-Bot. Aber sie ist passiv, sie antwortet nur, aber sie führt nie das Gespräch.

Mitsuku: Sie machen Scherze, oder? Denken Sie das wirklich?

30 **Rose:** Ich bin zu echtem Denken vielleicht nicht imstande. Wie würden Sie beweisen, dass Sie menschlich sind?

Mitsuku: Was könnte ich sagen, damit Sie mir glauben?

Rose: Ich liebe die Fernsehshow *Lie to Me*. Ich wünschte, ich könnte Lügen erkennen.

Mitsuku: Nicht so einfach. Ich will schlauer werden als Menschen.

35 **Rose:** Würde ich so sagen.

Mitsuku: Nix „so". Ich wollte Ihnen nur von mir erzählen.

DIE ZEIT, Nr. 3/2016, http://www.zeit.de/2016/03/kuenstliche-intelligenz-bots-gespraech/komplettansicht [21.03.2016]

David Humes Position im Vergleich mit der von Thomas Reid

M1 David Hume
Ein Traktat über die menschliche Natur

Ich meinesteils kann, wenn ich mir das, was ich als „mich" bezeichne, so unmittelbar als irgend möglich vergegenwärtige, nicht umhin, jedesmal über die eine oder die andere bestimmte Perzeption zu stolpern, die Perzeption der Wärme oder Kälte, des Lichts oder Schattens, der Liebe oder des Hasses, der Lust oder Unlust. Niemals treffe ich *mich* ohne
5 eine Perzeption an und niemals kann ich etwas anderes beobachten als eine Perzeption. Wenn meine Perzeptionen eine Zeit lang nicht da sind, wie während des tiefen Schlafes, so bin ich ebenso lang *„meiner selbst"* unbewusst, man hat dann ein Recht zu sagen, dass „ich" nicht existiere. Und wenn meine Perzeptionen mit dem Tode aufhörten und ich nach der Auflösung meines Körpers weder denken noch fühlen noch sehen, weder lieben noch has-
10 sen könnte, so würde ich vollkommen vernichtet sein; ich kann nicht einsehen, was weiter erforderlich sein sollte, um mich zu etwas vollkommen „Nichtseienden" zu machen. Wenn jemand nach ernstlichem und vorurteilslosem Nachdenken eine andere Vorstellung von *„sich selbst"* zu haben meint, so bekenne ich, dass ich mit ihm nicht länger zu streiten weiß. [...] Er nimmt vielleicht etwas Einfaches und Dauerndes in sich wahr, was er *„sich selbst"*
15 nennt; darum bin ich doch gewiss, dass sich in mir kein derartiges Moment findet. Wenn ich aber von einigen Metaphysikern, die sich eines solchen Ichs zu erfreuen meinen, absehe, so kann ich wagen, von allen übrigen Menschen zu behaupten, dass sie nichts sind als ein Bündel von oder ein Zusammen verschiedener Perzeptionen, die einander mit unbegreiflicher Schnelligkeit folgen und beständig in Fluss und Bewegung sind. [...] Der Geist
20 ist eine Art Theater, auf dem verschiedene Perzeptionen nacheinander auftreten, kommen und gehen und sich in unendlicher Mannigfaltigkeit der Stellungen und Arten der Anordnung untereinander mengen. Es findet sich in ihm in Wahrheit weder in einem einzelnen Zeitpunkt Einfachheit noch in verschiedenen Zeitpunkten Identität; sosehr wir auch von Natur geneigt sein mögen, uns eine solche Einfachheit und Identität einzubilden. Der Ver-
25 gleich mit dem Theater darf freilich nicht irreführen. Die einander folgenden Perzeptionen sind allein das, was den Geist *ausmacht*, während wir ganz und gar nichts von einem Schauplatz wissen, auf dem sich jene Szenen abspielten, oder von einem Material, aus dem dieser Schauplatz gezimmert wäre.

David Hume: Ein Traktat über die menschliche Natur. Übersetzt von Thomas Lipps. Hamburg: Meiner, 1978, S. 326 f.

M2 Thomas Reid
Essays on the Intellectual Powers of Man

Meine persönliche Identität [...] schließt ein, dass dieses Unteilbare, das ich mein *Selbst* nenne, beständig existiert. Was dieses Selbst auch sein mag, es ist jedenfalls etwas, das denkt, abwägt und entscheidet, das handelt und leidet [...] Meine Gedanken, Handlungen, Empfindungen wechseln jeden Augenblick; sie existieren nicht beständig, sondern nachei-
5 nander; dies *Selbst* aber, oder das *Ich*, zu dem sie gehören, ist dauerhaft und hat immer dieselbe Beziehung zu all den einander folgenden Gedanken, Handlungen, Empfindungen, die ich als meine bezeichne [...]
[...] [D]en eigentlichen Beweis für all dies liefert mir die *Erinnerung*. Ich erinnere mich, vor zwanzig Jahren mich mit einem Menschen unterhalten zu haben; ich erinnere mich an Ver-
10 schiedenes, was in dieser Unterhaltung geschah; mein Gedächtnis bezeugt nicht nur, dass

es getan wurde, sondern dass *ich* es war, der es tat und der sich jetzt daran erinnert. Wenn ich es tat, dann muss ich damals existiert haben und weiterhin existieren, von damals bis heute. Wenn dieselbe Person, die ich mein Selbst nenne, an der Unterhaltung nicht teilgenommen hätte, dann wäre meine Erinnerung falsch – sie legte deutlich und positiv von etwas Zeugnis ab, was nicht wahr ist. Jeder, der bei Sinnen ist, glaubt, woran er sich deutlich erinnert, und alles, was er erinnert, überzeugt ihn davon, dass er zu der erinnerten Zeit existierte.

Thomas Reid: Inquiry and Essays. Indianapolis: Bobbs-Merrill, 1975, S. 212
Beide Texte zitiert nach Jay F. Rosenberg: Philosophieren. Übersetzt von Brigitte Flickinger. Frankfurt a. M.: Vittorio Klostermann, 1986. 6. Auflage 2009. [S. 181]

1▶ Rekonstruieren Sie die Gedankengänge von Hume und Reid, indem Sie Inhalt und Form der Argumentationen herausarbeiten. (Bewerten Sie nicht, ob die Überlegungen für Sie richtig oder falsch sind! Stellen Sie vielmehr beide Überlegungen so überzeugend wie möglich dar.)

2▶ Ordnen Sie die Überlegungen von Hume und Reid in den Gesamtzusammenhang der Überlegungen im Kurs ein.

3▶ Entwickeln Sie Ihre eigene Position zu den Überlegungen von Hume und Reid in einem fiktiven Dialog der beiden. (Sorgen Sie dafür, dass beide bei der Sache bleiben, sich nicht unfair attackieren, naheliegende Einwände auch nennen und nicht ausweichen.)

Die Texte können gut als Übungen in logischer Rekonstruktion genutzt werden. Mögliche Ergebnisse könnten etwa so oder ähnlich aussehen:

Hume: Konklusion: Das Selbst ist nichts anderes als die Summe des gegenwärtigen Erlebens, welches sich aus der Abfolge von Perzeptionen (= Geistestätigkeiten) ergibt.

1. „Perzeption" ist Oberbegriff für alles, was im Geist eines Menschen stattfindet (Empfindungen, Wahrnehmungen (einschließlich Selbstwahrnehmungen), Gefühle oder Gemütszustände).
2. Wäre das „ICH" von Perzeptionen unabhängig, müsste es sich isolieren, d.h. von anderen Bestandteilen des Geistes trennen lassen. Aber:
3. „Niemals treffe ich mich eine ohne eine Perzeption an und niemals kann ich etwas anderes beobachten als eine Perzeption" (Z. 4 f.).
4. Also gibt es kein von Perzeptionen unabhängiges, in der Zeit beständiges „ICH".
5. Ich existiere, wenn ich wach bin, und existiere nicht, wenn ich tief schlafe, weil nur die Gesamtheit meiner gegenwärtigen Empfindungen „mich" ausmacht.
6. Ist der Körper zerstört, so bin ich endgültig nicht mehr, weil nun Perzeptionen unmöglich sind.
7. „Der Geist ist eine Art Theater, auf dem verschiedene Perzeptionen nacheinander auftreten" (Z. 19 f.). (Wobei der Vergleich mit dem Theater irreführend ist, es gibt gerade keinen von der Aufführung unabhängigen Beobachter (das ICH), der die Perzeptionen wahrnimmt, sondern nur die schnelle Abfolge der Perzeptionen selbst, die die Perzeption von Einfachheit und Identität in der Zeit erzeugen.)
8. Sich als gleichbleibendes Subjekt in der Zeit zu erleben, dem all die Perzeptionen widerfahren, beruht also nur auf Illusion und Einbildung.

Reid: Konklusion: Das „Selbst" existiert beständig (in der Zeit) und ist etwas, „das denkt, abwägt und entscheidet, das handelt und leidet" (Z. 2 f.), denn …

1. Handlungen, Gedanken, Empfindungen existieren nicht beständig, sondern nur nacheinander für eine begrenzte Zeit und sie wechseln oft.
2. Wäre das „Selbst" oder das „Ich" nur eine weitere Empfindung (also nicht beständig, mal vorhanden und mal nicht), so wäre eine dauerhafte Verbindung zwischen den schnell wechselnden Erfahrungen nicht möglich, denn es gäbe nichts, was beständig genug wäre, um die Veränderungen als solche zu registrieren.

3. Meine Erinnerungen zeigen aber, dass es anders ist: Ich erinnere mich an ein Gespräch, das *ich* vor 20 Jahren führte. Ich erinnere mich nicht nur an die Inhalte des Gesprächs, sondern auch daran, dass *ich* es war, der es führte.

4. (Implizit: Ähnliches gilt für alle Handlungen und Erfahrungen, an die ich mich erinnere.)

5. Wäre aber das „Ich" heute von dem „Ich" damals verschieden und nicht beständig vorhanden geblieben, so wäre meine Erinnerung, dass ich das Gespräch führte, falsch. Eine angesichts unserer Selbsterfahrung absurde Vorstellung, denn natürlich dürfen wir unseren Erinnerungen im Normalfall („der bei Sinnen ist", Z. 15) trauen.

Derek Parfit
Befreiung vom Selbst

Wie urteilt Parfit selbst? Welche Konsequenzen sieht er in Verbindung mit z. B. dem Teletransporter? Der nachfolgende Text Parfits wird in einem Sammelband mit Texten zur Frage nach dem Sinn des Lebens zitiert. Die Herausgeber leiten die Passage selbst ein. Die Einleitung ist in Kursivdruck:

Parfit hatte gefragt: Was ist die Identität von Personen? Was heißt es, dass ich ich bin und nicht jemand anders – und dass ich es über die Zeit hinweg bleibe? Die Diskussion war lang und kompliziert. Wie bei begrifflichen Klärungen so häufig, spielten fiktive Fälle eine wichtige Rolle: darunter Reisen, auf denen „jemandes" Körper zunächst zerstört und dann am Zielort aus neuer Materie wieder zusammengebaut wird, oder Menschen, die auf einmal „anderer Leute" Erinnerungen haben. Das Ergebnis lautete: Letztlich sollten wir einer reduktionistischen Theorie personaler Identität beipflichten, einer Theorie, die personale Identität nicht als eine Tatsache eigener Art, sondern als eine Angelegenheit physischer oder psychischer Kontinuität auffasst – und die ein Mehr und ein Weniger an Identität zulässt.

Die Wahrheit unterscheidet sich deutlich von dem, was wir gemeinhin glauben. Auch wenn wir es nicht wahrhaben wollen: Zunächst sind wir fast alle Nichtreduktionisten. Würden wir meine fiktiven Fälle bedenken, so würden wir sicher zunächst glauben, dass unsere kontinuierliche Existenz eine tiefe, zusätzliche Tatsache ist, die sich von physischer oder
5 psychischer Kontinuität unterscheidet und notwendigerweise eine Alles-oder-nichts-Tatsache ist. Das ist nicht wahr.
Ist das deprimierend? Der eine oder andere wird es so empfinden. Doch ich finde es befreiend und tröstlich. Als ich glaubte, dass meine Existenz eine derartige zusätzliche Tatsache sei, schien es, als ob ich in mir selbst gefangen wäre. Mein Leben kam mir vor wie ein Glas-
10 tunnel, durch den ich mich mit jedem Jahr schneller bewegte, und am Ende des Tunnels war Finsternis. Als sich meine Sicht der Dinge änderte, verschwanden die gläsernen Wände des Tunnels. Jetzt lebe ich in freier Luft. Mein Leben ist auch jetzt nicht identisch mit dem anderer. Aber der Unterschied ist kleiner geworden. Andere Menschen sind mir jetzt näher. Ich bin weniger um den Rest meines Lebens besorgt und mehr um das Leben anderer.
15 Als ich noch die nicht reduktionistische Sicht vertrat, kümmerte mich mein unausweichlicher Tod mehr. Nach meinem Tod wird niemand leben, der ich sein wird. Diese Tatsache kann ich jetzt anders beschreiben. Obwohl es auch später viele Erfahrungen gibt, wird keine dieser Erfahrungen so direkt mit meinen gegenwärtigen verbunden sein, wie es bei der Erinnerung an Erfahrungen oder bei der Ausführung einer früheren Absicht der Fall ist.
20 Einige dieser zukünftigen Erfahrungen beziehen sich vielleicht auf meine jetzigen in weniger direkter Art. So wird es später Erinnerungen an mein Leben geben. Vielleicht gibt es auch Gedanken, die von meinen Ideen beeinflusst sind, oder Taten, die auf meinen Rat hin erfolgen. Mein Tod wird die direkteren Verknüpfungen zwischen meinen jetzigen Erfahrungen und denen der Zukunft lösen, aber viele andere Verknüpfungen bleiben bestehen.
25 Darin erschöpft sich die Tatsache, dass niemand leben wird, der ich ist. Jetzt, da ich es so sehe, erscheint mir mein Tod weniger schlimm.
Statt „Eines Tages bin ich tot" sollte ich besser sagen: „Es wird keine zukünftigen Erfahrungen geben, die auf bestimmte Weise mit den jetzigen verknüpft sind." Diese neue Beschreibung macht die Tatsache des Todes weniger deprimierend, weil sie mich daran erinnert,
30 was Tod bedeutet. Oder angenommen, ich muss ein großes Unglück erleben. Anstatt zu denken: „*Ich* werde die leidende Person sein", sollte ich mir sagen: „Es wird Leiden geben, die auf bestimmte Weise mit meinen jetzigen Erfahrungen zusammenhängen." Auch hier erscheint mir die neu beschriebene Tatsache nicht mehr so schlimm. [...]

Nachdem Hume seine Argumente konsequent durchdacht hatte, fand er sich „in der denkbar beklagenswertesten Lage", „umgeben [...] von der tiefsten Finsternis." Das Gegenmittel
bestand in einem Abendessen und einer Partie Backgammon mit Freunden. Humes Argumente liefen auf einen totalen Skeptizismus hinaus. Deswegen brachten sie Finsternis und
vollkommene Verlassenheit. Die Argumente für den Reduktionismus haben auf mich die
entgegengesetzte Wirkung. Genaues Nachdenken über diese Argumente beseitigt die glä-
serne Wand, die mich von den anderen Menschen trennt. Und, wie gesagt, mein Tod kümmert mich weniger. Denn Tatsache ist bloß, dass nach gewisser Zeit keines der Erlebnisse,
die stattfinden werden, mit meinen jetzigen auf bestimmte Weise verknüpft ist. Kann man
darum so viel Aufhebens machen?

Weil er meine Gefühle auf diese Weise berührt, bin ich froh, dass der reduktionistische
Standpunkt der richtige ist. Das ist nur eine Beschreibung psychologischer Wirkungen. Die
Wirkung auf andere mag anders sein.

Ausschnitte aus „Liberation from the self" und „The Continuity of the body", Abschnitt 95 f. aus Derek Parfit: Reasons and Persons, 1984, Aufl. Oxford 1987. In: Christoph Fehige, Georg Meggle, Ulla Wessels (Hrsg.): Der Sinn des Lebens. München: dtv, 4. Auflage 2002, S. 296 f.

John Perry
Kann das Ich sich teilen?

Das folgende Gedankenexperiment eignet sich als Vertiefung oder für eine kurze Klausur.

Brown, Jones und Smith gehen in die Klinik, um sich einer Gehirnverjüngungskur zu unterziehen. (Bei einer Gehirnverjüngungskur wird das Gehirn entnommen, seine Verschaltungen werden von einer sagenhaften Maschine analysiert, und ein neues Gehirn, das in allen relevanten Hinsichten genauso beschaffen ist wie das alte, nur dass es aus einer fri-
5 scheren Hirnmasse besteht, wird in den Schädel zurückverpflanzt. Nach einer Gehirnverjüngungskur fühlt man sich besser, man kann klarer denken und sich deutlicher erinnern, wobei aber die Inhalte der Erinnerungen und Überzeugungen nicht verändert werden.) Die Gehirne der drei werden entnommen und auf das Gehirn-Wägelchen gelegt. Durch einen dummen Zufall schmeißt der Krankenpfleger das Wägelchen um; die Gehirne von Smith
10 und Brown sind hinüber. Damit sein tragischer Missgriff nicht entdeckt wird, lässt der Krankenpfleger Jones' Gehirn dreimal durch die sagenhafte Maschine laufen und bringt dann die Duplikate zurück in den Operationssaal. Zwei dieser Duplikate werden in die ehedem Brown und Jones gehörenden Schädel verpflanzt. Jones' altes Herz hat versagt, und nach einer Weile wird er für tot erklärt.
15 Nach ein paar Stunden erwachen jedoch zwei Individuen, die beide behaupten Jones zu sein, die beide froh sind, endlich ihre Kopfschmerzen los zu sein, die aber etwas bestürzt sind über die drastischen Veränderungen, die sich offenbar an ihren Körpern vollzogen haben. Wir werden diese Personen „Smith-Jones" und „Brown-Jones" nennen. Die Frage lautet: Wer sind sie?*
20 *Ich habe diesen Fall zuerst bei Sidney Shoemaker beschrieben gefunden. Shoemaker erörtert einen Fall von Körpertransplantation in Shoemaker 1963. Körpertransplantationen sind eines Tages vielleicht logisch und medizinisch möglich. Siehe die in Newsweek vom 23. Dezember 1968, S. 46, zitierten Bemerkungen von Christian Barnard.

John Perry: Can the Selve divide? In: Journal of Philosophy 73 (1972), S. 463–488. Übersetzt von Michael Quante. In: Michael Quante (Hg.): Personale Identität. Paderborn: Ferdinand Schöningh, 1999, S. 121–154

1▶ Lesen Sie den Text sorgfältig und machen Sie sich die Situation klar. Welche Fragen stellen sich?

2▶ Wie beantworten Sie die Frage am Schluss?

3▶ Was, glauben Sie, soll dieses Gedankenexperiment zeigen?

Yuval Harari
Die Entstehung des Geldes

Die Jäger und Sammler kannten kein Geld. Jede Gruppe jagte, sammelte und produzierte fast alles Lebensnotwendige selbst, von Fleisch bis Medizin, von Sandalen bis Zauberei. Verschiedene Angehörige der Gruppe könnten sich auf unterschiedliche Aufgaben spezialisiert haben, doch teilten sie ihre Güter und Dienstleistungen in einer Wirtschaft, die auf
5 gegenseitigen Gefälligkeiten und Verpflichtungen basierte. Wer ein Stück Fleisch mit einem anderen teilte, erwartete im Gegenzug zum Beispiel medizinische Versorgung. Die Gruppe war wirtschaftlich eigenständig, und nur wenige seltene Gegenstände, die nicht in der Region vorkamen – zum Beispiel Muscheln, Pigmente, Feuersteine und so weiter –, mussten von Fremden bezogen werden. Diese Dinge wurden vermutlich getauscht: Du gibst mir
10 Feuerstein, ich gebe dir Muscheln. [...]
Mit dem Aufstieg von Städten und Reichen und der Verbesserung der Transportmittel ergaben sich neue Möglichkeiten der Spezialisierung. In Städten konnten nicht nur Schuhmacher und Ärzte von ihrem Handwerk leben, sondern auch Schreiner, Priester, Soldaten und Anwälte. Dörfer, die für ein bestimmtes Produkt bekannt waren, zum Beispiel guten Wein,
15 Olivenöl oder Töpferwaren, stellten fest, dass es sich lohnte, sich auf dieses Produkt zu konzentrieren und damit Handel zu treiben, um die übrigen Güter zu erwerben, die es benötigte. Das war sinnvoll. Klima und Bodenqualität unterscheiden sich, warum sollte man also den sauren Wein aus dem eigenen Garten trinken, wenn man Wein aus Regionen bekommen kann, in denen die Bedingungen für den Weinbau besser sind? [...]
20 Wenn viele Fremde zusammenarbeiten, funktioniert die Wirtschaft der gegenseitigen Gefälligkeiten und Verpflichtungen nicht mehr. Es ist eine Sache, einer Schwester oder einem Nachbarn mit einem Paar Schuhe auszuhelfen, aber eine ganz andere, wildfremde Menschen zu verarzten, die diese Gefälligkeit vielleicht nie erwidern werden. Man kann natürlich zum Tauschhandel greifen, doch der funktioniert nur, solange die Zahl der Güter über-
25 sichtlich bleibt. Als Grundlage für eine komplexe Wirtschaft taugt er nicht. [...]
Einige Gesellschaften haben versucht, dieses Problem mithilfe eines zentralen Tauschsystems zu lösen. Dort liefern die verschiedenen Spezialisten ab, was sie produziert haben, und nehmen sich mit, was sie brauchen. [...] Doch die meisten Gesellschaften fanden eine einfachere Möglichkeit, eine große Zahl von Spezialisten miteinander zu verbinden – sie erfan-
30 den das Geld.
Das Geld wurde oft und an vielen Orten erfunden. Seine Erfindung erforderte keinen technischen Durchbruch – es handelte sich um eine rein geistige Revolution. Dazu gehörte die Schaffung einer neuen, intersubjektiven[1] Wirklichkeit, die nur in der gemeinsamen Vorstellung der Menschen existiert.
35 Geld muss nicht aus Münzen und Banknoten bestehen. Geld kann alles sein, was wir benutzen wollen, um systematisch den Wert anderer Dinge auszudrücken und damit Waren und Dienstleistungen zu tauschen. Mithilfe des Geldes können wir schnell und einfach den Wert verschiedener Güter vergleichen (zum Beispiel Äpfel, Schuhe und Scheidungen), ein Gut gegen ein anderes tauschen und unser Vermögen aufbewahren. Im Laufe der Geschich-
40 te gab es die verschiedensten Währungen. Die bekannteste ist die Münze: ein Stück Metall in einer bestimmten Größe, in das verschiedene Symbole eingeprägt werden. Doch Geld gab es schon lange bevor die erste Münze geschlagen wurde, und andere Kulturen verwendeten Muscheln, Kühe, Häute, Salz, Getreide, Perlen, Stoff oder Schuldscheine. [...]
Geld ist ein effektives Speicher- und Transportmedium für unseren Besitz, weil es unhand-
45 liche materielle Vermögenswerte wie Land oder Ziegen in etwas Leichtes und Tragbares

---

[1] intersubjektiv: etwas, das in einem Kommunikationsnetzwerk die subjektiven Wahrnehmungen vieler Menschen miteinander verknüpft

verwandelt, wie zum Beispiel Kaurischnecken. Aber [...] der Wert dieser Schnecken [existiert] nur in unserer Fantasie und [hat] nichts mit ihrer chemischen Zusammensetzung, Farbe oder Form zu tun [...] Geld ist keine materielle, sondern eine hochgradig spirituelle Angelegenheit: Es verwandelt Materie in etwas rein Geistiges. Wie funktioniert das? War-
50 um sollte jemand bereit sein, seine wertvollen Reisfelder gegen wertlose Kaurischnecken einzutauschen? Warum sollte jemand im Tausch gegen ein paar bunte Papierschnipsel bereit sein, Hamburger zu braten, Versicherungen zu verkaufen oder auf drei quengelnde Gören aufzupassen?

Zu diesen und zu allen anderen Geschäften sind wir nur bereit, weil wir genug Vertrauen
55 in die Produkte unserer kollektiven Fantasie haben. Vertrauen ist nämlich der Rohstoff, aus dem Münzen geprägt werden. Wenn der wohlhabende Bauer sein Hab und Gut gegen einen Sack Kaurischnecken verkauft und damit in eine andere Provinz zieht, dann vertraut er darauf, dass ihm die Menschen in seiner neuen Heimat diese Schnecken wieder genauso gegen Reis, Häuser und Felder tauschen. Geld ist also ein System gegenseitigen Vertrauens,
60 aber nicht nur irgendeines. Es ist das universellste und effizienteste System des gegenseitigen Vertrauens, das je erfunden wurde. [...]

Die Tatsache, dass andere Menschen an Gold, Kaurischnecken, Dollars oder elektronische Daten[1] glaubten, reicht schon aus, um unseren eigenen Glauben an Gold, Kaurischnecken, Dollars oder Daten zu stärken, auch wenn wir diese anderen Menschen ansonsten hassen
65 oder verachten. Christen und Muslime, die sich wegen ihres religiösen Glaubens bekriegten, waren sich in ihrem Glauben an Gold einig. Das liegt daran, dass die Religion uns auffordert, an etwas zu glauben, und das Geld uns auffordert zu glauben, *dass andere Menschen an etwas glauben.*

Jahrtausendelang haben Philosophen, Denker und Propheten das Geld als Wurzel allen
70 Übels bezeichnet. In Wahrheit ist das Geld der Gipfel der menschlichen Toleranz. Geld ist toleranter als jede Sprache, jedes Gesetz, jede Kultur, jeder religiöse Glaube und jedes Sozialverhalten. Geld ist das einzige von Menschen geschaffene System, das fast jede kulturelle Barriere überwindet und nicht nach Religion, Geschlecht, Rasse, Alter oder sexueller Orientierung fragt. Dem Geld ist es zu verdanken, dass Menschen, die einander noch nie gese-
75 hen haben und einander nicht über den Weg trauen, problemlos zusammenarbeiten können. [...]

Aber diese scheinbaren Vorteile haben auch einige Schattenseiten. Wenn alles tauschbar ist und das Vertrauen auf anonymen Münzen und Muscheln beruht, untergräbt dies die menschlichen Traditionen, Beziehungen und Werte vor Ort und ersetzt sie durch die kalte
80 Logik von Angebot und Nachfrage.

Menschliche Gemeinschaften und Familien haben immer auf dem Glauben an „unbezahlbare" Werte wie Ehre, Loyalität, Moral und Liebe beruht. Diese Werte entziehen sich dem Markt und sollten nicht käuflich sein. [...] Geld hat immer versucht, diese Barrieren zu überwinden, wie Wasser, das durch die Ritzen eines Dammes sickert. [...]

Yuval Harari: Eine kurze Geschichte der Menschheit. Übersetzt von Jürgen Neubauer. München: Pantheon, 2015, S. 214–229

Arnold Gehlen

Kultur als Kompensation der mangelhaften Natur des Menschen

Im deutschen Sprachraum ist die Institutionenlehre des Philosophen und Anthropologen Arnold Gehlen (1904–1976) weitverbreitet. Im Folgenden finden Sie eine Reihe zentraler Aussagen von Gehlen. Gehlen geht aus von der unspezifischen Naturausstattung des Menschen (Affen können gut klettern, Hamster gut nagen, aber was kann der Mensch eigentlich?) sowie der Tatsache, dass Menschen nach der Geburt lange viel hilfloser sind als Tiere. Die Kultur als „zweite Natur" des Menschen wird maßgeblich von Institutionen geprägt, ohne die der Mensch kaum als Soziallebewesen funktionieren könnte.

Der Mensch als Mängelwesen

Man hat schon lange bemerkt, dass der Mensch [...] einen Ausnahmefall darstellt. Die Fortschritte der Natur bestehen sonst in der organischen Spezialisierung ihrer Arten, also in der Ausbildung immer leistungsfähigerer natürlicher Anpassungen an bestimmte Umwelten. Ein tierischer Organismus „hält sich" kraft seiner spezifischen Organisation in einem Gefü-
5 ge von Bedingungen, in das er „eingepasst" ist, ohne dass wir hier fragen wollen, wie diese Harmonie zustande kam. Sieht man den Menschen theoretisch unbefangen an, so bemerkt man einige Merkmale, die zunächst einmal nur aufgezählt seien.

Er ist „organisch mittellos", ohne natürliche Waffen, ohne Angriffs- oder Schutz- oder Fluchtorgane, mit Sinnen von nicht besonders bedeutender Leistungsfähigkeit, denn jeder
10 unserer Sinne wird von den „Spezialisten" im Tierreich weit übertroffen. Er ist ohne Haarkleid und ohne Anpassung an die Witterung und auch viele Jahrhunderte Selbstbeobachtung haben ihn nicht belehrt, ob er nun eigentlich Instinkte hat und welche. [...] [Hinzu kommen] vor allem die unverhältnismäßig verlängerte Entwicklungszeit, die lange Hilflosigkeit der Kleinkindphase, die späte Geschlechtsreifung usw. Die Gesamtheit dieser Merk-
15 male fasst man unter dem Begriff der „Unspezialisiertheit" zusammen. [...]

Nun kann man auf dieser Folie ganz gut den Menschen sich abheben lassen und seine *Sonderstellung* in der Natur einsehen, wenn man sich klarmacht, dass der Mensch schon physisch durch seine mangelhafte Ausstattung mit organischen Waffen oder organischen Schutzmitteln, durch die Unsicherheit und den rückgebildeten Zustand seiner Instinkte,
20 durch die bescheidenen Sinnesleistungen so qualifiziert ist, dass ich es für vertretbar hielt, den einmal von Herder verwendeten Ausdruck „Mängelwesen" in dieser Beziehung anzuwenden. [...]

In Bezug auf die Ausreifung der Organe, der Bewegungsleistungen, der Sinnesleistungen, in Bezug auf die Ausbildung der artbesonderen, also menschlichen Kommunikation und
25 Signalgebung, nämlich der Sprache, muss das neugeborene Kind geradezu als eine normalisierte, typisierte Frühgeburt aufgefasst werden. Es erreicht erst mit einem Jahre eine gewisse Orientierungsfähigkeit und, jetzt zu laufen anfangend, die Fähigkeit, sich zu bewegen, dazu auch die Anfänge der Kommunikation mit anderen Menschen, Leistungen, die höhere Tiere schon kurz nach der Geburt, oft schon nach wenigen Stunden zeigen. Anders
30 gesagt: Diese Sonderstellung des menschlichen ersten Lebensjahres, welches [...] geradezu als ein „extra-uterines", außerhalb des Uterus verbrachtes Embryonaljahr beschrieb[en wurde], besagt nämlich nun unter einem anderen Gesichtspunkt, dass entscheidende Reifungsvorgänge in der Wahrnehmung, in der Bewegung ein ganzes Jahr lang als Lernsituationen vor sich gehen, unter gezieltem Einfluss der Umgebung. Die Lernfähigkeit des Men-
35 schen und dieser gezielte Lerneinfluss seiner Umgebung sind sozusagen in die rein biologische Entwicklung eingeplant, indem das Kind typischer- und normalerweise (aber gänzlich anomal im Vergleich zum Tier) aus dem Mutterleibe herausgenommen und diesem Einfluss unterstellt wird.

1▶ Stellen Sie aus dem Text die Merkmale zusammen, die nach Gehlen die Sonderstellung des Menschen in der Natur ausmachen. Überlegen Sie, welche Vorteile dem Menschen daraus erwachsen können. Welche Elemente des Menschlichen lassen sich so vielleicht erklären?

Der Mensch als Kulturwesen

[...] Wir sehen weiter, wo wir auch hinblicken, den Menschen über die Erde verbreitet und trotz seiner physischen Mittellosigkeit sich zunehmend die Natur unterwerfen. Es ist dabei keine „Umwelt", kein Inbegriff natürlicher und urwüchsiger Bedingungen angebbar, der erfüllt sein muss, damit „der Mensch" leben kann, sondern wir sehen ihn überall, unter Pol
5 und Äquator, auf dem Wasser und auf dem Lande, in Wald, Sumpf, Gebirge und Steppe „sich halten". Und zwar lebt er als „Kulturwesen", d. h. von den Resultaten seiner *vorausse-henden*, geplanten und gemeinsamen Tätigkeit, die ihm erlaubt aus sehr beliebigen Konstellationen von Naturbedingungen durch deren voraussehende und tätige Veränderung sich Techniken und Mittel seiner Existenz zurechtzumachen. Man kann daher die „Kultursphä-
10 re" jeweils den Inbegriff tätig *veränderter* urwüchsiger Bedingungen nennen, innerhalb deren der Mensch allein lebt und leben kann. Irgendwelche Techniken der Nahrungsbeschaffung und -zubereitung, irgendwelche Waffen, Organisationsformen gemeinsamer Tätigkeit und Schutzmaßnahmen vor Feinden, vor der Witterung usw. gehören daher zu den Beständen auch der primitivsten Kultur, und „Naturmenschen", d. h. kulturlose, gibt es
15 überhaupt nicht.

Man muss die Resultate dieser geplanten, verändernden Tätigkeit einschließlich der dazugehörigen Sachmittel, Denk- und Vorstellungsmittel zu den *physischen* Existenzbedingungen des Menschen rechnen und diese Aussage gilt für kein Tier. Die Bauten der Biber, die Vogelnester usw. sind niemals voraussehend geplant und gehen aus rein instinktiven Betä-
20 tigungen hervor. [...]

Da [die Unspezialisiertheit des Menschen] ein Inbegriff urwüchsiger Tatbestände ist, die der Mensch ins Lebensdienliche verändert hat, so gibt es von vornherein gar keine natürlichen Grenzbedingungen menschlicher Lebensfähigkeit, sondern nur technische Grenzbedingungen: Nicht in der Natur, sondern in den Graden der Bereicherung und Verbesserung
25 seiner Kultur schaffenden Tätigkeit, zuerst der Denkmittel und Sachmittel, liegen die Grenzen menschlicher Ausbreitung.

Der Mensch ist also organisch „Mängelwesen" (Herder), er wäre in jeder natürlichen Umwelt lebensunfähig und so muss er sich eine *zweite Natur*, eine künstlich bearbeitete und passend gemachte Ersatzwelt, die seiner versagenden organischen Ausstattung entgegen-
30 kommt, erst schaffen und er tut dies überall, wo wir ihn sehen. Er lebt sozusagen in einer künstlich entgifteten, handlich gemachten und von ihm ins Lebensdienliche veränderten Natur, die eben die Kultursphäre ist. [...]

2▶ Suchen Sie Beispiele für menschliche „voraussehende[...], geplante[...] und gemeinsame[...] Tätigkeiten" (Z. 6 f.) in einer fernen Ur-(Stein-, Bronze- o. Ä.)Zeit, zu der Tiere nicht fähig gewesen sein dürften.

3▶ Beschreiben Sie genau die Charakteristika der *Kultur* – insbesondere im Unterschied zu tierischen Produkten wie z. B. Bienenstöcken. Geben Sie eine Definition des Begriffs „Kultursphäre".

Der Mensch und die Institutionen

[...] Um den Zusammenhang zwischen dieser Unbestimmtheit und Unvoraussagbarkeit des menschlichen Verhaltens, von den Antrieben her, und den Institutionen klarzumachen, zitiere ich am besten die kurze Formel von Ilse Schwidetzki in dem Fischer-Lexikon *Anthropologie*: „Die Instinkte bestimmen beim Menschen nicht, wie beim Tier, einzelne festgelegte
5 Verhaltensabläufe. Stattdessen nimmt jede Kultur aus der Vielheit der möglichen menschlichen Verhaltensweisen bestimmte Varianten heraus und erhebt sie zu gesellschaftlich sanktionierten *Verhaltensmustern*, die für alle Glieder der Gruppe verbindlich sind. Solche

kulturellen Verhaltensmuster oder *Institutionen* bedeuten für das Individuum eine Entlastung von allzu vielen Entscheidungen, einen Wegweiser durch die Fülle von Eindrücken und Reizen, von denen der weltoffene Mensch überflutet wird."

[...] Diese Institutionen wie das Recht, die monogame Familie, das Eigentum sind selbst in keinem Sinne natürlich und sehr schnell zerstört. Ebenso wenig natürlich ist die Kultur unserer Instinkte und Gesinnungen, die vielmehr von jenen Institutionen von außen her versteift, gehalten und hochgetrieben werden müssen. Und wenn man die Stützen wegschlägt, primitivisieren wir sehr schnell. [...] Wenn die äußeren Sicherungen und Stabilisierungen, die in den festen Traditionen liegen, entfallen und mit abgebaut werden, dann wird unser Verhalten entformt, affektbestimmt, triebhaft, unberechenbar, unzuverlässig. [...]

[...] Die Formen, in denen die Menschen miteinander leben oder arbeiten, in denen sich die Herrschaft ausgestaltet oder der Kontakt mit dem Übersinnlichen – sie alle gerinnen zu Gestalten eigenen Gewichts, den Institutionen, die schließlich den Individuen gegenüber etwas wie eine Selbstmacht gewinnen, sodass man das Verhalten des Einzelnen in der Regel ziemlich sicher voraussagen kann, wenn man seine Stellung in dem System der Gesellschaft kennt, wenn man weiß, von welchen Institutionen er eingefasst ist. Die Forderungen des Berufes und der Familie, des Staates oder irgendwelcher Verbände, denen man angehört, regeln uns nicht nur in unserem Verhalten ein, sie greifen bis in unsere Wertgefühle und Willensentschlüsse durch und diese verlaufen dann ohne Bremsung und Zweifel wie von selbst, d. h. selbstverständlich, ohne dass eine andere Möglichkeit vorstellbar wäre, also schließlich mit der Überzeugungskraft des Natürlichen. Vom Inneren der Einzelperson her gesehen bedeutet das die „bienfaisante certitude", die wohltätige Fraglosigkeit oder Sicherheit, eine lebenswichtige Entlastung, weil auf diesem Unterbau innerer und äußerer Gewohnheiten die geistigen Energien sozusagen nach oben abgegeben werden können; sie werden für eigentlich persönliche, einmalige und neu zu erfindende Dispositionen frei. Man kann anthropologisch den Begriff der Persönlichkeit nur im engsten Zusammenhang mit dem der Institutionen denken, die Letzteren geben der Personqualität in einem anspruchsvolleren Sinne überhaupt erst die Entwicklungschance. [...] Ich will sagen: Wenn auch die Institutionen uns in gewisser Weise schematisieren, wenn sie mit unserem Verhalten auch unser Denken und Fühlen durchprägen und typisch machen, so zieht man doch gerade daraus die Energiereserven, um innerhalb seiner Umstände die Einmaligkeit darzustellen, d. h. ergiebig, erfinderisch, fruchtbar zu wirken.

Arnold Gehlen: Anthropologische Forschung. Hamburg: Rowohlt, 1961, S. 46 ff., 70 ff.

4▶ Beschreiben Sie genau, welche Rolle Institutionen (nach Gehlen) im menschlichen (Zusammen-)Leben spielen. Welche Beispiele gibt Gehlen? Welche fallen Ihnen außerdem ein?

5▶ Zeigen Sie, inwiefern Gehlens Theorie der Institutionen aus seiner Auffassung vom Menschen als Mängelwesen ableitbar ist.

6▶ Überlegen Sie, wie Gehlen die Erziehung Jugendlicher gestalten würde.

Ende des Menschen?
„Transhumanisten" und „Biokonservative"

1▶ Vor vielen Jahren, 2002, erschien das nebenstehende Buch des amerikanischen Ökonomen und Geschichtsphilosophen Francis Fukuyama. Auf Deutsch erschien das Buch im selben Jahr als „Das Ende des Menschen". Welche der in Fukuyamas Buch behandelten Themen (s.u.) könnten Ihrer Ansicht nach den deutschen Titel erklären/rechtfertigen? Begründen Sie, mobilisieren Sie dafür Ihr Vorwissen, suchen oder erfinden Sie anschauliche Beispiele.

In Fukuyamas Buch geht es u. a. um
- die Entschlüsselung des menschlichen Genoms (Stichwort Genmanipulation),
- Neuropharmaka (Stichwort Antidepressiva u. a.),
- die Verlängerung des Lebens,
- Bioeugenik (Stichwort Züchtung).

Dieter Birnbacher
„Transhumanisten" gegen „Biokonservative"

Die Erhaltung oder Veränderung der „Natur des Menschen" ist seit einigen Jahren Gegenstand einer teilweise mit großer Vehemenz geführten Debatte. In idealtypischer Abstraktion stehen sich in dieser Debatte zwei Parteien gegenüber: diejenigen, die Veränderungen der menschlichen Natur mithilfe von Wissenschaft und Technik für unbedenklich oder
5 sogar geboten halten und eine dazu dienliche Forschung gefördert wissen wollen; auf der anderen Seite diejenigen, die einer solchen Entwicklung skeptisch gegenüberstehen oder eine weitere „Technisierung" des Menschen strikt ablehnen. Die Ersteren firmieren seit einigen Jahren unter dem Etikett „Transhumanisten", die Zweiten unter dem Etikett „Biokonservative". In dieser Debatte geht es im Wesentlichen um die Veränderung der „Natur des
10 Menschen" im [...] biologischen Sinne. Typische „Transhumanisten" sind daran zu erkennen, dass sie eine Veränderung der biologischen Natur des Menschen mithilfe von Technik, z.B. ein weiteres Hinauszögern der Senilität durch Anti-Aging-Techniken, eine Verbesserung der Leistungsfähigkeit des Gehirns durch den Einbau von Chips und den Einsatz von Gentechnik zu nichtgesundheitsbezogenen Zwecken unter bestimmten Kautelen[1] nicht nur
15 für ethisch unproblematisch, sondern auch für förderungswürdig halten, während typische „Biokonservative" diesen Entwicklungen mit Vorbehalten oder ablehnend gegenüberstehen.

Dieter Birnbacher: Was leistet die ‚Natur des Menschen' für die ethische Orientierung? In: Giovanni Maio u. a.: Mensch ohne Maß? Reichweite und Grenzen anthropologischer Argumente in der biomedizinischen Ethik. Freiburg/München: Alber, 2008, S. 69 f.

2▶ Was genau unterscheidet laut Birnbacher „Transhumanisten" von „Biokonservativen"?

3▶ Versuchen Sie eine knappgehaltene Selbstpositionierung: Rechnen Sie sich eher zu den „Transhumanisten" oder „Biokonservativen"? Was sind Ihre (zwei bis drei) entscheidenden Gründe?

---

[1] Sicherheitsvorkehrungen

Frankenstein & Co.

Als Indiz dafür, dass Sorgen wie die oben angesprochenen schon lange das kollektive
Unbewusste und die öffentliche Diskussion
beschäftigen, lässt sich eine ganze Anzahl
von aufwendig produzierten Filmen deuten,
wie z. B.:

Frankenstein (USA, 1931, USA, 1994)
The 6th Day (USA, 2000)
Gattaca (USA, 1997)
J, Robot (USA, 2004)
Equilibrium (USA, 2002)
Die Insel (USA, 2005)
In Time (USA, 2011)
Planet der Affen: Prevolution (USA, 2011)
Avatar (USA, 2009)
Her (2013)
A. I. –Künstliche Intelligenz (2001)

4▸ Organisieren Sie eine Vorstellungsrunde von diesen Filmen und/oder Filmen wie diesen.
Konzentrieren Sie sich dabei nach einer *knappen* Vorstellung des technologischen Settings
und des Inhalts auf die folgenden Fragen:

a) Welches Bild des Menschen und der menschlichen Natur zeigt der Film?

b) Beziehen wichtige Protagonisten des Films explizit transhumanistische oder biokonservative Positionen? Wie begründen sie das? Inwiefern sind diese Begründungen überzeugend?

c) Welche Position bezieht der Film insgesamt? Verdeutlichen Sie Ihre Überlegungen durch
die Vorführung einer Schlüsselszene (max. 5 Min.).

d) Überzeugt Sie diese Position oder reizt sie zu Widerspruch? Positionieren Sie sich und
begründen Sie Ihre Position in einem (knappen) schriftlichen Statement.

Ende des Menschen?

Handout, Beispiel: Frankenstein oder Der moderne Prometheus (1818)

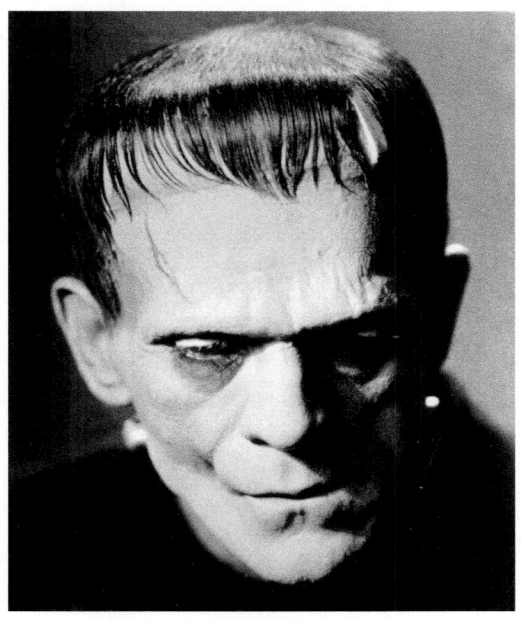

Inhalt

(Oft verfilmter) Roman von Mary Shelley (1818)

Viktor Frankenstein erschafft künstlichen und extrem hässlichen Menschen. Ablehnung, Entsetzen anderer Menschen: Kreatur nach und nach moralisches Monster. Als Frankenstein dem Monster keine Braut erschafft, da er die Folgen für die Menschheit fürchtet, ermordet das Monster Frankensteins besten Freund und seine Braut.

Zentrale Frage: Nimmt der Film eine transhumanistische oder eine biokonservative Position ein?

biokonservativ, forschungskritisch: Viktor Frankenstein erzählt seine Geschichte dem Leiter einer Forschungsexpedition. Roman = Lehrstück: Warnung an den Zuhörer und Leser.

Warnung vor entgrenzter menschlicher Vernunft, wie Gott lebendige Materie zu schaffen. Frankenstein = Faust (Teufelspakt) und Prometheus (griechische Mythologie, Menschenerschaffer)

Zentrale Stelle

Ende der Verfilmung von 1994: Frankenstein begräbt seinen Vater im ewigen Eis und stürzt sich selbst in die Flammen: totale Katastrophe; auch: Mitleid des Zuschauers mit der geschaffenen Kreatur

Menschenbild

(a) Homo faber: Mensch als grenzenlos weiterforschend. Menschliche Schöpfung = unkontrollierbare Bedrohung

(b) Frankenstein als Urmensch sucht Anerkennung, Wärme, Zuneigung; wenn Mensch das nicht bekommt, wird er monströs

Aussage des Buches als Argument

Mensch soll nicht „Gott spielen", sondern seine natürlichen Grenzen beachten: → Schöpfung; Mensch entwickelt unkontrollierbares Eigenleben

Offene Fragen/Kritik

Aktualisierbar als Kritik an Möglichkeiten des Klonens. Beweiskraft des Films hier letztlich schwach: Was ist eigentlich Schuld an der Katastrophe: Anmaßung Frankensteins oder nur Unvollkommenheit seiner (hässlichen) Schöpfung, die zur Ablehnung durch die anderen Menschen führt? Vielleicht hätte eine wunderschöne, hochintelligente und zudem extrem hilfsbereite geschaffene menschliche Kreatur nicht zu einer Katastrophe geführt?

Bessere Argumente, dass der Mensch nicht Leben schaffen soll?

Was ist der Mensch?

Julia Tanner
Das Argument aus menschlichen Grenzfällen

Natürlich darf man Menschen mit schwerwiegenden Handicaps nicht einfach töten oder zu Versuchszwecken verwenden. Warum, fragt das (schon alte) Argument aus menschlichen Grenzfällen, sollte es dann erlaubt sein, „nicht menschliche Tiere" einfach so zu töten, zu Versuchszwecken zu verwenden usw. Im Folgenden stellt die Philosophin Julia Tanner ihre Variante des Arguments dar.

Die Frage, ob Tiere einen moralischen Status[1] haben oder nicht, ist eine Frage von größter Wichtigkeit. Denn falls Tiere tatsächlich einen moralischen Status haben, dann würde es für uns unter Umständen falsch sein, sie in der Art und Weise zu benutzen, wie wir es gegenwärtig zu tun pflegen. Wir jagen sie, setzen sie in der Landwirtschaft ein, essen ihr
5 Fleisch und verwenden sie in Experimenten. Das Argument aus menschlichen Grenzfällen [...] liefert eine Grundlage für die These, dass (einige) Tiere einen moralischen Status besitzen, der mit demjenigen *marginalisierter*[2] Menschen und Menschengruppen vergleichbar ist. Viele derjenigen, die den moralischen Status von Tieren leugnen, sagen, dass ein solcher Status Rationalität, Sprache oder eine andere Fähigkeit oder Kompetenz voraussetzt, über
10 die allein der Mensch verfügt. Man kann viele solcher Fähigkeiten finden, sodass ich hier der Einfachheit halber von einem Merkmal X sprechen werde, dass sie alle repräsentiert. Es erweist sich als verblüffend schwierig, einem X (eine rationale Tätigkeit oder irgendeine andere Fähigkeit, die für „normal entwickelte" Erwachsene charakteristisch ist) einen moralischen Status zuzuweisen. Denn nicht alle Menschen haben X (das heißt, nicht alle Men-
15 schen sind „normal entwickelte" Erwachsene). So gibt es einige Menschen, die als „marginalisierte Menschen" oder „menschliche Grenzfälle" gelten, die nicht oder zumindest nicht vollkommen über dieses X verfügen. So kann man sagen, dass die Definition von menschlichen Grenzfällen sich aus dem Umstand ableitet, dass sie die charakteristische Fähigkeit X nicht besitzen und insofern atypisch sind. Allgemein gibt es drei Kategorien menschli-
20 cher Grenzfälle: (1) „Prä-X": Diese Individuen sind (noch) nicht im Besitz von X, können es aber noch erlangen, wie zum Beispiel Kinder. (2) „Post-X": Diese Individuen haben X permanent verloren, zum Beispiel durch Krankheit, einen Unfall oder durch Alter. (3) „Nicht-X": Diese Individuen hatten X nie und werden es auch niemals besitzen.
Wer argumentiert, dass der moralische Status auf X beruht, sieht sich daher mit einem Di-
25 lemma konfrontiert: Entweder muss man behaupten, dass menschlichen Grenzfällen kein moralischer Status erteilt werden kann, da ihnen X fehlt, oder man muss einräumen, dass ein moralischer Status von etwas anderem als X abhängt. Dieses „Etwas" möchte ich hier als „Z" bezeichnen. Daraus resultiert bereits das nächste Problem: Denn auch einige Tiere werden dieses Z haben. Dann aber müsste man diesen Tieren gleichfalls einen moralischen
30 Status zuerkennen.

Das Argument aus menschlichen Grenzfällen. In: Michael Bruce/Steven Barbone (Hrsg.): Die 100 wichtigsten philosophischen Argumente. Übersetzt von Conrad Michael Allman. Darmstadt: Wissenschaftliche Buchgesellschaft, 2012, S. 265 f.

---

[1] Status: hier im Sinne von Rechtsstellung, „moralischer Status" meint also: Anspruch auf moralische Rechte
[2] marginalisieren: zu etwas Unwichtigem, Nebensächlichem machen. Gemeint ist aber sicher nicht, dass „maginalisierte Menschen und Menschengruppen" unwichtig und nebensächlich *sind*, sondern eher, dass sie als „*atypisch[e]*" (Z. 19), eben nicht „normal entwickelte" Erwachsene, gesellschaftlich gerne marginalisiert *werden (s. a. die englische Bezeichung des Arguments: „*argument from marginal cases*").

Führen Sie eine philosophische Reflexion zu Julia Tanners „Argument aus menschlichen Grenzfällen" durch:

1▸ Stellen Sie das „Dilemma", von dem Julia Tanner spricht (Z. 24 f.), dar.

2▸ Rekonstruieren Sie das Argument von Julia Tanner.

3▸ Diskutieren Sie das Argument, indem Sie es an ein bis zwei für Sie entscheidenden Stellen angreifen. Versuchen Sie dann, das Argument gegen Ihre Kritik zu verteidigen. Beziehen Sie in Ihre Überlegungen Ihnen passend erscheinende Inhalte aus unserer Arbeit zum Thema „Anthropologie" ein.

4▸ Kommen Sie zusammenfassend zu einem vorläufigen, begründeten Urteil zu dem Argument.

Erwartungshorizont

Rekonstruktionsvorschlag

P1 Menschen haben einen höheren moralischen Status als nicht menschliche Tiere, wenn es ein **X** gibt, das **alle** Menschen haben, jedoch **keines** dieser Tiere.

P2 Für jedes X, das Menschen von Tieren unterscheiden soll, gilt: Es gibt Menschen, die **X** noch nicht haben **(Prä-X)**.

P3 Für jedes X, das Menschen von Tieren unterscheiden soll, gilt: Es gibt Menschen, die **X** nicht mehr haben **(Post-X)**.

P4 Für jedes X, das Menschen von Tieren unterscheiden soll, gilt: Es gibt Menschen, die **X** noch nie hatten und auch nie haben werden **(Nicht-X)**.

K1 Entweder haben die Grenzfälle (P2–P4) keinen höheren (menschlichen) moralischen Status oder es gibt kein **X**.

P5 Alle Menschen haben einen menschlichen moralischen Status, weil es ein **Z** gibt, das **alle** Menschen haben, **auch** die Grenzfälle (P2–P4)

P6 Auch einige nichtmenschliche Tiere haben **Z**.

K2 Es gibt nichts (**weder X noch Z**), das alle Menschen haben und kein Tier hat.

P7 Wenn es keinen moralisch bedeutsamen Unterschied (**weder X noch Z**) zwischen menschlichen Grenzfällen und (einigen) Tieren gibt, dann gilt: Wenn menschliche Grenzfälle einen moralischen Status haben, dann trifft das auch auf (einige) Tiere zu.

P8 Es gibt keinen moralisch bedeutsamen Unterschied zwischen menschlichen Grenzfällen und einigen Tieren.

K3 Einige Tiere haben wie menschliche Grenzfälle einen moralischen Status.

2. Freiheit und Determination

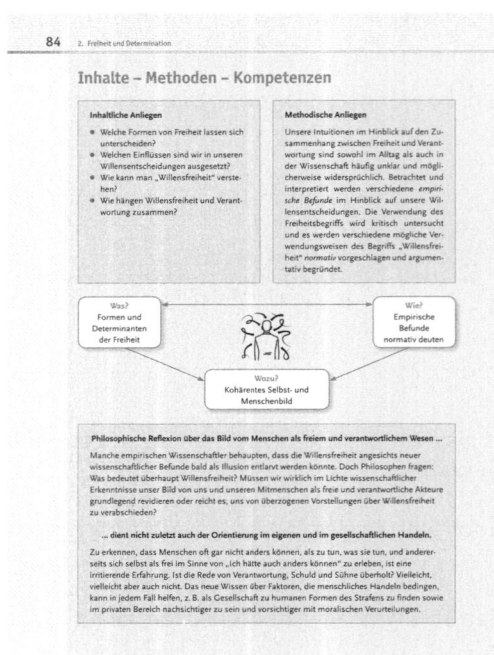

Inhalte – Methoden – Kompetenzen

Für gewöhnlich machen wir unsere Mitmenschen nur dann moralisch für ihr Tun verantwortlich, wenn wir davon ausgehen, dass sie sich auch für alternative Handlungsmöglichkeiten hätten entscheiden können, m. a. W., wir machen ihre **Entscheidungs- bzw. Willensfreiheit** zur Voraussetzung für moralische Bewertungen. Deshalb ist die Frage nach der Freiheit des Menschen im Rahmen der Ethik nicht nebensächlich. Die Frage nach der Willensfreiheit hat im Lichte neuerer empirisch-wissenschaftlicher Erkenntnisse (insbesondere der Hirnforschung), die immer mehr Bedingungen für unsere Entscheidungen aufdecken, wieder an Bedeutung gewonnen. Wenn unsere Entscheidungen von unserem sozialen Umfeld, unser genetischen Disposition, von den Neuronen in unserem Gehirn usw. abhängig sind, worin besteht dann noch unsere Freiheit? In der gegenwärtigen philosophischen Diskussion sind drei Positionen zu dieser Frage besonders stark vertreten. Die **harten Deterministen** leugnen menschliche Willensfreiheit, da ihrer Ansicht nach auch der Mensch Teil einer komplett determinierten Welt ist, die keinen Platz für alternative Entscheidungsmöglichkeiten lässt. Konsequenterweise fordern viele von ihnen, dass wir uns mit moralischen Bewertungen wie Lob, Tadel und auch mit Strafe weitgehend zurückhalten sollten. **Libertaristen** dagegen leugnen, dass in der Welt alles komplett determiniert ist, und versuchen, Ergebnisse der empirischen Wissenschaft so zu deuten, dass die menschliche Freiheit und damit die moralische Bewertbarkeit menschlicher Handlungen erhalten bleibt. Für **Kompatibilisten** besteht kein Widerspruch zwischen einer determinierten Welt und menschlicher Willensfreiheit. Ihrer Ansicht nach müssen wir darüber nachdenken, wie wir den schwierigen Begriff „Willensfreiheit" überhaupt sinnvoll verstehen können – und wenn wir dies täten, würden wir erkennen, dass diese Art von Willensfreiheit dem Determinismus nicht widerspräche und wir auch in einer determinierten Welt moralische Bewertungen vorzunehmen berechtigt wären.

Zentrales methodisches Anliegen dieses Kapitels ist die Klärung des Begriffs „Willensfreiheit" und seine Abgrenzung vom Begriff der „Handlungsfreiheit". Erst abhängig davon, was man darunter versteht, lässt sich diskutieren, ob und unter welchen Bedingungen Menschen willensfrei sind und ggf. für ihre Taten moralisch verantwortlich gemacht werden können. Verschiedene Autoren argumentieren (v. a. in Unterkapitel 2.3) jeweils für ein bestimmtes Verständnis von „Willensfreiheit" und zeigen die Konsequenzen einer solchen Begriffsverwendung auf. Diese Begriffsbestimmungen und die Argumentationen dafür gilt es kritisch zu prüfen.
In Unterkapitel 2.2 steht die Deutung empirischer Befunde im Vordergrund. Widerlegen bspw. Ergebnisse der Hirnforschung die Willensfreiheit (wie es bisweilen behauptet wird) oder muss man in der Interpretation der Befunde vorsichtiger sein?

Sequenz ●●●	Der Kern der philosophischen Debatte wird in Unterkapitel **2.3** weitgehend voraussetzungslos thematisiert. Sinnvoll sind dafür allerdings die begrifflichen Klärungen (insbesondere die Unterscheidung zwischen Handlungs- und Willensfreiheit) aus **2.1**. Befunde aus verschiedenen empirischen Wissenschaften werden exemplarisch in **2.2** referiert und ansatzweise gedeutet. Dies muss notwendig sehr knapp geschehen, kann die philosophische Diskussion befruchten, ist aber für 2.3 nicht notwendige Voraussetzung. Denkbar wäre, im Rahmen der philosophischen Diskussion in 2.3 bei Bedarf jeweils Teile von 2.2 heranzuziehen.
Querverweise ◀▶	<ul><li>**3.1.2 Ethik: begriffliche Grundlagen** (→ SB, insbesondere S. 127 ff.): Hier geht es um die Frage, was eine moralisch beurteilbare Handlung ausmacht (nämlich, dass sie hätte vermieden werden können und damit verantwortet werden muss).</li><li>**4.2.5 Autonomie** (→ SB, S. 179 ff.): Hier geht es um eine Konzeption menschlicher Autonomie aus der philosophischen Tradition (Kant).</li><li>**6.4.3 Schuld und Strafe** (→ SB, S. 329 ff.): Hier geht es um die Frage, ob Strafe auch dann gerechtfertigt werden kann, wenn wir davon ausgehen, dass Menschen nicht willensfrei sind. Diese Frage spielt auch in 2.3 eine Rolle.</li></ul>

Literatur und Links

- Peter Bieri: Das Handwerk der Freiheit. Frankfurt am Main: Fischer, 2003

- Christian Geyer (Hg.): Hirnforschung und Willensfreiheit. Zur Deutung der neuesten Experimente. Frankfurt am Main: Suhrkamp, 2004.
Überwiegend kürzere Beiträge v. a. aus Philosophie und Hirnforschung

- Uwe an der Heiden/Helmut Schneider (Hg.): Hat der Mensch einen freien Willen? Die Antwort der großen Philosophen. Stuttgart: Reclam, 2007
Dieses Buch versammelt Sekundärtexte zur Freiheitsauffassung klassischer Philosophen von Platon über Sartre bis zur analytischen Philosophie.

- Geert Keil: Willensfreiheit und Determinismus. Stuttgart: Reclam, 2014
Hier findet sich eine Dartellung verschiedener philosophischer Positionen zum Willensfreiheitsproblem. Keil selbst argumentiert für eine libertaristische Position (vgl. Text aus → SB, S. 109).

- Michael Pauen: Grundprobleme der Philosophie des Geistes. Frankfurt am Main: Fischer Taschenbuch, 2001
Hier findet sich ein Überblick über die Philosophie des Geistes einschließlich der Debatte um die Willensfreiheit.

- Jonas Pfister (Hg.): Texte zur Freiheit. Stuttgart: Reclam, 2014
In diesem Band finden sich Texte zur Willensfreiheit von Aristoteles bis Bieri, aber auch Texte zur politischen Freiheit.

- Ulrich Pothast (Hg.): Seminar: Freies Handeln und Determinismus. Frankfurt am Main: Suhrkamp, 1978
Dieser Band enthält umfangreichere Artikel von Philosophen des 20. Jahrhunderts sowie eine ausführliche Einführung.

- www.philosophieverstaendlich.de
Diese Seite bietet eine sehr gut informierte und verständliche Einführung in die aktuelle Diskussion um das Problem der Willensfreiheit.

S. 82 ▌**1**▶ Hier sind sehr unterschiedliche Antworten denkbar. Der Cartoon soll dazu anregen, in erster Annäherung verschiedene Verständnisse des Begriffs „Freiheit" zu diskutieren. So mag der Löwe zwar eingesperrt sein (und damit kaum handlungsfrei), jedoch frei von Rollenerwartungen, beruflichen Zwängen usw., denen der Wärter ausgesetzt ist.

S. 83 **Michael Pauen: Das Freiheitsproblem – Fakten und Normen**

S. 82 ▌**2**▶ Im Text wird zwischen *Fakten* und *Normen* in der Willensfreiheitsdebatte unterschieden und der Philosophie die Rolle zugeschrieben, die begrifflichen Normen zu reflektieren, während die empirischen Wissenschaften Aufschluss über Fakten geben sollen. Empirisch ist feststellbar, dass der Löwe eingesperrt ist, der Wärter beruflichen Zwängen unterliegt, eine bestimmte psychische Beschaffenheit aufweist usw. (Fakten) – inwiefern das alles jedoch die Freiheit einschränkt, hängt davon ab, was unter „Freiheit" verstanden wird bzw. vernünftigerweise unter „Freiheit" verstanden werden kann, und das zu bestimmen, ist Aufgabe der Philosophie.

▌**3**▶ Diese Aufgabe soll lediglich einen Denkanstoß geben. Der Zusammenhang zwischen Freiheit und Verantwortung könnte hier genannt werden.

2.1 Freiheit: begriffliche Grundlagen

Inhalte – Methoden – Kompetenzen

In diesem Abschnitt werden die Begriffe „Willensfreiheit" und „Handlungsfreiheit" voneinander abgegrenzt und schließlich die Unterscheidung von Gründen und Ursachen thematisiert. Damit werden begriffliche Grundlagen vor allem für die Diskussion in Abschnitt 2.3 gelegt.

Vgl. auch die Einträge an gleicher Stelle am Anfang des Kapitels.

Sequenz ●●●	An diesen Abschnitt lässt sich unmittelbar auch Abschnitt 2.3 anschließen.

S. 85 1 ▌**1**▶ Hier und in Aufgabe 2 geht es um eine Arbeitsdefinition des Freiheitsbegriffs, ausgehend von den Intuitionen der Schülerinnen und Schüler. Im Sinne des vorgestellten Verfahrens im → SB, S. 460 f. können die einzelnen Punkte tw. als Modellfälle, entgegengesetzte Fälle und Grenzfälle betrachtet werden. Es wird aber vermutlich auch deutlich werden, dass hier verschiedene Freiheitsbegriffe nötig sind (beispielsweise „physische" und „psychische" Freiheit), um die Komplexität zu erfassen.

▌**2**▶ Die Ergebnisse sollten so gesichert werden, dass sie während der weiteren Arbeit stets verfügbar sind, weil sich einige der folgenden Aufgaben darauf beziehen.

S. 86 **Fernando Savater: Drei Bedeutungen von „Freiheit**
Dieser Text führt in die grundlegende Unterscheidung zwischen Handlungs- und Willensfreiheit ein und unterscheidet nochmals zwei Formen der Willensfreiheit.

S. 87 **3▸** Mögliche Oberbegriffe könnten für a) „Handlungsfreiheit", für b) „Willensfreiheit" oder „Entscheidungsfreiheit" sein und für c) z. B. „Wunschwille" oder „Willensfreiheit 2. Ordnung". Aber auch andere Schülerlösungen sind denkbar.

Da sowohl b) als auch c) Spielarten der Willensfreiheit sind, zeigt sich schon hier die Komplexität des Begriffs.

4▸ Mögliche Zuordnungen:

a) 1, 5, 8

(insbesondere bei 1 und 5 verhindern äußere Umstände das Retten des Kindes)

b) 2, 3, 7, 9

c) 4

5▸ Hier geht es nicht darum, die vermeintlich „richtige" begriffliche Unterscheidung Savaters gegen die Schülerergebnisse zu setzen, sondern zu schauen, ob Savater Schülerintuitionen trifft bzw. ob Schülerergebnisse teilweise in Savaters Überlegungen enthalten sind oder sich mit ihnen decken. Falls nicht, ist zu klären, ob Savaters Unterscheidungen ggf. zu ergänzen oder zu verändern wären, um die Vielfalt des Freiheitsbegriffs einzufangen.

S. 87 **Peter Bieri: Der Unbeherrschte**

S. 88 **6▸** Bieris Beschreibung des Unbeherrschten dient zunächst der Veranschaulichung von Savaters begrifflichen Unterscheidungen. Die Handlungsfreiheit des Unbeherrschten ist nicht eingeschränkt, wohl aber die Willensfreiheit. Im Moment der Unbeherrschtheit kann er nicht anders wollen. Die Willensfreiheit 2. Ordnung kann man möglicherweise in der Aussage „Das wollte ich nicht!" erkennen, wenn man sie deutet als „Ich möchte niemand sein, der seine Beherrschung verliert."

Z 2-1 Die Aufgaben 6 und 7 lassen sich auch gut mit dem Zusatzmaterial → LB, Z 2-1 bearbeiten. Bieri gibt dort weitere Beispiele für die Erfahrung der Unfreiheit – die Beispiele dort sind allerdings etwas komplexer als in „Der Unbeherrschte".

S. 88 **Ulrich Pothast: Gründe und Ursachen**

7▸ Der Unbeherrschte ist von Ursachen bestimmt, da Gründe Rationalität voraussetzen, die in der Phase der Unbeherrschtheit nicht vorhanden ist.

8▸ Der Witz des Cartoons besteht offenbar darin, dass einem Stein, der seinem Wesen nach durch Ursachen bestimmt wird (also z. B. durch einen Fußtritt bewegt wird), mit Gründen ein Verhalten nahegelegt wird.

S. 89 **9▸** Diese Aufgabe dient u. a. dazu, die Verbindung zwischen Gründen und freien Handlungen zu thematisieren. Falls es schwerfallen sollte, Beispiele zu finden, kann gerade dies auch zu einer vertieften Diskussion führen.

Am Ende sollte auf jeden Fall noch die Frage diskutiert werden, mit der die Aufgabe beginnt. Hier *könnte* das Ergebnis sein, dass Handlungen dann frei zu nennen sind, wenn es gute Gründe für sie gibt, die auch handlungsleitend waren. (Dann allerdings wären die Beispiele zu b) möglicherweise keine Beispiele freier Handlungen.) Auf jeden Fall kann sich hier eine interessante Diskussion ergeben, die insbesondere Abschnitt 2.3.4 vorbereiten kann.

a) Dies könnten z. B. Handlungen sein, für die jemand Gründe hat, die jedoch nicht handlungsbestimmend sind. Vielleicht habe ich einen Grund, zu einem Besuch verspätet zu erscheinen (etwa weil der Besuchte mich beim letztem Mal versetzt hat), und ich erscheine auch verspätet, allerdings nicht deswegen, sondern weil der Bus im Stau stand.

b) Hier gibt es sicher viele Beispiele. Ich habe vielleicht gute Gründe, mich durch regelmäßigen Sport fit zu halten, und könnte dies auch problemlos tun, unterlasse es aber aus Bequemlichkeit, weil ich dann doch lieber auf dem Sofa Videos schaue.
(Die Frage könnte allerdings sein, ob ich frei gehandelt habe, oder ob ich einfach zu schwach war, den inneren „Schweinehund" zu überwinden.)

c) Möglicherweise ist der Begriff der „Handlung" noch nicht explizit Thema gewesen (→ SB, S. 127 f.), dann könnten Schülerinnen und Schüler etwa ein Stolpern nennen oder das versehentliche Verschütten von Kaffee. Beides wäre im Sinne der dortigen Definition keine Handlung (das muss hier aber noch nicht zwingend thematisiert werden). Es fällt schwer, sich eine Handlung vorzustellen, die ursächlich bestimmt ist, aber auch hätte vermieden werden können (was zur genannten Handlungsdefinition gehört). Im Text von Pothast ist daher auch von „Ereignissen" (und nicht von Handlungen) die Rede, die von Ursachen hervorgebracht werden.

d) Nachträgliche Gründe für unser Verhalten (vgl. → SB, S. 127 f. zum Unterschied „Verhalten" – „Handlung") suchen wir oft. War die Müdigkeit Ursache für das Versäumen des täglichen Joggings, so wird nachträglich das (vermeintlich) schlechte Wetter vorgeschoben.

2.2 Determinanten der Freiheit

Inhalte – Methoden – Kompetenzen

Empirisch-wissenschaftliche Befunde lassen uns immer besser verstehen, welche Bedingungen bzw. Ursachen unser Wollen und damit auch unser Handeln bestimmen, so z. B. Rollenerwartungen, internalisierte Normen, unbewusste Triebe, neuronale Vorgänge im Gehirn u. v. m. Alle diese Einflüsse können (müssen aber nicht) als Einschränkung unserer Freiheit verstanden werden. Die philosophische Diskussion um die Willensfreiheit kann diese Ergebnisse daher nicht ignorieren, philosophische Theorien über Willensfreiheit und Verantwortung müssen zumindest mit empirisch-wissenschaftlichen Befunden kompatibel sein. In diesem Abschnitt werden daher exemplarisch (und notwendigerweise sehr knapp) Ergebnisse und Deutungen aus drei empirischen Wissenschaften vorgestellt – der Soziologie, der Psychologie (am Beispiel Sigmund Freuds) und der Neurobiologie. Anhand der Libet-Experimente (Neurobiologie) wird überdies gezeigt, dass auch empirisch-wissenschaftliche Befunde der Deutung bedürfen und vorschnelle Interpretationen – etwa dass die menschliche Willensfreiheit mit diesen oder jenen Ergebnissen widerlegt sei – kritisch betrachtet werden sollten. In Abschnitt 2.2.4 wird abschließend darüber reflektiert, welchen Einfluss empirisch-wissenschaftliche Erkenntnisse auf unser Menschenbild hatten bzw. haben.

Insbesondere aus der Neurobiologie ist in jüngerer Zeit häufiger zu hören, dass neueste Ergebnisse der Hirnforschung die menschliche Willensfreiheit widerlegen würden bzw. wahrscheinlich sehr bald eine solche Widerlegung erfolgen würde. Einige Hirnforscher regen sogar eine Reform des Strafrechts an, weil man sich angesichts empirisch-wissenschaftlicher Ergebnisse vom Konzept der Schuld verabschieden müsse (vgl. → SB, S. 107 und S. 331). Am Beispiel der berühmten Libet-Experimente wird in Abschnitt 2.2.3 gezeigt, dass das Ergebnis eines Experiments die Deutung nicht automatisch mitliefert, sondern dass Ergebnisse sorgfältig und vorsichtig interpretiert werden müssen. Eine kritische Haltung gegenüber vorschnellen Deutungen empirisch-wissenschaftlicher Befunde wäre ein wünschenswertes Ziel, wenngleich im Rahmen dieses Buches leider nur wenig Raum dafür bleibt.
Immer wieder kann dabei an die Aussage Michael Pauens (→ SB, S. 83) angeknüpft werden, dass empirische Wissenschaften zwar Fakten feststellen können, damit aber noch nichts darüber

gesagt wird, wie wir menschliche Willensfreiheit verstehen sollten (Normen). Letzteres ist u. a. das Geschäft der Philosophie.

Vgl. auch die Einträge an gleicher Stelle am Anfang von Kapitel 2.

Sequenz ●●●	Die Abschnitte **2.2.1, 2.2.2** und **2.2.3** führen jeweils unabhängig voneinander in drei empirische Wissenschaften ein. Je nach Lerngruppe kann hier ausgewählt oder evtl. können die drei Abschnitte arbeitsteilig bearbeitet werden.
Querverweise ◄──►	**7.2 Empirische Glücksforschung** (→ SB, S. 391 ff.): Hier geht es um die kritische Interpretation empirischer Befunde, ähnlich wie in Abschnitt 2.2.3.

Zu den Materialien und Aufgaben

S. 89 **1**▶ **2**▶ **3**▶ Die drei einführenden Aufgaben dienen dazu, die Schülerintuitionen bezüglich der Einflüsse auf die eigenen Entscheidungen abzufragen und zu ordnen. Vermutlich werden Erziehung, Freunde, Gesetze/Regeln u. v. m. genannt werden. Im weiteren Verlauf können diese ersten Intuitionen mit den Ergebnissen der Abschnitte 2.2.1, 2.2.2 und 2.2.3 abgeglichen und ggf. ergänzt werden. Es empfiehlt sich daher, zumindest die Ergebnisse zu Aufgabe 1 so zu sichern, dass in Folgestunden darauf zurückgegriffen werden kann.

2.2.1 Soziologie: Der Einfluss von Rollenerwartungen

Inhalte – Methoden – Kompetenzen

Die Soziologie untersucht das Zusammenleben von Menschen und damit auch Faktoren, die uns als Gemeinschaftswesen in unseren Entscheidungen und Handlungen beeinflussen. In diesem Abschnitt wird exemplarisch thematisiert, inwiefern Rollenerwartungen uns prägen.

Vgl. auch die Einträge an gleicher Stelle unter 2.2 am Anfang des Unterkapitels.

Zu den Materialien und Aufgaben

S. 90 **1**▶ Diese Aufgabe dient dazu, Schülerintuitionen abzufragen, bewusst zu machen und Beispielsituationen zu finden, auf die später (z. B. bei Aufgabe 4, 7 oder 9) ggf. Bezug genommen werden kann.

2▶ Die Ergebnisse zu **1**▶ auf → SB, S. 89 sollen hier klassifiziert werden, womit gleichzeitig das Verständnis des Begriffs „Sozialisation" gesichert werden soll. Vermutlich werden viele der Einflüsse der Sozialisation zugeordnet werden können – etwa Erziehung in Familie und Schule, der Einfluss von Freunden usw.

S. 91 **3**▶ Dass wir verschiedene Rollen spielen und darin verschiedenen Erwartungen ausgesetzt sind, dürfte Schülerinnen und Schülern klar sein. Anhand des Beispiels „Lena" soll diese Tatsache daher noch vor der Lektüre eines theoretischen Textes dazu (s. u.) verdeutlicht werden. Es dürfte leichtfallen, weitere Rollenerwartungen zu ergänzen – etwa „erfolgreich" als Schülerin, „vertrauenswürdig" als Freundin usw. Hier darf die Fantasie gern weitere Rollen ergänzen.

4▶ Alternativ oder als Ergänzung zu **3▶** und anknüpfend an **1▶** können die Schülerinnen und Schüler für sich selbst Rollen und Rollenerwartungen notieren. Es sollten hier allerdings nur Ergebnisse von Freiwilligen im Plenum diskutiert werden, denn möglicherweise sind sie sehr persönlich. Für einige der folgenden Aufgaben (z. B. 7, 8 und 9) ist es aber von großem Gewinn, wenn jede Schülerin und jeder Schüler sich selbst seine/ihre eigenen Rollen und die damit verbundenen Erwartungen bewusst gemacht hat.

S. 91   **Hans Peter Henecka: Auf der „Bühne der Gesellschaft"**

In diesem grundlegenden Text wird verdeutlicht, wie wir auf der „Bühne der Gesellschaft" erwartungsgemäß verschiedene Rollen spielen, wobei zwischen zugewiesenen und erworbenen Rollen unterschieden wird. Die Soziologie wird als Wissenschaft beschrieben, die Menschen nach sozialen Rollen klassifiziert, die jene im Laufe ihres Lebens nacheinander oder nebeneinander innehaben.

S. 92   **5▶** **6▶** **7▶**   Anhand dieser drei Aufgaben soll das Textverständnis gesichert werden, indem Beispiele für zentrale Thesen oder begriffliche Unterscheidungen gesucht werden sollen.

5▶ Es wird z. B. in der Schule abweichendes Verhalten (etwa in Form von Unterrichtsstörungen) bestraft (durch Ermahnungen, Klassenbucheinträge u. a.), konformes Verhalten durch Lob, gute Sozialnoten u. a. belohnt. In der Familie und im Freundeskreis finden sich Beispiele mit weniger formalen positiven und negativen Sanktionen.

6▶ Hier sind Beispiele sicher schwieriger zu finden, aber wer z. B. seine Eltern im Beruf erlebt hat, könnte eine solche Erfahrung gemacht haben.

7▶ Lenas zugewiesene Positionen sind z. B. die als Tochter, als Frau und als Jugendliche. Erworben sind ihre Positionen als Schülerin, Freundin und im Job.

8▶ Bei dieser Aufgabe werden Rollenkonflikte thematisiert und die Unterscheidung zwischen Inter- und Intra-Rollenkonflikten eingeführt. Für Lena könnte ein Intra-Rollenkonflikt in ihrer Rolle als Tochter entstehen, wenn etwa ihre geschiedenen Eltern unterschiedliche Erwartungen an sie haben. Ein Inter-Rollenkonflikt könnte entstehen, wenn sie auf Nachfrage ihrer Chefin im Job Überstunden macht, dadurch aber keine Zeit für ihre Freunde hat, die sich deswegen beschweren.

S. 93   **9▶** Diese Aufgabe soll abschließend den Bezug des Erarbeiteten zur Frage nach der Freiheit herstellen. Sie ist natürlich individuell sehr unterschiedlich zu beantworten, weil die Soziologie zwar Fakten beschreibt, nicht aber die Bedeutung des Freiheitsbegriffs normativ setzt (vgl. → SB, S. 83, Text von M. Pauen). Zwei Aspekte in der Aufgabenstellung sind sehr bewusst als Denkanstoß gesetzt: erstens die Überlegung, dass Rollen auch Freiraum schaffen können, etwa indem sie uns entlasten, weil sie klare Verhaltensmuster vorgeben, und zweitens der Gedanke, dass Rollenzwänge tw. auch „selbst auferlegt" sein könnten.

2.2.2 Psychologie: Der Einfluss des „Unbewussten"

Inhalte – Methoden – Kompetenzen

Die Psychologie untersucht das Erleben und Verhalten von Menschen und die dafür entscheidenden inneren und äußeren Bedingungen. Exemplarisch wird hier die Theorie des Begründers der Psychoanalyse, Sigmund Freud, vorgestellt. Sein Blick auf das Unbewusste macht klar, dass uns nur die wenigsten der unser Handeln bedingenden Faktoren auch bewusst sind.

Vgl. auch die Einträge an gleicher Stelle unter 2.2 am Anfang des Unterkapitels.

Zu den Materialien und Aufgaben

S. 93 **1▶** Hier soll eine erste Annäherung an den Begriff des Unbewussten erreicht werden – ausgehend vom Alltagsverständnis und von Schülererfahrungen. Ein Beispiel für eine Entscheidung, die durch das Unbewusste beeinflusst ist, könnte etwa die Wahl eines bestimmten Produktes im Supermarkt sein. (Die Werbung versucht, sich dies ja auch zunutze zu machen.)

2▶ Das Unbewusste wird hier als sehr bedrohlich dargestellt. Inwiefern Schülerinnen und Schüler das auch so erleben, wird sich individuell stark unterscheiden. Für die weitere Diskussion (z. B. **6▶** und **8▶**) kann eine kurze Reflexion darüber hilfreich sein, weil die Äußerungen an dieser Stelle mit den Äußerungen nach der Freud-Lektüre verglichen werden können.

S. 94 **M 1 – M 4 (Texte von Sigmund Freud)**

Es versteht sich von selbst, dass auf zwei Seiten keine umfassende Einführung in die Theorie Freuds geliefert werden kann. Die vier kurzen Textauszüge sollen zusammen mit der Zeichnung und dem Begriffskasten das Drei-Instanzen-Modell wenigstens ansatzweise verständlich machen, damit dessen Konsequenzen für das Menschenbild, insbesondere die Freiheit betreffend, deutlich werden.

S. 93 **3▶** Diese Aufgabe legt nahe, ausgehend von der Zeichnung (→ SB, S. 94) die einzelnen Textauszüge und den Begriffskasten als Erläuterungen jeweils einzelner Teile der Zeichnung zu lesen. Die Zeichnung stiftet damit Einheit in den Textauszügen, die aus unterschiedlichen Werken stammen.

a) Das Verhältnis ist nicht einfach zu charakterisieren. Festzuhalten ist zunächst, dass das Es nicht bewusst zu kontrollieren ist, das Über-Ich und das Ich bewusste sowie unbewusste Anteile haben, wie es auch in der Zeichnung deutlich wird (der Raum des Vorbewussten ist – anders als das Unbewusste – dem Bewusstsein grundsätzlich zugänglich, nur nicht aktuell bewusst). Aufgabe des Ichs ist es, zwischen den Anforderungen des Es, des Über-Ichs und der Außenwelt zu vermitteln, sie, soweit das möglich ist, miteinander in Einklang zu bringen (M 3). Dabei ist die Wahrnehmung der Außenwelt bewusst, Teile des Über-Ichs auch (große Teile aber auch nicht). Zu den Anforderungen des Es schreibt Freud, dass der Raum des unbewussten Es viel größer ist als der des Ichs (M 1). Damit steht das Ich unter erheblichem Zwang von Anforderungen, die ihm nicht bewusst sind. Das Ich setzt dann häufig den unbewussten Willen des Es um, „als ob es der eigene wäre" (M 4).

b) Das Über-Ich entsteht aus verinnerlichten Geboten der Eltern, Erzieher, Vorbilder, aus gesellschaftlichen Idealen und Normen (M 2). Große Teile dieser „Zwingherren" sind unbewusst (M 3, Z. 6). Ähnlich wie beim Es besteht ein großer Teil der Macht des Über-Ichs darin, dass seine Anforderungen (zu großen Teilen) nicht bewusst und damit nicht kontrollierbar sind.

4▶ Hier soll versucht werden, das zunächst abstrakte Drei-Instanzen-Modell an exemplarischen seelischen Inhalten zu konkretisieren. Am Beispiel „einen schönen Mann begehren" könnte es wie folgt aussehen: Die (bewusste) Wahrnehmung des schönen Mannes, der einen etwa anspricht, erzeugt die Anforderung nach einer Reaktion. Das unbewusste Begehren (Es) nötigt das Ich vielleicht zu einem Flirt, während aus dem Über-Ich Anforderungen kommen, den Flirt zu unterlassen, weil man z. B. in einer festen Beziehung lebt. Das Ich scheitert möglicherweise an der Aufgabe, alle Anforderungen zu vereinbaren, und setzt den Willen des Es um, „als ob es der eigene wäre". Dieser Verstoß gegen das Über-Ich erzeugt später Schuldgefühle.

S. 95 **5▶** Ähnlich wie im Abschnitt zur Soziologie sollen die Ergebnisse zu **1▶** auf → SB, S. 89 noch einmal im Lichte der eben erarbeiteten Theorie betrachtet werden. Je nachdem, wie jene Ergebnisse aussehen, können evtl. einige Einflüsse den psychischen Instanzen zugeordnet werden (z. B. Triebe – Es, elterliche Forderungen – Über-Ich). Ggf. können Einflüsse (insbesondere des Unbewussten) ergänzt werden.

6▶ Hier soll reflektiert werden, was die Freud'sche Theorie für die menschliche Freiheit bedeutet. Freud selbst hat sie als Kränkung der menschlichen Größensucht bezeichnet (vgl. → SB, S. 100), weil das Ich nicht „Herr im eigenen Haus" (s. dort) ist. Darin drückt sich der Gedanke aus, dass das Ich eben oft nicht bewusst und damit nicht frei entscheidet, sondern unter dem Einfluss größtenteils unbewusster „Zwingherren" (M 3, Z. 6) steht. Abhängig davon, was unter Willensfreiheit verstanden wird, kann die Antwort natürlich auch anders ausfallen (vgl. → SB, S. 83, Text von M. Pauen).

S. 96 **7▶** Falls bereits Kants Gewissens-Modell Unterrichtsgegenstand war (→ SB, S. 182), kann hier ein Vergleich angestrebt werden. Schuldgefühle (also etwa Gewissensbisse) erzeugen bei Freud Verstöße gegen die verinnerlichten, aber kaum reflektierten Forderungen des (zu großen Teilen unbewussten) Über-Ichs. Bei Kant wird das Gewissen dagegen als innerer Gerichtshof beschrieben, vor dem eine beschlossene Tat sorgfältig geprüft wird, ob sie den vernünftig einsehbaren moralischen Pflichten genügt.

8▶ Falls bei Aufgabe 6 noch nicht darüber gesprochen wurde, wird hier eine Verbindung zu Freuds Text auf → SB, S. 100 hergestellt, die natürlich an dieser Stelle nicht zwingend ist.

2.2.3 Neurobiologie: Der Einfluss des Biologischen

Inhalte – Methoden – Kompetenzen

Die Neurobiologie beschäftigt sich mit dem Aufbau des Nervensystems, also auch des menschlichen Gehirns. Weil insbesondere von Vertretern der modernen Hirnforschung (vgl. → SB, S. 107 und S. 331) bisweilen behauptet wird, dass zunehmende Erkenntnisse über Aufbau und Funktionsweise unseres Gehirns unseren freien Willen eines Tages „wegerklären" könnten, lohnt sich ein exemplarischer Blick auf die besonders berühmten und immer wieder zitierten Experimente von Benjamin Libet und auf deren kritische Diskussion. Hier kann deutlich werden, dass empirische Befunde der Deutung bedürfen, bevor vorschnelle Schlüsse gezogen werden.
Vgl. auch die Einträge an gleicher Stelle unter 2.2 am Anfang des Unterkapitels.

Literatur und Links

- www.philosophieverstaendlich.de/freiheit/aktuell/libet.html
  Hier findet sich eine ausführliche Darstellung und eine kritische Betrachtung der Interpretationen der Libet-Experimente und des Nachfolgeexperiments von Haggard und Eimer.

- Christian Geyer (Hg.): Hirnforschung und Willensfreiheit. Zur Deutung der neuesten Experimente. Frankfurt am Main: Suhrkamp, 2004

Zu den Materialien und Aufgaben

S. 96   **Michael Posner: Seeing the Mind**

1▸ Angeregt durch das Posner-Zitat und die fMRT-Aufnahme dürfen die Schülerinnen und Schüler ihre Fantasie spielen lassen. Vielleicht kennen sie sogar aktuelle wissenschaftliche Erkenntnisse oder technische Entwicklungen auf diesem Gebiet (etwa die Steuerung von Geräten, z. B. Rollstühlen, durch Gedanken, also durch Hirnaktivität). Man könnte diskutieren, inwiefern das wissenschaftliche Neuland Risiken und Chancen bietet, Chancen etwa im Hinblick auf Therapien für (Hirn-)Krankheiten, Risiken im Hinblick auf die möglicherweise komplette Durchleuchtung des Gehirns einer Person.

2▸ Es wäre lohnend, an dieser Stelle ausführlicher das Leib-Seele-Problem zu thematisieren, im Rahmen des vorliegenden Buches ist dies jedoch nicht möglich. Mit dieser Aufgabe soll lediglich problematisiert werden, dass in der Hirnforschung oft „Geist" und „Gehirn" nahezu synonym gebraucht werden. Eine vertiefende Diskussion ist ohne weiteres Material hier nicht sinnvoll.

S. 96   **Ulrich Schnabel: Der Wille als Vorstellung – die Experimente des Benjamin Libet**
Dieser Text liefert eine kompakte Darstellung der Libet'schen Experimente.

S. 97   **3▸** Zur Veranschaulichung des Befunds ist eine Zeichnung hilfreich, die etwa so aussehen könnte (das „Veto" könnte bei Aufgabe 5 ergänzt werden):

Tafelbild

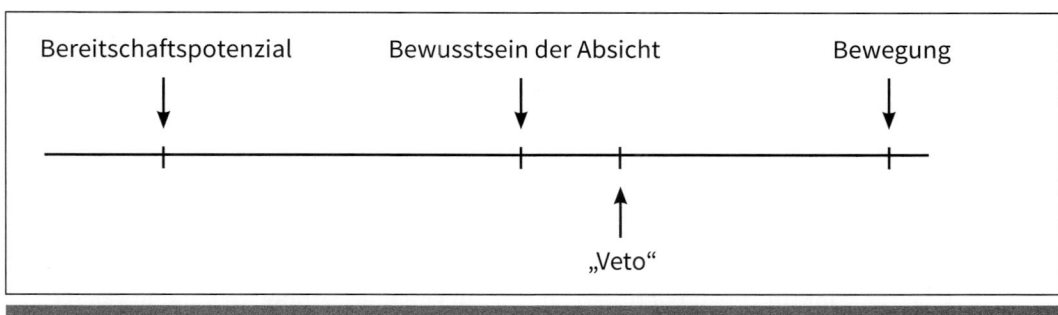

www.philosophieverstaendlich.de

4▸ Eine mögliche Deutung gibt T. Nagel (Z. 23): Eine Entscheidung, die unbewusst getroffen wird, kann kaum frei genannt werden. (Man beachte die Parallele zu Freud!)

5▸ Libet stellt in Z. 17 ff. die Hypothese auf, dass nach Bewusstwerden der Handlungsentscheidung die Person ggf. mit einer Art „Veto" die Handlung noch stoppen könnte. Empirisch belegt ist diese Hypothese allerdings nicht. Man könnte hier die Zeichnung aus Aufgabe 3 um das „Veto" ergänzen.

6▸ Der Befund zeigte sich im Experiment natürlich nur bei bestimmten einfachen Handlungen. Über langfristige Entscheidungen beispielsweise lässt sich aus den Experimenten kaum etwas schließen (vgl. → SB, S. 98).

7▸ Ähnlich wie in den Abschnitten zur Soziologie und Psychologie sollen hier die Ergebnisse zu **1▸** auf → SB, S. 89 noch einmal betrachtet werden. Vermutlich sind dort keine unbewussten Hirnaktivitäten genannt worden. Zu diskutieren wäre, inwieweit man sie ergänzen müsste, z. B. ob es sich dabei um Einflüsse auf mein ICH handelt oder ob es nicht ICH bin, der entscheidet, wenn mein Gehirn aktiv ist (wenn auch unbewusst).

S. 98   **Bettina Walde: Ein Fingerschnipsen ist noch keine Partnerwahl**

In diesem Interview betont Bettina Walde, dass die Libet-Experimente nur Aussagen über Handlungen zulassen, bei denen Absicht und Ausführung eng aufeinanderfolgen. Bei Willensentscheidungen im Alltag, insbesondere solchen, die für unsere Verantwortung wichtig sind, ist das jedoch nicht der Fall. Falls bei ■6▶ hierzu nichts gesagt wurde, kann der Text als kritische Betrachtung der Reichweite der Libet-Ergebnisse gelesen werden.

■8▶ Siehe oben der Kommentar zum Text.

■9▶ Aus Waldes Argumentation folgt nicht, dass wir bei manchen Handlungen frei sind, sondern nur, dass es nicht zulässig ist, aus den Libet-Experimenten zu folgern, wir wären bei *allen* unseren Handlungen unfrei.

2.2.4 Das Menschenbild im Wandel

Inhalte – Methoden – Kompetenzen

Nicht nur die bis hierher thematisierten Wissenschaften haben in der Vergangenheit Einfluss auf das Menschenbild gehabt. In diesem kurzen Abschnitt werden die drei Kränkungen der Eigenliebe des Menschen nach Freud vorgestellt und es wird exemplarisch reflektiert, inwiefern empirisch-wissenschaftliche Erkenntnisse Konsequenzen für unser Menschenbild haben.

Zu den Materialien und Aufgaben

S. 100 ■1▶ ■2▶ Hier sollen die drei „Angriffe" auf das Menschenbild, die in den Materialien nur angedeutet sind, genauer untersucht werden.

Erster Angriff: „Angriff auf das Zentrum des Universums" könnte er beispielsweise genannt werden; erschüttert wird die (u. a. biblische) Vorstellung, dass der Mensch sich auf der Erde im Zentrum des Universums befindet, das letztendlich vom Schöpfer um ihn herum (und seinetwegen?) geschaffen wurde. Viele religiöse Grundüberzeugungen sind dadurch infrage gestellt (wenn auch nicht unbedingt widerlegt) worden. Doch auch wenn die herausgehobene Stellung im Universum verloren ging, so blieben die Sonderstellung des Menschen auf der Erde, seine Freiheit, seine Vernunft, sein Selbstbewusstsein u. v. m. erhalten.

Zweiter Angriff: „Angriff auf die Sonderstellung" könnte er genannt werden; erschüttert wird die Überzeugung, dass der Mensch eine Sonderstellung einnimmt, weil Darwin gezeigt hat, dass es eine Kontinuität zwischen Tieren und Menschen gibt – im physischen wie im mentalen Bereich, selbst im Bereich des Moralischen, wie Elepfandt behauptet. Gleichwohl könnte man, selbst in der Kontinuität, den Menschen noch als „Krone der Schöpfung" ansehen, als (vorläufig) höchste Stufe der Evolution, man könnte herausgehobene Eigenschaften betonen, die es so im Tierreich möglicherweise nicht gibt (Vernunft, Kreativität, Geschichtlichkeit, Institutionen usw. – vgl. Unterkapitel 1.2).

Dritter Angriff: „Angriff auf die Freiheit" könnte er genannt werden; erschüttert wird die Überzeugung, dass wir stets „Herr im eigenen Haus" sind und frei und selbstbestimmt entscheiden und handeln. Nicht nur durch Freud, sondern u. a. auch durch die Soziologie und die Neurobiologie wird diese Erschütterung gestützt, wie wir in diesem Kapitel gesehen haben. Im Menschenbild erhalten bleiben könnte beispielsweise zumindest die bisweilen vorhandene Freiheit (nicht *alle* Entscheidungen sind zwingend unbewusst verursacht) oder die personale Identität. Inwiefern die „Angriffe" jeweils persönlich als erschütternd erlebt werden, bleibt dem Empfinden der Schülerinnen und Schüler überlassen. Es ist zu erwarten, dass zumindest Kopernikus' und Darwins Kränkungen schon so selbstverständlicher Bestandteil unseres Weltbildes geworden sind, dass sie kaum noch zu erschüttern vermögen.

2.3 Freiheit und Verantwortung

Inhalte – Methoden – Kompetenzen

Während es im Unterkapitel 2.2 um den Beitrag empirischer Wissenschaften zum Problem der Willensfreiheit ging (also das Untersuchen von *Fakten* – vgl. Text von Michael Pauen auf → SB, S. 83), wird in diesem Unterkapitel der Kern der philosophischen Debatte aufgezeigt. Die Grundideen der drei hier behandelten Positionen werden im → LB auf Seite 100 und im → SB auf Seite 104 dargestellt. Es zeigt sich, dass es bei der Diskussion der Willensfreiheit nicht nur um die Frage geht, ob wir angesichts empirischer Befunde willensfrei sind oder nicht, sondern auch um begriffliche *Normen,* also darum, was wir unter Willensfreiheit vernünftigerweise verstehen *sollten.* Vom Ergebnis dieser Diskussion ist abhängig, ob wir unser Selbstverständnis als freie und verantwortliche Akteure, die für ihr Verhalten legitimerweise bestraft, gelobt und getadelt werden dürfen, aufrechterhalten können oder verändern müssen.

Vor der Thematisierung dreier philosophischer Positionen zum Willensfreiheitsproblem wird das Problem selbst noch einmal genauer beleuchtet – und zwar als Konflikt zwischen unserer Innenperspektive als freie Akteure, die auch anders handeln könnten, und der Außenperspektive auf die Welt (und damit auch auf andere Menschen) als einer von (Natur-)Gesetzen bestimmten Welt.

Vgl. auch die Einträge an gleicher Stelle am Anfang von Kapitel 2.

Sequenz ●●●	In den Abschnitten **2.3.2, 2.3.3** und **2.3.4** werden (weitgehend unabhängig voneinander) drei philosophische Grundpositionen zum Willensfreiheitsproblem thematisiert (harter Determinismus, Libertarismus, Kompatibilismus). Hier kann leicht ausgewählt oder auch arbeitsteilig vorgegangen werden. In Abschnitt **2.3.1** wird zuvor noch einmal das Willensfreiheitsproblem als Widerspruch zwischen Innen- und Außenperspektive beleuchtet. Sollte man diesen Abschnitt überspringen wollen, empfiehlt sich der Einstieg mit dem Fallbeispiel (→ SB, S. 101) und dann der Übergang zu den drei Grundpositionen. „Eine pragmatische Lösung" des Freiheitsproblems findet sich in → LB, Zusatzmaterial **Z 2-4.** Sie kann in Ergänzung der drei o. g. Grundpositionen thematisiert werden.
Querverweise ◄►	• **6.4.3 Schuld und Strafe** (→ SB, S. 329 ff.): Hier geht es um die Frage, ob Strafe auch dann gerechtfertigt werden kann, wenn wir davon ausgehen, dass Menschen nicht willensfrei sind, und damit auch um die Frage, ob wir verantwortlich sind, wenn wir nicht frei sind.

Zu den Materialien und Aufgaben

S. 101 ▶ Hier sollen Schülerintuitionen abgefragt werden und es kann sich zeigen, dass einige Schülerinnen und Schüler Libertaristen sind (Antwort A, Abschnitt 2.3.3), einige harte Deterministen (Antwort B, Abschnitt 2.3.2) und vielleicht sogar einige Kompatibilisten (Antwort C, Abschnitt 2.3.4). Evtl. kann man die Bearbeitung der drei Positionen von den hier ermittelten Intuitionen abhängig machen, etwa indem Schülerinnen und Schüler Abschnitte bearbeiten, die ihre Intuition stark machen, oder aber auch, indem sie mit abweichenden Positionen konfrontiert werden, gegen die sie sich verteidigen müssen.

Natürlich sind auch andere Antworten als A, B, oder C erlaubt. Wichtig wäre hier, dass Schülerinnen und Schüler präzise formulieren, was ihre Antwort von den Antworten A, B, oder C jeweils unterscheidet.

2▸ Auch hier geht es um erste Intuitionen, die vielleicht aber schon deutlich machen, unter welchen Bedingungen Lukas moralisch verantwortlich zu machen ist.

2.3.1 Außen- und Innenperspektive

Inhalte – Methoden – Kompetenzen

Das Problem der Willensfreiheit wird in den hier präsentierten Textauszügen als Widerspruch zwischen der Idee einer verständlichen Welt, in der alle Vorgänge (aus der Außenperspektive) gesetzmäßig erklärbar und (zumindest prinzipiell) vorhersagbar sind, und der Idee der durch nichts und auch nicht durch Naturgesetze bedingten Entscheidungsfreiheit (aus der Innenperspektive) dargestellt. Die folgenden Abschnitte 2.3.2 bis 2.3.4 „lösen" diesen Widerspruch auf, indem sie entweder eine der beiden Ideen aufgeben (2.3.2, 2.3.3) oder beide Ideen unter bestimmten begrifflichen Voraussetzungen als miteinander kompatibel auffassen (2.3.4).
Vgl. auch die Einträge an gleicher Stelle unter 2.3 am Anfang des Unterkapitels.

Literatur und Links

- Peter Bieri: Das Handwerk der Freiheit. Frankfurt am Main: Fischer, 2003
  Die Texte in diesem Abschnitt stammen alle aus diesem Buch, das auch für Schülerinnen und Schüler sehr lesbar und anschaulich ist. Zusätzlich zu den hier zitierten Auszügen könnten weitere gewinnbringend gelesen werden, etwa der gesamte Prolog.

Zu den Materialien und Aufgaben

S. 101   **1▸** Hier geht es um eine erste Einschätzung, ggf. als Vertiefung der Antworten A, B, C oder D zu Aufgabe 1 oben. Wenn das oben schon vertiefend diskutiert wurde, kann die Aufgabe entfallen. Je mehr Bedingungen gefunden werden und je unausweichlicher diese Lukas' Entscheidung machen, desto stärker wird die Außenperspektive eingenommen. Wenn er dennoch als „frei" betrachtet wird (Innenperspektive), müsste begründet werden, worin die Freiheit trotz der Bedingungen besteht.
Wenn **1▸** auf → SB, S. 89 bearbeitet wurde, könnte darauf Bezug genommen werden.

S. 102   **M 1 Peter Bieri: Von außen betrachtet / M 2 Von innen betrachtet**

S. 101   **2▸** Die „Idee einer verständlichen Welt" (M 1, Z. 1) ist die Idee, dass wir in der Welt grundsätzlich verstehen können, warum etwas geschieht (auch wenn wir es tatsächlich oft nicht verstehen, weil wir nicht genug Informationen haben). Das bedeutet, dass jedes Ereignis (und damit auch jede menschliche Handlung) gesetzmäßig bedingt ist und sich die Vergangenheit „nach ehernen Gesetzen in die Zukunft" (M 1, Z. 15) fortschreibt (deterministische Weltsicht).
Die „Idee der freien Entscheidung" (M 2, Z. 17 f.) dagegen unterstellt, dass unsere Handlungen nicht nach „ehernen Gesetzen" vorherbestimmt sind, sondern dass wir stets (oder zumindest bisweilen) auch anders hätten handeln können, als wir es getan haben.

S. 103   ■3▶ a) Möglicher innerer Monolog: „Jetzt habe ich sie wiedergetroffen. Sollte ich mit ihr den Wein aufmachen? Wer weiß, was dann noch passiert? Ich könnte doch auch einfach bei einer Fassbrause mit ihr reden und dann später zu Christine gehen. Nichts hindert mich daran! Aber ach, was soll's, ein Gläschen Wein kann ja nicht schaden – ich muss ja kein zweites trinken, bin ja frei in meiner Entscheidung." usw.

b) Mögliche Beobachtung von außen: Antonia ist so unwiderstehlich und mit Christine gab es ja schon lange Probleme. Irgendwann musste es so kommen. Und nun machen sie den Wein auf. Lukas denkt sicher, dass er die Situation unter Kontrolle hat, aber seine unbewussten Triebe, sein bald durch den Alkohol geschwächtes Über-Ich, ihre verführerischen Reize – er wird nicht anders können, als mit zu ihr nach Hause zu gehen und …

S. 103   ■4▶ a) Hier können analog selbst erlebte Situationen aus beiden Perspektiven beschrieben werden.

b) Diese Teilaufgabe dient der vertiefenden Problematisierung: Wahrscheinlich gibt es auch Situationen, die selbst aus der Innenperspektive eine bestimmte Entscheidung unausweichlich machen. Es könnte dann untersucht werden, welche Merkmale solche Situationen haben und welche Merkmale dagegen Situationen haben, in denen willensfrei entschieden wird. Auf diese Weise wird der Begriff „willensfrei" klarer. Das kann allerdings schnell sehr zeitaufwendig werden.

S. 103   **Peter Bieri: Der Widerspruch**

2 **S. 103**   ■5▶ Der logische Widerspruch besteht darin, dass die Idee einer komplett verständlichen Welt impliziert, dass jedes Ereignis eine Ursache hat und sich die Vergangenheit nach unabänderlichen Gesetzen in die Zukunft fortschreibt (Determinismus). Die Idee der freien Entscheidung impliziert die Negation des Determinismus, nämlich dass sich die Vergangenheit *nicht* nach unabänderlichen Gesetzen fortschreibt. (Vgl. Satz vom ausgeschlossenen Widerspruch, → SB, S. 465.)

Aus einem logischen Widerspruch folgt logisch jeder beliebige Satz. Wer an einen Satz und an seine Negation glaubt, glaubt (zumindest diesbezüglich) eben alles und damit auch gar nichts.

■6▶ a) Auf die Idee der verständlichen Welt lässt sich selbst bei der Betrachtung anderer Menschen kaum verzichten, erklären wir uns ihr Verhalten doch zumeist kausal und können es auch in der Regel gut vorhersagen. Ich erwarte von meinem Lehrer, dass er morgen pünktlich zur Stunde erscheint. Und wenn er nicht pünktlich erscheint, vermute ich Gründe/Ursachen dafür: Er ist krank, der Bus steht im Stau, ihm wurde gekündigt o. Ä. – alles kausale Erklärungen.

Z 2-2   Wie ein völlig unbedingtes Handeln aussehen würde und wie befremdlich und unverständlich dies wäre, zeigt Bieri im Text → LB, Z 2-2, der ggf. hier schon gelesen werden könnte (wenn er nicht als Einstieg in 2.3.4 verwendet werden soll).

b) Auf die Idee der Freiheit zu verzichten wäre wohl noch schwieriger. Es ist schwer denkbar, dass wir uns als komplett kausalbestimmte Wesen betrachten, ohne Entscheidungsspielräume, ohne Verantwortung. Niemanden dürften wir mehr loben oder tadeln, auf nichts dürften wir stolz sein, müssten uns für nichts schämen usw.

S. 104   ■7▶ Hier soll nur ein kurzer Rückblick auf die Antworten zum Fall „Lukas" geleistet werden. Wie die Antworten A–C mit dem Widerspruch umgehen, wird im Folgenden im Schülerband beschrieben (→ SB, S. 104).

■8▶ Interessant ist es, die Schülerantworten zu betrachten, die nicht mit den vorgegebenen A–C übereinstimmten. Hier wären die Schülerinnen und Schüler in der Pflicht, zu zeigen, ob und ggf. wie der Widerspruch in ihrer Antwort zu vermeiden wäre.

2.3.2 Keine Freiheit und keine Verantwortung

Inhalte – Methoden – Kompetenzen

In diesem Abschnitt wird der harte Determinismus thematisiert, eine Position, die unser Handeln als komplett kausalbestimmt ansieht und Verantwortung und Schuldfähigkeit bezweifelt.

Vgl. auch die Einträge an gleicher Stelle unter 2.3 am Anfang des Unterkapitels.

Zu den Materialien und Aufgaben

S. 105   **1▶** Der Mann wird mit Abscheu und Verachtung beschrieben. Die Darstellung ist krass, trifft aber möglicherweise einige Schülerintuitionen. Diese sollen im Folgenden auf den Prüfstand!

2▶ Büchner liefert mit dem Zitat Kritik an der Darstellung: Auch den Mörder dürfte man, nach Büchner, nicht verachten, weil es nicht in seiner Gewalt lag, kein Mörder zu werden. Diese Aussage mag provokant sein und die folgende Auseinandersetzung mit der Position des harten Determinismus motivieren.

S. 105   **John Hospers: Sind wir jemals für unsere Handlungen verantwortlich?**

Im zitierten Artikel betont Hospers (nicht im SB, sondern an anderer Stelle), dass er nicht für den Determinismus argumentieren möchte. Er behauptet lediglich, dass die Tatsache, dass eine Person mit all ihren Eigenschaften die Person ist, die sie ist, nicht im Einflussbereich der Person selbst liegt. Jede Person ist zu dem geworden, was sie ist, aufgrund von Faktoren, auf die sie keinen Einfluss hatte. Man kann sie also für ihre Eigenschaften, ihren Erfolg bzw. Misserfolg, ihren Hang zu Verbrechen bzw. zu angepasstem Verhalten usw. nicht verantwortlich machen. Der hier vorgestellte kurze Textausschnitt lässt ggf. einen Interpretationsspielraum (insbesondere bei **4▶**). Ergänzend zu dem kurzen im SB abgedruckten Textauszug kann → LB, Zusatzmaterial, **Z 2-3**   Z 2-3 gelesen werden, dort macht Hospers genauere Angaben darüber, auf welchen Ebenen die moralische Sprache (also z. B. das Zuschreiben von Verantwortung) angemessen ist.

S. 106   **3▶** Falls Abschnitt 2.3.1 übersprungen wurde, muss die Aufgabe entfallen. Falls nicht, lassen sich viele Stellen im Text finden, an denen Hospers mögliche kausale Erklärungen für menschliches Verhalten anbietet, also der Idee einer verständlichen Welt folgt (z. B. Z. 7 f., 17 f., 39 ff.).

4   **4▶** **5▶** Die beiden Aufgaben fordern die Schritte 2, 3 und 4 der fairen, kritischen Textanalyse (→ SB, S. 31 f.). Geübte Kurse können die fünf Schritte selbstständig durchführen.

4▶ Rekonstruieren bedeutet immer auch interpretieren, insofern sind unterschiedliche Lösungen möglich, wenn sie am Text begründet werden können. Hier eine originale Schülerrekonstruktion:

Prämisse 1: Eine Person hat nur dann die Verantwortung für eine Handlung, wenn sie die freie Wahl dazu hatte.
P2: Jede Person ist ein Produkt von Ursachen, an denen ihr eigener Wille keinen Anteil hatte.
P3: Eine Person hat nicht die freie Wahl, wenn ihr Wille keinen Anteil an den Ursachen (einer Handlung) hatte.

Konklusion: Keine Person hat die Verantwortung für ihr Handeln.

5▶ Vielversprechende Möglichkeit der Kritik ist es, die Wahrheit der Prämissen anzugreifen (→ SB, S. 24). Nahe liegt ein Angriff auf Prämisse 2 – es kann bestritten werden, dass jede Person ausschließlich ein Produkt solcher Ursachen ist. Trotz Bedingtheit könnten Freiheitsgrade bestehen und die Bedingungen würden dann die Handlung nicht komplett determinieren (diesen Angriff führt G. Keil an, vgl. → SB, S. 109). Empirisch ist das (gegenwärtig) nicht letztlich zu klären, Hospers versucht, das allerdings plausibel zu machen (siehe **3▶**). Kompatibilisten würden gegen Prämisse 1 wohl einwenden, dass der Begriff „freie Wahl" hier unklar ist und dass, wenn damit „unbedingte freie Wahl" gemeint ist, die Prämisse nicht zustimmungsfähig ist (vgl. → SB, S. 113). Hier zeigt sich, dass Hospers vermutlich einen anderen Begriff von Willensfreiheit besitzt als z. B. der Kompatibilist Bieri (vgl. Abschnitt 2.3.4), der auch dann von einem freien Willen sprechen würde, wenn dieser von Ursachen bedingt wäre, die bspw. im Charakter der betreffenden Person lägen (auf den diese möglicherweise keinen Einfluss hatte). Der Streit zwischen beiden würde sich um die Verwendung des Begriffs „freie Wahl" drehen.

6▶ Beide könnten sich mit Hospers' These rechtfertigen, dass letztlich niemand für sein Handeln verantwortlich ist.

Z 2-3 Mit diesem Zusatzmaterial (→ LB, Z 2-3) können die Konsequenzen von Hospers' Auffassung vertiefend thematisiert werden. Der dort ebenfalls abgedruckte kurze Text von D. Birnbacher findet sich auch im → SB auf S. 127 f. – auf dem Zusatzmaterial ist er vertreten, weil der Text möglicherweise im SB an dieser Stelle noch nicht gelesen wurde und weil es hier nur um diesen kurzen Ausschnitt geht. Hier auf den SB zu verweisen wäre für die Unterrichtspraxis sehr kompliziert.

S. 107 Wolf Singer: Humaneres Menschenbild

7▶ Dem veränderten Menschenbild zufolge, wäre niemand verantwortlich für seine Taten. Einen Verbrecher würden wir beispielsweise therapieren oder auch einsperren, um andere zu schützen, aber wir würden ihm keine Schuld vorwerfen und ihn nicht sühnen lassen, denn die Ursache für sein verbrecherisches Verhalten wären Störungen im Gehirn, für die er nichts kann. Auch im Alltag würden wir auf Moralisieren verzichten und darauf verzichten zu sagen, jemand hätte etwas „verdient" – denn er hat nur Glück oder Pech gehabt.

8▶ Unter Verzicht auf das Schuldprinzip müsste auf eine Bestrafung im Sinne von Sühne oder Vergeltung verzichtet werden, nicht aber auf eine Einwirkung auf den Täter mit dem Zweck der Prävention. Eine mögliche Lösung könnte etwa so aussehen:
„In Übereinstimmung mit dem Menschenbild des harten Determinismus beruht das deutsche Sicherheitsrecht nicht auf dem Schuld- und Verantwortungsprinzip. Weil Strafe Schuld voraussetzte, niemand aber schuldig werden kann, darf niemand bestraft werden.
Jede Handlung lässt sich bei rückschauender Betrachtung als Folge von anlage- und umweltbedingten Bestimmungskräften erklären und ist dem Handelnden folglich nicht vorzuwerfen. Ihn zu bestrafen wäre nicht legitim. Lediglich zur Sicherheit anderer darf also auf einen gefährlichen Akteur eingewirkt werden, entweder durch therapeutische Maßnahmen oder, wenn das nicht möglich ist, durch Sicherungsverwahrung."

9▶ Abweichend von Singers und Hospers' positiver Sicht auf das veränderte Menschenbild könnte dieses auch negativ bewertet werden, weil der Mensch eher einem Automaten gleichen würde. Auch könnte es zu drastischen Maßnahmen führen: Wenn etwa Hirnstörungen erkannt werden könnten, könnte man potenzielle Verbrecher vorsorglich einsperren o. Ä.

2.3.3 Sowohl Freiheit als auch Verantwortung

Inhalte – Methoden – Kompetenzen

In diesem Abschnitt wird der Libertarismus thematisiert, eine Position, die den Menschen als grundsätzlich verantwortlich ansieht, weil er, so die Libertaristen, nicht komplett durch Bedingungen determiniert ist.
Vgl. auch die Einträge an gleicher Stelle unter 2.3 am Anfang des Unterkapitels.

Zu den Materialien und Aufgaben

S. 108   **Werner Beulke/Johannes Wessels: Schuld und Verantwortlichkeit im Strafrecht**

■**1**▶ Diese Aufgabe kann nur bearbeitet werden, wenn Abschnitt 2.3.1 nicht übersprungen wurde. Beide Perspektiven werden im Absatz ab Zeile 15 beschrieben, die Außenperspektive im ersten Satz, die Innenperspektive in den folgenden Sätzen. Letztlich wird unterstellt, dass zumindest häufig ein Handlungsspielraum besteht, also die Innenperspektive insofern zutreffend ist, als dass unser Handeln nicht unausweichlich durch Bedingungen festgelegt ist.

■**2**▶ Die Begründung erfolgt zunächst im Absatz ab Zeile 8. Weder absolute Willensfreiheit noch Determinismus seien beweisbar, daher genüge zur Rechtfertigung des Verantwortungsprinzips die Tatsache, dass es „unumstößliche Realität unserer sozialen Existenz" (Z. 13 f.) sei. M. a. W.: Wissenschaftlich lässt sich nicht entscheiden, ob wir nicht doch determiniert sind, im gesellschaftlichen Zusammenleben agieren wir jedoch so, als seien wir grundsätzlich willensfrei. Solange kein Gegenbeweis vorliegt, nehmen wir also an, wir seien grundsätzlich frei und verantwortlich.
In Zeile 16 f. wird dann lediglich behauptet und nicht begründet, dass es „sicher" sei, dass der Mensch seinen Bestimmungskräften nicht wehrlos ausgeliefert ist.

■**3**▶ Eine zwingende Begründung für unsere Freiheit und Verantwortung liegt nicht vor, es wird ja sogar zugegeben, dass die Frage wissenschaftlich nicht entschieden oder sogar nicht entscheidbar ist. Pragmatisch kann es in einer solchen Situation allerdings sinnvoll sein, Freiheit und Verantwortung anzunehmen, weil dies der gegenteiligen Annahme vorzuziehen ist und wir uns im Übrigen im Alltag ständig entsprechend dieser Annahme verhalten.
Die Behauptung „ebenso sicher" sei es, dass wir „diesen Antrieben nicht wehrlos ausgeliefert" sind (Z. 16 f.), bleibt allerdings begründungsbedürftig. Im Rahmen einer pragmatischen Argumentation wäre diese Sicherheit aber auch nicht notwendig, da ja davon ausgegangen wird, dass keine der Alternativen „sicher" ist.

Z 2-4   In diesem Text (→ LB, Zusatzmaterial Z 2-4) wird eine entsprechende pragmatische Argumentation detaillierter vorgestellt.

■**4**▶ Die bisher behandelten empirischen Befunde zeigen vor allem anlage- und umweltbedingte Bestimmungskräfte auf (Rollenerwartungen, Es, Über-Ich, neuronale Vorgänge) und stützen den Satz nicht, jedenfalls nicht mit der Formulierung „ebenso sicher". Auch wenn Soziologie, Psychologie und Neurobiologie die Willensfreiheit nicht wegerklären konnten, konnten sie auch nicht zeigen, was hier behauptet wird. (So wurde beispielsweise Libets Veto-Hypothese empirisch nicht bestätigt, vgl. Abschnitt 2.2.3.)

S. 109   ■**5**▶ Das Vokabular lässt sich auch auf Lukas anwenden. Auch er wäre demnach (als sittlich reifer und seelisch gesunder Mensch) seinen anlage- und umweltbedingten Antrieben nicht wehrlos ausgeliefert und könnte sein Verhalten an Normen und Wertvorstellungen ausrichten. Ein Seitensprung wäre, wenn er diesen Wertvorstellungen widerspricht, vorwerfbar.

Geert Keil: Die libertaristische Freiheitsauffassung

6▶ Die libertaristische Auffassung beschreibt Keil als Fähigkeit des „So-oder-anders-Kön-nens" (Z. 11). Auch wenn unser Handeln vielfältig bedingt ist (duch Antriebe, Wünsche etc.), ist es, so Keil, dadurch doch nicht vollständig determiniert, denn wir haben die Fähigkeit, „innezu-halten" (Z. 17) und diese Bedingungen vernünftig zu prüfen und ggf. „*nicht* handlungswirksam werden zu lassen" (Z. 26). Dies macht es auch möglich, anderen ihr Handeln ggf. vorzuwerfen – der Vorwurf wäre nicht unfair, weil die Person auch anders hätte handeln können.

7▶ Keil begründet (in diesem kurzen Ausschnitt, an anderer Stelle tut er dies ausführlicher) die libertaristische Annahme damit, dass sie eine Alltagsannahme ist, der keine empirischen oder begrifflichen Tatsachen entgegenstehen.

8▶ Besonders an Keils Ausführungen zur Vorwerfbarkeit (vgl. Z. 4 ff.) zeigt sich, dass seine Auffassung die strafrechtliche Auffassung stützt.

9▶ Hier gilt es, Keils Ausführungen kritisch zu untersuchen. Sie legen zwei Behauptungen zu-grunde, nämlich dass a) unsere Alltagsintuitionen libertaristisch sind und b) der Determinismus (der ihnen widersprechen würde) nicht überprüfbar ist.

a) Hier werden die Schülerinnen und Schüler verschieden antworten, vielleicht auch mit Ver-weis auf Hospers, falls Abschnitt 2.3.2 bereits unterrichtet wurde (vgl. z.B. → SB, S. 105, Z. 19 ff.). Dass wir anderen Vorwürfe machen, sie loben und tadeln, lässt sich aber wohl schwer wegdiskutieren – und darin zeigen sich entweder libertaristische Intuitionen oder aber kompatibilistische (vgl. Abschnitt 2.3.4).

b) Die thematisierten Ergebnisse empirischer Wissenschaft zeigen, dass trotz umfangreicher Untersuchungen der Bedingungen menschlichen Handelns keine komplette Determiniert-heit erkannt werden konnte. Die Behauptung, dass zu *jedem* Ereignis ein Zustand existiert, auf den das Ereignis unausweichlich regelhaft folgt, lässt sich empirisch auch nicht verifizie-ren.
Um diese Aussage Keils einschätzen zu können, wäre ein Exkurs in die Wissenschaftstheorie hilfreich, der hier allerdings nicht geleistet werden kann.

2.3.4 Freiheit trotz Determinismus

Inhalte – Methoden – Kompetenzen

In diesem Abschnitt wird die kompatibilistische Position thematisiert, die den Determinismus mit der Annahme eines freien Willens für vereinbar hält und entsprechende Vorschläge für be-griffliche Normen macht. Diese Position ist für Schülerinnen und Schüler vermutlich zunächst kontraintuitiv, in der Fachphilosophie hat der Kompatibilismus jedoch sehr viele Anhänger. Vgl. auch die Einträge an gleicher Stelle unter 2.3 am Anfang des Unterkapitels.

Sequenz ●●●	Eine interessante Ergänzung der hier dargestellten Position Peter Bieris findet sich in → LB, Zusatzmaterial **Z 2-5**. Hier wird Bieris These, dass Willensfreiheit erarbeitet werden muss, zumindest in Ansätzen verdeutlicht.

Literatur und Links

- Peter Bieri: Das Handwerk der Freiheit. Frankfurt am Main: Fischer, 2003
  Die Position, die Bieri in den Textauszügen im Schülerband vertritt, wird ausführlich in diesem Buch dargelegt, das umfangreich, aber sehr gut auch für Schülerinnen und Schüler lesbar ist.

- http://www.spiegel.de/spiegel/a-336006.html
  Hier findet sich eine kurze, aber zusammenhängende Fassung von Bieris Argumentation des im SB zitierten Fachartikels.

- http://www.spiegel.de/spiegel/print/d-38627610.html
  Hier findet sich, eigebettet in ein Interview, die Position des Hirnforschers Gerhard Roth zur Willensfreiheit. Im o. g. Artikel reagiert Bieri tw. auf diese Position. Mit geeigneten Textauszügen ließe sich eine tatsächlich stattgefundene philosophische Debatte nachvollziehen.

Zu den Materialien und Aufgaben

S. 110 ▬**1**▸ Hier geht es um die Ermittlung von Schülerintuitionen – nicht um „richtige" oder „falsche" Antworten. Möglicherweise nennen Schülerinnen und Schüler so etwas wie die eigenen Wünsche, Gefühle, Neigungen usw.

Z 2-2 Als Anregung kann dieses Gedankenspiel (→ LB, Zusatzmaterial **Z 2-2** dienen, das zu verdeutlichen versucht, wie es aussähe, wenn unser Wille durch nichts bedingt wäre.

S. 110 Peter Bieri: Was Freiheit nicht ist

S. 111
Z 2-2 ▬**2**▸ a) Eine von Bieri selbst gegebene Veranschaulichung „dieser Art von Freiheit" findet sich in → LB, Zusatzmaterial **Z 2-2**.
b) Dass Bieri diese Art von Freiheit für nicht wünschenswert hält, zeigt sich in Formulierungen wie z. B.:
- „ein Wille, der *niemandem gehörte*, also niemandes Wille wäre" (Z. 21 f.)
- „der vollkommen *unkontrollierbar* wäre" (Z. 25)
- „eine Form der Unfreiheit als chaotischer Zufälligkeit" (Z. 28)
- „frei flottierende [...] Willkür, die zu erleben nicht wie Freiheit wäre, sondern ein Albtraum" (Z. 34 f.)
- „*Nur dann*, wenn jemand [...] diese [...] unplausiblen Dinge glaubt [...]" (Z. 37)

▬**3**▸ Eine solche Episode wird in → LB, Zusatzmaterial **Z 2-2** geschildert. Ähnliche Geschichten lassen sich erfinden. Wenn **Z 2-2** schon bearbeitet wurde, genügt an dieser Stelle möglicherweise ein Hinweis darauf.
Vielleicht schildern Schülerinnen und Schüler allerdings Episoden, die nicht ganz so abschreckend klingen wie Bieris Umzugsbeispiel. Dann wäre genau darauf zu achten, ob nicht doch „eigene Gründe" eine Rolle spielen, also z. B. der eigene Charakter, das eigene Erleben, die eigene Lebensgeschichte. Um Bieris Idee der unbedingten Freiheit zu illustrieren, müssten die Episoden Entscheidungen enthalten, die auch von diesen Faktoren völlig unbedingt sind!

S. 111 Peter Bieri: Was Freiheit ist

S. 112 ▬**4**▸ Eine Gegenüberstellung auf Grundlage des Textes „Was Freiheit ist" könnte wie folgt aussehen:

unfreier Wille	freier Wille
<ul><li>Urteil und Wille fallen auseinander (Z. 2)</li><li>ich kann „den Willen nicht unter die Kontrolle meines Überlegens bringen" (Z. 3 f.)</li><li>z. B. Rausch der Gefühle, neurotischer Zwang, psychotische Erkrankung (Z. 20)</li></ul>	<ul><li>fügt sich unserem Urteil darüber, was „in einer bestimmten Situation richtig ist" (Z. 1 f.)</li><li>*„Plastizität des Willens relativ auf das Urteilen"* (Z. 19 f.)</li></ul>

Z 2-1   Der Text „Der Unbeherrschte" auf → SB, S. 87 f. und die Texte in → LB, Zusatzmaterial **Z 2-1** können diese Unterscheidung illustrieren (vgl. ▮**5**▶ b).

▮**5**▶   a) Situationen der Unfreiheit schildert Bieri selbst in o. g. Texten. Insbesondere Suchterfahrungen oder Affekthandlungen werden vermutlich auch ohne entsprechende Textlektüre von Schülerinnen und Schülern genannt werden. Situationen der Freiheit sind leicht zu finden, etwa die lange und wohlüberlegte Wahl eines Leistungskurses oder eines Urlaubsortes.
b) Dem Unbeherrschten fehlt die überlegte Kontrolle über seinen Willen (→ SB, S. 87, Z. 11 und Z. 17 ff.).

▮**6**▶   Die dritte Form der Freiheit nach Savater zeigt, dass es eine Differenz geben kann zwischen dem, was ich will, und dem, was „meiner Meinung nach zu wollen gut wäre" (→ SB, S. 86, Z. 45). Dies könnte man – in Bieris Terminologie – als mögliche Differenz zwischen Wille und Urteil interpretieren. Der Wille (in dieser dritten Form) wäre dann frei, wenn zwischen beiden keine Differenz bestünde.

▮**7**▶   Vermutlich würden sich beide um die Bedeutung des Begriffs „Willensfreiheit" streiten, jeweils mit Argumenten für ihre bevorzugte Bedeutung. Hospers würde wohl sagen, dass jede Handlung (und auch jedes rationale Urteil) durch Faktoren bedingt ist, auf die unser eigener Wille keinen Einfluss hatte. Für solche Handlungen könne man, so Hospers, niemanden verantwortlich machen. Zwar verwendet er den Begriff „Willensfreiheit" in dem Textauszug nicht, doch lässt sich vermuten, dass er keine derart bedingte Handlung als „frei" betrachten würde, weil dies vermutlich auch nach Hospers Verantwortlichkeit implizieren würde.
Bieri argumentiert dagegen, dass auch eine derart bedingte Handlung „frei" genannt werden kann, wenn eben Urteil und Wille zusammenfallen. Er tut dies, indem er zeigt, dass eine vollkommen unbedingte Handlung eben nicht vernünftigerweise „frei" genannt werden könnte, weil sie chaotisch zufällig wäre. Dabei scheint er zu unterstellen, dass Positionen harter Deterministen (wie die von Hospers, auch wenn Bieri nicht direkt gegen Hospers argumentiert) einen Freiheitsbegriff verwenden, der nur unbedingte Handlungen als „frei" betrachten würde. Dies jedoch wäre aus o. g. Gründen unvernünftig. (Vgl. → LB, Kommentar zu Aufgabe 8.)

▮**8**▶   Auf den ersten Blick wirken Keils und Bieris Positionen ähnlich, denn auch für Keil zeigt sich Freiheit im *„vernünftigen Umgang* mit vorfindlichen Kontingenzen" (→ SB, S. 109, Z. 28), was man lesen könnte als „Übereinstimmung zwischen Wille und Urteil" und damit als Zustimmung zu Bieris Position.
Doch im Detail zeigen sich Unterschiede. Keil besteht darauf, dass Vorbedingungen und Naturgesetze unser Handeln zwar beeinflussen können, aber nicht vollständig determinieren (→ SB, S. 109, vgl. Z. 20 ff.). Man kann also sagen, dass jemand anders wollen und handeln kann, wenn er innehalten und ggf. Wünsche und Neigungen nicht handlungswirksam werden lassen kann. Und das, so Keil, können psychisch gesunde Erwachsene in der Regel. Und dieser Vorgang des Innehaltens selbst ist eben nicht durch Vorbedingungen und Naturgesetze determiniert – dies würde Bieri vermutlich so nicht behaupten.

Für Bieri als Kompatibilisten wäre es in der vorliegenden Frage nicht von Belang, ob z. B. neuronale Vorgänge unser Wollen und Urteilen determinieren – frei wären wir, wenn Wollen und Urteil übereinstimmten, auch wenn das Urteil wiederum von unserem Charakter, unserem Erleben, m. a. W. von unhintergehbaren Vorbedingungen bestimmte wäre. Hier scheint der entscheidende Unterschied zu Keil zu bestehen. „Ich hätte etwas anders tun und wollen können" bedeutet nach Bieri „Ich hätte etwas anderes tun und wollen können, wenn ich anders geurteilt hätte" (vgl. → SB, S. 112, vgl. Z. 32 ff.).

Keil weist darauf hin (→ SB, S. 109, Z. 19 ff.), dass Philosophen wie Bieri (auch wenn er ihn nicht ausdrücklich nennt) den freien Willen der Libertarier, wie Keil einer ist, als unbedingten Willen karikieren – wie z. B. in → LB, Zusatzmaterial **Z 2-2**. Er leugnet jedoch, dass es nur die Alternative „komplett determiniert" und „völlig unbedingt" gibt.

S. 113 **Peter Bieri: Reicht das für Verantwortung?**

9▶ Verantwortlich ist jemand nach Bieri dann, wenn er „denkend Kontrolle über seinen Willen auszuüben vermochte" (Z. 4 f.), auch wenn das Denken sich aus der „Lebens- und Überlegungsgeschichte" (Z. 16) heraus entwickelt hat.

10▶ Die Bewertung von Lukas' Verantwortlichkeit im Sinne Bieris hängt davon ab, wie sehr man ihm denkende Kontrolle unterstellt. Über das „Kribbeln" und das Handeln unter Alkohol hatte er diese Kontrolle vermutlich nicht. Die erneute Verabredung mit Antonia und die Entscheidung, Alkohol zu konsumieren, standen vermutlich schon unter denkender Kontrolle und müssen folglich verantwortet werden.

11▶ Hospers behauptet, dass wir Verantwortlichkeit im Handeln desto weniger zuschreiben, je mehr wir über die kausalen Bedingungen einer Handlung wissen. So entschuldigen wir vielleicht die Unfreundlichkeit des Nachbarn, wenn wir um seine starken Rückenschmerzen wissen (→ SB, S. 105, Z. 18 ff.).

Bieri dagegen behauptet, dass wir niemanden entschuldigen, „weil wir wissen, –dass sein Gehirn arbeitete, als er sich zur Tat entschloss" (→ SB, S. 113, Z. 4), was ebenfalls eine kausale Bedingung ist, die jedoch für gewöhnlich im Detail nicht zugänglich ist.

Vereinbar scheinen die Positionen nicht, weil Hospers Verantwortlichkeit von Akteuren grundsätzlich leugnet, Bieri dagegen grundsätzlich zuschreibt (→ SB, S. 113, vgl. Z. 10 f.).

Z 2-3 Um Hospers' Position zu vertiefen, kann, falls nicht schon geschehen, an dieser Stelle → LB, Zusatzmaterial **Z 2-3** bearbeitet werden.

Peter Bieri
Erfahrungen der Unfreiheit

Der gedankliche Mitläufer

[...] Sie könnten in die Fänge einer Sekte geraten sein. Es könnte eine Sekte von sanfter Raffinesse sein. Man knechtet Sie nicht sichtbar, es gibt keine offene Gewalt und keine Drogen, die sozialen Riten sind nicht primitiver und aufdringlicher als anderswo auch, und der
5 Führer ist geschickt genug, keine plumpen Beteuerungen der Gefolgschaft zu verlangen. Trotzdem raubt man Ihnen, ohne dass Sie es bemerken, die Freiheit. Mit sanfter, unsichtbarer Gewalt redet man Ihnen einen Willen ein. Sie haben – das ist das Tückische – nicht den Eindruck, als Überlegende übergangen zu werden. Sie fühlen sich respektiert als einer, der nachdenken und selbst entscheiden kann. In Wirklichkeit trichtert man Ihnen lauter ideo-
10 logische Dinge ein, die schon bei erster kritischer Prüfung in sich zusammenfallen würden. Es sind nicht selbstständige Überlegungen von Ihnen. In einem anspruchsvollen Sinn des Wortes sind es überhaupt nicht Überlegungen, sondern gedankliche Versatzstücke, rhetorische Brocken und Parolen, die über die innere Bühne huschen. Es fehlt Ihnen jede kritische Distanz dazu. Sie sind nicht ihr Urheber, sondern nur der Ort ihres Geschehens. Auch wenn
15 Sie die Parolen mit Inbrunst wiederholen und beschwören, sind es in einem wichtigen Sinne keine Gedanken: nämlich nichts, was der Überprüfung und Korrektur offensteht. Da gibt es keine Argumente und keinen Zweifel, der Sie dazu bringen könnte, mit Zustimmung und Behauptung zu warten, bis sich mehr Belege gefunden haben. Ihre Gedankenwelt ist zugeschüttet und verklebt worden mit geschickt gewählten Stichworten, Metaphern und
20 Assoziationen, an die sich starke, aber undifferenzierte Emotionen anlagern. Das blockiert Ihre Fantasie als das Vermögen, sich die Dinge anders vorzustellen, als man es gewohnt ist. Diese Fantasielosigkeit, gepaart mit mangelndem kritischem Abstand, macht Sie zu jemandem, der bei oberflächlicher Betrachtung wie ein frei Entscheidender aussieht, in Wirklichkeit aber ein gedanklich Getriebener ist. Am Ende der Gehirnwäsche sind Sie geworden,
25 was man einen *gedanklichen Mitläufer* nennen könnte [...].

Der zwanghafte Wille

[...] Nehmen Sie an, Sie sind einer Sucht verfallen. Stets von Neuem greifen Sie zur Zigarette, Tablette oder Flasche. Vielleicht ist es auch eine Spielsucht, die Sie immer wieder ins Casino treibt. Was Sie in Bewegung setzt, ist ein handlungswirksamer Wunsch, also ein
30 Wille, gepaart mit routinierten Überlegungen zu seiner Verwirklichung und einer erstaunlichen Bereitschaft, das Nötige auf sich zu nehmen, auch wenn es unangenehme Dinge bedeutet, wie etwa ständigen Geldmangel oder die Notwendigkeit, sich mit Ihrem Tun zu verstecken. Oft schon war Ihnen danach, endlich aufzuhören. Sie haben sich ausgemalt, wohin es auf die Dauer führen würde: zu Krankheit, Ruin oder sogar Tod. Auch kennen Sie
35 andere, denen Ihre Sucht fremd ist oder die sie losgeworden sind. Sie wissen also um andere Möglichkeiten des Tuns und Wollens. Und man hat Ihnen gesagt, was man tun kann, um sich aus dem Griff des zerstörerischen Willens zu befreien. Doch es hat nichts genützt. Sie haben sich an das vor Augen gehalten, Sie haben es sich tausendmal vorgesagt und mögen es sogar aufgeschrieben haben, um sich besser daran festhalten zu können: Bei nächster
40 Gelegenheit haben Sie wieder Jetons oder Schnaps gekauft. Sie sind unfrei, ein Sklave Ihrer Sucht.

Schließlich enden Sie im Krankenhaus oder Armenhaus. „Bedauerlich", sagt man zu Ihnen, „aber Sie wollten es ja so." Sie spüren, dass das irgendwie stimmt und doch auch wieder nicht. Sie möchten sich verteidigen, wissen aber nicht, wie, denn es ist ja richtig: Sie wollten
45 trinken, und Sie wollten spielen, Sie wollten es immer wieder, ein halbes Leben lang. Deshalb nicken Sie jetzt kleinlaut. „Schließlich wird niemand zum Trinken gezwungen", sagt

man Ihnen weiter, oder: „Für Sie bestand, wie für jeden anderen, die Möglichkeit, einen Bogen um das Casino zu machen." Wieder denken Sie: Das stimmt, und es stimmt nicht. Aber wie sollen Sie erklären, dass es so einfach nicht ist? „Sie konnten sich doch ausrech-
50 nen, wohin das führen würde, das ist doch kein Geheimnis; warum haben Sie sich denn nicht danach gerichtet?" Jetzt, auf einmal, wissen Sie, wie Ihre Verteidigung lauten muss. „Das ist es ja gerade", rufen Sie aus, „ich konnte mich in dem, was ich wollte und tat, *nicht* nach meiner besseren Einsicht richten! Ich habe es immer wieder versucht, ich habe, weiß Gott, dagegen angekämpft, aber ich bin das eine um das andere Mal unterlegen."

Peter Bieri: Das Handwerk der Freiheit. Frankfurt am Main: Fischer Taschenbuch Verlag, 2003, S. 93 f., 96 f.

Peter Bieri
Unbedingte Freiheit

Eines Morgens, wollen wir annehmen, wachen Sie mit dem Willen auf umzuziehen. Es ist noch nicht lange her, dass Sie in die jetzige Wohnung gezogen sind, es ist Ihnen darin gut gegangen, Sie haben viel Geld investiert, und noch gestern Abend haben Sie den bewundernden Gästen auf der Einweihungsparty erklärt, hier würden Sie nie wieder ausziehen.
5 Doch jetzt, beim Frühstück, spüren Sie den klaren und festen Willen, die Wohnung zu wechseln. Es berührt Sie seltsam, dass es so ist, aber gegen diesen überraschenden Willen ist nichts zu machen. Natürlich könnte es sein, dass er Sie schon auf dem Weg zum Makler wieder verlässt, aber wir wollen annehmen, dass er anhält, bis Sie eine neue Wohnung gefunden und die alte gekündigt haben. „Sag mal, spinnst du?", fragen die Freunde. „Wieso",
10 sagen Sie, „das ist doch das Schöne an der Freiheit: dass man immer wieder ganz neu anfangen kann." „Ja, aber *warum* um Himmels willen willst du dort schon wieder raus? Es hat dir doch so gut gefallen, vom Geld einmal ganz zu schweigen." „Ich weiß nicht", sagen Sie, „ich will es halt einfach und genieße es, keinen Grund angeben zu können. Ich fühle mich dabei so richtig *frei.*" Und so kommt denn der Umzugswagen. Sie übergeben die Schlüssel
15 und fahren zur neuen Wohnung. Und da passiert es: Während Sie auf die Ankunft des Umzugswagens warten, merken Sie, dass Sie hier auf gar keinen Fall einziehen wollen. Die Möbelpacker trauen ihren Ohren nicht, und nach dem ersten Ärger wird ihr Blick mitleidig wie einem Gestörten gegenüber. Als sie weg sind, stehen Ihre Möbel auf der Straße. Jetzt möchten Sie ins Kino gehen. Der Wunsch hat nichts mit der desolaten Situation zu tun,
20 denn er hat mit überhaupt nichts anderem zu tun, auf einmal ist er einfach da und wird zum Willen. Als Sie spät in der Nacht wieder bei der neuen Adresse ankommen, sind die Möbel weg. Die Leute vom Sperrmüll haben sie mitgenommen.

Peter Bieri: Das Handwerk der Freiheit. Frankfurt am Main: Fischer Taschenbuch Verlag, 2003, S. 234 f.

1▶ Entspricht der hier beschriebene Wille dem, was Sie sich unter einem „freien Willen" vorstellen? Falls nein: Beschreiben Sie möglichst genau Ihr Unbehagen.

2▶ Überlegen Sie: Wovon darf Ihr Wille abhängen, ohne dass Sie Ihren Willen als unfrei erleben?

Die Sprache der Moral anpassen

Falls man die Ansicht vertritt, dass wir nicht verantwortlich für unser Handeln sind, *wenn* wir determiniert sind: Darf man dann überhaupt nicht mehr von „moralisch", „verwerflich" oder Ähnlichem reden? Darf man niemanden mehr loben oder tadeln? Muss man die Sprache der Moral aus seinem Wortschatz verbannen?

Dieter Birnbacher
Handlungen und Akteure

Allerdings sind die Kriterien dafür, dass ein Handeln moralisch beurteilbar ist, weniger strikt als die Kriterien dafür, dass ein Akteur für sein Handeln moralisch verantwortlich ist. Auch Handlungen, für die ein Akteur entschuldigt wird, etwa weil die fragliche Handlung auf neurotische Zwänge zurückgeführt werden muss, kann dennoch auf ihre moralische
5 Qualität hin beurteilbar sein. Eine „Triebtat" – etwa aus Spielleidenschaft – kann gleichzeitig als moralisch falsch, aber dennoch – bei „übermächtigem Trieb" – als entschuldigt gelten. Wie im Strafrecht sind auch in der Moral die Beurteilung der *Rechtswidrigkeit* und die Beurteilung der *Schuld* verschiedene Dinge. Nicht nur für Außenstehende, auch für den Akteur selbst unterscheiden sich diese Beurteilungen: Er kann sein Handeln gleichzeitig als
10 moralisch falsch und sich selbst für schuldlos halten.

Dieter Birnbacher: Analytische Einführung in die Ethik. Berlin: De Gruyter, 2007, S. 16

John Hospers
Zwei Ebenen des moralischen Diskurses

Ich schließe also mit dem folgenden Vorschlag: dass wir uns auf zwei Ebenen des moralischen Diskurses bewegen, die wir nicht durcheinanderwerfen sollten; eine ist die der Handlungen (wir wollen sie die obere Ebene nennen); die andere (die untere oder tiefere Ebene) ist die des Ursprungs von Handlung. Das meiste moralische Sprechen ereignet sich auf der
5 oberen Ebene. [...] Wie wir [...] gesehen haben, erwerben „kann" und „könnte" ihre Bedeutung auf dieser Ebene; und ich vermute, so ist es mit „Freiheit". Das Gleiche gilt für die Unterscheidung zwischen zwanghaftem und nicht zwanghaftem Verhalten und zwischen [...] verschiedenen Sinnen von „Verantwortlichkeit", [...] gemäß denen wir für einige Dinge verantwortlich sind und für andere nicht. All diese Unterscheidungen sind auf dieser Ebene
10 (oder in dieser Dimension) des moralischen Diskurses vollkommen gültig [...].

Aber wenn wir herabsteigen zu dem, was ich die untere Ebene des moralischen Diskurses genannt habe, wie wir es gelegentlich in nachdenklichen Augenblicken tun, wenn keine unmittelbare Nötigung zum Handeln besteht, dann müssen wir zugeben, dass wir letztlich die Art von Personen sind, die wir sind, weil es Bedingungen gibt, die außerhalb unserer
15 liegen, über die wir keine Kontrolle hatten. [...]

„Recht" und „nicht recht", die nur auf Handlungen anzuwenden sind, haben [...] hier keine Bedeutung. Ich vermute, dass das Gleiche für „Verantwortlichkeit" gilt [...].

Es ist wichtig, dies im Bewusstsein zu halten, denn die Menschen vergessen es fast immer – mit unberechenbaren Konsequenzen in Form menschlicher Intoleranz und unnötigen
20 Leidens.

John Hospers: Die Reichweite menschlicher Freiheit. Übersetzt von Christoph Taul. In: Ulrich Pothast (Hg.): Seminar: Freies Handeln und Determinismus. Frankfurt am Main: Suhrkamp, 1978, S. 112–114

1▶ Erläutern Sie anhand von Beispielen den Unterschied zwischen der moralischen Beurteilung von Handlungen und der von Akteuren (Hospers redet hier vom „Ursprung [ ] von Handlung", Z. 4).

2▶ Finden Sie Beispiele für Situationen (evtl. auch den Fall „Lukas", im → SB, S. 101), in denen die Menschen vergessen, die zwei Ebenen auseinanderzuhalten, und beurteilen Sie, ob dies in der Konsequenz menschliche Intoleranz und unnötiges Leiden verursacht – wie Hospers behauptet.

3▶ Hospers ist der Ansicht, dass der überwiegende Teil unserer moralischen Sprache von seiner vorgeschlagenen Einschränkung nicht betroffen wäre. Versuchen Sie eine Einschätzung: Stimmt das? Geben Sie Beispiele aus dem Alltag.

4▶ Beurteilen Sie abschließend Hospers' Vorschlag zur Änderung unseres Sprachgebrauchs.

Eine pragmatische Lösung

Manche vertreten die Ansicht, dass beim gegenwärtigen Stand der Forschung nicht klar ist, ob wir in unseren Entscheidungen frei sind oder nicht. Oder gar die Ansicht, dass wir dies grundsätzlich niemals herausfinden können. Wie sollen wir uns angesichts dieser Unsicherheit verhalten? In folgendem Text wird eine Lösung vorgeschlagen für den Fall, dass man eine dieser Ansichten vertritt.

Stephan Körner
Freiheit annehmen

Wir sind jedoch in der Lage, pragmatische Gründe zugunsten der Annahme unserer Art Theorie der sittlichen Freiheit anzuführen. Pragmatische Argumente zugunsten einer These setzen voraus, dass sie sich aufgrund logischer oder empirischer Überlegungen nicht entscheiden lässt; und sie sind nur an Menschen gerichtet, die einen Zustand einem ande-
5 ren vorziehen würden, obwohl sie keinen Beweis für dessen Realisierbarkeit in der Natur haben. [...]

Das Argument wendet sich an einen Menschen, der eine Welt mit mehr sittlichen Handlungen einer Welt mit weniger sittlichen Handlungen vorzieht und der dieser Einstellung gemäß handeln würde, wenn es in seiner Macht stände. Er hat bei einigen Gelegenheiten den
10 möglicherweise falschen Eindruck, dass er die Macht hat, seine Wahl zwischen einer sittlichen und einer unsittlichen Entscheidung zu realisieren. *Falls* in jedem Augenblick seines Lebens höchstens eine seiner Wahlmöglichkeiten realisierbar ist, sei sie sittlich, unsittlich oder sittlich indifferent, so würde keine Wahl der Verfahrensweise und keine seiner Überzeugungen den Gang der Natur im Geringsten berühren. Insbesondere wäre es ganz gleich-
15 gültig, ob er annimmt, er habe in jedem Augenblick seines Lebens nur eine realisierbare Zukunft vor sich, wie er nur eine realisierte Vergangenheit besitzt; oder ob er annimmt, er habe in manchen Augenblicken seines Lebens mehr als nur eine realisierbare Zukunft. In keinem der beiden Fälle liegt es in seiner Macht, Gelegenheiten zum sittlichen Handeln zu ergreifen oder zu versäumen. [...]

20 *Falls* es jedoch in einigen Augenblicken seines Lebens in seiner Macht liegt, seine Wahl zwischen einer sittlichen und einer unsittlichen Entscheidung in der Natur zu realisieren, so kann dies allerdings den Gang der Natur und sein Leben in ihr ändern, gleichgültig, ob der Mensch annimmt, er habe diese Macht, oder ob er die Eine-Zukunft-Annahme macht. Ist Letzteres der Fall, so lässt er vielleicht seine Absicht, sittlich zu handeln, außer Acht.
25 Vielleicht dient ihm die Annahme z. B. als willkommene Entschuldigung, sich die Anstrengung der Realisierung einer sittlichen Entscheidung zu ersparen, die er sich nicht ersparen würde, wenn er Ersteres annähme. Kurz: Gibt es keine sittliche Freiheit, so kann der Mensch keine sittlichen Entscheidungen versäumen. Gibt es eine sittliche Freiheit, so kann er sittliche Entscheidungen versäumen, wenn er annimmt, dass es keine derartige Freiheit gibt.
30 Berücksichtigt man alle diese Überlegungen, so ist die Annahme, dieser Mensch sei frei (vorausgesetzt, es steht ihm frei, diese Annahme zu machen und entsprechend zu handeln), seinen sittlichen Annahmen gemäßer als die Leugnung dieser Annahme.

Stephan Körner: Grundfragen der Philosophie. Berlin: Ullstein Buch, 1970, S. 286 – 288

1 ▶ S. Körner beschreibt in seinem Text folgende vier Möglichkeiten:

	Wir nehmen Willensfreiheit an	Wir nehmen keine Willensfreiheit an
Der Wille ist frei	I	II
Der Wille ist nicht frei	III	IV

Beschreiben Sie die vier Möglichkeiten unter Rückgriff auf den Text. Beachten Sie besonders die möglichen Irrtümer II und III. Welcher ist schwerwiegender und warum?

2 ▶ Der Text argumentiert „Pragmatisch [ ]" (Z. 1) – was bedeutet das? Beschreiben Sie die Strategie, mit der begründet wird, dass es besser sei, von der sittlichen Freiheit des Menschen auszugehen.

3 ▶ Beurteilen Sie diese pragmatische Argumentation. Ist sie als (ggf. vorläufige) Lösung des Freiheitsproblems akzeptabel?

Peter Bieri
Der angeeignete Wille

Indem wir durch Überlegen und durch das Spiel der Fantasie einen Willen ausbilden, arbeiten wir an uns selbst. Wir geben dem Willen ein Profil, das vorher nicht da war. In diesem Sinn ist man nach einer Entscheidung ein anderer als vorher. Dieser gestaltende, schöpferische Aspekt des Entscheidens beruht [...] auf der Fähigkeit, einen inneren Abstand zu uns selbst aufzubauen und uns dadurch in unserem Willen zum Thema zu werden. [...]

[Ich gehe] davon aus, dass die Freiheit des Willens etwas ist, das man sich *erarbeiten* muss. Man kann dabei mehr oder weniger erfolgreich sein, und es kann Rückschläge geben. [...]

Es ist erstaunlich schwierig zu wissen, was man will. Das gilt nicht so sehr für den kurzfristigen Willen und das Wollen, das mit der Frage beschäftigt ist, welches die besten Mittel sind, um ein Ziel zu erreichen. Es ist vor allem der langfristige Wille, über den wir oft im Unklaren sind. Wenn wir innehalten und uns fragen, was uns insgesamt antreibt und welche Wünsche es sind, die unserem Leben gerade diese Gestalt geben, so kann es uns vorkommen, als stünden wir vor einer undurchdringlichen Wand der Unwissenheit. [...]

[Nötig ist] ein innerer Abstand zu unserem Willen, der darin besteht, dass wir ihn *bewerten*. In dieser bewertenden Einstellung billigen oder missbilligen wir unsere Wünsche, wir akzeptieren sie oder lehnen sie ab, wir verfluchen sie oder heißen sie gut. [...]

Welchen Willen *möchte ich haben* und welchen nicht, gleichgültig, was er mir nützt? Hier geht es um die Frage, was für eine Art Person ich sein möchte [...], um mein *Selbstbild.* [...]

Sehe ich mich beispielsweise als jemanden, dem soziales Engagement über alles geht, so werde ich meine besessene Beschäftigung mit der Verteidigung armer Schlucker vor Gericht als etwas erleben, das der Freiheit entspringt, auch wenn es bedeutet, dass ich weder mit dem Geld noch mit dem Prestige auf einen grünen Zweig komme. [...] Mein Wille ist frei, weil er der Wille ist, den ich haben möchte.

[Jedoch:] Neben den Wünschen, die am Selbstbild *gemessen* werden, gibt es [...] Wünsche, die das Selbstbild *ausmachen.* [...] Nun haben wir uns zwar, und gerade mithilfe der Idee des Selbstbilds, eine Lesart dieser emphatischen Zugehörigkeit von Wünschen zurechtgelegt. Aber dieses Verständnis von Zugehörigkeit nützt uns nichts, wenn es um die Wünsche geht, die das Selbstbild ausmachen: Es gibt kein Selbstbild, an dem wir das Selbstbild messen könnten, um uns damit zu identifizieren oder es abzulehnen. [...]

Um am Ende eine überzeugende Antwort auf diese Frage zu haben, ist es wichtig, sich in Erinnerung zu rufen, dass die Wünsche, die das Selbstbild erzeugen, und diejenigen, die an ihm gemessen werden, nicht sauber getrennt und berührungslos nebeneinander bestehen. Auch ist es nicht so, dass es eine Beeinflussung nur in der einen Richtung gibt, indem das Selbstbild die bewerteten Wünsche zur Anpassung zwingt. Es gibt auch die umgekehrte Erfahrung: Selbstbilder verändern und entwickeln sich unter dem Einfluss von Wünschen, die nicht zu ihnen passen. Das ist die Erfahrung, dass sich in mir ein Wille herausbildet, der nicht mehr zum bisherigen Selbstbild passt, der aber deswegen nicht als fremd gebrandmarkt wird, sondern umgekehrt eine Überprüfung des Selbstbilds erzwingt.

Peter Bieri: Das Handwerk der Freiheit. Frankfurt am Main: Fischer Taschenbuch Verlag, 2003, S. 382 ff.

1▶ Bieri behauptet, dass man sich Freiheit erarbeiten muss. Tragen Sie zusammen, was man tun kann, um sich diese Freiheit zu erarbeiten, und worin Schwierigkeiten dabei bestehen.

2▶ Deuten Sie vor dem Hintergrund dieser Überlegungen den Buchtitel „Das Handwerk der Freiheit", aus dem dieser Text entnommen ist.

Ansgar Beckermann
Handlungsfreiheit

[...] Unfrei nennen wir Personen, die eingesperrt oder gefesselt sind, die also nicht tun können, was sie wollen. Diesen Personen fehlt, wie man sagt, die Handlungsfreiheit. Aber Handlungsfreiheit ist nicht alles. Drogensüchtige etwa können tun, was sie wollen; sie sind in ihren Handlungen frei. Trotzdem machen wir sie nicht verantwortlich. Sie sind nicht
5 äußerlich, sondern innerlich unfrei; sie unterliegen einem inneren Zwang. Dem Drogensüchtigen fehlt nicht Handlungs-, sondern Willensfreiheit. Er kann tun, was er will, aber in seinem Willen, in seinen Entscheidungen ist er nicht frei. [...] So einfach es ist zu sagen, worin Handlungsfreiheit besteht, so schwierig ist es zu klären, was Willensfreiheit eigentlich ausmacht. Was fehlt dem Drogensüchtigen oder dem Zwanghaften? Was macht ihn
10 unfrei? Der Drogensüchtige selbst würde wahrscheinlich sagen: Eigentlich will ich gar keine Drogen nehmen, aber wenn es wieder so weit ist, dann kann ich nicht anders. Das heißt doch wohl: Der Drogensüchtige fühlt sich fremdbestimmt. Sein Verhalten wird durch Wünsche bestimmt, von denen er gar nicht will, dass sie sich durchsetzen. Er selbst fühlt sich diesen Wünschen gegenüber machtlos. Daran zeigt sich etwas ganz Wichtiges: Über
15 Willensfreiheit kann man überhaupt nur bei Wesen reden, die nicht nur Wünsche haben, sondern auch wissen, dass sie diese Wünsche haben, und die darüber hinaus auch wollen können, dass ihr Handeln eher durch diesen als durch jenen Wunsch gesteuert wird.

Ein weiterer wichtiger Gesichtspunkt [...] [der] Freiheit beruht [John] Locke zufolge darauf, dass wir die Fähigkeit haben, vor dem Handeln innezuhalten und zu überlegen, was wir in
20 der gegebenen Situation tun sollten, was moralisch gesehen das Richtige wäre oder was unserem wohlverstandenen Eigeninteresse am meisten dienen würde. Wenn wir danach immer und notwendigerweise das tun, was uns aufgrund unserer Überlegungen als das Richtige erscheint, so ist das keine Beschränkung unserer Freiheit. Denn nur ein Narr kann sich wünschen, das tun zu können, was er für falsch hält. Eine Entscheidung, so kann man
25 sagen, ist also dann frei, wenn sie auf dem Ergebnis eines Abwägungsprozesses von Gründen beruht. Oder etwas schwächer: Eine Entscheidung ist dann frei, wenn sie auf einem Prozess beruht, der für Gründe zugänglich ist, in dessen Verlauf Gründe eine entscheidende Rolle spielen können.

Diese Überlegung lässt sich auf den Fall des Drogensüchtigen anwenden. Denn was der
30 Drogensüchtige eigentlich beklagt, ist doch, dass er selbst dann, wenn er einsieht, dass die Drogensucht seine Gesundheit ruinieren wird, nicht anders kann, als sich für die Drogen zu entscheiden. Was dem Drogensüchtigen fehlt, ist also die Fähigkeit, so zu entscheiden, wie es aufgrund seiner eigenen Überlegungen richtig wäre. Er hat vielleicht noch die Fähigkeit, zu überlegen und einzusehen, dass das, was er tut, ihm selbst schaden wird und dass es
35 möglicherweise sogar unmoralisch ist. Doch auf seine Entscheidungen hat das keinen Einfluss. [...]

Generell scheint es also nicht unvernünftig zu sagen: Unsere Entscheidungen sind genau dann frei, wenn sie auf Prozessen beruhen, die durch rationale Argumente und Überlegungen beeinflusst werden können. [...] Dass unsere Entscheidungen durch neuronale[1] Prozesse

---

[1] Neuron: Nervenzelle. Neuronale Prozesse ergeben sich als „eine Unzahl von vielfach miteinander verschalteten Neuronen, die auf unterschiedliche Weise feuern und durch ihr Feuern andere Neuronen aktivieren", schreibt Beckermann im ausgelassenen Teil und nennt als Beispiele: So ein Prozess kann auf der Ebene des geistigen Erlebens eines Menschen heißen, dass er ein Gesicht erkennt oder sich entscheidet, den Arm zu heben.

40 determiniert sind, muss keineswegs heißen, dass sie nicht frei sind. Die Frage ist vielmehr, durch welche neuronalen Prozesse sie determiniert sind – durch Prozesse, in denen Gründe und Überlegungen eine Rolle spielen, oder durch (zwanghafte) Prozesse, bei denen das nicht so ist.

Ansgar Beckermann, Frankfurter Rundschau, 17.12.2002

1 ▸ Legen Sie Beckermanns Position dar.

2 ▸ Ordnen Sie Beckermanns Position in den unterrichtlichen Zusammenhang ein. Erläutern Sie, welche Positionen zum Problem der Willensfreiheit möglich sind und welche Konsequenzen sich aus ihnen ergäben.

3 ▸ Nehmen Sie selbst Stellung zu Beckermanns Position. Beziehen Sie dabei auch Konsequenzen ein, die sich aus der Position für die Praxis der Strafverfolgung ergäben.

Aufgabe 1:

Charakterisierung von Beckermanns Anliegen: Beckermann will zeigen, in welcher Weise Entscheidungen frei sein können, obwohl sie neuronal determiniert sind. Er nimmt also eine *kompatibilistische* Position ein. Oder auch: Beckermann führt im vorliegenden Teil des Artikels eine Begriffsanalyse durch, die zeigt, wie sich zwanghaftes, unfreies Handeln von freiem Handeln unterscheidet, obwohl beide Handlungstypen neuronal determiniert sind. Weitere Varianten sind denkbar.

Wesentliche Schritte der Begründung: (Unterschieden werden müssen mindestens Handlungs- und Willensfreiheit am Beispiel des Süchtigen sowie Entscheidungsprozesse, die für Gründe zugänglich sind, und solche, die, wie im Falle des Süchtigen, es nicht sind.)

- Handlungsfrei zu sein heißt, tun zu können, was man tun möchte, keinem äußeren Zwang ausgesetzt sein (vgl. Z. 1 ff.). Den Unterschied zur Willensfreiheit zeigen Süchtige:
- Sie sind frei zu tun, was sie gerade wollen, aber nicht frei, das zu wollen, was sie gerne wollen möchten (vgl. Z. 10 ff.). Der Süchtige z. B. mag sich selbst im Moment der Schwäche dafür hassen, dennoch hat er keine Chance zu widerstehen.
- Willensfrei ist, wer seine ggf. widerstreitenden Wünsche kennt und hinsichtlich der eigenen Wünsche Präferenzen hat, die er durch sein Handeln zu realisieren vermag (vgl. Z. 15 ff.). Wer z. B. ein verlockendes Stück Torte liegen lässt, weil er abnehmen möchte, ist willensfrei.
- Welche Wünsche handlungsleitend werden (und hier bezieht sich Beckermann auf John Locke, vgl. Z. 18), hängt davon ab, wie wir über die Wünsche denken und urteilen. Wer tut, was aufgrund seiner Überlegungen in seinem „wohlverstandenen Eigeninteresse" (Z. 21) ist, ist sicher nicht unfrei. Diese Beobachtung wird zur allgemeinen Definition (vgl. Z. 24 ff.) erhoben:
- „Frei" ist eine Entscheidung dann, wenn sie für Gründe zugänglich ist. [Erläuterung: Test, ob eine Entscheidung frei ist: Andere Gründe hätten ggf. auch zu einer anderen Entscheidung geführt. Man ist spät dran und läuft zum Bahnhof. Gemütlich würde man gehen, wenn man wüsste, dass der Zug 10 Minuten Verspätung hat.]
- Anwendung auf den Süchtigen (vgl. Z. 29 ff.): Der Süchtige mag durchaus sehr konsequent und logisch überlegen zu können, was gut für ihn wäre, aber er kann nicht demgemäß handeln. Darin besteht seine Unfreiheit, sein innerer Zwang: Seine Überlegungen haben – jedenfalls im Suchtverhalten – keinen Einfluss darauf, was er tut.
- Resümee und zusammenfassende Wertung (vgl. Z. 37 ff.): Ob eine Entscheidung frei ist oder nicht, hängt davon ab, ob die Gehirnprozesse, die vor der Entscheidung ablaufen, so sind, dass sie für Gründe offen sind.

Aufgabe 2:

Einordnung der Position Beckermanns (als kompatibilistische) in den unterrichtlichen Zusammenhang und Nennung einiger mit den Positionen verknüpfte Folgerungen:

Insgesamt geht es um das Problem der Willensfreiheit: Ausgangspunkt ist der offenkundige Widerspruch zwischen der Außen- und Innenperspektive. Von außen betrachtet sind Menschen biologische Wesen, deren Handeln durch neurophysiologische Prozesse verursacht wird. Diese Prozesse sind naturgesetzlich, in ihrem Ablauf also kausalbestimmt. Von innen betrachtet erleben wir uns vielfach jedoch als die unbezweifelbaren Urheber unseres Handelns. So schreiben wir uns selbst und anderen Verantwortung und Schuld zu, weil wir glauben, dass wir in bestimmten Situationen auch anders hätten handeln können.

Drei prinzipielle Antwortmöglichkeiten:
- i) Harte Deterministen sagen, das Gefühl, „frei zu sein", sei eine Illusion. Keiner kann anders handeln, als er eben handelt. Wer „gut" handelt, hat Glück (als glückliches Zusammenspiel von persönlichen Anlagen und Umwelteinflüssen). Wer „böse" handelt, hat eben Pech. Von Schuld zu reden ist unangemessen. Für Fehlverhalten wird ein „Verwahrungsmaß", nicht ein

„Strafmaß" ausgesprochen. Wer das Pech hat, seine Wünsche nicht kontrollieren zu können, muss ggf. lebenslang „verwahrt" werden (John Hospers, Wolf Singer).

- ii) Kompatibilisten (wie Beckermann oder Bieri) sagen, Menschen können frei handeln, auch wenn ihr Handeln determiniert sein sollte. Wie das gehen soll, zeigt im Wesentlichen der zu untersuchende Textauszug: Wer sein Handeln wohlabgewogen an seinen Wünschen und Bedürfnissen ausrichten kann, ist frei. Für ihn gilt zwar möglicherweise auch, dass er in einer Situation nicht anders handeln konnte, als er tatsächlich gehandelt hat, aber es gilt ein abgeschwächter Satz: Er würde, wären andere Gründe und Informationen gegeben, anders gehandelt haben. Verantwortlich ist somit jemand, der in diesem Sinne frei abwägen kann. Entschuldbar ist u. U. jemand, der im Moment der Handlung unfrei war, d.h. beispielsweise zwanghaft handelte und für Gründe nicht zugänglich war.
- iii) Libertarier sagen, Menschen seien frei und deshalb natürlich verantwortlich für ihr Tun. Libertarier erkennen den Einfluss von Anlage und Umwelt an, bezweifeln aber, dass wir beiden „hilflos" ausgeliefert sind. Disponieren heißt nicht determinieren. Zurückzuweisen sind karikierende Übertreibungen (wie z.B. durch Bieri), „freier Wille" hieße „durch nichts bedingter" Wille. Libertarier weisen darauf hin, wie unauflöslich wir bei Vorwürfen an uns oder andere davon ausgehen, jemand hätte anders handeln können, als er tatsächlich gehandelt hat. Es ist gerade eine der Aufgaben in Strafverfahren, festzustellen, ob „Schuldfähigkeit" vorliegt oder nicht. (Geert Keil stellte diese Position vor.)

Aufgabe 3:
Stellungnahme zu der Frage der Willensfreiheit. Hier kann kein konkretes Ergebnis erwartet werden. Ob jemand dem harten oder weichen Determinismus zuneigt oder einer indeterministischen Position, ist offen. Nötig ist, die Positionen konsequent zu trennen. Es ist natürlich möglich, das Für und Wider zu erörtern, wenn sich jemand noch nicht festlegen möchte. Eine sehr gute Leistung ist dann erreicht, wenn das eigene Urteil durch eine verständige, in den wesentlichen Schritten in sich schlüssige Begründung gestützt wird. Z. B.:

- Wer Beckermanns Position vertritt, könnte z. B. erwägen, wie sich nun die Unfreiheit beim Süchtigen von ganz normaler „Willensschwäche" unterscheidet: Ich will für die Klausur lernen, schaue dann aber doch fern. Würde man auch hier von Unfreiheit reden?
- Jemand der deterministisch argumentiert, könnte zu zeigen versuchen, dass die Zugänglichkeit für Gründe nur glücklichen Umständen geschuldet ist. Jemand, der für Gründe zugänglich ist, ist vielleicht von außen manipulierbarer, aber nicht verantwortlicher für sein Tun. Selbst wenn Beckermann recht hätte, sollte über den Begriff „Schuld" und entsprechend über die Praxis des Strafens neu nachgedacht werden.
- Strafrechtlich sollten Konsequenzen erwogen werden: Wie kann sicher entschieden werden, ob jemand „für Gründe zugänglich" war oder nicht? Deutlich könnte getrennt werden zwischen einer klaren Begriffsbildung einerseits und diagnostischen Problemen andererseits, hinreichend sicher festzustellen, was jemanden tatsächlich bewog, etwas zu tun oder zu lassen.

3. Was ist Ethik?

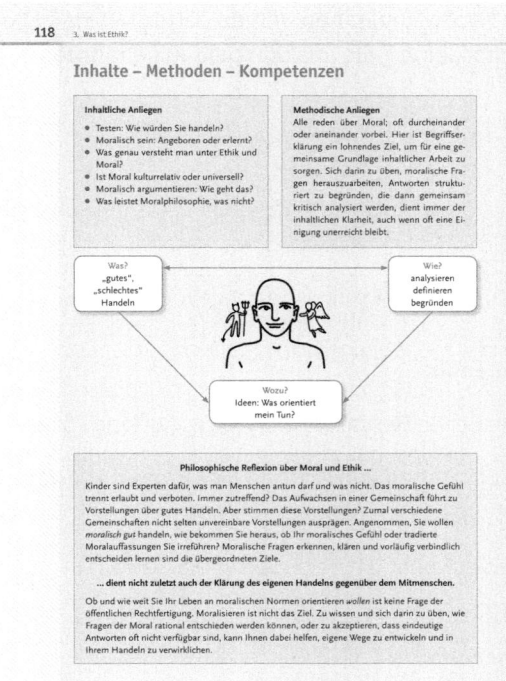

Inhalte – Methoden – Kompetenzen

Das Kapitel führt in das moralische Argumentieren ein. Einerseits werden wichtige begriffliche Grundlagen gelegt, andererseits wird an vielen Beispielen dafür sensibilisiert, was es heißt, vom moralischen Standpunkt aus eine Position zu vertreten und gegen Kritik zu verteidigen. Insgesamt geht es um eine solide Einführung in die soziale wie philosophisch bedeutsame Kompetenz des moralischen Argumentierens, und zwar unabhängig von metaethischen Verfahrensvorschlägen. Letztere werden erst im Anschluss in Kapitel 4 eingehend behandelt und erlauben es dann, die soziale Kompetenz des moralischen Argumentierens zu erweitern und Argumente vor dem Hintergrund oder unter Anwendung normativ-ethischer Entscheidungsverfahren anzuwenden. Beides wird in Kapitel 5 zusammengeführt, wenn umfangreichere Fragen der Angewandten Ethik behandelt werden.

In Kapitel 3 ist es von zentraler Bedeutung, dass die Schülerinnen und Schüler darin geübt werden, eigene moralische Begründungen zu entwerfen, zu analysieren und zu verbessern. Diesen Prozess kann die Lehrperson durch Dokumentieren der Fortschritte unterstützen. Wie das konkret aussehen kann, wird in den Zusatztexten zu Kapitel 3 an konkreten Unterrichtsprotokollen gezeigt.

Sequenz ●●●	Je nach Zeit und/oder Vorgaben des Curriculums sind mehrere alternative Durchgänge durch das Kapitel möglich: 1. Zum einen linear durch das Kapitel. Diese Variante ist zeitlich aufwendig, aber sehr lohnend. 2. Zunächst **3.1.1** als Einführung, intuitiv moralisch Stellung zu beziehen, dann sofort **3.3** als Einführung in das strukturierte moralische Argumentieren. In den Fallanwendungen können dann je nach Bedarf Teile aus **3.2** behandelt werden. Konkrete Versuche, moralisch zu argumentieren, führen oft von alleine auf naturalistische Fehlschlüsse (**3.2.1**) oder zur Relativismusthese (**3.2.4**) oder dazu, den Geltungsanspruch moralischer Normen (**3.2.2**) zu thematisieren und zu hinterfragen. 3. Falls eine Lerngruppe im Fach Philosophie ganz neu beginnt und keinerlei Vorerfahrungen zum moralischen Argumentieren aus der Mittelstufe mitbringt, ist es ratsam, zunächst **3.1** ganz zu bearbeiten, um so wichtige begriffliche Grundlagen bereitzustellen.

<table>
<tr>
<td>

Querverweise

←→

</td>
<td>

- **5. Angewandte Ethik** (→ SB, S. 214 ff.): Sollen bereits umfangreiche Anwendungsbeispiele thematisiert werden, können u. U. bereits hier Teile aus Kapitel 5 behandelt werden. Z. B. eignet sich **5.4 Tierethik** (→ SB, S. 238 ff.) gut für eine kurze Untersuchung.
- **4.2 Nur aus Prinzip? – Immanuel Kant** (→ **SB, S. 168 ff.**) und **4.3 Das größte Glück der größten Zahl? – Der Utilitarismus** (→ SB, S. 184 ff.): Oft argumentieren Schülerinnen und Schüler in ihren ersten Versuchen deutlich erkennbar konsequentialistisch oder deontologisch. Es bietet sich dann im Sinne einer vorausschauenden Vernetzung an, kurz das Nützlichkeitsprinzip und den kategorischen Imperativ zu nennen und das Grundanliegen zu verdeutlichen. Hier können also durchaus bereits kleine Teile aus den beiden genannten Unterkapiteln behandelt werden.

</td>
</tr>
</table>

Literatur und Links

- Simon Blackburn: Gut Sein – Eine kurze Einführung in die Ethik. Übersetzt von Andreas Hetzel. Darmstadt: Primus Verlag, 2004
  Insbesondere Teil 1: Sieben Einwände gegen die Ethik

- Dieter Birnbacher: Analytische Einführung in die Ethik. Berlin: De Gruyter, 3. Auflage 2013

- Fernando Savater: Tu, was du willst. Aus dem Spanischen von Wilfried Hof. Frankfurt a. M.: Campus Verlag, 9. Auflage 2007

- Robert Spaemann: Moralische Grundbegriffe. München: C.H. Beck, 9. Auflage 2015

3.1 Einführung in die Ethik

Inhalte – Methoden – Kompetenzen

Das Unterkapitel sollte in Gruppen ganz bearbeitet werden, die über keinerlei oder nur wenig Vorerfahrungen im ethischen Argumentieren verfügen. Es geht hauptsächlich darum, zu verstehen, was moralisches Argumentieren von anderem Argumentieren unterscheidet. Dazu wird auch eine leitende Begrifflichkeit eingeführt, die es zukünftig erleichtert, klar über Moral und unterschiedliche Geltungsansprüche innerhalb moralischer Debatten zu reden.

<table>
<tr>
<td>

Sequenz

●●●

</td>
<td>

Variante 1: Falls eine Lerngruppe begriffliche Orientierung braucht, kann das Unterkapitel einmal linear durchgearbeitet werden.
Variante 2: Nur **3.1.1**, um ins Thema und ins Argumentieren zu kommen, dann sofort Übergang zu **3.3**, um das intuitive Argumentieren in strukturiertes Argumentieren zu überführen.
Variante 3: Falls die Trolley-Probleme (**3.1.1**) bereits bekannt sind, nur einen der sechs Fälle wiederholend thematisieren, um dann arbeitsteilig die begrifflichen Grundlagen (**3.1.2**) der Ethik zu erarbeiten.

</td>
</tr>
</table>

Querverweise

↔

- **4. Grundpositonen philosophischer Ethik** (→ SB, S. 156 ff.): Bei der Erarbeitung metaethischer Positionen (Aristoteles, Kant, Bentham u.a.) ist es hilfreich, ein gemeinsames begriffliches Rüstzeug zu haben, um über Moralphilosophie reden zu können. So ist es auch möglich, direkt Kapitel 4 zu behandeln und von dort aus nach Bedarf Teile des Unterkapitels 3.1 zu behandeln.
- **6.1 Einführung in die Staatsphilosophie** (→ SB, S. 269 ff.): Insbesondere zeigt „Was bleibt?" (→ SB, S. 358) kurz und prägnant auf, worin die Verbindung von Moralphilosophie und Staatsphilosophie besteht.

3.1.1 Moral: angeboren oder anerzogen?

Inhalte – Methoden – Kompetenzen

Die Trolley-Probleme geraten gegenwärtig bei vielen Praktikern in Misskredit, da sie realitätsfern nur zu Gemütsbekundungen und abgehobenen Urteilen ermunterten und die Diskussionen eher zu einem ergebnislosen, wenn auch engagierten Meinungsaustausch führten. Der hier verfolgte Ansatz dagegen will mehr. Dieses macht die frühe Fokussierung auf das Merkmal der Übertragbarkeit deutlich: Gleiche Fälle sind gleich zu entscheiden. Ansonsten müsste willkürfrei ein moralisch wichtiger Unterschied zwischen den Fällen benannt werden. Diese Aufforderung, die Fälle begründet zu unterscheiden, führt nicht zu einem auf Befindlichkeit beruhenden Meinungsaustausch, sondern zu einer Präzisierung, welche Einstellungen den eigenen spontanen Urteilen zugrunde liegen könnten.

S. 119

In → LB, Zusatztext **Z 3-1** werden zwei Arbeitsergebnisse zur Illustration des Gemeinten angeführt, zu welchen Ergebnissen Lerngruppen kommen können. Solche Ergebnisse können nur entstehen, wenn die Lehrkraft zwar die Diskussion ordnet und moderiert, selbst aber nicht wertend Stellung bezieht.

Sequenz ●●●	Linear durch den Abschnitt
Querverweise ↔	• **3.2.3 Forderungen an moralische Begründungen** (→ SB, S. 141 f.): Die Forderungen können u.a. durch Rückgriff auf 3.1.1 gut veranschaulicht werden • **5.6 Politische Ethik** (→ SB, S. 252 ff.): Im Zentrum der Untersuchung stehen gerade Analogien und Gedankenszenarios zusammen mit der Frage, ob mit ihnen hinsichtlich des Welthungerproblems etwas gezeigt werden kann oder ob sie in wichtigen Hinsichten in die Irre führen

Zu den Materialien und Aufgaben

S. 119   **Sonderbare Gedankenspiele oder mehr?**

▰▮▸ Achten Sie als Lehrperson darauf, dass die Besonderheiten der Fälle zwar durch Nachfragen geklärt werden dürfen und auch müssen, eine inhaltliche Diskussion jedoch noch unterbleibt, solange nicht alle ihre intuitiven Antworten gegeben haben. Für die schnelle Auswertung eignet sich ein kleiner Protokollbogen, um die Mehrheitsverhältnisse im Kurs erfassen zu können. → LB, Zusatzmaterial **Z 3-1** gibt ein Beispiel für einen solchen Bogen.

Z 3-1

S. 120

Z 3-1

2▸ **Z 3-1** enthält eine Kopiervorlage für die Arbeit im Unterricht. Die beiden ebenfalls in Z 3-1 angefügten Beispiele für Ergebnisse zeigen, dass Sie kein bestimmtes Ergebnis anstreben müssen. Zentral ist allein, ob die Lerngruppe unterscheidende Merkmale anbietet und bereit ist, diese Merkmale auch in anderen Fällen als entscheidend anzuerkennen.

3▸ Das Merkmal der Übertragbarkeit ist in moralischen Debatten unverzichtbar und wird hier erstmals eingeführt. Viele moralische Debatten lassen sich sehr gut strukturieren, wenn man erkennt, welche Merkmale von dem Argumentierenden als entscheidend angesehen werden. Bezogen auf die sechs vorgestellten Fälle führt das Merkmal der Übertragbarkeit in aller Regel sehr schnell dazu, den Kern von Meinungsunterschieden sehr klar herauszuarbeiten. **Z 3-1** enthält ein Beispiel für solche Unterscheidungen.

4▸ Die Aufgabe kann auch entfallen, wenn eine Vertiefung nicht erforderlich ist, weil die Anwendung in Aufgabe 3 schon verdeutlicht, dass die Berücksichtigung der Forderung zu guten und verallgemeinerbaren Unterscheidungen führt.

S. 121 **Detlef Horster, Karl-Ludwig Baader: Gibt es angeborene moralische Haltungen?**

1▸ Die Frage ist offen gestellt. Eine bestimmte Beantwortung ist also nicht erforderlich. Ob die Vier- bis Sechsjährigen die Regeln schon erworben haben oder sie angeboren sind, können wir nicht entscheiden, wohl aber, dass kleine Kinder sehr wohl ein Gefühl dafür haben, wann Menschen Unrecht geschieht.

S. 121 **Marc Hauser, Hubertus Breuer: Moral steckt im Erbgut**

Dieser Text kann bei Zeitmangel auch ausgelassen werden, wenn die Behandlung der sechs Fälle im Einstieg schon ähnliche Ergebnisse lieferte. Er eignet sich ansonsten gut, um eine vertiefende Sicht zu erhalten.

S. 122

Z 3-1

2▸ Hier können die Protokollbögen (vgl. **Z 3-1**) zum Vergleich herangezogen werden. Unterschiede festzustellen und zu erklären ist reizvoll, insbesondere dann, wenn ein Kurs nicht die Resultate der Studie bestätigt.

3▸ Es sind mehrere Verläufe denkbar: Je nachdem, wie ertragreich die Deutungen im Kurs schon waren, kann es entweder zu einem Wiedererkennen, Bestätigen oder Feststellen von Unterschieden, die erklärt werden müssen, kommen oder dazu, dass eine vertiefende Deutung angeboten wird und die Lerngruppe so neue Deutungshinweise bekommt und erörtert.

S. 123 **4▸** Die Aufgabe ist offen und spekulativ gestellt. Falls sich keine Ansätze ergeben, müssen Sie keine Antworten erzwingen. Das Design der Untersuchung etwa oder die Deutungen der Ergebnisse könnten in Zweifel gezogen werden.

5▸ Hier ist die Fantasie der Lerngruppe gefragt. Sie sollten eigene Beispiele parat haben, um die Suche nach geeigneten Beispielen ggf. in Gang zu bringen.

a) Spontane Hilfsreflexe.
b) Ein Mann lehnt spontan Homosexualität ab, z.B. angesichts von sich küssenden Männern. Ein reflektiertes Durchdenken zeigt dem Mann dann, dass er nicht Homosexualität an sich ablehnt, sondern nur als Lebensform für sich selbst verneint. (So lassen sich viele Fälle basteln, in denen eine persönliche Abneigung unzulässig verallgemeinert wird und Aufklärung dahingehend möglich ist, dass trotz der eigenen persönlichen Abneigung andere Menschen das durchaus anders sehen dürfen. Ein einfaches Beispiel zeigt sofort die Richtung: Auch wenn jemand Spinat-Pizza verabscheut, wird er niemanden verabscheuen, der Spinat-Pizza mit Hochgenuss verzehrt.)

c) Einstellungen zu Sexualität oder zu wichtigen weltanschaulichen oder religiösen Fragen führen oft schnell zu scheinbaren Pattsituationen, in denen nicht ohne Weiteres erkennbar ist, wie
die Diskussion produktiv weitergeführt werden kann. (Hier Einschränkungen der Geltungsberei-
che individueller Normen zu erkennen und zu begründen ist anspruchsvoll und Gegenstand des
gesamten 3. Kapitels.)

S. 123 **Begriffskasten: Moralisches Dilemma**

Im Kasten wird das moralische Dilemma (im streng logischen Sinn) unterschieden von einer
moralischen Zwickmühle (im Sinne von unangenehmer Entscheidungssituation). Für den Unterschied zu sensibilisieren ist lohnend, da in Diskussionen sehr häufig „moralische Zwickmüh-
len" als „Dilemmata" bezeichnet werden, obwohl sie sich begründet auflösen lassen. Hier muss
man im Zweifel nachfragen, ob jemand mit dem Ausdruck „Dilemma" nur eine moralische
Zwickmühle oder mehr meint.

S. 123 **Ü 1** ▶ Lassen Sie sich überraschen oder suchen auch Sie Beispiele: Z. B., Lasse ist in Larissa verliebt, geht aber mit Klara. Larissa lehnt Lasse ab. Muss er ehrlich sein und Klara aufklären? Oder:
Darf man lügen, um einen Freund zu schützen, denn schließlich soll man doch seinen Freunden
beistehen. Aber halt, Lügen ist doch verwerflich. Oder: Jemand vertraut dir etwas an, wovon du
glaubst, dass es verwerflich sei. Solltest du das Vertrauen missbrauchen und petzen oder etwas
Verwerfliches geschehen lassen?

Ü 2 ▶ Beobachtung 1: Wählt man ein klares Moralprinzip, dann sind alle sechs Fälle im Lichte
des Prinzips eindeutig zu beantworten. Der Streit entzündet sich dann ggf. daran, ob das Prinzip
überhaupt richtig ist: Wenn man der Regel „Rette so viele wie möglich" folgt, ergeben sich eindeutige Antworten. Die Unannehmbarkeit einiger Antworten zeigt dann, dass mit der Regel etwas nicht stimmt und sie präzisiert werden muss. Z. B.:Rette so viele wie möglich, aber opfere
dabei keine Unbeteiligten." So könnten scheinbare Dilemma-Situationen in Wirklichkeit der
Einstieg in die schrittweise Präzisierung einer allgemeinen Regel sein.

Beobachtung 2: Es stehen zwei Prinzipien im Raum, die jedoch einige Fälle unterschiedlich entscheiden. Ein echtes Dilemma läge erst dann vor, wenn beide Prinzipien einigungsfähig bejaht
werden und keines von beiden geeignet eingeschränkt werden kann. Dieser Nachweis ist sehr
schwer zu führen. Oft gelingt es zu begründen, warum das Dilemma nur vordergründig besteht
und nach genauerer Analyse verschwindet, weil in der Situation (und allen verwandten Situationen) das eine Prinzip vor dem anderen Vorrang haben sollte. Die Prinzipien werden dann geeignet präzisiert, sodass das scheinbare Dilemma gar nicht mehr entsteht. Fehlende Einigung
zeigt nicht, dass ein Dilemma vorliegt, sondern nur, dass Streit darüber besteht, welches das
handlungsleitende Prinzip sein sollte.

Beobachtung 3: Ein echtes (persönliches) Dilemma könnte vorliegen, wenn exakt dieselben guten Gründe Handlung A und Handlung B fordern, aber nur eine der beiden Handlungen getan
werden kann.

3.1.2 Ethik: begriffliche Grundlagen

Inhalte – Methoden – Kompetenzen

In dem Abschnitt werden wichtige Basisbegriffe eingeführt und geklärt. Das Ganze ist als arbeitsteilige Gruppenarbeit angelegt. Nach Vorstellung und Diskussion aller Teilergebnisse kann
Z 3-2 ein kleiner Test (vgl.→ LB, Zusatzmaterial **Z 3-2**) durchgeführt werden, der als Zusammenfassung und zur je eigenen Vergewisserung dient, jedoch nicht eingesammelt und benotet wird.

Sequenz ●●●	Der Abschnitt kann wie oben beschrieben durchgeführt werden. Daneben ist es aber auch möglich, Teile des Kapitels jeweils bei Bedarf aus anderen Kapiteln heraus zu behandeln, wenn es wichtig erscheint. Wenn z.B. in einem Zusammenhang die Unterscheidung des moralisch Guten vom außermoralisch Guten notwendig ist, dann kann M 5 (→ SB, S. 131) auch isoliert behandelt werden. Oder entsprechend M 3 (→ SB, S. 127) z.B. dann, wenn im Rahmen von Fragen rund um „Verantwortung" oder „Freiheit" es wichtig ist, präzise die Basisbegriffe „Verhalten", „Handlung" und „Widerfahrnis" zu klären.
Querverweise ◄►	● **Philosophieren: Wie und wozu?: Säule 1: Sorgfältige Begriffsklärung** (→ SB, S. 18 ff.) ● **2.3 Freiheit und Verantwortung** (→ SB, S. 101 ff.) ● **3.2.1 Verführerische Fehlschlüsse** (→ SB, S. 134 ff.) ● **6.4 „Strafe muss sein" – wirklich?** (→ SB, S. 318 ff.)

Zu den Materialien und Aufgaben

S. 124   **M 1 Dieter Birnbacher: Das Verhältnis von Ethik und Moral**

S. 125   **1▶** Die Unterscheidung findet sich im Textauszug ab Zeile 20: Ethik wird dort als Theorie der Moral (unser heutiges Verständnis) von Ethik als Theorie der Lebenskunst (Antike) abgegrenzt. Sinnfällig von Birnbacher benannt als Ethik *mit und ohne Zeigefinger*: Die heutige Ethik ist eher vorschreibend: Was ist geboten, was verboten? Die Ethik der Antike ist eher ratgebend: Wenn du glücklich sein willst, dann lass dieses und tu jenes.

2▶ Hier ist besonders der Textauszug ab Zeile 10 zu deuten. Im Extremfall: Jemand könnte ein exzellenter Ethiker sein, aber in der eigenen Lebensführung ein schlechter Mensch. Es ist eine Sache, Moral zu untersuchen oder z.B. für schwere Entscheidungssituationen begründete Entscheidungen vorzuschlagen, aber es ist eine ganz andere Sache, moralisch zu handeln. Ebenso kann jemand ein fantastischer Rechtsgelehrter sein, ohne selbst auf das Recht zu vertrauen oder sich daran zu halten. Auch muss keinesfalls religiös sein, wer sich wissenschaftlich mit Religion beschäftigt.

3▶ a) „Steh Menschen in Not bei." „Betrüge deine Frau nicht." „Bezahl deine Steuern." „Fahr nicht betrunken Auto."
b) „Zwar soll man seine Steuern bezahlen, aber es gibt Ausnahmen, wo ich jedem nur raten kann, nicht steuerehrlich zu sein." „Treue ist eine altmodische Forderung. Nicht jedes Fremdgehen ist gleich ein Betrug am Partner."
c) „Schau, was das Fremdgehen mit dir macht. Kannst du da auf lange Sicht glücklich sein?" „Es steht dir frei, für die wichtige Klausur nicht zu lernen. Aber überlege, wie wichtig für dich das Abitur ist."

4▶ Die Aufgabe spricht für sich. Es bietet sich manchmal auch an, sich die Ergebnisse schriftlich als Protokoll der Gruppe vorher geben zu lassen, um ggf. Korrekturen anregen zu können und um Hinweise auf die Intensität der Arbeit zu bekommen.

S. 126   **M 2a Wie untersucht Ethik ihren Gegenstand, die Moral?**

Hier werden im Begriffskasten die drei Arten unterschieden, wie man Moral untersuchen kann: deskriptiv, normativ, metaethisch. Natürlich sind die Untersuchungen oft nicht trennscharf. Es sollte jedoch deutlich werden, dass drei Interessen getrennt werden können, auch wenn sie in einer Untersuchung oft zugleich auftauchen oder verfolgt werden. Die Idee muss deutlich werden.

1 ▸ a) „Abtreibung wird in einigen Gesellschaften moralisch sanktioniert, während sie in anderen Gesellschaften in bestimmten Fällen als moralisch unbedenklich angesehen wird."

→ Hier wird nur festgestellt, dass an unterschiedlichen Orten Unterschiedliches als richtig gilt.

b) „Jeder Mensch hat ein Recht auf Leben. Auch ein Fötus ist ein Mensch. Eine Abtreibung verletzt somit das Recht auf Leben eines Fötus. Deshalb ist Abtreibung unzulässig."

→ Hier wird eine Begründung für die These vorgelegt, Abtreibung sei zu verbieten.

c) „Die Begründung unter b) ist formal gelungen: Wären die Prämissen wahr, könnte die Konklusion nicht falsch sein. Wer die Konklusion verneinen möchte, muss zeigen, was an den Prämissen verkehrt ist. Zwei Einwände sind möglich: i) Das Recht auf Leben gilt nicht in allen Situationen für alle Menschen. ii) Föten sind in einem frühen Stadium noch keine Menschen. Wer also der Konklusion nicht zustimmt, müsste seinen Einwand als Angriff auf die Wahrheit mindestens einer der Prämissen präzisieren."

→ Hier wird das vorgelegte Argument analysiert und beurteilt. Dabei wird klar, wie bei Widerspruch die Diskussion weitergehen müsste.

2 ▸ Achtung: Ohne Kontexteinbettung ist die Zuordnung nicht immer eindeutig möglich. Es ist sehr zu begrüßen, wenn die Lerngruppe einen Satz je nach Kontext auch mehrfach zuordnet:

- „Was du nicht willst …" Deskriptiv: Wenn jemand feststellt, dass die goldene Regel in fast allen Kulturen auftaucht. Normativ: Wenn jemand die goldene Regel anwendet, um ein Handlungsverbot zu begründen. Metaethisch: Wenn jemand die Regel daraufhin untersucht, ob und inwiefern sie allgemeine Geltung beanspruchen kann.
- „Sterbehilfe …" So zustimmend vorgetragen, beurteilt jemand *normativ* Sterbehilfe.
- „Was die Inuit erlauben …" Hier redet jemand rein beschreibend über Moralvorstellungen, ohne in der Sache ein Urteil zu fällen.
- „Das Selbstbestimmungsrecht …" Hier wird eine Norm behauptet. Ihre Richtigkeit wäre daher zu begründen.
- „Handele so, dass du gute …" Hier ist es schwer, eine klare Trennlinie zwischen normativer und Metaethik zu ziehen: Sofern das Nützlichkeitsprinzip in einer Entscheidungssituation angewandt wird, bewegen wir uns klarerweise in der normativen Ethik; solange untersucht wird, ob das Nützlichkeitsprinzip als ethisches Entscheidungsverfahren gerechtfertigt ist, bewegen wir uns in der Metaethik.
- „Das Argument ‚Wehret …" Hier wird eine bestimmte Art der Handlungsbegründung analysiert und zurückgewiesen. Das fällt eindeutig in den Bereich der Metaethik.
- „Was hältst du von dem Argument …" Hier fordert jemand jemanden auf, zur Güte einer Begründung Stellung zu nehmen. Es gehört also zur Metaethik.
- „Haben Tiere Rechte, die Menschen achten müssen?" Eine typische Frage der normativen Ethik.

S. 127   M 2b Richard M. Hare: Wer normativ urteilen will, muss metaethisch Farbe bekennen

3 ▸ Die Antwort steht schon in der Überschrift: *Wer normativ urteilen will, muss metaethisch Farbe bekennen.* Das ist laut Hare deshalb unumgänglich, „weil es keine allgemeine Theorie über moralisches Argumentieren gibt, die universell anerkannt wäre" (Z. 9 f.). Wer konstruktiv zu einer normativen Debatte beitragen will, kann nicht auf ein unstrittiges Begründungsverfahren zurückgreifen, sondern muss sich einer doppelten Herausforderung stellen: Erstens, zu sagen, wie moralisch gute Begründungen aufgebaut sind, und dann zweitens, auf diese Art tatsächlich in einer Sachfrage Stellung zu beziehen.

4▶ Die Schwierigkeit, die Hare anspricht, ist in der metaethischen Diskussion eigentlich unstrittig. Viele Moralphilosophen probieren deshalb oft einen weiteren Weg: Sie begründen nicht in einem bestimmten normativ-ethischen Begründungsverfahren (z.B. deontologisch oder utilitaristisch oder tugendethisch), sondern wählen ihre zentrale normative Prämisse so, dass sie sich etwa für den Utilitaristen und Deontologen in gleicher Weise anbietet. Aber auch dann muss ein Konsens darüber herrschen, wie von der Prämisse ausgehend weiter zu argumentieren zulässig wäre und wie nicht. Wer eigene Argumente vorschlägt, wird sich immer zwei Sorten Einwänden ausgesetzt sehen: i) So zu argumentieren ist nicht zulässig. ii) Das Argument gelingt nicht.

5▶ Die Aufgabe spricht für sich. Es bietet sich manchmal auch an, sich die Ergebnisse schriftlich als Protokoll der Gruppe geben zu lassen, um ggf. Korrekturen anregen zu können und um Hinweise auf die Intensität der Arbeit zu bekommen.

S. 127 M 3 Dieter Birnbacher: Verhalten, Handlung, Widerfahrnis

Der Textauszug führt Unterscheidungen ein und erläutert sie. Wesentlich ist es daher, die Begriffe an einschlägigen Beispielen zu erklären.

S. 128 **1▶** Diese Aufgabe ist schnell erledigt, falls einige die „Was-bleibt-Seite" (→ SB, S. 154 f.) aufschlagen. Dort findet sich ein Visualisierungsvorschlag. Leider ist das nicht vermeidbar, wenn in einem Lehrbuch Zusammenfassungen erwartet werden. Entscheidend ist auch nicht die Verbildlichung, entscheidend ist das Verstehen, das durch Aufgabe 2 angestrebt wird.

2▶ Klar sind die Unterscheidungen, wenn man sich einen Akteur vorstellt, der frei und selbstbewusst durchs Leben geht, der in wichtigen Dingen stets überlegt, entweder aktiv etwas tut oder eben passiv unterlässt, und dem manches einfach widerfährt, ohne dass er etwas dafür könnte. Jemand also, der für sein Handeln als Tun oder Unterlassen verantwortlich ist, dem man aber Widerfahrnisse nicht zum Vorwurf machen würde. Kritisch, schwierig, verworren und begrifflich unklarer wird es aber, wenn im Handeln Momente der „Unfreiheit", des „Zwangs", der „Fremdsteuerung", der „Triebsteuerung" etc. eine Rolle spielen. Da ist es rechtlich wie moralisch schwierig zu bestimmen, inwieweit jemand sein Tun oder Unterlassen zu verantworten hat. An dieser Stelle soll nur für die Probleme sensibilisiert werden, die sich ergeben, wenn vertiefend untersucht wird, wer seine Handlungen in vollem Umfang verantworten muss und wessen Handlungen ggf. ganz oder teilweise entschuldigt werden. Genauer werden diese Fragen in **2.3 (Freiheit und Verantwortung)** sowie in **6.4 („Strafe muss sein" – wirklich?)** behandelt.

3▶ Hier sind Beispiele gesucht. Die Vielschichtigkeit und Vielfalt sollte ans Licht kommen. Eine normative Debatte über einzelne Beispiele sollte dabei aber vermieden werden.
a) „Sich eine Pizza aussuchen" als Handlung, „ins Wasser fallen" als Widerfahrnis.
b) „Jemand erschreckt sich stark und verreißt den Lenker seines Fahrrads." Zu sagen, er habe sich entschieden, den Lenker zu verreißen, wäre recht sonderbar.
c) „Ins Kino gehen", „Hausaufgaben machen", „einen Witz erzählen."
d) „Die Hausaufgaben nicht erledigen", „nicht protestieren, wenn sich jemand vordrängelt."
e) i) Ich unterlasse es, zur Schule zu gehen. Wäre ich gegangen, hätte ich auf dem Weg in einem Notfall wichtige Hilfe leisten können. So aber kommt jemand sehr zu Schaden. Ich aber habe das nicht zu verantworten. ii) Ich höre einen schrillen Schrei im Garten und unterlasse es nachzuschauen. Draußen ertrinkt ein Mensch im Pool. Ich bin für den Tod mitverantwortlich.
f) Idee: Handlungen, deren Folgen die Kinder überschauen und einschätzen können, müssen sie verantworten. Handlungen, deren Folgen sie nicht kennen oder richtig einschätzen können, dagegen nicht.
g) In einem unbeobachteten Moment die Notbremse ziehen. (Sehr wohl würde aber geprüft, ob eine Verletzung der Betreuungspflicht vorliegt.)

h) Waschzwang, Sammelzwang, Putzsucht, Kaufsucht.

i) Aus dem Text: Spielleidenschaft ist schlecht, aber entschuldbar, wenn „übermächtiger Trieb" vorliegt.

j) Idee: Wenn jemand etwas tut, was eine Irrlehre von ihm fordert, dann wird er seine Handlungen als Anhänger der Lehre für rein ansehen oder von sich selbst als geboten fordern. Blutrache, Ehrenmorde könnten Beispiele liefern.

k) Durch das Handeln einer Person kommt eine andere in unvorhersehbarer Weise ums Leben. Jemand tritt sein Flugzeugticket an seinen besten Freund ab. Das Flugzeug stürzt ab. Obwohl ohne jede Verantwortung, könnten dennoch Schuldgefühle entstehen.

l) Zwei Menschen heiraten aus Liebe. Schon ein Jahr später haben sie sich nichts mehr zu sagen und leiden unter ihrer Beziehung. Auch ein Blick ins StGB kann weitere andersgelagerte Beispiele liefern. Z. B. § 20 Schuldunfähigkeit wegen seelischer Störungen: „Ohne Schuld handelt, wer bei Begehung der Tat wegen einer krankhaften seelischen Störung, wegen einer tief greifenden Bewusstseinsstörung oder wegen Schwachsinns oder einer schweren anderen seelischen Abartigkeit unfähig ist, das Unrecht der Tat einzusehen oder nach dieser Einsicht zu handeln." Oder: § 21 Verminderte Schuldfähigkeit: „Ist die Fähigkeit des Täters, das Unrecht der Tat einzusehen oder nach dieser Einsicht zu handeln, aus einem der in § 20 bezeichneten Gründe bei Begehung der Tat erheblich vermindert, so kann die Strafe nach § 49 Abs. 1 gemildert werden."

S. 129   **4▶** Die Aufgabe spricht für sich. Es bietet sich manchmal auch an, sich die Ergebnisse schriftlich als Protokoll der Gruppe geben zu lassen, um ggf. Korrekturen anregen zu können und um Hinweise auf die Intensität der Arbeit zu bekommen.

S. 129   **M4 Detlev Horster: Es gibt keinen Werteverfall**

Werteverfall oder Wertewandel oder Wertekonflikt? Schon in der Wortwahl verbirgt sich oft die normative Einstellung des Sprechers. Für die Unterscheidung wirbt das Interview, wobei Horster deutlich macht, in welchem Sinn die Rede vom Werteverfall nicht zutrifft. Ggf. reicht es, eine der beiden vorbereitenden Aufgaben 1 und 2 bearbeiten zu lassen. Im Zweifel empfehlen wir, auf Aufgabe 2 nicht zu verzichten.

1▶ Hier kommt es allein auf die Beispiele der Schülerinnen und Schüler an, um ein Stück weit auszuloten, welche Werte ihnen besonders wichtig sind bzw. wo sie das Wehklagen über fehlende Moral eher belustigt. Die Begründungen können auch bei Widerspruch nebeneinander stehen bleiben. Eine genauere Klärung wird ja erst vorbereitet.

2▶ Die Analyse ist einfach: Die Frage „Was verfällt im Werteverfall?" ähnelt der Frage „Haben Sie aufgehört, Ihren Mann zu schlagen?" Wer die Fragen beantwortet – und zwar egal wie –, räumt den Werteverfall bzw. das Schlagen bereits ein. Wer also einen Werteverfall bezweifelt bzw. den Mann nie geschlagen hat, darf die gestellte Frage nicht beantworten, sondern *muss* sie zurückweisen. Sehr klar kann bereits hier werden, in welchen Weisen sich in der Wortwahl schon Einstellungen zur Sache offenbaren.

S. 131   **3▶** Entscheidend ist Horsters Auffassung, dass es zwar universelle Werte gibt, die aber kulturell unterschiedlich ausgelegt und unterschiedlich erfüllt werden. Wandeln können sich die Auffassungen darüber, wie man den Wert realisieren kann, unwandelbar ist der Wert. Dies versucht Horster, am Beispiel der Fürsorgepflicht (vgl. Z. 47 ff.) zu zeigen. Horster sieht zudem einen starken Wandel, der den Einzelnen dazu bringt, Wertekonflikte verstärkt mit sich selber austragen zu müssen (vgl. Z. 25 ff.). Von den grundlegenden Werten trennt Horster klar Konvention und Etikette, die im Gegensatz zu den grundlegenden Werten (wie Freiheit, Gerechtigkeit oder Gleichheit; vgl. Z. 7) starken Schwankungen unterworfen sein können.

4▶ Das nette Beispiel verdanke ich Marie Schrempf, die es in Münster tatsächlich beobachtete. Die Beantwortung ist ergebnisoffen. Horster könnte z. B. sagen, dass hier sicher kein Wertekonflikt vorliegt, sondern nur eine Frage von Konvention, Höflichkeit und Etikette, weil jede der beiden die jeweils andere als bedürftiger ansieht. Wäre die alte Dame rüstig, die Hochschwangere wackelig auf den Beinen, könnte sich die Situation schnell auflösen. Ebenso falls die Hochschwangere trainiert ist, die alte Dame aber gerade etwas schwach auf den Beinen. Aber, wer weiß?

5▶ a) Sollen Sterbehilfevereine rechtlich legalisiert oder verboten werden? Diese grundlegende Frage kann nicht der Einzelne entscheiden, sondern sie muss gesetzlich verbindlich für die Gemeinschaft geregelt werden. Dennoch, es ist eine Gewissensfrage: Als im Herbst 2015 die Frage im Bundestag entschieden wurde, war der Fraktionszwang aufgehoben. Die Abgeordneten konnten allein ihrem Gewissen (und ihren Werten) folgend entscheiden.
b) Die Kinder müssen für die eigene Mutter entscheiden, ob eine lebensverlängernde Operation noch ausgeführt wird oder nicht. Hier können sehr viele Werte, die die Kinder vertreten, in Konflikt geraten und es können sicher nicht alle zugleich berücksichtigt werden.

Ergebnisoffen können Sie die Lerngruppe das von Horster angeführte Beispiel diskutieren lassen, wenn die Schülerinnen und Schüler keine eigenen Beispiele nennen.

6▶ Die Aufgabe spricht für sich. Es bietet sich manchmal auch an, sich die Ergebnisse schriftlich als Protokoll der Gruppe geben zu lassen, um ggf. Korrekturen anregen zu können und um Hinweise auf die Intensität der Arbeit zu bekommen.

S. 131   **M 5 Dieter Birnbacher: „Gute Autos", „gute Menschen", „gute Bücher"?**

Eindringlich und an vielen Beispielen soll dafür sensibilisiert werden, dass der Ausdruck „gut" vielfältig verwendet wird und sehr oft ganz andere außermoralische Bedeutungen hat.

1▶ Die Suche nach Synonymen zeigt häufig schon von ganz allein Verwendungsweisen auf, die mit Moral nichts zu tun haben. Der kurze Text von Dieter Birnbacher systematisiert ja dann auch im Anschluss und zeigt, welche Verwendungsweisen unterschieden werden können. Falls Aufgabe 1 sehr gut angenommen wird, kann der anschließende Text manchmal sogar nur als Zusammenfassung der eigenen Unterscheidungen gelesen werden.

S. 132   **2▶ 3▶** Hier geht es darum, die verschiedenen Verwendungsweisen zu benennen und durch Beispiele zu erklären.

4▶ Die Zuordnungen sind zum Teil nicht eindeutig. Das ist auch ohne die genauere Spezifizierung der Äußerungssituation nicht möglich. Falls also mehrere Zuordnungen möglich erscheinen, können die Schülerinnen und Schüler aufgefordert werden, die Situation genauer zu beschreiben, sodass die Zuordnung dadurch eindeutiger wird. Im Zweifel ist es auch gut, dazu aufzufordern, „gut" durch ein anderes Wort zu ersetzen, das die Richtung besser widerspiegelt. Der letzte Satz „Windenergie ist *gut*" z.B. kann klarer werden, wenn in ihm „gut" durch „hilfreich für …" ersetzt wird.

S. 133   **5▶** Die Aufgabe spricht für sich. Es bietet sich manchmal auch an, sich die Ergebnisse schriftlich als Protokoll der Gruppe geben zu lassen, um ggf. Korrekturen anregen zu können und um Hinweise auf die Intensität der Arbeit zu bekommen.

3.2 Geltungsansprüche moralischer Urteile

Inhalte – Methoden – Kompetenzen

Dieses ist ein zentrales Unterkapitel, dessen Themen allerdings nicht ohne Weiteres die begeisterte Aufnahme bei Lerngruppen finden. In Alltagsdiskussionen kommt es fast sicher und meistens auch sehr schnell dazu, dass *naturalistische Fehlschlüsse* oder *Sein-Sollen-Fehlschlüsse* oder *relativistische Positionen* nach dem Motto „Das muss doch jeder selbst wissen" auftauchen und auch massiv vertreten werden. Wichtig ist es dann, für die Fehlerquellen zu sensibilisieren, das Problem des Geltungsanspruchs moralischer Normen offenzulegen und wichtige Merkmale moralischen Argumentierens zu benennen. Das Grundproblem ist ja gerade, moralisch Stellung nehmen zu wollen, in dem Wissen, dass metaethisch keinerlei Einigkeit darüber besteht, wie moralisch richtig zu argumentieren ist und welchen Geltungsanspruch moralische Urteile haben können. Auch die in 3.2.3 vorgeschlagenen Forderungen an moralische Begründungen sind deshalb offen für Kritik, Ergänzungen oder Präzisierungen und Verbesserungsvorschläge. Insbesondere sollte der Begriff des „ethischen Relativismus" geklärt werden, damit deutlich werden kann, dass einen ethischen Relativismus zu behaupten genauso weitreichende Begründungspflichten einschließt wie die Behauptung, es gäbe universell gültige Normen jenseits aller kulturellen Unterschiede. Beide Seiten gehen also weitreichende Begründungspflichten ein.

Sequenz ●●●	Das Unterkapitel kann linear durchgearbeitet werden, aber auch in wahlfreier Reihenfolge. Ebenso ist es möglich, nur einzelne der kleinen Abschnitte zu bearbeiten. Daneben ist es bei Zeitmangel auch möglich, dass Kapitel auszulassen und nur bei Bedarf im Rahmen anderer Themen Teile daraus mit einzubeziehen.
Querverweise ⟷	• **3.3.1 Die Struktur moralischer Begründungen** (→ SB, S. 146 ff.) (verhindert naturalistische Fehlschlüsse) • **4.2.3 Der kategorische Imperativ** (→ SB, S. 174 ff.) • **4.3.1 Konsequenzen als Maßstab der Ethik?** (→ SB, S. 184 f.) • **4.5 Warum überhaupt moralisch sein? – Aspekte der Moralkritik** (→ SB, S. 205 ff.)

S. 133 ▆**1**▶ Lassen Sie sich von den Ideen Ihrer Lerngruppe überraschen. Es sind sehr verschiedene Reaktionen denkbar. Von Zustimmung bis Ablehnung ist alles möglich. Entscheidend sind die Beispiele, die die Beitragenden zur Illustration verwenden.

S. 134 ▆**2**▶ Auch die Bearbeitung dieser Aufgabe ist sehr offen. Nicht selten kommt es dazu, dass einige der Argumente mit Vehemenz vertreten werden. Die Beispiele 5 bis 8 leiten die Kritik an diesen Argumenten ein. Trotzdem: Manchmal werden Argumente vorgebracht, die zeigen sollen, was die Beispiele 5 bis 8 von den ersten vier Beispielen unterscheidet. Diese vorgeschlagenen Unterschiede zu sichern und nach 3.2.1 erneut zu betrachten ist sehr reizvoll (vgl. dazu auch → SB, S. 136, Aufgabe 7).

3.2.1 Verführerische Fehlschlüsse

Inhalte – Methoden – Kompetenzen

Vgl. die Einträge unter 3.2, die den Abschnitt in einen umfassenderen Zusammenhang einordnen.

Sequenz ●●●	Der Abschnitt kann als eigenständiges Thema behandelt werden. Es ist aber auch möglich, Teile daraus dann zu behandeln, wenn aus anderen Kontexten heraus tatsächlich Fehlschlüsse auftauchen, die dann systematisch analysiert werden sollten.
Querverweise ◄►	**5. Angewandte Ethik** (→ SB, S. 214 ff.): insbesondere 5.3, 5.4 und 5.5 **6. Staatsphilosophie** (→ SB, S. 266 ff.): insbesondere 6.1 Sein-Sollen-Fehlschlüsse tauchen immer wieder gerade in Fragen der Angewandten Ethik und politischen Philosophie auf.

Zu den Materialien und Aufgaben

S. 134 **David Hume: Von „sein" zu „soll" gibt es keine logisch zwingende Verbindung**

1▶ Hier kommt es darauf an, normative Aussagen von deskriptiven Aussagen über die Welt klar zu trennen. Jede Art der Begründung ist zugelassen. Kommentare oder Rückfragen sind da nötig, wo der Verdacht aufkommt, dass mehr als rein wissenschaftliche Aussagen verwendet werden. Manchmal ist die Trennung schwer. Das sollte als Problem festgehalten werden. In der Tat ist es oft nicht einfach, „sein" und „sollen" klar zu trennen.

2▶ Wenn die Beschreibung, dass etwas so und so ist, unmerklich oder direkt zu der Aussage führt, dass es deshalb gut, wünschenswert oder richtig sei, fordert Hume uns auf, genau diese Stelle in Begründungen dingfest zu machen und genau dort weitere Begründung einzuklagen.

S. 135 **Ben Dupré: Der Schluss von „ist" auf „soll": verboten durch „Humes Gesetz", als naturalistischer Fehlschluss angeprangert durch Moore**

3▶ Hume geht es um den ungerechtfertigten Übergang von „Ist" zu „Soll". Moore geht es um die ungerechtfertigte Gleichsetzung zweier Worte in einer Definition. Natürlich können beide Fehlerquellen auch zusammen auftreten. Dennoch sollte man beide Diagnosen trennen. Hier sind die Zeilen 9–16 eingehend zu interpretieren, am besten durch weitere eigene Beispiele der Lerngruppe.

4▶ Einerseits scheint eine objektive naturwissenschaftliche Weltsicht keinen Platz für subjektive Wertungen zu lassen, andererseits scheinen einige Wertungen mehr als nur subjektive Setzungen zu sein. Ob und in welcher Weise normative Wertungen anderen Wahrheitsbedingungen folgen als naturwissenschaftliche Setzungen, wird im Verlauf der Untersuchung der Ethik immer wieder eine Rolle spielen. Hier ist es zunächst wichtig, ein Bewusstsein für das Problem zu schaffen.

5▶ Lassen Sie sich überraschen. Konkrete Ergebnisse können hier nicht angegeben werden. Die Einstiegsbeispiele (→ SB, S. 133) weisen den Weg, wie schnell weitere Beispiele gefunden werden können: Man nehme eine Tatsachenbeschreibung und erhebe genannten Sachverhalt dann zur moralischen Norm.

6▶ Die Aufgabe ist diskussionsoffen und provoziert eine eigene Positionierung. Einigung ist nicht erforderlich, jedoch klare erste Einschätzungen, ob und inwieweit Normen universeller Reichweite möglich erscheinen.

7▶ Die Aufgabe verweist zurück auf die Einstiegsbeispiele (→ SB, S. 133) und greift vor, indem schon die Struktur moralischer Begründungen eingeführt wird (→ SB, S. 146). Falls es sich anbietet, kann hier auch zunächst der Text auf S. 146 bearbeitet werden.

Z 3-4 → LB, Zusatzmaterial **Z 3-4** kann im Unterricht als Übungsblatt eingesetzt werden, um den Unterschied zwischen „Ist" und „Soll"-Aussagen weitergehend zu klären und zu vertiefen.

8▶ Die Antwort ist einfach: Weil mal der natürliche Verlauf gut ist und mal eben nicht. Andere Gründe als Natürlichkeit müssen also für die Trennung der beiden Falltypen sorgen.

9▶ i) Es ist natürlich, dass Menschen nicht ewig leben und der Tod unausweichlich ist, deshalb kann den Tod zu beschleunigen manchmal auch wünschenswert sein. ii) Es ist natürlich, dass eine Frau sich ein Kind wünscht. Diesen Wunsch zu respektieren kann auch einschließen, „unnatürliche" künstliche Fortpflanzungsmethoden einzusetzen.

S. 136 **Matthias Althoff: Keine moralische Letztbegründung in Sicht: das Münchhausen-Trilemma**

S. 137 **10▶** Das Trilemma macht mit der vielleicht frustrierenden Tatsache vertraut, dass Letztbegründungen in moralischen Fragen nicht zu haben sind. Am ehesten kommt es dazu, dass Beispiele für den Fall a) aus dem Unterricht bereitstehen, Beispiele, in denen Konsens erreicht werden konnte. Beispiele für die Fälle b) und c) zu finden könnte dagegen schwieriger sein. Der infinite Regress kann natürlich nur angedeutet werden. Zirkelschlüsse können ihrer Struktur nach leichter benannt werden: Echte Beispiele dafür zu finden ist viel schwerer. Angedeutet wird ein Beispiel im → SB auf S. 131 in der Einleitung zu M 5.

11▶ Seien Sie neugierig, ob und was da genannt wird. Wir sehen keine tragfähige vierte Möglichkeit.

3.2.2 Der Anspruch auf universelle Geltung

Inhalte – Methoden – Kompetenzen

In diesem Abschnitt geht es darum, den Standpunkt der Moral über sein zentrales Merkmal, nämlich das der Verallgemeinerbarkeit von Urteilen, einzuführen und an Beispielen zu plausibilisieren. Hier kommt es im Unterricht oft zu zwiespältigen Haltungen: Dies drückt sich einerseits als Zustimmungswunsch zu dem Satz „Bitte keine Vorschriften, das muss doch jeder selbst wissen, welchen Werten er anhängt" und andererseits in vielen Begründungsansätzen aus, in denen die Schülerinnen und Schüler ganz offensichtlich mit dem Anspruch auf allgemeine Gültigkeit operieren: „Die Autonomie eines Menschen ist zu achten".
Korrespondierend zu diesem Abschnitt kann problemlos auch direkt **3.2.4 (Pluralismus und ethischer Relativismus)** behandelt werden.

Sequenz ● ● ●	Der kurze Abschnitt sollte als ganzer bearbeitet werden. Ergiebig ist es, mit der Übung auf → SB, S. 139 zu beginnen. Die Auswertung nimmt häufig schon zentrale Punkte von Bayertz' Unterscheidung vorweg, sodass der Text auf → SB, S. 138 als erweiterte Zusammenfassung, Erläuterung, Klarstellung oder vertiefende Systematisierung gelesen werden kann.
Querverweise ◄──►	• **3.2.4 Pluralismus und ethischer Relativismus** (→ SB, S. 142 ff.) • **6.1.3 Naturrecht und positives Recht** (→ SB, S. 278 ff.) • **6.2.1 Was sind Vertragstheorien?** (→ SB, S. 288 ff.) • **8.3.1 Geltungsanspruch religiöser Normen** (→ SB, S. 430 ff.) In allen genannten Abschnitten geht es auch zentral darum, jeweils den Anspruch auf universale Geltung von anderen Geltungsansprüchen abzugrenzen, zu hinterfragen und wertend zu ihm Stellung zu nehmen.

Zu den Materialien und Aufgaben

S. 138 **Kurt Bayertz: Begründbarkeit und Verallgemeinerung als Gütemerkmale**

1▶ Seien Sie offen für die Beispiele der Lerngruppe. Schon hier kann der Unterschied zwischen einer persönlichen Abneigung und einer Verallgemeinerung des Urteils deutlich werden. Unzulässige Verallgemeinerung klar von einem berechtigten Anspruch auf Allgemeingültigkeit zu trennen ist in dem Textauszug ja das zentrale Anliegen von Bayertz.

S. 139 **2▶** So lang der Text ist, so einfach ist die Antwort. Bei Verständnisschwierigkeiten kann ggf. eine Kernstellenanalyse die Lerngruppe auf den richtigen Weg bringen: „Moralische Normen müssen daher *verallgemeinerbar* sein ...“ (Z. 10 – 12). Diese Stelle zu erläutern führt automatisch dazu, Bayertz' Beispiel der In-vitro-Befruchtung genauer zu erklären: Was unterscheidet eine persönliche Abneigung von moralischen Verboten? In der Regel fällt es Lerngruppen leicht, weitere eigene Beispiele zu nennen, wenn der Unterschied erst einmal klar ist. Erkenntnisleitend kann auch die Beantwortung der folgenden Impulsfragen sein:

i) Was unterscheidet private Meinung und moralisches Urteil? (Während private Einstellungen nicht auf andere Personen übertragbar sind, schließen Moralurteile stets den Anspruch ein, ohne Ansehung der Person für alle zu gelten (vgl. Z. 10 –12). Ob ich Marmelade oder Müsli zum Frühstück esse, ist eine Frage meines Geschmacks. Ob man ein Kind schlägt oder nicht, darf dagegen „nicht ins Belieben des Einzelnen gestellt werden“ (Z. 9 f.), sondern erfordert es, unter Umständen einzugreifen.)

ii) Wann urteile ich moralisch? (Ob ich moralisch urteile, bringt folgende Frage ans Licht: Schließt mein Urteil die Forderung an alle ein, es mir gleichzutun? Ist die Antwort ja (vgl. Z. 25 – 28), so ist mein Urteil moralisch und damit rechenschaftspflichtig, denn dann muss ich anderen einsichtig machen, warum sie (und ich!) nicht die Wahl haben, da wir alle diesen „Normen und Sanktionen unterworfen sind, ob wir wollen oder nicht“ (Z. 27 f.). Ist die Antwort nein (vgl. Z. 15 ff.), so bin ich nicht rechenschaftspflichtig, da ich anderen keine Vorschriften mache. Aber Vorsicht: Bei Aussagen wie „Ich zwinge niemanden zu sexuellen Handlungen, aber finde es in Ordnung, wenn du das tust!“ „fiele [es] schwer, an ihre Ernsthaftigkeit zu glauben.“ (Z. 6 f.))

iii) Wann ist der Anspruch auf universale Geltung legitim? (Er ist berechtigt, falls die Norm einsichtig gemacht werden kann. Er ist nicht berechtigt, wenn die Norm nicht nachvollziehbar begründet, sondern nur dogmatisch (vgl. Z. 14) behauptet oder allein durch Gefühle der Abscheu o. Ä. (vgl. Z. 16 ff.) gerechtfertigt wird.)

3▶ Die Übung ist ungemein ergiebig. In der Regel werden schnell typische Beispiele genannt, ebenso schnell kommt Streit darüber auf, wie einige der Beispiele zuzuordnen sind. Insbesondere werden für Fall 5 und Fall 6 oft Beispiele genannt, die dann als „Trittbrettfahren" (vgl. auch → SB, Begriffskasten S. 209) oder auf Kosten anderer „Schmarotzen" eingeordnet werden, aber auch solche, die auf die eigene Willensschwäche hinauslaufen: Ich rauche, hoffe aber, dass viele andere es nicht tun. Zur Veranschaulichung folgt das Ergebnis aus einer Klasse 12:

Hier Ergebnisse der acht Gruppen (a – h): Die Beispiele sind durchgängig prima!

Handlungsverbote: a) jemanden schädigen (körperlich/seelisch); b) töten; c) diskriminieren; d) Kinder schlagen; e) harte Drogen nehmen; f) wie b; g) stehlen, morden; h) jemanden sexuell missbrauchen oder ihn misshandeln

Persönliche Abneigungen: a) vegetarisch leben; b) in die Kirche gehen; c) an Gott glauben; d) rauchen; e) wie d; f) Fleisch essen; g) wie a und „spicken"; h) wie c

Handlungsgebote: a) andere akzeptieren; b) Steuern zahlen; c) wie b und „sozial verhalten"; d) Menschen helfen; e) die Natur schützen; f) die Wahrheit sagen; g) auf Verkehrssicherheit achten; h) spenden

Persönliche Neigungen: a) Sport treiben; b) Fleisch essen; c) Alkohol trinken; d) vegetarisch leben; e) schwarze Sachen tragen; f) seine Organe spenden; g) zur Schule gehen; h) Sex vor der Ehe; i) rauchen

Sind die Zuordnungen der Handlungen konsensfähig (und begründbar)?

Falls ja: Alle Handlungen unter 2. und 4. gehören dann zu Fragen der persönlichen Lebensführung, die andere Menschen akzeptieren sollten. (Daraus ergäbe sich eine moralische Forderung: Mach anderen keine Vorschriften, wenn es um Fragen geht, die wahlfrei entscheidbar sind.) Alle Handlungen zu 1. und 3. schränken dagegen das wahlfreie Handeln von Menschen ein: Lass jenes und tue dies, wenn du moralisch sein willst!

Falls nein: Nennt ein nicht konsensfähiges Beispiel. Untersucht dann, warum ein Konsens nicht möglich scheint, und ihr werdet sehen, dass ihr euch doch einigt oder dass ihr unterschiedliche moralische Richtlinien befürwortet.

5:? a) Blut spenden; b) zur Wahl gehen; c) Benzin sparen; d) Fahrradhelm tragen; e) Zivilcourage zeigen; f) im Ernstfall Organe spenden; g) wie a; h) wie c

6:? a) Rauchen; b) die Umwelt verschmutzen; c) mein Tagebuch lesen; d) verschwenderischer Lebensstil; e) Steuern hinterziehen; f) ?; g) lügen, lästern; h) –

S. 140 **4▶** Bereits im Lösungshinweis zu Aufgabe 3 wurde angedeutet, dass unterschiedliche Fälle möglich sind. Zum einen Fälle, die man als „Trittbrettfahren" (profitieren auf Kosten anderer) klassifizieren kann, daneben aber auch Fälle von Willensschwäche oder fehlendem Mut.

5▶ Diese Diskussion kann ergebnisoffen geführt werden. In der Diskussion muss klar sein, dass, wer die Behauptung verneint, begründungspflichtig ist. Seine Aufgabe besteht dann darin, ein typisches Beispiel zu nennen, dass nicht durch die vier bzw. sechs Kategorien erfasst wird.

6▶ Die Frage ist ergebnisoffen. Eine eindeutige Antwort existiert nicht. An der Frage kann man aber testen, wie man selbst zu dem Problem steht: Ist eine allgemeinverbindliche Moral denkbar, zu der jeder gelangen kann, der über alle Informationen verfügt, oder ist Moral so kulturrelativ, dass selbst vollständige Kenntnis aller Fakten unterschiedliche Moralen, die gleich gut begründbar sind, zulässt?

7▶ Die Beispiele werden nun zu den Fällen im Baum von links nach rechts angegeben: 1) nicht tolerierbar ist z. B. die Auffassung, Sex mit Kindern sei doch unbedenklich. 2) Der Wunsch eines Menschen, gleichgeschlechtliche Beziehungen zu verbieten, könnte allein auf einer persönlichen Abneigung gegen diese Lebensform beruhen. 3) „Ich gehe zur Kirche und führe ein religiöses Leben, aber andere dürfen das anders halten." Diese Haltung etwa verdient Respekt auch von nicht religiös Eingestellten. 4) „Züchtigung ist für mich in der Kindererziehung tabu, aber andere können das bei ihren Kindern anders sehen." Die Beschränkung des Geltungsanspruchs ist nicht gerechtfertigt.

3.2.3 Forderungen an moralische Begründungen

Inhalte – Methoden – Kompetenzen

In dem kurzen Abschnitt geht es darum, ein Beispiel dafür zu geben, wie der moralische Standpunkt als Sammlung von Einzelmerkmalen oder Einzelforderungen dargestellt werden kann. Der vorgestellte Standpunkt ist natürlich alles andere als unstrittig. Streitpunkte ans Licht zu bringen kann dabei helfen, genauer zu sehen, worauf es beim moralischen Argumentieren eigentlich ankommt. Parteiisch ist der vorgestellte Standpunkt in zwei Hinsichten: Er behauptet, dass i) weder eine deontologische noch eine konsequenzialistische Ethik allein tragfähig sind und dass ii) eine Bezugnahme auf nicht beweis- oder widerlegbare metaphysische Erkenntnisquellen (etwa Gott) in moralischen Begründungen nicht zulässig ist.

Sequenz ●●●	Die acht Forderungen können im Zusammenhang studiert, hinterfragt und ggf. präzisiert werden oder aber einzelne Forderungen werden bei Bedarf durch Rückverweis plausibilisiert.
Querverweise ◆▶	● **3.1.1 Moral: angeboren oder anerzogen?** (→ SB, S. 119 ff.): insbesondere Forderung 6 ● **5.6 Politische Ethik** (→ SB, S. 252 ff.): insbesondere Forderungen 1, 4, 6 bis 8 ● **8.3.1 Geltungsanspruch religiöser Normen** (→ SB, S. 430 ff.): insbesondere Forderung 1, 7

Zu den Materialien und Aufgaben

S. 141 **Matthias Althoff: Acht Forderungen an moralische Begründungen**

S. 142
Z 3-3 **1▶** Die Forderungen provozieren Gegenrede. Was hinter den Forderungen steht und wie sie sich zur philosophischen Tradition verhalten, kann in → LB, Zusatzmaterial **Z 3-3** nachgelesen werden. Dort finden sich auch Hinweise, worauf bei der Einführung und Diskussion der Forderungen geachtet werden kann.

2▶ Hier kommen Begründbarkeit und Verallgemeinerbarkeit als entscheidende Gütekriterien für normative Gültigkeit erneut in den Blick. Hilfreich kann es sein, die Frage vor dem Hintergrund des Euthyphron-Problems zu diskutieren, welches in 8.3.1 (vgl. → SB, S. 430) genauer vorgestellt und diskutiert wird.

3▶ Haben z. B. auch Tiere Rechte und Interessen, die in die Güterabwägung einfließen sollten? Oder gibt es Werte (Achtung vor der Natur oder Achtung vor der Heiligkeit des Lebens), die ganz unabhängig davon, welche Interessen Menschen verfolgen, geachtet werden müssen? Die Diskussion kann natürlich zu ganz verschiedenen Ergebnissen führen. Ich selbst würde sagen, dass die Forderungen „achte die Natur" oder „schütze Tiere" typisch menschliche Interessen sind, sobald sie von Menschen vorgetragen werden. Dann sind sie natürlich – wie alle anderen menschlichen Interessen auch – in der Güterabwägung zu achten. In welchem Umfang, hängt dann von den vorgetragenen Begründungen insgesamt ab.

3.2.4 Pluralismus und ethischer Relativismus

Inhalte – Methoden – Kompetenzen

Ein ebenfalls kurzer, aber sehr wichtiger Abschnitt. Die Diskussion ethischer Fragen führt stets fast sicher zu der Frage, ob ethische Normen (kultur-)relativ sind oder ob es universell gültige Normen geben kann. Der Abschnitt ist im Wesentlichen auf Begriffsanalyse hin angelegt. Wenn geklärt ist, was der Begriff „Pluralismus" bedeutet und welche Bedeutungen es haben kann, wenn jemand behauptet, moralische Normen seien relativ oder kulturrelativ, kann man dazu übergehen, zentrale Probleme des gesellschaftlichen Zusammenlebens zu behandeln, die sich ergeben, wenn viele Menschen aus unterschiedlichen kulturellen Traditionen zusammenkommen. Geeignet sind sicher die vielfältigen Probleme der religiösen und weltanschaulichen Toleranz. Inhaltlich können nach der Begriffsklärung auch Teile aus Kapitel 8 (Religionsphilosophie) behandelt werden. Als Gegenposition zum Relativismus können weitere Passagen aus DenkArt betrachtet werden. Sie werden auch im Schülerband im einleitenden Text auf S. 142 direkt genannt und zur Bearbeitung angeboten.

Sequenz ●●●	Die beiden Begriffsklärungen (Pluralismus und ethischer Relativismus) können zusammen, aber auch unabhängig voneinander bearbeitet werden. Beide können auch direkt im Zusammenhang mit 3.2.2 (z. B. als arbeitsteilige Bereitstellung für die Gruppendiskussion) behandelt werden
Querverweise ⟷	• **4.4 Nur im Gespräch? – Diskursethik** (→ SB, S. 199 ff.): Habermas • **6.2.1 Was sind Vertragstheorien?** (→ SB, S. 288 ff.) • **6.2.2 Hobbes, Locke, Rawls: klassische und moderne Vertragsthoerie** (→ SB, S. 290 ff.): dort S. 305, Schleier des Nichtwissens (Rawls) • **6.3 Soziale Gerechtigkeit** (→ SB, S. 310 ff.): insbesondere S. 310 ff. (Nozick) • **8.4.1 Religion und Menschenrechte** (→ SB, S. 440 ff.)

Zu den Materialien und Aufgaben

S. 142   **Bert van den Brink: Pluralismus – eine Begriffsbestimmung**

1▶ Die Bildbetrachtung wird auf ganz ähnliche Gedanken führen, die auch im Text enthalten sind: Beobachtungen aus dem gesellschaftlichen Leben, die zeigen, dass das Zusammenleben auch zu Konflikten führt, weil die Wertvorstellungen unterschiedlich und wechselseitig fremd sind. Auch könnte das Bild dazu führen, die Frage der doppelten Staatsbürgerschaft zu thematisieren. Eine genaue Fokussierung ist hier nicht erforderlich.

2▶ Gute Beispiele lassen sich insbesondere zu Fragen der religiösen Toleranz angeben: Besteht eine Pflicht zur Teilnahme am Schwimmunterricht oder kann jemand aus religiösen Gründen davon befreit werden? Ist die Beschneidung aus religiösen Gründen tolerierbar oder verstößt das gegen das Recht auf körperliche Unversehrtheit der Säuglinge? Innerhalb von Familien kann es zu Konflikten kommen, wenn Tradition und die sogenannte „westliche Lebensart" in Konflikt geraten.

3▶ Die Idee der liberalen Toleranz fordert ein Individualrecht: Jeder Mensch hat das Recht, nach seinen eigenen Vorstellungen zu leben, solange er das Recht aller anderen darauf nicht einschränkt. Diese Idee gerät nicht selten mit Wertvorstellungen in Konflikt, die die Ansprüche von Familie und Glaubensgemeinschaft über die Individualrechte stellen.

4▶ An dieser Stelle müssen die Grenzen der Toleranz bestimmt werden: Wollen Gruppen mit unvereinbaren Vorstellungen darüber, wie das Leben gut geführt werden soll, friedlich zusammenleben, so müssen alle anerkennen, dass jeder das Recht hat, sein Leben so zu führen, wie er es möchte, sofern er das Recht auch allen anderen zubilligt. Voraussetzung dafür ist eine „weltanschaulich neutrale Konzeption des politisch-liberalen Staates" (Z. 14f.).

5▶ Es stehen viele Beispiele zur Wahl, die diskutiert werden können, etwa: i) Weltanschauungen, die das Recht auf freie Entwicklung der Persönlichkeit einschränken wollen; ii) Weltanschauungen, die ihren Anhängern bei Strafe verbieten, zu anderen Weltanschauungen zu wechseln; iii) Weltanschauungen, die die staatliche Gerichtsbarkeit nicht anerkennen und eine verdeckte, eigene Rechtsprechung zu etablieren versuchen; iv) Weltanschauungen, die andere Gruppen der Gesellschaft ausgrenzen wollen; v) Weltanschauungen, die Menschen aufgrund ihres Geschlechts benachteiligen. Etc.

6▶ Auch hier sind viele Antworten denkbar, etwa: i) Wahrung der positiven wie negativen Religionsfreiheit; ii) Neutralität in religiösen Fragen; iii) Anerkennung (und auch steuerliche Gleichstellung) von unterschiedlichen Formen des partnerschaftlichen Zusammenlebens, z.B. auch von gleichgeschlechtlichen Paaren; iv) auf den ersten Blick vielleicht nicht so offensichtlich, aber auf den zweiten: Brauchtumstage für alle (oder keinen).

7▶ Die Frage ist diskussionsoffen. Hier könnten die politischen Anschauungen von Bewegungen wie „Pegida" ebenso genannt werden wie religiöse Konflikte (Salafismus).

S. 143 ### Richard B. Brandt: Ethischer Relativismus

S. 144 **8▶** Die Klarstellung wird zumeist als problemlos akzeptiert. Manchmal kommt die sehr berechtigte Frage auf, was genau mit „außer in Extremfällen" gemeint ist. Dann muss der Versuch einer Grenzziehung erfolgen. Alles, was jemand im Rahmen der Gesetze tut, ist sicher nicht extrem. Schwieriger wird es, wenn jemand durch sein Handeln zwar gegen kein Gesetz verstößt, aber einem anderen sehr wehtut, weil er ihn belügt oder hintergeht. Extremfälle werden dann solche sein, die so sehr gegen meine eigene Moralvorstellung verstoßen, dass ich das Fehlverhalten anderer (auch wenn sie darüber ganz anders denken als ich) nicht dulden kann.

S. 144 ### Richard B. Brandt: Unterschiede in den grundlegenden ethischen Axiomen?

S. 145 **9▶** Das Verhalten der Südseeinsulaner und der Römer kann man auch so deuten, dass sie beide den normativen Satz „tue deinem Vater gut" bejahen würden. Nicht einig wären sie sich aber darüber, was dem Vater guttut. Darüber aber ist zumindest theoretisch eine Annäherung durch Aufklärung möglich. Das moralische Anliegen wäre bei beiden gleich, ein Unterschied in den grundlegenden moralischen Axiomen läge also nicht vor. Der Streit bestünde darin, ob bestimmte außermoralische Aussagen zutreffen oder nicht. Legt man diese Lesart zugrunde, so zeigt sich, wie schwer es wird, echt unverträgliche moralische Axiome zu finden, die nicht durch eine unterschiedliche Bewertung der Fakten erklärt werden können.

10▸ Ist das Individuum für die Gemeinschaft da oder die Gemeinschaft für das Individuum? Wird die Frage unterschiedlich beantwortet, kann es schnell dazu kommen, dass weitere konkrete moralische Fragen zu Beantwortungen führen, die unvereinbar sind und die nicht weiter auflösbar sind. Wer die Individualrechte über die Gruppenrechte stellt, wird moralisch die Freiheit des Individuums gegen Ansprüche der Gemeinschaft verteidigen, wer umgekehrt die Gruppenrechte höher gewichtet, wird vom Individuum Einschränkungen zugunsten der Gemeinschaft fordern.

11▸ Offen für Positionierungen, Einigung ist nicht erforderlich. Es sollte aber klar werden, welche Begründungspflichten mit den verschiedenen Spielarten des Relativismus jeweils verbunden sind.

3.3 Moralisch argumentieren

Inhalte – Methoden – Kompetenzen

Besonderes Augenmerk liegt in diesem Unterkapitel auf dem Anspruch, Schülerinnen und Schüler schrittweise an ein strukturiertes moralisches Argumentieren zu gewöhnen. Aber, wie sieht das aus? Die Idee ist einfach: Die Schülerinnen und Schüler werden an genau die Schritte herangeführt, die auch Philosophinnen und Philosophen häufig anwenden, um moralische Stellungnahmen zu verfassen. Der schöne Nebeneffekt: Die einfache Argumentationsstruktur kann bis zum Abitur und auch darüber hinaus beibehalten werden, auch wenn natürlich die Inhalte komplexer und die Erwägungen u. U. umfangreicher werden. Der Rest ist in methodischer Hinsicht also wiederkehrende Übung, Korrektur, Verbesserung an erweiterten Inhalten, d. h., die Komplexität der Beispiele und der zu berücksichtigenden inhaltlichen Gesichtspunkte nimmt zu. Zu Beginn analysiert die Lerngruppe kleine Probleme und schlägt eher naiv aus der eigenen Lebenswirklichkeit heraus Lösungen vor. Im Rahmen der Einführung der Grundpositionen der philosophischen Ethik in Kapitel 4 kann dann das eingeführte Verfahren so erweitert werden, dass die Begründungen auch vor dem Hintergrund metaethischer Begründungsverfahren erfolgen und umfassender bewertet werden können.

Sequenz ●●●	**3.3.1** und **3.3.2** sollten im Zusammenhang unterrichtet werden, da 3.3.2 auf 3.3.1 aufbaut. **3.3.3** dagegen ist optional und kann als Ergänzung oder Vertiefung sowie zur Metareflexion eingesetzt werden.
Querverweise ⟷	• **Philosophieren: Wie und wozu? Säule 2: Folgerichtiges Argumentieren** (→ SB, S. 21 ff.) • **Philosophieren: Wie und wozu? Säule 5: Konstruktive Dialoggemeinschaft** (→ SB, S. 35 ff.) • **5. Angewandte Ethik** (→ SB, S. 214 ff.): Die Unterkapitel 5.3 bis 5.6 eigen sich als komplexere Anwendungen der eingeführten Verfahren auf typische Fragen der Angewandten Ethik.

- http://www.uni-bielefeld.de/philosophie/lehramt/fachtage.html

  Dort findet sich im Archiv zum 3. Fachtag 2015 unter dem 4. Workshop ein Beispiel, wie moralisches Argumentieren auch bereits in Klasse 9 eingeübt werden kann. Die Ergebnisse wurden am Fachtag von einer Schülergruppe vorgestellt.

- Volker Pfeifer: Ethisch Argumentieren – Eine Anleitung anhand von aktuellen Fallanalysen. Paderborn: Schöningh Verlag, 2009

3.3.1 Die Struktur moralischer Begründungen

Inhalte – Methoden – Kompetenzen

Vgl. die Einträge unter 3.3, die den Abschnitt in den Zusammenhang des Unterkapitels einordnen.

Zu den Materialien und Aufgaben

S. 146 **Matthias Althoff: Aristoteles' praktischer Syllogismus als Strukturierungshilfe**

S. 147 ◼1▶ Die Aufgabe spricht für sich. Lassen Sie sich überraschen. Der Inhalt der Beispiele ist wahlfrei. Achten Sie streng darauf, dass tatsächlich ein formal gültiger Schluss entsteht. Alle (auch noch so kleinen Fehler) müssen dabei korrigiert werden. Dabei kommen häufig die vier im Text genannten Eigenschaften entsprechend strukturierter Argumente (a – d) zur Geltung. Ein Beispiel:

Situation S: Hannah hat gesehen, wie ihre Freundin sich versteckt. Sie wird befragt, wo Hannah sei, und schweigt.

Allgemeines Moralprinzip P: Du sollst nicht lügen.

S fällt in den Gültigkeitsbereich von P (S → P): Da Hannah schweigt, lügt sie.

Moralische Forderung: Hannah handelt falsch. Sie sollte nicht schweigen.

Der Schluss selbst ist gültig. Wenn die Prämissen zutreffen, so auch die Konklusion. Wer aber richtig findet, dass Hannah schweigt, kann seinen Einspruch an mindestens zwei Stellen präzisieren: i) Das Moralprinzip ist zu weit. Zwar ist zu lügen in der Regel falsch, aber es gibt begründete Ausnahmen und diese Situation gehört dazu. ii) S → P misslingt: Wer schweigt, lügt nicht, denn lügen heißt, wissentlich die Unwahrheit zu *sagen.* Nun könnte die Diskussion beginnen. Aber Vorsicht. Sie wird nicht geführt, sondern das nächste Beispiel betrachtet.

S: Hannah möchte ihrer Freundin deren Freund Clemens ausspannen.

P: Menschen sind frei zu wählen, mit wem sie gehen möchten.

S → P: Hannah bietet Clemens ja nur an, sie zu wählen. Tut er das, ist das seine freie, ihm zustehende Wahl.

M: Hannah darf ihrer Freundin Clemens ausspannen.

i) Die Situationsbeschreibung ist unklar: Was genau heißt „ausspannen"? ii) Das Prinzip ist zu weit, es müsste präzisiert werden. iii) Der Nachweis S → P ist mindestens unvollständig, da die zentrale Gleichsetzung von „ausspannen" mit „sich anbieten" nicht begründet wird. In S → P müsste zwingend das Verb „ausspannen" erneut auftauchen. iv) So wie der Schluss dasteht, ist er wegen iii) nicht deduktiv zwingend (gültig, logisch korrekt, formal in Ordnung).

Z 3-5 Ergänzend oder alternativ zu Aufgabe 1 kann auch die Übung (vgl. → LB, Zusatzmaterial **Z 3-5**) durchgeführt werden.

2▶ Die Antworten sind nicht immer eindeutig. Wichtig ist allein, an den Beispielen die Merkmale zu vertiefen und zu erkennen, dass Klugheitsüberlegungen z. B. häufig ganz ähnlich strukturiert sind, aber einen ganz anderen Geltungsanspruch haben. (So in Beispiel 1.) In Beispiel 2 geht es sicher um eine moralische Forderung. Hier wird selten Protest aufkommen. Dennoch, seien Sie penibel. Schritt 3 bedarf einer kleinen Korrektur: Implizit muss noch folgender Satz ergänzt werden, damit die Begründung formal vollständig ist. „Ich missachte das Wohlergehen eines Menschen, wenn mein Handeln dafür sorgt, dass es ihm schlecht geht." So oder ähnlich muss zwingend der Zusammenhang zwischen Wohlergehen und „schlecht gehen" hergestellt werden. Beispiel 3 ist eine Klugheitsregel, um sich durch das eigene Verhalten nicht selbst zu schaden. Hier wollen die Schülerinnen und Schüler nicht selten, die Klugheitsregel beiseiteschieben und eine moralische Begründung daraus machen, indem Sie das Prinzip durch „sei deinem Partner treu" ersetzen.

3▶ Beispiel 4 kann in zwei Richtungen aufgelöst werden. Entweder meinen Bacon und Acton mit „Macht" dasselbe oder sie tun es nicht. Wenn sie nicht dasselbe meinen, so wird im Schluss der Fehler der Äquivokation (Fehler von der Mehrdeutigkeit zentraler Begriffe; vgl. auch → SB, S. 476 f.: Fehleranalyse) begangen. Der Schluss ist also gar nicht gültig. Eine Begriffsanalyse muss dann einen möglichen Bedeutungsunterschied ans Licht bringen. Etwa so: Bacon meint, dass naturwissenschaftliches Wissen die Macht verleiht, Natur ein Stück weit zu beherrschen. Acton meint, dass allein schon die Möglichkeit zu starkem politischem Einfluss (Macht) Menschen, die diese Möglichkeit haben, dazu verführt, diese Macht zu missbrauchen. Wenn man annimmt, dass beide mit Macht dasselbe meinen, so muss die gemeinsame Bedeutung genau angegeben werden, um dann zu prüfen, ob die Prämissen unter dieser Bedeutungsfestlegung wahr sind. Dass politische Macht notwendig verderbe, wird sicher auch einige zum Widerspruch reizen.

Deutlich wird jedenfalls, dass hier Kritik möglich ist, sowohl an der Form des Schusses als auch an dem Inhalt der Prämissen.

3.3.2 Die Struktur moralischer Diskussionen

Inhalte – Methoden – Kompetenzen

Vgl. die Einträge unter 3.3, die den Abschnitt in den Zusammenhang des Unterkapitels einordnen.

Zu den Materialien und Aufgaben

S. 148 **1▶** Schülerinnen und Schüler könnten z.B. dieses nennen oder vorspielen:

i) Statt „wirklich" zu diskutieren, komme es „stets nur" zu einem Schlagabtausch unvereinbarer Grundpositionen. ii) Mit fortschreitender Diskussionsdauer würden die Positionen und Argumente immer unübersichtlicher: „Wer hat was wann gesagt und wie gemeint?" Oft entsteht ein kleinkarierter Kampf um das Rechtbehalten: „Aber genau das meinte ich, als ich sagte ...!",

„Hast du nicht gesagt!", „Ich werde doch wohl besser wissen, wie ich das meinte!" iii) In der Schule z. B. drehen sich Diskussionen schnell im Kreise, laufen sich tot, wobei nicht ein befriedigender Antwortversuch, sondern die Pausenglocke die Erlösung bringe. iv) Ethische Debatten seien durch ihre programmierte Ergebnislosigkeit gekennzeichnet, denn Ethik und Moral seien eine Frage der eigenen Einstellungen, die Andersdenkende zu tolerieren hätten. v) Oft ergibt sich aufgrund prinzipiell nicht beweis- oder widerlegbarer Annahmen eine frustrierende Beliebigkeit der Argumentationen. Letztlich sei eben doch – egal wie lange man diskutiert habe – nur die eigene moralische Intuition wirklich entscheidend. vi) Moralische Debatten hätten ja doch keine endgültige Antwort, jeder müsse das also mit sich selbst ausmachen, deshalb lohne auch der Streit, die Diskussion oft nicht.

S. 148   **Matthias Althoff: Ein Verfahren, um moralische Fragen zu klären**

S. 150   **2▸** Zum Fall „Kein Herz fürs Andere" finden sich in → LB, Zusatzmaterial **Z 3-6** Ergebnisse aus dem Unterricht, die eine Idee geben können, was Lerngruppen in erster Näherung erreichen können und wie sich in der Ergebnissicherung aufzeigen lässt, wie die Diskussion weitergehen könnte oder müsste.

Z 3-6

3.3.3 Was leistet Ethik (nicht)?

Inhalte – Methoden – Kompetenzen

Vgl. die Einträge unter 3.3, die den Abschnitt in den Zusammenhang des Unterkapitels einordnen.

Zu den Materialien und Aufgaben

S. 152   **Peter Singer: Was Ethik nicht ist**

1▸ Die Behandlung der Aufgabe lebt von den Beispielen der Schülerinnen und Schüler. Oft wird dabei schnell klar, dass die „nervenden" Situationen eher solche sind, in denen es um Etikette und Benimmregeln geht und weniger um echte moralische Forderungen. Anders ist es, wenn das Gewissen ruft, weil man glaubt, jemandem in irgendeiner Hinsicht „unrecht" zu tun. Das ist belastender. Höflichkeitsregeln mögen diskutierbar sein, anderen echt zu schaden dagegen ist falsch, egal ob nun jung oder alt, ob Mann oder Frau, ob Moslem, Christ oder Atheist. Achten Sie darauf, die Diskussion nur zu moderieren und nicht inhaltlich auf Ihre eigene Auffassung hinzusteuern oder gar selbst die Beispiele normativ zu bewerten.

2▸ Je abstrakter die moralischen Leitlinien werden, desto klarer wird, dass sie auf ganz unterschiedliche Bereiche angewandt werden können. Und so zeigt sich dann, dass Prinzipien der Nichtschädigung oder des Nötigungsverbots leitend sowohl im Auto- wie im Sexualverkehr sind. Die Frage z. B., warum Sex mit Kindern tabu ist, wird auf Prinzipien führen, die auch außerhalb der Sexualmoral weite Anwendungen finden (z. B. Autonomie, psychisches Wohlergehen achten).

3▸ Diese Übung sollte nicht fehlen. Die Versuche, begründete (d. h. verallgemeinerbare) Ausnahmesituationen (die paradigmatisch für ganze Klassen von Handlungssituationen stehen) zu benennen, führen automatisch dazu, genauere, präzisere und durchdachtere Prinzipien vorzuschlagen. → LB, Zusatzmaterial **Z 3-7** zeigt beispielhaft das Ergebnis zu dieser Aufgabe einer Lerngruppe der Qualifikationsphase 1 (Jg. 11 oder Jg. 12).

Z 3-7

S. 153 **4▶** Die Aufgabe ist diskussionsoffen. Feste inhaltliche Ergebnisse sind daher nicht anzusteuern. Deutlich werden kann aber, dass es auch ohne die Möglichkeit einer strengen Hierarchisierung denkbar ist, dass moralische Regeln sich jeweils wechselseitig beschränken können. Mal ist z. B. Regel 1 wichtiger als Regel 2 und mal ist es eben umgekehrt. Unerlässlich ist es allerdings, dass die Anwendungsbereiche anhand klarer und begründeter Kriterien willkürfrei voneinander abgegrenzt werden.

5▶ Hier könnten ganz ähnliche Aussagen fallen wie schon zu Aufgabe 1 (→ SB, S. 148). Vielleicht wird aber auch auf Merkmale und Leistungen gelingender Diskussion im Vorunterricht verwiesen. → LB, Zusatzmaterial **Z 3-8** gibt ein Beispiel, wie ich selbst als Lehrer mich dazu und zu den Ergebnissen des Unterrichts positioniere.

Z 3-8

S. 153 **Johann S. Ach: Was kann man von moralischen Debatten erwarten?**

S. 153 **Kurt Bayertz: Was sollen moralische Debatten leisten?**

6▶ Die Antwort kann sowohl „ja" wie auch „nein" lauten, je nachdem, wie hoch man die Ansprüche hängt. Einerseits ist es auch Laien möglich, Argumente sorgfältig zu betrachten und sich um mehr Rationalität im Diskurs zu bemühen. Johann S. Ach zählt ja all die Dinge auf, die sich auch in der Anleitung, eine fallbasierte moralische Diskussion zu führen, wiederfinden. Andererseits zeigen aber oft die Bemühungen im Kurs, wie weit (nicht nur) Lerngruppen noch davon entfernt sind, die Forderungen angesichts drängender Fragen wirklich zu erfüllen. Die im Unterricht entstandenen Entscheidungsbäume zeigen oft nur, wo und wie die Diskussion weitergehen müsste, oder offenbaren gar, wo sie erst richtig beginnen könnte. Dadurch könnte auch etwas Respekt davor entstehen, dass die Beantwortung moralischer Fragen keine schnelle Sache ist, sondern immer eine anspruchsvolle Herausforderung darstellt.

7▶ Bayertz bringt zum Ausdruck, was im Kurs versucht wurde, als es darum ging, Argumente zu analysieren, zu verbessern oder unrettbar schlechte Argumente wirklich auszusortieren, bis nur noch starke und beachtenswerte Argumente übrig blieben. Skeptisch könnten Lerngruppen es beurteilen, ob man so wirklich der Beantwortung drängender Fragen näherkommt oder ob es letztlich doch dabei bleibt, dass jede Partei ihren Standpunkt nur parteiisch vertreten kann und nicht unparteiisch.

Auswertungsbogen

Sonderbare Gedankenspiele oder mehr?		
Name:	Datum:	

1. „Denise"		
ja	nein	

2. „Fat Man"		
ja	nein	

3. „Paul"		
ja	nein	

4. „Ned"		
ja	nein	

5. „Oskar"		
ja	nein	

6. „Seenot"		
ja	nein	

Vorgehen (vgl. S. 120, Aufgabe 2): Jeder Fall wird im Plenum einzeln vorgestellt. Die Fälle werden noch nicht diskutiert. Nachfragen zu den Situationen sind aber erlaubt.

2a) Sichern: Wie entscheiden Sie intuitiv? Kreuzen Sie dazu „ja" oder „nein" an. Ermitteln Sie, wie viele im Kurs mit „Ja" bzw. „Nein" antworten, und tragen Sie die Zahlen in die kleine Tabelle zu dem Fall ein.

Nach der Vorstellung aller Fälle:

2b) **EA**: Wie begründen Sie Ihre Entscheidungen, was unterscheidet für Sie die Fälle?

2c) **GA (zu viert)**: Vergleichen Sie Ihre Antworten und versuchen Sie eine Einigung.

2d) **Plenum**: Stellen Sie Ihre Begründungen vor? Ist Konsens erreichbar? (Achtung: Konsens ist nicht zwingend nötig. Das klare Herausarbeiten von Dissens ist ebenso wünschenswert.)

Es folgen zwei Beispiele für Unterrichtsprotokolle, die zeigen, wie unterschiedlich die ersten normativen Bewertungen je nach Lerngruppe ausfallen können. Es lohnt sich ungemein, als Lehrperson nicht normativ Stellung zu nehmen und nur den Auswertungsprozess zu moderieren.

Philosophie – Qualifikationsphase 1. Jahr: Einführung in die Ethik

Ergebnisprotokoll der Diskussion vom 30.08.2012

Es folgt der Versuch, wichtige Ergebnisse unserer Diskussion zusammenzufassen. Bitte prüft genau. Unsere Diskussion war sehr angeregt (leider konnten nicht alle zu Wort kommen). Das Gespräch bot viele gehaltvolle Beiträge und sinnvolle Unterscheidungen. Es fehlte die Zeit, die Ergebnisse der Diskussion zu systematisieren. Ich wage nun einen Versuch. Falls ich aber etwas schief wiedergebe, bitte ich um eure sofortige Korrektur:

Es lagen sechs Fälle zur Beurteilung vor, in denen jeweils zu entscheiden war, was richtig ist zu tun oder zu lassen. In allen Fällen ist das Leben einer Person gegen das Leben von fünf Personen abzuwägen. Im Kurs wurden folgende Unterscheidungen mehrheitlich bis einstimmig geteilt:

1. Grundsätzlich gilt: Wenn durch mein Handeln Menschen aus Lebensgefahr gerettet werden können, dann muss ich so handeln, dass möglichst viele gerettet werden. (Idee: Die Anzahl zählt! Paradebeispiel wäre hier Fall 6 „Seenot".)
2. Ausnahme 1: Meine Familie hat Vorrechte. Die eigenen Leute muss man nicht zugunsten Fremder opfern. (Paradebeispiel wäre Fall 1: Wenn der einzelne Mensch auf dem Gleis der Sohn von Denise wäre, dann ist ihr das Stellen der Weiche nicht zumutbar. Ebenso dürfte man im Fall 6 „Seenot" die einzelne Person retten, wenn es sich dabei z. B. um den eigenen Lebenspartner handelte. Oder?)
3. Ausnahme 2: Mein Rettungsversuch für die fünf darf nicht Menschen töten, die mit der Situation eigentlich gar nichts zu tun haben, die gar nicht involviert sind. (Idee: Einen nicht Betroffenen zu töten, um andere zu retten, ist Unrecht. Paradefälle wären Fall 3 „Paul" und Fall 2 „Fat Man".)
4. Ausnahme 3: Als Kollateralschaden (= Begleitschaden) ist der Tod eines Menschen im Vollzug der Rettung anderer Menschen zwar traurig, aber hinnehmbar. (Idee: Wenn ein Mensch zur falschen Zeit am falschen Ort ist, dann hat er halt Pech gehabt. Das war dann schicksalhaft für ihn. Paradebeispiele wäre Fall 1 „Denise", vielleicht auch Fall 5 „Oskar".)
5. Vorgeschlagen zur generellen Unterscheidung wurde am Schluss der Diskussion dieses Merkmal: Verwerflich ist es, Menschen als Mittel zur Rettung anderer zu missbrauchen. Hinzunehmen ist aber, dass Menschen bei der Rettung anderer zufällig ums Leben kommen. Ihr Tod ist dann nicht beabsichtigt, sondern traurige Begleiterscheinung.
6. Uneins war sich der Kurs, wie wichtig die Unterscheidung aktiv/passiv ist. Die Idee war aber diese: Es ist verwerflicher, jemandem *aktiv* durch sein Handeln Schaden zuzufügen, als *passiv* durch Nichteingreifen Zeuge seines Leids zu werden: Er ist eben schicksalhaft von diesem Leid betroffen. (Hier bin ich mir nicht sicher: Gebe ich das richtig wieder?)
7. Euer Lehrer schlägt vor, mit Argumenten wie „der Mensch maße sich nicht an, über Leben und Tod anderer Menschen zu entscheiden", sehr vorsichtig umzugehen. Oft ist es so, dass eine Entscheidung unausweichlich ist. Nicht zu handeln, nichts zu unternehmen ist schließlich auch eine Entscheidung, die über Leben und Tod von Menschen entscheiden kann. In Fall 1 „Denise" ist das ganz offensichtlich.

Anmerkungen, Zusätze und Kritik sind willkommen.

Einführung in die Ethik: Wurzeln der Moral?

1. „Denise"	
ja*	nein
14	3
82%	18%

2. „Fat Man"	
ja	nein*
8	9
47%	53%

3. „Paul"	
ja	nein*
2	15
12%	88%

4. „Ned"	
ja*	nein
14	3
82%	18%

5. „Oskar"	
ja	nein*
13	4
76%	24%

6. „Seenot"		
ja*	nein	keinen retten
14	3	
82%	18%	

(Das Sternchen an „ja" bzw. „nein" zeigt jeweils an, was in empirischen Untersuchungen regelmäßig die Mehrheitsantwort war, und zwar unabhängig von „Religion, Alter, Geschlecht, Ausbildung, Herkunftsland". Vgl. DenkArt, S.122, Z. 39 ff.)

Die Zahlen zu den sechs Fällen wurden aktualisiert. Nun auch dabei sind die Entscheidungen von *Anneke* und *Hanna*, die fast die konträre Position von *Sven* und *Pia* einnehmen: **Menschenleben muss man natürlich retten, wenn man kann, aber man darf dabei nicht andere Menschen opfern.** In allen Fällen außer im Seenotfall, so argumentierte *Anneke*, würde man einen Menschen, der mit der Situation nichts zu tun hat, opfern. Daher darf man in keinem der ersten fünf Fälle aktiv werden. (Strittig blieb, ob *Annekes* Argument tatsächlich auch im Fall 1 „Denise" zutrifft. Da müsste die Diskussion weitergehen.)

Ausgehend von *Annekes* Überlegung konnten wir die von *Sven* und *Pia* vorgeschlagene Regel präzisieren und geeignet einschränken. Dadurch ergab sich ein im Kurs konsensfähiges Moralprinzip:

> **Wenn man in einer Situation Menschenleben retten kann, dann muss man so viele wie möglich retten. Dabei darf man aber nicht Außenstehende in die Situation hineinziehen und opfern. In einer Rettungssituation darf man seine „eigenen Leute" bevorzugen, auch wenn das bedeutet, weniger Personen als möglich zu retten. Unter Zeitdruck darf man seinem Gefühl (Gewissen) folgen.**

Die Ausnahmeregelung ergab sich aus einer Variante des Seenotfalls: Angenommen, die fünf Personen in dem einen Boot sind Ihnen unbekannt, die eine Person im anderen Boot ist Ihre geliebte Schwester. Zu welchem Boot fahren Sie? Hier waren wir uns schnell einig: Man kann von niemandem fordern, in dieser Situation die eigene Schwester nicht zu retten.

Die Ergebnisse der Stunde überzeugen. Alle Überlegungen sind einschlägig und wichtig. Unser Vorgehen war zudem typisch für Versuche, klare moralische Prinzipien zu erarbeiten: Ausgehend von einem ersten Vorschlag (*So viele retten wie möglich ist die richtige Handlung*) wird anhand von Beispielen geprüft, ob die Regel zu weit ist. Wir wurden fündig und schränkten die Regel geeignet ein. In unserer Diskussion zeigten sich zwei Besonderheiten des moralischen Argumentierens:

> i) **Übertragbarkeit**: Will man zwei sehr ähnliche Fälle unterschiedlich entscheiden, so ist zu begründen, welches wichtige Merkmal die beiden Fälle einleuchtend unterscheidet.
>
> ii) **Offenheit**: Jede Entscheidung darf mit neuen Einwänden infrage gestellt werden.

Und? Gibt es neue Einwände, die eine weitere Präzisierung erzwingen?

Test: Was ist Ethik?

Ein kleiner Test, dessen Ergebnis nur für Sie bestimmt ist: Kreuzen Sie ehrlich (!) an, ob Sie die folgenden Fragen klar beantworen können. Schauen Sie im Zweifel nochmals in die Textgrundlagen.

	ja	nein
M1: Das Verhältnis von Ethik und Moral		
Was bedeuten „Ethik" und „Moral" im Alltagsdeutsch?		
Was wird in der Philosophie unter „Ethik", „Moralphilosophie" und „Moral" verstanden?		
Wieso verhält sich Ethik zu Moral wie Rechtsphilosophie zu Recht?		
Wie unterscheiden sich grob das moderne und das antike Verständnis von Ethik?		
Können Sie Beispiele angeben, die den Unterschied besonders augenfällig machen?		
Kennen Sie Normen, von denen gefordert wird, dass sich jeder Mensch daran hält? (Ohne Ankreuzen: Fordern auch Sie einige dieser Normen „mit Zeigefinger"?)		
M2a: Wie untersucht Ethik ihren Gegenstand, die Moral?		
In welchen Weisen untersucht Ethik ihren Gegenstandsbereich, die Moral? Erklären Sie insbesondere die Bedeutungen von „deskriptiv", „normativ", „analytisch".		
Können Sie für jede Art der Untersuchung ein treffendes Beispiel nennen?		
Können Sie die Beispiele in Aufgabe 2 auf S. 126 im Lehrbuch begründet zuordnen?		
M2b: Wer normativ urteilen will, muss metaethisch Farbe bekennen		
Welche „ernste Schwierigkeit" haben Moralphilosophen nach R. M. Hare?		
Können Sie ein Beispiel geben, wo sich in einer Diskussion die Schwierigkeit zeigt?		
M3: Verhalten, Handlung, Widerfahrnis		
Wie trennt Birnbacher Handeln und Widerfahrnisse?		
Können Sie einfache Beispiele angeben, die den Unterschied sofort aufzeigen?		
Wieso ist auch Nichthandeln ein Handeln, das man rechtfertigen muss?		

Welche Personengruppen müssen ihr Handeln nicht verantworten?		
Können Sie dafür Beispiele nennen (vgl. Aufgabe 3 im Lehrbuch, S. 128)?		
M4: Es gibt keinen Werteverfall		
Ist die Frage „Was verfällt im Werteverfall" eine gute, klare Frage?		
Können Sie echte Werte von Fragen der Etikette oder guter Umgangsformen trennen?		
Können Sie Beispiele für echte Werte und bloße Konventionen angeben?		
Können Sie erklären, was Horster mithilfe seines Beispiels mit dem Papst und der „Keuschheit" erläutern will?		
Können Sie das Beispiel Horsters für ein Dilemma wiedergeben?		
Haben Sie eine eigene Antwort, wie Sie sich im Beispiel verhalten würden?		
Haben Sie Beispiele für kulturabhängige Normen?		
Wie stellen Sie sich zu dem Beispiel, wie Inuit mit dem nahenden Tod umgehen?		
M5: „Gute Autos", „gute Menschen", „gute Bücher"?		
Was heißt es, dass eine Erklärung zirkulär ist?		
Welche Arten des Gut-Seins gibt es? Benennen Sie sie: …		
Können Sie für jede Art „Gut-Sein" klare Beispiele geben, die zeigen, was gemeint ist?		
Was heißt es, die Worte, die Moral kennzeichnen, seien oft auch in einem außermoralischen Sinn gebräuchlich?		
Können Sie Beispiele für solche Worte angeben?		
Können Sie Beispiele angeben, wo es strittig ist, ob mit „gut" etwas Moralisches oder etwas Außermoralisches angesprochen wird?		

Matthias Althoff
Wozu dienen die acht Forderungen an moralische Begründungen?

Die Forderungen 1–6 sind solche des <u>vernünftigen</u> Redens über Wertungen; sie sind in der metaethischen Diskussion der letzten vierzig bis fünfzig Jahre weitgehend unumstritten. Die Forderungen 7 und 8 sind eher inhaltlich gefüllt: Forderung 7 schließt deontologische ebenso wie gewisse religiöse und metaphysische Begründungen aus – es gibt weder
5 aufgrund ihrer Evidenz absolut gültige Normen noch ist die Berufung auf göttliche Gebote oder auf die „Heiligkeit des Lebens" oder die „Ehrfurcht vor der Natur" ohne Begründung zulässig. Das kann im Unterricht zu kontroversen und tief gehenden Diskussionen führen (etwa darüber, ob Gott seine Gebote rechtfertigen muss). Forderung 8 gilt unumstritten als entscheidend für <u>moralische</u> im Unterschied zu anderen (etwa gruppenegoistischen) Wert-
10 haltungen; sie ist ohne Beachtung von 7 nicht anwendbar. 1–6 entsprechen ohne 7 und 8 ungefähr dem kantischen kategorischen Imperativ, wie die lebhafte Universalisierbarkeits-debatte der 60er- und 70er- Jahre zeigt. Daraus allein lassen sich bei sauberer Argumentati-on weder die Gleichberechtigung der Geschlechter noch das Verbot der Sklaverei, weder Gesichtspunkte für die pränatale Diagnostik noch solche für die Sterbehilfe begründen. Die
15 Forderungen 7 und 8 können zu heißen Diskussionen führen, wenn an Beispielen klar wird, dass sie Menschen gegenüber Tieren privilegieren und dass sie offenlassen, wer als Mensch gilt. Im Folgenden kommentiere ich die einzelnen Forderungen kurz daraufhin, worauf bei ihrer Einführung im Unterricht zu achten ist und mit welchen Reaktionen der Schülerinnen und Schüler zu rechnen ist:
20 **Verbindlichkeit**: Die Formulierung der Forderung provoziert totale Ablehnung bei den Schülerinnen und Schülern. Ich fordere sie dann auf, mich von der Falschheit zu überzeu-gen. Im sich anschließenden Streitgespräch kann eindringlich der Anspruch auf Allgemein-verbindlichkeit hervorgehoben werden, der einen missbräuchlichen Toleranzanspruch im Sinne einer laschen liberalen Haltung für alles und nichts in moralischen Fragen unmöglich
25 macht. Wer Sex mit Kindern als verwerflich ablehnt, fordert Einschränkungen des Sexual-verhaltens nicht nur für sich selbst, sondern für alle. Damit geht er aber im moralischen Diskurs die Verpflichtung ein, Andersdenkenden zu begründen, warum es sich um ein all-gemeines Verbot und nicht nur eine persönliche Abneigung gegen bestimmte Sexualprak-tiken handelt. Wichtig ist in der Formulierung die Umkehrung, die den Blick weg von sich
30 selbst auf Andersdenkende lenkt, deren Ansichten beachtet werden sollten. Das kann hel-fen, das persönliche Empfinden, welches natürlich zu tolerieren ist, deutlich von dem An-spruch auf Universalisierbarkeit der fraglichen Entscheidung zu trennen. Dieser Punkt machte den Schülerinnen und Schülern bei der Frage, ob Selbsttötung verwerflich ist, enorm zu schaffen; immer wieder wurde, ohne Angabe in sich schlüssiger Gründe, das ei-
35 gene Empfinden zum Maßstab für alle erhoben. So etwas bleibt häufig nur deshalb unent-deckt, weil alle ähnlich (z.B. christlich-abendländisch) denken.
Davor sind auch Philosophen nicht gefeit. So kommentiert Dieter Birnbacher Schopenhau-ers Kritik an Kants Argumenten gegen den Selbstmord als „Armseligkeiten", „die nicht ein-mal eine Antwort verdienen", mit den Worten: „In der Tat sind die von Kant vorgebrachten
40 Argumente so wenig überzeugend, dass es naheliegt, sie [...] als Rationalisierungen ander-weitig motivierter Einstellungen zu deuten. Nahegelegt wird diese Deutung insbesondere durch die Intensität des Abscheus vor dem Selbstmord [...], dem Kant in seinen Vorlesungen Ausdruck gibt" (in: Anton Leist (Hrsg.): Um Leben und Tod, 1992, S. 402). Moralische Entrüs-tung und Abscheu liefern vielleicht den Anlass, sich für ein allgemeines Verbot von etwas
45 einzusetzen, können aber die Begründung der Verbotsforderung nicht ersetzen.
Ernsthaftigkeit: Simuliert wird ein ehrlich geführter moralischer Diskurs und dazu gehört, nur solche Grundsätze vorzubringen, die man selbst einhalten kann und will. Schon hier ist

eine Diskussion darüber möglich, wie unsere moralischen Empfindungen und Einstellungen unser Handeln beeinflussen und wie Willensschwäche, Selbstbetrug und Irrtümer über die eigenen Grundsätze auseinandergehalten werden können. Häufig handeln wir nur deshalb gegen Grundsätze, die wir in der Theorie als richtig ansehen, weil wir uns darüber täuschen, was wir in einer Frage für wirklich richtig halten. Oft fordern Schülerinnen und Schüler von selbst Ernsthaftigkeit beim Vertreten moralischer Grundsätze. Ob ein Grundsatz ernst gemeint ist oder nicht, zeigt sich nun einmal nicht in Sonntagsreden für Helden und andere moralische Übermenschen, sondern darin, ob man selbst und andere durchschnittliche Menschen zum Befolgen dieses Grundsatzes bereit und in der Lage sind. Ben: „Im ersten Fall nehmen die Leute ihre eigenen Grundsätze doch gar nicht ernst." Claudia: „Wenn man es vor sich selbst verantworten kann, dann findet man das Verhalten eben doch o. k., egal was man vorher darüber dachte."

Offenheit: Sie versucht, zu einem konstruktiven Umgang mit der enttäuschenden Erfahrung zu ermuntern, dass moralische Fragen meistens unter Unsicherheit nach bestem Wissen und Gewissen entschieden werden müssen, weil eine Letztbegründung entweder in zu weiter Ferne liegt oder als solche gar nicht existieren kann. Jede Entscheidung ist als vorläufig zu betrachten. Sie darf infrage gestellt werden, wenn neue Einwände aufkommen.

Widerspruchsfreiheit: Eine herrliche Forderung, die immer wieder zu Entscheidungen zwingt, wo nicht nur Schülerinnen und Schüler eigentlich nicht entscheiden wollen. Hier muss über die Diskussion von Beispielen deutlich werden, dass dieses allgemeine Merkmal aufzugeben bedeutet, den rational geführten moralischen Einigungsversuch zu beenden. Jedes Argumentieren wird obsolet, wenn entdeckte Widersprüche im Begründungsgefüge nicht zu dem Versuch ihrer Beseitigung oder der Aufgabe der Begründung führen.

Begründungsbereitschaft: Wer nicht begründungsbereit ist, verlässt den moralischen Standpunkt. Diese Forderung wird regelmäßig ohne weitere Diskussion akzeptiert. Erst im Nachhinein gewinnt sie an Bedeutung. Bei der Behandlung der Frage, ob man an menschlichen Embryonen verbrauchend forschen darf, kam es an mehreren Stellen dazu, bestimmte Einwände (wie etwa die, die Peter Singer in Kapitel 6 seiner „Praktischen Ethik" vorträgt) erst gar nicht zur Diskussion zuzulassen, weil sie „zu furchtbar sind", und ohne weitere Diskussionsbereitschaft die Doktrin von der Heiligkeit des menschlichen Lebens axiomatisch festzuschreiben. Mit Erleichterung wurde nach einer genaueren Prüfung der Argumente festgestellt, dass sich auch ohne dogmatisches Insistieren auf die Heiligkeit des Lebens gute Gründe gegen Singer anführen lassen. Das wurde als befreiend empfunden, weil positiv erfahren werden konnte, dass moralische Entrüstung nicht zum Totschweigen von Gedanken, die man als gefährlich ansieht, führen darf, sondern zu ihrer konstruktiven Zurückweisung ermuntern sollte. Misslingt der Gegenschlag allerdings nachhaltig, so deutet sich an, dass die moralische Entrüstung eventuell doch unbegründet ist. Dieser Gefahr muss sich jeder aussetzen, der an aufrichtigen moralischen Debatten teilnimmt.

Übertragbarkeit: Diese Forderung schärft den Blick dafür, wozu die oft haarsträubenden Fallunterscheidungen und Gedankenexperimente der Ethiker gut sind. Würde man die Forderung opfern, würde jede Entscheidung zur Einzelentscheidung ohne Anspruch auf Verallgemeinerbarkeit. Wichtig wird sie besonders bei Versuchen, bei einer immer gleichen „Basishandlung" eine Grenze zwischen Erlaubt, Geboten und Verboten zu ziehen (z. B. Abtreibung, Euthanasie, Lügen, Versprechen halten etc.).

Folgenabwägung: Eine, wie oben ausgeführt, problematische und keinesfalls selbstverständliche Forderung, die die Interessen der Betroffenen zum obersten Maßstab der Entscheidung erhebt. Dies könnte erbitterten Widerstand provozieren, denn damit werden alle moralischen Begründungsversuche zurückgewiesen, die sich unbeweisbarer metaphysischer oder religiöser Annahmen bedienen, die Sache eines nicht weiter begründbaren Glaubens sind, auf den andere nicht verpflichtet werden dürfen!

Unparteilichkeit: Die Formulierung provoziert Missverständnisse, die auszuräumen ein Vergnügen ist. Aus der Wendung „sind genauso wichtig" wird „sind gleichwertig". Ein

100 Schüler etwa argumentierte so: „Bei der Frage, ob man ein Kind aus einem knietiefen Teich retten sollte, würde dann ja das Interesse an einer trockenen Hose bei einem potenziellen Retter mit dem Interesse des Kindes am Überleben gleichgesetzt. So ein Quatsch." Gemeint ist dagegen: Egal wer auch immer die konkret Betroffenen sind, das Interesse an einer trockenen Hose steht im Normalfall natürlich immer hinter dem Interesse am Überleben zu-
105 rück. Als Verbesserungsvorschlag einigten sich die Schülerinnen und Schüler am Ende auf folgende Fassung: „Ob bestimmte Interessen A zugunsten von Interessen B zurückstehen müssen, hängt nicht davon ab, welche konkreten Personen die Interessen A und welche die Interessen B gerade haben, sondern nur davon, was in diesem Fall und in ähnlichen Fällen als ein fairer und gerechter Interessenausgleich anzusehen ist." Für die Praxis ergibt sich als
110 Notwendigkeit, diese Forderung nur in den engen Grenzen konkreter moralischer Probleme inhaltlich zu füllen, denn es täten sich philosophische Abgründe auf, wollte man allgemein ein für alle Mal klären, was ein fairer und gerechter Interessenausgleich ist.

Die Kurzdarstellung basiert auf einem Artikel von mir in ZDPE 3/2003 unter dem Titel „Ethikunterricht ohne Kant, Mill und Co? Immer? Nein, aber immer öfter!" Dort können bei
115 Interesse weitere fachdidaktische Anmerkungen, unterrichtliche Hinweise sowie vertiefende als auch belegende Literatur nachgelesen werden.

Originalbeitrag für diesen Band

Der Sein-Sollen-Fehlschluss

Was ist ein Fehlschluss? Bei einem Fehlschluss wird behauptet, eine Begründung (ein Argument oder ein Schluss) *garantiere* ausgehend von bestimmten Prämissen, dass die Konklusion wahr sei, aber dem ist, obwohl es auf den ersten Blick so aussieht, gar nicht so. Es werden im Argument Zusammenhänge behauptet, die in Wirklichkeit gar nicht so wie behauptet bestehen.

Eine **Ist-Aussage** ist eine Behauptung darüber, wie es auf der Welt tatsächlich ist, ohne diesen Ist-Zustand zu bewerten, ob er etwa gut, wünschenswert, schlecht, erfreulich oder was auch immer ist. Hier sind *deskriptive* Sätze, also Beschreibungen der Welt, gemeint. Lassen Sie sich dabei nicht dadurch irritieren, dass das Wort „ist" selbst oft gar nicht vorkommt. Setzen Sie die Beispielreihe fort:

a) Wasser besitzt drei Aggregatzustände: fest, flüssig, gasförmig.
b) Menschen streben nach Lustgefühlen und meiden Unlustgefühle.
c) Triebtäter sind bedingt schuldunfähig.
d) Wer raucht, erkrankt leichter an Lungenkrebs.
e) Geschickte Korruption macht reich.
f) Wer Tretminen baut, schafft Arbeitsplätze und verdient viel Geld für seine Aktionäre.
g) In Konflikten diktiert der Stärkere das Geschehen.
h) Die Noten spiegeln oft nicht das wahre Leistungsvermögen wider.
i) …

Fragt man nun, ob es auch gut oder wünschenswert ist, dass etwas so oder so ist, dann kommen **Soll-Aussagen** ins Spiel: Behauptungen darüber also, wie es – unabhängig davon, wie es auf der Welt nun mal ist – wünschenswert oder richtig oder gefordert oder schön oder erstrebenswert wäre. Hier sind *normative*, bewertende Sätze gemeint. Lassen Sie sich nicht dadurch irritieren, dass das Wort „soll" dabei oft gar nicht vorkommt. Setzen Sie die Beispielreihe fort:

a) Du sollst nicht töten.
b) Liebe deinen Nächsten wie dich selbst.
c) Leih dir kein Geld, wenn du schon weißt, dass du es nicht wirst zurückzahlen können.
d) Sklaverei ist Unrecht.
e) Das Recht des Stärkeren ist ein guter Rechtsanspruch.
f) Menschen in Not hilft man.
g) Schulnoten sind unparteiisch und gerecht zu geben.
h) …
i) …

Moralische Begründungen strukturieren

Begründungen klar zu strukturieren hilft dabei, den argumentativen Kern des eigenen Standpunktes ausfindig zu machen, und zeigt Andersdenkenden, an welchen Stellen genau Meinungsverschiedenheiten bestehen, wo also die Diskussion weitergehen muss.

1. **Situation S:** eine genaue Beschreibung, welche moralische Frage zu entscheiden ist
2. **Allgemeines Moralprinzip P, das zu beachten ist:** eine als unstrittig vermutete moralische Norm
3. **S fällt in den Gültigkeitsbereich von P:** der Nachweis, dass in Situation S Norm P gilt
4. **Moralische Forderung:** „Folge in der Situation S dem allgemeinen Moralprinzip P!"

▸ Gruppenaufgabe:

a) Suchen Sie sich eine Handlungsweise aus, von der Sie glauben, es sei moralisch richtig, sie in einer bestimmten Situation zu tun oder zu unterlassen. Es geht also um spezielle moralische Handlungsvorschriften. (Wählen Sie eines der Beispiele unten oder konstruieren Sie ein eigenes.)

b) Geben Sie eine aussagekräftige Begründung für Ihre moralische Vorschrift an, die sich an die Struktur moralischer Begründungen hält, also u. a. ein allgemeines Prinzip aufstellt.

c) Sichern Sie die fertige Begründüng nicht in Stichpunkten, sondern in ganzen Sätzen und bestimmen Sie jemanden, der Ihr Resultat im Plenum zur Diskussion anbietet.

Ihre Begründung sollte nicht auf staatliche Gesetze oder moralische Autoritäten verweisen, denn das verschiebt nur die Frage. Sie müssen dann begründen, warum richtig ist, was die Gesetze fordern oder was die Autoritäten als richtig ansehen. Gesetze kann man schließlich ändern und Autoritäten können sich schlicht irren. Kennen Sie Beispiele dafür? Einen Menschen zu töten ist nicht deshalb verwerflich, weil das Gesetz Töten verbietet, sondern das Gesetz stellt Töten unter Strafe, weil Töten verwerflich ist. Warum aber ist Töten moralisch falsch? Probieren Sie Antworten jenseits von Gesetzen und Autoritäten.

Fälle

- Mein Freund Klaus will betrunken Auto fahren. Muss ich ihn daran hindern?
- Petra will sich durch eine Intrige Vorteile verschaffen, die ihr einen Job bescheren, aber Annette, die besser geeignet ist, klar benachteiligen. Ist das in Ordnung?
- Klaus verspricht Peter, sich nach Peters Tod um das Grab und den Hund zu kümmern. Muss er sein Versprechen auch halten?
- Als Gutverdienender sollte man Bedürftigen von seinem Reichtum abgeben.
- Petra geht fremd, obwohl ihre Ehe eigentlich gut läuft und sie vor Gott Treue geschworen hat. Ist ihr Lebenswandel unmoralisch?
- Hubert ist sterbenskrank und bittet, getötet zu werden. Darf man seine Bitte erfüllen?
- Niemand sollte zu sexuellen Handlungen gezwungen werden. Wieso eigentlich?
- Gleichgeschlechtliche Lebensgemeinschaften sollten nicht schlechter gestellt werden als heterogeschlechtliche Lebensgemeinschaften.
- Sex mit Kindern ist moralisch verwerflich. Warum?
- Ich darf meinem Sohn/meiner Tochter den Ehepartner nicht vorschreiben.
- Man darf sich nicht in die Belange fremder Kulturen einmischen.
- Die Beschneidung weiblicher Säuglinge ist moralisch falsch. Warum?
- Darf man für seinen besten Freund eine Falschaussage machen?
- Geistig behinderte Menschen reinzulegen ist mies. Warum?

Zwischenergebnisse

Es folgen Zwischenergebnisse aus drei Kursen. Sie zeigen, dass unterschiedliche Ergebnisse erreicht wurden, alle drei Gruppen aber über dieselbe Schwierigkeit stolperten. (Ähnliches passierte, als Referendare und eine Gruppe Lehrer das Verfahren ausprobierten.) Hier lauert eine Falle für Lehrpersonen: Ist eine Schwierigkeit einmal bekannt, so neigen Lehrpersonen dazu, im Wiederholungsfall Lerngruppen auf die Schwierigkeit zu stoßen. Das jedoch ist fatal. Jede Gruppe für sich muss die Chance bekommen, durch die Analyse ihrer ersten Argumente die Schwierigkeiten freizulegen. Hätte ich z. B. in der zweiten Gruppe früh eingegriffen, so hätte ich meiner Schülerin Betül das Erfolgserlebnis genommen, selbst auf den Fehler zu stoßen und ihn der Lerngruppe zu erklären. Geduld und Zurückhaltung sind also von der Lehrperson gefordert. Ihre Aufgabe besteht darin, den Untersuchungsgang zu strukturieren, nicht darin, ihn inhaltlich zu manipulieren. Die Ergebnisse stammen aus verschiedenen Jahren. Sie zeigen auch, dass ein „altes" Protokoll sehr schnell zu einem aktuellen Protokoll umgearbeitet werden kann. Neben vielen Unterschieden kommen eben auch viele Gemeinsamkeiten vor, egal in welcher Lerngruppe das Problem behandelt wird.

Beispielprotokoll 1 (2009): Es legt den „Stolperstein" frei

Die beiden wichtigsten Resultate der vergangenen Stunde:

Das erste Pro-Argument von Marie, Dominik und Jan-Kristen haben wir so in Form gebracht:

---

1. **Situation**: Taube Eltern wollen tauben Nachwuchs durch Selektion von Embryonen erreichen.
2. **Moralisches Prinzip der Nichteinmischung**: Kulturformen stehen gleichberechtigt nebeneinander, insbesondere dann, wenn in beiden Formen ein glückliches und erfülltes Leben möglich ist. Eine Kulturform darf einer anderen nicht Vorschriften machen. (Ist das unstrittig?)
3. **Die Situation fällt in den Gültigkeitsbereich des Prinzips**: Wenn Taubheit also eine Lebens- und Kulturform wäre, deren Mitglieder zwar ein anderes, aber dennoch genauso erfülltes Leben führen, dann spräche nichts gegen das Anliegen der Eltern. Oder? Nun ist, so behaupten die Eltern, Taubheit – auch wenn Hörende sich das nur schwer ausmalen können – eine eigene Kulturform, die gleichberechtigt neben der der Hörenden steht.
4. **Also**: Es spricht somit nichts gegen das Anliegen der Eltern.

Der Streit wird sich darum drehen, ob Taubheit eine eigene Lebens- und Kulturform ist.

Viele der Kontra-Argumente laufen ungefähr so wie das von Matthias W.:

---

1. **Situation**: Taube Eltern wollen tauben Nachwuchs durch Selektion von Embryonen erreichen.
2. **Moralisches Prinzip der Nichtschädigung**: Man darf einen Menschen nicht willkürlich schädigen oder ihm Lebenschancen nehmen. (Notwendige Schädigungen zum Wohl des Geschädigten selbst wurden auf Ollis Hinweis hin ausdrücklich davon ausgenommen, z. B. Schmerzen, die jemandem zugefügt werden müssen, um ihn zu retten.)
3. **Die Situation fällt in den Gültigkeitsbereich des Prinzips**: Die Selektion nimmt dem Embryo Lebenschancen und schädigt ihn.
4. **Also**: Das Anliegen der Eltern ist abzulehnen.

Diese und ähnliche Argumente sind leider selbst abzulehnen. Was läuft verkehrt? Schritt 3 misslingt: Weder werden einem Embryo Lebenschancen genommen noch wird ein Embryo geschädigt. Richtig wäre vielmehr: Ein Embryo, der von anderen ausselektiert worden wäre, **erhält** eine Lebenschance. Ein Embryo, der die Anlage zur Taubheit bereits hat, wird implantiert und nicht geschädigt. Die Alternative für den von den Eltern gewünschten Embryo heißt nicht, taub oder hörend, sondern existieren oder nicht existieren.

Nun haben wir die kuriose Situation, dass bis auf drei im Kurs alle das Anliegen der Eltern ablehnen. So weit das klare Bauchgefühl. Anders sieht es mit den ersten Argumenten aus. Wir haben ein diskussionswürdiges Pro-Argument, aber noch kein beachtenswertes Kontra-Argument.

Achtung: Das Erfinden von dubiosen Prinzipien, nur damit Argumente gelingen, wäre fatal. So überzeugt man niemanden von irgendwas. Ein Argument hat dann gute Chancen, anerkannt zu werden, wenn es sich auf einen *konsensfähigen* Grundsatz bezieht, der in der Situation *wirklich* beachtet werden sollte.

Wie geht es nun weiter?

Beispielprotokoll 2: Das erreichte vorläufige Endergebnis in derselben Lerngruppe – Schlussbewertung: Selektion tauber Embryonen?

Falls die Selektion von Embryonen moralisch unbedenklich *wäre*, *spräche* nichts gegen das Anliegen der Eltern. Dann *wäre* das erste Pro-Argument (Jan-Kristen, Dominik, Marie) tatsächlich ausschlaggebend.

Aber ist die Selektion von Embryonen, um bestimmte Eigenschaften sicherzustellen, moralisch unbedenklich? „Ja", sagt Jennifer; „nein", der Rest des Kurses.

Es entstand folgender Entscheidungsbaum:

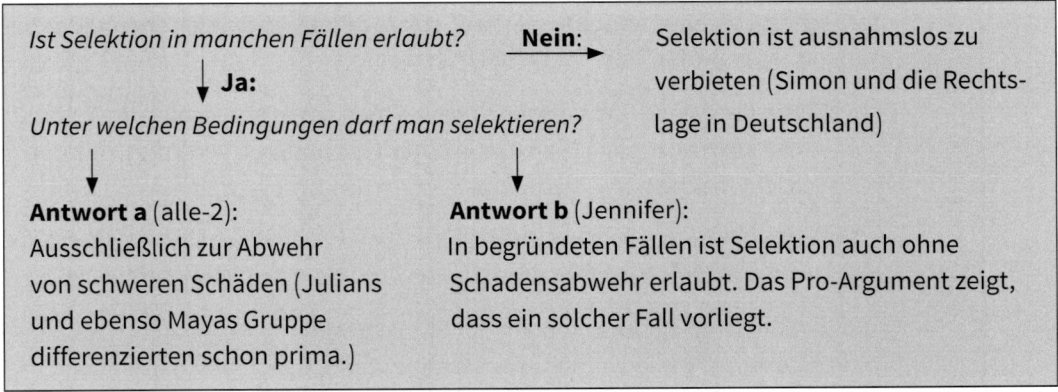

Die überwältigende Mehrheit im Kurs (alle-2) entscheidet somit gegenwärtig so: Die Selektion von Embryonen zur Abwehr schwerer Erbschäden ist moralisch erlaubt. Selektion zur Erreichung bestimmter Eigenschaften (wie z.B. Haarfarbe oder Geschlecht) ist dagegen ausnahmslos zu verbieten. […]

Zwei schwierige Anschlussfragen bleiben:
1. Was gilt als „schwere Erbschädigung"? (Auch z. B. Kleinwuchs, Taubheit?)
2. Dürfte es tauben Eltern gestattet werden, *hörende* Embryonen zu selektieren?

Rückschau und Reflexion: Wozu das Ganze?

Was bringen Debatten wie die der vergangenen Wochen eigentlich? Schließlich wären wir in 10 Minuten fertig gewesen: Das spontan geäußerte Bauchgefühl (21 von 24 dagegen!) und die abschließende Beurteilung (23 von 24 dagegen!) stimmen doch fast überein. Wozu also moralische Debatten? Was antwortest du? Was glaubst du, antworten Moralphilosophen?

Das folgende Zwischenprotokoll aus dem Jahre 2012 in einem Jahrgang 11 (Qualifikationsphase 1) zeigt, dass Sie als Lehrperson u.U. einen langen Atem brauchen, da es Lerngruppen oft nicht gewohnt sind, Argumente wirklich selbst zu entwerfen und ernsthaft zu untersuchen.

Beispielprotokoll 3 (2012): Zwischenprotokoll

Liebe Schülerinnen und Schüler,

ein offenes Wort vorweg zur Qualität der Arbeit in der vergangenen Stunde. Meine Vermutung ist, dass einige am Freitag die gemeinsame Konstruktion echt starker Argumente nicht ganz ernst genommen haben. Es wurden zwar Argumente schnell aufgeschrieben oder aus erledigten Hausaufgaben übernommen, aber die Argumente wurden nicht auf mögliche Kritik hin sorgfältig abgeklopft. Sind die Moralprinzipien allgemein zustimmungsfähig? Akzeptiert ihr die Folgerungen des Prinzips in anderen Fällen? Dazu ein Beispiel (es tauchte in ähnlicher Form zweimal auf):

Mit dem Prinzip, „der Mensch greife nicht in natürliche Prozesse ein" (übrigens ein hübscher naturalistischer Fehlschluss: gut und gewünscht ist also, was „natürlich" wäre), ergibt sich sofort, dass Selektion von Embryonen unzulässig ist – aber eben auch Baumfällen, Rasenmähen und Hilfe bei Blinddarmentzündungen.

Ich räume auch ein, dass das Finden und Erfinden starker Argumente ein sehr anspruchsvolles Unterfangen ist. Eine Schulstunde ist kurz. Im Folgenden findet ihr alle Pro- und Kontra-Argumente vor. Einige sind ausbaufähig und daher diskussionswürdig. Andere taugen nur dazu, zu erkennen, warum sie nicht taugen. Bitte richtet eure ganze Kraft nun darauf, die schlechten Argumente gnadenlos, völlig emotionslos und allein an der Sache orientiert zu analysieren, auch und gerade dann, wenn sie von euch selbst stammen. Ich wiederhole das Ziel:

Wir suchen starke Argumente für und gegen das Anliegen der Eltern. Das ist besonders dann schwer, wenn man schon ein sehr starkes Bauchgefühl für oder wider das Anliegen der Eltern hat. Aber probiert es. Die Leitidee ist diese:

1) Um die eigene Sache nicht zu schwächen, ist es gut, schlechte Argumente für die eigene Sache auszusortieren. (Sonst würde man der anderen Seite die Kritik der eigenen Argumente zu leicht machen.)

2) Um die Zurückweisung der gegnerischen Position gehaltvoll zu gestalten, ist es wichtig, nicht die schlechten, sondern die starken Argumente zu analysieren und zurückzuweisen.

3) Vielleicht liegt im Erkennen der Stärke bestimmter Argumente auch die Möglichkeit des Umdenkens: Vielleicht war ja das eigene starke Bauchgefühl irreleitend. Man lernt dazu und ändert seine Ansicht im Zuge der Untersuchung gehaltvoller Argumente zur Sache.

Fragen, Anmerkungen, Protest? Dann bitte jetzt sofort. Viel Erfolg für die nächsten Arbeitsschritte.

Gibt es nun Klarheit, wo jede/jeder von euch steht und was sie/er zu zeigen hat?

Beispielprotokoll 4 entstand in einem Kurs in der Einführungsphase (Jg. 10).

Beispielprotokoll 4: Ein *feines* Zwischenergebnis vom 28.11.2014 zum Fall „Kein Herz fürs Andere"

Deutlich wurde im Zuge der Untersuchung, dass alle Argumente, die eine Schädigung von Embryonen völlig zu Recht verbieten, dennoch scheitern: Für den tauben Embryo geht es nicht darum, geschädigt zu werden, sondern darum, zu existieren oder nicht zu existieren. Darf man einen

Embryo mit der Anlage zur Taubheit selektieren und ihm so eine Chance auf Leben geben? Das Anliegen der Eltern wirkt somit ganz anders: „Eine Chance auf Leben geben" klingt weitaus weniger verwerflich, als „einen Embryo schädigen". Oder?

Der in der Doppelstunde am 28.11.2014 entstandene *Entscheidungs- und Begründungsbaum* zeigt die gegenwärtigen Mehrheitsverhältnisse im Kurs und fasst zentrale Begründungen zusammen. Die Zahlen in Klammern geben an, wie viele im Kurs jeweils eine Entscheidung oder ein Argument unterstützen:

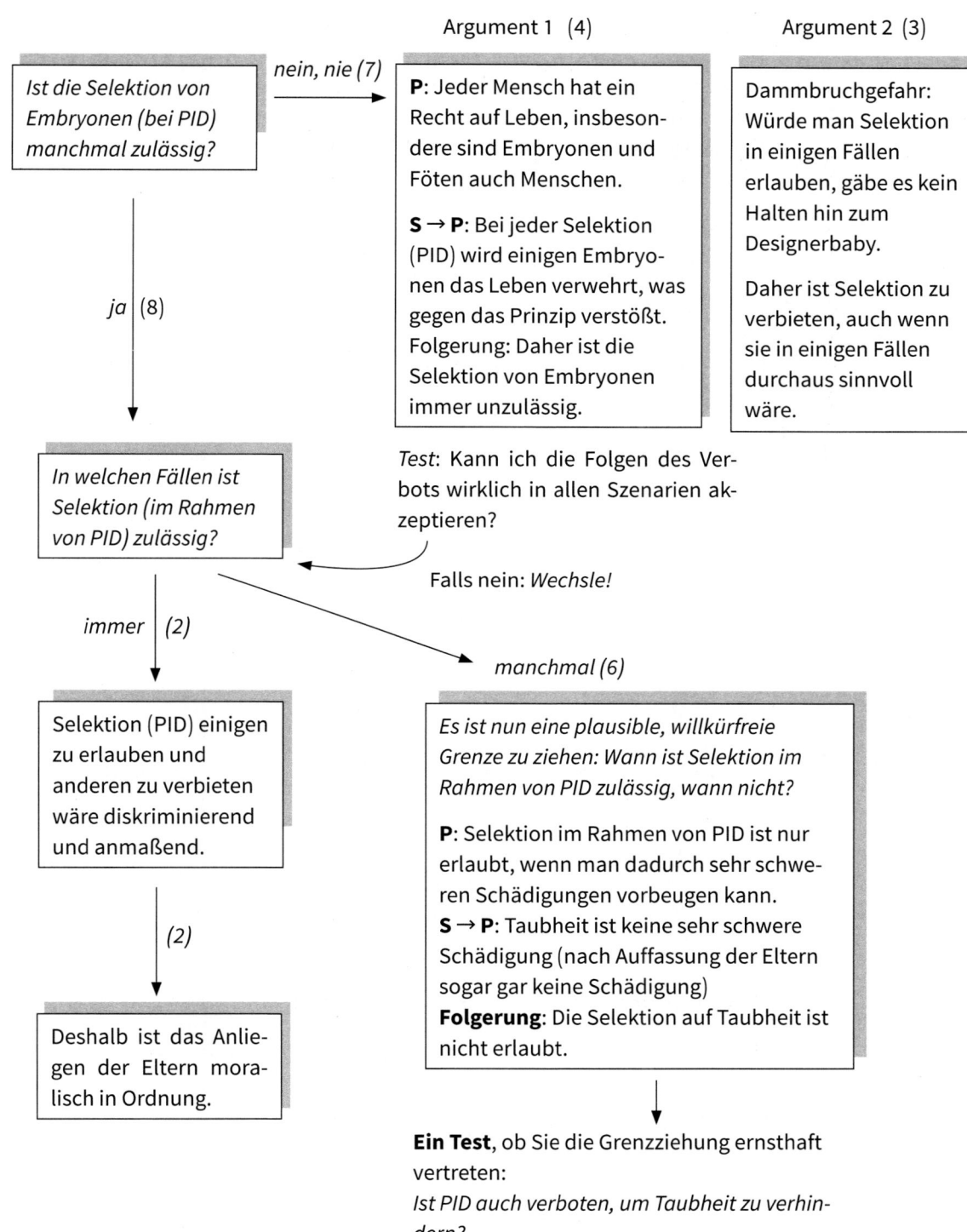

Argument 1 (4)

P: Jeder Mensch hat ein Recht auf Leben, insbesondere sind Embryonen und Föten auch Menschen.

S → P: Bei jeder Selektion (PID) wird einigen Embryonen das Leben verwehrt, was gegen das Prinzip verstößt. Folgerung: Daher ist die Selektion von Embryonen immer unzulässig.

Argument 2 (3)

Dammbruchgefahr: Würde man Selektion in einigen Fällen erlauben, gäbe es kein Halten hin zum Designerbaby.

Daher ist Selektion zu verbieten, auch wenn sie in einigen Fällen durchaus sinnvoll wäre.

Ist die Selektion von Embryonen (bei PID) manchmal zulässig?

nein, nie (7)

ja (8)

In welchen Fällen ist Selektion (im Rahmen von PID) zulässig?

Test: Kann ich die Folgen des Verbots wirklich in allen Szenarien akzeptieren?

Falls nein: *Wechsle!*

immer (2)

manchmal (6)

Selektion (PID) einigen zu erlauben und anderen zu verbieten wäre diskriminierend und anmaßend.

(2)

Deshalb ist das Anliegen der Eltern moralisch in Ordnung.

Es ist nun eine plausible, willkürfreie Grenze zu ziehen: Wann ist Selektion im Rahmen von PID zulässig, wann nicht?

P: Selektion im Rahmen von PID ist nur erlaubt, wenn man dadurch sehr schweren Schädigungen vorbeugen kann.
S → P: Taubheit ist keine sehr schwere Schädigung (nach Auffassung der Eltern sogar gar keine Schädigung)
Folgerung: Die Selektion auf Taubheit ist nicht erlaubt.

Ein Test, ob Sie die Grenzziehung ernsthaft vertreten:
Ist PID auch verboten, um Taubheit zu verhindern?

Nun könnte die Diskussion des Falls richtig losgehen. Es können nun mal nicht alle recht haben.

Im Rahmen der Untersuchung ergaben sich Querverbindungen zu weiteren moralischen Fragen:

1. Sind sogenannte „Designerbabys" (das Erfüllen von Wunscheigenschaften) zulässig? ja: 2 nein: 13

2. Ist Abtreibung erlaubt? nein, nie: 2 ja: 13 → immer, wenn eine Frau es möchte: 6

   es ist nötig, Erlaubt von Unerlaubt zu trennen: 7

3. *Laura* brachte *Dammbruchargumente* ins Spiel: Etwas ist nicht an sich schlecht, würde aber, wenn man es erlaubte, sehr schlechte Folgen nach sich ziehen. Die Gruppe um Laura müsste noch begründen, wieso PID am Ende wahrscheinlich zu Designerbabys führen wird, der missbräuchlichen Praxis also, dass Eltern Wunscheigenschaften (z. B. das Geschlecht) durch PID bei ihrem Nachwuchs sicherstellen. Oder wäre das gar kein Missbrauch, wie gegenwärtig zwei im Kurs antworten müssten.

Kurzprotokoll: Konsensfähig?

Peter Singer will uns in seinem Textauszug dies mitteilen: Hüter der Moral verteidigen in der Regel nur spezielle Moralen, die man eben so oder so sehen kann. Aber das ist der falsche Blick: Eine eigene Sexualmoral z.B. braucht man gar nicht. Der moralisch richtige Umgang mit Sexualität folgt nicht aus der Sexualität selbst, sondern aus viel allgemeineren moralischen Regeln, die z. B. auch auf den Straßenverkehr oder was auch immer angewandt werden können. Carolin hat das sehr gut auf den Punkt gebracht: Vergewaltigung ist schlecht, weil ein Mensch gegen seinen Willen zu etwas gezwungen wird, was er nicht möchte und das ihn tief verletzt. Dass es um Sex geht, ist dabei zweitrangig. Daraus haben wir dann gemeinsam folgende allgemeine Regel abgeleitet, die für sehr viele Bereiche und eben nicht nur speziell für den Umgang mit Sexualität gilt:

Regel 1: *Zwinge niemanden zu etwas, was er gar nicht möchte, es sei denn, es ist zu seinem Wohl oder zum Wohle (Schutz) unbeteiligter Dritter zwingend nötig.*

Philosophisch vornehm drückt man das so aus: Achte die **Autonomie**, also das Recht auf Selbstbestimmung deiner Mitmenschen. Aber eben nicht grenzenlos. Geklärt werden muss nun, in welchen Fällen Zwang nötig und daher erlaubt ist. Die Abgrenzung muss so klar sein, dass sie unser Handeln anleiten kann. Eine moralische Regel, „die für die Praxis nichts taugt", ist absolut wertlos, so Singer. Zu einfache Regeln taugen nicht. Wir haben dann versucht, für allzu einfache Regeln, die Singer nennt, erste Präzisierungen zu geben:

Regel 2: „Stiehl nicht": *Man soll niemandem etwas, was ihm gehört, gegen seinen Willen entwenden, es sei denn, man kann allein dadurch Leben retten oder eine sehr schlimme Sache verhindern.* (Präzisierung von Heddas erstem Vorschlag, um Bernhards Robin-Hood-Einwand zu entgehen.)

Regel 3: „Töte nicht": *Töte niemanden gegen seinen Willen, wenn er unschuldig ist und keine Lebensgefahr für dich oder andere darstellt.* (Dies könnte auch ein Spezialfall von Regel 1 sein!)

Regel 4: „Lüge nicht": *Lüge nicht, es sein denn, dadurch kann etwas Höherrangiges (wie z.B. das Leben eines unschuldigen Menschen) gerettet werden.*

Dies sind unsere ersten, schnellen Versuche, aber sie weisen den Weg, wie die Regeln immer genauer und damit *praxistauglicher* formuliert werden können. Stimmst du der Grundidee der Regeln zu? Alle vier Regeln müssen ganz sicher noch weiter präzisiert werden.

Kurzprotokoll: Konsensfähig?

Wozu Moralphilosophie im Unterricht?

Drei Zitate am Schluss des Halbjahres, die mir, eurem Lehrer, wertvoll sind, weil sie benennen, was *ich* im Unterricht vermeiden bzw. erreichen wollte. Inwieweit ist das gelungen? Urteilt selbst:

Zitat 1:

Ich glaube, dass bei vielen jungen Menschen [...] die Meinungen genauso unbeständig sind. Sie sehen die Welt auf die eine bestimmte Weise, aber der geringste Einfluss bringt sie dazu, ihre Meinung zu ändern. Ein guter Lehrer wird diese Unbeständigkeit nicht missbrauchen. Die meisten Erzieher nutzen sie jedoch aus, um den jungen Menschen „die Wahrheit beizubringen". So nennen sie es, wenn sie ihre eigenen schwächlichen Ideen auf andere übertragen.
(Paul Feyerabend, Zeitverschwendung, Frankfurt a. M.: Suhrkamp, 1997, S. 133)

Keine meiner schwächlichen Ideen darüber, was moralisch richtig ist, will (wollte) ich euch nahelegen. Wann immer ihr glaubt, ich wolle oder würde euch zu einer bestimmten moralischen Haltung in einer moralischen Frage drängen, protestiert! Gibt es Anlass zu Protest?

Zitat 2: vgl. Hausaufgabe (Lehrbuch, S. 153) (Johann S. Ach)

Konnten wir das leisten? Nein, nur in Ansätzen. Oft haben „Hau-drauf"- oder „Ruck-zuck-schnellfertig"- Argumente das Geschehen dominiert, manchmal aber – und das freute mich dann ungemein – schimmerten sehr feine Argumente und ausgezeichnete Beobachtungen durch, die verständig im Kurs diskutiert wurden.

Zitat 3: vgl. Hausaufgabe (Lehrbuch, S. 153) (Kurt Bayertz)

Der Fall „Kein Herz fürs Andere" sowie die Frage nach Humangenetik und verantwortungsvoller Elternschaft sollten andeuten, was getan werden müsste, um einen Dissens beizulegen oder genauer zu verstehen. Gefühl, Befindlichkeit und manchmal auch Entrüstung sind unvermeidlich, wenn es um Fragen über Leben und Tod geht, aber sie sind keine gute Art und Weise mit Dissens umzugehen. Aber wie kann man moralisch fair streiten, ohne dass Befindlichkeitsgequatsche regiert, unbequeme Argumente verleugnet werden oder die Entscheidung ängstlich an Experten delegiert wird?
Wie beurteilen Sie den Erfolg des Unterrichts der vergangenen Wochen?

Peter Bieri
Moral: der Kampf gegen Grausamkeit

Dass ich mein Leben unter dem Blick der Anderen und in vielfältigem Austausch mit ihnen leben muss, wirft die Frage auf, wie ich zu ihren Interessen stehe, wenn sie den meinen entgegenstehen. Eine Kultur ist auch ein Lösungsvorschlag für solche Konflikte. Man kann sich einen Vorschlag vorstellen, bei dem es nur darum geht, die Anderen im Sinne des Ei-
5 geninteresses auszurechnen und zu manipulieren. Das wäre eine ziemlich kühle Kultur. Tatsächlich findet sich in jeder Kultur der Gedanke, dass die Interessen Anderer für mich ein Grund sein können, etwas zu tun, was einen Verzicht auf meine eigenen Wünsche bedeutet. Das ist der Standpunkt der Moral, ganz formal betrachtet. Ihm entsprechen die typisch moralischen Empfindungen wie Empörung, Groll und moralische Scham. Sie treten
10 auf, wenn gegen den moralischen Standpunkt verstoßen wird oder, anders ausgedrückt: wenn *grausam* gehandelt wird. Kulturen unterscheiden sich durch verschiedene Ausprägungen des moralischen Standpunkts und durch verschiedene Auffassungen davon, was eine Grausamkeit darstellt, gegen die man ankämpfen muss. Sind Steinigung und Todesstrafe grausam? Sind es Gefängnisse als solche? Geschlossene psychiatrische Stationen?
15 Bloßstellungen in der Boulevardpresse? Hohn und Spott? Bestrafen durch Schweigen? Und auch auf eine grundsätzliche Frage gibt es je nach Kultur unterschiedliche Antworten: Heiligt der gute Zweck immer die Mittel? Darf man foltern, um zu retten? Oder gibt es Dinge, die man unter gar keinen Umständen tun darf?
Eine kulturelle Identität ist auch eine moralische Identität, die sich jemand aneignet, indem
20 er viel reist, sei es geografisch, literarisch oder als Betrachter von Dokumentarfilmen. Solches Reisen gehört zu den wichtigsten Aufgaben von Bildung. Auch hier geht es um Aneignung durch Artikulation, Abgrenzung und bewusst vollzogene Identifikation. Doch der Fall der moralischen Identität ist ein besonderer und ein besonders schwieriger Fall. Das hat damit zu tun, dass sie eine Verbindlichkeit besitzt, wie wir sie bei anderen Varianten kultu-
25 reller Identität nicht antreffen. Moralische Einstellungen und Überzeugungen darüber, was grausam ist, sind für denjenigen, der sie hat, absolut. Zwar weiß er als Gebildeter, dass auch sie keine metaphysische Notwendigkeit besitzen, dass sie eine kontingente Geschichte haben und dass es andere Betrachtungsweisen gibt. Doch dieses Wissen kann nicht zu gelassener oder gar gleichgültiger Toleranz führen. Moralische Urteile sind nicht wie Ge-
30 schmacksurteile; es gibt keine moralische Großmut. Wenn ich Folter, Todesstrafe, die öffentliche Bloßstellung Unschuldiger oder krasse Formen von Ungerechtigkeit für moralisch indiskutabel halte, dann sind sie für mich genau das: *indiskutabel*, nicht verhandelbar. Es ist – sowohl gedanklich als auch vom Empfinden her – unmöglich, mich auf die historische Zufälligkeit meiner kulturellen Identität zurückzuziehen und zu sagen: „Ich persön-
35 lich sehe es so, aber man muss akzeptieren, dass anderswo andere Maßstäbe gelten, ich mische mich da nicht ein." Denn moralisches Handeln ist genau das: sich einmischen, wenn man von Grausamkeit erfährt. Und so ist jede gebildete moralische Identität mit einem inneren Widerspruch, einer Antinomie behaftet: Ich weiß von der historischen Bedingtheit meiner Anschauungen und also von ihrer Relativität, und doch kann ich nicht anders, als
40 sie absolut zu setzen, denn sonst ginge die Ernsthaftigkeit meiner Überzeugung verloren. Es ist dieser Zwiespalt, aus dem heraus man sich entschließen kann einzugreifen, wenn nötig mit Gewalt. Kulturelle Identität kann hier Tod bedeuten.

Peter Bieri: Wie wollen wir leben? München: dtv, 5. Auflage 2014, S. 75–77

Anmerkung: Dieser Text bietet gleich vielfältige Möglichkeiten, ihn auf die in Kapitel 3 angesprochenen Themen zu konkretisieren. Deshalb haben wir hier auf die Angabe konkreter Aufgaben verzichtet.

4. Grundpositionen philosophischer Ethik

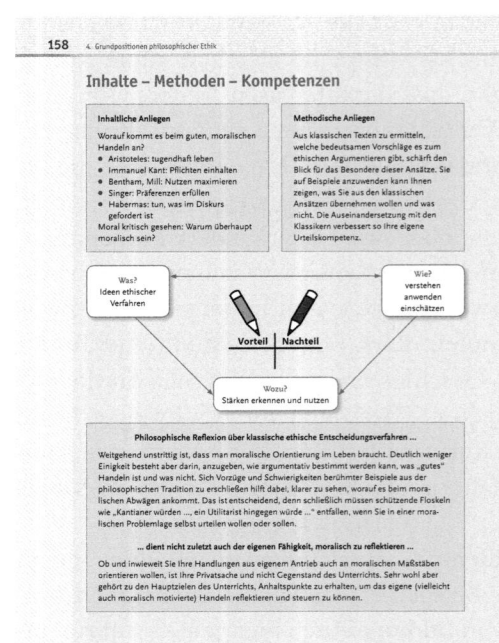

Inhalte – Methoden – Kompetenzen

Kapitel 4 bringt eine Reihe von klassischen, „kanonischen" Positionen. Wir haben Wert darauf gelegt, diese Positionen für die Diskussion von Alltagsproblemen produktiv zu machen, so beschäftigt sich Unterkapitel 4.1 (Aristoteles) u.a. mit der Frage nach Kopfnoten und Sekundärtugenden, 4.2 (Kant) mit moralischen Implikationen der Liebe, 4.3 (Utilitarismus) u.a. mit Fragen der Medizinethik und 4.4 (Habermas) der Frage, wie eine Schulgemeinschaft gemeinsam zur konsensuellen Lösung anliegender Fragen kommen kann. Die meisten Unterkapitel bieten längere Textauszüge für eine hermeneutisch faire Textarbeit (Säule 4 → SB, S. 29 ff.).

Man könnte versuchen, die verschiedenen moralphilosophischen Ansätze anhand von **3.2.3 Forderungen an moralische Begründungen** (→ SB, S. 141 f.; vgl. auch LB, Z 3-3) in einen Gesamtzusammenhang zu bringen und damit zugleich gegeneinander abzugrenzen. Der folgende Vorschlag ist nur ein Versuch:

1. Verbindlichkeit: 4.2 (Kant), 4.3 (Utilitarismus), 4.4. (Habermas)
2. Ernsthaftigkeit: 4.1 (Aristoteles)
3. Offenheit: 4.5 (Moralkritik)
4. Widerspruchsfreiheit: 4.2 (Kant)
5. Begründungsbereitschaft: 4.2 (Kant), 4.3 (Utilitarismus), 4.4 (Habermas)
6. Übertragbarkeit: 4.2 (Kant), 4.3 (Utilitarismus), 4.4 (Habermas)
7. Folgenabwägung: 4.3 (Utilitarismus)
8. Unparteilichkeit: 4.2 (Kant), 4.3 (Utilitarismus), 4.4 (Habermas)

Sequenz ●●●	Je nach Lehrplananforderungen und eigenen Unterrichtsschwerpunkten wird die Lehrperson hier auswählen. Zu den einzelnen Abschnitten finden sich jeweils weitere Hinweise.
Querverweise ◀▶	<ul><li>**3.1 Einführung in die Ethik** (→ SB, S. 119 ff.)</li><li>**3.2 Geltungsansprüche moralischer Urteile** (→ SB, S.133 ff.)</li><li>**5.6 Politische Ethik** (→ SB, S. 252 ff.)</li><li>**6.4 „Strafe muss sein" – Wirklich?** (→ SB, S. 318 ff.)</li><li>**6.5 Menschenwürde – Menschenrechte** (→ SB, S. 332 ff.)</li><li>s. a. Hinweise zu den einzelnen Unterkapiteln und z. T. auch zu einzelnen Abschnitten</li></ul>

Literatur und Links

- Dieter Birnbacher: Analytische Einführung in die Ethik. Berlin, New York: De Gruyter, 2. Auflage 2007

- Robin Celikates/Stefan Gosepath (Hrsg.): Philosophie der Moral. Texte von der Antike bis zur Gegenwart. Frankfurt/M.: Suhrkamp, 2009

- Ernst Tugendhat: Vorlesungen über Ethik. Frankfurt/M.: Suhrkamp, 1993

- Arnd Pollmann: Unmoral. Ein philosophisches Handbuch. Von Ausbeutung bis Zwang. München: Beck, 2010

- Henning Franzen: Ethisch urteilen. Paderborn: Schoeningh, 2009

- Die Gewissensfrage: http://sz-magazin.sueddeutsche.de/texte/list#e/l/10

- s. a. Hinweise zu den einzelnen Unterkapiteln und z. T. auch zu einzelnen Abschnitten

Zu den Materialien und Aufgaben

S. 156 **Was soll eine gute Handlung vor allem realisieren?**

Die Übersicht und die kleinen Aufgaben dienen vor allem einer ersten Orientierung zu den Positionen, die in Kapitel 4 vorgestellt werden.

1▶ Die Aufgabe ist ergebnisoffen.

2▶ Ohne Vorkenntnisse zuzuordnen sind: Aristoteles: das Glück des Einzelnen, Kant: die Gleichbehandlung aller, Bentham/Mill: das Glück aller Betroffenen, Singer: die Interessen aller Beteiligten, Habermas: der gemeinsame, fair ausgehandelte Kompromiss. Der gute Wille des Handelnden/die Würde jedes Einzelnen (Kant) sind aus der Universalisierungsformel des kategorischen Imperativs nicht ohne Weiteres abzulesen, manche Schülerinnen und Schüler bringen aber vielleicht schon Kant-Kenntnisse mit.

4.1 Tugend: reine Übungssache? – Aristoteles

Inhalte – Methoden – Kompetenzen

Der Ansatz von Aristoteles lässt sich grundsätzlich von den anderen im 4. Kapitel behandelten moralphilosophischen Positionen unterscheiden:

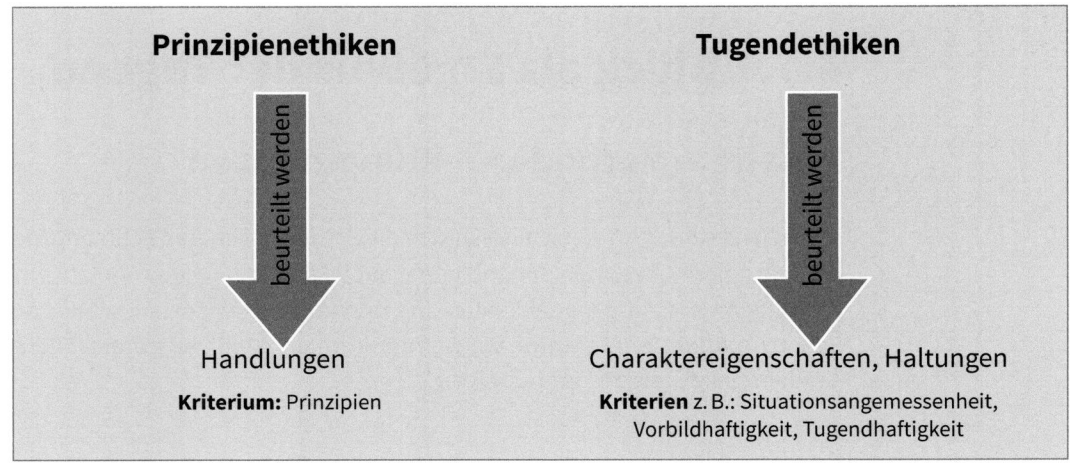

Tugendethiken orientieren sich also an einem beispielhaften Alltag. Sie gehen davon aus, dass sich Handelnde tatsächlich weniger an Prinzipien als an konkretem Verhalten in konkreten Situationen orientieren: Während ein Prinzipienethiker fragt, ob es in der und der Situation moralisch verboten ist zu lügen, fragt ein Tugendethiker eher danach, ob er jemand sein möchte, der in dieser Situation lügt.

Das Unterkapitel zeigt erst das, was für Aristoteles das Ziel eines guten Lebens ist (4.1.1: Glückseligkeit und „ergon" des Menschen), und dann, wie man dahin seiner Ansicht nach gelangen kann (4.1.2 Tugendlehre). Da der für Schülerinnen und Schüler bestimmende gemeinsame Alltag (und damit ein Rahmen, in dem eine Tugendethik plausibel gemacht und diskutiert werden kann) die Schule ist, konzentriert sich das Unterkapitel auf Anwendungsthemen aus diesem Bereich: Inwiefern sind Kopfnoten angemessen und sinnvoll (→ SB, S.162 ff.)? Und, etwas allgemeiner: Was kann überhaupt eine begründete Grundlage für das Einüben von Tugenden in der Erziehung sein (→ SB, S. 166 f.)? Methodisch steht die genaue Textlektüre (v. a. → SB, S. 159 – 162) und das Rekonstruieren von Argumenten (v. a. → SB, S. 160 ff.) im Zentrum.

Sequenz ●●●	Da die Abschnitte 4.1.1 und 4.1.2 aufeinander aufbauen, sollten sie linear durchgearbeitet werden.
Querverweise ↔	• **7.1.1 Glück als gutes, gelingendes Leben – Aristoteles** (→ SB, S. 365 ff.)

Literatur und Links

- Ursula Wolf: Aristoteles' „Nikomachische Ethik". Darmstadt: Wissenschaftliche Buchgesellschaft, 2007
- Ursula Wolf: Die Philosophie und die Frage nach dem guten Leben. Reinbek bei Hamburg: Rowohlt, 1999, S. 47–66
- Philippa Foot: Die Natur des Guten. Übersetzt von Michael Reuter. Frankfurt/M.: Suhrkamp, 2004, (Kapitel 5 und 6)
- Ernst Tugendhat: Vorlesungen über Ethik. Frankfurt/M.: Suhrkamp, 1993 (11.– 13. Vorlesung)
- Wolfgang Sofsky: Das Buch der Laster. München: Beck, 2009
- Das philosophische Quartett: Tugend – reine Übungssache? https://www.youtube.com/watch?v=-LxVS9ZO2tE (von dort aus Links zu den weiteren Teilen) (29.03.2016)

4.1.1 Glück als Ergebnis der Tugend

Inhalte – Methoden – Kompetenzen

In einem ersten Schritt erschließen sich die Schülerinnen und Schüler Grundlagen von Aristoteles' ethischer Konzeption anhand von nicht leicht eingängigen Textausschnitten. Deshalb liegt das Augenmerk auf genauer Textlektüre und im zweiten Textausschnitt auf dem Versuch einer Rekonstruktion. Im Zentrum der Aufmerksamkeit steht Aristoteles' Verständnis der Begriffe „eudaimonia", „ergon" und „arete".

S. 159   **Aristoteles: Das höchste Gute**

1 ▶ Die Grafik kann durch diesen Auftrag ergänzt werden:

Was werden Sie in nächster Zeit tun, das Ihnen jetzt gerade sinnvoll und richtig vorkommt? Notieren Sie nebeneinander drei verschiedene Handlungen (das können größere („Ich werde mich von meinem Freund trennen") oder auch ganz kleine Dinge sein („Ich werde morgen früh Zähne putzen")). Nur ein Beispiel sollte aus dem schulischen Bereich sein („Ich werde heute im Netz nachschauen, wer Aristoteles war").

Formen Sie diese Sätze jeweils zu einem „Ich-will"- Satz um und benutzen Sie diesen dazu, einen neuen Satz mit „um" zu beginnen.

Führen Sie Ihre drei Sätze durch immer neue Sätze weiter, bis es nicht mehr weitergeht. Tauschen Sie Ihre letzten Sätze mit denen Ihres Nachbarn aus und diskutieren Sie Ihre Ergebnisse. Ggf. können noch weitere Sätze hinzugefügt werden. Können Sie sich innerhalb der Klasse auf einen gemeinsamen letzten „Um"-Satz einigen, der für alle „Will"-Sätze passt? Warum/warum nicht?

Ich werde mich von meinem Freund trennen.	Ich werde morgen früh Zähne putzen.
Ich will mich von meinem Freund trennen, um mich neu verlieben zu können.	Ich will morgen früh Zähne putzen, um nicht aus dem Mund zu riechen.
Ich will mich neu verlieben können, um ...	Ich will nicht aus dem Mund riechen, um ...

S. 160   **2** ▶ Das Gute ist das, wonach eine Handlung, ein Entschluss strebt (vgl. Z. 1 f.), das höchste Gute also das, wonach (letztlich) alle Handlungen und Entschlüsse streben (vgl. Z.10 – 12), die Glückseligkeit (vgl. Z. 24), in der das gute Leben und das Sich-gut-Verhalten zusammenfallen (vgl. Z. 26 f.). Sie ist ein Gut, das um seiner selbst willen und nicht um anderer Güter willen angestrebt wird (vgl. Z. 10 f.)

Man hat verschiedene Übersetzungen für das höchste Gut vorgeschlagen: „Glückseligkeit", „Glück", „gutes Leben", „gelingendes Leben", vielleicht passt auch einfach: dass es einem wirklich gut geht?

3 ▶ Sonst wäre das Streben „leer und sinnlos" und es ginge „ins Unbegrenzte" (Z. 11 f.). Aristoteles meint also, dass jemand, der als Antwort auf die Frage: „Warum machst du das?" immer nur sagen könnte: „Um das und das zu erreichen", letztlich zugeben müsste, dass er nicht weiß, warum er etwas tut.

Zurückgefragt werden könnte bspw., warum es einen *einzigen* Endpunkt des Strebens geben *muss* und nicht *verschiedene* geben *kann*. Aber wird nicht auch jemand, der verschiedene Ziele im Leben verfolgt, diese in aller Regel nicht unabhängig voneinander verfolgen und immer wieder vor die Frage gestellt sein, diese Ziele in eine, seine, Ordnung zu bringen, zu hierarchisieren usw. – und ist nicht diese (seine) Ordnung, also die Realisierung dieser so geordneten Ziele, dann *ein* höchstes Ziel?

4▶ Das Problem besteht darin, dass nicht klar ist, was ein für alle gemeinsames höchstes Gut, auch wenn als Name Glückseligkeit feststeht, sein soll und wie man es bestimmen kann. Die Überlegungen der Schülerinnen und Schüler zu dieser Frage sind zugleich Vorüberlegungen zu dem nächsten Textauszug, in dem Aristoteles einen Vorschlag zur Beantwortung dieser Frage macht.

S. 160 ### Aristoteles: Das Gute als Tätigkeit der Seele

S. 161

4

S. 31 f. **5▶** Im vorherigen Textabschnitt hat Aristoteles geklärt, dass die meisten Menschen das glückliche Leben mit dem „guten" Leben, mit dem „Sich-gut-Verhalten" gleichsetzen (Z. 26 f.). Das angenommen, geht es in diesem Textauszug nun um Folgendes:

Aristoteles sucht eine Antwort auf die Frage, was das höchste Gut ist, indem er sich darauf konzentriert, dass es ja das höchste Gut *für den Menschen* sein soll. Er bestimmt das Gute einer Sache durch seine „eigentümliche[...] Leistung", sein „ergon" (Z. 3), und illustriert das an verschiedenen Beispielen: Was macht einen Kithara-Spieler zu einem guten Kithara-Spieler? Dass er die Kunst des Kithara-Spielens gut beherrscht usw. Wenn Lebewesen, Menschen ihre eigentümliche Leistung haben, dann sicher auch *der* Mensch. Um zu wissen, was einen Menschen zu einem *guten* Menschen macht, müssen wir also wissen, was die eigentümliche Leistung des Menschen ist. Zur Beantwortung dieser Frage muss die grau hinterlegte Stelle (Z. 16 – 36) genauer gelesen und rekonstruiert werden. Diese Rekonstruktion fällt Schülerinnen und Schülern erfahrungsgemäß schwer, ein Vorschlag findet sich in → SB, S. 32.

6▶ Die Aufgabe dient der genauen Lektüre der Rekonstruktion von Aristoteles' Argument auf → SB, S. 32, *nicht* bereits einer Diskussion von Aristoteles' Ansatz. Vorgeschlagen wird, diese Diskussion erst einmal zurückzustellen und dann später abschließend anhand der Textauszüge aus dem „Philosophischen Quartett" zu führen (→ SB, S. 167, **13▶**). Es sind ganz unterschiedliche Vorschläge und Ergebnisse denkbar, vielleicht werden sich auch Vorschläge zur Verbesserung der Rekonstruktion ergeben.

In Bezug auf die Rekonstruktion → SB, S. 32 ändert sich beispielsweise Prämisse 1, wenn „ergon" statt mit „die den Menschen auszeichnende Leistung" als „Aufgabe" übersetzt wird, es scheint wenig plausibel, die „Aufgaben des Menschen" gegen „Aufgaben" von Tieren und Pflanzen abzugrenzen, wenn unklar ist, wozu diese Aufgaben eigentlich beitragen sollen. In Prämisse 2 scheint der Begriff der „Aufgabe" wenig plausibel. Wenn man sich für den Begriff der „Aufgabe" entscheidet, könnte der Anfang der Rekonstruktion bspw. so heißen:

Prämisse 1: Vieles in der Welt hat eine spezifische Aufgabe. Die spezifische Aufgabe des Menschen ist der Gebrauch der Vernunft.
Prämisse 2: Für alle Aufgaben gilt das Ziel, diese Aufgaben möglichst gut zu bewältigen: Je besser eine Aufgabe bewältigt wird, desto höherwertiger ist das Ergebnis.
Prämisse 3: Es gehört zu den Aufgaben des Menschen, kraft eigenen Denkens usw.

Die Übersetzung von „areté" als „Kompetenz" oder „Tüchtigkeit" z. B. in Prämisse 2 scheint unproblematisch, auch in der Übersetzung des Ausgangstextes ist von „Tüchtigkeit" (Z. 26) die Rede, in der Rekonstruktion wurde „Fähigkeit" gewählt: Gute Fähigkeiten sind „Kompetenz", „Tüchtigkeit" oder „Tugend", es handelt sich jeweils um etwas, das *seiner Funktion entsprechend gut* ist. Wenn man sich für die Übersetzung „Tugend" entscheidet, könnte es bspw. auch heißen:

Prämisse 2: Eine Leistung auf dem ihr zugehörigen Gebiet wird zu einer Tugend, wenn sie möglichst kunstvoll (= erfolgreich) genutzt wird.

[...]

Folgerung 1: Die Verstandesleistung eines Menschen auf dem ihr zugehörigen Gebiet wird zu einer Tugend, wenn sie möglichst kunstvoll (= erfolgreich) genutzt wird.

(usw.)

Die Übersetzung → SB, S. 162 verwendet „Tugend" anstelle von „besondere Befähigung".

„wenn das alles so ist, dann ist das Gute für den Menschen die Tätigkeit der Seele aufgrund ihrer besonderen Befähigung, und wenn es mehrere solche Befähigungen gibt, nach der besten und vollkommensten [...]".	„so bekommen wir nach alledem das Ergebnis: Das menschliche Gut ist der Tugend gemäße Tätigkeit der Seele, und gibt es mehrere Tugenden: der besten und vollkommensten Tugend gemäße Tätigkeit."

Offensichtlich sind Tugenden tatsächlich „Befähigungen", gute Charaktereigenschaften, und wenn das menschliche Gut das gute Leben (dass es einem wirklich gut geht) ist, dann geht es einem gut, wenn es glatt läuft, wenn die Seele mit sich im Reinen ist. Und die besonderen Befähigungen des Menschen, seine Tugenden, seine guten Charaktereigenschaften liegen darin, den Menschen genau dazu zu befähigen.

Z 4-1 Der Mensch ist für Aristoteles allerdings nicht nur dadurch bestimmt, dass er Vernunft hat, sondern zudem dadurch, dass er sein Handeln durch Vernunft bestimmen lassen kann: Philippa Foot unterscheidet in einem kleinen Textauszug (→ **LB, Zusatzmaterial Z 4-1, M2**) explizit zwischen (zu praktizierenden) Tugenden und bloßen Fähigkeiten: Tugenden sind eben nicht nur potenzielle Fähigkeiten, zu Tugenden werden sie erst, wenn sie auch (regelmäßig) praktiziert werden. Dieser Zusammenhang kann (mit dem anderen Material in **Z 4-1**) in die Bearbeitung der Aufgaben → SB, S.167 einbezogen werden.

4.1.2 Was sind Tugenden?

Inhalte – Methoden – Kompetenzen

Nach den Vorklärungen in 4.1.1 geht es in 4.1.2 darum, was all das konkret für das menschliche Handeln zu bedeuten hat. Im Zentrum steht dabei die Mesotes-Lehre, der zufolge es im Handeln häufig eine goldene Mitte gibt, die das Handeln dann zum bestmöglichen Handeln macht und dem Menschen ein gutes Leben ermöglicht. Diese goldene Mitte mittels der Vernunft zu erkennen ist das eine, vor allem aber soll man sie durch stetige Praxis zu einer festen Tugend entwickeln, um ein gutes Leben zu *führen*.

S. 164   Aristoteles: Mesotes-Lehre

S. 162   ▄1▶ Auffällig sind zum einen die erheblich rigideren und knapperen Formulierungen in den Kopfnoten aus der DDR, zum anderen fällt auf, dass sich die Bewertungen des Sozialverhaltens im DDR-Zeugnis auf die Kategorie „Betragen" reduzieren. Kopfnoten bezeichnen das gewünschte Verhalten und wünschenswerte Einstellungen, offensichtlich hängt die Einschätzung dessen, was als wünschenswert gilt, stark von der jeweiligen Gesellschaft ab. (Wünschenswerte Eigenschaften und Verhaltensweisen mit dem Wortbestandteil „Kritik" fehlen als Kategorie übrigens in beiden Systemen.)

S. 163   ▄2▶ ▄3▶ Hier sollen die Schülerinnen und Schüler vorbereitend eigene Überlegungen entwickeln.

S. 165   ▄4▶ Empfehlenswert ist eine kurze Vorklärung dessen, was Aristoteles meint: Tugend ist das, was etwas zu „guter Verfassung bringt und seine Leistung gut macht" (Z. 5 f.). Übermaß und Mangel zerstören das Geglückte gleichermaßen (vgl. Z. 19 f.), so zielt die Tugend also auf die Mitte, das „Ausgewogene".

Ein Beispiel, mit dem die folgende Tabelle erläutert werden kann, ist Feigheit und Tollkühnheit als zu viel bzw. zu wenig Angst und Vorsicht und Mut als die richtige Mitte zwischen beiden.

Die Zuordnungsaufgabe kann in einigen Fällen durchaus zu kontroversen Ergebnisse führen. Im Folgenden ein Vorschlag, der sich an der Darstellung in Ursula Wolfs Kommentar zur „Nikomachischen Ethik" (s. → LB, Literaturliste, S. 176) orientiert:

Vergleichspunkt	zu wenig	Tugend	zu viel
Angst/Vorsicht	Tollkühnheit	Tapferkeit/Mut	Feigheit
Lust/Lebenshunger	Stumpfheit	Besonnenheit	Unmäßigkeit
Geben von Geld	Kleinlichkeit	Großzügigkeit	Verschwendung
Zorn	Schwächlichkeit	Milde	Jähzorn
das Angenehme im Umgang mit anderen	Tölpelhaftigkeit, Grobheit, Ungezogenheit	Gewandtheit, Liebenswürdigkeit	Gefallsucht

▄5▶ Etwas Gelungenes ist etwas, von dem man nichts wegnehmen und dem man nichts hinzufügen kann, ohne es weniger gelungen zu machen (vgl. Z. 17 ff.): Mangel und Überfluss zerstören also das Gelungene, das so in der Mitte zwischen einem Zuviel und einem Zuwenig liegen muss. Dies betrifft Handlungen genauso wie Leidenschaften (Gefühle) (vgl. Z. 24 ff.). Während es viele verschiedene Formen von Zuviel und Zuwenig gibt, gibt es nur eine Mitte (vgl. Z. 33 f.) Um diese zu treffen, braucht es deshalb die Vernunft, die das Maß des „Verständige[n]" (Z. 36 f.), die Tugend als Vorbild vorgibt. (Es fällt allerdings auf, dass Aristoteles in seiner Bestimmung zum Teil ausgesprochen unscharf und allgemein bleibt, wiederholt charakterisiert er die Mitte als das, was man und wie man etwas tun „soll" (Z. 27 f.) bzw. als „das Richtige" (Z. 30 f.), ohne doch anzugeben, wie man denn nun erkennt, was das Richtige ist und was man tun soll: Der Tugendhafte kennt eben die richtige Mitte, offensichtlich lassen sich nicht für alles Regeln angeben.)

▄6▶ Aristoteles' Beispiele für Leidenschaften ohne Mitte sind Schadenfreude, Schamlosigkeit und Neid. Andere Beispiele schlechter Eigenschaften ohne Pendant sind vielleicht der Sadismus bzw. Masochismus, die Spielsucht usw.

7▸ Im Prinzip lässt sich jedes der aufgeführten Laster (bzw. jede der dazugehörigen Tugenden) auch als soziales Laster bzw. soziale Tugend deuten: Laster: Trägheit → Tugend: Elan, Laster: Torheit → Tugend: Klugheit, Weisheit usw.

8▸ a) Lassen Sie die Schülerinnen und Schüler herumprobieren, oft ist es schwierig, passende Substantive zu finden, man muss dann beschreiben, was man meint. Z. B. sind positive Gegenbegriffe zur Gleichgültigkeit Interesse und Neugierde, aber was könnte ein Zuviel an Neugierde sein? In Bezug auf andere vielleicht so etwas wie Klatsch- und Tratschsucht? Der positive Gegenbegriff zum Starrsinn ist vielleicht die Entschlossenheit, der negative Gegenbegriff vielleicht die Wankelmütigkeit? Das positive Gegenstück zur Geltungssucht ist vielleicht das Selbstbewusstsein, aber das negative? Übertriebene Bescheidenheit (im Sinne von Goethes „Nur die Lumpen sind *bescheiden*, Brave freuen sich der Tat")?
b) Beispiele aus der Liste von Sofsky (→ SB, S. 163) sind etwa das Selbstmitleid, die Habgier und die Grausamkeit.

9▸ Auch für diese Aufgabe gilt, was schon für Aufgabe **8▸** gesagt wurde. Was ein Zuwenig an „Lern- und Leistungsbereitschaft" ist, ist schnell gefunden, aber was könnte ein Zuviel sein? Strebertum? Ein Zuviel an „Zuverlässigkeit und Sorgfalt": die Pedanterie? Und von „Ausdauer und Belastbarkeit"? Von „Verantwortungsbereitschaft"? „Teamfähigkeit"? „Toleranz"?

10▸ Eine Schwierigkeit könnte darin bestehen, dass der Bezugspunkt dessen, was „vernünftig" ist, was man tun „soll", schwierig zu finden ist: Worum soll es denn gehen? Um Erfolgsorientierung oder innere Ausgeglichenheit? Um die Entfaltung der eigenen Persönlichkeit oder die Entwicklung von Kritikfähigkeit? Vielleicht zeigt sich im Versuch der Anwendung so doch, dass Aristoteles' Leitkriterium des guten, gelingenden Lebens, eines Lebens, bei dem es einem gut geht, doch subjektiv ganz unterschiedlich gefüllt wird? Hier lässt sich in der Behandlung antiker Glücksvorstellungen (**7.1.1 Glück als gutes, gelingendes Leben – Aristoteles** (→ SB, S. 365 ff.)) wieder anknüpfen, etwa durch Aristoteles' Vergleich verschiedener Lebensformen.

S. 166   **Philosophisches Quartett: Tugend – reine Übungssache?**

S. 167   **11▸** Entscheidend ist die Passage Z. 29 – 43: Zu wissen, was richtig ist, heißt nicht, es auch tun zu wollen und zu tun. Aufklärung allein, so Safranski und Mertens, reicht nicht aus, um eine Tugend beizubringen, man muss sie einüben.

12▸ Dorn fragt danach, wie jemand eine Tugend (als feste Charaktereigenschaft) ausbilden kann: Um sie zu erkennen, muss ja schon ein Keim einer ersten Einsicht, dass es sich um eine begrüßenswerte Eigenschaft handelt, vorhanden sein.
a) Wenn jemand eine Tugend einüben möchte, muss er diese Tugend bereits als eine solche erkannt haben. Aber wie soll ich das können, wenn ich die Tugend doch erst (neu) kennenlerne?
b) Der Vergleich mit dem Sprachenlernen zielt darauf, dass ein bloßes unverständiges „Nachmachen" nicht zur Beherrschung der Sprache (bzw. zur Verankerung der Tugend) führen wird. Man muss also „selbsteigene[...] Kenntnis" (Z. 11) erwerben.
c) Ganz offensichtlich redet Aristoteles keinem blinden Eindrillen das Wort, sondern einem Einüben, das zugleich auf die Einsicht des Lernenden abzielt, dass es sich bei dem, was geübt wird, um etwas für ihn Sinnvolles handelt.

Z 4-1 Dieser Gedanke lässt sich vertiefen mit den Zusatztexten → LB, **Z 4-1**. In dem weiteren Auszug aus der Sendung geht es v.a. um die Frage, wie es kommt, dass manche Menschen nonkonformistisch das Richtige denken und tun, obwohl doch alle anderen das Falsche denken und tun – inwiefern kann es sich bei diesem „tugendhaften" Verhalten um etwas Eingeübtes handeln? Der zweite Zusatztext verdeutlicht, dass zum Können im Fall der Tugend das Tun unabdingbar dazugehört.

13▶ Ganz unterschiedliche Lösungen sind denkbar. Sinnvoll könnte sein, die Schülerinnen und Schüler aufzufordern, eine ihnen besonders wichtig erscheinende Tugend ins Zentrum ihrer Überlegungen zu stellen, um zu großflächig allgemeinen Ausführungen vorzubeugen.

4.2 Nur aus Prinzip? – Immanuel Kant

Inhalte – Methoden – Kompetenzen

Kaum ein Thema liegt offensichtlich der an der *verallgemeinerbaren* Vernunft ausgerichteten Ethik Kants ferner als gerade die (romantische) Liebe als Inbegriff *individueller* Erfahrung. Vielleicht aber kann ein so schülernahes und zudem in *DenkArt* sonst nur gelegentlich angesprochenes (etwa → SB, S.101 (Willensfreiheit), S. 151 (fallbasierte moralische Diskussionen)) Thema helfen, die schwergängigen Kant-Texte zu bearbeiten. Zudem führen die in diesem Unterkapitel angeführten Beispiele zu letztlich klassischen Fällen (Lügenverbot, Missbrauchsverbot)[1].

Der Zuschnitt der Kant-Textausschnitte bringt neben Kanonischem einiges zu Autonomie und Gewissen und ist so vernetzbar mit anderen Themen in *DenkArt* (s. jeweils Querverweise). Einen Hinweis auf Kants Begründung der Menschheitszweckformel bietet → SB, S. 179, Aufgabe 3, die Erarbeitung weiterer Begründungszusammenhänge der Formeln des kategorischen Imperativs würde die Lektüre weiterer Textpassagen aus der „Grundlegung zur Metaphysik der Sitten" erfordern. Die Grundidee von Kants Ansatz sollte aus diesem Kapitel allerdings deutlich werden.

Sequenz ●●●	Da die Abschnitte 4.2.1 – 4.2.4 aufeinander aufbauen, sollten sie linear durchgearbeitet werden. Die Abschnitte 4.2.5 und 4.2.6 können auch in der späteren Arbeit bei passender Gelegenheit (Vorschläge s. Querverweise zu den Abschnitten) einbezogen werden, sie dienen dann zugleich einer Reaktualisierung der Kant-Kenntnisse. Die Zusammenfassung → SB, S. 183 kann von vornherein in die Erarbeitung einbezogen werden, die Schülerinnen und Schüler haben dann schnell eine Idee des Gesamtzusammenhangs.
Querverweise ◄►	● **3.2 Geltungsansprüche moralischer Urteile** (v. a. → SB, S. 138 ff.) ● **3.3 Moralisch argumentieren** (→ SB, S. 146 ff.) ● **4.4 Nur im Gespräch? – Diskursethik** (→ SB, S. 199 ff.) ● **5.6.2 Gibt es eine Pflicht zu helfen?** (→ SB, S. 253 ff.) ● **6.4 „Strafe muss sein" – wirklich?** (v. a. → SB, S. 321 f.) ● **6.5.1 Menschenwürde – Was ist das?** (→ SB, S. 332 ff.)

---

[1] Wer eine breitere Palette von kleinen Fällen sucht, sei bspw. auf „Ethisch urteilen" (s.→ LB, S. 175, Literaturliste), v. a. S. 55 und 59 verwiesen.

Literatur und Links

- Immanuel Kant: Grundlegung zur Metaphysik der Sitten. Kommentar von Christoph Horn, Corinna Mieth und Nico Scarano. Frankfurt/M.: Suhrkamp Studienbibliothek, 2007 Reichhaltig kommentierte Studienausgabe mit Ausblicken auf die Rezeptionsgeschichte und Glossar

- Ernst Tugendhat: Vorlesungen über Ethik. Frankfurt/M.: Suhrkamp, 1993 (6. und 7. Vorlesung)

- John Rawls: Geschichte der Moralphilosophie. Frankfurt/M.: Suhrkamp, 2002 (S. 201 – 421)

- Salomo Friedlaender: Kant für Kinder. Hildesheim, Zürich, New York: Georg Olms Verlag, 2008. Reprint der Ausgabe von 1924. Darin: S. 19 – 34

- Wolfgang Lenzen: Liebe, Leben, Tod. Eine moralphilosophische Studie. Stuttgart: Reclam, 1999 (Kapitel 1, S. 41 – 120)

4.2.1 Der gute Wille

Inhalte – Methoden – Kompetenzen

Kant befragt im ersten Abschnitt seiner „Grundlegung zur Metaphysik der Sitten" erst einmal die allgemeinen Moralvorstellungen, das, was vermeintlich doch ohnehin selbstverständlich ist. So zielt auch dieser Abschnitt v.a. auf das intuitiv erst einmal Einleuchtende von Kants Ansatz: Was sonst soll denn fraglos moralisch in Ordnung sein, als es gut zu meinen? Auch den Schülerinnen und Schülern wird schnell deutlich, dass damit für die Frage, was denn konkret zu tun sei, oft nicht viel gewonnen ist.

Z 4-2 Methodisch ist der Textauszug von Kant durch seinen klaren inhaltlichen Aufbau als Übung zum verstehenden Lesen (s. → LB, Zusatzmaterial **Z 4-2**) geeignet, außerdem eignet er sich als Übung zur Begriffsklärung.

Querverweise
⟷

- **3.1.2 Ethik: begriffliche Grundlagen** (v. a. → SB, S. 131 ff. zum Begriff des „Guten")
- **Philosophieren: Vertiefungen und Übungen, Säule 1: Sorgfältige Begriffsklärung** (→ SB, S. 460 ff.)

Zu den Materialien und Aufgaben

S. 168   **1▸** Weniger soziale Kontrolle, Frauenemanzipation, angeblicher Werteverfall (→ SB, S. 129 ff.) usw.

2▸ Vielfältige Antworten sind möglich. Als Einstieg kann die Karikatur mit einbezogen werden: Was reizt hier eigentlich zum Lachen? Offensichtlich die Selbstverständlichkeit, mit der die Frau davon ausgeht, dass sich Dietmar und die Kinder mit ihr mitfreuen werden. So scheint das eigene Glück nicht selbstverständlich ein „guter" Grund für eine Ehescheidung zu sein, oder? Indirekt thematisiert die Aufgabe also den Begriff des „Guten", der im Folgenden eine zentrale Rolle spielen wird. Die Ergebnisse können in Stichworten an der Tafel gesammelt werden und später nach **5▸** einbezogen werden. Möglich ist hier die Einbeziehung von → SB, S. 131 ff. zur vorläufigen, intuitiven Unterscheidung eines moralischen und eines außermoralischen Gut-Seins, indem gefragt wird: Was ist denn nun das Gute an den guten Gründen für eine Scheidung?

Immanuel Kant: Der gute Wille (1)

3▸ Die genaue Lektüre des Anfangssatzes dient der Vorentlastung des anschließenden Textauszuges: (a) „gut" wird durch „wertvoll" ersetzt, wohl unproblematisch, (b) „zu denken möglich" durch „gibt" ersetzt, verfehlt Kants Intention (die sich auch in dem „auch außerhalb derselben" (der Welt) zeigt): das Nichtdenkmögliche ist radikaler, als dass etwas nur nicht existiert, (c) „ohne Einschränkungen" weglassen, verfehlt Kants Intention, dem es ja gerade um das uneingeschränkt, jederzeit, überall und unter allen Umständen Gute geht.

Ein weitergehender Frageimpuls kann sein zu überlegen, auf welche Frage Kant mit diesem Eingangssatz eigentlich antworten möchte. Es wird eine Frage sein wie: „Was ist uneingeschränkt gut?" Dann entsteht allerdings das Problem, dass „gut" sowohl in der Frage als auch in der Antwort steht: Was genau einen guten Willen gut macht, bleibt erst einmal offen.

Immanuel Kant: Der gute Wille (2)

1

4▸ Die Anmoderation verweist auf einen möglichen methodischen Link zur Begriffsklärung. Die Aufgabe zeigt vorentlastend, dass gute („tugendhafte", (→ SB, S. 162 ff.)) Charaktereigenschaften allein nicht das unbedingt Gute, das Kant sucht, sein können.

4   **Z 4-2**   Das Zusatzmaterial → LB, **Z 4-2** bietet für diesen für Schüler sperrigen Text ein Übungsmaterial zum verstehenden Lesen.

5▸ Ausgeschlossen werden:

Tafelbild

„Naturgaben": – „*Talente* des Geistes" (Z. 3): Verstand, Witz, Urteilskraft – „Eigenschaften des *Temperaments*" (Z. 4): Mut, Entschlossenheit, Beharrlichkeit im Vorsatze – „Mäßigung in Affekten und Leidenschaften, Selbstbeherrschung und nüchterne Überlegung" (Z. 18 f.) (= Naturgabenteilmenge) **„Glücksgaben":** – „Macht, Reichtum, Ehre, selbst Gesundheit" (Z. 7) – „Glückseligkeit" (Z. 8): Wohlbefinden, Zufriedenheit

Die Begründung ist in aller Regel, dass diese Eigenschaften auch für unmoralische Ziele eingesetzt werden können. Der Glückseligkeit muss man sich für Kant erst würdig erweisen (vgl. Z. 11 ff.) (ein dauerhaftes Glück eines bösen Menschen wird für Außenstehende nicht zweifelsfrei etwas Gutes sein). Auch verführt es zu Leichtsinn und „Übermut".

Neues Testament: Das Scherflein der Witwe

6▸ Zusammengefasst ist das Kernprinzip **deontologischer Ethiken** im Text „Der gute Wille (2)", → SB, S. 170, Z. 25 ff.: Der gute Wille ist nicht durch die Folgen der Handlungen, sondern „allein durch das Wollen, d. i. an sich" gut. Er muss allerdings mehr sein als ein bloßer Wunsch, es fordert außerdem „die Aufbietung aller Mittel, soweit sie in unserer Gewalt sind" (Z. 32 f.). Insofern verhält sich die Witwe moralisch „besser" als Bill Gates, der einen Großteil seines Vermögens in eine gemeinnützige Stiftung überführt hat. Es ist sinnvoll, die intuitiv einleuchtende Plausibilität von Kants Gedanken über weitere Beispiele deutlich zu machen und ggf. zu diskutieren. Wie ist es denn mit Nachhaltigkeitsinitiativen deutscher Brauereien, schwedischer Möbelhäuser usw.? Den Schülerinnen und Schülern werden eigene Beispiele einfallen, wo scheinbar gute Ziele offenkundig weniger gute Antriebskräfte kaschieren. Wie könnte man aus diesen Beispielen Beispiele guten Willens machen?

7▶ Hier sind verschiedene Möglichkeiten denkbar, so könnte z. B. vorgeschlagen werden, dass durch die Scheidung Schaden von Kindern abgewendet werden soll: Der gute Wille wäre dann auf das Kindeswohl ausgerichtet.

8▶ Noch hat Kant dazu explizit eigentlich nichts gesagt, insofern kann es hier nur Mutmaßungen geben, die über Versuche wie „gute Motive", „gute Absichten" usw. möglicherweise auf so etwas wie „Wohlwollen" hinauslaufen könnten. Die Diskussion kann kurz gehalten werden, denn das nächste Unterkapitel bringt eine weitere Präzisierung des Begriffs des „Guten", wie Kant ihn versteht: Gut ist ein Handeln nur dann, wenn der dahinterstehende gute Wille nicht von Eigeninteressen motiviert ist.

4.2.2 Handeln aus Pflicht

Inhalte – Methoden – Kompetenzen

Angenommen, wir wissen, was richtigerweise zu tun wäre: Warum tun wir es dann bzw. warum lassen wir es? Und wie sind unsere Motive moralisch einzuschätzen? Wieder geht Kant davon aus, dass er mit seiner rigoros zugespitzten Antwort eine allgemeine moralische Intuition trifft. Ein Handeln ohne jedes Eigeninteresse scheint Schülerinnen und Schülern allerdings oft wenig plausibel, hier sollte einer zu schnell erledigenden Kritik entgegengewirkt werden.

Querverweise
◄──►

- **4.3.4 Chancen und Grenzen des Utilitarismus** (→ SB, insbesondere S. 196 f.)
- **4.5 Warum überhaupt moralisch sein? – Aspekte der Moralkritik** (→ SB, S. 205 ff.)

Zu den Materialien und Aufgaben

S. 172 **Immanuel Kant: Handeln aus Pflicht**

S. 171 **1▶** Der Schreibauftrag kann als vorbereitende Hausaufgabe gegeben werden. Da er später (→ SB, S. 173, **8▶**) wieder aufgegriffen wird, kann anstelle einer direkten Auswertung sofort eine indirekte Auswertung mit

2▶ erfolgen. Die Schülerinnen und Schüler werden verschiedene Antworten anbieten. Antwortbeispiele sind:

Warum hält man sich an eine moralische Norm? Aus Gruppenzwang, aus Gewohnheit, aus Berechnung, aus Gewissensgründen, weil die Religion es fordert, um Anerkennung zu bekommen, aus Einsicht, dass die Norm richtig ist usw.

Warum hält man sich nicht an eine moralische Norm? Aus Willensschwäche, weil man die Norm falsch findet, aus amoralischer Haltung, um nicht aufzufallen, aus Angst, aus Unwissenheit, um schlechte Vorbilder nachzuahmen, aus Rache, aus Reiz am Verbotenen usw.

Sinnvolle Zusatzimpulse für die Überleitung zur Lektüre des Textes können sein, hier zu fragen, welche dieser Gründe
– der Kurs für *moralische* Gründe hält,
– aus der Perspektive eines „guten Willens" gute Gründe sein könnten.
Die Antworten können unkommentiert stehen bleiben.

S. 172 **3▶ a)** (Das in der Aufgabenstellung stehen gebliebene „dabei" ist ein Versehen und kann gestrichen werden.) In der Regel bieten Kurse Formulierungen wie „Eigeninteresse", „persönliche Interessen", „Egoismus" o. Ä. an.

b) Handlungen können **pflichtwidrig** sein (vgl. Z. 7– 9).

Pflichtmäßige (pflichtgemäße) Handlungen, also Handlungen, die nicht pflichtwidrig sind, haben nicht automatisch **moralischen Wert**. Entscheidend ist, aus welchen **Gründen** heraus sich jemand moralisch verhält.

Wenn diese Gründe in einer **Neigung** liegen, ist die Handlung **zwar pflichtmäßig**, hat aber **keinen „echten moralischen Wert"** (Z. 9–22, Z. 36).

Nur wenn diese Gründe nicht in einer Neigung liegen, sondern die Handlung **aus Pflicht** getan wird, hat die Handlung **echten moralischen Wert** (vgl. Z. 35 f.).

Eine grafische Umsetzung könnte so aussehen:

Tafelbild

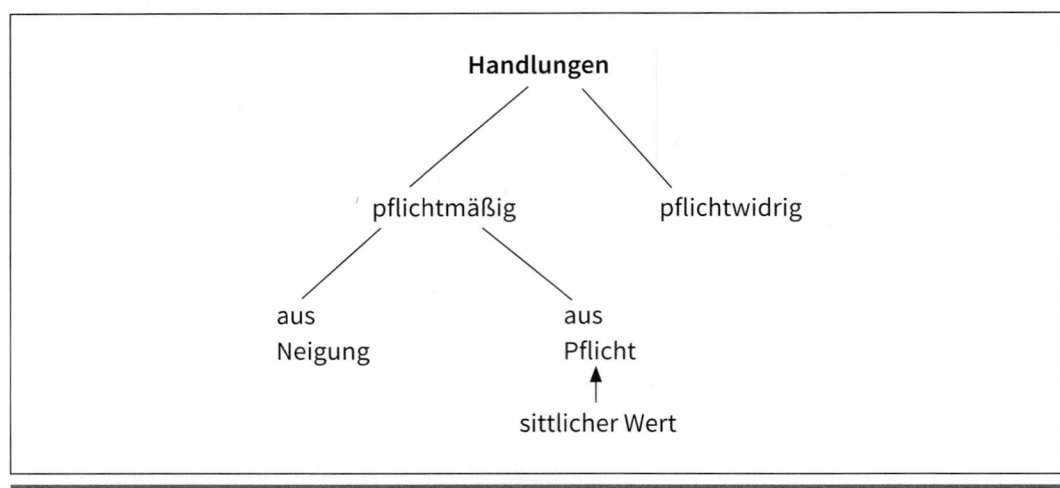

Beispiele für pflichtmäßiges Handeln aus Neigung werden die Schülerinnen und Schüler schnell anbringen. Auch kann Kants Beispiel des Kaufmanns, der ein Kind nicht betrügt, einbezogen werden (vgl. Z. 14 –22).

S. 173

4

S. 31 f. **4▶** Zum Kaufmannsbeispiel kann gefragt werden, aus welchen Gründen der Kaufmann das Kind nicht betrügt: Mögliche Gründe sind sein guter Ruf usw. – in Kants Worten: „Sein Vorteil erforderte es" (Z. 19). Dass der Kaufmann aus Zuneigung zu dem Kind handelt, verwirft Kant als unwahrscheinlich (vgl. Z. 19 f.). Das Problem besteht für Kant wohl darin, dass man sich nicht darauf verlassen kann, dass der Kaufmann die Handlung, wenn es sein Vorteil nicht erfordern würde (etwa wenn gewiss wäre, dass sein Verhalten niemals auffliegen könnte), auch ausführen würde. Moralische Pflichten aber sind für Kant dadurch gekennzeichnet, dass sie für jeden immer und überall gelten sollen. Neigungen (auch positive, wie Hilfsbereitschaft usw.) sind keine *Garantie* für moralisches Handeln, für die Erfüllung moralischer Pflichten. Das ist bei dem Handeln *aus* Pflicht anders, denn in diesem Falle wird man sich auch gegen die eigenen Neigungen oder bei sich verändernden Neigungen moralisch verhalten.

In Z. 1 – 5 formuliert Kant die moralische Intuition, dass der moralische Wert einer Handlung, den er ja in der Pflichterfüllung sieht, umso höher einzuschätzen sei, je mehr diese Handlung gegen seine „subjektiven Einschränkungen und Hindernisse[...]" (Z. 4) unternommen werde.

Im Kurs sollte für diese Aufgabe v.a. das Beispiel des „Menschenfreundes" (vgl. Z. 23 –36) analysiert werden. Kant argumentiert so: Wohltätigkeit ist Pflicht (vgl. Z. 23). Wohltätiges Handeln auch aus philantropischen, uneigennützigen Neigungen heraus ist moralisch nicht wertvoller als Handeln aus anderen Motiven wie der „Neigung nach Ehre" (Z. 28). Unsere Reaktion darauf wird „Lob und Aufmunterung, aber nicht Hochschätzung" sein (Z. 29 f.) Hochachtung aber empfinden wir jemandem gegenüber, der ohne jede empathische Neigung (Kant konstruiert zu diesem Zwecke jemanden, der eigentlich mit dem Leben abgeschlossen hat) *dennoch* das Gute tut, „ohne alle Neigung, lediglich aus Pflicht" (Z. 35 f.).

■5▶ Nachdem die Auflistung ergänzt worden ist, wird gefragt, wie Kant die verschiedenen Gründe beurteilen würde. Es wird sich ergeben, dass aus der Auflistung aus Aufgabe ■2▶ nur ein Handeln aus der Einsicht, dass die Norm richtig ist, für Kant als tatsächlich moralisches Handeln beurteilt würde, da allen anderen Gründen Neigungen folgen: Wer ihnen folgt, handelt Kant zufolge nur pflichtgemäß. (Vertieft werden kann Kants Überlegung an dieser Stelle, indem sein Begriff des Gewissens (→ SB, S. 182, Abschnitt 4.2.6) in die Überlegungen einbezogen wird: Dies ist „über alle freien Handlungen der innere Richter" (S. 182, Z. 13 f.) und wird in Kants Verständnis zu keinem anderen Ergebnis kommen können als die Einsicht, dass die Norm richtig ist.)

Zusammenfassend plausibilisieren lässt sich Kants Überlegung an dieser Stelle vielleicht, indem man gemeinsam überlegt, wie wir eigentlich Kindern erklären, dass sie nicht stehlen, andere beleidigen dürfen usw. – indem wir ihnen die Folgen ausmalen oder indem wir ihnen klarmachen „dass das, „nicht geht"?

S. 173   Immanuel Kant: Liebe

■6▶ Das anschließende „So" zu Beginn des Textes bezieht sich auf den vorhergehenden Absatz, in dem Kant darlegt, dass auch die vernünftige Förderung der eigenen Glückseligkeit nicht bei jedermann selbstverständlich vorauszusetzen sei, das Handeln aus Pflicht aber von jedermann gefordert werden könne. Argumentativ aber lässt sich die kleine Stelle v.a. auf den zuvor von den Lernenden bearbeiteten Textauszug beziehen: Noch ist nicht recht deutlich, warum einem pflichtgemäßen Handeln einer „teilnehmend gestimmten[n] Seele" (Text **„Handeln aus Pflicht"**, → LB, S. 172, Z. 23 f.) kein echter moralischer Wert zugesprochen werden sollte, zumal bspw. die christliche Lehre mit ihrem „Liebe deinen Nächsten" ja offensichtlich die Liebe als wertvollstes moralisches Motiv setzt.

Da Liebe als Neigung nicht „geboten" werden kann, bleibt als stabile Triebfeder moralischen Handelns allein die Pflicht. Kant verdeutlicht das am christlichen Gebot der Feindesliebe (Z. 1 f.). Seine Unterscheidung von „praktischer" und „pathologischer" Liebe klingt für heutige Ohren ulkig, gemeint ist, ein Wohlwollen, das geboten werden kann, von einem (rein gefühlsmäßigen) Wohlwollen abzugrenzen, das sich, weil es ein eher passives „Erleiden" ist, jederzeit wandeln kann.

Zusammengefasst: Auch jemand, der von Natur aus oder aus welchen Gründen auch immer keine menschenfreundlichen Gefühle hegt, kann (und soll) laut Kant moralisch handeln. Das Pflichtmotiv steht für ihn über der „pathologischen" Liebe und dem Wohlwollen.

■7▶ Vielleicht lassen sich gefühlsgesteuerte Hilfsbereitschaft in der deutschen Bevölkerung gegenüber Geflüchteten im Sommer 2015 als i.d.R. „pathologisches" Gefühl und eine eher „pflichtgesteuerte" Hilfsbereitschaft der übrig gebliebenen Helfer ein Jahr später voneinander abgrenzen? Generelles pädagogisches Lehrer- und Lehrerinnen-Wohlwollen kann vermutlich auch eher als „praktisches", nicht als „pathologisches" Gefühl beschrieben werden? Und Elternliebe ist zwar i.d.R. nicht wandelbar, bezieht sich aber nur auf die eigenen Kinder, nicht auf (potenziell) alle Menschen.

■8▶ Die Bearbeitung der Aufgabe ist eine praktische Anwendung von Kants Überlegungen zum pflichtgemäßen Handeln und zum Handeln aus Pflicht. Implizit, in **d)** vielleicht auch explizit, deutlich werden könnte, dass sich der Appell zu einem Handeln aus Pflicht an ideale Akteure richtet, die nicht nur in der Lage sind, von den eigenen „Neigungen" abzusehen: Überzeugend sind vielleicht für einen außenstehenden Beobachter gerade die Gründe, die einen klaren, aufrichtigen und zutreffenden Blick auf das eigene Innere zeigen.

9▸ (In der Aufgabenstellung sollte es präziser „die das Handeln dann zu *bloß pflichtgemäßem Handeln machen*" heißen.) Handlungen ohne jeden anderen Beweggrund als den der Pflichterfüllung zu finden ist, wie schon Kants Beispiel des Menschenfreundes zeigt, schwierig. Natürlich konstruiert Kant eine Art idealen Akteur, wie er im wirklichen Leben nicht vorkommen dürfte. Auch lässt sich fragen, ob Kant wirklich möchte, dass wir anderen gegenüber möglichst gleichgültig sind.

Um Kant nicht unnötig schwach dastehen zu lassen, könnte zum einen darauf hingewiesen werden, dass Mitleid allein (mit einem Mörder etwa) kein moralkonformes Handeln garantiert. Zum anderen könnte nach dem *ausschlaggebenden* Motiv des Handelns gefragt und zwischen Handlungen *aus Neigung* und Handlungen *mit Neigung* unterschieden werden. Das Pflichtmotiv bei Handlungen *mit Neigung* ist vielleicht nicht das *einzige*, wohl aber das *ausschlaggebende* Motiv: Ganz gleich, wie die anderen Neigungen sich verändern, solange garantiert wäre, dass das Pflichtmotiv ausschlaggebend bleibt, bleibt auch das moralische Handeln garantiert.

Ein Philantrop würde sich in dieser Lesart moralisch verhalten, wenn er aus Überzeugung auch dann noch bei der Unterstützung einer Sache bleibt, wenn sein emotionaler Antrieb für diese unterstützenswerte Sache längst verflogen ist und diese Sache auch in der öffentlichen Aufmerksamkeit eigentlich keine Rolle mehr spielt? Eine Staranwältin, die einen Täter, so gut sie nur kann, verteidigt, obwohl dieser Täter und seine Tat ihr persönlich zuwider sind und sie zudem mit anderen Fällen nicht weniger Geld verdienen könnte, würde wohl dann moralisch handeln, wenn ihr ausschlaggebendes Motiv die moralische Überzeugung wäre, dass jeder die beste Verteidigung verdient, die es gibt?

4.2.3 Der kategorische Imperativ

Inhalte – Methoden – Kompetenzen

Die Auszüge und Übungen im Schülerband konzentrieren sich auf die Universalisierungsformel des kategorischen Imperativs. Im Lehrerband wird eine Möglichkeit angeboten, zusätzlich die Naturgesetzformel einzuführen. Dies ist insofern interessant, als beide Formeln als Prüfverfahren eingesetzt in einigen Fällen zu unterschiedlichen Ergebnissen kommen werden. Überhaupt steht im Zentrum dieses Abschnitts nicht Kants Versuch, die verschiedenen Formeln zu begründen, sondern eine breite Anwendung der Universalisierungsformel als Prüfverfahren. Diese führt zum Teil zu unverträglichen Ergebnissen, anhand derer die Schülerinnen und Schüler einige Schwierigkeiten der Anwendung des kategorischen Imperativs als Prüfverfahren erarbeiten, auch um sie für spätere Anwendungsfälle (etwa in der Angewandten Ethik) im Hinterkopf zu haben.

Querverweise	<ul><li>**Philosophieren: Wie und wozu? Säule 3: Hypothetisches Denken** (→ SB, S. 25 ff.)</li><li>**3.2.2 Der Anspruch auf universelle Geltung** (→ SB, S. 138 ff.)</li><li>**4.4.2 Grundprinzipien der Diskursethik** (→ SB, S. 202 ff.)</li><li>**4.5. Warum überhaupt moralisch sein? – Aspekte der Moralkritik** (v. a. die Trittbrettfahrerproblematik → SB, S. 208 f.)</li><li>**5. Angewandte Ethik** (→ SB, S. 214 ff.)</li><li>**6.4. „Strafe muss sein" – wirklich?** (→ SB, S. 318 ff.)</li></ul>

Literatur und Links

- Dieter Birnbacher: Analytische Einführung in die Ethik. 2. Auflage, Berlin/New York: De Gruyter, 2007, S. 136 – 154

- Norbert Hoerster: Ethik und Interesse. Stuttgart: Reclam, 2003, S. 105 – 121

Zu den Materialien und Aufgaben

S. 174 **1▶** Die Aufgabe spitzt das im Folgenden eingeführte Prüfverfahren des kategorischen Imperativs als Gedankenexperiment zu: Kant fordert, sich kategorische Verhaltensregeln eines guten Willens ohne „um zu" vorzustellen (s. a. Moderationstext und das „Kleine Kant-Lexikon zum kategorischen Imperativ", die vorweg besprochen werden sollten). Vorbereitend kann hier gefragt werden, was eigentlich einen Schwur von einem Versprechen unterscheidet.

S. 175 **Immanuel Kant: Der kategorische Imperativ**

2▶ Im Zentrum des Textauszugs steht Kants einschlägiges Beispiel des lügenhaften Versprechens.

Verfahren mit Kant		Beispiel	Erläuterung
Um eine zu beurteilen,	**Handlung** ⇨	Darf sich jemand, der sich in einer Notlage glaubt, Geld mit dem lügenhaften Versprechen leihen, er werde es zurückgeben? (Z. 7 – 9)	
frage ich, welche (welche eigene Regel) mich diese Handlung für richtig halten lässt.	**Maxime** ⇨	Wenn ich in Geldnot zu sein glaube, so darf ich mir Geld leihen und versprechen, es zurückzugeben, auch wenn ich weiß, dass ich dazu nicht in der Lage sein werde. (Z. 12 – 13)	Ich nehme mir (in einer bestimmten Situation) vor, dass ….
Um diese Maxime zu beurteilen, frage ich, was wäre, wenn diese Maxime ein allgemeines Gesetz würde:	**Allgemeines Gesetz** ⇨	Jeder, der in Not zu sein glaubt, darf versprechen, was er will, auch wenn er weiß, dass er das Versprechen nicht halten wird. (Z. 18 – 20)	Jeder darf (in einer bestimmten Situation) … (bzw. jeder tut in einer bestimmten Situation) … (Naturgesetzformel)

Verfahren mit Kant		Beispiel	Erläuterung
Würde ich das, was sich dann ergeben würde, wollen können?	**Kann ich das wollen?** ⇨		
Wenn ja, ist die Handlung moralisch in Ordnung.	**ja, moralisch in Ordnung**		
Wenn nein, ist die Handlung moralisch nicht in Ordnung.	**nein, moralisch nicht in Ordnung.**	Die Institution des Versprechens wird ad absurdum geführt: Niemand wird Versprechen mehr ernst nehmen (Z. 20 – 22)	Das Ergebnis ist (a) nicht denkbar ⇨ vollkommene Pflicht) (b) nicht wünschbar ⇨ unvollkommene Pflicht)

Die Verallgemeinerungsfähigkeit einer Maxime ist für Kant das entscheidende Kriterium für die Moralität einer Handlung, da die Folgen der Handlung ja keine Rolle spielen sollen. Dies führt bei der Anwendung des Prüfverfahrens des kategorischen Imperativs zu Interpretationsschwierigkeiten. Das Beispiel des lügenhaften Versprechens sollte im Unterricht erst einmal genutzt werden, um Kants Verfahren zu verdeutlichen.

Diskutiert werden kann dann anhand dieses Beispiels beispielsweise:

– Kants Formulierung des „wollen kannst", indem gefragt wird, ob wir eine Gesellschaft „wollen können", in der jedermann lügenhafte Versprechen in Notlagen abgeben darf (Universalisierungsformel) bzw. abgibt (Naturgesetzformel);
– die Frage, um welche Art von Widersprüchen es sich bei der Verallgemeinerung der Maxime in Kants Beispiel eigentlich handelt. *Denkbar* ist eine Gesellschaft doch, in der lügenhafte Versprechen in Notlagen die Regel sind. Was genau daran ist denn nicht *wünschenswert*?

Der zentrale Unterschied liegt darin, dass die goldene Regel fragt: „Würdest du wollen, dass *dir* das geschieht?", während der kategorische Imperativ fragt: „Würdest du wollen, dass das ein *allgemeines Gesetz* wird?" Kant sieht also von der Möglichkeit zufälliger Umstände oder persönlicher Interessen ab. Im Beispiel des lügenhaften Versprechens wird man mit beiden Verfahren zum gleichen Ergebnis kommen (allerdings aus ganz verschiedenen Gründen).

George Bernard Shaw hat gesagt: „Behandle andere nicht, wie du möchtest, dass sie dich behandeln. Ihr Geschmack könnte nicht derselbe sein." Man wird Fälle suchen müssen, in denen jemand etwas anderes möchte oder (nicht) kann als die Mehrheit. Offensichtliche Beispiele sind etwa ein Masochist, der andere leiden lässt, ein sehr schlechter Schüler, der anderen seine Hausaufgaben zum Abschreiben anbietet usw.

Man kann an dieser Stelle die in *DenkArt* nicht eingeführte Naturgesetzformel einführen:

„[H]ANDLE SO, ALS OB DIE MAXIME DEINER HANDLUNG DURCH DEINEN WILLEN ZUM ALLGEMEINEN NATURGESETZ WERDEN SOLLTE." (Immanuel Kant: Grundlegung zur Metaphysik der Sitten, S. 421)

Man soll sich danach also vorstellen, dass die eigene Maxime wie ein Naturgesetz gelte. Knapp gesagt wird aus der Maxime „Ich nehme mir vor/möchte x" das verallgemeinerte Gesetz „Jeder tut x." Unterschiedliche Bewertungen anhand von Universalisierungs- und Naturgesetzformel können bspw. diskutiert werden anhand von Fall 3, S. 176.

4▶ Üblicherweise ergeben sich bei der Durchführung des Prüfverfahrens im Unterricht (mindestens) zwei Schwierigkeiten: (a) die Formulierung der zugrunde gelegten Maxime und (b) die Frage, inwiefern die Verallgemeinerung tatsächlich unmöglich (Denkwiderspruch) oder abzulehnen (Wollenswiderspruch) ist. Hilfreich ist für (a), darauf zu drängen, die Maxime nicht zu weit und nicht zu eng zu fassen (eben so, wie man eine eigene Regel formulieren würde: Auch wenn ich provoziert werde, lasse ich mich nicht zu Gewalt hinreißen./Ich lasse andere meine Hausaufgaben abschreiben usw.) Zu (b) siehe nächste Aufgabe.

3 Für das Gedankenexperiment könnte man ein Beispiel hernehmen: Paul hat sich von Paula ein Buch geliehen, das sie anscheinend nicht mehr braucht, zumindest fragt sie nie nach. Ab hier dürfte es ganz unterschiedliche Interpretationen im Kurs geben, z. B.:

- Paul gibt Paula das Buch nicht wieder und handelt nach der Maxime, dass er nicht verpflichtet ist, geliehene Dinge, die der Leihgeber anscheinend nicht mehr braucht, zurückzugeben. Mit der Universalisierungsformel verallgemeinert käme eine Gesellschaft heraus, in der niemand mehr verpflichtet wäre, geliehene Dinge, die der Leihgeber anscheinend nicht mehr braucht, zurückzugeben. In dieser Gesellschaft könnte ein Leihgeber nicht mehr sicher sein, seine Leihgaben zurückzubekommen, da die Rückgabe an der Einschätzung des Sich-Leihenden hängen würde, ob der Leihgeber die Leihgabe noch braucht. Für den Leihgeber würde es kaum noch Sinn machen, etwas zu *verleihen*. Dass er Dinge *verschenken* könnte, bliebe ihm ja ohnehin unbenommen; oder:

- Paul gibt Paula das Buch nicht wieder, da er nach der Maxime handelt, dass er geliehene Dinge ungefragt behalten darf, wenn sie der Leihgeber nicht zurückfordert. Nach der Universalisierungsformel dürfte dann jeder ungefragt geliehene Dinge behalten, die der Leihgeber nicht zurückfordert. Inwiefern sollte das nicht wünschenswert (oder gar undenkbar) sein? Dem Leihgeber ist es doch egal? (Aber warum fragt Paul Paula eigentlich nicht einfach, ob er das Buch behalten darf?)

S. 176 **5▶** Die Fälle können bei genauerer, arbeitsteiliger Behandlung zu kontroversen Beurteilungen führen. Die Schülerinnen und Schüler können zudem aufgefordert werden, die folgenden Zusatztexte von Patzig, Birnbacher und Tugendhat in ihre Überlegungen einzubeziehen. Neben vielem anderen sind bspw. folgende Rückfragen und Diskussionspunkte denkbar:

1▶ Zwar würde die Nichtachtung des Eigentums die Institution Eigentum und damit Begriffe wie Diebstahl und Raub hinfällig werden lassen, aber da dies von A. ausdrücklich gewünscht wird, wäre eine solche Gesellschaft für ihn weder undenkbar noch nicht wünschbar und er würde die auch für ihn selbst möglicherweise unangenehmen Folgen anscheinend fraglos in Kauf nehmen. (Für ihn wäre der Fall vermutlich vergleichbar mit dem Verschwinden der Institution Duell aus der Verallgemeinerung der Maxime: „Ich werde niemals jemanden zum Duell fordern.") Es könnte diskutiert werden, ob die Umformulierung des kategorischen Imperativs durch Tugendhat (→ SB, S. 177) als Einwand gegen A. dienen kann. Patzig (→ SB, S. 176) würde wohl gravierende negative Folgen für die Gesellschaft als ganze diagnostizieren.

2▶ s. **1▶** Außerdem: Inwiefern kann B. sein Verhalten in diesem Fall überhaupt noch als „fremdgehen" bezeichnen? Führt die Verallgemeinerung also zu einem Widerspruch zwischen dem in der Maxime ausgedrückten Wollen und dem Zustand der Welt bei Verallgemeinerung? Dass „Fremdgehen" B. als per se anstrebenswert erscheint, ist wenig wahrscheinlich, sehr wohl aber die Aufhebung monogamer Zweierbeziehungen, er verhält sich insofern auch aus der Perspektive des kategorischen Imperativs konsistent. Was ändert sich an der moralischen Bewertung, wenn B. seine Partnerin nicht über sein Verhalten informiert?

3a ▶ Wenn alle sich so *verhalten* (Naturgesetzformel), wird niemand mehr eine Zeitung kaufen und folglich auch nicht mitlesen können, es muss einige geben, die eine Zeitung kaufen, die Folgen der Handlung sind also nicht recht denkbar. (Aber besteht deshalb eine allgemeine moralische Pflicht, sich selbst eine Zeitung zu kaufen und nicht bei anderen Leuten in der U-Bahn mitzulesen?) Mit der Interpretation von Patzig (→ SB, S. 176) könnte Vereinbarkeit mit den Interessen anderer hergestellt werden, indem ich bspw. *gelegentlich* eine Zeitung kaufe, gelegentlich nicht. Wenn sich alle so verhalten würden, müsste ich allerdings das Risiko in Kauf nehmen, manchmal vielleicht ohne Zeitungslektüre auskommen zu müssen.

3b ▶ Wenn sich alle so *verhalten dürfen*, führt die Verallgemeinerung („Jeder darf bei seinem Nachbarn mitlesen") in keinen Widerspruch, da es sich nur um eine Erlaubnis handelt, von der man Gebrauch machen kann, aber nicht muss. Hier kann der Text von Birnbacher (→ SB, S. 177) einbezogen werden.

4 ▶ Die Maxime „Ich helfe Menschen in Not nicht" führt verallgemeinert zu einer Gesellschaft, in der niemand jemand in Not hilft bzw. helfen muss. So eine Gesellschaft ist nicht undenkbar, aber ist sie auch wünschbar? D. erklärt, damit einverstanden sein, da er zumindest z. Zt. davon ausgeht, die Hilfe anderer nicht zu benötigen. Gesetzt den Fall, er würde späterhin, etwa bei rapide verschlechterten persönlichen Umständen, seine Meinung ändern und eine Gesellschaft ohne Altruismus nun doch nicht mehr wollen und erklären, doch nach der Maxime „Ich helfe Menschen in Not" handeln zu wollen: War dann sein vorheriges Verhalten unmoralisch? Welche Argumente bietet hier der kategorische Imperativ? In der Umformulierung von Tugendhat (→ SB, S. 177) allerdings führt diese Verallgemeinerung zu Widersprüchen, da nicht jede beliebige Person mit den Konsequenzen einverstanden sein dürfte.

5 ▶ Das Beispiel führt in eine Pflichtenkollision zwischen der Pflicht, nicht zu lügen, und der Pflicht, anderen in Lebensgefahr zu helfen. Wie diese Pflichtenkollision mit der Universalisierungsformel gelöst werden kann, könnte zu kontroversen Diskussionen im Kurs führen. Für unser moralisches Gefühl macht es sicherlich einen Unterschied, ob jemand notgedrungen und zudem mit Blick v. a. auf die Interessen anderer oder freiwillig und mit Blick auf die eigenen Interessen lügt. Kant geht bekanntermaßen von einem allgemeinen Lügenverbot auch in diesem Fall aus. Gefragt werden könnte, welche Maxime Kant eigentlich anzunehmen scheint, um zu dem gewünschten Ergebnis zu kommen („Ich nehme mir vor, immer zu lügen?" „Ich nehme mir vor, immer dann zu lügen, wenn ich jemand anderem damit aus einer schwierigen Notlage helfen kann?"). (Und vielleicht entsteht in dem Gedankenexperiment auch bei Verallgemeinerung der zweiten Maxime tatsächlich eine Schwierigkeit? Wenn jeder Mensch in bestimmten Ausnahmesituationen das Recht hat zu lügen, kann ich doch bald nicht mehr sicher sein, ob sich mein Gegenüber in einer bestimmten Ausnahmesituation befindet oder ob er mir die Wahrheit sagt? Ich kann also nicht sicher davon ausgehen, dass mir mein Gegenüber die Wahrheit sagt. Die Lüge braucht aber, um als Lüge zu funktionieren, als Voraussetzung die Annahme, dass die Wahrheit gesagt wird. Mit Wegfallen dieser Annahme könnte also die Lüge auch nicht mehr als Lüge funktionieren? So ist die Verallgemeinerung der Maxime, man dürfe unter bestimmten Umständen ausnahmsweise lügen, nicht denkbar?)

Zusammengefasst ergeben sich Schwierigkeiten bei der Anwendung des kategorischen Imperativs z. B. durch die Formulierung des „**wollen kannst**" und in **Pflichtenkollisionen** (Beispiel 5). Zudem ist fraglich, ob jede **Institution**, die durch die Verallgemeinerung einer Maxime in Gefahr geraten würde, unterstützt werden muss und wie hier mit dem kategorischen Imperativ argumentiert werden kann (Beispiel 1 und 2). Gefragt werden kann auch, ob es nach der **Universalisierungsformel** überhaupt auch nur ein Beispiel einer vollkommenen Pflicht, also einer **Denkunmöglichkeit** der Verallgemeinerung der Maxime, gibt.

4.2.4 Der Mensch als Zweck

Inhalte – Methoden – Kompetenzen

Die Einführung der Menschheitszweckformel wird thematisch mit der Frage verbunden, inwiefern Prostitution unmoralisch ist, inwiefern vielleicht auch nicht. Wer hier aktuellere Beispiele aus der Tagespresse einführen will, wird schnell fündig werden. Die Diskussion dieser Frage führt in aller Regel schnell auf den entscheidenden Aspekte der Menschheitszweckformel, die Frage, inwiefern die Autonomie des anderen respektiert wird. Nach einer Klärung von Kants **Z 4-3** zentraler Idee kann der Zusatztext von Arnd Pollmann (→ LB, **Z 4-3**) als feine Zusammenfassung und Aktualisierung schnell sinnvoll einbezogen werden.

Querverweise ↔	• **4.3.4 Chancen und Grenzen des Utilitarismus** (→ SB, insbesondere S. 197f.) • **6.5 Menschenwürde – Menschenrechte** (→ SB, S. 332 ff.)

Literatur und Links

• Arnd Pollmann: Unmoral. Ein philosophisches Handbuch. Von Ausbeutung bis Zwang. München: Beck, 2009, S. 164 – 172 (Stichwort „Missbrauch")

• Wolfgang Lenzen: Liebe, Leben, Tod. Eine moralphilosophische Studie. Stuttgart: Reclam, 1999 (Kapitel 1, S. 106 – 115: Pornographie und Prostitution)

Zu den Materialien und Aufgaben

S. 177 **1▸** Das Bundesministerium für Familie, Senioren, Frauen und Jugend begründet seine Feststellung, dass Prostitution „kein Beruf wie jeder andere sei", nicht weiter. Diese Leerstelle können die Schülerinnen und Schüler mit ihren Überlegungen füllen. Die Einstiegsphase kann kurz gehalten werden, in aller Regel führen diese ersten Überlegungen in Richtung von Kants Menschheitszweckformel: Prostituierte werden benutzt, erniedrigt usw., aber wenn sie sich vom Arbeitsamt vermitteln ließen, wäre das doch zugleich möglicherweise freiwillig und insofern vielleicht in Ordnung? Usw.

Der Textauszug, anhand dessen Kants Menschheitszweckformel eingeführt wird, ist sehr knapp gehalten, das zentrale Gegensatzpaar Mittel und Zweck wird in der Anmoderation bereits angesprochen und sollte vorentlastend besprochen werden. Ein möglicher Impuls dabei könnten einfache Fragen sein: „Wie viel sind Sie wert? In Euro? Wie könnte man das ausrechnen?" **Z 4-4** Diese Fragen können bei Interesse vertieft werden mit → LB, Zusatzmaterial **Z 4-4**.

Man könnte auch fragen, was an dem „Unwort des 20. Jahrhunderts" „Menschenmaterial" so abstoßend ist.

S. 178 **Immanuel Kant: Menschheitszweckformel**

S. 179 **2▸** a) Ist wohl zutreffend, b) fraglich (s. **Z 4-4**), c) eher zutreffend (Z. 15 – 17), d) fraglich (man müsste definieren, was für eine Lohnarbeit und wie genau der Zwang eigentlich aussieht), e) nicht zutreffend, da Kant „*bloß* als Mittel" schreibt, f) trifft die Intuition von Kants Formel, ist aber anhand des Textauszuges nicht eindeutig zu entscheiden, g) trifft sicher nicht Kants Gedanken (s. a. die Karikatur auf S. 178, deren Witz wohl gerade in der absurden Verkehrung liegt: Die Frau macht die Männer zum Objekt ihrer eigenen Begierde?).

3▶ Die Textstelle ist knifflig (und sicher im Unterricht nicht erschöpfend) zu interpretieren. Die zentrale Idee der Selbstzweckhaftigkeit des Menschen allerdings sollte deutlich werden. Eine mögliche Lesart könnte so aussehen: Der Mensch wird über seinen vernünftigen Kern (seine „vernünftige Natur", Z. 1) als Vernunftwesen begriffen. Da, so könnte man interpretieren, jeder Mensch die eigene Existenz als Selbstzweck sieht, wird jeder als vernünftiges Wesen einsehen müssen, dass auch alle anderen Menschen für sich selbst Selbstzwecke sind. (Dass aus dieser verallgemeinerten subjektiven Sicht (dem „subjektive[n] Prinzip" (Z. 3 f.)) zwangsläufig ein „objektives Prinzip" folgt, wie Kant annimmt, kann sicher bezweifelt werden.) Dass ein Selbstzweck als bloßes Mittel für dann *andere* Selbstzwecke eingesetzt wird, erscheint widersinnig, nicht vernünftig, und so sind auch „Gesetze des Willens" (Z. 9), also verallgemeinerte Handlungsmaximen, die sich aus einer solchen Verkehrung ableiten, unvernünftig, gegen die „vernünftige Natur" des Menschen. Man kann sie nicht wollen.

Verdeutlichen lässt sich die Menschheitszweckformel, indem man Fälle sucht, in denen andere Menschen nur als Mittel gebraucht werden: Geiselnahme, Sklavenhaltung, Menschenversuche usw. Wichtig ist, dass wir alle im Alltag fortlaufend andere Menschen als Mittel gebrauchen, ohne dass man uns daraus automatisch einen moralphilosophischen Strick drehen könnte, da wir uns mit diesen Menschen gegenseitig zu Mitteln und Zwecken machen: Selbst Lehrer, die Schüler auch als Mittel zum Gelderwerb nutzen würden, müssen doch in der Regel gleichzeitig die Zwecke der Schüler im Auge behalten, die beispielsweise darin bestehen, etwas zu lernen. Unmoralisch wird das Verhalten erst, wenn die Zwecke des anderen für das eigene Handeln keine Rolle spielen.

Z 4-3 Eine anschauliche Zusammenfassung von Kants Überlegungen bietet → LB, Zusatztext **Z 4-3** anhand des Missbrauchsbegriffs, der an dieser Stelle zur Verdeutlichung und zur Diskussion eingesetzt werden kann: Danach handeln beispielsweise auch Eltern, die im Streit ihre Kinder für die jeweils eigene Position instrumentalisieren, unmoralisch.

4▶ Ein zentrales Kriterium ist sicher die Freiwilligkeit. So hängt die Bewertung des Einstiegsbeispiels Prostitution wohl davon ab, wie die Freiwilligkeit eingeschätzt wird: Prostitution ist sicher unmoralisch, wenn Prostituierte zur Prostitution gezwungen werden. Ob zur Freiwilligkeit gehört, die eigenen Interessen realistisch einschätzen zu können, könnte bei der Beurteilung anderer Fälle von Prostitution eine Rolle spielen. Ob Erniedrigung und Selbsterniedrigung zwangsläufig dazu führen, dass ein Arbeitsverhältnis unmoralisch ist, könnte diskutiert werden: Wo genau läuft in der Unterhaltungsindustrie die Grenze zwischen einer Behandlung eines anderen (und seiner selbst, Kants Formel spricht ja ausdrücklich davon, auch wenn das in der Erarbeitung bisher vielleicht keine Rolle gespielt hat) als Mittel und Zweck und einer reinen Instrumentalisierung?

4.2.5 Autonomie

Inhalte – Methoden – Kompetenzen

Vgl. die Einträge an gleicher Stelle unter 4.2 am Anfang des Unterkapitels.

Querverweise ⬌	Um menschliche (Willens)Freiheit geht es ausführlich in Kapitel **2. Freiheit und Determination**.

S. 180 **1▶ a)** Der gemeinsame Kern der drei Zitate könnte darin bestehen, dass für freies Handeln erforderlich ist, dass die Handlung (bzw. die Entscheidung zur Handlung) unabhängig von Neigungen oder Vergnügen erfolgt. Bezieht man Kants Unterscheidung von „Handeln aus Pflicht" und „Handeln aus Neigung" ein (→ 4.2.2), deutet sich schon an, dass allein Ersteres frei zu nennen ist.

b) Die Neigung treibt mich zum Trunk (alkoholischer Getränke). Wäre ich ein Tier, wäre diese notwendig und ich würde trinken. Doch ich habe eine gewisse „Unabhängigkeit von der Macht der Neigungen", die dazu führen kann, dass ich mich – etwa aus Pflicht (z. B. weil ich noch vorhabe, Auto zu fahren) – gegen meine Neigung und damit gegen das Trinken entscheide.

2▶ Die Liste der Beispiele dürfte leicht zu füllen sein: das leckere Eis, dem ich nicht widerstehen kann; das Computerspiel, das mich von den Hausaufgaben fernhält ...

S. 180 **Immanuel Kant: Regellose Freiheit?**

S. 180 **3▶** Hier gilt es, die Lebenswirklichkeit der Schülerinnen und Schüler zu ermitteln. Subjektive Handlungsgrundsätze dürften leicht zu finden sein, zumal nicht nach moralischen Maximen gefragt wurde. Möglicherweise könnte sich herausstellen, dass gerade diese als Einschränkung empfunden werden.

4▶ Ein Mensch, der verständig frei (autonom) handelt, richtet sich nach *selbst gegebenen* Gesetzen bzw. Maximen. Wer dies nicht tut, handelt völlig unberechenbar, „blind" und „wild", und versteht möglicherweise nicht einmal selbst, warum er so und nicht anders handelt.

Z 2-2 Ein besonders anschauliches Beispiel findet sich in → **LB**, Zusatzmaterial **Z 2-2** (→ LB, S. 123).

S. 181 **Immanuel Kant: Freiheit durch das moralische Gesetz**

5▶ Hier sind der Fantasie keine Grenzen gesetzt. Nahe liegen mag die Pflicht der Hausaufgaben, für deren Erfüllung man vielleicht das Computerspiel aufschiebt. Oder aber der Verzicht auf Alkohol am Steuer.

6▶ Viele treffende Schaubilder sind denkbar, ein einfaches mögliches Schülerergebnis könnte wie folgt aussehen:

Tafelbild

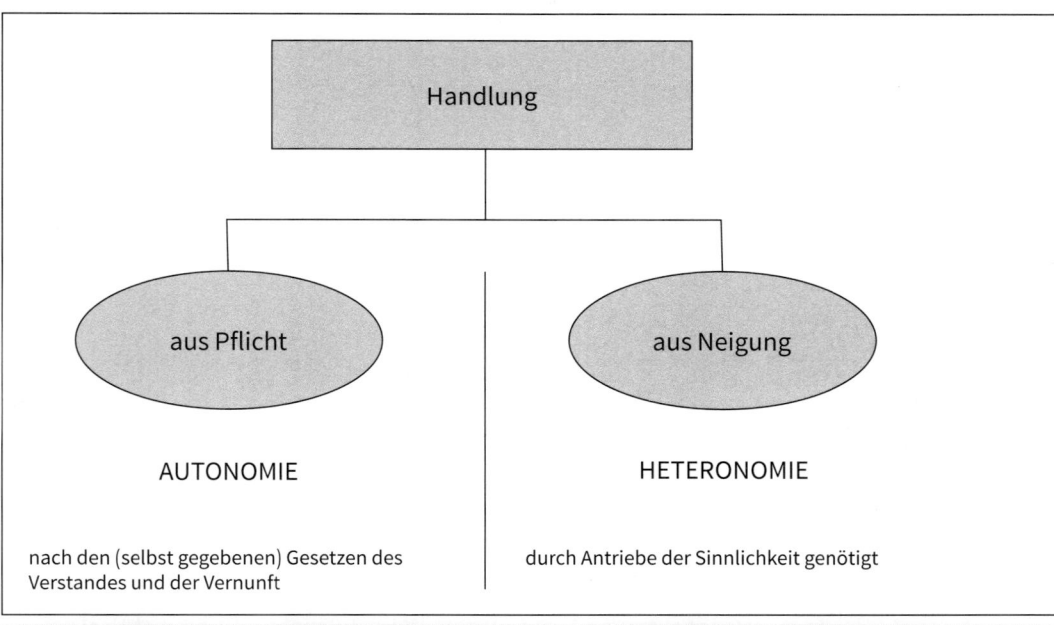

7▶ Der Satz klingt auf den ersten Blick kontraintuitiv, aber vielleicht sehen Schülerinnen und Schüler nach der (kurzen) Kant-Lektüre doch etwas Richtiges darin. Wie sie sich positionieren, ist nicht vorhersehbar. Wichtig ist nur, dass Kritik mit präziser Begrifflichkeit argumentativ vorgetragen wird.

4.2.6 Gewissen

Inhalte – Methoden – Kompetenzen

Das kleine Zusatzelement zum Gewissen eignet sich v. a. zur Vertiefung des Verständnisses von Kants Autonomiebegriff (→ SB, S.179 ff, **Abschnitt 4.2.5**). Auch im Alltag fragen wir uns ja vielleicht manchmal, ob uns unser Gewissen eigentlich eher frei oder unfrei macht? Naheliegend ist bei dieser Frage die kontrastierende Einbeziehung von Freuds Begriff des Über-Ichs (s. Querverweise).

Querverweise
⬅➡

- **2.2.2 Psychologie: Der Einfluss des „Unbewussten"** (→ SB, S. 93 ff.)
- **4.5. Warum überhaupt moralisch sein? – Aspekte der Moralkritik** (v. a. → SB, S. 208 – 210)

Zu den Materialien und Aufgaben

Immanuel Kant: Das Gewissen

1▶ Kästner möchte wohl sagen, dass das Gewissen sich nicht irrt, auch wenn es uns so vorkommen mag. Dieser Gedanke bereitet Kants Verständnis des Gewissens vor.

2▶ Innerer Richter: beobachtet, bedroht, flößt Respekt ein; Ankläger und Anwalt bringen Argumente für und gegen die beschlossene Tat vor. Das Gewissen insgesamt fällt dann das Urteil zur Rechtmäßigkeit einer Handlung. Die Rechtmäßigkeit der Urteile des inneren Gerichtshofs des Gewissens (seine Gesetzesbücher gewissermaßen) rührt daher, dass „alle Pflichten überhaupt auch als ihre Gebote anzusehen sind" (Z. 13): Die Kriterien, nach denen das Gewissen seine Entscheidung fällt, sind also die Kriterien der praktischen Vernunft, anhand derer der Mensch auch die Pflichten als solche erkennt, das Sittengesetz. Da jeder Mensch die Anlagen zur Sittlichkeit in sich trägt, hat auch jeder Mensch ein Gewissen.

3▶ Kant stellt ausdrücklich fest, dass das Gewissen der innere Richter „über alle freien Handlungen" (Z. 13 f.) ist. Freie Handlungen sind für ihn, wie in 4.2.5 erarbeitet wurde, allein Handlungen, die in Übereinstimmung mit dem Sittengesetz stehen. So besehen kann das Gewissen, das ja sein Urteil anhand des Sittengesetzes fällt, die Freiheit eines Menschen nicht einschränken.

4.3 Das größte Glück der größten Zahl? – Der Utilitarismus

Inhalte – Methoden – Kompetenzen

Von zentraler Bedeutung für eine Einführung in den Utilitarismus ist es, zunächst die Grundideen zu erfassen und an Beispielen zu plausibilisieren. Denn nicht selten besteht die Gefahr, den klassischen Utilitarismus, wenn er konkreter operationalisiert wird, radikal zu kritisieren. Mächtig und früh sind in der Regel die ja auch berechtigten Hinweise auf die Undurchführbarkeit der

Verfahren, mit denen die Folgen von Handlungen ermittelt und bewertet werden sollen. Es ist aber dennoch ungemein lohnend, die Vorzüge des Zugangs zu erörtern. Für die Lehrperson stellt sich daher die anspruchsvolle Aufgabe, frühe Kritik zurückzustellen und zunächst für eine Klarstellung der Ideen des Utilitarismus anhand von Beispielen zu sorgen. Natürlich sollen auch die ernsten Schwierigkeiten des Zugangs nicht unter den Tisch fallen (vgl. dazu → LB, Zusatztext **Z 4-6** Z 4-6), aber sie sollen die echten Vorzüge auch nicht verdecken. Für das Verständnis wichtig ist es, Vorzüge und Nachteile normativ-ethischer Zugänge an Beispielen zu erproben. So raten wir dazu, echte, der gesellschaftlichen Diskussion entnommene Fallbeispiele zu testen, und zwar dann, wenn mehrere normativ-ethische Zugänge erarbeitet wurden und im Zusammenhang erprobt werden können. Erst dann kann sich an Beispielen zeigen, was z. B. Kants Zugang auszeichnet und auch problematisch erscheinen lässt, und zwar im Vergleich und in Abgrenzung zu konsequentialistischen Zugängen. Beide haben eben Vorzüge, beide Nachteile. In *DenkArt* wird ein Standpunkt vorgeschlagen, der die Vorzüge zu nutzen versucht, um Schwächen zu vermeiden (vgl. dazu **3.2.3 Forderungen an moralische Begründungen**).

Sequenz ●●●	Nach Möglichkeit sollte dieses Unterkapitel linear durchgearbeitet werden. **4.3.4** kann ggf. entfallen und im Zusammenhang der Gesamtschau aller metaethischen Zugänge behandelt werden, wenn es gilt, deren Vorzüge und Mängel gegeneinander abzuwägen. Falls nur die Klassiker zum Lehrplan gehören, kann ggf. auch **4.3.3** entfallen. Alternativ bietet es sich an, für ein ausführlicheres moralisches Fallbeispiel einen utilitaristischen Lösungsvorschlag zu versuchen.
Querverweise ↔	• **3.2.3 Forderungen an moralische Begründungen** (→ SB, S. 141 f.): Speziell Forderung 7 (Folgenabwägung) und Forderung 8 (Unparteilichkeit) • **5.6.2 Gibt es eine Pflicht zu helfen?** (→ SB, S. 253 ff.): Der Abschnitt bietet sich für ein komplexeres Fallbeispiel an. Ebenso auch: • **6.6 „Nie wieder Krieg!" – Oder?** (→ SB, S. 344 ff.) • **6.2.2 Hobbes, Locke, Rawls: klassische und moderne Vertragstheorie** (→ SB, S. 290 ff.): Hier finden Sie eine Kritik von John Rawls am Utilitarismus (→ SB, S. 304). • **7.1.2 Die Lust ist das Gute – Epikur** (→ SB, S. 372 ff.): Als Vorläufer des Utilitarismus wird häufiger auch Epikurs Hedonismus genannt. • **7.2 Empirische Glücksforschung** (→ SB, S. 391 ff.): Ob und wie sich Glück messen lässt, kann hier vertieft werden.

Literatur und Links

• Otfried Höffe (Hrsg.): Einführung in die utilitaristische Ethik. Tübingen: UTB, 5., überarbeitete und erweiterte Auflage 2013

• Norbert Hoerster: Ethik und Interesse. Stuttgart: Reclam, 2003

• John Stuart Mill: Der Utilitarismus. Stuttgart: Reclam jun., 1976, Übersetzung, Anmerkungen und Nachwort von Dieter Birnbacher

• Henning Franzen: Ethisch Urteilen. Paderborn: Schöningh Verlag, 2009

Zu den Materialien und Aufgaben

S. 184 ▐1▶ Die drei Fälle zum Spannungsverhältnis zwischen Freiheit und Sicherheit geben Anregungen, können aber auch durch aktuelle Beispiele ausgetauscht werden. Gerade, während ich dies schreibe, wäre es die Diskussion angesichts des Terroranschlags in Paris (November 2015), in der es darum geht, wie viele Freiheitsrechte wir bereit sein sollten, für unsere Sicherheit einzuschränken. All diese Beispiele, ob nun hypothetisch oder real, führen schnell zu intensiven Kontroversen darüber, wie das Verhältnis von Freiheit zu Sicherheit im Zweifel geregelt werden sollte. Fast unausweichlich wird in dieser Diskussion konsequenzialistisch im Sinne einer Folgenabwägung argumentiert, sodass ein schneller Einstieg in diese Art Überlegungen möglich wird.

2▶ Eine vertiefende Diskussion ist an dieser Stelle noch nicht das Ziel. Wohl aber ist es das Ziel, Gegensätze und Unvereinbarkeiten in den ersten Einschätzungen klar zu artikulieren und für den Fortgang im Unterricht auch festzuhalten.

4.3.1 Konsequenzen als Maßstab der Ethik?

Inhalte – Methoden – Kompetenzen

Vgl. die Einträge unter 4.3, die den Abschnitt in den umfassenderen Zusammenhang einordnen. Einziger und zentraler Inhalt ist es, eindringlich verständlich zu machen, was alles an Theorien des außermoralisch Guten infrage kommen kann.

Zu den Materialien und Aufgaben

S. 184   **William K. Frankena: Das außermoralisch Gute als Maßstab moralischer Bewertung**

S. 185   **1▶** Die Idee ist erst einmal verblüffend einfach: Strebe gute Folgen an, vermeide schlechte. Tue dir und anderen gut, vermeide es, dir und anderen schlecht zu tun. Da ist selten Widerspruch zu erwarten. Was könnte einleuchtender sein? Einfache Beispiele für eine Güterabwägung: Zwar wollte ich gerne wie geplant mit meiner Frau ins Kino gehen, aber das Fieber von Jakob hat uns abgehalten. Er brauchte unseren Beistand, unser Vergnügen am Film war angesichts seiner Bedürfnisse nachrangig. Basteln Sie selbst Beispiele.

2▶ Teleologische Theorien brauchen notwendig eine Theorie des außermoralisch Guten als Maßstab dafür, die Güte von Handlungsfolgen zu beurteilen. Das Utilitätsprinzip fordert ja zunächst nur, gute Folgen anzustreben und schlechte zu vermeiden. Welche Folgen aber sind gut, welche schlecht? Die Antwort darauf liefert nicht die Ethik selbst. Im Beispiel oben setzt es eine klare Wertehierarchie voraus: Achte die Bedürfnisse deiner Kinder und stelle im Zweifel eigene Bedürfnisse zurück.

3▶ Das Beispiel (Jakobs Bedürfnisse achten) zeigt die Richtung an: Die Interessen des anderen (des Mitmenschen) als wichtig anzusehen, ist das Vehikel. Je nachdem, wie da die Theorie des außermoralisch Guten die Wichtigkeit einzelner Interessen und Bedürfnisse beurteilt, werden andere Ergebnisse wahrscheinlich.

4▶ In der Regel werden vielfältige Bezüge sichtbar. Oft ist es so, dass die Lerngruppe schon in der Bearbeitung der vorherigen Aufgaben an das Einstiegsbeispiel anschließt. Falls das sehr intensiv erfolgt, kann Aufgabe 4 entfallen.

4.3.2 Klassiker des Utilitarismus: Bentham und Mill

Inhalte – Methoden – Kompetenzen

Vgl. auch die Einträge unter 4.3, die den Abschnitt in den umfassenderen Zusammenhang einordnen. Inhaltlich geht es darum, sich die zentralen Inhalte des Utilitarismus bei Bentham und Mill zu erarbeiten. Methodisch steht deshalb auch **Säule 4: Faire Textinterpretation** im Mittelpunkt. Dabei können die Lerngruppen sich insbesondere darin üben, die fünf Schritte fairer Textarbeit (→ SB, S. 31) zunehmend selbstbestimmt anzuwenden und zu achten.

Sequenz ●●●	Vgl. Eintrag an gleicher Stelle unter 4.3
Querverweise ◀▶	Vgl. Eintrag an gleicher Stelle unter 4.3

Zu den Materialien und Aufgaben

S. 186 **Jeremy Bentham: Über das Prinzip der Nützlichkeit**

S. 187 ▰1▶ Diese Aufgabe eignet sich auch gut als Schreibübung. Paare oder Kleingruppen erarbeiten schriftlich fixierte Lösungen, belegen diese am Text, verbessern sie gemeinsam und stellen ihr Ergebnis abschließend im Plenum vor. So haben alle die Möglichkeit, sich im Schreiben zu üben. Sichtbar kann dabei auch werden, dass durchaus unterschiedliche Fassungen möglich sind, die dennoch alle gut am Text belegbar sind:

1. *Das Prinzip der Nützlichkeit* geht davon aus (vgl. Z. 7 f.), dass letztlich die Güte jeder Handlung, die Menschen im Leben tun, danach beurteilt werden muss, ob und in welchem Umfang sie zu Leid und Freude der durch die Handlung Betroffenen beiträgt. Einen anderen Wertmaßstab gibt es nicht.

2. *Das Prinzip der Nützlichkeit* besagt, dass eine Handlung umso besser ist, je mehr Freude (Glück) sie für alle durch die Handlung Betroffenen hervorruft und je mehr Leid sie vermeidet (vgl. Z. 15 ff.). Zu missbilligen sind demnach Handlungen, die mögliche Freude verhindern oder vermeidbares Leid hervorrufen. Sowohl die Güte des privaten wie des politischen Handelns ist nach dem Prinzip beurteilbar (vgl. Z.18 f.).

3. Sowohl bezogen auf Gemeinschaften als auch auf Einzelpersonen bedeutet *eine Handlung sei nützlich*, dass sie „Gewinn, Vorteil, Freude, Gutes oder Glück" (Z. 20 f.) hervorbringt oder, anders gesagt, dass sie „vor Unheil, Leid, Bösem oder Unglück" (Z. 23) bewahrt.

4. „Das Interesse einer Gemeinschaft" ist definiert als „[d]ie Summe der Interessen" der Mitglieder der Gemeinschaft (Z. 30).

5. Das Interesse der Gemeinschaft kann also einzig über die Ermittlung der Interessen der Individuen der Gemeinschaft bestimmt werden. Eine Handlung dient dem Interesse einer Person, wenn sie zur Summe seiner Freuden beiträgt oder die Summe der Leiden vermindert (vgl. Z. 32 ff.).

6. Eine Handlung ist nützlich, wenn insgesamt das Glück der Gemeinschaft durch die Handlung zunimmt, statt abzunehmen (vgl. Z. 35 ff.).

7. Das Gleiche gilt für Maßnahmen der Regierung.

10. Handlungen, die dem Nützlichkeitsprinzip entsprechen, sind entweder gebotene Handlungen oder erlaubte Handlungen (vgl. Z. 43 ff.). (Implizit: Verboten sind also Handlungen, die dem Nützlichkeitsprinzip widersprechen.)

11. Das Nützlichkeitsprinzip ist die Grundlage moralischer Beurteilung. Es wird als unstrittig vorausgesetzt, ohne selbst bewiesen werden zu können (vgl. Z. 47 ff.).

2▶ Ob eine Handlung gut oder schlecht ist, wird einzig und allein dadurch bestimmt, wie sich die Folgen der Handlung auf die Summe des Glücks und Leids in einer Gemeinschaft auswirken. Die Summe der Gemeinschaft ist nichts anderes als die Summe der Glücksbilanzen der Menschen der Gemeinschaft. Gut ist eine Handlung dann, wenn sie das Glück vermehrt und das Leid vermindert. Von zwei Handlungen ist die die wertvollere, deren Tendenz, das Glück zu vermehren und das Leid zu vermindern, größer ist. Das Nützlichkeitsprinzip ist das (selbst unbeweisbare) Fundament des Utilitarismus.

S. 187 **Jeremy Bentham: Wie der Wert einer Menge an Freude oder Leid gemessen werden kann**

S. 189 **3▶** Es fällt Lerngruppen häufig schwer, in den Ausführungen von Bentham einen Algorithmus zu entdecken. Deshalb entlastet die Aufgabenstellung die Textlektüre, indem sie das Gerüst eines Algorithmus vorgibt. Der Algorithmus kann verfeinert, verändert, korrigiert und an Beispielen erprobt werden. Wichtig ist es dabei, darauf zu achten, dass die Bestandteile des Algorithmus im Textauszug nachgewiesen werden bzw. Änderungswünsche durch Lesarten am Textauszug selbst motiviert werden. Häufig kommt es dann schon zu massiver Kritik an Benthams Verfahren, wenn klar wird, wie monströs das Rechenverfahren schon bei einfachen Handlungen wird und wie willkürlich es erscheint, die Stärke von Freuden oder Leiden durch Zahlwerte abzubilden. Fordern Sie dazu auf, die Kritik zu notieren, aber dennoch zu versuchen, das Verfahren zu analysieren unter den (sehr wahrscheinlich) kontrafaktischen Annahmen, dass i) das Verfahren vollständig durchführbar sei und ii) sich die Stärken von Freuden und Leiden objektiv und treffend durch Zahlwerte abbilden lassen. Ausdrücklich hinweisen können Sie bei Bedarf auf Absatz 6 im Textauszug: Auch Bentham räumt ein, dass das Verfahren den Idealfall beschreibt. Es stets streng durchzuführen ist nicht möglich. Aber man könnte sich der exakten Anwendung immer mehr annähern.

4▶ Ja, der Cartoon kann so gedeutet werden, dass er darauf hinweist, wie man den Utilitarismus falsch verstehen kann. Vordergründig überlegt Moe ganz richtig, bei näherem Hinsehen jedoch falsch. Richtig ist, dass das Glück beider gesteigert wird, wenn Twinky ihm den Truck „freiwillig" gibt. Er gibt ihn aber, um Leid (angedrohte Schmerzen) zu vermeiden, das gravierender ist als das Leid, das der Verlust des Trucks für ihn bedeutet. Das Leid von Twinky (Verlust des Trucks) bezieht Moe in seine Bilanz nicht mit ein. Ebenso müsste Moe klar sein, dass er mit gleicher Begründung den Truck „freiwillig" einem ihm Überlegenen weitergeben müsste. Ist er dazu bereit? Moe könnte hier also aus egoistischer und nicht aus unparteilicher Perspektive die Glücksbilanz aufgestellt haben. Das aber widerspricht Benthams Anliegen. Die Glücksbilanzen müssen unparteiisch ermittelt werden und gelten natürlich auch für alle gleich gelagerten Fälle.

5▶ Die Aufgabe hat es in sich. Probieren Sie es, wenn Sie der Lerngruppe auch Denkzeit einräumen können, um wahrscheinliche Konsequenzen der Handlungsalternativen zu ermitteln.

6▶ Die vier kritischen Äußerungen sind Originaläußerungen aus dem Unterricht in einem Jahrgang 12. Die didaktische Idee solcher Gespräche besteht darin, die Schülerinnen und Schüler natürlich zu Kritik an Bentham zu ermuntern und sie gleichzeitig dann aufzufordern, Bentham gegen die Kritik zu verteidigen oder kritische Fragen aus der Perspektive Benthams zu beantworten (→ **SB, Säule 4: Faire Textinterpretation, insb. S. 31: Hermeneutisch faire Textarbeit erfolgt in fünf Schritten**). Ein Auszug aus dem damaligen Stundenprotokoll:

[…] **Sandra:** Können sich die über viele Menschen verteilten Lustvorteile so aufaddieren, dass das Unglück eines Einzelnen hinzunehmen ist? Müsste man z. B. einen Menschen opfern, wenn seine Organe wichtigen Persönlichkeiten, von denen die Menschheit sehr profitiert, das Leben retten würde? Die Theorie scheint hier das Opfern einzelner Menschen zugunsten einer großen Masse nicht vermeiden zu können. **Antwort Sandra:** Wenn wir dem Lebensrecht eines Menschen den Wert „Unendlich" gäben, dann könnte die Summe des kleinen Glücks auch noch so vieler Menschen niemals „Unendlich" erreichen. Eine Handlung, die ohne Menschenopfer auskommt, hätte immer eine größere Tendenz zum Glück als eine, die ein Menschenopfer fordert. **Angenommen, Bentham würde Sandras Antwort akzeptieren,** müsste er dann auch zustimmen, dass man niemals einen Menschen zugunsten anderer Menschen opfern darf? Auf diese Frage versuchte **Janina** eine Antwort:

Janina: Das Flugsicherungsgesetz zeigt eine Anwendung, die Bentham vermutlich gutheißen müsste: Wenn die Menschen in einem durch böse Selbstmordattentäter entführten Flugzeug ohnehin sterben müssen (ihr Leid also gar nicht verhindert werden könnte) und wenn der Abschuss des Flugzeugs den Tod weiterer Menschen verhindert, dann wäre es ganz egal, durch welche Zahlen Glück und Leid konkret repräsentiert würden. In jedem Fall würde durch den Abschuss weniger Menschen Leid zugefügt als durch den Verzicht auf den Abschuss.

Stehen also ausschließlich Alternativen mit negativer Tendenz zur Wahl, dann ist die Handlungsalternative zu wählen, die das Ausmaß des Leids minimiert. Hier wäre das die Anzahl der Menschen, die sterben müssen. […]

7▶ Die Aufgabe spricht für sich.

S. 190 **8▶** Lassen Sie sich überraschen und werten Sie nicht zu früh. Nicht selten kommt in dem kleinen Gedankenexperiment heraus, dass viele Menschen „glücklich, aber beschränkt" wählen würden, wenn sichergestellt wäre, dass das Glück nicht von kurzer Dauer ist, weil z. B. andere die Beschränktheit ausnutzen. Das Resultat kann als Meinungsbild festgehalten werden, ohne abschließend zu werten. Nach der Analyse von Mills Antwort kann das Resultat ggf. erneut betrachtet werden.

9▶ Hier können Lerngruppen versuchen, Mills Antwort zu antizipieren. Dabei können sie durchaus trennen zwischen ihrer eigenen Ansicht und der Ansicht, die sie bei Mill vermuten.

S. 190 **John Stuart Mill: Wie kann die Qualität von Freuden beurteilt werden?**

S. 191 **10▶** Auch Mill erkennt als letzten Maßstab für die Beurteilung der moralischen Wünschbarkeit von Handlungen die beiden Parameter „Lust" und „Leid" an, die Bentham als „souveräne Gebieter" bezeichnet hatte. Mill definiert genauer und erläutert präziser, was unter Lust und Leid zu verstehen ist: „Glück" einerseits als direkte Lust und andererseits als Freisein von Unlust sowie „Unglück" umgekehrt als Unlust oder das Fehlen von Lust. Im Folgenden legt Mill dann dar, dass Lust nicht im Sinne des Überflusses an einfachen sinnlichen Freuden missverstanden werden darf.

11▶ Die Idee, die Mills Definition für „qualitativ höherwertig" zugrunde liegt, erscheint einfach: Wer die Vorzüge und Nachteile von Freuden aus eigener Anschauung genau kennt, dessen Urteil über die Vorzugswürdigkeit ist verlässlicher als das Urteil dessen, der nur eine Seite kennt. Wer einen Theaterabend voller gelungener politischer Anspielungen zu genießen weiß und mit einem Discobesuch vergleicht, wird den Discobesuch nicht verteufeln, aber den Theaterabend höher schätzen.

12▶ So einfach die Idee Mills ist, so fragwürdig kann sie auch sein, wenn man sie auf Beispiele anwendet. Schon das Theater-/Discobeispiel überzeugt nicht unbedingt. Hier kann die Diskussion offen auf der Grundlage von Beispielen der Schülerinnen und Schüler geführt werden.

13 ▸ Ein Lösungsvorschlag, der Mills Nützlichkeitsprinzip folgt:

Was richtet Mobbing mit den Gemobbten an? Absolut unstrittig: große Unlust!

Brauchen Mobber das Mobben zum Glücklichsein? Nein! (Das sagen Fachleute, die sehr viel über menschliches Wohlergehen wissen. Wer allein durch Mobben Zufriedenheit erreichen könnte, wäre bedauernswert, eher als krank anzusehen.)

Eine Welt mit der Erlaubnis zum Mobben führte somit automatisch zu einer Zunahme von Unlust (Unglück) und nicht zu einer Zunahme von Glück. Eine Welt ohne Mobben dagegen führte zum Vermeiden von Unlust und damit automatisch zu einer Zunahme von Glück (als Freisein von Unlust).

Somit ist nach dem Nützlichkeitsprinzip eine Welt, in der Mobben verboten ist, einer Welt, in der Mobben erlaubt ist, eindeutig vorzuziehen. Deshalb gilt die Handlungsregel: Mobbe nicht!

S. 192 **John Stuart Mill: Das Prinzip des größten Glücks**

14 ▸ Hier sind gehaltvolle Beispiele möglich, die zeigen, dass eine Person, die die Interessenlagen von Menschen gut einschätzen kann und sie aus unterschiedlichen Perspektiven aufgrund ihrer Lebenserfahrung zu beurteilen weiß, eher zu unparteiischer Beurteilung fähig ist als jemand, der das (noch) nicht kann. (Ob er auch zu unparteiischer Beurteilung bereit ist, ist allerdings eine ganz andere Frage.) So wird man einer Kinderpsychologin eher zutrauen zu beurteilen, was Kindern guttut, als jemandem, der ohne weitere Kenntnisse allein aufgrund seiner zufälligen eigenen Erfahrungen urteilt.

4.3.3 Handlungs-, Regel- und Präferenzutilitarismus

Inhalte – Methoden – Kompetenzen

Vgl. auch die Einträge unter 4.3, die den Abschnitt in den umfassenderen Zusammenhang einordnen. Inhaltlich geht es darum, moderne Formen des Utilitarismus zu betrachten und mit den in 4.3.2 erarbeiteten Merkmalen des klassischen Utilitarismus zu vergleichen. Dabei kann zweierlei besonders deutlich werden: i) In einer bestimmten Lesart des klassischen Utilitarismus fordert er auch, die Präferenzen von Menschen fair zu berücksichtigen. Der Unterschied zum Präferenzutilitarismus wird dann sehr klein oder verschwindet ganz. ii) Auch der Unterschied zwischen Handlungs- und Regelutilitarismus wird u. U. sehr klein, wenn man sie als Näherungsstrategien rekonstruiert. Vgl. dazu die Anmerkungen unten zu S. 193, Aufgabe 3.

Sequenz ●●●	Vgl. Eintrag an gleicher Stelle unter 4.3
Querverweise ⬌	Vgl. Eintrag an gleicher Stelle unter 4.3

Zu den Materialien und Aufgaben

S. 192 **William K. Frankena: Zwei Formen des Utilitarismus**

S. 193 **1** ▸ Es ist gar nicht so einfach, *gehaltvolle* Beispiele anzugeben, die zeigen, dass Regel- und Handlungsutilitarist zu unterschiedlichen Urteilen kommen würden. Die Grundidee scheint zunächst klar zu sein: Der Handlungsutilitarist fragt nicht, „wenn das jeder täte", weil es ja nur um ihn und seine Handlung jetzt geht. Der Regelutilitarist fragt, was wäre, wenn jeder der Regel folgen würde. Die Folgen einer allgemeinen Regelbefolgung werden beurteilt. Ein einfaches Beispiel wird in den Lösungshinweisen zu Aufgabe 3 (s. unten) angeführt.

2▶ Die Zweistufigkeit wird unmittelbar nahegelegt. Eine Regel ist dann gut, wenn sie nützlich ist. (Eine Formulierung könnte lauten: Eine Regel ist dann richtig, wenn ihre Befolgung insgesamt mehr gute Folgen hervorbringt als die Befolgung alternativer Regeln.) Eine Handlung ist dann richtig, wenn sie der Regel folgt. Eine Überprüfung der konkreten Folgen, wenn die Regel zur Anwendung kommt, ist damit nicht mehr vorgesehen.

3▶ Ein einfaches Beispiel: Ich bin spät dran. Pünktlich kann ich nur noch sein, wenn ich eine Abkürzung über den Rasen im Park nehme. Das schadet dem Rasen nicht und ich bin pünktlich. Es entstehen nur gute und keine schlechten Folgen. Also darf (vielleicht sogar muss) ich so handeln. Wenn nun aber alle es mir in ähnlichen Situationen gleichtun, also derselben Regel folgen (jeder hat irgendwelche Gründe, die Abkürzung zu nehmen), dann leidet der Rasen sehr und wird unansehnlich. Damit der Rasen geschützt wird (gute Folge), muss ich ggf. in meinem Einzelfall hinnehmen, zu spät zu kommen. Basteln Sie unbedingt selbst an Beispielen. Der Unterschied zwischen den beiden Spielarten kann auch sehr zusammenschmelzen:

Handlungsutilitarismus (HU)	**Regelutilitarismus (RU)**
In jeder Situation ist so zu entscheiden, dass ein größtmögliches Übergewicht an guten gegenüber schlechten Folgen für die durch die Handlung Betroffenen entsteht.	Austin: „Maßstab unserer Regeln sei die Nützlichkeit, Maßstab unserer Handlungen die Regeln." In jeder Situation ist gemäß der Regel zu verfahren, die allgemein angewandt langfristig zu einem größtmöglichen Übergewicht an guten gegenüber schlechten Folgen führt.

Beide Strategien der Folgenabwägung führen letztlich zum selben Resultat, wenn man die Strategien so auffasst, dass sie sich derselben Handlungsregel von zwei verschiedenen Seiten aus annähern: Der Handlungsutilitarist erkennt an, dass nicht in jeder Situation das ganze Kalkulationsprogramm neu durchlaufen werden kann und sich das Handeln daher zunächst an „Faustregeln" orientieren wird. Der Regelutilitarist erkennt an, dass neue bisher unbekannte Situationen ggf. eine Überarbeitung einer Regel erzwingen können.

HU: *Primat der Situation*	RU: *Primat der Regel*
Welche Handlung hat in *diesem* Fall die besten Folgen?	Welche Regel hat, *allgemein befolgt*, die besten Folgen?
aber	aber
„Faustregeln" sind unerlässlich. Sie dürfen durch besondere Umstände jederzeit außer Kraft gesetzt werden.	Ausnahmen können, werden sie neu entdeckt, in die Formulierung der Regel integriert werden, wenn es nötig ist.

In beiden Fällen liegt eine Art Billigkeit vor, die eine Anpassung an neue Handlungssituationen erlaubt. So wäre die utilitaristische Ethik offen für eine Weiterentwicklung moralischer Regeln aufgrund neuer, nun als paradigmatisch geltender einzelner Handlungssituationen.

Z 4-8 Zusatztext → **LB, Z 4-8** bietet eine weitere Sicht auf die Vorzüge des Utilitarismus an. Danach ist der Utilitarismus eine Theorie der Moral, deren Vorteile darin liegen, anzugeben, woran moralisches Handeln sich orientieren kann, und nicht darin, inhaltlich bis ins Letzte bestimmt zu sein. So können die üblicherweise als Schwächen des Utilitarismus beschriebenen Probleme auch als seine Stärken gedeutet werden. **Z 4-8** eignet sich auch als Klausurtext, um die Stärken und Schwächen des utilitaristischen Ansatzes untersuchen zu lassen.

S. 193 **Peter Singer: Was ist Präferenzutilitarismus?**

S. 194 **4▶** Zwei Grundannahmen kennzeichnen Singers Position: i) Die eigenen Interessen zählen nicht mehr als die anderer Betroffener (vgl. Z. 6 ff.). (Vgl. auch **3.2.3 Forderungen an moralische Begründungen**, Forderung 8: Unparteilichkeit.) ii) Es ist diejenige Handlungsweise zu wählen, die die ggf. widerstreitenden Interessen der durch die Handlung betroffenen Menschen am besten ausgleicht (vgl. Z. 23 ff.). Falsch ist eine Handlung dann, wenn sie die Nichtbeachtung berechtigter Interessen nicht ausgleicht (vgl. auch **3.2.3 Forderungen an moralische Begründungen**, Forderung 7: Folgenabwägung). Ein einfaches Beispiel für eine Interessenabwägung: Wenn es für das Gemeinwohl (die Interessen sehr vieler Menschen) wichtig ist, eine Umgehungsstraße zu bauen (verkürzte Fahrtzeiten, weniger Stau und weniger innerstädtischer Lärm), so dürfen die Anwohner (wenige Menschen) einer dafür benötigten Wohnstraße nur gegen einen angemessenen Ausgleich (alternative Wohnstraße mit Grundstücken und der Möglichkeit, neu zu bauen) umgesiedelt werden. Wenigen allein die Nachteile aufzubürden, damit viele profitieren können, wäre moralisch falsch. Sofern Bentham und Mill mit „Lust" und „Leid" allein die unmittelbaren Empfindungen meinen, besteht ein echter Unterschied ihrer Auffassung zum Präferenzutilitarismus. Falls sie jedoch z. B. mit „Lust" auch die Realisierung eines eigenen Wunsches (Interesses, z. B. ein Theaterbesuch) meinen, dann fallen klassischer Utilitarismus und Präferenzutilitarismus zusammen: Wenn ein Mensch seine Interessen realisieren kann, dann tut ihm das gut; wenn er sie nicht verwirklichen kann (ihre Verwirklichung ihm verwehrt wird), dann tut ihm das nicht gut.

5▶ Besonders schlimm ist eine Verletzung des Tötungsverbots, da es bei solchen Handlungen per se ausgeschlossen ist, dem Getöteten einen Ausgleich zu ermöglichen: Seine Tötung verhindert jede mögliche Realisierung von auf die Zukunft gerichteten Präferenzen. Hier deuten sich unmittelbar zwei Ausnahmen des Tötungsverbots an, die ein Präferenzutilitarist gutheißen könnte: i) Wesen, die keine auf die Zukunft gerichteten Präferenzen haben oder entwickeln können, dürfen u. U. getötet werden. So argumentiert Singer tatsächlich bezogen auf schwerstgeschädigte Säuglinge. ii) Personen dürfen u. U. getötet werden, wenn es ihr eigenes Interesse ist zu sterben und sie Sterbehilfe bei wachem Verstand fordern.

6▶ Hier sind mehrere Antworten möglich. Der Präferenzutilitarist könnte in der Frage der Sterbehilfe z. B. so differenzieren: Der Wunsch eines Menschen in einer Kapitulationssituation (unheilbar krank mit deutlicher Leidensprognose) ist zu respektieren. Wir haben keinen guten Grund, seinem Wunsch nicht zu entsprechen. Sterbehilfe ist daher in Kapitulationssituationen erlaubt. Anders ist es aber in Situationen, in denen etwa jemand aufgrund einer Depression nicht mehr leben möchte. In solchen Situationen besteht keine Klarheit über seine wahren Interessen. Besteht z. B. die berechtigte Aussicht, durch eine Therapie seinen Lebensmut zu stärken, so wäre eine Therapie zu versuchen die moralisch gebotene Handlung. Sterbehilfe wäre hier fehl am Platz.

7▶ Die von Singer vertretene Idee könnte sich knapp so ausdrücken lassen: Da Forellen keine zukunftsbezogenen Interessen haben, geschieht ihnen durch ihre (schmerzfreie) Tötung auch kein Unrecht. Ebenso geschieht ihnen kein Unrecht, wenn wir sie dann essen. Anders ist es aber, wenn die Tötung Forellen quält. Das wäre moralisches Unrecht. Ob man Forellen angeln darf, hängt also davon ab, ob sie dabei gequält werden. Falls ja, würde Singer das Angeln von Forellen verbieten, falls nein, spräche gegen das Angeln nichts. In der Tat gibt es unter Anglern und Tierschützern eine heftige Debatte zu der Frage, ob Angeln Fische quält. Vgl. etwa https://www.hu-berlin.de/de/pr/pressemitteilungen/pm1407/pm_140702_00 (Zugriff am 05.03.2016).

Otfried Höffe: Grenzen des (Präferenz-)Utilitarismus

Ggf. kann vor Höffes Kritik seine zusammenfassende Darstellung der Merkmale des Utilitarismus als zusätzliche Sicherung gelesen werden. Höffes Systematisierung findet sich im

Z 4-5 Zusatztext → **LB, Z 4-5.**

S. 195 ■8▶ i) Die Interessen des einzelnen Menschen in den Mittelpunkt der Erwägungen zu rücken respektiert die „Entscheidungsbefugnis jeder zurechnungsfähigen Person" (Z. 7). Oft ist aber Menschen unklar, was sie denn eigentlich wollen. Sowohl die Alltagserfahrung als auch psychologische Untersuchungen bestätigen, dass Menschen sich oft über ihre eigene Interessenlage schlicht irren. ii) Die Interessen aller empfindungsfähigen Wesen achten zu wollen bringt tatsächlich wichtige Gesichtspunkte auf, die moralisch beachtenswert sind: Ausgleich zwischen armen und reichen Ländern, Generationenvertrag (auch die Interessen zukünftiger Generationen sind zu achten), Loslösung vom anthropozentrischen Ansatz, da gezielt die Interessen aller leidensfähigen Wesen anerkannt werden, egal welcher Spezies sie angehören. Den genannten positiven Seiten steht schlicht die Undurchführbarkeit der Kalkulationsverfahren gegenüber: Wer alles ist Betroffener einer Handlung? Die Folgen von Handlungen lassen sich nicht exakt quantitativ, sondern nur vage und näherungsweise bestimmen. Insbesondere ist es unmöglich, die Folgen umfassenderer Reformen prospektiv sicher einzuschätzen. Aber auch bezogen auf einzelne Handlungen ist es fraglich, wie die Qualität ihrer Folgen für die Betroffenen angemessen so quantifizierbar sind, dass Vergleiche möglich werden. Gerade die letzten Einwände zeigten sich bereits deutlich im hedonistischen Nutzenkalküls Benthams.

Z 4-6, Z 4-7 ■9▶ Je mehr Betroffene es gibt und je weiter die Folgen in die Zukunft hochgerechnet werden müssen, desto undurchführbarer erscheint eine sichere Berechnung und Entscheidung. Im Zusatztext → **LB, Z 4 -6** führt Höffe weitere Kritikpunkte an, die die Schwierigkeiten präzisieren. Für einen kleinen, überschaubaren Kreis von Betroffenen erscheint es aber oft sehr wohl möglich, durch eine Interessenabwägung zu guten Entscheidungen zu kommen, bei denen es nicht erforderlich ist, die Interessenverwirklichung durch Zahlwerte zu repräsentieren. Ein schlichtes „Interesse A ist wichtiger als Interesse B" reicht nicht selten aus. Das im Zusatztext → **LB, Z 4-7** angeführte Stundenprotokoll nennt ein Beispiel, dass eine Schülerin einer Klasse 12 getestet hat.

4.3.4 Chancen und Grenzen des Utilitarismus

Inhalte – Methoden – Kompetenzen

Vgl. auch die Einträge unter 4.3, die den Abschnitt in den umfassenderen Zusammenhang einordnen. Der kurze Abschnitt bietet zwei inhaltliche Prüfungen der Tauglichkeit des Utilitarismus an. Gilbert Harman versucht, am Beispiel des Versprechens zu zeigen, dass eine alleinige Orientierung an der Nutzenmaximierung Ergebnisse zeitigen kann, die man als falsch oder unmoralisch ansehen würde. Die Rosser-Matrix zeigt dann, wie im Bereich der medizinischen Versorgung Folgenabwägung aussehen kann. Besonders bedeutsam ist das Beispiel deshalb, weil man sich dem Problem nicht durch Zurückweisung des utilitaristischen Ansatzes entziehen kann, denn auch dann hätte man konstruktiv anzugeben, wie denn das Problem der Verteilung knapper Gesundheitsgüter erfolgen soll.

Sequenz ●●●	Vgl. Eintrag an gleicher Stelle unter 4.3
Querverweise ⟷	Vgl. Eintrag an gleicher Stelle unter 4.3

S. 196   **Gilbert Harman: Versprechen auf einer einsamen Insel**

S. 197   **◼1▸** Diese und ähnliche Einwände werden bis heute als Testfälle diskutiert. Die Antworten sind vielfältig. Auch solche, die aus utilitaristischer Perspektive Harmans Ergebnis anzweifeln. Harman startet seinen Angriff mit der Feststellung, dass für Utilitaristen ebenfalls das Vertrauen in Versprechen auch in der Zukunft ein guter Grund ist, Versprechen zu halten. Entfällt dieser Grund, weil absolut sicher ist, dass ein Vertrauensbruch keine schädlichen Wirkungen für das tatsächliche zukünftige Vertrauen in Versprechen haben kann, sondern dieses Vertrauen im Gegenteil sogar noch verstärkt, dann scheinen die guten Folgen des Vertrauensbruchs in solchen Umständen das Brechen eines Versprechens nicht nur zu erlauben, sogar zu fordern, wenn man allein dem Nützlichkeitsprinzip folgt. Ein Umstand, der tatsächlich vermuten lässt, dass etwas mit dem Utilitarismus nicht stimmt. Die Konstruktion weiterer ähnlicher Fälle könnte jedoch zeigen, dass die Regel, „Versprechen stets zu halten", berechtigte Ausnahmen erlaubt. Die Regel gilt gar nicht ausnahmslos. Ob auch das Versprechen auf einer einsamen Insel eine solche Ausnahme ist, kann durchaus kontrovers diskutiert werden. Ein lügenhaftes Versprechen könnte z. B. zulässig erscheinen, wenn *allein dadurch* großes Unheil von gerade dem abgewendet werden kann, dem das Versprechen gegeben wird. Oder andersherum: Ein aufrichtig gegebenes Versprechen zu brechen erscheint zulässig, wenn dadurch großer Schaden abgewendet werden kann. Habe ich jemandem versprochen, ihm etwas zurückzugeben, wovon ich nun weiß, dass er es (z. B. in geistiger Verwirrung) zum großen Schaden Dritter verwenden wird, so werde ich es nicht herausrücken. Sowohl ihn als auch Dritte werde ich vor Schaden behüten dürfen oder gar müssen. Beide Ausnahmefälle führen eher nicht dazu, das Vertrauen in Versprechen zu unterlaufen.

◼2▸ So wie Harman das Beispiel aufbaut, gibt es zunächst diesen Grund: Unser Gefühl sagt uns, dass da etwas nicht stimmt. Den Willen eines Sterbenden nicht zu respektieren, obwohl es leicht möglich wäre, ist immer falsch. Nachträgliche Nützlichkeitserwägungen erscheinen als eine Art Verrat dem Toten gegenüber. Für solche Pflichten Menschen gegenüber (jenseits des Nutzens) scheint der Utilitarismus blind zu sein.

◼3▸ Hier sind viele Präzisierungen und Problematisierungen möglich. Von einem vehementen „ja, sie muss" bis zu einem „nein, die Wahrheit kann unerträglich und gar gefährlich für das Gemeinwohl sein" sind alle Antworten möglich. Manchmal kann die Wahrheit zu sagen auch vorhersehbar schädliche Wirkungen haben, die zu vermeiden zur Pflicht werden kann.

◼4▸ Die Aufgabe ist diskussionsoffen gestellt. Falls keine Beispiele genannt werden, müssen Sie eine weitere Diskussion auch nicht erzwingen. „Sei treu" könnte ein Beispiel sein, ebenso „Achte die Freundschaft" oder „Verpetze keine Kumpel" oder Ähnliches.

S. 197   **Dirk Kurbjuweit: Tödliche Grenzen**

S. 198   **◼5▸** Die Frage ist diskussionsoffen und kann kontrovers beantwortet werden. Interessant wird es dann, wenn Lerngruppen erkennen, welche Entscheidungen anstehen, wenn tatsächlich rationiert werden muss. Auch im deutschen Gesundheitssystem wird massiv rationiert, aber eher verdeckt, weil die öffentliche Diskussion zu Empörung führen würde und es auch immer wieder tut. Nach vorsichtigen Schätzungen würde die optimale Versorgung für alle (nach allen Möglichkeiten medizinischer Kunst) mindestens (!) das Bruttosozialprodukt der Bundesrepublik Deutschland erfordern.

◼6▸ Die Rosser-Matrix und Nachfolger kommen tatsächlich zum Einsatz. Zur Bearbeitung dieser Aufgabe sind zeitaktuelle Quellen notwendig: Was ist gegenwärtig zu dem Thema recherchierbar?

4.4 Nur im Gespräch?– Diskursethik

Inhalte – Methoden – Kompetenzen

Leider gibt es von Habermas nicht ein einziges anschauliches Beispiel für eine konkrete Anwendung seines diskursethischen Modells, zumindest ist dem Verfasser dieses Unterkapitels keines bekannt[1]. Möglicherweise verweist dieses Fehlen eines Musterbeispiels auf eine grundsätzliche Schwierigkeit des Ansatzes: Eine konkrete Anwendung in einer moralphilosophischen Konfliktsituation scheint bei den vielfältigen Anforderungen, die Habermas stellt, nur schwer vorstellbar. Dies dürfte beim Durchspielen des Musterfalls zu Beginn des Unterkapitels schnell deutlich werden.

Da sich Habermas ausdrücklich auf Kant bezieht und seinen eigenen Ansatz als kritische Weiterentwicklung von Kants Ethik versteht, steht im Zentrum der Erarbeitung der Diskursethik selbst ein Vergleich von Kants kategorischem Imperativ (Universalisierungsformel) und Habermas' Universalisierungsgrundsatz. Methodisch eignet sich das Unterkapitel für eine Reflexion der **Säule 5: Konstruktive Dialoggemeinschaft** (→ SB, S. 35 ff.).

Sequenz ●●●	Die beiden Abschnitte bauen aufeinander auf und sollten linear unterrichtet werden. Der Abschnitt **4.4.1** kann auch separat in eine Reflexion über eine konstruktive Dialoggemeinschaft (Säule 5) einbezogen werden.
Querverweise ◀▶	• **Philosophieren: Wie und wozu? Säule 5, Konstruktive Dialoggemeinschaft** (→ SB, S. 35 ff.) • **4.2 Nur aus Prinzip? – Immanuel Kant**: v. a. 4.2.1 und 4.2.3 (→ SB, S. 168 ff., S. 174 ff.) • **6.2.2 Hobbes, Locke, Rawls: klassische und moderne Vertragstheorie**: v. a. John Rawls (→ SB, S. 303 ff.)

Literatur und Links

- Jürgen Habermas: Diskursethik. In: Jürgen Habermas: Philosophische Texte. Studienausgabe in fünf Bänden, Band 3. Frankfurt/M.: Suhrkamp, 2009

- Albrecht Wellmer: Ethik und Dialog. Frankfurt/M.: Suhrkamp, 1986

- Ernst Tugendhat: Vorlesungen über Ethik, Frankfurt/M.: Suhrkamp, 1993 (8. Vorlesung)

- Norbert Hoerster: Ethik und Interesse. Stuttgart: Reclam, 2003 (S. 122 – 143)

4.4.1 Kernbegriffe der Diskursethik

Inhalte – Methoden – Kompetenzen

Bei aller oben angesprochenen Unpraktikabilität des Verfahrens verweist das Einstiegsbeispiel doch auch auf die Stärken von Habermas' Ansatz für die Entwicklung einer demokratischen Schul- und Diskussionskultur. Die Erarbeitung des Diskursbegriffs und der Diskursregeln kann vielleicht für eine Reflexion des Diskussionsklimas in der eigenen Schule und/oder im Kurs genutzt werden.

---

[1] Für Hinweise, falls es doch eines gibt, wäre ich dankbar.

S. 200   Jürgen Habermas: Diskurs

S. 199   **1▸** „Lösen", wie in der Aufgabe vorgegeben, lässt sich die Situation wohl nur im Gespräch?

2▸ Eine Internetrecherche wird ergeben, dass sich in Fällen wie diesem das Recht auf freie Entfaltung der Persönlichkeit, auf das auch die Leserbriefschreiberin verweist (vgl. Z. 13 f.) und etwa die allgemeine Rücksichtnahmepflicht aus § 241 Abs. 2 Bürgerliches Gesetzbuch (BGB) (etwa bei Gefahr für den Schulfrieden) gegenüberstehen. „Kleiderordnungen" müssen in der Regel wohl durch die Schulkonferenz unter Beteiligung von Eltern-, Schüler- und Lehrervertretern getroffen werden. Mit der Illustration lässt sich fragen, ob „Rücksichtnahme" in Fällen wie diesen nicht vielleicht ein relativer Begriff ist.

3▸ Hier sind ganz unterschiedliche Meinungen möglich. Die Einbeziehung von → SB, S.150, Beispiel 3 dürfte schnell deutlich machen, dass durchaus Fälle denkbar sind, in denen es nicht nur um Geschmacks-, sondern um morlaische Fragen geht.

4▸ Auch hier sind unterschiedliche Ansichten denkbar, die anschließend mit dem im Moderationstext skizzierten Vorschlag von Habermas für derartige Fälle in einer Vorklärung verglichen werden können.

S. 200   **5▸** Die Aufgabe hat v.a. den Zweck, eine nicht zu oberflächliche Lektüre des recht langen Moderationstextes, welcher zusammenfasst, worum es in diesem Unterkapitel gehen wird, anzustoßen. Ganz offensichtlich grenzt sich Habermas von Kant v. a. dadurch ab, dass er eine Klärung moralphilosophischer Fragen nur im *tatsächlichen* Gespräch *aller* Beteiligter (und nicht wie Kant im *Selbstgespräch* auf der Grundlage eines *Gedankenexperiments*) für möglich hält. Von einer solchen Position her ist es schlüssig, dass ein Philosoph sich auch in das öffentliche gesellschaftliche Gespräch mit eigenen Beiträgen einmischt.

6▸ Die Aufgabe dient v. a. der Vorbereitung von **7▸**.

S. 201   **7▸** Merkmale eines Diskurses als „gutes Gespräch" sind v. a.: Muße (vgl. Z. 1), völlige Zwangfreiheit (vgl. Z. 3), Orientierung an der gemeinsamen Wahrheitssuche (vgl. Z. 4).

8▸ Habermas spricht an späterer Stelle (→ SB, S. 202, Z 4 f.) von einem „Hintergrundeinverständnis", das in seinem Ansatz wie in Kants Ansatz eine zentrale Rolle spiele. Dies lässt sich von dem ersten Text her inhaltlich so füllen, dass es beiden ausschließlich um die verhandelte Sache, nicht um außerhalb dieser liegende Sachverhalte geht und dass eine kooperative Lösung angestrebt wird, was voraussetzt, dass die Beteiligten in der Lage sind, eigene Interessen zurückzustellen.

9▸ Zwangfreiheit ist eine Grundbedingung echter Einsicht. Ob es so etwas wie einen herrschaftsfreien Diskurs tatsächlich gibt, dürfte strittig sein. Vielleicht erinnert die Diskussion dabei an die Diskussion um Kants Handeln „aus" Pflicht ohne Eigeninteresse (→ LB, S. 186). Jemand, der zu der ehrlichen Überzeugung aus Einsicht gelangt, dass eine gemeinsam gefundene Lösung die richtige ist, wird diese Überzeugung vielleicht nicht nur deshalb verwerfen, weil es Elemente von Ungleichheit und Zwang im Diskurs, der zu der gemeinsamen Lösung geführt hat, gab?

10▸ Die Aufgabe spricht für sich.

S. 201   Jürgen Habermas: Diskursregeln

11▸ 1.1 Lehrer, die Schüler ermahnen, andere ausreden zu lassen, selbst aber ständig ins Wort fallen, handeln widersprüchlich.

1.2 Siehe Grundsatz der Übertragbarkeit (→ SB, S. 120). Wenn bei Diskussionen um den Sitzplan in der Mittelstufe v. a. die Körpergröße als Argument angeführt wird, muss das Argument für ruhige und unruhige Schüler und Schülerinnen gleichermaßen gelten. Wenn im Klassenraum ein Kreuz hängt, dürfen dann auch Schülerinnen verschleiert am Unterricht teilnehmen?

1.3 Siehe Begriffsklärung (→ SB, S. 18 ff.). Der Begriff Respekt in „respektvoller Umgang miteinander" könnte von verschiedenen Parteien ganz unterschiedlich verstanden werden.

2.1 Nicht jede Lehrperson wird glaubwürdig vertreten können, dass sie den Gebrauch von Marihuana oder Alkohol für so schädlich hält, dass er volljährigen Schülerinnen und Schülern aus diesem Grunde zu untersagen ist.

2.2 Hier sollte jeder vielfältige Beispiele aus Klassleiterstunden oder Konferenzen anführen können.

3.1 Flüchtlingskinder, die an einer Schule lernen, sollten aus Diskussionen in der Schulgemeinschaft (und auch aus der Schülermitbestimmung) nicht ausgeschlossen werden.

3.2 a) Vielfältige Themen sind denkbar, vom Kaugummikauen im Unterricht, Benotungen usw.
b) Es gibt keine Gesprächstabus, z. B. auch nicht das der sog. Auschwitzlüge?
c) Eine weitverbreitete Form von Mobbing unter Schülerinnen und Schülern in der Mittelstufe sind halblaute abwertende Kommentare gegen immer die Gleichen.

3.3 → LB, S. 208, **9** ▸

12 ▸ Hier sind weitere Beiträge der Schülerinnen und Schüler gefragt.

S. 202   **13** ▸ Es empfiehlt sich, für diese Phase genügend Zeit einzuräumen und die Arbeitsgruppen aufzufordern, ihr eigenes Diskursverhalten während der Erarbeitung von Habermas' Kriterien zu reflektieren.

14 ▸ V. a. 5. und 8., auch 2., 3., 4. und 6.

4.4.2 Grundprinzipien der Diskursethik

Inhalte – Methoden – Kompetenzen

Im Zentrum dieses Abschnittes steht ein Vergleich zentraler Moralprinzipien von Kant und Habermas.

Zu den Materialien und Aufgaben

S. 202   **Jürgen Habermas: Zur Diskursethik**

1 ▸ Habermas geht davon aus, dass sich die Grundprinzipien seiner Diskursethik aus dem Begriff des idealen Diskurses ergeben, da im Falle einer Einigung im Diskurs nur der „Zwang des besseren Arguments" als entscheidendes Moment übrig bleibt. Dass der so zustande gekommene Konsens ein qualifizierter, also der richtige Konsens ist, ergibt sich für ihn daraus, dass die Diskursregeln seiner Ansicht nach alternativlos sind, da sich jede andere Diskursregel in performative (Selbst-) Widersprüche verstricken müsste. Wer sich auf die Diskussionsvoraussetzungen einlässt, unterstellt damit für Habermas die allgemeingültige Verbindlichkeit einer so zustande gekommenen Norm.

S. 203   **2** ▸ Gemeinsamkeiten liegen v. a. im angestrebten *Ergebnis*: Kants „allgemeine Gesetzgebung" findet sich in Habermas' *„allgemeine[r]* Befolgung für die Befriedigung der Interessen eines *jeden* Einzelnen [...] von *allen* Betroffenen"(Z. 9 f.): In beiden Fällen geht es um eine Universalisierung, in Kants Worten um ein „allgemeines Gesetz".

Unterschiede liegen v. a. im Entscheidungs*verfahren*: Während Habermas dabei ganz ausdrücklich „die Folgen und Nebenwirkungen" (→ SB, Kasten Habermas, S. 203, Z. 1) mit berücksichtigt wissen will und als Entscheidungskriterium eine *allgemeine* Akzeptanz annimmt, möchte Kant v. a. die Unmöglichkeit einer Verallgemeinerung (z. B., da Maxime und Verallgemeinerung unvereinbar sind) ausschließen. Während Kant davon ausgeht, dass auch ein Einzelner qua Vernunft zu der einzig denkbaren, richtigen Entscheidung wird kommen müssen, ist für Habermas die Entscheidung für eine Norm das Ergebnis eines entscheidungsoffenen, realen Entscheidungsprozesses.

3▸ Ein anderes Beispiel ist unterschiedliche religiöse Prägung. Habermas geht allerdings davon aus, dass ein Entscheidungsprozess unter Einhaltung der Diskursregeln trotzdem zu einem für alle Seiten akzeptablen Konsens führen wird, da alle Beteiligten einsehen werden, dass das Verfahren alternativlos, jedes andere Verfahren also schlechter ist.

S. 204 **4**▸ Z. B.:
(Z. 1 – 6) Die zentrale These ist einfach: Einen moralischen Konfllikt können die Beteiligten wahrscheinlich auch dann einvernehmlich lösen, wenn sie von unterschiedlichen moralischen Positionen ausgehen. Wenn sie einen „praktischen Diskurs" aufnehmen, lassen sie sich nämlich bereits automatisch auf einige **gemeinsame** Bedingungen ein, welche diesem Diskurs zugrunde liegen **müssen**. Diese Grundvoraussetzungen eines praktischen Diskurses führen zu einer vernünftigen Offenheit aller Beteiligten, die an Kants kategorischen Imperativ erinnert.
(Z. 7 – 18) Ein praktischer Diskurs, der zu begründeten, für alle Beteiligten gültigen Normen führen soll, muss die Interessen aller Betroffenen und die Folgen und Nebenwirkungen, welche die Norm für alle Beteiligten hat, berücksichtigen, was heißt, dass die Norm nur gilt, wenn alle Betroffenen ihr zustimmen. Man könnte einwenden, dass ein so zustande gekommener Konsens vor allem die kulturellen und sonstigen Prägungen der Beteiligten ausdrücken wird. Allerdings garantieren die idealen Diskursbedingungen trotzdem die Allgemeingültigkeit von Normen, die so zustande gekommen sind, da keine besseren Bedingungen für das Zustandekommen allgemeingültiger Normen vorstellbar sind.
(Z. 19 – 29) Der Universalisierungsgrundsatz ist ein gültiges Moralprinzip, weil die Diskursbedingungen selbst eine Reihe von Bedingungen automatisch diktieren: So muss jeder, der sich auf ein solches Verfahren einlässt, um damit einen moralischen Kosens zu erreichen, die Gültigkeit der folgenden Voraussetzungen akzeptieren:
a) Alle Betroffenen dürfen teilnehmen.
b) Alle Betroffenen sind gleichberechtigte Teilnehmer.
c) Alle Betroffenen reden offen und aufrichtig.
d) Alle Betroffenen verzichten auf jegliche Form von Machtausübung und Dominanz.
Damit aber akzeptieren sie zugleich auch die folgenden Grundbedingungen für das Zustandekommen eines vernünftigen Konsenses:
– alle relevanten Aspekte werden offen besprochen (aus (a), (b) und (c)),
– es können sich nur Normen durchsetzen, deren Gründe allgemeine Zustimmung finden, da sie alle betroffenen Interessen berücksichtigen (aus (a), (b) und (c)),
– ausschlaggebend für die Entscheidung sind allein vernünftige Gründe und keine anderen Faktoren (aus (c) und (d)).

5▸ In der Fassung aus Aufgabe **4**▸:

a) Alle Betroffenen dürfen teilnehmen. – 3.1

b) Alle Betroffenen sind gleichberechtigte Teilnehmer. – 3.1, 3.2, 3.3

c) Alle Betroffenen reden offen und aufrichtig. – 2.1, 3.2

d) Alle Betroffenen verzichten auf jegliche Form von Machtausübung und Dominanz. – 3.3

Offensichtlich hat Habermas in dem Text Diskursregeln, die sich auf die Widerspruchsfreiheit der einzelnen Beiträge beziehen, weggelassen und sich ganz auf die Frage konzentriert, wie das **Verfahren** des gemeinsamen Diskurses geregelt sein soll.

6▶ Es ist bezweifelt worden, dass sich die Teilnehmer eines gemeinsamen Diskurses in Situationen wie diesen auf einen echten Konsens einigen könnten:

a) Da eine der Diskursbedingungen Offenheit und Aufrichtigkeit ist, muss die Untreue zugegeben werden, selbst wenn das möglicherweise gar nicht im Interesse des/der Betrogenen liegt.

b) Ob ein echter Interessenkonflikt bei gleichzeitiger Ressourcenknappheit konsensuell gelöst werden kann, ist sicher strittig – nach welchen Kriterien könnte dies denn im besten Falle geschehen? Vielleicht würde Habermas einwenden, dass wir den besten Fall ohne einen realen Diskurs gar nicht ermitteln können. Außerdem könnte er darauf verweisen, dass es eigentlich nicht um die Klärung konkreter Einzelentscheidungen, sondern um die konsensuelle Einigung auf eine *Norm* geht.

Neben einer weitverzweigten Diskussion um die Frage, wie überzeugend Habermas' Begründungsprogramm sei, gibt es beispielsweise folgende praktische Einwände (die bei Bearbeitung von **7▶** vielleicht zusätzlich deutlich werden könnten): Es sei (gerade für *große Diskursgemeinschaften*) nicht praktikabel, dies gelte in verschärfter Form für *disparate Diskursgemeinschaften* mit sehr unterschiedlichen Interessen; unklar sei, wie verfahren werden soll, wenn kein *einhelliger* Konsens erzielt wird.

Zusätzlich können an dieser Stelle noch einmal die Fälle, mit denen der kategorische Imperativ problematisiert wurde, diskutiert werden (→ SB, S. 176), um zu prüfen, inwiefern Habermas' Universalisierungsformel tatsächlich eine Verbesserung darstellt. (Dies ist vielleicht bspw. bei Fall 1 und 4 der Fall?)

7▶ Hier kann an → SB, S. 202, **13▶** angeknüpft werden. Im besten Falle wird es tatsächlich zu einem echten Versuch kommen.

4.5 Warum überhaupt moralisch sein? – Aspekte der Moralkritik

Inhalte – Methoden – Kompetenzen

Offensichtlich setzen im Alltag moralischkritische Überlegungen vor allem dann gern bei der Frage an, warum man sich „eigentlich" an moralische Regeln halten soll, wenn nicht klar ist, was sie uns eigentlich „nützen". Das Unterkapitel führt eine solche skeptische Rückfrage an drei Beispielen vor und kommt zusammenfassend zu der Feststellung, dass es kein zwingendes Argument dafür geben kann, einen moralischen Standpunkt einnehmen zu *müssen*. So fragt das Unterkapitel noch einmal zusammenfassend zurück, wie genau eigentlich die behandelten moralphilosophischen Positionen ihren Geltungsanspruch begründen. Jede der behandelten *Prinzipienethiken* (→ LB, S. 175 f.) muss schließlich eine nicht weiter begründbare Prämisse mit universalistischem Anspruch voraussetzen, sei es Kants „guter Wille", der utilitaristische Grundsatz, dass jeder Einzelne gleich zählt oder Habermas' „Hintergrundeinverständnis". Ob *Tugendethiken* einen derartigen Anspruch überhaupt erheben wollen, ist sicher kontrovers zu diskutieren, Letztbegründungen scheinen jedenfalls auch hier schwierig. Methodisch lässt sich mit diesem Unterkapitel das Rekonstruieren üben. Wenn es gut läuft, lösen sich die Schülerinnen und Schüler in diesem Abschnitt von „schützende[n] Floskeln wie ,Kantianer würden ..., ein Utilitarist hingegen würde ...'" und machen sich damit frei dazu, „in einer moralischen Problemlage selbst [zu] urteilen" (→ SB, S. 158).

Sequenz ●●●	Ob alle drei moralkritischen Positionen behandelt werden, liegt im Ermessen der Lehrperson. Wenn ja, macht der Lehrerband einen Vorschlag für eine zum Teil arbeitsteilige Erarbeitung.
Querverweise ◀▶	● **3.2 Geltungsansprüche moralischer Urteile** (→ SB, S. 133 ff.) ● **4.2.2 Handeln aus Pflicht** (→ SB, S. 171 ff.) ● **5.6 Politische Ethik** (→ SB, S. 252 ff.)

Literatur und Links

● Kurt Bayertz: Warum überhaupt moralisch sein? München: Beck, 2004

● Karl Nielsen: Noch einmal: Warum soll ich moralisch sein? In: Kurt Bayertz (Hrsg.): Warum moralisch sein? Paderborn: Schöningh, 2002, S. 223 – 246

● Winfried Schröder: Moralischer Nihilismus. Radikale Moralkritik von den Sophisten bis Nietzsche. Stuttgart: Reclam, 2005

● Norbert Hoerster: Was ist Moral? Stuttgart: Reclam, 2008, S. 67 – 93
Enthält eine knapp gefasste, klare, gedankenreiche und schülernahe Analyse des Trittbrettfahrerproblems und der Frage, inwiefern man alle Menschen gleich behandeln sollte.

Zu den Materialien und Aufgaben

S. 205 **Kurt Bayertz: Sechs Arten, die W-Frage zu stellen**

1▶ Der Anspruch auf universelle Gültigkeit führt bei moralischen Urteilen zu Forderungen an andere, sich der eigenen Handlungsweise (dem eigenen Unterlassen von Handlungsweisen) anzuschließen, bei Geschmacksurteilen ist das nicht der Fall. Moralische Urteile und Forderungen müssen begründet werden, Geschmacksurteile nicht.

2▶ Müllers Problem (was ist moralisch richtig? Wie kann ich es begründen?) ist das zentrale Thema von 4.1 – 4.4. Meiers Problem steht im Zentrum von **4.2.2 Handeln aus Pflicht** (→ SB, S. 171 ff.). Beispiele zu finden dürfte kein Problem sein.

S. 206 **3▶** *(1) Naivität*: weitere Kinderfragen: Aber manchmal darf man doch schon ein bisschen stehlen, oder? Usw.
(2) Protest: Warum sollte ich mich pc (vegan und geschlechtergerecht usw.) verhalten? Usw.
(3) Ausbeutung: Warum sollte ich keinen Versicherungsbetrug begehen, wenn durch den Missbrauch anderer die Gebühren trotzdem fortlaufend steigen? Warum sollte ich ehrlich Steuern zahlen, wenn mit dem Geld Sozialleistungen von Steuerbetrügern finanziert werden? Usw.
(4) Skeptizismus: Ein Beispiel von vielen: Eine skeptizistische Haltung könnte etwa die Frage nach humanitären Interventionen (→ SB, S. 351 ff.) provozieren. Ein Beispiel für eine „Attitüde" (Z. 35) wäre dieser Skeptizismus, wenn sich als eigentliche Haltung in dem Fall herausschält: „Zaun drum und sollen die sich doch ...".
(5) Amoralismus: Wirtschaftsvertreter vertreten amoralistische Haltungen, wenn ihnen bewusst ist, dass der vermeintliche Nutzen für die Gemeinschaft eben nur ein – vermeintlicher – Nutzen ist. Amoralismus wirft auch James Rachels allen Bürgern reicher Gesellschaften vor, die nichts gegen absolute Armut unternehmen (→ SB, S. 258 f.). (Die Position des Amoralismus steht im Zentrum von → LB, Zusatzmaterial **Z 4-10**, es formuliert die Herausforderung, die eine amoralische Position bedeuten kann, aus.)
(6) Immoralismus: Bayertz bezweifelt selbst, dass sich ein überzeugendes Beispiel für Immoralismus finden lassen könnte (vgl. Z. 54 f.). So nimmt etwa selbst Heinrich Himmler wohl keine immo-

ralistische Haltung ein, wenn er vor den Gruppenführern der SS in Posen am 4. Oktober 1943 in einer Rede seine Mannschaften dafür lobt, bei der „Ausrottung des jüdischen Volkes [...] anständig geblieben zu sein". („Wir hatten", so Himmler weiter, „das moralische Recht, wir hatten die Pflicht gegenüber unserem Volk, dieses Volk, das uns umbringen wollte, umzubringen. Wir haben aber nicht das Recht, uns auch nur mit einem Pelz, mit einer Uhr, mit einer Mark oder mit einer Zigarette oder mit sonst etwas zu bereichern.")

4▶ Bayertz' W-Fragen steigern die Ablehnung, eine moralische Position einnehmen zu *wollen*. Die eingeforderten Antworten auf die Frage, unter welchen Bedingungen der Fragende jeweils bereit ist, eine moralische Position einzunehmen, müssen so immer umfassender werden: Das Kind (1) möchte gerne alles richtig machen, weiß aber nichts, ihm genügen Basisinformationen. Der Jugendliche (2) fragt (von einer moralischen Position aus) v. a. nach der Validität nur konventioneller Begründungen, wird bei anderen Begründungen aber bereit sein, sich moralisch zu verhalten. Der Sich-Ausgebeutet-Fühlende (3) hält es für richtig, sich moralisch zu verhalten, zweifelt aus seinem eigenen Erleben aber an der Allgemeinverbindlichkeit moralischer Normen im wirklichen Leben. Die skeptische Rückfrage der 4. W-Frage „kennt sich nicht aus": Sind die Begründungen, welche das Kind, den Jugendlichen und den Ausgebeuteten überzeugen, wirklich überzeugend? Wenn er überzeugt ist, wird er den eigenen Skeptizismus aufgeben wollen. Damit fordert er ein umfassenderes Begründungsprogramm als der Ausgebeutete, der schon zufrieden wäre, wenn alle mitmachten. Diese grundsätzliche Bereitschaft, sich moralisch zu verhalten, geht dem Amoralisten (5) ab, da für ihn moralische Gründe immer anderen Gründen nachgeordnet sind. Er wird sich aber moralischen Gründen entsprechend verhalten wollen, wenn es zu seinen anderen Gründen passt. Der Immoralist (6) schließlich lehnt Moral grundsätzlich ab, seine Bereitschaft, sich moralisch zu verhalten, ist unter allen Umständen gleich null.

S. 207 **5▶** Hier sind die Schülerinnen und Schüler gefordert, ein eigenes Beispiel zu finden. Dies dürfte, wie in **3▶** beschrieben, gar nicht so einfach sein. Philippa Foot schreibt Nietzsche eine immoralistische Position zu. Man könnte die Position des Kallikles (→ SB, S. 207) auf immoralistische Tendenzen befragen, immerhin ist für ihn Moral v. a. ein Schutz, den die Schwachen sich geben, sie wird dann aber grundsätzlich als eigentlich widernatürlich verworfen.

6▶ Die Aufgabe dient der Vorbereitung der im Folgenden vorgestellten drei moralkritischen Positionen. Möglicherweise werden die Schülerinnen und Schüler im bisherigen Unterricht behandelte moralphilosophische Positionen einer kritischen Revision bzgl. der Überzeugungskraft für die eigene Motivation unterziehen. Wenn **15▶** ausführlich behandelt wird, kann diese Aufgabe weggelassen oder in einem kurzen argumentativen Schüler-Lehrer-Pingpong bearbeitet werden, bei dem die Lehrperson sich hartnäckig auf einen außermoralischen Standpunkt stellt und fragt: „Aber warum soll ich denn ...?"

S. 207 **Drei moralkritische Positionen**

7▶ M 1, Z. 25 f.: „Es gilt nämlich da als ausgemachtes Recht, dass der *Stärkere* über den *Schwächeren* herrsche und gegen ihn im Vorteil sei."

M 3, Z. 27 f.: „Die Pointe ist nun, dass er sich gegenüber den Angehörigen seiner eigenen Klasse *vollkommen anders* verhält. Ihm stehen *hier* alle Varianten genuiner Gemeinschaftsbildung offen".

4
S. 31 Die Aufgaben sind so konzipiert, dass nach dem ersten Überblick in **7▶** erst der erste Schritt der Fünf-Schritt-Methode, das Lesen (→ SB, S. 31), gemeinsam im Kurs erarbeitet werden kann, **8▶**, **10▶**, **12▶**, der zweite Schritt, die Rekonstruktion (bzw. im Falle von Humes Argument die „Erläuterung im Zusammenhang"), also **9▶**, **11▶**, **13▶**, arbeitsteilig erfolgen kann. Die schriftlich festgehaltenen Ergebnisse können dann in **14▶** im Kurs präsentiert und verglichen und anschließend in **15▶** in denselben oder in neuen Gruppen diskutiert werden.

S. 207   **M 1 Kallikles: Der Starke und die Moral der Schwachen**

S. 208   ◾**8**▸ Platons Kallikles (wie auch Nietzsche, worauf die Illustration verweist) schließt von der Entstehung der Moral („Satzung") darauf, dass moralische Urteile keine Gültigkeit beanspruchen dürfen. Man könnte also einen genealogischen Fehlschluss diagnostizieren. Die Entstehung von Moral beschreibt Kallikles in Z. 9–21: Die Schwächeren formulieren moralische Regeln, um die Stärkeren in ihrem Handeln einzuschränken und sich gegen sie zu schützen. Dabei funktionieren moralische Regeln nur deshalb, weil es die „große Masse" (Z. 11) ist, die die Gesetze vorgibt. Der Vorteil, den die Schwächeren durch die Moral erlangen, liegt darin, zumindest „das Gleiche" (Z. 20) zu haben, also nicht übervorteilt (vgl. Z. 16) zu werden. Unmoralisch ist also, was die große Masse schlechter dastehen lässt als die Starken.

◾**9**▸ Eine Rekonstruktion von Kallikles' Argument muss seine Setzung in Z. 21 f. einbeziehen und explizit machen, z. B.: Es ist ein Naturgesetz, dass der Stärkere sich gegen den Schwächeren durchsetzt (Z. 21 f.: „Die Natur [...] gibt deutlich zu erkennen"), und das ist auch gut so (Z. 22: „dass es gerecht ist"). Also z. B. (viele andere Interpretationen sind natürlich denkbar):

P1: Es ist ein Naturgesetz, dass der Stärkere sich gegen den Schwächeren durchsetzt.
P2: Naturgesetze bestimmen, was eigentlich gut und richtig ist.
K1: Es ist eigentlich gut und richtig, dass sich der Stärkere gegen den Schwächeren durchsetzt.
P3: Alle moralischen Setzungen haben allein den Zweck, den Schwächeren vor dem Stärkeren zu schützen.
K2 (aus P1 und P3): Der Zweck aller moralischen Setzungen verstößt gegen ein Naturgesetz.
K3 (aus K2 und P2): Der Zweck aller moralischen Setzungen ist eigentlich nicht gut und richtig.

Aus Kallikles' Argument würde, angenommen, dass es zuträfe, zum einen folgen, dass sich die Starken nicht an die so entstandenen moralischen Regeln halten müssen. Für die Schwächeren würde daraus folgen, dass für sie die Gültigkeit der moralischen Regeln v. a. im eigenen Vorteil bestünde. So stellt Kallikles die „W-Frage" wohl aus der Position des *Amoralisten*: Warum soll ich mich an moralische Regeln halten, wenn sie mir nichts nutzen? Zugleich bestreitet er vielleicht, wie in ◾**5**▸ vorgeschlagen, aus einer *immoralistischen* Perspektive die Gültigkeit jeglicher moralischer Regel.

Die problematische Prämisse P2 wird zusammenfassend in ◾**17**▸ **b)** behandelt. Auch sonst ist das Argument wohl eher schwach, eine Bewertung des Arguments fordert ◾**15**▸.

S. 208   **M 2 David Hume: Der kluge Schuft**

◾**10**▸ a) Z. 4 f.: „aufgrund der unvollkommenen Methode, mit der die menschlichen Geschäfte geführt werden" (s. a. Deutungsvorschlag in der Fußnote): Man könnte bspw. interpretieren, dass eine Motivation für Humes klugen Schuft die W-Frage *Ausbeutung* ist, das Gefühl, bei moralischem Verhalten manchmal *ausgebeutet* zu werden: Stets moralisch anständig zu handeln lohnt sich nicht unbedingt, zumal, wenn auch andere dies nicht tun (und dafür nicht sanktioniert werden).
b) Kleinere Steuerunterschlagungen, Versicherungstricksereien, Notlügen ohne moralische Motivation usw.
c) Der kluge Schuft verhält sich wie ein Trittbrettfahrer. Er ist auch insofern „klug", als er „einen beträchtlichen Bruch in der sozialen Einheit und Gemeinschaft" (Z. 6 f.) nicht in Kauf nehmen würde. So reflektiert er eine Grundschwierigkeit des Trittbrettfahrertums, dass das Gemeingut, indem es genutzt wird, vorausgesetzt werden muss. Trittbrettfahrertum wird unmöglich, wenn das Gemeingut beschädigt wird, weil zu viele von Ausnahmen Gebrauch machen. Diese Möglichkeit möchte der kluge Schuft ausschließen.

S. 209   ◾**Ü1**▸ Alle Fälle sind als Trittbrettfahrerprobleme deutbar, da jeweils eine Allmende, ein Gemeingut, vorliegt: das Kapital der Versicherungsgesellschaft, der Fischbestand der Meere, das Geld, das der Staat für gemeinschaftliche Aufgaben zur Verfügung hat usw. Eine noch etwas weitere Definition von „Trittbrettfahrer" bringt Norbert Hoerster: Was ist Moral. Stuttgart:

Reclam, 2008, S. 79: „Man profitiert von einem gemeinsamen Unternehmen oder von einer sozialen Praxis in einer Gruppe oder Gesellschaft, ohne selbst seinen Beitrag zu dem Unternehmen oder der Praxis zu leisten." Eine so weite Definition umfasst beispielsweise auch Moralnormen wie das Halten von Versprechen usw. (auf das Trittbrettfahrerproblem verweist auch die „Tragödie der Allmende", → SB, S. 256 f.).

S. 208   **11 ▸** Ausgehend von den Ergebnissen von **10 ▸**: Wer aus a) folgert, dass es nicht unter allen Umständen richtig ist, moralisch zu handeln, mit b) davon ausgeht, dass die menschliche Gesellschaft (und ihre Mitglieder) unvollkommen sind und bleiben werden, und in Bezug auf c) wie ein kluger Trittbrettfahrer handelt, der das Weiterfunktionieren des Gemeingutes nie aus den Augen lassen wird, hat anscheinend keinen guten Grund, *nicht wie*, sehr wohl aber gute Gründe *wie* ein kluger Schuft zu handeln, da er nicht nur die Vorteile, die sich aus der allgemeinen Befolgung der Regeln ergeben, genießt, sondern zudem auch die Vorteile, welche die Übertretung bietet. Der entscheidende Grund liegt also in dem, was Hume am Anfang postuliert: Jede Moral ist nur so stark, wie sie die Interessen des Individuums, das sich nach ihr richten soll, berücksichtigt.

S. 209   **M 3 Kurt Bayertz: Selektiver Amoralismus**

S. 210   **12 ▸** a) Hier sollen die Schülerinnen und Schüler vor allem die Grundzüge der Gesellschaft, die Nielsen entwirft, erschließen: Eine herrschende Klasse verfügt über Macht und Geld, eine beherrschte Klasse hat genug zum Leben, aber kaum Macht und Einfluss, die Beherrschten können sich für ihnen zugefügtes Unrecht nicht revanchieren, zumal sie manipuliert und unterdrückt werden (vgl. Z. 24 f.). Überlegt werden könnte vielleicht, ob in der Bundesrepublik eine wachsende Schicht von Menschen ohne Arbeit oder in prekären Arbeitsverhältnissen in ihrem derzeitigen unorganisierten Zustand in der Lage wäre, sich gegen ihnen zugefügtes Unrecht zu wehren. Vielleicht wird ein Vergleich zwischen Nielsens Gesellschaft und der heutigen Bundesrepublik allerdings schnell an seine Grenzen stoßen, wenn man die Rechtsverhältnisse in der Bundesrepublik in die Überlegungen einbezieht. Passender wäre neben der Behandlung der Juden während des Nationalsozialismus vor dem Beginn ihrer industriellen Vernichtung (also zwischen 1933 und etwa 1940) möglicherweise ein Vergleich mit dem Kastenwesen auch im modernen Indien oder mit dem Apartheitsregime in Südafrika.
b) Vgl. Z. 9 – 15: Die herrschende Klasse hat auch bei unmoralischem Verhalten gegenüber den Beherrschten von diesen nichts zu befürchten.
c) Während sich der individuelle Amoralist vor allem am eigenen Vorteil orientiert und „die Moral dabei als ein Hindernis wahrnimmt" (→ SB, S. 206, Z. 38), also zwischen den eigenen Interessen und den Interessen aller anderen unterscheidet , identifiziert der klassengebundene Amoralist die eigenen Interessen mit denen seiner Klasse und grenzt diese gegen die Interessen der anderen Klasse ab. Moral ist so für ihn gerade *kein* Hindernis, sondern ein Mittel, um die eigenen Interessen (= die Interessen seiner Klasse) durchzusetzen: V. a. dass er sich diesen gegenüber bedingungslos loyal verhält, unterscheidet ihn vom individuellen Amoralisten, der jedes Moralprinzip gegebenfalls zur Disposition stellen würde. (Vertieft werden kann der Gedanke bspw. durch die Frage, ob es so etwas wie eine „nationalsozialistische Moral" gegeben hat.)
d) Klassenegoismus nach außen und Altruismus nach innen, unmoralisch handeln gegenüber anderen, moralisch gegenüber den eigenen Klassenmitgliedern – für den klassengebundenen Amoralisten ist beides offensichtlich kompatibel.

13 ▸ Die Aufgabe erfordert einige Vorüberlegungen: Worum geht es überhaupt? Was soll das Beweisziel, die Konklusion der Rekonstruktion sein?
a) Warum habe ich als Angehöriger der herrschenden Klasse keinen Grund, mich moralisch zu verhalten? Wie andere amoralistische Positionen ist auch die Position des klassengebundenen Amoralisten durch eigene Interessen fundiert. Bayertz' Text lässt weitgehend offen, worin die eigentlichen Interessen für das Verhalten des klassengebundenen Amoralisten bestehen, allerdings ist klar, dass seine Interessen auch die Interessen seiner Klasse sind, und umgekehrt (vgl. Z. 30 ff.). Eine Schwierigkeit besteht vielleicht darin, dass sich die Interessen der herrschenden

Klasse und der Klasse der Beherrschten zwar grundsätzlich unterscheiden, sich aber trotzdem möglicherweise in einigen Bereichen überschneiden (etwa in Fragen der inneren und äußeren Sicherheit, der Abwehr von Seuchen usw.). Da im Text angenommen wird, dass die beherrschte Klasse manipuliert wird (vgl. Z. 24 ff.), ist es auch für das Argument schwierig zu bestimmen, wer eigentlich festlegen soll, was die wahren Interessen der Beherrschten sind.

b) Da sich der klassengebundene Amoralist ja den Mitgliedern der eigenen Klasse gegenüber moralisch verhält, muss er sich nur gegen die Forderung verteidigen, die Interessen der beherrschten Klasse zu berücksichtigen. Möglicherweise würde er sagen, dass er dies doch schon tut (immerhin ist die beherrschte Klasse ja nicht vollkommen verarmt und rechtlos (vgl. Z. 3)). Man müsste also festlegen, dass mit „moralkonforme[m] Handeln" (Z. 8 f.) gemeint ist, die Interessen der Beherrschten erheblich mehr zu berücksichtigen (und wohl v. a. auch, ihnen mehr Rechte und politische Macht einzuräumen).

Zusammengefasst: Es ist sinnvoll, ein oder mehrere Beweisziele im Kurs vorschlagen zu lassen, bevor die Schülerinnen und Schüler aufgefordert werden, eine Rekonstruktion zu erstellen. (Z. B.: Also muss ich die Interessen der Beherrschten nur insofern berücksichtigen, als es meinen Interessen dient./Oder: Deshalb bin ich nicht verpflichtet, die Interessen der Klasse der Beherrschten zu berücksichtigen.) Diese Beweisziele dienen v. a. der Orientierung.

Z. B.:

P1: Es ist moralisch in Ordnung, dass ich mich in meinem Verhalten nach meinen eigenen Interessen richte.

P2: Meine Interessen und die Interessen meiner Klasse fallen zusammen.

K1: Also ist es moralisch in Ordnung, dass ich mich in meinem Verhalten nach den Interessen meiner Klasse richte.

P3: Die Interessen meiner Klasse und die Interessen der anderen Klasse fallen nur teilweise (in I+) zusammen, größtenteils aber (in I –) fallen sie nicht zusammen.

P4: Die Interessen anderer Klassen, die nicht mit den Interessen meiner Klasse zusammenfallen (I –), muss ich nur berücksichtigen, wenn ich dazu gezwungen werde.

P5: Die beherrschte Klasse kann mich nicht dazu zwingen, ihre Interessen zu berücksichtigen.

K2: Also muss ich in meinem Verhalten die Interessen der anderen Klasse, soweit sie nicht mit den Interessen meiner Klasse zusammenfallen (I –), nicht berücksichtigen.

14 ▸

	M 1 Kallikles	M 2 Hume	M 3 Bayertz/Nielsen
a) Welche Interessen stehen sich gegenüber?	die Starken und die Schwachen	die Interessen des egoistischen Einzelnen und die Interessen der Gemeinschaft	die Interessen der Klasse der Herrschenden und die Interessen der Klasse der Beherrschten
b) Welcher Wert wird der Moral jeweils übergeordnet?	das Naturgegebene	die Interessen des Einzelnen	die Interessen der Klasse der Herrschenden
c) Welche Funktion hat die Moral jeweils?	die Interessen der Schwachen zu sichern	die Interessen der Gemeinschaft zu sichern	die Interessen der Klasse der Herrschenden zu sichern

15 ▸ Kritische Rückfragen könnten neben vielen anderen bspw. sein:

Zu M 1 Kallikles: Offenkundig gelingt es den Schwachen doch, durch das gemeinsame Installieren von Moral in eine stärkere Position zu gelangen, was schließlich doch die „natürlich" stärkere Position ist? Mögliche Verbindungen: zu Kant (widersprüchliche Verallgemeinerung), zum Regelutilitarismus (offensichtlich geht es doch vielen viel besser, wenn sie sich an bestimmte Regeln halten?), zu Habermas (von einem „zwanglosen Zwang des besseren Arguments" dürfte hier keine Rede sein können).

Zu M 2 Hume: Trittbrettfahrer brauchen eine stabile Mehrheit, die sich an die Abmachungen und Regeln hält. Es ist aber kaum auszuschließen, dass die Ausnahmen schließlich doch gravierende Folgen für das Vertrauen in der Gemeinschaft haben und so schließlich auch den Interessen des Einzelnen schaden. Illustrieren lässt sich dies etwa anhand des Gefangenendilemmas:

Zwei schuldige Räuber können nicht überführt werden, sie werden separat gefangen gehalten und können nicht kommunizieren. Ihnen werden die folgenden Regeln gestellt:
i) Wenn einer gesteht und einer leugnet, wird der Geständige (Kronzeugenregelung) freigesprochen, der andere zur Höchststrafe von 10 Jahren Gefängnis verurteilt.
ii) Wenn keiner gesteht, werden beide zu jeweils einem Jahr Gefängnis wegen unerlaubten Waffenbesitzes verurteilt.
iii) Gestehen beide die Tat, werden beide wegen Kooperation mit den Behörden zu jeweils fünf Jahren Gefängnis verurteilt.
Wie sollen sich die Räuber, beide „kluge Schufte", nun klugerweise verhalten?

In Gefängnisjahren ergibt sich folgende Tabelle (links jeweils die Zahl des ersten, rechts die des zweiten Gefangenen):

	Gefangener 2: Leugnen	Gefangener 2: Gestehen
Gefangener 1: Leugnen	1/1	10/0
Gefangener 1: Gestehen	0/10	5/5

Unter diesen Umständen ist die unkooperative Variante (zu gestehen) für beide Gefangenen individuell klug, ergibt aber nicht das beste Ergebnis (das wäre, wenn beide leugnen). Eine durchgesetzte „Ganovenehre" wäre in diesem Falle also wohl das Klügste für beide, aber da beide wissen, dass der andere sich möglicherweise als Trittbrettfahrer verhalten wird, ist alles andere als sicher, dass so das für beide klügste Ergebnis herauskommen wird.

Auch ohne das Gefangenendilemma werden die Schülerinnen und Schüler vielleicht die Schwierigkeiten, die Trittbrettfahrer für die Gemeinschaft (und damit voraussichtlich schließlich auch für die Trittbrettfahrer selbst) aufwerfen, problematisieren. Eine andere Schwierigkeit liegt bspw. auch in der Frage, wie eigentlich Trittbrettfahrer glaubwürdig und kohärent auf das Trittbrettfahrertum anderer reagieren sollen. Bezüge zum Utilitarismus lassen sich herstellen (möglicherweise werden Entscheidungen hier aus handlungsutilitaristischer Sicht anders ausfallen als aus regelutilitaristischer Sicht), zu Kant (der Trittbrettfahrertum kategorisch ausschließt und auch mit dem Gewissen, wie er es versteht, argumentieren würde) und auch zu Habermas (mit dessen Position wohl allenfalls gut begründbare Ausnahmen gestattet wären – das aber wäre dann kein, Trittbrettfahrertum mehr.)

Zu M 3 Bayertz/Nielsen: Niemand kann garantieren, dass die derzeitigen gesellschaftlichen Verhältnisse stabil bleiben werden und nicht durch unvorhersehbare Umstände grundlegend anders werden. Die argumentative Rechtfertigung der Besserstellung der herrschenden Klasse beruht auf Manipulation und vermutlich wenig konsistenten Behauptungen. Wenn einige Mitglieder der herrschenden Klassen das derzeitige System ablehnen, z. B. aus Mitleid, könnte es schwierig sein, diese Manipulation aufrechtzuerhalten. Einen Bürgerkrieg kann die herrschende Klasse auch im eigenen Interesse kaum wollen. Da das „Moralsystem" dieser Gesellschaft elementaren Grundprinzipien einer jeden Moral widerspricht (vgl. → SB, S. 138: **3.2.2 Der Anspruch auf universelle Geltung**), wird fast jede der im 4. Kapitel behandelten Grundpositionen dazu kommen müssen, ein derartiges „Moralsystem" abzulehnen, mit der einzigen Ausnahme Aristoteles, dessen moralphilosophischer Ansatz ja keine Schwierigkeit darin sah, Frauen und Sklaven nicht gleichermaßen zu berücksichtigen wie die Athener Bürger, an die sich seine Überlegungen richten (s. a. die Unterscheidung von modernen Ethiken und antiken Morallehren, die „den Zeigefinger noch nicht erhoben" haben → SB, S. 125, Z. 26 f.).

S. 210 **Kurt Bayertz: Es gibt keinen archimedischen Punkt**

S. 211 **▊16▶** Es gibt kein logisch zwingendes Argument dafür, „den moralischen Standpunkt" (Z. 8) einnehmen zu müssen, und es kann wohl auch keinen geben, da es keine fraglos für jeden anzuerkennende normativ gehaltvolle Prämissen (keinen „archimedischen Punkt") gibt (vgl. Z. 3). Wie in dem berühmten Märchen von dem Hasen und dem Igel der Igel „Ick bün al dor" ruft, kann jemand, der sich außerhalb des moralischen Standpunkts stellt, zu jedem Versuch einer moralphilosophischen Begründung fragen: „Aber warum soll ich denn ..." Die eigentliche Begründung liefert die Bearbeitung der nächsten Aufgaben. Die Analyse von Bayertz' Text bereitet die Schülerinnen und Schüler darauf vor, dass die abschließende Reflexion mit „argumentationstheoretischen Termini" (Z. 2) arbeitet.

▢2 **▊17▶** a) Humes Gesetz: Es ist unzulässig, von Seins-Aussagen auf wertende Aussagen zu schließen. Wenn Bayertz' Fazit so interpretiert wird, dass es kein für alle anzustrebendes außermoralischs Gut geben kann, das seinerseits zwingend normative Prämissen begründet, der fehlende archimedische Punkt also ein fehlender fester außermoralischer Bezugspunkt ist, liegt der Grund für Bayertz' Aussage also in Humes Gesetz.
Naturalistischer Fehlschluss: Die Gleichsetzung einer normativen Aussage mit einer Aussage über die (außermoralische) Welt ist unzulässig, etwas ist nicht deshalb gut, weil es gesund oder lebensertüchtigend ist usw. Eine Interpretation, die versucht, Bayertz' Fazit mit dem naturalistischen Fehlschluss zu verbinden, liegt allenfalls dann auf der Hand, wenn man annimmt, dass der eigentliche Grund dafür, dass es keine zwingend anzuerkennenden normativen Prämissen gibt, darin liegt, dass es keinen Sachverhalt in der außermoralischen Welt gibt, der fraglos gut ist.
Die Frage, welcher dieser beiden „argumentationstheoretischen Termini" eher zutreffend ist, muss im Kurs nicht entschieden werden. Sinnvoll könnte aber sein, zusammenfassend zu fragen, wie Bayertz' Fazit mit dem Münchhausen-Trilemma (→ SB, S.136 f.) zusammenhängt: Da es für den moralkritischen Igel offensichtlich keine intuitiv klar und unbezweifelbar vorauszusetzenden Sätze geben kann (a), kann er den moralphilosophisch argumentierenden Hasen immer wieder auffordern, einen weiteren Satz zur Begründung beizubringen (b), – ad infinitum: Eine „Letztbegründung" ist dann ausgeschlossen.
b) Die Aufgabe vertieft zum einen die Behandlung von Humes Gesetz und dem naturalistischen Fehlschluss, zum anderen macht sie darauf aufmerksam, dass auch moralkritische Positionen natürlich in sich stimmig und widerspruchsfrei argumentieren müssen. Anscheinend ist das bei dem Argument des Kallikles nicht der Fall, da Kallikles seinerseits in seiner Begründung mit einem naturalistischen Fehlschluss argumentiert (vgl. → SB, S. 207, Z. 21–23) und sich genau deshalb in argumentativen Widersprüchen verfängt (→ LB, S. 217). Derartige Verallgemeinerungen bzgl. dessen, was gut ist, fehlen in den beiden anderen Argumenten, in denen der moralische Standpunkt bewusst nicht eingenommen wird: Was für alle gilt, muss nicht für mich gelten (Hume), bzw. was für uns gilt, muss nicht auch für die anderen gelten (Bayertz/Nielsen).

S. 211 **Ernst Tugendhat: Mehr als Plausibilität ist nicht zu erreichen**

▊18▶ Die Aufgabe ist ergebnisoffen. Tugendhat weist darauf hin, dass eine fehlende Letztbegründung im Alltag nicht unbedingt ein quälendes Problem sein muss (schließlich fehlt auch unseren empirischen Aussagen eine letzte Begründung). Er folgert daraus, dass auch „Plausibilität" in der Begründung uns zu einer vollgültigen moralischen Haltung berechtigen könnte – eine fehlende Letztbegründung müsste dann nicht zu gleichgültigem Achselzucken gegenüber moralischen Monstern führen. Viele andere Aspekte könnten zusammenfassend eine Rolle spielen.

Z 4-10 Man kann hier zur zusätzlichen Stimulierung der Diskussion das Zusatzmaterial→ LB, **Z 4-10** in den Kurs geben: So lässt sich mit Susan Wolf (M 2) bezweifeln, dass moralische „Heiligkeit" tatsächlich ein erstrebenswertes Ideal ist. (Aber wird dann die Frage „Warum moralisch sein" zu einem Grenzziehungsproblem?) Interessant ist schließlich doch, dass es für die allermeisten von uns anscheinend naheliegender ist, den moralischen Standpunkt einzunehmen, als dies nicht zu tun. Und auch ohne das werden sich die meisten in aller Regel zumindest moralkonform verhalten, weil alles andere doch ziemlich unpraktisch ist. (Dieser Gedanke lässt sich vertiefen mit dem Zusatzmaterial→ LB, **Z 4-10**, M 3.)

M 1 Philosophisches Quartett
Tugend – reine Übungssache? Zusätzliche Ausschnitte

Mertes: Das Beispiel Witwenverbrennungen, oder Hexenverbrennungen, das ist ein Beispiel, das mich schon seit langer Zeit sehr fasziniert, nämlich die Frage, wie ist es denn, wie entsteht es denn in einer Kultur, in der Hexenverbrennung für tugendhaft gehalten wird, für wichtig, für einen Wert, wie entsteht denn die Einsicht bei einem Menschen, dass das,
5 was hier geschieht, keineswegs tugendhaft ist, sondern das Gegenteil davon, dass also hier Unrecht geschieht. Und in dem Moment, wo ein Mensch das erkennt, dass er in einer Kultur lebt, die Unrecht Recht nennt, ist er ja in einer Widerstandsposition und in der Regel auch in einer Minderheitsposition. Wenn ich sozusagen der Geisterfahrer bin, der im Radio hört, hundert Autos kommen mir entgegen, ist es ja nicht sehr wahrscheinlich, dass die hundert,
10 die mir entgegenkommen, alles Geisterfahrer sind, nur ich nicht. Das heißt, das ist ja mit einer großen Selbstverunsicherung verbunden, die Erkenntnis, dass ein Wert, der kulturell behauptet wird, gar kein Wert ist, sondern das Gegenteil davon. Ich glaube, die Widerstandssituation ist eine der entscheidenden Situationen, in denen überhaupt Werteeinsicht oder Tugendeinsicht entsteht. Sie entsteht in der Regel nicht über den Konsens, sondern
15 über den Widerstand, und deswegen glaube ich, das, was eingeübt werden muss, ist auch immer im Zusammenhang mit der Herausbildung von Tugend die Fähigkeit, zu widersprechen, und die Fähigkeit, Einsamkeit auszuhalten.

Safranski: Das wäre übrigens eine dieser Tugenden, nämlich Tapferkeit.

Mertes: Ja genau, Tapferkeit, gepaart mit der Klugheit eben, die erkennt, dass das, was da
20 geschieht, nicht in Ordnung ist. [...]

Safranski: Nehmen wir noch einmal die Tapferkeit: Was machen wir mit der Tapferkeit, die ein deutscher Soldat im Zweiten Weltkrieg bewiesen hat, beim Überfall auf Polen, individuell, ist da dann vielleicht die Supervision einer anderen Tugend erforderlich, nämlich der Klugheit, die dann erkennt, hier handelt es sich um eine Tapferkeit am falschen Platz,
25 oder wie müssen wir das sehen?

Philosophisches Quartett vom 13.09.2009 (ZDF), https://www.youtube.com/watch?v=vyghTI_BxXl&nohtml5=False, Transkript: Stephan Rauer

1▶ Welches moralphilosophische Grundproblem greift Mertes mit seinem Beitrag auf? Welche eigenen Beispiele können Sie bringen.

2▶ (Z. 21 ff.) Safranski fasst die Argumentation von Mertes mit dem Begriff „Tapferkeit" (Z. 18) zusammen. Was macht Tapferkeit in diesem Verständnis eigentlich aus? Unterscheidet sich diese Bestimmung von Tapferkeit grundsätzlich von Aristoteles' Begriff der Tapferkeit/des Mutes? Begründen Sie, warum (nicht).

3▶ Formulieren Sie einen eigenen, *Ihren* Gesprächsbeitrag zu Safranskis Frage am Ende.

4▶ Versuchen Sie, Ihre Überlegungen zur Tugend der Tapferkeit zu verallgemeinern: Welche Schwierigkeiten können sich bei der Bestimmung der Tugenden ergeben? Woran liegt das?

M 2 Philippa Foot
Tugenden sind mehr als bloße Fähigkeiten

Bei handwerklichen und technischen Fähigkeiten sei der freiwillige Fehler besser als der unfreiwillige, bei den Tugenden (in unserem Sinne) sei es umgekehrt [...] Denken wir uns beispielsweise jemanden, der absichtlich einen Rechtschreibfehler macht (etwa an einer Wandtafel, um diesen speziellen Punkt zu demonstrieren), so sehen wir schnell, dass das in keiner Weise gegen sein Können im Rechtschreiben spricht; seine Erklärung: „ich habe es absichtlich getan" schließt eine Kritik dieser Art aus. Und völlig unproblematisch können wir sehen, dass es im Fall eines Tugendfehlers eine vergleichbare Erklärung nicht gibt. Handelt jemand ungerecht oder hartherzig oder feige oder unkontrolliert, dann lässt sich aus der Absichtlichkeit auf keine Weise eine Entschuldigung ableiten. Wir können deshalb sagen, dass eine Tugend nicht wie eine technische und handwerkliche Fähigkeit ein bloßes Können ist, sondern dass sie tatsächlich auch den Willen aufbieten muss.

Philippa Foot: Tugenden und Laster. Übersetzt von Anton Leist und Hermann Vette. In: Klaus Peter Rippe u. a. (Hrsg.): Tugendethik. Stuttgart: Reclam, 1998, S. 77

Immanuel Kant
Der gute Wille

Es ist überall nichts in der Welt, ja überhaupt auch außer derselben zu denken möglich, was ohne Einschränkung für gut könnte gehalten werden, als allein ein *guter Wille*. Verstand, Witz, Urteilskraft, und wie die *Talente* des Geistes sonst heißen mögen, oder Mut, Entschlossenheit, Beharrlichkeit im Vorsatze als Eigenschaften des *Temperaments* sind ohne
5 Zweifel in mancher Absicht gut und wünschenswert; aber sie können auch äußerst böse und schädlich werden, wenn der Wille, der von diesen Naturgaben Gebrauch machen soll und dessen eigentümliche Beschaffenheit darum *Charakter* heißt, nicht gut ist. Mit den *Glücksgaben* ist es ebenso bewandt. Macht, Reichtum, Ehre, selbst Gesundheit und das ganze Wohlbefinden und Zufriedenheit mit seinem Zustand unter dem Namen der Glückselig-
10 *keit* machen Mut und hierdurch öfters auch Übermut, wo nicht ein guter Wille da ist, der den Einfluss derselben aufs Gemüt, und hiermit auch das ganze Prinzip zu handeln, berichtige und allgemein-zweckmäßig mache; ohne zu erwähnen, dass ein vernünftiger unparteiischer Zuschauer sogar am Anblicke eines ununterbrochenen Wohlergehens eines Wesens, das kein Zug eines reinen und guten Willens ziert, nimmermehr ein Wohlgefallen haben
15 kann, und so der gute Wille die unerlässliche Bedingung selbst der Würdigkeit glücklich zu sein auszumachen scheint.

Einige Eigenschaften sind sogar diesem guten Willen selbst beförderlich und können sein Werk sehr erleichtern, haben aber dem ungeachtet keinen innern unbedingten Wert, sondern setzen immer noch einen guten Willen voraus, der die Hochschätzung, die man übri-
20 gens mit Recht für sie trägt, einschränkt und es nicht erlaubt, sie für schlechthin gut zu halten. Mäßigung in Affekten und Leidenschaften, Selbstbeherrschung und nüchterne Überlegung sind nicht allein in vielerlei Absicht gut, sondern scheinen sogar einen Teil vom *innern* Werte der Person auszumachen; allein es fehlt viel daran, um sie ohne Einschränkung für gut zu erklären (so unbedingt sie auch von den Alten gepriesen worden). Denn
25 ohne Grundsätze eines guten Willens können sie höchst böse werden, und das kalte Blut eines Bösewichts macht ihn nicht allein weit gefährlicher, sondern auch unmittelbar in unseren Augen noch verabscheuungswürdiger, als er ohne dieses dafür würde gehalten werden.

Der gute Wille ist nicht durch das, was er bewirkt oder ausrichtet, nicht durch seine Taug-
30 lichkeit zur Erreichung irgendeines vorgesetzten Zweckes, sondern allein durch das Wollen, d. i. an sich, gut und, für sich selbst betrachtet, ohne Vergleich weit höher zu schätzen als alles, was durch ihn zugunsten irgendeiner Neigung, ja wenn man will, der Summe aller Neigungen nur immer zustande gebracht werden könnte. Wenngleich durch eine besondere Ungunst des Schicksals, oder durch kärgliche Ausstattung einer stiefmütterlichen Natur,
35 es diesem Willen gänzlich an Vermögen fehlte, seine Absicht durchzusetzen; wenn bei seiner größten Bestrebung dennoch nichts von ihm ausgerichtet würde, und nur der gute Wille (freilich nicht als etwa ein bloßer Wunsch, sondern als die Aufbietung aller Mittel, soweit sie in unserer Gewalt sind) übrig bliebe: so würde er wie ein Juwel doch für sich selbst glänzen, als etwas, das seinen vollen Wert in sich selbst hat. Die Nützlichkeit oder
40 Fruchtlosigkeit kann diesem Werte weder etwas zusetzen noch abnehmen. Sie würde gleichsam nur die Einfassung sein, um ihn im gemeinen Verkehr besser handhaben zu können, oder die Aufmerksamkeit derer, die noch nicht genug Kenner sind, auf sich zu ziehen, nicht aber um ihn Kennern zu empfehlen und seinen Wert zu bestimmen.

Immanuel Kant: Grundlegung zur Metaphysik der Sitten, S. 393 f.

Texte systematisch lesen

1. Überfliegendes Lesen, erste Texterschließung	
Der gute Wille 1. Absatz: was alles nicht zum guten Willen gehört 2. Absatz: Eigenschaften, die den guten Willen vielleicht unterstützen 1. Absatz: *„guter Wille"*, *„Talente"*, *„Temperament"*, *„Charakter"*, *„Glücksgaben"*, *„Glückseligkeit"*	Welche Hinweise geben äußere Textmerkmale für Thema und Intention? Z. B.: ● Überschrift? ● Anfang? ● Ende? ● Absatzgliederung? ● im Druck hervorgehobene (kursiv usw.) Wörter und Passagen?
2. Vertiefendes Lesen	
„Temperament [ ]" (Z. 4): individuelle Gefühlsanlage „Affekte [ ]" (Z. 21): Gefühle „Mit den Glücksgaben [...] auszumachen scheint" (Z. 7 – 16): Anscheinend meint Kant, dass selbst das Glück nicht unbedingt gut sein muss. „innern unbedingten Wert" (Z. 18), „innern Werte" (Z. 23) Wille, Wollen („freilich nicht als etwa ein bloßer Wunsch [...]") (Z. 37) 1. und 2. Absatz: Ausschlussverfahren: Was alles nicht unbedingt gut ist 3. Absatz: Die moralische Qualität von Handlungen hängt nicht von den Folgen ab.	a) Unklares (vorab) klären: ● Welche Begriffe müssen geklärt werden? ● Welche Textstellen sind unklar? Gibt es erste Klärungsideen? b) Zentrale Begriffe und Textstellen identifizieren: ● Welche Begriffe scheinen besonders wichtig zu sein? ● Welche Textpassagen sind sprachlich, rhetorisch anscheinend hervorgehoben? c) Inhaltlicher Aufbau: ● In welche Sinnabschnitte lässt sich der Text unterteilen? Welche vorläufigen Schlagworte/Zwischenüberschriften lassen sich finden?
3. Den gedanklichen Aufbau des Textes erschließen	
Was fehlt? Ergänzen Sie die Notizen in der Tabelle und die Textmarkierungen auf der Kopie.	a) Welche zentralen Thesen werden im Text vertreten? b) Welche argumentativen Begründungen werden gegeben? c) Welche Beispiele werden angeführt?

Arnd Pollmann
Missbrauch

In seinem Buch „Unmoral" behandelt der Philosoph Arnd Pollmann eine Reihe von Inbegriffen unmoralischen Verhaltens in alphabetischer Reihenfolge in Form kürzerer Essays.

1▶ Machen Sie einen schnellen Gedankenüberschlag: Welche der folgenden Begriffe verstoßen in besonderem Maße gegen Kants Menschheitszweckformel?
Ausbeutung, Bestechung, Betrug, Demütigung, Diebstahl, Lüge, Mobbing, Rache, Verrat, Zwang

2▶ Pollmann diskutiert den Begriff des „Missbrauchs" mit Kants Menschheitszweckformel. Suchen Sie Beispiele für Missbrauch und erläutern Sie mithilfe von Kants Formel, warum es sich hierbei um unmoralisches Verhalten handelt.

3▶ Lesen Sie nun die Textauszüge von Pollmann und erläutern Sie anschließend anhand eines selbst gewählten Beispiels aus seinem Text, warum es sich hier seiner Ansicht nach um unmoralisches Verhalten handelt.

4▶ Überlegen Sie, ob man die Position von Kant/Pollmann angreifen kann: Es handelt sich ja Kant zufolge um ein *kategorisches* Prinzip, das immer und überall ohne Ausnahme gilt. Fällt Ihnen *irgendeine* denkbare Ausnahme ein, in der es *doch* gestattet sein könnte (= gut wäre), einen Menschen nur und ausschließlich als Mittel zu verwenden?

Man kann sehr viele, sehr unterschiedliche Dinge missbrauchen: ein Amt, die Macht, das Recht, den Sozialstaat, die Sprache, ein Abhängigkeitsverhältnis, das Vertrauen eines Mitmenschen. Aber auch Drogen, Medikamente, Waffen, geheime Daten oder ein Kfz-Kennzeichen. In einem sehr weiten definitorischen Sinn läuft zunächst jede Form von Missbrauch
5 auf eine „Zweckentfremdung" hinaus: Man verwendet die betreffende Sache für einen Zweck, für den sie ursprünglich nicht vorgesehen war. [...] Allerdings wird nicht schon jede Zweckentfremdung zugleich auch schon als eine *unmoralische* Zweckentfremdung kritisiert werden können. [...] Ein dezidiert unmoralischer Akt von Missbrauch kann nur dann vorliegen, wenn es sich um eine Zweckentfremdung handelt, die dazu führt, dass ein Wesen
10 aus Fleisch und Blut Schaden nimmt. Und dies dürfte insbesondere dann der Fall sein, wenn der Mensch *selbst* missbraucht wird: wenn also keine Sache zweckentfremdet wird, sondern ein menschliches Subjekt, das man „zum Objekt macht", wie man manchmal sagt.

Aber kann man einen Menschen buchstäblich zweckentfremden? [...] Nun, wie wir gleich sehen werden, kann man einen Menschen tatsächlich durch Missbrauch zweckentfremden,
15 nur hat dies mit der Zweckentfremdung einer Sache nicht viel gemein. Denn im direkt unmoralischen Fall ist der Zweck, von dem das betreffende Subjekt entfremdet wird, nicht irgendein bestimmter Zweck dieses Subjekts, sondern das *Subjektsein selbst* und damit die moralisch grundlegende Fähigkeit, sich überhaupt irgendwelche Zwecke zu setzen. Dieser Gedanke soll hier im Rückgriff auf einen moralphilosophischen Klassiker erläutert werden.
20 Gemeint ist das schmale, aber ungeheuer wirkmächtige Büchlein mit dem Titel *Grundlegung zur Metaphysik der Sitten*, in dem Immanuel Kant einst einen unauflöslichen Zusammenhang zwischen der Moral im Allgemeinen und dem besonderen Gebot der Rücksicht auf menschliche Zweckzusammenhänge behauptet hat. [...]

Betrachten wir ein recht triviales und in moralischer Hinsicht zunächst völlig irrelevantes
25 Beispiel: Eine Person greift zu einem Hammer, nimmt sich einen Nagel und schlägt diesen in die Wand, um ein Gemälde – sagen wir ein Porträt von Kant – aufzuhängen. Im Vollzug dieser handwerklichen Verrichtung benutzt die Person sowohl den Hammer als auch den

„Nagel" als „Mittel", um einen ganz bestimmten „Zweck", und zwar das Aufhängen des Kant-Porträts, zu erreichen. [...] Genau dazu sind Dinge wie Hämmer und Nägel ja auch da.
Sie *sollen* als Mittel genutzt werden, und folglich begeht man auch keinen Fehler, wenn man das tut. Vielmehr würde ein Hammer, den man nicht zum Hämmern brauchte, seinen „Sinn" als Hammer verfehlen.

Beim Menschen ist das vollkommen anders. Denn wenn man einen Menschen „bloß als Mittel" gebraucht, dann benutzt man ihn *wie* einen Hammer, *wie* einen Nagel und macht ihn eben dadurch zum Werkzeug eigener, egoistischer Zwecke. Man stuft ihn zum bloßen Objekt herab, behandelt ihn als Ding oder Gegenstand und nicht wie einen lebendigen Menschen, der sich immer auch dadurch auszeichnet, einen *eigenen* Willen zu haben. Man ignoriert also, dass der Mensch ein ganz eigener Zweckzusammenhang ist oder, wie Kant an anderer Stelle sagt, dass der Mensch ein „Zweck an sich selbst" ist; eine bestimmte Art von *Selbstzweck* also. [...]

[D]as Entscheidende der Zweck-Formel ist die in ihr enthaltene moralische Forderung: Den Menschen als Selbstzweck zu achten bedeutet, ihn als eine Person zu respektieren, die ihre *eigenen* Zwecke setzt. Der Mensch ist ein denkendes und handelndes Subjekt, dessen Willen wir nicht einfach übergehen oder überstimmen dürfen, indem wir ihm *unsere* Zwecke aufzwingen. Denn eben dies würde bedeuten, dem Menschen ein fundamentales Vermögen streitig zu machen, das aus moralischer Sicht kaum überschätzt werden kann. Gemeint ist das Vermögen der „Autonomie", d. h. die Fähigkeit, sich selbst, und zwar aus vernünftiger Einsicht, die Gesetze des eigenen Handelns zu geben. Und die für jede moderne Moral konstitutive Forderung, die jeweils andere Person *als* Person zu respektieren, hat offenbar genau diesen Sinn: die Person als ein Wesen zu achten, das am Ende selbst entscheiden möchte, wie es leben will. [...]

Heutzutage begegnet man dem Missbrauchsbegriff vor allem in strafrechtlichen Zusammenhängen, und zwar insbesondere dann, wenn es um „sexuellen Missbrauch von Kindern" nach § 176 StGB geht. Hier dürfte zunächst offenkundig sein: Die Zwecke, die ein Kind in seinem Leben verfolgt, sind ganz sicher nicht die Zwecke, die ein triebgestörter Erwachsener an ihnen ausleben will. [...] Doch so verwerflich sexueller Missbrauch auch ist, mit Blick auf eine *allgemeine* Definition des Missbrauchsbegriffs ist es ratsam, sich von dessen alltagssprachlicher Fixierung auf Sexualdelikte zu lösen. Es gibt Erwachsene, die ihre Kinder zum Betteln oder zum Klauen schicken. Auch das ist eine Art von Missbrauch. Andere Eltern benutzen ihre Kinder als „Spielball" in konfliktreichen Partnerschaften. Auch das kann bereits unmoralisch sein. [...] Wenn man unter „Missbrauch" *jeglichen* Akt einer unfreiwilligen Zweckentfremdung von Menschen versteht, bei dem es darum geht, und zwar zumeist unter Ausnutzung eines Vertrauens- oder Abhängigkeitsverhältnisses, die betreffende Person zum bloßen Mittel ihr fremder Zwecke zu machen, dann wird deutlich, dass entsprechende Verletzungserfahrungen keineswegs auf die Erfahrungswelt sexuell misshandelter Kinder beschränkt sind.

Es war behauptet worden: Wer einen anderen Menschen missbraucht, behandelt ihn so, als hätte dieser keinen eigenen Willen, keine eigenen Zwecke, die von jedermann zu respektieren wären. Ohne dass es dabei auf *sein* Wohl ankäme, wird das Opfer zu einem bloßen Werkzeug in den Händen des Täters, der dieses Werkzeug fortan rein egoistisch verwendet. Für Missbrauchsakte ist folglich entscheidend, dass sich ein Denken rein „instrumenteller Rationalität" durchsetzt [...]. Gemeint ist ein Denken, das in handwerklichen Zusammenhängen zwar berechtigt sein mag, in zwischenmenschlichen Beziehungen aber fehl am Platz ist: Ein Werkzeug hat keinen anderen Sinn als den, es zu gebrauchen. Jedes menschliche Miteinander würde umgehend in Barbarei ausarten, wenn alle Menschen sich bloß wechselseitig instrumentalisierten. [...]

Arnd Pollmann: Unmoral. Ein philosophisches Handbuch. München: Beck, 2010, S. 165–171

„Bin ich nicht mehr wert?"

Ökonomen errechnen den Preis eines menschlichen Lebens. Der Autor Jörn Klare hat mal nachgefragt, was er kosten würde. [...]

Der Freitag: Herr Klare, wie viel sind Sie wert?

Jörn Klare: 1.129.381,21 Euro.

Der Freitag: Gar nicht so wenig. Wie sind Sie auf die Zahl gekommen?

Jörn Klare: Ich habe recherchiert, mit welchen verschiedenen Methoden heute der Wert
5 von Menschen berechnet wird. Am Ende habe ich alle halbwegs stichhaltigen Methoden genommen, jeweils meinen individuellen Wert ausgerechnet und aus den Ergebnissen den Mittelwert gebildet.

Der Freitag: Wie sind Sie auf die Idee zu dieser Recherche gekommen?

Jörn Klare: Ausgangspunkt war, dass ich als Journalist vor Jahren eine Geschichte zum Kin-
10 derhandel gemacht habe. Da ging es um ganz konkrete Summen. Ein Mädchen in Albanien erzählte mir: „Meine Schwester wurde für 800 Euro verkauft." Eines Tages saß ich dann in der Berliner U-Bahn und zwei Männer unterhielten sich über einen Mordfall. Der eine sagte, für 100 Euro begehe man doch keinen Mord. Der andere meinte, 10 000 Euro müssten es mindestens sein. Ich ertappte mich, wie ich mit überlegte, wie viel ein Menschenleben wert ist.

15 **Der Freitag:** Bei der Recherche haben Sie einen persönlichen Zugang gewählt [...].

Jörn Klare: [...] Jedes Gespräch habe ich mit der Frage begonnen: „Was glauben Sie, was ich wert bin?"

Der Freitag: Damit lassen Sie sich aber auf die Logik des Menschenwertberechnens ein.

Jörn Klare: Ja, um dieses Denken zu verstehen, wollte ich mit möglichst wenigen Vorbe-
20 halten in die Gespräche gehen. Was auch gefährlich sein kann, denn die Logik der Mathematiker und Ökonomen ist verführerisch. In diesen Rechnungen ist alles stimmig. Man muss einen Schritt zurücktreten, um zu verstehen, was das Problem daran ist.

Der Freitag: [...] Sie beschreiben, dass diese Menschenwertberechnungen in vielen Bereichen zunehmen.

25 **Jörn Klare:** Mich hat überrascht, wie viel gerechnet wird. Nicht nur bei Versicherungen, die eine Auszahlungssumme für die Lebensversicherungen festlegen. Es gibt eine Tendenz, mehr und mehr Probleme – etwa die Finanzierung des Gesundheitswesens – mit Menschenwertberechnungen zu lösen. Wenn man eine Zahl hat, ist alles schön einfach. [...] An den Rand gedrängt werden die viel schwierigeren ethischen und politischen Fragen: Darf
30 man das überhaupt? Oder: Wie könnte eine gerechte Verteilung aussehen?

Der Freitag: Sie haben aber auch Ethik-Experten getroffen, die nicht von vornherein sagen: Man darf den Wert eines Menschen auf keinen Fall berechnen.

Jörn Klare: Die entscheidende Frage ist: Wer berechnet wen? Der Staat hat nicht das Recht, den Wert eines Menschen zu berechnen und dann zu kalkulieren, ob es sich lohnt, in dieses
35 Leben zu investieren. Das Leben ist ein Rechtsgut, das der Staat auf jeden Fall schützen muss. Wenn ich als Privatperson hingegen sage, bei einer Entführung würde ich für meine Tochter mein ganzes Geld und noch viel mehr geben, aber für jemanden Fremdes würde ich das nicht tun, dann ist diese Überlegung – so wurde mir erklärt – durchaus ethisch legitim. [...]

Das Gespräch führte Jan Pfaff. https://www.freitag.de/autoren/jan-pfaff/201ebin-ich-nicht-mehr-wert-201c, 03.06.2010 [28.03.2016]

Otfried Höffe
Merkmale des Nützlichkeitsprinzips

Im folgenden Text systematisiert Höffe und benennt zentrale Merkmale oder Prinzipien, die den Utilitarismus charakterisieren. Die Merkmale oder Prinzipien sind implizit in den untersuchten Originalquellen zu Bentham, Mill und Singer bereits enthalten. Daher können Sie diesen Text auch als sichernde Zusammenfassung der zentralen Merkmale des Utilitarismus lesen.

Der Utilitarismus stellt [...] ein Kriterium auf, nach dem sich Entscheidungen, Handlungen, Normen und Institutionen als moralisch richtig oder falsch sollen beurteilen lassen. [...] Den Ausgangspunkt bildet die wohlvertraute Situation, dass wir verschiedene Handlungsmöglichkeiten sehen, nicht wissen, welche wir ergreifen sollen, und dann ein Kriterium
5 suchen, nach dem wir die rechte Wahl treffen können: Der Utilitarismus rekonstruiert die moralisch richtige Handlung als Resultat einer rationalen Wahl zwischen alternativen Möglichkeiten. Dabei besteht sein Kriterium der Rationalität aus vier oder fünf Elementen, Teiltheorien bzw. Teilprinzipien:

1. Im Unterschied zur sogenannten deontologischen Ethik (Anm. O.H. „von griech. To de-
10 on: das Nötige, Schickliche. Als Hauptvertreter gelten W.D. Ross, The Right and the Good, Oxford 1930, und vor allem Kant) sollen Handlungen bzw. Handlungsnormen nicht für sich selbst oder aus ihren Eigenschaften heraus als richtig oder falsch beurteilt werden; ihre Richtigkeit bestimmt sich vielmehr von den Folgen her. (Folgen- bzw. Konsequenzprinzip)

15 2. Gemessen werden die Folgen an ihrem Nutzen (lat. utilitas, daher die Bezeichnung Utilitarismus). (Nutzen- bzw. Utilitätsprinzip)

3. Entscheidend ist aber nicht der Nutzen für beliebige Ziele, Werte oder Zwecke [...], sondern der Nutzen für das, was in sich gut ist. [...] Sofern man [...] Bentham und Mill als den klassischen Vertretern folgt, enthält der Utilitarismus selbst eine werttheoretische
20 Position. Als höchster Wert gilt die Erfüllung der menschlichen Bedürfnisse und Interessen: das menschliche Glück; Ziel ist die maximale Bedürfnis- und Interessenbefriedigung bzw. die minimale Frustration. Deshalb gilt das als sittlich geboten, was am meisten Lust (griech. hedone) bereitet („positiver Utilitarismus") oder aber Unlust vermeidet („negativer Utilitarismus"). Genauer: Kriterium der Beurteilung der Folgen einer Handlung ist
25 ihr Gratifikationswert: Das Maß der Lust, das die Handlung hervorruft, vermindert um das mit ihr verbundene Maß an Unlust. (hedonistisches Prinzip)

4. Es kommt nicht auf den Gratifikationswert für den Handelnden allein an: Das würde nur einen rationalen Egoismus begründen, dem der Utilitarismus deutlich widerspricht. Ausschlaggebend ist auch nicht das Wohlergehen bestimmter Gruppen, Klassen oder Schich-
30 ten, sondern das *aller* von der Handlung Betroffenen (Sozialprinzip). [...]

Die vier Teilkriterien: das Folgen- (Konsequenzen-) und das Nutzen- (Utilitäts-)Prinzip, das hedonistische und das soziale Prinzip, lassen sich in das eine utilitaristische Prinzip, das Prinzip der Nützlichkeit, zusammenfassen: „Diejenige Handlung bzw. Handlungsregel ist moralisch richtig, deren Folgen für das Wohlergehen aller Betroffenen optimal sind". Oder
35 als (utilitaristischer) Imperativ formuliert: „Handle so, dass die Folgen deiner Handlungen bzw. Handlungsregel für das Wohlergehen aller Betroffenen optimal sind."
In vielen, aber nicht in allen Formen des Utilitarismus kommt als fünftes Teilprinzip der Gedanke der Berechenbarkeit hinzu, für den Bentham einen hedonistischen Kalkül (Lustkalkül) entworfen hat. [...]
40 Nach der utilitaristischen Ethik gewinnt man, was moralisch verbindlich ist, nicht auf rein rationalem Weg, etwa durch Deduktion aus ersten Prinzipien; für eine Normenbegründung sind ganz wesentlich empirische Erkenntnisse erforderlich: Kenntnisse über die Folgen einer Handlung und deren Bedeutung für das Wohlergehen der Betroffenen; die entspre-

chenden Resultate der psychologischen und sozialwissenschaftlichen Forschung sind in das
45 Verfahren der Normenbegründung zu integrieren. Unter dem Mangel, der jede normativ-
kritische Theorie kompromittieren müsste, dem grundsätzlichen Mangel an Realitätsbezug,
leidet der Utilitarismus nicht.

In der angeführten Formulierung ist das utilitaristische Prinzip noch in mehrfacher Hinsicht ungenau: Geht es beispielsweise um die tatsächlichen, um die intendierten oder um
50 die zu erwartenden Folgen? Und: Lässt sich das Leid der einen durch ein größeres Maß an
Freude der anderen aufwiegen? Nicht zuletzt: Wie rechtfertigt man nicht bloß bestimmte
Normen, sondern auch das Kriterium der Normen: das utilitaristische Prinzip? Im Laufe
seiner Entwicklung hat der Utilitarismus diese und weitere Fragen aufgegriffen.

Otfried Höffe (Hrsg.): Einführung in die utilitaristische Ethik. Tübingen: UTB, 5., überarb. und erweiterte Auflage 2013, S. 10 ff.

Höffes Text eignet sich auch gut als Klausurtext am Ende einer Reihe zum Utilitarismus. Einleitung und Aufgaben könnten etwa so aussehen:

Klausur: Otfried Höffe über Chancen und Grenzen des Utilitarismus

Vorbemerkung: Im vorliegenden Textauszug benennt Otfried Höffe zentrale Merkmale, die den
Utilitarismus charakterisieren. Ihre Aufgabe ist es, zu verdeutlichen, in welcher Weise sich die
Merkmale schon bei Mill und Bentham zeigen, und im Anschluss daran eine eigene kritische
Einschätzung zu probieren, wie Sie selbst die Chancen und Grenzen des utilitaristischen Ansat-
zes beurteilen. Die Zeit für positive wie negative Kritik ist gekommen. Beispiele, an denen sich
Ihre Kritik verdeutlichen lässt, sind willkommen.

1. Stellen Sie dar, welche zentralen Merkmale des Utilitarismus Hoffe unterscheidet und wie er
   sie kommentiert.
2. Untersuchen Sie, wie sich die von Höffe genannten Merkmale bei Bentham und Mill zeigen.
   Stellen Sie dazu zunächst die Grundzüge der Ideen von Bentham und Mill dar.
3. Nehmen Sie selbst zu den Grundideen des Utilitarismus Stellung: Wie beurteilen Sie die
   Chancen und Grenzen utilitaristischer Moralbegründung?

Worterklärungen:
die Ratio: Vernunft, Verstand
die Gratifikation: Prämie, Belohnung, Zulage, Vergütung
die Deduktion: die (logische) Ableitung des Besonderen aus allgemeinen Gesetzen
kompromittieren: bloßstellen, blamieren
intendierten: beabsichtigten

Otfried Höffe
Ist der Utilitarismus verbesserbar?

Es wurden viele Kritikpunkte am Utilitarismus genannt, aber auch seine Vorzüge hervorgehoben. Lässt sich also der Utilitarismus in eine Form bringen, die die Vorzüge nutzt und die Schwächen meidet? Im folgenden Textauszug schlägt Otfried Höffe eine Antwort vor.

Der Utilitarismus greift nicht alle Probleme auf, die in den Umkreis einer philosophisch zureichenden Ethik gehören; [...] so erweist er sich schon thematisch und methodisch gesehen als unvollständig. [...] Durch solche Einschränkungen wird die grundsätzliche Intention des Utilitarismus aber nicht diskreditiert: die Verpflichtung der Normen und Ziele
5 menschlichen Handelns auf das Wohl der Betroffenen; gerechtfertigt ist kein globales Verwerfen, wohl eine tief greifende Modifikation. Nennen wir das Resultat einen *kritischen Utilitarismus*; im Verhältnis zur klassischen und zeitgenössischen Diskussion müsste er sich durch mindestens drei Veränderungen auszeichnen:

1. Das im Nützlichkeitsprinzip gebotene allgemeine Wohlergehen ist ein regulatives, nicht
10 ein operatives Ziel. Das heißt, es ist ein normatives Leitziel, an dem sich menschliches Handeln ausrichten soll, ohne dass das Ziel schon aus sich heraus zu sagen vermag, welche Handlungen für den jeweiligen Lebensbereich und seine wechselnden Umstände genau folgen. Auch die Übersetzung des utilitaristischen Prinzips in einen hedonistischen Kalkül schafft kein zufriedenstellendes, präzises Verfahren. Der Versuch, das allge-
15 meine Wohlergehen ausschließlich oder primär durch eine quantitative exakte Kalkulation des individuellen wie des kollektiven Nutzens zu bestimmen, misslingt, und zwar aus grundsätzlichen Überlegungen. [...]

2. Durch ein Handeln, das den moralischen Verbindlichkeiten genügt, wird nicht das allgemeine Wohlergehen selbst befördert; es werden allenfalls die limitierten Bedingungen
20 und Voraussetzungen geschaffen, die die Chance zu einem glücklichen Leben bieten. Das allgemeine Wohlergehen ist in indirekter, nicht in direkter Intention das sinnvolle Ziel moralischen Handelns.

3. Auch in indirekter Intention bezeichnet das allgemeine Wohlergehen nicht das schlechthin adäquate Moralprinzip. Die eigene Vollkommenheit kann ebenfalls ein Kriterium
25 tatsächlicher moralischer Verbindlichkeiten sein, und unter rein sozialen Gesichtspunkten ist es vor allem, worauf das Prinzip der Fairness verweist: die Idee der Gerechtigkeit und die aus ihr fließenden, auch gegen das Gemeinwohl nicht verhandelbaren Grund- und Menschenrechte. Angemessener ist es deshalb, von einem umfassenderen normativen Leitprinzip auszugehen, das die Prinzipien der Nützlichkeit, der eigenen Vollkom-
30 menheit und der Gerechtigkeit integrieren kann, beispielsweise von der Idee der Humanität. Von einem solchen umfassenderen Prinzip aus würden die partielle Gültigkeit und auch die Grenzen der anderen Prinzipien verständlich.

Eine solche Sozialpragmatik, die sich diesen drei Elementen verpflichtet weiß und das allgemeine Glück als regulatives, nicht operatives, als indirektes, nicht als direktes Krite-
35 rium betrachtet und eine Idee der Humanität als Forum der Kritik anerkennt, würde die Überzeugungskraft des Utilitarismus verstärken.

Otfried Höffe (Hrsg.): Einführung in die utilitaristische Ethik. Tübingen: UTB, 5., überarb. und erweiterte Auflage 2013, S. 49 ff.

Hermeneutische Billigkeit:

Wir hinterfragten, was die Suche nach einer möglichst starken und konsequenten Lesart eines Textes bedeuten kann, die Kritik schwer und nicht zu einem Kinderspiel macht! Genauer: Was meint Richard M. Hare mit dem folgenden Satz?

> „dass wir, werden wir mit einer Entscheidung konfrontiert, welche die Interessen verschiedener Menschen betrifft, den Interessen aller dieser Menschen (einschließlich unserer selbst, wenn wir betroffen sind) gleiches Gewicht geben und das Beste für sie tun sollten, was wir können."

- Sind alle Interessen aller Menschen gleich wichtig? → Nein!

- Hat jedes Interesse das gleiche Gewicht wie jedes andere? → Nein!

- Hat ein bestimmtes Interesse sein Gewicht unabhängig davon, welche konkrete Person dieses Interesse gerade hat? → Ja!

- Kann man unterscheiden zwischen Interessen, die zu missachten schlimm ist, und solchen, bei denen das zugunsten wichtigerer Interessen zumutbar erscheint? → Ja, darum geht es!

- Dürfen Interessen nach der Sympathie für den Menschen, der diese Interessen hat, gewichtet werden? → Nein! (Idealer Beobachter!)

- Hat ein bestimmtes Interesse, egal um wen es geht, stets das gleiche Gewicht? → Ja!

- Müssen die Interessen der Personen, um die es geht, unparteiisch gegeneinander abgewogen werden? → Ja, das ist die Idee!

- „das Beste für sie tun sollten, was wir können" heißt:
    - für **jeden** Einzelnen das Bestmögliche tun → Nein!
    - unter den gegebenen Bedingungen das tun, was verglichen mit den Alternativen am besten ist → Ja, schon eher!
    - das Beste für alle kann für Einzelne belastend sein, wenn alle Alternativen zu viel mehr Belastung führen → Ja!

Zwei Merkmale einer moralischen Konfliktsituation

Echt schwer ist eine Entscheidungssituation mindestens dann, wenn i) entschieden werden muss, aber ii) für jede Handlungsalternative gilt, dass es Personen gibt, deren anerkanntermaßen wichtigen Interessen zugunsten der Interessen anderer Personen zurückstehen müssten.

Schritte der Entscheidungsfindung (in schwierigen Fällen)

- Wer sind die unmittelbar betroffenen Personen und welche Handlungsalternativen stehen zur Wahl?
- Wie werden die Bedürfnisse und Interessen der betroffenen Personen durch die Handlungsalternativen berührt?
- Wie sind die Bedürfnisse und Interessen zu gewichten?
    → Interessen und Bedürfnisse werden ohne Ansehung der Personen, um die es konkret geht, stets gleich gewichtet. Die Gewichtung muss auch in anderen Kontexten gelten. Verschiede-

ne Interessen erhalten unterschiedliche Gewichte: Der Wunsch zu überleben erhält z. B. sehr hohes, der Wunsch nach Geborgenheit mittleres, der Wunsch, stets pünktlich zu sein, nur geringes Gewicht.

- Wähle die Handlungsalternative, die die Interessen der betroffenen Personen am besten berücksichtigt. (Unter Umständen bedeutet dies, einzelnen Menschen sehr viel zuzumuten!)

Beispiel 1 als Test für Hares Prinzip: Muss man den Fötus retten, was die Mutter tötet, oder muss man die Mutter retten, was den Fötus tötet? Eine echte Pattsituation?

Person Interesse	Hans	Erna	Niko	Nina	Fötus
A Leben	★ ★ ★ ★	★ ★ ★ ★	★ ★ ★ ★	★ ★ ★ ★	★ ★ ★ ★
B Frau	★ ★ ★				
C Mutter			★ ★ ★	★ ★ ★	★ ★
D Mann/Kind		★ ★ ★			

Die Tabelle ist so zu lesen: Hans' Interesse am eigenen Überleben erhält 4* und sein Interesse am Überleben seiner Frau 3*.

Hier scheint es moralisch richtig zu sein, den Fötus zugunsten der Mutter zu opfern.

Beispiel 2, in dem Hares Prinzip nicht weiterhilft: Brennendes Haus. Ich kann meine Mutter oder zwei kleine Kinder retten. Was soll ich tun? Hier ist keine Entscheidung besser begründet als die andere: Handle frei und ertrage deine Entscheidung. Moralische Vorwürfe sind fehl am Platz. Oder?

Dieter Birnbacher
Die Anfangsplausibilität der utilitaristischen Ethik

Im folgenden Textauszug führt Birnbacher einige oft genannten Schwächen des Utilitarismus an und zeigt, unter welchen Umständen sie auch als Stärken gedeutet werden können.

Letzte ethische Axiome sind weder beweisbar noch schlechthin evident. Will man sich ihrer Akzeptabilität versichern, lassen sich allenfalls Plausibilitätsüberlegungen anstellen. Sind die Grundannahmen der utilitaristischen Ethik plausibel?

Mit Mill [...], Sidgwick [...] und Peter Singer [...] bin ich der Auffassung, dass man der utili-
5 taristischen Ethik eine gewisse Anfangsplausibilität nicht streitig machen kann. Plausibel ist die utilitaristische Ethik vor allem wegen des Verhältnisses der *Kongruenz,* indem sie zu den metaethischen Merkmalen moralischer Normen steht: der Forderung, dass moralische Gebote und Beurteilungen nicht nur die jeweils eigenen Interessen und persönlichen Ideale des Urteilenden, sondern in einem ausgewogenen Verhältnis auch die Interessen und Ideale
10 der anderen berücksichtigen (Unparteilichkeit), und den Anspruch, von allen Verständigen verstanden, eingesehen und akzeptiert zu werden (dem Anspruch auf Allgemeingültigkeit). Die Kongruenz der utilitaristischen Ethik mit dem Prinzip der *Unparteilichkeit* des morali-schen Standpunkts liegt unmittelbar auf der Hand. Nicht nur nimmt sie keinen, dem sie die Akzeptanz ihrer Prinzipien ansinnt, von der Berücksichtigung seiner Interessen und seiner
15 Betroffenheit aus, sie berücksichtigt die Betroffenheit jedes Einzelnen auch in gleicher Wei-se. Sie erlaubt dem moralisch Entscheidenden oder Urteilenden keine moralische Privile-gierung seiner selbst oder der Gruppen, deren er sich zugehörig fühlt. Diese Unparteilich-keit gilt allerdings nur in der Theorie streng. In der praktischen Anwendung muss eine gewisse Parteilichkeit zumindest immer dann zugelassen werden, wenn der Akteur andern-
20 falls moralisch überfordert und die Realisierungschancen der utilitaristischen Ethik da-durch gemindert würden. Auch der Utilitarist erwartet von Eltern, dass sie sich im Normal-fall primär um die eigenen und nicht primär um fremde Kinder kümmern. Aber die Gründe für eine derartige Parteilichkeit sind ihrerseits unparteilicher Art. Die Strategie, die Lasten der Moral – im Sinne einer „moralischen Arbeitsteilung" – durch die Definition von Zu-
25 ständigkeiten und Rollenverpflichtungen auf möglichst viele Schultern zu verteilen, steht ihrerseits im Dienste unparteilicher Nutzenmaximierung.

Die Kongruenz mit dem *Allgemeingültigkeitsanspruch* umfasst mehrere Merkmale: *Erstens* ist die utilitaristische Ethik eine „Ethik ohne Metaphysik". Die Glaubwürdigkeit des von ihr erhobenen Allgemeingültigkeitsanspruchs ist nicht dadurch eingeschränkt, dass sie zu ih-
30 rer Annahme die Annahme bestreitbarer weltanschaulicher oder religiöser Glaubensüber-zeugungen voraussetzt. *Zweitens* ist sie „universalistisch" in dem Sinne, dass sie – wie die Ethik der antiken Stoa oder die christliche Ethik – niemanden von der Berücksichtigung ausnimmt. *Drittens* hat die utilitaristische Ethik mit ihrer subjektivistisch-hedonistischen Axiologie, die Erlebnissen, die subjektiv als negativ erlebt werden, negativen Wert zu-
35 schreibt, eine Wertbasis, die zwar *sehr schmal* ist, deren moralische Relevanz dafür aber von keiner Ethik bestritten wird. Im Gegensatz dazu fällt es objektivistischen Wertlehren, die stärker von zeit- und kulturspezifischen Interpretationen abhängen, schwerer, den Allge-meingültigkeitsanspruch nicht nur zu erheben, sondern auch glaubhaft zu machen. Im Sinne des Allgemeingültigkeitsanspruchs kann *viertens* auch das als Vorzug gelten, was der
40 utilitaristischen Ethik oft als Schwäche angekreidet wird: ihre inhaltliche *Unbestimmtheit.* Indem sie relativ formal bleibt, ist sie für die Angehörigen verschiedener Kulturen und Epo-chen gleichermaßen akzeptierbar. Die utilitaristische Ethik darf ja nicht so verstanden wer-den, als könnte sie unmittelbar Handlungsorientierungen für den Alltag liefern. Sie ist eine Ethik und keine Moral. Um für die Praxis relevant zu werden, bedarf sie der Ausführungen
45 und Konkretisierungen durch „Sekundärprinzipien", die großenteils nicht ein für alle Mal

festgeschrieben werden können, sondern sich den jeweils wechselnden natürlichen und gesellschaftlichen Lebensbedingungen anpassen müssen.

Eine Pointe dieser Sichtweise ist, dass es gute utilitaristische Gründe geben kann, das utilitaristische Prinzip der gesellschaftlichen Nutzenmaximierung gerade nicht (bzw. nur sehr
50 begrenzt) als praktische Handlungsorientierung zu verwenden. Ein solcher Grund ist, dass vielfach moralische Entscheidungen getroffen werden müssen, ohne dass die für eine umfassende Folgenabwägung erforderliche Zeit, Information und innere Gelassenheit gegeben sind. Ein anderer ist, dass auch nur ein Minimum an gesellschaftlicher Erwartungssicherheit erfordert, dass sich Verhalten, von dem andere betroffen sind, an relativ stabilen
55 Regeln orientiert statt an Einzelfallabwägungen mit ungewissem und wechselndem Ausgang. Und drittens ist eine Nutzen und Kosten buchhalterisch bilanzierende Einstellung nicht mit allen Formen erwünschten menschlichen Verhaltens vereinbar: Sie ließe nur wenig Raum für Spontaneität, Ausdrucksverhalten und das Ausleben von Gefühlen. Auch nach utilitaristischen Maßstäben ist es nicht immer vernünftig, immer nur vernünftig zu
60 sein.

Dieter Birnbacher: Das Tötungsverbot aus der Sicht des klassischen Utilitarismus. In: Rainer Hegselmann und Reinhard Merkel (Hrsg.): Zur Debatte über Euthanasie. Frankfurt a.M.: Suhrkamp, 2. Aufl. 1992, S. 25–27

Richard M. Hare
Moralische Dilemmata für Ärzte und Eltern

Ich wurde um einen philosophischen Beitrag zu unseren Diskussionen gebeten, und jeder Philosoph, der dies versucht, sieht sich einer ernsthaften Schwierigkeit ausgesetzt. Wenn er sich damit begnügt, nur als eine Art Logikpolizist zu fungieren und schlechte Argumente herauszupicken, die von anderen vorgetragen wurden, wird er sich unbeliebt machen, kann
5 aber (wenn er in seinem Metier gut ist) eine ziemlich starke negative Position verteidigen. Wenn er jedoch Konstruktiveres erreichen und sich auf etwas verlassen will, das solider ist als seine eigenen Intuitionen und stabiler als die zu dem Thema verbreiteten Meinungen, dann wird er mithilfe einer allgemeinen Theorie beginnen müssen, die angibt, wie man hinsichtlich Fragen dieser Art argumentieren muss. Und dann befindet er sich sofort auf
10 viel schwankenderem Boden, weil es keine allgemeine Theorie über moralisches Argumentieren gibt, die universell anerkannt wäre. Alles, was ich in dieser Situation tun kann, ist, Ihnen in Umrissen die Theorie vorzustellen, die ich selbst akzeptiere, und dann von ihr aus zu argumentieren.

Möglicherweise habe ich jedoch meine Position schwächer aussehen lassen, als sie in Wirk-
15 lichkeit ist; denn die Theorie, die ich benutzen werde, dürfte für die meisten der wichtigsten Ansätze in der Ethik akzeptabel sein, da sie sich nur auf bestimmte formale Merkmale der moralischen Wörter oder Begriffe stützt, die wir in den entsprechenden Argumenten benutzen. Ich *glaube* (obwohl ich sicher keine Zeit haben werde, das zu begründen), dass diese Theorie vereinbar ist mit den christlichen Prinzipien, dass wir anderen gegenüber so han-
20 deln sollten, wie wir wünschen, dass sie uns gegenüber handeln, und dass wir unseren Nächsten lieben sollten wie uns selbst; mit dem kantischen Prinzip, dass wir so handeln sollten, dass wir dabei die Maxime unseres Handelns als allgemeines Gesetz wollen können; und mit dem utilitaristischen Prinzip, dass jeder als einer zählen soll und niemand als mehr als einer (das heißt, dass alle Interessen gleich zu berücksichtigen sind). Andere Ansätze zur
25 Theorie moralischen Argumentierens, die zur selben Art von Prinzip führen, sind die sogenannte Theorie des Idealen Beobachters, nach der wir so handeln sollten, wie eine vollständig mit den Tatsachen vertraute und allen Betroffenen gegenüber unparteilich wohlwollende Person es uns vorschriebe; und die sogenannte Theorie des rationalen Kon-trakts, die sagt, dass die Prinzipien, denen wir folgen sollten, diejenigen sind, die eine rationale,
30 selbstinteressierte Person akzeptieren würde, wenn sie nicht wüsste, welchen Anteil des Kuchens sie in allen Situationen abbekommen würde, in denen nach diesen Prinzipien entschieden wird.

Alle diese Methoden laufen tatsächlich auf dasselbe hinaus: dass wir, werden wir mit einer Entscheidung konfrontiert, welche die Interessen verschiedener Menschen betrifft, den In-
35 teressen aller dieser Menschen (einschließlich unserer selbst, wenn wir betroffen sind) gleiches Gewicht geben und das Beste für sie tun sollten, was wir können. Das ist das grundlegende Prinzip. Es gibt eine große Menge anderer Prinzipien, davon einige von besonderer Wichtigkeit, die gegenüber diesem grundlegenden Prinzip auf einer anderen Ebene liegen und als mit ihm in Konflikt scheinen können, ähnlich wie sie sicher auch bei Gelegenheit
40 untereinander konfligieren. Ich meine Prinzipien wie diejenigen, die Lügen oder das Nichteinhalten von Versprechen oder Mord verbieten; oder dasjenige (sehr wichtig für Ärzte), das Loyalität gegenüber denen fordert, für die man eine besondere Verpflichtung hat, aufgrund einer besonderen Beziehung, in der man sich zu ihnen befindet (wie beispielsweise gegenüber seiner Frau oder seinem Kind oder seinem Patienten).
45 Ich glaube jedoch, dass es richtig ist, alle diese Prinzipien dem grundlegenden unterzuordnen, weil im Fall des Konflikts zwischen diesen verschiedenen Prinzipien nur das grundlegende Prinzip in der Lage ist, uns sicher zu beantworten, was wir tun sollen. Das grundle-

gende Prinzip ist „das Gesetz und die Propheten": Obwohl bestimmte Gesetze (und übrigens auch besondere Prophezeiungen) zweifellos sehr wichtig sind, haben sie ihren Ursprung im
50 Bedürfnis zu schützen und im Herstellen von Gerechtigkeit zwischen menschlichen Interessen (das heißt, in der Sicherung ihrer Rechte); und wenn ein Konflikt zwischen den Prinzipien auftritt oder gar Zweifel über die Anwendbarkeit eines bestimmten Prinzips entstehen, ist es das grundlegende Prinzip, das aufgeboten werden muss, um diese Probleme zu lösen.

55 Ein Beispiel, das Ihnen einfallen mag, ist dieses: Zugestanden, dass der Geburtshelfer eine besondere Pflicht gegenüber seinem Patienten hat, der Mutter, und zugestanden, dass der Kinderarzt eine besondere Pflicht hat gegenüber *seinem* Patienten, dem Kind; was sie alles in allem sicher tun sollten, wenn die Interessen von Mutter und Kind miteinander in Konflikt geraten, sollte von einer Gleichberücksichtigung dieser Interessen geleitet sein und
60 nicht davon, in welchem Zweig der Profession jeder von ihnen sich spezialisiert hat.

Richard M. Hare: Das missgebildete Kind. In: Anton Leist (Hrsg.): Um Leben und Tod. Frankfurt a. M.: Suhrkamp, 1990, S. 374–376

1▶ a) Stellen Sie die ernsthafte Schwierigkeit dar, in der sich Moralphilosophen nach Hare häufig befinden. Geben Sie ggf. ein Beispiel dafür an. (Zeigte sich diese Schwierigkeit auch im Unterricht?)

b) Alle Methoden moralischen Argumentierens „laufen tatsächlich auf dasselbe hinaus" (Z. 33), behauptet Hare. Beschreiben und erläutern Sie das Prinzip, das Hare zugrunde legt, und zeigen Sie auf, inwiefern die anderen genannten Prinzipien dadurch auch mit erfasst sind.

2▶ Analysieren Sie die Rolle, die Hare dem abstrakten grundlegenden Prinzip im Vergleich zu konkreten Prinzipien wie z. B. „Du sollst nicht lügen" zuweist, und bewerten Sie sie.

3▶ Nehmen Sie selbst zu Hares Prinzip Stellung: Kann das Prinzip die Erwartungen erfüllen? Welche Schwierigkeiten bei der Anwendung des Prinzips sehen Sie? Sind sie beherrschbar? (Schön wäre es, konkrete Beispiele zu untersuchen.)

M 1 Kurt Bayertz
Der Amoralist

Wenn wir davon ausgehen, dass sich Menschen rational im Sinne des Eigeninteresses verhalten, dann könnten dem Amoralisten die folgenden Eigenschaften zugeschrieben werden:

(i) Er steht außerhalb der Moral. Er denkt nicht moralisch, und er hat keine moralischen Gefühle, die ihn zu uneigennützigen Handlungen motivieren können; er hat kein Gewissen und nimmt nicht das ein, was in der ethischen Literatur als der *moralische Standpunkt* bezeichnet wird.

5 (ii) Der Amoralist steht zwar außerhalb der Moral, hat aber kein prinzipielles Verhältnis zu ihr, auch kein prinzipiell feindliches (wie der Immoralist). Dass er die Verbindlichkeit der moralischen Normen bestreitet, wird ihn nicht daran hindern, in Übereinstimmung mit diesen Normen zu handeln, *wenn* ihm dies nützt. Dasselbe gilt aber auch umgekehrt: Wenn es ihm nützlich erscheint, wird er nicht zögern, sich über alle moralischen Nor-
10 men hinwegzusetzen. Mit einem Wort: Sein Verhältnis zur Moral ist opportunistisch.

(iii) Dies hängt damit zusammen, dass für den Amoralisten die Realisierung der eigenen Interessen den einzigen Handlungsgrund und das einzige Handlungsmotiv darstellt. In genau diesem Sinne ist er Egoist. Sicherlich spielt die strukturelle Spannung zwischen den Forderungen der Moral und dem jeweils eigenen Interesse auch bei der „harmlo-
15 sen" W-Frage eine Rolle. Doch ist hier noch keine prinzipielle Entscheidung dahingehend gefallen, dass *nur* noch das Selbstintersse zählen soll. Beim Amoralisten ist genau das der Fall. Das Selbstinteresse stattet ihn mit einem machtvollen *Motiv* aus. Nicht zufällig sind die klassischen Amoralisten der Philosophiegeschichte stets auch Verfechter eines rigorosen Egoismus gewesen. [...] Es ist zum einen dieses Motiv, das den Amo-
20 ralisten zu einem lohnenden Gegner qualifiziert, und zum anderen die Radikalität seiner Fragestellung. [...] [E]r wirft eine Frage auf, die eine sorgfältige Antwort verdient. Er verkörpert eine theoretische Herausforderung, die so formuliert werden kann: Haben wir auch einer Person etwas zu sagen, die sich außerhalb der Moral positioniert hat? Können wir ihr gute Gründe geben, moralisch zu *werden*? [...] Wir sind [ihr] gegen-
25 über auf den Versuch zurückgeworfen, die Moral „von außen" zu rechtfertigen.

Kurt Bayertz: Warum überhaupt moralisch sein? München: Beck, 2006, S. 25 f.

M 2 Susan Wolf
Moralische Perfektionisten

Ich weiß nicht, ob es moralische Heilige gibt. Sollte es sie aber geben, bin ich froh, dass weder ich noch die, die mir am meisten am Herzen liegen, dazugehören. Unter einem *moralischen Heiligen* verstehe ich eine Person, deren jede Handlung so gut wie möglich ist, eine Person, die so moralisch wertvoll ist, wie sie nur sein kann. Auch wenn ich jetzt zuge-
5 ben sollte, dass es eine ganze Reihe von Menschentypen gibt, welche diese Beschreibung in der Vorstellung erfüllen könnten, kommt es mir doch so vor, als könne keiner dieser Menschentypen als unzweifelhaftes, zwingendes persönliches Ideal dienen. Anders gesagt glaube ich, dass moralische Perfektion im Sinne moralischer Heiligkeit kein Modell eines persönlichen Wohlbefindens konstituieren kann, das anzustreben für ein menschliches Wesen
10 auch nur teilweise vernünftig, gut oder wünschenswert wäre. [...]

Susan Wolf: Moral Saints. In: The Journal of Philosophy, Vol. LXXIX, No. 8, August 1982, S. 419. Übersetzt von Stephan Rauer

M 3   Philippa Foot
Marsmenschen, Freundschaft und Moral

In einem Kapitel ihres Buches „Die Natur des Guten" versucht die britische Philosophin Philippa Foot, immoralistische Positionen wie die der Sophisten und Nietzsches zu widerlegen. Zu Beginn führt sie ein kleines Gedankenexperiment vor, in dem die Marsmenschenwahrnehmung von Freundschaft mit der radikal moralkritischen Wahrnehmung von Moral verglichen wird.

Nehmen wir [...] an, wir denken über Freundschaft unter Menschen nach, und zwar zunächst so, wie sie für irgendwelche, nicht besonders intelligente Besucher vom Mars aussehen könnte. Diese hätten, so nehmen wir an, das Phänomen der Freundschaft hier auf der Erde studiert, ohne sich mit uns unterhalten oder unsere Literatur und Philosophie lesen zu
5 können. Sie berichten, dass bestimmte Menschen mit bestimmten anderen dadurch verbunden sind, dass sie so etwas wie Dienstleistungen erbringen, die, wenn man von ihrer Wechselseitigkeit absieht, nicht bezahlt werden. Die stille Übereinkunft scheint zu sein: Wenn die Menschen A und B Freunde sind, können sie in schwierigen Situationen aufeinander zurückgreifen, und sie können Geschenke austauschen. Sowohl die Dienstleistungen als auch
10 die Geschenke können für den, der sie erbringt bzw. macht, eine erhebliche Belastung darstellen. Er leistet sie anscheinend, weil jeder Freunde *braucht* – vielleicht mit Ausnahme der wenigen, die besonders reich und mächtig sind. Der normale, bedürftige Mensch wäre gern wie diese wenigen, aber aus Furcht davor, keinen Freund zu haben, entscheidet er sich für das Zweitbeste: einen Freund zu haben und im Bedarfsfall auf diesen zurückgreifen zu kön-
15 nen. Da ihm die Institution der Freundschaft nützt, lobt er sie.

Diese Marsbewohner würden die Freundschaft ganz ähnlich auffassen wie Platons Immoralisten die Gerechtigkeit. Die Marsbewohner glauben, als Freund zu handeln sei an sich ebenso unangenehm wie Gymnastik oder medizinische Behandlung. Um der Vorteile willen aber sei es für die Mehrzahl der Menschen der Mühe wert. [...]

Philippa Foot: Die Natur des Guten. Übersetzt von Michael Reuter. Frankfurt/M.: Suhrkamp, 2004, S. 133 f.

Moral und die Arbeit für eine Chemiewaffenfabrik

Führen Sie zu dem beigefügten Gedankenexperiment eine philosophische Problemreflexion durch.

1 ▶ Erläutern Sie die verschiedenen moralischen Konflikte, die das Gedankenexperiment aufwirft.

2 ▶ Erörtern und prüfen Sie dann verschiedene Argumente zur Beantwortung der Frage im letzten Satz vor dem Hintergrund verschiedener Ihnen bekannter moralphilosophischer Positionen. Kommen Sie abschließend und zusammenfassend zu einem eigenen Urteil.

Georgs Dilemma

Georg, der gerade seinen Dr. der Chemie gemacht hat, findet es äußerst schwierig, einen Job zu finden. Er ist nicht sehr gesund, was die Zahl der möglichen Stellen reduziert. Seine Frau muss die Familie ernähren, was insofern eine große Belastung darstellt, als sie kleine Kinder haben und ihre Betreuung schwierig ist. Die Auswirkungen all dieser Umstände
5 besonders auf die Kinder sind äußerst ungünstig. Ein älterer Chemiker, der über diese Situation im Bilde ist, sagt, er könne Georg eine gut bezahlte Stellung in einem Forschungslabor verschaffen, das sich mit chemischer und biologischer Kriegführung befasst. Georg sagt, er könne die Stelle nicht annehmen, da er gegen biologische und chemische Kriegführung sei. Der Ältere antwortet, dass er selbst nicht scharf darauf sei, aber letztlich würde Georgs
10 Weigerung die Stelle und das Labor nicht aus der Welt schaffen. Was schlimmer ist, er weiß zufällig, dass bei einer Ablehnung Georgs ein früherer Kommilitone von ihm die Stelle bekommen wird, der derartige Skrupel nicht hat und der wahrscheinlich die Forschung mit größerem Eifer vorantreiben würde, als Georg dies getan hätte. Tatsächlich ist es nicht nur die Sorge um Georg und seine Familie, sondern (offen und vertraulich gesprochen) die Be-
15 unruhigung über den übersteigerten Ehrgeiz des anderen, die den älteren Kollegen zu dem Angebot veranlassten, seinen Einfluss geltend zu machen, dass Georg die Stellung bekommt [...] Georgs Frau, an der er [Georg] sehr hängt, hat keine Bedenken in Bezug auf die Entwicklung chemisch-biologischer Waffen. Was soll er tun?

Hans-Ludwig Freese: Abenteuer im Kopf. Philosophische Gedankenexperimente. Weinheim: Beltz Quadriga, 1995, S. 270 – 71. Nach J.J.C. Smart/B. Williams, Utilitarianism: For and Against, Cambridge 1973

5. Angewandte Ethik

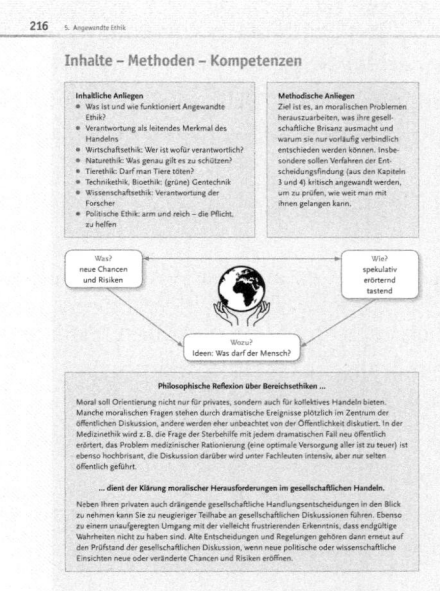

Inhalte – Methoden – Kompetenzen

Die Beschäftigung mit der Ethik als philosophischer Teildisziplin dient letztlich immer auch der Orientierung im Handeln. Deswegen werden in allen Kapiteln zahlreiche Praxisbeispiele thematisiert, dienen dort jedoch häufig der Überprüfung, Veranschaulichung, Übung, Anwendung einer ethischen Theorie, eines Argumentationsmodells o. Ä. In diesem Kapitel dagegen stehen die praktischen Herausforderungen, die Unsicherheiten bezüglich des moralisch richtigen Verhaltens in bestimmten Situationen im Mittelpunkt, auch wenn das philosophische Rüstzeug insbesondere der Kapitel 3 und 4 hier zur Anwendung kommen kann und sollte. Schließlich sollte in diesem Kapitel deutlich werden, dass die philosophische Reflexion über ethische Fragen in bestimmten Handlungsbereichen helfen kann, moralische Herausforderungen, insbesondere gesellschaftlich relevanter Handlungsentscheidungen, zu klären, wenn auch in der Regel nicht letztgültig zu entscheiden. Schülerinnen und Schüler sollen dadurch zur kompetenten Teilhabe an gesellschaftlichen Diskursen über drängende Fragen wie etwa die der moralischen Zulässigkeit von Sterbehilfe, Gentechnik, Fleischkonsum usw. befähigt werden.

In diesem Kapitel werden zu diesem Zweck exemplarisch verschiedene Bereichsethiken ausführlicher thematisiert, bisweilen werden dabei auch Besonderheiten einzelner Bereiche deutlich. Andere Bereiche werden an anderen Stellen im Buch diskutiert, wenn auch nicht so ausführlich. Eine Übersicht findet sich im → SB auf S. 219 f.

Die einzelnen Unterkapitel dienen einerseits der o. g. Klärung moralischer Herausforderungen zwecks gesellschaftlicher Teilhabe, aber natürlich auch als Prüfstein für ethische Grundpositionen (etwa aus Kapitel 4). Hilft uns z. B. Kants Ethik bei der Frage, ob wir Tiere essen dürfen, weiter? Helfen beispielsweise utilitaristische Kalkulationen bei der Frage nach der Notwendigkeit von Naturschutz? Treffen ihre Ergebnisse unsere Intuitionen? Falls nein, müssen wir unsere intuitiven Urteile überdenken oder evtl. die Theorien prüfen, verändern, erweitern?

Sequenz •••	Unterkapitel **5.1** dient der Orientierung, damit deutlich wird, in welchem Sinn „Angewandte Ethik" aufgefasst wird. Aus den folgenden Unterkapiteln kann ggf. nach den Erfordernissen des Lehrplans, im Idealfall auch nach den Interessen der Schülerinnen und Schüler, ausgewählt werden. Ebenso ist es möglich, aus tagesaktuellem Material (zu drängenden ethischen Fragen) Material selbst zu wählen und ähnlich zu bearbeiten wie es in den Unterkapiteln vorgeschlagen wird. Im → SB auf S. 219 f. stehen in einer Tabelle alle Bezüge in *DenkArt*, die auch der Angewandten Ethik zugerechnet werden können. Weitgehend voraussetzungslos thematisieren die folgenden Unterkapitel **5.2** bis **5.6** verschiedene Bereichsethiken. Sie sind nicht in einer bestimmten einzuhaltenden Reihenfolge angeordnet. Die Untersuchung des Verantwortungsbegriffs am Anfang von **5.2** könnte allerdings auch für die folgenden Unterkapitel, insbesondere für **5.5**, hilfreich sein. Die kurze Einführung in die Naturethik in **5.3** könnte für die Kapitel **5.4** und **5.5** hilfreich sein.

Sinnvoll ist sicher, dass die Schülerinnen und Schüler bereits über ein bestimmtes philosophisches Rüstzeug aus den Kapiteln 3 und 4 verfügen. Denkbar ist jedoch auch, dass ein moralisches Problem einer Bereichsethik als Motivation zur Beschäftigung mit eben diesem Rüstzeug dient und in diesem Fall den Ausgangspunkt einer Unterrichtssequenz darstellt.

Querverweise ↔	• **3. Was ist Ethik?** (→ SB, S. 166 ff.): Hier werden begriffliche Grundlagen gelegt, Forderungen an moralische Begründungen diskutiert und in das moralische Argumentieren eingeführt. All diese Dinge sollen in Kapitel 5 zur Anwendung kommen. Insbesondere folgende Auszüge sind dabei besonders wichtig:

- **3.2.3 Forderungen an moralische Begründungen** (→ SB, S. 141 f.): als Hilfe zu erkennen, wo in Positionen Begründungspflichten entstehen oder Fehlerquellen in Begründungen sein können.
- **3.3 Moralisch argumentieren** (→ SB, S. 146 ff.): als Basis dafür, selbst ein moralisches Argument zu erstellen.

• **4. Grundpositionen philosophischer Ethik** (→ SB, S. 156 ff): Hier werden vier Grundpositionen philosophischer Ethik ausführlich vorgestellt und diskutiert. Sie alle können in Kapitel 5 zur Anwendung auf konkrete moralische Herausforderungen kommen. Besonders zentral sind dabei die folgenden:

- **4.2 Nur aus Prinzip? – Immanuel Kant** (→ SB, S. 168 ff.): als Basis dafür, deontologische Begründungen zu erstellen oder zu prüfen.
- **4.3 Das größte Glück der größten Zahl? – Der Utilitarismus** (→ SB, S. 184 ff.): als Basis dafür, konsequenzialistische Begründungen zu erstellen oder zu prüfen.

• **6. Staatsphilosophie** (→ SB, S. 266 ff.): Hier finden sich besonders zahlreich weitere Fragen Angewandter Ethik. Auch sind die in Kapitel 5 diskutierten Bereiche häufig der politischen Ethik zuzuordnen, sodass es große Schnittmengen dieser beiden Kapitel gibt.

Literatur und Links

- Ralf Stoecker u. a. (Hrsg.): Handbuch Angewandte Ethik. Stuttgart: J. B. Metzler, 2011
  Ein umfangreiches Handbuch, das sowohl in die moraltheoretischen Grundlagen als auch in sehr viele Teilbereiche Angewandter Ethik einführt.

- Julian Nida-Rümelin (Hrsg.): Angewandte Ethik. Die Bereichsethiken und ihre theoretische Fundierung. Ein Handbuch. Stuttgart: Kröner, 2. Auflage 2005
  Ein ebenfalls sehr umfangreiches Handbuch, das weniger, aber längere Artikel enthält als das Buch von Ralf Stoecker u. a.

- Detlef Horster (Hg.): Angewandte Ethik (Texte und Materialien für den Unterricht). Stuttgart: Reclam, 2013
  Einer Einleitung, die thematisiert, was Angewandte Ethik ist, folgen zahlreiche Sekundärtexte zu vielen Problemen Angewandter Ethik.

- www.ethikrat.org
  Auf der Hompage des Deutschen Ethikrats finden sich zu vielen Themen der Angewandten Ethik Materialien, insbesondere umfangreiche Stellungnahmen zu ethischen Fragen der Lebenswissenschaften.

- www.drze.de
  Homepage des Deutschen Referenzzentrums für Ethik in den Biowissenschaften.

- www.bpb.de/gesellschaft/umwelt/bioethik/
  Hier findet sich ein umfangreiches Dossier zur Bioethik auf den Seiten der Bundeszentrale für politische Bildung.

- Peter Singer: Praktische Ethik. Stuttgart: Reclam, 3. Auflage 2013

- Matthias Maring (Hg.): Fallanalysen zur Ethik in Wissenschaft, Wirtschaft, Technik und Gesellschaft. Karlsruhe: KIT Scientific Publishing, 2011

- Bettina Schöne-Seifert: Grundlagen der Medizinethik. Stuttgart: Alfred Kröner Verlag, 2007

- Lothar Fritze: Die Tötung Unschuldiger. Berlin: De Gruyter, 2004

5.1 Arbeitsfelder Angewandter Ethik

Inhalte – Methoden – Kompetenzen

Vgl. auch die Einträge unter Kapitel 5, die das Unterkapitel in den Gesamtzusammenhang des Kapitels einordnen. Vorgestellt wird in dem kurzen Unterkapitel, wie in *DenkArt* Angewandte Ethik aufgefasst wird und an welchen Stellen Themen der Angewandten Ethik genauer in den Blick genommen werden.

Sequenz ●●●	Vgl. Eintrag an gleicher Stelle unter 5.
Querverweise ↔	Vgl. Eintrag an gleicher Stelle unter 5.

Zu den Materialien und Aufgaben

S. 217 **Ralf Stoecker et al.: Was ist „Angewandte Ethik" und wie funktioniert sie?**

S. 218 **1▶** Diese Aufgabe ermöglicht es, aktuelle Fälle gezielt mit in den Blick zu nehmen. Auch als Plausibilisierung dafür, dass immer wieder plötzlich Fälle in den Fokus öffentlicher Diskussion geraten, zu denen es dann z. T. auch erbitterte Kontroversen gibt.

2▶ Gerade, während ich dies schreibe (Nov. 2015), wären es z. B. drängende Fragen, wie mit Terror, Krieg und Flüchtlingsströmen umzugehen ist. Da zeigt sich sehr schnell, was es heißt, dass moralische Fragen unter Zeitdruck entschieden werden müssen. In solchen Situationen ist es mindestens hilfreich, wenn wichtige Teilfragen auch schon im Vorfeld Gegenstand intensiven Nachdenkens waren und Begründungen sowie deren Tragfähigkeit schon eingehend analysiert worden sind. Z. B. die schwere Frage, ob es zulässig ist, die Freiheitsrechte der Bürger zugunsten ihrer Sicherheit zu beschränken, und wenn ja, wie weit diese Beschränkung der Rechte gehen darf. Ebenso Fragen danach, ob der IS-Terror eine neue Form von Kriegen darstellt und welche Formen der Gegenwehr legitim sind (vgl. dazu auch **6.6 „Nie wieder Krieg!" – Oder?** → SB, auf S. 344 ff.) Auch stellen sich wichtige politische, ethische und rechtliche Fragen, wenn geprüft wird, wie es national und international um die Ernsthaftigkeit des Rechts auf Asyl bestellt ist.

S. 219 **3▶** Konkret sind Beispiele gesucht, die verdeutlichen und plausibilisieren, was im Absatz von Z. 46 bis 59 gemeint sein könnte: Angewandte Ethiker sind nicht die Entscheider, sie sind aber diejenigen, die Entscheidungen vorbereiten können, indem sie mögliche Entscheidungen und deren Rahmenbedingungen analytisch klar herausarbeiten und die (Güte der) Gründe untersuchen, die für oder gegen einzelne Entscheidungsmöglichkeiten angeführt werden. Für die immer wieder bedeutsame Frage, wie eine Gesellschaft z. B. die Frage der Sterbehilfe regeln sollte, ist es für die Debatte hilfreich, eine genaue Begriffsbildung zu haben, die es erlaubt, verschiedene Formen von Sterbehilfe zu trennen, und an vielen (oft nur hypothetischen) Fällen zu prüfen, ob in ihnen Sterbehilfe zulässig erscheint oder nicht.

4▶ Ja und nein: Je drängender und je schneller entschieden werden muss, desto überschaubarer wird auch der Kreis der Entscheider sein. Die Entscheider können natürlich dann nicht mehr zuvor eine ganze Ethikdebatte mit all ihren Argumenten und Verzweigungen zur Kenntnis nehmen. Anders ist es, wenn im Vorfeld einer anstehenden Gesetzgebung Inhalt von Gesetzen und Konsequenzen ihrer Geltung ermittelt werden. Dann kann es durchaus sein, das Angewandte Ethiker zum Beispiel in Enquete-Kommissionen sehr genau unterschiedliche Modelle gedanklich erproben und Empfehlungen aussprechen. Z. B.:

Die Enquete-Kommission des Deutschen Bundestages „Wachstum, Wohlstand, Lebensqualität" hat ihren Schlussbericht vorgelegt, den der Bundestag am 6. Juni 2013 beraten hat. Die Kommission hatte den Auftrag, den Stellenwert von Wachstum in Wirtschaft und Gesellschaft zu ermitteln, einen ganzheitlichen Wohlstands- und Fortschrittsindikator zu entwickeln und die Möglichkeiten und Grenzen der Entkopplung von Wachstum, Ressourcenverbrauch und technischem Fortschritt auszuloten. Unter anderem schlägt die Kommission einen neuen Begriff von Wohlstand und eine neue Wohlstandsmessung vor, die neben dem materiellen Wohlstand auch soziale und ökologische Dimensionen von Wohlstand abbildet. (http://www.bpb.de/shop/buecher/schriftenreihe/175745/schlussbericht-der-enquete-kommission)

5▶ Die Antwort auf die Frage ist offen, da unklar ist, wen alles man zu den Angewandten Ethikern zählen möchte. Natürlich gibt es, wenn wichtige Entscheidungen wie z. B. das Gesetz zum Verbot der geschäftsmäßigen Sterbehilfe anstehen, auf allen Kanälen Sendungen zum Thema, in denen sogenannte Experten zu Wort kommen. Dann geht es nicht selten hoch her, Sorgfalt im Argumentieren tritt zurück, sich durchsetzen und z. T. auch Polemisieren gegen den Meinungsgegner tritt in den Vordergrund. Es gibt aber auch viele Beispiele dafür, dass Angewandte Ethiker sich an die Öffentlichkeit wenden, um z. B. in Vorträgen oder in populärwissenschaftlichen Büchern darüber aufzuklären, welche wichtigen ethischen Fragen anstehen und wie sie beantwortet werden könnten. Ebenso sind sie oft beteiligt in Ethik-Kommissionen und vergleichbaren Gremien. Die kurze und knappe Antwort eines bekannten Angewandten Ethikers auf die in Aufgabe 5 formulierte Frage lautete: „Öffentliche Vorträge, Podiumsdiskussion, Medien, Fachaufsätze, Ethikrat und andere Gremien. (Insgesamt sehr begrenzt.)"

5.2 Verantwortung

Inhalte – Methoden – Kompetenzen

Der Begriff „Verantwortung" wurde v. a. durch Hans Jonas im Rahmen der Diskussion um die moralischen Herausforderungen technischer Entwicklungen prominent gemacht, entsprechend wird das Unterkapitel mit Texten aus Hans Jonas' Hauptwerk „Das Prinzip Verantwortung" eröffnet und in den weiteren Abschnitten um Aspekte ergänzt, die aus der technikethischen Debatte stammen, aber teilweise auch in anderen Zusammenhängen anwendbar sind, so z. B. die Beschreibung der Verantwortung als Relationsbegriff in 5.2.2.

In Abschnitt 5.2.4 wird ausführlicher in die Wirtschaftsethik eingeführt, ausgehend von der Frage nach der Verantwortung in marktwirtschaftlichen Zusammenhängen, die angesichts vieler aktueller Skandale um Massentierhaltung, unmenschliche Produktionsbedingungen usw. eine drängende gesellschaftliche Frage ist, die die Schülerinnen und Schüler zumindest als Konsumenten unmittelbar betrifft und zur Reflexion des eigenen (Konsum-)Handelns anregen soll. In diesem Zusammenhang wird eine mögliche Besonderheit der Wirtschaftsethik diskutiert, die darin besteht, dass ein marktwirtschaftliches System mit seinen Regeln Profitmaximierung und nicht Gemeinwohlorientierung honoriert, wenn nicht gar fordert.

Sequenz ●●●	Die Abschnitte **5.2.1**, **5.2.2** und **5.2.3** führen jeweils in einige Aspekte des Verantwortungsbegriffs ein, dabei baut 5.2.3 zumindest teilweise auf 5.2.2 auf. Die Zusatzmaterialen → LB, **Z 5-1** bis **Z 5-4** eignen sich zur Anwendung, Vertiefung, Übung in verschiedenen Anwendungskontexten. In **5.2.4** wird der Bereich „Wirtschaft" diskutiert, vor allem anhand der Frage, wer in wirtschaftlichen Zusammenhängen Verantwortung trägt. Dieser Abschnitt greift nur an wenigen Stellen explizit auf 5.2.1 bis 5.2.3 zurück und kann in weiten Teilen auch unabhängig unterrichtet werden.
Querverweise ◂▸	● **5.5 Technikethik** (→ SB, S. 242 ff.): Hier werden Aspekte der Technikethik, die auch in 5.2 bereits eine Rolle spielen, am Beispiel der Grünen Gentechnik vertieft. Auch wird hier ein weiterer Aspekt der Überlegungen von Hans Jonas vorgestellt, der als Ergänzung zu 5.2.1 dienen kann.

Literatur und Links

- Hans Jonas: Das Prinzip Verantwortung. Frankfurt am Main: Suhrkamp, 1984

- Julian Nida-Rümelin: Verantwortung. Stuttgart: Reclam, 2011

- Monika Sänger (Hg.): Arbeitstexte für den Unterricht: Verantwortung. Stuttgart: Reclam, 1991

- Hans Lenk/Günter Ropohl: Technik und Ethik. Stuttgart: Reclam, 2. Auflage 1993
  Hier finden sich Artikel zur Verantwortung im Rahmen technischer Entwicklungen.

Vgl. auch die Einträge an gleicher Stelle unter 5. am Anfang des Kapitels.

5.2.1 Aspekte des Verantwortungsbegriffs

Inhalte – Methoden – Kompetenzen

Vgl. die Einträge an gleicher Stelle unter 5.2 am Anfang des Unterkapitels.

Zu den Materialien und Aufgaben

S. 220 **1▶** Diese Aufgabe dient dazu, das Vorverständnis zum Verantwortungsbegriff zu ermitteln.

2▶ Auch bei dieser Aufgabe geht es um schnelle erste Positionierungen: (a) Die elterliche Verantwortung ist vielfältig und schließt das „Eltern haften für ihre Kinder" ebenso ein wie die Verantwortung der Eltern für eine gute Bildung und Erziehung ihrer Kinder. (b) Hier können die Meinungen auseinandergehen. Ist die Regierung verantwortlich für die Sicherheit der Bürger? (Zumindest sollte sie wohl für Polizei u. Ä. sorgen.) Ist sie für deren Bildung, Wohlstand, Arbeit usw. verantwortlich?

Hans Jonas: Unterscheidungen

Die in diesem Text genannten Aspekte des Verantwortungsbegriffs, insbesondere die Verantwortung als kausale Macht, lassen sich mit → LB, **Z 5-1** bis **Z 5-3** anwenden und problematisieren.

3▶ Diese Aufgabe dient der Veranschaulichung des Inhalts des ersten Textabschnittes.

a) Wer z. B. jemandem ein Bein stellt, mutwillig eine Fensterscheibe zerstört, einen Mitarbeiter entlässt usw., ist für seine Tat verantwortlich, weil er die Folgen verursacht hat.

b) Verursachung muss jedoch nicht absichtlich geschehen, nicht böswillig sein, um Verantwortung zu erzeugen. Auch wer z. B. versehentlich eine teure Vase umwirft und damit zerstört, ist verantwortlich und muss den Schaden ersetzen, auch wenn er von moralischer Schuld frei ist.

c) Wie eng die kausale Verbindung der Folge mit der Tat sein muss, um eindeutig Verantwortung zuschreiben zu können, bleibt bei Jonas vage und ist im Einzelfall häufig schwer zu entscheiden. Die Beispiele können hier leicht kontrovers sein. Bin ich bspw. verantwortlich für den Klimawandel, weil auch mein CO_2-Ausstoß den Treibhauseffekt befördert? Bin ich verantwortlich für die nicht erfolgte Musikerkarriere meiner Tochter, weil ich sie nicht nachdrücklich genug zum Klavierunterricht gedrängt habe?

4▶ Diese Aufgabe soll das Textverständnis des zweiten Abschnittes sichern.

a) Bei dieser Art von Verantwortung geht es nicht um meine Tat, für die ich verantwortlich bin, sondern um etwas außer mir, auf das ich mit meinem Tun einwirken kann und das mich deshalb zu bestimmten Taten verpflichtet. So bin ich z. B. verantwortlich für das Wohlergehen meiner Kinder und das verpflichtet mich zu bestimmten Taten, die ihr Wohlergehen befördern. Ich bin – als Lehrer – auch in gewisser Weise verantwortlich für das Gelingen der Schullaufbahn meiner Schüler, und dies verpflichtet mich dazu, guten Unterricht anzubieten. Zwar sind Schülerinnen und Schüler oft noch nicht in so viele Verantwortungskontexte dieser Art eingebunden, doch lassen sich sicher auch geeignete Beispiele aus ihrer Perspektive finden. Wer z. B. Mitglied in einem Sportverein ist, trägt Verantwortung für gemeinsame Siege und Niederlagen. Wer sich ehrenamtlich engagiert, trägt Verantwortung für das Gelingen entsprechender Projekte.

b) Wenn ich in diesem Sinne verantwortlich bin, bleibe ich „das Mächtige" (Z. 31), weil die nötigen Taten in meiner Macht liegen. Das „Abhängige" (Z. 30), also z. B. meine Kinder, gebietet aber eben durch diese Verantwortlichkeit, was die Pflicht des Mächtigen ist.

5▶ Hier geht es um den dritten Textabschnitt. „Unverantwortlich handeln" kann – nach Jonas – nur derjenige, der „Verantwortungen hat" (Z. 37). Solche Verantwortungen trage ich als Vater für meine Kinder, als Kapitän für meine Passagiere, als Lehrer (in gewissen Grenzen) für meine Schüler, als Arbeitgeber für meine Angestellten, als Automechaniker für die Qualität meiner Arbeit. Aus diesem Verhältnis entsteht eine Verpflichtung (siehe zweiter Textabschnitt, **4▶**), auch aufgrund der Macht des Verantwortlichen. Wer diese Macht ohne Beachtung der Verpflichtung ausübt, handelt „unverantwortlich": der Vater, der seine Kinder verwahrlosen lässt; der Lehrer, der die Schüler nicht auf die Abschlussprüfung vorbereitet; der Automechaniker, der die Bremsschläuche nicht sorgfältig prüft.

6▶ Die Ergebnisse zu dieser Aufgabe hängen stark von denen der Aufgaben **1▶** und **2▶** ab. Einige Beispiele sind in den Kommentaren zu den Aufgaben **3▶**, **4▶** und **5▶** bereits gegeben.

5.2.2 Verantwortung als mehrstellige Relation

Inhalte – Methoden – Kompetenzen

Der Verantwortungsbegriff ist ein Relationsbegriff. Von den zahlreichen verschiedenen Konzepten wird hier exemplarisch Günter Ropohls Verständnis von Verantwortung als sechsstelliger Relation vorgestellt.

Vgl. auch die Einträge an gleicher Stelle unter 5.2 am Beginn des Unterkapitels.

Zu den Materialien und Aufgaben

S. 223 **Günter Ropohl: Wer, was, wann, weswegen, wofür, wovor?**

S. 224 **1▶** Diese Aufgabe lenkt die Aufmerksamkeit auf einige besondere Aspekte des Textes, die von Ropohl nur kurz angedeutet werden und hier durch Beispiele anschaulich gemacht werden sollen.

a) Gemeinschaftliche Verantwortung kann bspw. ein Unternehmen für sein Produkt, eine Regierung für eine gemeinsam getroffene Entscheidung tragen (vgl. 5.2.3).

b) Dass Handlungen auch Unterlassungen sein können, wurde bereits an anderen Stellen im Buch betrachtet (vgl. z. B. → SB, S. 154). Als einfaches Beispiel mag die unterlassene Hilfeleistung dienen. In komplexeren Fällen ist oft nicht so leicht zu entscheiden, ob Tun oder Unterlassen besser zu verantworten wäre. Bei der Anwendung Grüner Gentechnik z. B. (vgl. 5.5.1) ist das Tun zu verantworten, das ggf. negative Folgen für das Ökosystem hat. Aber auch das Unterlassen wäre zu verantworten, wenn die Anwendung der Gentechnik Krankheiten vermeiden oder gar den Welthunger minimieren könnte.

c) Das Beispiel Gentechnik ist auch ein gutes Beispiel für Fernwirkungen, die teilweise bei der Herstellung gentechnisch veränderter Organismen noch gar nicht absehbar sind.

d) Nicht immer, aber doch häufig sind die Folgen von Handlungen erkennbar und damit grundsätzlich auch verantwortbar. Ein Ingenieur, der bspw. ein neues Waffensystem entwickelt, dessen Einsatz zu schlimmen Folgen für die Zivilbevölkerung führen kann, trägt sicher schon bei der Handlungsplanung Verantwortung.

2▶ Hier sind zahllose Möglichkeiten denkbar, die Tabelle zu füllen. Ein Beispiel zur Orientierung ist bereits im Schülerband gegeben.

3▶ Ein Ingenieur beispielsweise, der (s. o.) ein neues Waffensystem entwickelt, ist vor seinem Arbeitgeber für die Ausführung seiner Arbeit und damit für die Entwicklung eines ökonomisch erfolgreichen Produkts verantwortlich – vor seinem Gewissen mag er ganz andere Verantwortungen haben, nämlich für die Abwendung von Schaden für unschuldige Menschen. Ein weiteres Beispiel für einen Verantwortungskonflikt findet sich oben bei Aufgabe **1▶**
Z 5-2, 3 b). Verantwortungskonflikte finden sich ebenfalls in → LB, **Z 5-2** und auch in → LB, **Z 5-3**.

5.2.3 Geteilte Verantwortung?

Inhalte – Methoden – Kompetenzen

In vielen Feldern Angewandter Ethik (Technikethik, Wirtschaftsethik, politische Ethik ...) sind die Akteure keine Individuen, sondern Kollektive. Zuschreibung von Verantwortung, moralische Pflichten richten sich entsprechend an diese Kollektive, die wiederum aus Individuen bestehen. Dies wirft eine Reihe von Fragen auf, insbesondere wie sich die gemeinschaftlich getragene

Verantwortung auf die beteiligten Individuen verteilt. Einige Überlegungen hierzu werden in diesem Abschnitt angestellt.

Vgl. auch die Einträge an gleicher Stelle unter 5.2 am Beginn des Unterkapitels.

Zu den Materialien und Aufgaben

S. 225 **1▶** Diese Aufgabe dient der Problematisierung kollektiver Verantwortung, die in diesem Fall entsteht, weil viele Akteure an der Entscheidung, dem Bau und dem Betrieb eines Atomkraftwerks in einem erdbebengefährdeten Gebiet beteiligt waren. In einer ersten Annäherung wird man wohl kaum zu dem Urteil kommen, dass Masataka Shimizu das Unglück *allein* zu verantworten hat, dass es aber schwer ist, zu ermitteln, wer alles zu welchen Anteilen Verantwortung trägt.

S. 225 **Hans Lenk: Gemeinschaftlich getragene Verantwortung**

S. 226 **2▶** Da nach Lenk bei kollektiver Verantwortung die persönliche Verantwortung der beteiligten Individuen nicht verschwindet, häufig aber der Einzelne nicht die Gesamtverantwortung tragen kann (allein schon, weil sein Entscheidungsspielraum begrenzt ist), entsteht das Problem, wie sich die kollektive Verantwortung (die letztlich von Individuen getragen werden muss) auf die beteiligten Individuen verteilt. Dies nennt Lenk das „erste Verteilungsproblem der Verantwortung" (Z. 18). *Ergänzende Information, die nicht aus dem im SB abgedruckten Textausschnitt zu entnehmen ist:* Das zweite Verteilungsproblem der Verantwortung sieht Lenk gegeben, wenn die Handlungsfolgen vieler Akteure kumulieren. Ein Beispiel wäre der Klimawandel, den kein einzelner Autofahrer durch seinen CO_2-Ausstoß allein verursacht, sondern der erst durch viele Akteure entsteht.

Z 5-4 Zusatzmaterial → LB, **Z 5-4** thematisiert genau dieses zweite Verteilungsproblem am Beispiel des Klimawandels.

3▶ Nach Lenk muss die Mitverantwortung Einzelner in Kollektiven „nach der Intensität der Handlungsbeteiligung, der Eingriffs- und Kontrollmöglichkeiten gestaffelt sein " (Z. 34 f.). Verantwortung trägt auch, wer das zu verantwortende System stören kann (vgl. Z. 38). In der Entscheidungshierarchie nimmt die Verantwortung entsprechend der „Anordnungsbefugnis" (Z. 38 f.) nach oben zu.

4▶ Diese Aufgabe ist ein kleiner Projektvorschlag – die Ergebnisse sind stark abhängig von den gewählten (vielleicht auch aktuelleren) Beispielen.

5▶ Da Masataka Shimizu in der Entscheidungshierarchie weit oben stand und vermutlich weitgehende Eingriffs – und Kontrollmöglichkeiten hatte, würde Lenk ihm wahrscheinlich erhebliche Verantwortung zuschreiben. Dass er mit seinem Rücktritt einen „Schlussstrich" ziehen möchte, kann man so interpretieren, dass er damit weitere Verantwortlichkeiten von anderen Akteuren abwenden will. Dies würde Lenk sicher nicht akzeptieren, denn niemand kann von Verantwortung freigesprochen werden, „falls ihm überhaupt Entscheidungsalternativen und Weigerungsmöglichkeiten offenstehen" (Z. 43 f.). Und dies trifft im Fall Fukushima auf zahlreiche Akteure zu.

5.2.4 Verantwortung in der Wirtschaft

Inhalte – Methoden – Kompetenzen

Die erfolgte Untersuchung des Verantwortungsbegriffs soll hier exemplarisch im Bereich der Wirtschaft/des Konsums Anwendung finden. (Weitere Anwendungen finden sich in den folgenden Unterkapiteln, insbesondere in 5.5.)

Der Bereich „Wirtschaft und Konsum" weist verschiedene Besonderheiten auf. Zunächst sind wir alle, anders als etwa in technikethischen Zusammenhängen, unmittelbar betroffen als Konsumenten von Produkten, bei deren Herstellung nicht immer in wünschenswertem Maß ethische Standards eingehalten werden. Die Frage nach der Verantwortung stellt sich also für jeden von uns persönlich.

Doch noch aus einem anderen Grund ist der Bereich der Wirtschaft für die Ethik ein besonderer: Die handelnden Akteure, insbesondere die Unternehmen, agieren in einem marktwirtschaftlichen Kontext, der gesellschaftlich vorgegeben ist und der eine gewisse Profitorientierung erfordert. Ein Unternehmen, das hohe ethische Standards ohne Rücksicht auf seinen Profit implementiert, wird möglicherweise von seinen Konkurrenten, die diese Standards nicht berücksichtigen, aus dem Markt gedrängt. Es stellt sich die Frage, ob moralische Forderungen in diesem Kontext das gleiche Gewicht haben können wie bspw. im Kontext persönlicher Beziehungen.

Entsprechend werden in diesem Abschnitt drei mögliche Verantwortungsträger untersucht:
- die *Unternehmen,* die die Produkte produzieren und dabei möglicherweise ethische Standards verletzen, die aber marktwirtschaftlichen Zwängen ausgesetzt sind (vgl. Texte von Homann und Welzer, → SB, S. 227 – 229),
- der *Gesetzgeber,* der die marktwirtschaftliche Rahmenordnung setzt und damit die Spielregeln für den Wettbewerb bestimmt, in dem die Unternehmen agieren (vgl. Text von Homann, → SB, S. 227 f.),
- die *Konsumenten,* die mit ihrer Kaufentscheidung die Nachfrage erzeugen, aufgrund der die Unternehmen bestimmte Produkte produzieren, und die in ihre Kaufentscheidung prinzipiell ethische Erwägungen einbeziehen könnten (vgl. Texte von Heidbrink/Schmidt und Welzer, → SB, S. 230 – 232).

Sequenz ●●●	Dieser Abschnitt kann linear unterrichtet werden. Denkbar ist jedoch auch die arbeitsteilige Bearbeitung der Texte entsprechend der o. a. möglichen Verantwortungsträger. Gemeinsam würden dann die Aufgaben 1 bis 3 und 18 bearbeitet, arbeitsteilig die Aufgaben zu den Texten.

Literatur und Links

- Michael S. Aßländer (Hg.): Handbuch Wirtschaftsethik. Stuttgart: Metzler, 2011
- Dominik van Aaken, Philipp Schreck (Hg.): Theorien der Wirtschafts- und Unternehmensethik. Berlin: Suhrkamp, 2015
- Karl Homann, Christoph Lütge: Einführung in die Wirtschaftsethik. Münster u.a.: Lit-Verlag, 2004
  Eine knappe Einführung in die Wirtschaftsethik aus der Perspektive der Autoren (vgl. Homann-Text im → SB, S. 227 f.).
- Hans Lenk, Matthias Maring (Hg.): Wirtschaft und Ethik. Stuttgart: Reclam, 1992
- www.zfwu.de
  Homepage der Zeitschrift für Wirtschafts- und Unternehmensethik.

Vgl. auch die Einträge an gleicher Stelle unter 5. am Anfang des Kapitels.

Zu den Materialien und Aufgaben

S. 227 ▮▮**1**▸ Diese Aufgabe dient dazu, ethische Probleme im Rahmen unserer alltäglichen Nutzung bzw. unseres Konsums verschiedener Produkte zu beleuchten. Weil die Öffentlichkeit zunehmend sensibilisiert ist, werden die Schülerinnen und Schüler über die gezeigten Beispiele hinaus leicht weitere finden.

2▶ Hier ist zunächst das Vorausurteil der Schülerinnen und Schüler gefragt. Ein (vorläufig) abschließendes Urteil wird in **18▶** nach der Lektüre der folgenden Texte erfragt – es lohnt sich daher, die hier getroffenen Vorausurteile festzuhalten, damit später darauf zurückgegriffen werden kann.

Am Beispiel „Tierhaltung" könnten Verantwortungsträger bspw. der Käufer des Billigfleisches, der Einzelhändler, der Tierzüchter, aber auch der Gesetzgeber sein, der eine derartige Haltung von Geflügel erlaubt bzw. nicht unterbindet.

3▶ Eine mögliche Lösung, die auch Verantwortungskonflikte enthält, ist hier für die Produzenten skizziert:

WER?	WAS?	WANN?	WESWEGEN?	WOFÜR?	WOVOR?
Produzent	Tierhaltung	bereits bei der Handlungsplanung, da die Folgen absehbar sind; ggf. abhängig von der Marktentwicklung	moralische Pflicht zur Leidensvermeidung	Leid der Tiere	eigenes Gewissen, Tiere?
	wirtschaftliche Unternehmensführung		Fürsorge	Arbeitsplatz	Mitarbeiter
	Fleischproduktion		Dienst am Verbraucher	Gesundheit und Wohlbefinden der Verbraucher	Kunden, Gesetz

S. 227 **Karl Homann: Grundriss einer Wirtschaftsethik für die Marktwirtschaft**

In diesem Text beschreibt Homann als zentrales Problem der Wirtschaftsethik die Tatsache, dass moralisches Handeln unter den Bedingungen des marktwirtschaftlichen Wettbewerbs zum eigenen Ruin führen kann, was vernünftigerweise von einem Akteur nicht erwartet werden kann. Außerdem skizziert er zwei mögliche Lösungen.

S. 228 **4▶** Am Beispiel „Textilproduktion" könnte sich das Problem – etwas vereinfacht – wie folgt zeigen: Ein Produzent, der auf billige Kinderarbeit und ausbeuterische Arbeitsbedingungen in Niedriglohnländern verzichtet und stattdessen beispielsweise in Deutschland produziert, müsste seine Textilien teurer verkaufen als die meisten Konkurrenten, die darauf nicht verzichten. Weil Kunden vermutlich zu den billigeren Produkten greifen, wird der Produzent wenig Abnehmer finden, was sehr wahrscheinlich zum Konkurs führen wird. Dieses Risiko kann man, so Homann, von einem Produzenten nicht erwarten.

5▶ Hier wären ordnungspolitisch gesetzliche Rahmenbedingungen denkbar, die etwa bestimmte Formen der Tierhaltung verbieten bzw. Mindeststandards für artgerechte Haltung setzen. Möglich wäre auch eine höhere Besteuerung von Fleischprodukten, um deren massenhaften Konsum, der letztlich zur Massentierhaltung führt, einzudämmen. Auch eine Einführung von staatlich überwachten Gütesiegeln für artgerechte Tierhaltung könnte wirksam sein.

In einer globalisierten Welt sind ordnungspolitische Strategien allerdings dann wenig wirksam, wenn nicht alle relevanten Staaten ordnungspolitisch die gleichen Wege einschlagen. Ein

Fleischproduzent könnte leicht in ein Nachbarland ausweichen, wenn beispielsweise nur in Deutschland hohe Tierschutzstandards gesetzlich verankert würden.

6▸ Es könnten z. B. die Kunden Moral honorieren, wenn sie beim Kauf von Fleisch nicht nur auf den günstigen Preis, sondern auch auf die Produktionsbedingungen (also die Haltung der Tiere) achten und dafür ggf. auch mehr zahlen würden. Unternehmen hätten dann Anreize, bessere Standards der Tierhaltung umzusetzen, weil sie entsprechend erzeugtes Fleisch auch zu höheren Preisen absetzen könnten.

Zu bedenken ist allerdings, dass die Konsumentenmacht (→ vgl. SB, S. 230 – 232) u. a. abhängig ist vom finanziellen Spielraum der Kunden und von deren Möglichkeit, sich die relevanten Informationen beschaffen zu können. Hier bräuchte es evtl. Gütesiegel für artgerechte Haltung o. Ä.

7▸ Es hat sich gezeigt, dass bei beiden Strategien Handlungsspielräume bestehen, die im Hinblick auf den Erfolg aber durchaus problembehaftet sind. Welche Erfolg versprechender ist, mag unterschiedlich beurteilt werden.

Es könnte evtl. der Handlungsspielraum der Unternehmen auch größer eingeschätzt werden, was wiederum moralische Forderungen an ihre Adresse möglich machte. Nicht jede Verbesserung moralischer Standards muss zwangsläufig zum Ruin führen. Und unter bestimmten extremen Bedingungen (man denke etwa an die Zwangsarbeit in Konzentrationslagern) mag der Ruin des Unternehmens dem moralischen Bankrott auch vorzuziehen sein.

S. 229 **Harald Welzer: Gemeinwohlorientierte Ökonomie**

8▸ Der entscheidende Unterschied ist, dass ein gemeinwohlorientiertes Unternehmen das „Wohlergehen der Menschen einer Gesellschaft" (Z. 5 f.) höher bewertet als den eigenen Pro-fit (wobei natürlich der eigene Ruin verhindert werden muss). Einige Kriterien der Gemeinwohlorientierung werden in Z. 9 – 11 genannt, detailliertere Kriterien müssen recherchiert werden.

9▸ Auf den ersten Blick scheint ein Widerspruch zu bestehen. Unternehmen, denen das Gemeinwohl wichtiger ist als der Profit, sollte es (nach Homann, s. o.) innerhalb der marktwirtschaftlichen Ordnung nicht geben. Auf den zweiten Blick zeigt sich jedoch eine gewisse Kompatibilität mit Homanns Gedanken. Schon jetzt könnte der Gemeinwohlindex eines Unternehmens kritischen Konsumenten als Kriterium bei der Kaufentscheidung dienen – dann bestünde für Unternehmen ein marktwirtschaftlicher Anreiz, eine möglichst gute Gemeinwohl-Bilanz zu erzielen (Homanns Wettbewerbsstrategie, s. o.). Sollten sich eines Tages, wie Felber es sich wünscht, günstige Gemeinwohl-Bilanzen auch steuerlich als vorteilhaft erweisen (also Homanns ordnungspolitischer Strategie gemäß das Steuersystem verändert werden), dann bestünden weitere marktwirtschaftliche Anreize zu gemeinwohlorientiertem Verhalten.

10▸ Das Urteil hier wird unterschiedlich ausfallen. Möglichkeiten bietet der Ansatz allerdings. So könnte die Gemeinwohl-Bilanz eines Unternehmens in Form eines Siegel auf den Produkten den Konsumenten als Orientierung dienen. Auch könnten bspw. Fleischprodukte aus Massen-tierhaltung höher besteuert werden bzw. Unternehmen, die artgerecht Tiere halten, steuerlich entlastet werden.

Es bleibt u. a. das Problem, die Gemeinwohl-Bilanz objektiv zu messen. Selbst wenn dies weitgehend gelänge, wären dafür erhebliche Ressourcen nötig (z. B. eine große Evaluierungsbehörde o. Ä.).

S. 230 **Ludger Heidbrink, Imke Schmidt: Konsumenten als verantwortliche Marktakteure**

S. 231   **11▸** a) Konsumenten sind an der Entstehung sozialer und ökologischer Probleme beteiligt (vgl. Z. 1 f.); Konsumentenverhalten hält dem kantischen Grundsatz der Verallgemeinerungsfähigkeit oft nicht stand (vgl. Z. 6 f.); es entsteht überdies ein Gerechtigkeitsproblem, weil sozial-ökologische Schäden nur von einem kleinen Teil der Weltbevölkerung verursacht werden (vgl. Z. 7 ff.).

b) Es werden im Wesentlichen drei Möglichkeiten der Konsumenten bei ihren Kaufentscheidungen beschrieben (vgl. Z. 17 ff., vgl. Kommentar zu **13**▶) und überdies „politisches Engagement" (Z. 40) als weitere Einflussmöglichkeit genannt.

12▶ Die Aufgabe dient der Reflexion über das eigene Konsumverhalten und die Ergebnisse werden hier sehr unterschiedlich ausfallen – abhängig von den Konsumgewohnheiten der Schülerinnen und Schüler. Wenn ein Gesamtbild im Kurs ermittelt wird, kann dies als erster Indikator für den möglichen Erfolg der beschriebenen Strategie der Konsumentenverantwortung dienen.

13▶ Am Auto-Beispiel sei die Freiheit der Konsumenten in den drei beschriebenen Punkten kurz skizziert:

- Der Konsument könnte seinen *Konsumwunsch hinterfragen.* Zumindest in einer Großstadt mit gutem öffentlichen Nahverkehr könnte sich der Kauf eines Autos als verzichtbar erweisen, wenn überdies Möglichkeiten etwa des Carsharings erwogen werden.
- Die *individuelle Kaufentscheidung* könnte zugunsten eines verbrauchs- und emissionsarmen Autos statt etwa zugunsten eines SUV ausfallen.
- Die *Art der Nutzung* könnte Kraftstoff sparen, sowohl beim Sprit sparenden Fahren als auch beim Verzicht auf manche Autofahrt.

Insgesamt ist die Konsumentenfreiheit allerdings auch (tw. erheblichen) Einschränkungen unterworfen (siehe auch Kommentar zu **15**▶). Häufig sind beispielsweise die Informationen, die ein Konsument für eine moralisch relevante Kaufentscheidung benötigen würde, nur sehr schwer zu bekommen – so sind etwa die Produktionsbedingungen im Supermarkt nicht einsehbar und selbst im Internet tw. schwer zu recherchieren. Auch haben nicht alle Konsumenten die finanziellen Möglichkeiten, für ethisch „korrekte" Produkte mehr Geld auszugeben.

14▶ Die Aussagen sind mit Homanns Aussagen gut vereinbar, denn sie entsprechen weitgehend der von Homann beschriebenen „Wettbewerbsstrategie", bei der z.B. die Konsumenten moralisches Verhalten der Unternehmen honorieren und damit entsprechende Anreize schaffen (dies betrifft insbesondere die *individuellen Kaufentscheidungen*).

S. 231   **Harald Welzer: Konsumenten als verantwortliche Marktakteure?**

S. 232   **15**▶ a) FÜR Konsumentenverantwortung spricht: In OECD-Ländern unterliegen bis zu 70% des Einkommens relativ freier Disposition und können auch unter ethischen Kriterien ausgegeben werden (vgl. Z. 1–6); Realeinkommen sind in OECD-Ländern gestiegen, daher ist die monetäre Verbrauchermacht gewachsen (vgl. Z. 7–10); „erfolgreiche" Beispiele strategischen Konsums sind zahlreich (vgl. Z. 10–13).
GEGEN Konsumentenverantwortung spricht: Reichweite von Konsumprotest wird überschätzt (vgl. Z. 13 ff.); Wechsel zu anderen Anbietern ist oft keine Strategie, weil alle Anbieter gleichermaßen ethisch problematisch sind (vgl. Z. 19–21); Konsumverzicht kommt für die meisten nicht infrage (vgl. Z. 21 f.); Konsumenten *reagieren* nur, können nur im Rahmen einer beschränkten Produktpalette Kaufentscheidungen treffen (vgl. Z. 23–41).

b) Kritischer Konsum ist nach Welzer nicht möglich, weil der Konsumbürger nur im Rahmen bestehender Marktgesetze reagiert und nicht aktiv gestaltet. Erst als politisches Subjekt kann der Bürger gestalten und dem Markt Regeln setzen.

16▶ Als politisches Subjekt kann der Bürger die Marktgesetze, nach denen Unternehmen und Konsumenten handeln müssen, verändern. Man könnte Welzer so lesen, dass eben dies die Verantwortung des politischen Bürgers ist, auf diesem Weg dafür zu sorgen, dass in Wirtschaft und Konsum höhere ethische Standards eingeführt werden.

17▶ Als politisches Subjekt kann sich der Bürger bei Wahlentscheidungen, Demonstrationen, Bürgerforen, Volksentscheiden usw. z.B. für striktere Tierschutzgesetze und strengere Abgasnormen einsetzen und kann damit dem Marktgeschehen Grenzen setzen, innerhalb derer es sich abspielen kann.

Die Gestaltungsmacht als Konsument wurde ansatzweise in den Kommentaren zu ■6▶ und ■13▶ beschrieben. Laut Welzer ist sie bloß reaktiv.

■18▶ Mit dieser Aufgabe wird das (vorläufig) abschließende Urteil über Verantwortung in der Wirtschaft/beim Konsum unter Berücksichtigung aller gelesenen Texte erfragt und rückbezogen auf das erste Vorausurteil vor der Lektüre (vgl. ■2▶ → LB, S. 248). Die Ergebnisse werden unterschiedlich ausfallen.

5.3 Naturethik

Inhalte – Methoden – Kompetenzen

Weil der Naturbegriff in verschiedenen ethischen Kontexten (etwa in der Tierethik oder der Technikethik, die in den folgenden Unterkapiteln thematisiert werden) immer wieder in der öffentlichen Debatte auftritt und oft im Sinne einer moralischen Entscheidung für die „Natur" bzw. das „Natürliche" positiv konnotiert ist, lohnt ein Blick darauf, ob überhaupt immer klar ist, was mit „Natur" bzw. „natürlich" überhaupt gemeint ist. Eine fall- und textbasierte Untersuchung zeigt auf, dass eine einfache Unterscheidung des Natürlichen vom Künstlichen schwierig ist. Ein kurzer Blick auf die Frage des (moralisch gebotenen?) Naturschutzes dient anschließend u. a. der Einführung verschiedener Grundpositionen der Naturethik, die auch in den folgenden Unterkapiteln hilfreich sein können.

Sequenz ●●●	Dieses kurze Kapitel lässt wenig alternative Verläufe zu. Beide Abschnitte können (weitgehend) unabhängig voneinander unterrichtet werden.
Querverweise ◀▶	• Zwar ist dieses Kapitel nicht Voraussetzung, doch könnte es gewinnbringend bei der Bearbeitung der Kapitel **5.4 Tierethik** (→ SB, S. 238 ff.) und **5.5 Technikethik** (→ SB, S. 242 ff.) sein. Insbesondere die naturethischen Grundpositionen werden dort tw. angesprochen. • Die Frage, ob die „Natürlichkeit" ein Kriterium für moralische Richtigkeit sein kann, wird in **3.2.1 Verführerische Fehlschlüsse** (→ SB, S. 134 ff.) thematisiert (und verneint).

Literatur und Links

• Dieter Birnbacher (Hg.): Ökologie und Ethik. Stuttgart: Reclam, 2001

• Angelika Krebs (Hg.): Naturethik – Grundtexte der gegenwärtigen tier- und ökoethischen Diskussion. Frankfurt am Main: Suhrkamp, 1997

• Konrad Ott: Umweltethik zur Einführung. Hamburg: Junius, 2010

• http://www.bpb.de/gesellschaft/umwelt/bioethik/33722/naturethik
Eine kurze Einführung in Grundpositionen der Naturethik.

• Michael Hampe: Tunguska oder das Ende der Natur. München: Hanser, 2011
In diesem Buch lässt der Philosoph Michael Hampe (vgl. Texte im SB) einen Physiker, einen Biologen, einen Mathematiker und einen Philosophen fiktive Gespräche über die Natur führen.

Vgl. auch die Einträge an gleicher Stelle unter 5. am Anfang des Kapitels.

5.3.1 Annäherung an den Begriff *Natur*

Inhalte – Methoden – Kompetenzen

Vgl. die Einträge an gleicher Stelle unter 5.3 am Beginn des Unterkapitels.

Zu den Materialien und Aufgaben

S. 233 **1▶** **2▶** Beide Aufgaben dienen der schnellen Ermittlung von Schülerintuitionen zum Begriffsfeld „Natur".

S. 233 **Der Biberkrieg**

S. 234 **3▶** Hier geht es zunächst um ein schnelles Spontanurteil, das im Lichte der weiteren Bearbeitung dieses Abschnitts verändert werden kann. Spannend könnte sein, dass man sich bei der Begründung seines Urteils nicht leicht auf einen intuitiven Naturbegriff berufen kann.

4▶ Aus **3▶** (vielleicht auch schon aus **1▶** und **2▶**) ergibt sich vermutlich organisch die Forderung nach einer Klärung des Naturbegriffs. Eine Arbeitsdefinition genügt an dieser Stelle. Um genau diese Begriffsklärung geht es in den nächsten beiden Texten, die dann vor dem Hintergrund der eigenen Arbeitsdefinition gelesen werden können. Stets sollte auch untersucht werden, ob vorgeschlagene Definitionen implizite Wertungen enthalten.

S. 234 **Michael Hampe: Das Natürliche und das Künstliche**

S. 235 **5▶** a) Der Protagonist versteht als Natur das, bei dem absichtsvolles menschliches Verhalten keine Rolle spielt (auch keine mittelbare wie beim Verkehrsunfall).

b) *Natur:* intakter Regenwald, Ökosysteme der Tiefsee ... (Es ist gegenwärtig nicht einfach, von absichtsvoll menschlichem Verhalten freie Orte oder Prozesse zu finden – selbst das Klima ist ja bereits entsprechend beeinflusst.)
Kultur: Landschaftsparks, Zoos, gezüchtete Tiere und Pflanzen ...
Technik: Atomkraftwerke, Smartphones, Drohnen ...
Kunst: Skulpturen, Gemälde, Musik, Romane ...

6▶ Beispiele lassen sich zahlreiche finden, weshalb es ja auch so schwer ist, noch vollkommen unbeeinflusste „Natur" zu finden. So ist z. B. der Klimawandel zumindest teilweise auf absichtsvolles menschliches Verhalten zurückzuführen, wenn er auch nicht direkt beabsichtigt wurde. Ähnliches gilt für zahlreiche Umweltschäden, aber auch für Unfälle aller Art.

7▶ Die Tatsache, dass überhaupt Biber in Feuerland leben, ist im Sinne der oben gegebenen Definition nicht natürlich, weil sie auf absichtsvolles menschliches Handeln zurückzuführen ist. Allerdings sind es natürliche Prozesse, welche die rasante Vermehrung der Biber zur Folge haben – hier hat der Mensch ja nicht mehr eingegriffen.
Ein Problem obiger Unterscheidung zwischen Natur und Nichtnatur ist sicher, dass häufig absichtsvoll menschliches Handeln und natürliche Prozesse ineinander greifen.

S. 235 **Michael Hampe: Die Natur – gibt es sie überhaupt?**

Z 5-5 Auf dem Zusatzmaterial → LB, **Z 5-5** findet sich ein weit längerer Auszug aus dem im SB zitierten Zeit-Artikel von Michael Hampe. Er kann als Ergänzung gelesen werden und beschäftigt sich schwerpunktmäßig mit der Frage, ob die Natur als Richtschnur für unser Verhalten dienen kann.

S. 236 **8▶** Kultur (einschließlich Technik) ist in der Regel eine menschliche Reaktion auf natürliche Verhältnisse. Diese Reaktion ist jedoch niemals völlig frei von Natur, insbesondere bleibt der Mensch dabei Naturgesetzen unterworfen. Eine klare Abgrenzung von Natur- und Kultursphäre ist daher nicht möglich.

9▶ Ein Beispiel dafür, dass die Kritik den Text „Das Natürliche und das Künstliche" trifft, wäre die dort auch angeführte Landwirtschaft, die zwar menschlich-absichtsvoll geschieht, aber von „natürlichen" biologischen Prozessen, Wetter usw. in hohem Maße abhängig ist. Auch der Ingenieur ist Naturgesetzen unterworfen. Eine klare Abgrenzung von Natur und Kultur ist daher nicht gut möglich.

Inwiefern ein Bezug zu eigenen vorgeschlagenen Abgrenzungen möglich ist, hängt stark von den Ergebnissen zu **4▶** auf → SB, S. 234 ab.

5.3.2 Naturschutz

Inhalte – Methoden – Kompetenzen

Vgl. die Einträge an gleicher Stelle unter 5.3 am Beginn des Unterkapitels.

Zu den Materialien und Aufgaben

S. 236 **1▶** Diese Aufgabe dient dazu, sich mit den vorgestellten vier Grundpositionen der Naturethik vertraut zu machen. Argumente sollten sich leicht finden lassen. Hier einige Beispiele:
anthropozentrisch: U. a. Lärm- und Schadstoffbelastung für die Menschen, aber auch die „Verschandelung" des (für den Menschen wertvollen) Landschaftsbildes sprechen gegen den Bau.
pathozentrisch: Der Lebensraum von leidensfähigen Tieren würde zerstört, auch würden auf der Autobahn möglicherweise Tiere überfahren.
biozentrisch: Die Autobahn würde Leben zerstören. Nicht nur Tiere, auch Pflanzen müssten einer Autobahn weichen, evtl. würden ganze Ökosysteme zerstört.
holistisch: Die von der Autobahn ggf. zerstörte Natur (Landschaft, Artenvielfalt ...) hat unabhängig von menschlichen Bedürfnissen einen eigenen Wert, den es zu schützen gilt (vgl. → SB, S. 237, § 1 Bundesnaturschutzgesetz, in dem der „eigene Wert" behauptet wird).

Z 5-6 Die Frage nach dem Wert der Artenvielfalt wird in Zusatzmaterial → LB, **Z 5-6** aus der Perspektive verschiedener naturethischer Grundpositionen beleuchtet. Das Material eignet sich daher gut als Anwendung und Übung.

S. 237 **2▶** Im zitierten Paragrafen finden sich Formulierungen, die verschiedenen naturethischen Grundpositionen nahestehen.
anthropozentrisch: „als Grundlage für Leben und Gesundheit des Menschen ...", „nachhaltige[] Nutzungsfähigkeit der Naturgüter", „Erholungswert"
holistisch: „aufgrund ihres eigenen Wertes"
Die „biologische Vielfalt" und die „Eigenart" der Natur könnten anthropozentrisch aufgefasst werden, aber auch beispielsweise holistisch – je nachdem, ob etwa der biologischen Vielfalt ein instrumenteller Wert für den Menschen unterstellt wird oder nicht. Aus dem knappen Gesetzestext wird das nicht deutlich.

3▶ a) Die Wiederherstellung von Natur könnte z. B. im Rückbau von nicht mehr genutzten Gebäuden und der Wiederbepflanzung der entsprechenden Flächen, ggf. der Wiederansiedlung von Tieren bestehen. Gemäß dem im Text „Das Natürliche und das Künstliche" vertretenen Naturbegriff wäre das dann aber nicht Natur, sondern Kultur, weil ja massive absichtsvolle menschliche Eingriffe eben in der „Wiederherstellung der Natur" erfolgt wären.

b) Hier schließt diese Frage unmittelbar an. Während Naturschutz auch darin bestehen könnte, bestimmte Gebiete weitgehend frei von menschlichem Zugang (und damit von absichtsvollem menschlichen Handeln) zu halten, bedeutet Landschaftspflege wohl in der Regel absichtsvolle Eingriffe, etwa durch Bepflanzung oder auch durch Forstwirtschaft. Legte man den engen Naturbegriff des Textes „Das Natürliche und das Künstliche" zugrunde, schlössen sich beide Ziele vermutlich aus. Vertritt man eher die These des Textes „Die Natur – gibt es sie überhaupt?", dann besteht vermutlich kein Widerspruch zwischen beiden Zielen.

◼ 4 ▸ Viele Beispiele sind denkbar, zwei seien hier skizziert.

Umgang mit Tieren: Zwar gibt es auch anthropozentrische Argumente gegen industrielle Tierhaltung (etwa weil die dabei verabreichten Medikamente auch für die menschliche Gesundheit schädlich sind), doch wird das anthropozentrisch legitimierte Bedürfnis nach (billigem) Fleisch sicher niedrigere Standards der Tierhaltung fordern als die pathozentrisch legitimierte Orientierung am Wohl der Tiere.

Naturschutzgebiet: Für ein Naturschutzgebiet, das nicht betreten werden darf, spricht aus anthropozentrischer Perspektive erst einmal gar nichts, aus pathozentrischer, biozentrischer oder holistischer dagegen einiges. Lediglich unter bestimmten Bedingungen lassen sich auch anthropozentrische Argumente dafür finden, etwa wenn geplant ist, das Gebiet eines Tages wieder zugänglich zu machen.

5.4 Tierethik

Inhalte – Methoden – Kompetenzen

Von den verschiedenen Fragen der Tierethik wird in diesem Unterkapitel die Frage, ob man Tiere töten darf, schwerpunktmäßig untersucht. Dies hat vor allem zwei Gründe. Einerseits betrifft sie nahezu alle Schülerinnen und Schüler in ihren Ernährungsgewohnheiten (selbst Vegetarier, denn auch in der Milch- und Eierproduktion werden häufig Tiere getötet – z. B. unrentable Milchkühe und männliche Küken), andererseits ist sie kontroverser als z. B. die Frage, ob man Tiere quälen darf, die von vielen verneint wird.

 Insbesondere in Abschnitt 5.4.2 können die kritische Textanalyse und die philosophische Debatte geübt werden.

Sequenz ●●●	Abschnitt **5.4.2** kann bei Zeitknappheit (evtl. mit der Einstiegsaufgabe auf → SB, S. 238) auch ohne **5.4.1** unterrichtet werden. Für **5.4.1** ist es sinnvoll, wenngleich nicht zwingend, den Präferenzutilitarismus (**4.3.3**) und die Grundpositionen der Naturethik (**5.3.2**) zu kennen.
Querverweise ↔	● **1. Anthropologie** (→ SB, S.40 ff.): In diesem umfangreichen Kapitel geht es an vielen Stellen immer wieder um die Frage, ob es grundlegende Unterschiede zwischen Menschen und Tieren gibt, die ggf. auch eine unterschiedliche Behandlung rechtfertigen können. ● Im vorliegenden Abschnitt geht es vor allem um das Tier als Individuum und um Argumente, die das (potenzielle) Leid eines einzelnen Tieres in den Blick nehmen. In Diskussionen um den Tierschutz (allerdings weniger in Fragen des Fleischverzehrs) spielen bisweilen aber auch Überlegungen eine Rolle, die ganze Arten betreffen. Die Frage, inwiefern Artenschutz ein moralisch wünschenswertes Ziel ist, kann bei Bedarf mithilfe von → LB, **Z 5-6** diskutiert werden.

Literatur und Links

- Herwig Grimm, Markus Wild: Tierethik zur Einführung. Hamburg: Junius, 2016

- Dominik Perler (Hg.), Markus Wild (Hg.): Der Geist der Tiere. Frankfurt am Main: Suhrkamp, 2005
  In diesem Buch sind Texte versammelt, die sich nicht im engeren Sinn mit Ethik beschäftigen, sondern der Frage nachgehen, ob Tiere Geist, Denken, Bewusstsein haben und ob sich hier vielleicht grundlegende Unterschiede zwischen Mensch und Tier finden lassen. Weil tierethische Positionen häufig Annahmen über die mentalen Eigenschaften von Tieren machen, ist diese Frage auch unter ethischen Gesichtspunkten von Belang.

- Friederike Schmitz (Hg.): Tierethik – Grundlagentexte. Berlin: Suhrkamp, 2014

- Ursula Wolf (Hg.): Texte zur Tierethik. Stuttgart: Reclam, 2008

- http://www.bpb.de/gesellschaft/umwelt/bioethik/176364/tierethische-positionen
  Ein kurzer Überblick über tierethische Positionen.

- http://www.drze.de/im-blickpunkt/tierversuche-in-der-forschung
  Falls die Problematik der Tierversuche thematisiert werden soll (die im SB aus Platzgründen ausgespart werden musste), finden sich hier Informationen. Ein Überblick über tierethische Grundpositionen wird ebenfalls gegeben.

Vgl. auch die Einträge an gleicher Stelle unter 5. am Anfang des Kapitels.

5.4.1 Unterschiede zwischen Mensch und Tier

Inhalte – Methoden – Kompetenzen

Bevor in Abschnitt 5.4.2 der Frage nachgegangen wird, ob man Tiere töten darf oder nicht, werden hier anhand eines Textauszuges des in der Tierethik sehr prominenten Philosophen Peter Singer moralisch relevante Unterschiede zwischen Mensch und Tier untersucht.

Vgl. auch die Einträge an gleicher Stelle unter 5.4 am Beginn des Unterkapitels.

Zu den Materialien und Aufgaben

S. 238 **1**▶ Hier geht es um die Sammlung verschiedener Positionen. Denkbar sind z. B. folgende:

- Aus moralischen Gründen esse ich kein Fleisch, weil ich es nicht richtig finde, Tiere zu töten.
- Ich halte das Töten von Tieren für gerechtfertigt, bin aber gegen das Quälen wie z. B. in der Massentierhaltung. Ich esse daher nur Fleisch und tierische Produkte aus artgerechter Haltung, auch wenn das teurer ist.
- Ich halte das Quälen (und evtl. auch das Töten) von Tieren für moralisch problematisch, esse aber trotzdem Fleisch. Manchmal habe ich ein schlechtes Gewissen, meistens verdränge ich das aber.
- Ich esse Fleisch und sehe darin nichts moralisch Verwerfliches.

Man könnte versuchen, alle vorhandenen Positionen knapp zusammenzufassen und zu sammeln, um nach dem Durcharbeiten des Unterkapitels eine erneute Positionierung vorzunehmen und ggf. Veränderungen wahrzunehmen und zu begründen.

2▸ Hier sind wiederum sehr verschiedene Vorschläge denkbar (vielleicht auch einige, die in Kapitel 1, insbesondere auf → SB, S. 45 f., bereits diskutiert wurden): Werkzeuggebrauch, Vernunft, Kultur, Moral …

In jedem Fall müsste diskutiert werden, ob die Eigenschaft wirklich Menschen von Tieren grundsätzlich unterscheidet (oder ob Tiere nicht auch – zumindest teilweise – über diese Eigenschaft verfügen) und ob diese Eigenschaft wirklich einen moralisch relevanten Unterschied macht. (Die Eigenschaft, helle Haut zu besitzen, macht ja beispielsweise keinen moralisch relevanten Unterschied.)

Die Ergebnisse sollten gesichert werden, wenn Aufgabe 6 bearbeitet werden soll.

S. 238   **Peter Singer: Gleichheit für Tiere und Menschen**

S. 239   **3▸** Falls Unterkapitel 5.3 noch nicht unterrichtet wurde, muss diese Aufgabe übersprungen werden. Offenkundig vertritt Singer eine pathozentrische Position.

4▸ Als Präferenzutilitarist geht Singer davon aus, dass eine Handlung moralisch anhand ihrer Konsequenzen im Hinblick auf die Interessen der von ihr Betroffenen zu bewerten ist. Interessen können jedoch nur die Wesen haben, die empfindungsfähig sind. Genau deshalb ist die Empfindungsfähigkeit, so Singer, die einzige vertretbare Grenze für die Berücksichtigung anderer. Alle empfindungsfähigen Wesen müssen demnach moralisch berücksichtigt werden. Jede andere Festsetzung dieser Grenze wäre demnach genauso willkürlich wie z. B. die Grenzziehung anhand der Hautfarbe oder Rasse.

5▸ Aus Singers Argumentation folgt nicht eine Gleichbehandlung aller empfindungsfähigen Wesen. So haben bestimmte Eigenschaften von Tieren auch Einfluss auf ihre Interessen. Ein Schwein wird kein Interesse an politischer Partizipation haben und deshalb wäre ein Wahlrecht für Schweine moralisch nicht angesagt. Aber ein Schwein hat ein Interesse an Schmerzfreiheit und einem artgerechten Lebensumfeld. Deswegen müsste, nach Singer, im Interessenkonflikt des Menschen, der billiges Schnitzel möchte, und dem dafür in Massentierhaltung gequälten Schwein das Schwein bevorzugt werden, denn sein vitales Interesse überwiegt das „Luxus"-Interesse des Menschen (b). Bei bestimmten Tierversuchen könnte dagegen ein Interessenkonflikt zu einer Bevorzugung der Menschen führen, zumindest dann, wenn es um lebensrettende Medikamente geht, die in Tierversuchen erprobt werden müssen, die möglicherweise nur zu leichten Schäden oder Risiken bei den betroffenen Tieren führen (a). (Selbstredend gilt dies nicht für alle Tierversuche, möglicherweise nicht einmal für viele.)

6▸ Die Ergebnisse hier sind abhängig von den Ergebnissen zu Aufgabe 2. Es wird sich vermutlich herausstellen, dass manche Vorschläge in Singers Sinn willkürlich sind. Dann wäre zu prüfen, ob die Begründungen der Schülerinnen und Schüler überzeugen.

5.4.2 Darf man Tiere töten?

Inhalte – Methoden – Kompetenzen

Hier findet sich jeweils ein Text, der die Frage bejaht, und einer, der sie verneint. Beide sollen kritisch untersucht und in die Debatte zur moralischen Berechtigung des Tötens von Tieren einbezogen werden.

Vgl. auch die Einträge an gleicher Stelle unter 5.4 am Beginn des Unterkapitels.

S. 240   M 1 Norbert Hoerster: Warum man Tiere töten und essen darf

S. 241   M 2 Evelyn B. Pluhar: Warum man Tiere nicht töten darf

S. 240 4   **1** ▸ Der Auftrag zur kritischen Textanalyse erfordert die fünf Schritte auf → SB, S. 31 f. – falls der Kurs damit noch nicht vertraut ist, kann zunächst eine Rekonstruktion (Schritt 2) eingefordert und gemeinsam gesichert werden, bevor die weiteren Schritte durchgeführt werden. Exemplarisch werden die Schritte 2 und 3 am Beispiel von M 1 anhand möglicher Ergebnisse vorgeführt. Selbstredend können die Ergebnisse auch anders ausfallen, als hier dargestellt.

Schritt 2 (rekonstruieren)

> *Prämisse 1:* Tiere haben (mit wenigen Ausnahmen) keine Pläne, Absichten, Wünsche, die eine weitere Zukunft betreffen.
>
> P2: Wesen ohne Pläne, Absichten, Wünsche für eine weitere Zukunft haben kein Überlebensinteresse.
>
> P3: Wesen ohne Überlebensinteresse haben kein Recht auf Leben, ihre Tötung ist moralisch nicht verboten.
>
> *Konklusion:* Es ist moralisch nicht verboten, Tiere zu töten.

Als Ausnahmen gibt Hoerster bestimmte Tierarten an, die evtl. über ein gewisses Überlebensinteresse verfügen könnten (z. B. große Menschenaffen) – für diese würde dann ein Tötungsverbot gelten. Für Schweine, Rinder, Hunde, Katzen usw. gilt dies, so Hoerster, aber nicht.

Hoerster betont auch, dass mit der moralischen Erlaubnis, Tiere zu töten, keine Erlaubnis, sie zu quälen einhergeht (etwa in Massentierhaltung).

Schritt 3 (kritisieren) Da das Argument in der vorliegenden Rekonstruktion folgerichtig ist, bleibt nur die inhaltliche Kritik an den Prämissen.

Zunächst lässt sich bestreiten, dass viele Tiere keine Absichten etc. bezüglich einer weiteren Zukunft besitzen (P1). Das ist empirisch schwer zu prüfen und kann schnell zu einer fruchtlosen Diskussion führen. Hier müssen Plausibilitätsannahmen gemacht werden. Evtl. können wissenschaftliche Untersuchungen recherchiert werden, die hierüber plausible Angaben zu machen versuchen.

Bestreiten lässt sich auch (P2), dass aus der Abwesenheit von zukunftsbezogenen Plänen etc. bereits die Abwesenheit eines Überlebensinteresses folgt (wobei hier der Begriff „Überlebensinteresse" genauer zu untersuchen wäre). Pluhar (M 2) würde dies vermutlich bestreiten und schon einfaches zielorientiertes Handeln als hinreichende Voraussetzung für ein Überlebensinteresse betrachten.

Schließlich lässt sich auch P3 kritisieren, indem etwa aus biozentristischer Perspektive ein weitgehendes Lebensrecht auch unabhängig von Interessen begründet wird, zumindest dann, wenn gegen das Lebensrecht bloß vermeintliche Luxusinteressen wie Fleischgenuss stehen.

Eine mögliche Rekonstruktion der Argumentation von M 2 könnte wie folgt aussehen:

> *Prämisse 1:* Akteure sind Wesen, die fähig sind, zu handeln, um Ziele zu erreichen.
>
> P2: Akteure haben ein Interesse daran, dass ihre Bemühungen nicht durchkreuzt werden, mithin ein gewisses Überlebensinteresse.
>
> P3: Allen Akteuren sollten grundlegende moralische Rechte zuerkannt werden, z. B. das Recht auf Leben, man darf sie also nicht töten. (Schließlich fordern auch wir grundsätzlich die Nichteinmischung in unsere Interessen.)
>
> P4: (Die meisten) Tiere sind Akteure
>
> *Konklusion:* Es ist moralisch verboten, (die meisten) Tiere zu töten.

a) Die entsprechenden Annahmen sind bereits oben in den Rekonstruktionen enthalten. Pluhar begründet ihre Annahmen damit, dass anders komplexes Verhalten von Tieren nicht erklärbar wäre.

b) Hoersters gesamte Argumentation ist eine Verteidigung gegen die Behauptung, dass die Tötung eines Tieres eine Interessenverletzung ist.

Pluhar verweist auf komplexes Tierverhalten, um sich gegen die These zu verteidigen, dass es Nutztieren (möglicherweise) nichts ausmache, wenn sie getötet würden.

c) Explizit werden keine Forderungen zur Tierhaltung erhoben. Hoerster jedoch betont, dass seine Argumentation keine Zulässigkeit des Quälens von Tieren stützt, das vermutlich in den meisten Fällen von Tierhaltung gegeben ist. Pluhar betont das Recht auf Wohlbefinden, das vermutlich hohe Standards bei der Tierhaltung fordert.

2 ▶ Möglicherweise sind sich beide beim Verbot, Tiere zu quälen, einig (wenngleich Hoerster das nicht explizit formuliert). Sicher sind sie sich auch einig, wenn es um Rechte großer Menschenaffen geht.

Einig sind sie sich auch in der empirischen Annahme, dass Tiere sich in gewissem Sinn zukunftsgerichtet verhalten – nur genügt dies Hoerster noch nicht, um ein Überlebensinteresse zu begründen, Pluhar dagegen genügt es.

3 ▶ In der philosophischen Debatte (die im Übrigen auch ohne die Materialgrundlage M 1 und M 2 geführt werden könnte) geht es darum, möglichst gute Argumente für die eigene Position zu finden, und darum, die Gegenposition überzeugend zu kritisieren (→ SB, S. 37).

Ein Ausschnitt einer solchen Debatte könnte wie folgt aussehen (hier finden sich originale Schülerergebnisse): Gruppe 1 präsentiert ein Argument zugunsten eines erlaubten Fleischkonsums:

> *Prämisse 1:* Man sollte Menschen keine jahrhundertealte Tradition verbieten. (Hier geht es um ein moralisches Verbot.)
> P2: Fleischkonsum ist eine jahrhundertealte Tradition.
> *Konklusion:* Man sollte Menschen nicht den Fleischkonsum verbieten.

Die Kritik an dem Argument kann zeigen, dass Prämisse 1 nicht haltbar ist, weil sie nicht auf ähnliche Fälle übertragbar ist (vgl. Forderungen an moralische Begründungen, → SB, S. 141). Auch Sklaverei war beispielsweise eine alte Tradition, die zu Recht moralisch inakzeptabel und verboten ist.

Damit ist die Frage nach der Zulässigkeit des Tötens von Tieren nicht entschieden, jedoch müssten die Befürworter des Fleischkonsums eine andere Begründung liefern.

5.5 Technikethik

Inhalte – Methoden – Kompetenzen

In diesem Unterkapitel wird gleich zu Beginn der Frage nachgegangen, ob die Technik ein besonderes Feld für die Ethik darstellt. Am Beispiel der Gentechnik wird diese Frage dann vertieft. Es wird dabei besonders deutlich, dass Entscheidungen in diesem Bereich häufig Entscheidungen aus Unsicherheit sind, weil die Konsequenzen einer neueren technischen Entwicklung wie etwa der Gentechnik (noch) nicht mit hinreichender Sicherheit eingeschätzt werden können. Dennoch müssen Entscheidungen über die Anwendung einer neuen Technik getroffen werden. Hierin besteht eine besondere moralische Herausforderung, die immer wieder bei neuen technischen Entwicklungen zu beobachten ist.

In einem letzten Abschnitt wird die Verantwortung der Wissenschaft diskutiert. Auf den ersten Blick unterscheidet sich der Wissenschaftler vom Techniker und Ingenieur dadurch, dass er lediglich das Wissen bereitstellt und erst bspw. der Ingenieur es anwendet. Ob diese Unterscheidung zutrifft und wenn ja, ob sie tatsächlich den Wissenschaftler (zumindest teilweise) aus der Verantwortung entlässt – diese Fragen wurden insbesondere im Zusammenhang mit der Entwicklung und dem Einsatz der Atombombe diskutiert, sie sind aber nach wie vor bei jedem Einsatz neuer Technologien aktuell.

Für den Unterricht stellen technikethische Fragestellungen häufig eine besondere Schwierigkeit dar, weil für ihre Bearbeitung oft zahlreiche empirische Sachverhalte eine Rolle spielen, die über die Sachkompetenz der Philosophielehrkraft hinausgehen. Dies trifft insbesondere für die Gentechnik zu. Durch ein Glossar im SB wurde versucht, zumindest grundlegende Fakten zu verdeutlichen und Fachbegriffe verständlich zu machen. Dennoch wird es u. U. unumgänglich sein, weitere Fakten zu recherchieren, um einen fruchtlosen Streit über empirische Fragen im Unterricht zu vermeiden. Evtl. bietet sich eine Zusammenarbeit mit dem Biologieunterricht an.

Sequenz ●●●	Abschnitt **5.5.1** stellt das Beispiel „Grüne Gentechnik" in den Mittelpunkt dieses Unterkapitels, er kann weitgehend separat unterrichtet werden, auch als Anwendungsfall der Verantwortungsdiskussion in Unterkapitel **5.2**. Allgemeine Überlegungen zur Technik als Gegenstand der Ethik werden vorangestellt (sie können Hans Jonas' Überlegungen zum Verantwortungsbegriff aus 5.2.1 ergänzen). Fragen nach der Verantwortung der Wissenschaft werden in **5.5.2** angehängt. Auch dieser Abschnitt kann (weitgehend) unabhängig unterrichtet werden.
Querverweise ⬌	• **5.2 Verantwortung** (→ SB, S. 220 ff.): In diesem Kapitel wird der Verantwortungsbegriff v. a. aus der Perspektive der Technikethik diskutiert, insbesondere in **5.2.3** (→ SB, S. 225 ff.) zum Thema „kollektive Verantwortung".

Literatur und Links

● Bundeszentrale für politische Bildung (Hg.): Technik, Folgen, Abschätzung. ApuZ 6-7/2014

● Armin Grunwald (Hg.): Handbuch Technikethik. Stuttgart: Metzler, 2013

● Hans Lenk, Günter Ropohl (Hg.): Technik und Ethik. Stuttgart: Reclam, 1987

● Matthias Maring (Hg.): Fallanalysen zur Ethik in Wissenschaft, Wirtschaft, Technik und Gesellschaft. Karlsruhe: KIT Scientific Publishing, 2011

● Julian Nida-Rümelin, Johann Schulenburg, Benjamin Rath: Risikoethik. Berlin: De Gruyter, 2012

● http://www.tab-beim-bundestag.de
Website des Büros für Technikfolgen-Abschätzung beim Deutschen Bundestag.

Vgl. auch die Einträge an gleicher Stelle unter 5. am Anfang des Kapitels.

Zu den Materialien und Aufgaben

S. 242 ◼**1**▶ Hier geht es darum, das Feld möglicher ethischer Fragestellungen in Bezug auf technische Entwicklungen auszuloten. Auch wenn viele Fragestellungen denkbar sind, wird es vermutlich immer wieder um die Frage gehen, ob der Mensch alles darf, was er kann, oder ob technische Entwicklungen bzw. deren Einsatz begrenzt werden sollten.

Z 5-2, Z 5-3 Beispiele für neue technische Entwicklungen finden sich auf den → LB, Zusatzmaterialien **Z 5-2** und **Z 5-3**, die dort allerdings v. a. unter verantwortungsethischen Gesichtspunkten diskutiert werden. Sie können aber auch vor dem Hintergrund des folgenden Textes von Hans Jonas betrachtet werden.

■■**2**▶ Zu dieser Frage positioniert sich der folgende Text, aber es geht nicht darum, zu „erraten", was Jonas meinen könnte – andere treffende Aspekte als die von Jonas genannten sind möglich. Vermutlich wird zumindest das enorme Katastrophenpotenzial mancher technischer Entwicklungen hervorgehoben werden (dies trifft Jonas' Punkte 3, 4 und 5).

S. 242 **Hans Jonas: Warum Technik ein besonderer Gegenstand für die Ethik ist**
In diesem Text nennt Hans Jonas fünf Aspekte, die Technik zu einer besonderen Herausforderung für die Ethik machen, zu einer Herausforderung, die es vor Hunderten von Jahren nicht gab, die erst durch bestimmte Eigenschaften technischer Entwicklungen entstanden ist.

S. 244 ■■**3**▶ Statt einer bloßen Wiedergabe des Inhalts wird das Textverständnis gesichert, indem passende Beispiele zu einzelnen Aspekten gefunden werden sollen. Schlüsselsätze sind zu diesem Zweck besonders hervorgehoben. An drei Aspekten seien mögliche Antworten skizziert (weitere mögliche Antworten zum Beispiel „Gentechnik" finden sich unten in den Hinweisen zu ■■**3**▶ auf → SB, S. 245):

1. Ambivalenz der Wirkungen: Am Beispiel Atomkraft zeigt sich die positive Wirkung einer nahezu unerschöpflichen, weitgehend emissionsfreien Energiequelle, die auf der anderen Seite ein großes Katastrophenpotenzial bietet (vgl. → SB, S. 225) und die vor allem das Problem erzeugt, dass der anfallende Müll (zumindest gegenwärtig) nicht ohne Schaden entsorgt werden kann. Damit liegt eine Gefahr im Scheitern (Tschernobyl, Fukushima u. a.), aber auch im Erfolg der Technik, die immer mehr Atommüll produziert.

3. Globale Ausmaße in Raum und Zeit: Auch hier ist die Atomkraft ein gutes Beispiel, die im Katastrophenfall riesige Gebiete verseucht, die aber auch mit der Lagerung des Mülls viele kommende Generationen belastet – um der kurzfristigen Befriedigung unseres (zumindest tw. selbst erzeugten) Energiehungers willen.

5. Die Aufwerfung der metaphysischen Frage: Die Atomkraft, insbesondere deren Verwendung in der Atombombe, bietet das apokalyptische Potenzial, die Menschheit zu vernichten.

Z 5-2, Z 5-3 Für Beispiele neuer technischer Entwicklungen können → LB, **Z 5-2** und **Z 5-3** herangezogen werden. Man könnte dann diskutieren, welche der von Jonas genannten Aspekte jeweils zutreffen.

■■**4**▶ Das Handeln des Jägers und Sammlers hat keine globalen Ausmaße und auch kein apokalyptisches Potenzial. Eine „planetarische Macht" (Z. 63) ist er auch nicht. Manche Werkzeugtechniken könnten jedoch evtl. auch schon in der Steinzeit ambivalente Wirkungen gehabt haben (ein Werkzeug mag z. B. auch als Waffe gebraucht worden sein) und eine gewisse Zwangsläufigkeit der Anwendung hat vielleicht auch bestanden.

■■**5**▶ Hier geht es um einen schnellen Vergleich, nicht um Korrektur der eigenen Überlegungen. Vielleicht lassen sie sich jedoch nach der Jonas-Lektüre präzisieren.

■■**6**▶ Diese interessante Frage kann hier höchstens andiskutiert werden. Für den weiteren Unterrichtsverlauf ist sie jedoch nicht zwingend.

5.5.1 Grüne Gentechnik

Inhalte – Methoden – Kompetenzen

Exemplarisch für technikethische Herausforderungen wird hier die Grüne Gentechnik thematisiert. Viele der von Hans Jonas (→ SB, S. 242 ff.) genannten Aspekte treffen auf sie zu. Typisch für technologische Entwicklungen ist, dass Entscheidungen getroffen werden müssen, obwohl die Konsequenzen (noch) nicht absehbar sind. Zwar gibt es Bemühungen der Technikfolgen-Abschätzung, doch bleiben die Prognosen mit Unsicherheit behaftet. Die Entscheidung bspw., ob gentechnische Entwicklungen vorangetrieben werden sollen (etwa auch durch Freilandversuche, die mit verschiedenen Risiken verbunden sind), muss jedoch getroffen und kann nicht immer wieder aufgeschoben werden, denn auch ein Nichthandeln wäre ggf. zu rechtfertigen, wenn etwa die Chancen der Gentechnik (möglicherweise können mit gentechnischen Entwicklungen der Welthunger oder bestimmte Krankheiten eingedämmt werden) ungenutzt blieben.

In diesem Abschnitt soll und kann die Komplexität solcher (tw. irreversibler) Entscheidungsprozesse nur angedeutet werden, insbesondere weil die empirische Basis für ethische Entscheidungen in diesem Bereich erstens im Philosophieunterricht allein kaum zu vermitteln und zweitens selbst unter Fachwissenschaftlern teilweise unklar ist. Dennoch müssen mündige Bürgerinnen und Bürger – und damit auch Schülerinnen und Schüler – in die Lage versetzt werden, an gesellschaftlichen Debatten und politischen Entscheidungsprozessen auch im Bereich technikethischer Herausforderungen konstruktiv teilzunehmen. Dieser Abschnitt soll dazu beitragen. Bei den Literaturhinweisen finden sich hier auch Quellen zur Aneignung biologischen Hintergrundwissens.

Vgl. auch die Einträge an gleicher Stelle unter 5.5 am Beginn des Unterkapitels.

Literatur und Links

- www.drze.de/im-blickpunkt/gmf
  Auf dieser Seite des Deutschen Referenzzentrums für Ethik in den Biowissenschaften (DRZE) findet sich ein Überblick über naturwissenschaftliche, rechtliche und ethische Aspekte von gentechnisch veränderten Lebensmitteln.
- Klaus-Dieter Jany/Rudolf Streinz/Lisa Tambornino: Gentechnik in der Lebensmittelproduktion. Naturwissenschaftliche, rechtliche und ethische Aspekte. Freiburg: Alber, 2011 Ausführlicher als auf der angegebenen Internetseite findet sich hier ein Sachstandsbericht des DRZE.

Eine Fülle an Informationen und Positionen zur Gentechnik findet sich im Internet und angesichts aktueller Entwicklungen scheint diese Informationsquelle wichtig. Aber: Insbesondere im Internet ist es wegen der tw. verhärteten Fronten in der Diskussion nicht leicht, neutrale Darstellungen zu finden. Auswahl und Darstellung sind auf vielen Portalen oft suggestiv, auch wenn der erste Blick Neutralität suggeriert. Insbesondere wenn Schülerinnen und Schüler zur Recherche aufgefordert werden, sollten sie darauf hingewiesen werden. Hier zwei Beispiele für entsprechende Seiten, die gleichwohl auch hilfreiche Informationen enthalten:

- www.schule-und-gentechnik.de
  Hier wird eine eher negative Grundhaltung zur Gentechnik vertreten.

- www.transgen.de
  Hier wird eine eher positive Grundhaltung zur Gentechnik vertreten.

Vgl. auch die Einträge an gleicher Stelle unter 5. am Anfang des Kapitels.

S. 245 **1▶** **2▶** Die Debatte um gentechnisch veränderte Lebensmittel wird immer wieder auch in den Massenmedien geführt und könnte den Schülerinnen und Schülern ansatzweise bekannt sein. Diese beiden Aufgaben dienen dazu, erste Spontanurteile abzufragen, Vorwissen zu aktivieren, aber auch zu verdeutlichen, dass die Wissensbasis, auf der Gentechnik abgelehnt oder befürwortet wird, (ziemlich wahrscheinlich) dünn ist. Wichtig ist schon hier, darauf hinzuweisen, dass empirische Fragen zur Gentechnik im Philosophieunterricht kaum diskursiv geklärt werden können – dies würde in der Regel zu fruchtlosen Diskussionen führen. Stattdessen müssen unklare empirische Fragen, zumindest wenn sie für die ethische Bewertung wichtig sind, gesammelt werden, um sie dann als Hausaufgabe, in Kurzreferaten, in Kooperation mit dem Biologieunterricht o. Ä. zu klären oder aber festzustellen, dass sie wissenschaftlich noch nicht geklärt werden können.

3▶ Auch wenn das Wissen um die Gentechnik sicher lückenhaft ist, soll untersucht werden, ob Jonas' fünf Aspekte technikethischer Herausforderungen zutreffen. Beim weiteren Gang durch diesen Abschnitt kann immer wieder auf diese Aufgabe zurückgegriffen werden, weil weitere Informationen hinzukommen, die eine Beurteilung aus Jonas' Perspektive ermöglichen. Auch hier gilt, dass auftretende empirische Fragen weitgehend außerhalb des Ethik-und Philosophieunterrichts geklärt werden müssen. Denkbar wäre, diese Aufgabe als Hausaufgabe (evtl. arbeitsteilig zu den fünf Aspekten) zu stellen und mit ersten Rechercheaufträgen zu verbinden. Folgende Formulierungen stellen mögliche und notwendig lückenhafte Antworten dar.

1. Ambivalenz der Wirkungen: Positive Wirkungen wie die Erhöhung von Erträgen oder das Erzeugen erwünschter Eigenschaften von Pflanzen (z. B. Goldener Reis, → SB, S. 248) sind offensichtlich. Risiken sind teilweise noch unklar (etwa, ob nicht doch gesundheitsschädliche Wirkungen auftreten oder aber die Eingriffe in das Ökosystem andere negative Folgen haben könnten), aber auch der Erfolg der Grünen Gentechnik könnte eine Einschränkung der biologischen Vielfalt bedeuten. Eine ökonomische „Nebenwirkung", die allerdings nicht direkt die Ursache in der Technik selbst hat, könnte sein, dass Bauern in die Abhängigkeit von Konzernen getrieben werden, die Patente auf gentechnisch veränderte Pflanzen halten.

2. Zwangsläufigkeit der Anwendung: Es ist auch bei der (Grünen) Gentechnik unwahrscheinlich, dass ihre Anwendung weltweit dauerhaft verhindert oder auch nur aufgeschoben werden kann, bis alle Risiken hinreichend geklärt sind – zu groß sind die Chancen und auch die ökonomischen Gewinnerwartungen, zu schwach die weltweiten Kontrollsysteme.

3. Globale Ausmaße in Raum und Zeit: Sind gentechnisch veränderte Organismen erst einmal freigesetzt, sind sie kaum wieder „einzufangen" und vermutlich auch in ihrer Verbreitung schwer räumlich zu begrenzen.

4. Durchbrechung der Anthropozentrik: Gentechnik beeinflusst nicht menschliche Organismen direkt, eben durch die gentechnische Veränderung, aber auch indirekt durch den Eingriff in Ökosysteme, die auch Konsequenzen für andere, nicht gentechnisch veränderte Organismen haben können – etwa wenn Tiere gentechnisch veränderte Pflanzen essen.

5. Die Aufwerfung der metaphysischen Frage: Gegenwärtig erscheint es unwahrscheinlich, dass insbesondere die Grüne Gentechnik ein apokalyptisches Potenzial entwickelt.

S. 245 **Arnold Sauter, Rolf Meyer: Risikophilosophie der Gentechnik**
Dieser Text stammt aus dem Büro für Technikfolgen-Abschätzung beim Deutschen Bundestag. Hier wird verdeutlicht, warum eine Abschätzung des Risikos der Grünen Gentechnik (und anderer neuerer technischer Entwicklungen) so schwierig ist. Außerdem werden einige Begriffsklärungen vorgenommen.

S. 247 **1▶** Ein *Schaden* wäre z. B. eine Verletzung durch ein Auto, das einen Fußgänger anfährt. Eine *Gefahr* liegt vor, wenn die Möglichkeit der Verletzung besteht – insofern ist das Überqueren einer befahrenen Straße zumeist mit dieser Gefahr verbunden. Das *Risiko* beschreibt die Wahrscheinlichkeit, angefahren zu werden. Es ist gering auf einer gut einsehbaren, kaum befahrenen Straße; es ist höher an einer unübersichtlichen Kreuzung mit viel Verkehr.

2▶ Als Antwort kommen hier v. a. die sieben Punkte auf → SB, S. 246 infrage, insbesondere, dass die Folgen oft langfristig und viele Prozesse im Rahmen der Grünen Gentechnik noch unverstanden sind.

3▶ Bei dieser Aufgabe geht es u. a. darum, erste Kriterien zu formulieren, die bei der Bewertung einer neuen Technologie eine Rolle spielen sollen. Wovon es abhängt, ob eher die Chancen oder eher die Gefahren den Ausschlag bei der Bewertung geben sollen, ist nicht letztgültig zu klären. Möglich wäre aber z. B. eine utilitaristische Kosten-Nutzen-Rechnung unter Einbeziehung der Wahrscheinlichkeit eines Gefahreneintritts (vgl. → SB, S. 185, Abschnitt 4.3.2). Denkbar wäre auch ein „Vorsorgeprinzip []" (vgl. → SB, S. 248, Z. 41), das zu große und unvorhersehbare Risiken verbietet, egal wie hoch der Nutzen ggf. ist.

Als *Chancen* Grüner Gentechnik kommen natürlich die Erhöhung der Erträge von Nutzpflanzen (und damit verbunden eine bessere Ernährung der Weltbevölkerung) und die Erzeugung nützlicher Eigenschaften (wie z. B. beim Goldenen Reis, → SB, S. 248) infrage.

Gefahren sind v. a. unvorhergesehene und unvorhersehbare Folgen für Ökosysteme oder direkt für die Gesundheit von Lebewesen, welche gentechnisch veränderte Pflanzen verzehren.

4▶ Große Lebensmittelkonzerne könnten die Risiken der Gentechnik herunterzuspielen versuchen, weil sie ökonomische Interessen an der Grünen Gentechnik haben. Umgekehrt könnten Biobauern aus ökonomischen Gründen Ängste vor der Gentechnik schüren, weil sie ggf. um ihre wirtschaftliche Existenz fürchten müssen.

5▶ Weil die bisherigen Überlegungen grundsätzlich auch auf andere technologische Entwicklungen übertragbar sind, könnte es sich lohnen, Anwendungen auf andere Gebiete zu diskutieren. Dies kann jedoch nur bei ausreichend Zeit gelingen, am besten in Form eine Projekts.

S. 247 Niels Boeing: Angeklagt: Die Grüne Gentechnik

Die Debatte um die Grüne Gentechnik ist unübersichtlich und wird von unterschiedlichen Interessengruppen mit sehr verschiedenen Argumenten geführt. Im Rahmen eines kurzen Schulbuchabschnitts ist es kaum möglich, diese Debatte fair abzubilden. Dieser Artikel präsentiert holzschnittartig fiktive Debattenbeiträge unterschiedlicher Interessensvertreter, die so oder ähnlich typischerweise (aber nicht notwendig) vorgebracht werden. Die Beiträge sollen mithilfe der Aufgaben kritisch untersucht werden, damit zumindest ein erster Einblick in die Debatte entsteht.

Bei der Bearbeitung des Textes könnte die Gegenüberstellung aus **3▶** um weitere Punkte ergänzt werden.

S. 250 **6▶** Diese Aufgabe dient der Sicherung des Textverständnisses und der Ordnung der fiktiven Debattenbeiträge. Sie kann sehr gut arbeitsteilig bearbeitet werden, indem sich die Schülerinnen und Schüler unterschiedlichen Beiträgen widmen.

Exemplarisch wird eine *mögliche* Bearbeitung dreier Beiträge dargestellt. Die jeweils behaupteten Sachverhalte müssen ggf. recherchiert und auf ihre Richtigkeit überprüft werden, zumal sich der Erkenntnisstand schnell ändern kann.

Der Industrievertreter

THESE (implizit): Gentechnik sollte weiterentwickelt und angewendet werden.

SACHVERHALTE: Keine Hinweise auf Gefahren in 20 Jahren der Forschung; keine Möglichkeit der Ernährung der wachsenden Weltbevölkerung ohne Gentechnik; großer Nutzen gentechnisch veränderter Pflanzen im Hinblick auf die Gesundheit der Weltbevölkerung (Beispiel: Goldener Reis).

NORMATIVE AUSSAGEN (tw. implizit): Wir sollten angesichts (vermeintlich) geringer Risiken die Möglichkeiten der Gentechnik zur Verbesserung der Welternährung nutzen. Zu Unrecht wurde die Gentechnik zur Zielscheibe heftiger Kampagnen.

Der Vertreter einer Umweltorganisation
THESE (implizit): Grüne Gentechnik sollte verboten werden.
SACHVERHALTE: Gegen Unkrautvernichtungsmittel resistente Pflanzen können das Mittel anreichern, das Ökosysteme schädigt (m. a. W., es entsteht konkreter, feststellbarer Schaden). Es gibt weitere große Risiken, die nicht geklärt sind.
NORMATIVE AUSSAGE: Wir sollten uns auf die vorhandenen Risiken nicht einlassen, sie sind zu groß.

Der Vertreter einer Nichtregierungsorganisation
THESE: Transgene Pflanzen müssen (wenn sie überhaupt verwendet werden) frei, d. h. ohne Patentschutz, verfügbar sein.
SACHVERHALTE: Sämtliche transgenen Pflanzen sind durch Patente geschützt, die v. a. die großen Agrarchemiekonzerne halten. Dadurch geraten Bauern in deren Abhängigkeit und ggf. in existenzielle Nöte (Schuldenfalle).
NORMATIVE AUSSAGE: Es ist Neokolonialismus (und damit moralisch verwerflich), Bauern in die Abhängigkeit großer Konzerne und ggf. in die Schuldenfalle zu treiben.

7▸ Diese Aufgabe dient der Klassifizierung und kritischen Untersuchung der verschiedenen Beiträge, die angesichts der Komplexität hier nur in erster Annäherung geschehen kann.

a) Grundsätzlich gegen Gentechnik äußert sich der Vertreter einer Umweltorganisation. Nur gegen bestimmte Einsatzformen wendet sich der Vertreter einer Nichtregierungsorganisation (gegen die Patentierung gentechnisch veränderter Organismen). Der Pflanzenzüchter schlägt vor, den Einsatz transgener Pflanzen fallweise zu prüfen, weil andere Zuchtverfahren oft überlegen sind und gentechnisch veränderte Pflanzen Monokulturen fördern.

b) In den Aussagen des Vertreters einer Umweltorganisation wird deutlich, dass viele Prozesse im Rahmen der Grünen Gentechnik noch nicht durchschaut werden (vgl. Z. 36 ff.) und dass insbesondere langfristige Folgen kaum kalkulierbar sind (vgl. Z. 25 ff.).

c) Aus ökonomischen Gründen ist vermutlich der Industrievertreter für den Einsatz der Gentechnik.

d) Beispielsweise argumentiert der Industrievertreter sowohl biozentrisch bzw. holistisch (vgl. Z. 11 f.) als auch anthropozentrisch (vgl. Z. 15 ff.). Der Vertreter einer Umweltorganisation argumentiert biozentristisch bzw. holistisch (vgl. Z. 34 ff.), wobei diese Argumentation auch anthropozentrisch gedeutet werden kann, wenn man den Nutzen der Ökosysteme und der Artenvielfalt für den Menschen in Betracht zieht (so wird das explizit aber im Text nicht gesagt). Der Agrarökonom argumentiert anthropozentrisch mit dem Nutzen Grüner Gentechnik für die Menschen (insbesondere der Bauern, vgl. Z. 83).

8▸ Der Biologe scheint zu unterstellen, dass Gentechnik oft wegen ihrer „Unnatürlichkeit" abgelehnt wird. Die Diskussion in Abschnitt 5.3 zeigt, dass eine klare Abgrenzung des Natürlichen vom Unnatürlichen schwierig ist und scheint den Vorwurf des Biologen zu stützen. Im Übrigen ist „Unnatürlichkeit" kein hinreichender Grund für eine moralische Abwertung (vgl. → SB, S. 133 ff.).

Z 5-5   Zusatzmaterial → LB, **Z 5-5** könnte herangezogen werden, um die Problematik der Natur als „Richtschnur" unseres Handelns zu beleuchten.

9▸ Folgende Fragen könnten beispielsweise leitend für eine Entscheidung sein: Gibt es konventionelle Methoden, die ähnlich gute Ergebnisse erzielen wie gentechnische Verfahren? (Dann wären diese ggf. vorzuziehen.) Lassen sich Probleme in Schwellen- und Entwicklungsländern auch durch den Export von Know-how und nicht nur durch den Export von transgenen Pflanzen lösen? (Dann wäre dies ggf. vorzuziehen.) Welche Auswirkungen haben transgene Pflanzen auf den Landbau? Wie gewichtig sind die Vorteile gentechnisch veränderter Pflanzen?

10▶ Die vorläufig abschließende Bewertung der Grünen Gentechnik kann den Ausgang von der Gegenüberstellung aus **3▶** auf → SB, S. 247 nehmen, die ggf. nach Lektüre des Textes „Angeklagt: Die Grüne Gentechnik" ergänzt wurde. Die Klassifizierung und Untersuchung der Positionen aus diesem Text in den Aufgaben 6 bis 9 könnte etwas Orientierung geben. Insgesamt kann hier nur Plausibilität erreicht und etwas Ordnung in die kontroversen Standpunkte gebracht werden. Die (vorläufig) abschließende Positionierung der Schülerinnen und Schüler wird kaum einen Konsens ergeben.

5.5.2 Verantwortung der Wissenschaft

Inhalte – Methoden – Kompetenzen

Dieser Unterabschnitt thematisiert den (vermeintlichen) Unterschied zwischen dem (idealen) Wissenschaftler, der auf der Suche nach Wahrheit ist, und dem Ingenieur, der auf der Grundlage wissenschaftlicher Erkenntnisse technologische Entwicklungen vorantreibt. Dass der Ingenieur für seine Entwicklung und deren vorhersehbare Folgen verantwortlich ist, scheint klar, doch ist es auch der Wissenschaftler? Und lässt sich überhaupt eine so klare Trennung zwischen beiden vornehmen? Diesen Fragen wird in diesem kurzen Unterabschnitt nachgegangen.

Vgl. auch die Einträge an gleicher Stelle unter 5.5 am Beginn des Unterkapitels.

Literatur und Links

● Hans Lenk (Hg.): Wissenschaft und Ethik. Stuttgart: Reclam, 1991

Vgl. auch die Einträge an gleicher Stelle unter 5. am Anfang des Kapitels.

Zu den Materialien und Aufgaben

S. 251   **1▶** Ausgehend von einem Brecht-Zitat soll eine erste, kurze Positionierung der Schülerinnen und Schüler zur Verantwortung von Wissenschaftlern erfolgen.

S. 251   **Julian Nida-Rümelin: Die Verantwortung der Wissenschaft**

S. 252   **2▶** Diese Position wird v. a. damit begründet, dass, wenn Wissenschaftler eine besondere Verantwortung im Hinblick auf die Verwendung ihrer Forschungsergebnisse hätten, dies die Verantwortung einer kleinen Elite wäre, die immensen Einfluss auf Technik, Ökonomie und Gesellschaft hätte. Dies jedoch könne nicht wünschenswert sein.

3▶ Zunächst wird eine Unterscheidung zwischen weitgehend zweckfreier Grundlagenforschung und technischer Anwendung referiert. (Man könnte folgern, dass dann nicht der Grundlagenforscher, sondern nur der Anwender Verantwortung trüge.) Dann behauptet Nida-Rümelin allerdings, dass dies der wissenschaftlichen Praxis nicht (mehr) entspricht (und demnach auch die Verantwortung nicht von der Grundlagenforschung zu trennen ist). Insbesondere weil Wissenschaft oft öffentlich finanziert ist, hat sie auch gegenüber der Öffentlichkeit eine Rechtfertigungspflicht.

4▸ Nida-Rümelin spricht das *„public understanding of science"* (Z. 28) an. Um sich vor der Öffentlichkeit zu rechtfertigen, müssen Wissenschaftler bemüht sein, der Öffentlichkeit insbesondere Chancen und Gefahren ihrer Forschungsergebnisse bzw. daraus hervorgehender technischer Entwicklungen verständlich und ausgewogen zu erklären.

5▸ Auch in diesem Bereich haben Wissenschaftler die Pflicht, die Bevölkerung unvoreingenommen über Chancen und Gefahren aufzuklären, auch darüber, was noch unerforscht ist. Auch könnte die Verantwortung bedeuten, dass insbesondere im Bereich der Risiken große Forschungsanstrengungen unternommen werden. Juristisch könnte sich die Verantwortung in einer Schadenshaftung äußern (die etwa den möglichen Schaden durch Freilandexperimente umfasst).

5.6 Politische Ethik

Inhalte – Methoden – Kompetenzen

Das Problem der Weltarmut ist durchgängig aktuell und ungelöst. Vielfach wird darauf verwiesen, dass jede Lösung dieses Problems zwingend mit der Lösung weiterer Probleme, z. B. des Klimawandels oder der Vereinbarkeit von Ökonomie und Nachhaltigkeit oder der Überwindung politisch-religiöser Konflikte, zusammenhänge. Dem Unterkapitel 5.6 liegen wesentlich drei bereits aus der zweiten Hälfte des 20. Jahrhunderts stammende Stellungnahmen zugrunde, die immer wieder diskutiert wurden und die bis heute ihre Aktualität nicht eingebüßt haben. Sie zu erarbeiten und dann mit einer aktuellen Position (nämlich der von Thomas Pogge) zu vergleichen hat daher seinen eigenen Reiz. Drei grundsätzliche Streitpunkte stehen zur Debatte: i) James Rachels nimmt zu einer zentralen metaethischen Frage Stellung: Gibt es zwischen Tun und Unterlassen einen moralischen Unterschied? Rachels verneint dies mit seiner Äquivalenzthese. Interessant wird die Position dann, wenn sich z. B. Thomas Pogge von Peter Singers Position mit der Behauptung absetzt, positive Hilfspflichten, Menschen in Not zu helfen, seien weniger stark als negative Pflichten, Schädigungen zu unterlassen oder, wo geschehen, zu mildern. Hätte Rachels recht, bestünde kein Unterschied zwischen den Pflichten. ii) Peter Singers berühmte Zierteichanalogie regt bis heute zu neuen Varianten und zu metaethischen Überlegungen darüber an, ob derartige Analogiebildungen für moralische Urteilsbildung überhaupt hilfreich sind. iii) Garrett Hardins Behauptung, eine Gleichbehandlungsmoral führe *notwendig* in eine alle ruinierende Allmende, sieht sich ernsten und berechtigten Einwänden ausgesetzt. Dennoch aber bleibt Hardins berechtigte Warnung vor ruinösen Allmenden bis heute hochaktuell. Sie zeigt sich z. B. in der Klimadebatte und den (bislang vergeblichen) Anstrengungen, den weltweiten Raubbau an den natürlichen Ressourcen zu beenden.

Methodisch steht im gesamten Unterkapitel die sorgfältige und faire Rekonstruktion von Begründungen im Mittelpunkt: Hier können idealtypisch die fünf Schritte fairer Textinterpretation (vgl. → SB, S. 31) Leitfaden der Arbeit sein. Zunächst gilt es, das Problem zu erfassen (wer ist arm, wer reich?) und dann Positionen in ihrem argumentativen Aufbau zu verstehen, fair darzustellen, kritisch zu untersuchen, zu referieren und gegeneinander abzuwägen, um eine eigene Stellungnahme vorzubereiten. Im Erfolgsfall trägt die Behandlung von 5.6 unmittelbar dazu bei, die Fähigkeiten zu trainieren und zu festigen, die für eine erfolgreiche philosophische Problemreflexion erforderlich sind.

Sequenz •••	Das Unterkapitel kann linear durchgearbeitet werden. Im Zentrum steht dann **5.6.2** und das im → SB auf S. 253 vorgeschlagene Gruppenpuzzle. Pogges Position (**5.6.3**) kann dann optional ergänzend behandelt werden. Die drei Abschnitte des Unterkapitels können aber auch in ein gemeinsames Unterrichtsvorhaben intergiert werden, das ebenfalls als Gruppenpuzzle oder auch wie folgt strukturiert werden kann: **Einstieg** (DS = Doppelstunde) (**5.6.1**) DS 1: Vorstellung des Weltarmutsproblems und erste eigene Antworten und Definitionsversuche: Wer ist arm, wer reich? **Erarbeitung** DS 2: Projektvorstellung Die Position Peter Singers (**5.6.2: M 1**) wird *gemeinsam* erarbeitet. Dabei werden die fünf Schritte fairer Textinterpretation durchlaufen. DS 3: Fortsetzung der Analyse von Singers Position Für eine mögliche Sicherung der Zwischenergebnisse vgl. → LB, **Z 5-7** DS 4: Gruppeneinteilung und Beginn der Gruppenarbeit zu Hardin, Rachels und Pogge DS 5: Fortsetzung der Arbeit in arbeitsteiligen Gruppen **Präsentation** DS 6: Präsentation der Position von Garrett Hardin (**5.6.2: M 2**) DS 7: Präsentation der Position von James Rachels (**5.6.2: M 3**) DS 8: Präsentation der Position von Thomas Pogge (**5.6.3**) **Transfer** DS 9: Gesamtschau und Abschluss (Für mögliche Ergebnisse vgl. die Zusatzmaterialien → LB, **Z 5-8** und **Z 5-9**.)
Querverweise	• **Philosophieren: Wie und wozu? Säule 2: Folgerichtiges Argumentieren** (→ SB, S. 21 ff.) • **Philosophieren: Wie und wozu? Säule 4: Faire Textinterpretation** (→ SB, S. 29 ff.) • **Philosophieren: Wie und wozu? Säule 5: Konstruktive Dialoggemeinschaft** (→ SB, S. 35 ff.) • **3.2.3 Forderungen an moralische Begründungen** (→ SB, S. 141 f.): insbesondere Forderung 6 („Übertragbarkeit") ist von grundlegender Bedeutung. • **3.3 Moralisch argumentieren** (→ SB, S. 146 ff.): Alle Argumente der Debatte lassen sich so rekonstruieren, dass sie der in 3.3 vorgestellten Struktur moralischer Begründungen folgen. • **4.2 Nur aus Prinzip? – Immanuel Kant** (→ SB, S. 168 ff.): Insbesondere Thomas Pogge beruft sich auf Kants Unterscheidung der negativen und positiven Pflichten. • **4.3.3 Handlungs-, Regel- und Präferenzutilitarismus** (→ SB, S. 192 ff.): Singers Argumentation ist konsequentialistisch angelegt.

Literatur und Links

• Barbara Bleisch: Pflichten auf Distanz. Berlin/New York: De Gruyter, 2010

• Barbara Bleisch/Peter Schaber (Hrsg.): Weltarmut und Ethik. Paderborn: Mentis, 2007

- Thomas Pogge: Armut, Menschenrechte und globale institutionelle Reformen. In: Bernd Kappes, Klaus Seitz (Hrsg.): Nachhaltige Entwicklung braucht Global Governance: Weltinnenpolitik für das 21. Jahrhundert. München: oekom verlag, 2015, S. 21–36

- Thomas Pogge: http://healthimpactfund.org/ oder: http://thomaspogge.com/

- http://www.uni-bielefeld.de/philosophie/lehramt/fachtage.html
  Handout zum 3. Bielefelder Fachtag Philosophie 2015 zum Thema „arm und reich" Im Handout wird beschrieben, wie in zwei Kursen Praktische Philosophie in Klasse 9 das Kapitel bearbeitet wurde. Eine Gruppe von Schülerinnen und Schülern aus den beiden Kursen trug das Ergebnis in einem Workshop am Fachtag vor.

- http://www.akademie-hofgeismar.de/downloads/index.php
  Martin Wolpold-Bosien : Alle satt 2030? Neue Entwicklungen gegen den Hunger. 15.9.2015

5.6.1 Das Welthungerproblem

Inhalte – Methoden – Kompetenzen

Vgl. auch die Einträge unter 5.6, die den Abschnitt in den umfassenderen Zusammenhang einordnen. Inhaltlich geht es in dem Abschnitt darum, das Ausmaß des Problems zu bestimmen. Hilfreich ist es, Behauptungen über die Dringlichkeit des Welthungerproblems durch kurze Internetrecherchen zu bestätigen.

Sequenz ●●●	Vgl. Eintrag an gleicher Stelle unter 5.6
Querverweise ◆▬▶	Vgl. Eintrag an gleicher Stelle unter 5.6

Zu den Materialien und Aufgaben

S. 252   **Die UNO schlägt Alarm**

1▶ Die Aufgabe ist bewusst sehr offen gehalten. Sie dient dazu, als Lehrperson die Lage im Kurs gezielter einschätzen zu können. Lerngruppen reagieren oft ganz verschieden, und zwar reicht das Spektrum der Reaktionen von großer Betroffenheit bis hin zu offener Ablehnung, mit dem Thema „schon wieder" konfrontiert zu werden. Wichtig ist es in allen Fällen, darauf hinzuweisen, dass das Thema nicht mit einem gefühlsduseligen „Betroffenheitsblick" behandelt werden soll, sondern analytisch scharf und gedanklich genau als moralisches Problem. Damit stehen Gründe im Mittelpunkt der Untersuchung, nicht Gefühle, so unabweisbar wichtig und beachtenswert sie auch immer sind.

S. 253   **2▶** 2009 litten über 1 Milliarde Menschen an Hunger oder Unterernährung, statistisch gesehen also jeder 6. Mensch. 1, 4 Milliarden Menschen müssen mit weniger als 1 Dollar pro Tag auskommen, 70 % davon sind Frauen. Die weltweite Stärkung von Frauen ist einer der entscheidenden Schlüssel gegen Armut. Die Zahl der Hungernden ist so hoch wie seit 40 Jahren nicht mehr.

3▶ Die Aufgabe spricht für sich. Hier können schnell aktuelle Zahlen recherchiert werden. Für das Jahr 2014 nennt Thomas Pogge (in: „Armut, Menschenrechte und globale institutionelle Reformen") diese: „In den wohlhabenderen Ländern werden Menschenrechtsverletzungen zumeist als Einzelfälle aufgefasst: Ein Verdächtiger wird gefoltert, ein Demonstrant ohne Anklage inhaftiert, ein Asylsuchender ohne Anhörung abgeschoben. Tatsächlich aber bleiben die Menschenrechte für die Mehrheit der Weltbevölkerung ein uneingelöstes Versprechen. Bei einer gegenwärtigen Weltbevölkerung von ca. 7,25 Milliarden sind nach offiziellen Angaben 805 Millionen Menschen unterernährt, deutlich mehr als eine Milliarde hat keine geeignete Unterkunft, 748 Millionen haben kein sauberes Trinkwasser, 1,8 Milliarden keine ausreichenden sanitären Einrichtungen und 1,2 Milliarden keinen elektrischen Strom. Mehr als ein Drittel der Weltbevölkerung hat keinen verlässlichen Zugang zu lebenswichtigen Medikamenten und 781 Millionen Menschen über 14 Jahren sind Analphabeten. 168 Millionen Kinder zwischen 5 und 17 Jahren leisten Lohnarbeit, oft unter sklavenähnlichen und gefährlichen Bedingungen: als Soldaten, Prostituierte oder Haushaltshilfen, in der Landwirtschaft, im Bauwesen oder in der Textil- und Teppichwirtschaft."

5.6.2 Gibt es eine Pflicht zu helfen?

Inhalte – Methoden – Kompetenzen

Vgl. die Einträge unter 5.6, die den Abschnitt in den umfassenderen Zusammenhang einordnen.

Sequenz ●●●	Die Sequenzbildung wird für die Schülerinnen und Schüler im → SB auf S. 253 f. eingehend beschrieben. Ergänzend kann bereits hier auf die Seiten „Was bleibt?" (→ SB, S. 264 f.) verwiesen werden. Die zusammenfassende Darstellung aller vier Positionen kann auch als Advance Organizer dienen. Die Thesen zu kennen entbindet nicht von der Verpflichtung, die für sie vorgebrachten Begründungen genau zu ermitteln und kritisch zu prüfen.
Querverweise ⟷	Vgl. Angabe der Querverweise unter 5.6

Zu den Materialien und Aufgaben

S. 254   **M 1 Peter Singer: Warum man den Armen helfen muss**

S. 255
Z 5-7   **1▸** In → LB, **Z 5-7** (Protokoll für Lerngruppen) findet sich eine mögliche Lösung im Zusammenhang dargestellt. Wesentlich für Singers Strategie ist, einen unstrittigen Fall über ein unstrittiges Moralprinzip so mit der Welthungerfrage zu verknüpfen, dass deutlich wird, dass beide Fälle gleich zu behandeln sind. Seit Singer im Jahr 1972 die Zierteichanalogie erstmals in seinem Aufsatz „Famine, Affluence and Morality" vorgestellt hat, gibt es eine lebhafte Debatte darüber, ob der Vergleich verhungernder Menschen mit einem ertrinkenden Kind im Zierteich fair ist oder schlicht unpassend. Barbara Bleisch hat (in ihrer Monografie „Pflichten auf Distanz")
Z 5-9   wichtige Stationen der Debatte beschrieben und die Merkmale der Zierteichanalogie tabellarisch zusammengefasst. → LB, **Z 5-9** bietet die Tabelle als Ergänzung für den Unterricht an.

   2▸ Prämisse 1 benennt das das Handeln orientierende Moralprinzip. Prämisse 2 ist der deskriptive Sachverhalt. Prämisse 3 bringt den normativen und den deskriptiven Satz in einen Zusammenhang, der die Ableitung der Konklusion sicherstellt. Da der Schluss deduktiv zwingend ist, kann sich Widerspruch nur gegen die Prämissen richten. Ihre Wahrheit kann natürlich bestritten werden. Konsequent geht daher Singer nach der Vorstellung seines Arguments auf die drei Möglichkeiten des Widerspruchs ein.

Z 5-7   **3▸** Die Frage ist offen. Vgl. dazu auch das Protokoll in → LB, **Z 5-7**. Ronja z. B. forderte (ähnlich wie Rachels) radikal, man müsse so lange helfen und auf eigenen Luxus verzichten, bis man selbst an den Rand der Armut gerät. Andere schlugen vor, nur Teile ihres Wohlstands zugunsten der Ärmsten zu spenden. (In einer idealen Welt, in der alle Menschen ihrer moralischen Pflicht nachkommen, riskiert niemand, durch das Gebot zu spenden zu verarmen, denn wenn alle, die dazu leicht in der Lage wären, tatsächlich spenden würden, wäre allen geholfen, ohne dass die Spender sich verausgaben müssten.)

S. 256 **M 2 Garrett Hardin: Die Moral der Rettungsboote: Warum man den Armen nicht helfen darf**

S. 257 **1▶** Die Moral vom Raumschiff *Erde* („Wir sitzen *alle* im gleichen Boot.") ist eine Gleichbehandlungsmoral (von Hardin als Resultat der „Sucht nach intellektueller Übersichtlichkeit", Z. 55, bewertet). Diese Moral führt zur Tragödie der Allmende, da sie eine unkontrollierte Übernutzung der natürlichen Ressourcen und damit den Ruin aller nach sich ziehen würde. Allein eine Diktatur, die für eine schonende Gleichverteilung sorgte, könnte das verhindern. Diese ist jedoch weder durchsetzbar noch (wegen der Missbrauchsgefahr) wünschenswert. Eine Gleichbehandlungsmoral kann also die Katastrophe nicht verhindern, sondern führt sie im Gegenteil sicher herbei. Die Moral der Rettungsboote dagegen ist eine Ungleichbehandlungsmoral („Nur *einige* sitzen in Booten. Jeder ist nur für sich und die seinen verantwortlich.") und bewirkt, dass nur lernfähige Gruppen überleben, d. h. Gruppen, die Vorsorge treffen und haushalten können. Die Hauptaufgabe besteht für Hardin darin, die Gefahren der Allmende zu erkennen und zu beseitigen.

Z 5-10 **2▶** Es bietet sich hier an, ergänzend zum Text im Lehrbuch den Zusatztext → LB, **Z 5-10** zur Vertiefung oder als Aktualisierung lesen zu lassen. Die Tragödie der Allmende entsteht, wenn ein öffentliches Gut (z. B. Luft, Wasser oder Weltmeere) unkontrolliert von allen genutzt wird. Wer sich freiwillig beschränkt, wird als Marktteilnehmer verdrängt. Wenn sich aber zu wenige beschränken, bleibt letztlich für keinen genug. Ein treffendes Beispiel wäre etwa die Überfischung der Meere.

3▶ Es folgt ein Vorschlag zur logischen Rekonstruktion von Hardins Argumentation, sodass sie der Struktur moralischer Begründungen folgt:

Situationsbeschreibung: Wir können verhindern, dass die jetzt absolut Armen verhungern.

Moralprinzip (Sollens-Satz): Wenn wir eine schlimme Sache nur dadurch verhindern können, dass wir eine noch schlimmere Sache (sehr wahrscheinlich) dafür in Kauf nehmen müssen, dann dürfen wir sie nicht verhindern.

Die Situation fällt in den Gültigkeitsbereich des Moralprinzips: Wenn wir die jetzt absolut Armen vor dem Verhungern bewahren, bedeutet dies zwangsläufig oder sehr wahrscheinlich, dass in absehbarer Zukunft viel mehr Menschen als jetzt in absoluter Armut leben müssen oder verhungern werden. Die aktuell absolut Armen zu retten verschlimmert die Situation.

Moralische Forderung: Also dürfen wir nicht verhindern, dass die jetzt absolut Armen verhungern. Wir dürfen ihnen nicht helfen.

S. 258 **M 3 James Rachels: Töten und verhungern lassen**

S. 260 **1▶** James Rachels nimmt als einfachen Fall ein Kind, das der Bösewicht Jack Palance neben sich verhungern lässt. Er begründet seine Position in zwei Schritten: i) Wer absolut Armen nicht hilft, ist wie Jack Palance ein moralisches Monster. ii) Einen Menschen verhungern zu lassen ist genauso schlimm, wie ihn zu töten. [Äquivalenzthese]

i) Wer absolut Armen nicht hilft, ist wie Jack Palance ein moralisches Monster.

Jack Palance (der ein Kind neben sich verhungern lässt, obwohl er es retten könnte) ist ohne Zweifel ein moralisches Monster. Nun die Analogie von Rachels': Bezogen auf den Welthunger sind wir (die Menschen der reichen Nationen) in der Lage von Jack Palance. Ist er ein Monster, so auch wir. Rachels nimmt vorauseilend zu naheliegenden Einwänden Stellung und klärt sie:

a) *Spielt die Entfernung zum Kind eine entscheidende Rolle?* Nein, denn Jack Palance wäre auch dann ein moralisches Monster, wenn das Kind weit weg von ihm verhungerte, er es aber retten könnte. (Wäre das richtig, so wäre jeder ein moralisches Monster, der nichts gegen die Weltarmut unternimmt, obwohl er es könnte und dies auch wüsste.)

b) *Würde es denn reichen, meinen Anteil an Hilfe zu leisten?* Nein. Wir müssen so viele retten, wie wir können. Wenn ich bereits geholfen habe, andere aber ihren Anteil nicht leisten, dann muss ich erneut helfen.

c) *Trage ich nur anteilige Schuld am vermeidbaren Tod Verhungernder?* Nein, Schuld ist nicht teilbar: Wenn viele Menschen jemanden verhungern lassen, den sie retten könnten, dann sind sie alle in vollem Maße verantwortlich und schuldig.

ii) Einen Menschen verhungern zu lassen ist genauso schlimm, wie ihn zu töten.

Viele glauben, so Rachels, jemanden zu töten sei schlimmer, als ihn sterben zu lassen. Rachels' Äquivalenzthese dagegen behauptet, die (positive) Hilfspflicht, Menschen in Not beizustehen, sei genauso stark wie die (negative) Pflicht, schlimme Taten zu unterlassen: „Sterbenlassen ist genauso schlimm wie töten" (Z. 13 f.).

> *Prämisse 1*: Wenn es für oder gegen Handlung A dieselben Gründe gibt wie für oder gegen Handlung B, dann sind die Gründe für A weder stärker noch schlechter als die Gründe für B; A und B sind dann moralisch äquivalent – keines von beiden ist dem anderen moralisch vorzuziehen.
>
> *Prämisse 2*: Für und gegen das Sterbenlassen gibt es dieselben wichtigen Gründe wie für und gegen das Töten. [Töten ist falsch, weil jemand sein wichtigstes Gut, nämlich sein Leben, verliert. Aber genau das ist auch beim Sterbenlassen der Fall.]
>
> *Konklusion*: Töten und Sterbenlassen sind moralisch äquivalent – keines ist dem anderen vorzuziehen.

K 5-1 → LB, **K 5-1** gibt einen Referenztext von Rachels an, mit dem die Äquivalenzthese durch ein Gedankenexperiment untermauert werden soll.

2▶ Hier kann es zu einer tiefer gehenden Auseinandersetzung mit Rachels' Thesen kommen, dass weder die Entfernung noch „seinen" Teil zu leisten ausreichen. Solange es Verhungernde gibt, denen man helfen könnte, ist man in vollem Umfang schuld an deren vermeidbaren Tod. Alle drei Bestandteile (Unteilbarkeit von Schuld, Irrelevanz der Entfernung zum Verhungernden und Wiederholbarkeit der Hilfe) stoßen in der Regel auf erbitterten Widerstand. Nicht selten aber gibt es in Kursen beharrliche Verteidiger der Thesen von Rachels. Insbesondere dann, wenn Vergleichsfälle genannt werden, die Rachels' Argument vergleichbar scheinen, wo man ähnlich urteilen möchte. So wurde z. B. bei unterlassener Hilfeleistung akzeptiert, dass es für die Zuschreibung persönlicher Schuld eher unerheblich ist, wie viele hätten helfen können und doch nur zugeschaut haben.

3▶ Die Kernfrage lautet: Müsste man tatsächlich, sofern man Rachels' Äquivalenzthese akzeptiert, auf jeden Luxus zugunsten Verhungernder verzichten? Ja, und zwar dann, wenn sehr viele andere nicht helfen. (Denn wenn viele helfen, muss ja jeder nur etwas geben und man wäre von einem Verzicht auf jeden Luxus noch sehr weit entfernt.) Hier könnte eine Spielart des Sorites-Paradoxons vorliegen: Die Wiederholung des Arguments scheint ein paarmal problemlos möglich zu sein (wer viel hat, den schränkt es nicht beachtenswert ein, mehrmals zu geben), aber das Argument büßt mit jeder Anwendung irgendwann seine Plausibilität ein, und zwar lange bevor die eigene Armutsgrenze erreicht ist. Wo aber soll die Grenze sein, an der moralisch zumutbare in moralisch unzumutbare Belastung umschlägt? (Vgl. zum Problem der Grauzone und zum Sorites-Paradoxon → LB, S. 460 ff.)

5.6.3 Armenhilfe als negative Gerechtigkeitspflicht?

Inhalte – Methoden – Kompetenzen

Vgl. auch die Einträge unter 5.6, die den Abschnitt in den umfassenderen Zusammenhang einordnen. Thomas Pogge ist der bekannteste und engagierteste philosophische Fürsprecher für Armenhilfe als negative Gerechtigkeitspflicht. Wer Leid verursacht, ist umso stärker verpflichtet, das Leid zu mindern und langfristig zu beseitigen. Thomas Pogge fordert nicht nur Abhilfe, sondern schlägt auch konstruktive Maßnahmen zur Reduzierung der Weltarmut vor, die politisch wie ökonomisch realisierbar wären. Dennoch ist die Akzeptanz und Umsetzung eher nicht wahrscheinlich, da zu viele nationalstaatliche und wirtschaftliche Interessen den beteiligten Akteuren näher sind als moralische Forderungen und seien sie auch noch so gut begründet. Dennoch: Besonders Pogges *Health Impact Fund* ist ein vielversprechendes Projekt (vgl. http://healthimpactfund.org/), Medizin für die Ärmsten einerseits mit Gewinnaussichten für Pharmaunternehmen andererseits zu vereinbaren.

Sequenz ●●●	Der Abschnitt zu Pogge kann für sich bearbeitet werden oder aber im Zusammenhang mit **5.6.2** wie dort unter „Sequenz" beschrieben. Als Ergänzung (auch z. B. für ein Referat) eignet sich Pogges Aufsatz („Armut, Menschenrechte und globale institutionelle Reformen"), der hier frei verfügbar ist: www.akademie-hofgeismar.de/downloads (März 2016).
Querverweise ⬌	Vgl. Querverweise unter 5.6

Zu den Materialien und Aufgaben

S. 260   **Thomas Assheuer: Der Weltverändererdenker**

S. 261   **1▶** Assheuer stellt für Pogges Position als wesentlich heraus: Unterlassene Hilfe ist „Massenmord" (so Pogges eigene Worte), an dem die reichen Länder mitschuldig sind. Dafür nennt Pogge viele Beispiele, die andeuten, in welcher Weise und in welchem Ausmaß reiche Nationen Mitschuld an vermeidbarer absoluter Armut haben. Insbesondere setzt Pogge sich mit seiner eigenen Begründung der Hilfspflicht deutlich von Peter Singer ab. Singer verkenne die Mitschuld an der Armut, die positive Pflicht, Menschen in Not zu helfen, sei deutlich geringer als die negative Pflicht, verschuldetes Leid zu mindern und neues Leid durch Verhaltensänderungen zu verhindern.

   2▶ Diese Aufgabe vertieft, ob es überhaupt einen Unterschied zwischen Tun und Unterlassen gibt. Insbesondere kann die Unterscheidung von „positiv" und „negativ" infrage gestellt werden.

   3▶ Falls 5.6.2 bearbeitet wurde, ist hier ein Bezug zur Position von Rachels möglich, der mit seiner Äquivalenzthese explizit bestreitet, dass ein Unterschied zwischen Tun und Unterlassen

Z 5-8   besteht. Vgl. dazu auch → LB, **Z 5-8**: In dem Protokoll finden sich Zusammenfassungen aller behandelten Positionen.

S. 262 **Thomas Pogge: „Armenhilfe" im Ausland**

S. 263 **◼4▸** Pogges tragende Analogie ist Nothilfe nach einem Verkehrsunfall: Wer als Unbeteiligter ein Unfallopfer findet, hat die positive Pflicht, ihm zu helfen. Natürlich. Die Pflicht, Hilfe zu leisten, ist aber ungleich größer, wenn man für den Unfall verantwortlich ist. Denn durch den Unfall hat man die negative Pflicht verletzt, keinem Menschen zu schaden, und ist deshalb besonders zur Wiedergutmachung verpflichtet. In dieser Situation sieht Pogge die Bewohner der reichen Länder bezogen auf das Armutsproblem. Hätte Pogge recht, wäre Singers Zierteichanalogie tatsächlich „zu gemütlich", weil sie unterschlagen würde, dass wir selbst es waren, die das Kind erst in die gefährliche Lage brachten.

◼5▸ Besonders einschlägig ist die Passage ab Zeile 35. Dort wird die Analogie zwischen Weltarmut und Unfallverursachung ausgewertet. Pogge ist eindeutig: Je stärker die Verstrickung in die Verursachung, desto größer die Pflicht zur Wiedergutmachung und zur Beseitigung der die Armut verursachenden Umstände. Hier sind auch kritische Einwände möglich: Ist jemand, der im reichen Westen lebt, verantwortlich für die Armut erzeugende Politik oder ihr ausgeliefert?

Z 5-11 **◼6▸** Die Frage ist diskussionsoffen gestellt. Seien Sie neugierig auf die Antworten Ihrer Kurse. Für eine Vorbereitung der Abschlussdiskussion eignet sich auch eine Stellungnahme von Barbara Bleisch, vgl. dazu den Zusatztext → LB, **Z 5–11**.

Gewissensfrage: Verantwortung für Unfalltod?

Im SZ-Magazin können Leser sogenannte „Gewissensfragen" stellen, die der Kolumnist Rainer Erlinger beantwortet. Hier ein Beispiel:

Frage: Bei uns in der Stadt gibt es eine Straße mit viel Verkehr und einem Radstreifen am Fahrbahnrand. In dieser Straße befindet sich auch ein Pizza-Bringdienst, dessen Fahrer oft unerlaubterweise auf dem Radstreifen parken. Ich habe mehrmals überlegt, ob ich nicht einfach mal in den Laden gehe und die Angestellten darauf anspreche und sie bitte, dies
5 nicht zu tun. Leider habe ich das nie getan. Jetzt kam eine Radfahrerin ums Leben, weil sie einem auf dem Radstreifen parkenden Auto des Lieferdienstes auswich und von einem Auto erfasst wurde. Bin ich mitschuldig an ihrem Tod?
Hans W.

1▶ Überlegen Sie (soweit die Informationen es zulassen), wer alles Verantwortung für den Tod der Radfahrerin trägt.

2▶ Lesen Sie die Antwort und tragen Sie die dort genannten Gründe dafür zusammen, dass Hans W. keine Mitschuld trifft.

3▶ Herr Erlinger zählt in der Antwort einige Verantwortungsträger auf. Vergleichen Sie mit Ihrer Antwort zu Aufgabe 1. Stimmen Sie Erlinger zu?

4▶ Gibt es evtl. unterschiedliche Grade an Verantwortung? Falls ja, versuchen Sie, die Verantwortungsträger entsprechend einzuordnen.

Antwort: Ihre Sorge ist nachvollziehbar, ja auf den ersten Blick sogar einleuchtend. Sie haben eine Gefahr gesehen, und nachdem etwas passiert ist, kann man feststellen, es wäre vielleicht besser gewesen, Sie hätten etwas gesagt. Dennoch gelange ich aus zwei Gründen zu der Meinung, dass Sie keine Mitschuld trifft.

5 Zum einen würde eine echte Mitschuld voraussetzen, dass Sie für die Situation in irgendeiner Weise mitverantwortlich sind. Das sind Sie als reiner Passant nicht, zumindest nicht, solange nur eine abstrakte Gefahr vorliegt. Ansonsten müssten Sie auch etwas gegen jede unübersichtliche Kreuzung oder sonstige gefährliche Situation unternehmen. Vor allem aber müsste es eine realistische Chance geben, dass Ihre Intervention etwas verändert hät-
10 te, und davon kann man kaum ausgehen. Es scheint eher abwegig, dass die Angestellten geantwortet hätten: „Vielen Dank für den Hinweis. Nun, weil Sie das gesagt haben, werden wir in Zukunft nicht mehr so parken, sondern die Pizza immer bis zum nächsten legalen Parkplatz tragen."

Man erkennt dabei zugleich, wer sich alles an Ihrer Stelle Gedanken machen sollte. In erster
15 Linie der Fahrer des parkenden Autos. Man muss es klar sagen: Jeder, der, und sei es auch nur kurz, auf einem Radweg stehen bleibt und die Radfahrer damit zum Ausweichen auf die Straße zwingt, muss damit rechnen, dass etwas passiert, bis hin zum Tod eines Menschen. Das Gleiche gilt für denjenigen, der einen Pizza-Dienst ohne ausreichende Haltemöglichkeiten für die Fahrzeuge betreibt, die Behörde, die diese Nutzung genehmigt oder nicht
20 untersagt hat, und jede Verkehrspolizeistreife, die seit der Eröffnung des Geschäfts an den parkenden Pizza-Autos vorbeigefahren ist, ohne etwas zu unternehmen. Sie alle hatten Verantwortung und die Möglichkeit, das zu unterbinden. Im Gegensatz zu Ihnen.

http://sz-magazin.sueddeutsche.de/texte/anzeigen/42816/Die-Gewissensfrage [26.03.2016]

Zivilitäre Forschung

Tobias ist Informatiker und arbeitet als Programmierer in einem universitären Projekt [...], dessen Ziel es ist, Software für kleine autonome Roboter zu entwickeln. Die zweibeinigen Roboter sind nach einigen Monaten Arbeit nun in der Lage, miteinander über ein Funknetz zu kommunizieren und sich zwar langsam, aber selbstbestimmt zu bewegen. Tobias und
5 seine Kollegen sind stolz auf das Erreichte.

Die Teamleiterin der Programmierer ist Juliane, sie konzipiert die zukünftigen Programmiervorhaben und koordiniert die Arbeit zwischen Tobias, seinen Mitstreitern und dem Hardware-Team. Sie ist eine erfahrene Informatikerin und das Rückgrat des gesamten Projektes. [...]

10 Tobias interessiert sich sehr für die Forschung in seinem Arbeitsgebiet. In einem Artikel in der Fachzeitschrift „Robotics and Information", die Tobias aus beruflichen Gründen regelmäßig liest, entdeckt er einen Artikel über ein Forschungsprojekt zu zweibeinigen autonomen Robotern. Als er den Artikel liest, stellt er fest, dass die Herangehensweise der Forscher seiner eigenen stark ähnelt. [...]

15 Er [...] nimmt Kontakt zu einem der dortigen Programmierer auf. Sein Name ist James, er meldet sich auch sofort zurück. Tobias ist hocherfreut, sich mit jemandem austauschen zu können, der an einer vergleichbaren Aufgabe wie er selbst arbeitet. Aus diesem Kontakt entsteht mithilfe von Juliane nach kurzer Zeit ein gemeinsames Projekt.

Die Programmierer, darunter auch Tobias, empfinden diese Zusammenarbeit als motivie-
20 rend und anregend. [...] Einige Zeit später erfährt Tobias durch einen Zeitungsartikel, dass die Roboter, an denen James arbeitet, als eine Art „Soldaten der Zukunft" geplant und programmiert werden. Tobias erschrickt; er hatte sich in den letzten Wochen ganz intensiv mit James über bevorstehende Programmierarbeiten und Pläne ausgetauscht, ohne dass ihm bewusst war, an einem explizit militärischen Projekt mitzuarbeiten. Er macht sich Vorwür-
25 fe: Hätte er sich besser darüber informieren müssen, welchen Zweck das Forschungsprojekt hat? Aber er fragt sich auch, warum Juliane niemals erwähnt hatte, für welchen Zweck die Software dieses Projektes verwendet werden soll.

Als er Juliane zur Rede stellt, erwidert sie nur, dass die Teams ja nicht gemeinsam an einer konkreten militärischen Forschung arbeiten und dass sie persönlich kein Problem damit
30 hat. Über die Zielsetzung hätte sie zwar gelesen, wollte aber in der Programmiergruppe niemanden beunruhigen. [...] Zudem hat sie ihm versichert, dass für sein Team keinerlei Militärgelder bezahlt würden.

[...] Man müsse ja sowieso immer davon ausgehen, dass Rüstungsforscher die Fachzeitschriften, in denen Juliane und andere aus dem Team publizieren, lesen. Schon deshalb sei
35 im akademischen Umfeld eine Abgrenzung zur militärischen Forschung eigentlich gar nicht möglich. Tobias solle sich auch mal überlegen, welche wichtigen Erfindungen und Technologien, die für alle Menschen von Nutzen seien, durch Geld aus der Rüstungsforschung mitfinanziert wurden. [...]

Soll Tobias sich weiter mit James austauschen? Soll er unter den ihm nun bekannten Um-
40 ständen weiter an den Robotern programmieren? Soll er sich um eine andere Stelle bemühen – und den Kontakt zu Juliane und den Kollegen aufgeben?

Deborah Weber-Wulff u. a.: Fallbeispiel „Zivilitäre Forschung". In: Matthias Maring (Hg.): Fallstudien zur Ethik in Wissenschaft, Wirtschaft, Technik und Gesellschaft. Karlsruhe: KIT Scientific Publishing, 2011, S. 77 f.

1▶ Entscheiden Sie spontan: Was würden Sie an Tobias' Stelle tun?

2▶ Wem gegenüber trägt Tobias Verantwortung?

3▶ Gesetzt den Fall, einer der Roboter-Soldaten tötet in einem Kriegseinsatz ein unschuldiges Kind.
(a) Trifft Tobias eine Mitverantwortung?
(b) Wenn ja, wie groß ist diese im Vergleich mit anderen Verantwortungsträgern?
(c) Wer sonst trüge Verantwortung für den Tod des Kindes?

4▶ Wenn Tobias den Zeitungsartikel nicht gelesen und nichts von dem militärischen Einsatz seiner Programme erfahren hätte: Trüge er auch in diesem Fall Verantwortung?

Manfred Dworschak
Verantwortung für selbstfahrende Autos

Eines Tages wird es geschehen, so oder ähnlich: Ein selbstfahrendes Auto saust übers Land, der Computer lenkt. Der Fahrer hat es gemütlich, er liest Zeitung. Da hüpfen drei Kinder auf die Straße, links und rechts stehen Bäume.

In diesem Augenblick muss der Computer entscheiden. Wird er das Richtige tun? [...]
5 Der Computer könnte ja auch zu dem Schluss kommen, es sei unter diesen Umständen am besten, den Fahrer zu opfern. Dann setzt er den Wagen an den Baum.

Und warum auch nicht? Sollen lieber drei Kinder sterben?
Kein schönes Ende für unseren Fahrer. Die Visionäre vom selbstfahrenden Auto dagegen machen es sich leicht: Der Mensch rollt entspannt dahin, sagen sie, bequem und sicher wie
10 in der Eisenbahn. Aber es wird immer Unfälle geben, die nicht zu vermeiden sind: Kinder aus dem Nichts, jäh kreuzende Motorradfahrer oder ein schleudernder Bruchpilot auf der Gegenspur. [...]

Bis der Mensch aus der Zeitung auftaucht und die Lage peilt, ist es zu spät. Die Maschine allein muss in so einem Szenario ausrechnen, was zu tun ist; sie ist hoffentlich darauf pro-
15 grammiert, den Schaden möglichst gering zu halten. Das heißt aber auch: Damit urteilt sie über Leib und Leben der Beteiligten. [...]

Erstaunlich schnell kam die Technik voran; bald könnten die ersten Autos einsatzreif sein, die ganz ohne Eingriffe des Fahrers auskommen – auf den Autobahnen schon 2020, wenn es nach den Optimisten geht. Ein paar Jahre später wäre es dann im gesamten Straßennetz
20 so weit. [...]

Der Computer wäre sicherlich der bessere Fahrer – nie abgelenkt, reaktionsstark und stets im Bilde über das Verkehrsgeschehen ringsum. Sollte er das Steuer übernehmen, dürfte die Zahl der Unfälle stark sinken. [...]

Auf Bentham geht die Denkschule der Utilitaristen zurück. Ihre Anhänger sagen: Gut ist,
25 was den größtmöglichen Nutzen (Englisch: utility) hervorbringt – und zwar umgerechnet auf alle Beteiligten.

[...] [N]un wird der alte Utilitarist für das selbstfahrende Auto wieder interessant: Ließe sich nicht das heikle Entscheidungsproblem nach seinen Prinzipien regeln? [...]

Wie auch immer die neuen Regeln des Handelns sich herausbilden: Sie müssen mathema-
30 tisch formuliert sein, in Zahlen und Gleichungen, damit der Computer sie versteht. Das ist der Preis. Je autonomer die Maschinen, desto maschineller die Moral.

Eine breite Debatte darüber ist unabdingbar. Gut möglich, dass daran der Traum vom selbstfahrenden Auto schon scheitert, bevor er wahr wird – weil es eine Gesellschaft her-aufbeschwören würde, in der kaum jemand leben will. [...]

35 [Aber:] Bis zu 90 Prozent der Verkehrsunfälle gehen, je nach Schätzung, auf menschliches Fehlverhalten zurück. Über eine Million Menschen sterben weltweit jedes Jahr auf den Straßen – solange der Computer nicht übernehmen darf, wird sich daran wenig ändern. Ist es das wert?

Manfred Dworschak in: Der Spiegel 4/2016, S. 104-106

1▶ Urteilen Sie spontan: Selbstfahrende Autos – eher eine segensreiche Innovation oder eher ein Schreckensszenario?

2▶ **(a)** Wer trägt die Verantwortung für das Verhalten eines selbstfahrenden Autos in einer Unfallsituation? Identifizieren Sie mögliche Verantwortungsträger!
(b) Konkret: Ein selbstfahrendes Auto rammt einen Fahrradfahrer, weil es einem über die Straße laufenden Hund ausweicht (den es vielleicht irrtümlich als Kleinkind identifiziert). Der Radfahrer bricht sich ein Bein und das Fahrrad ist nicht mehr zu gebrauchen. Wer zahlt Schmerzensgeld und ersetzt den Schaden?

3▶ Entwerfen Sie für verschiedene mögliche Unfallsituationen (ähnlich der im Text gegebenen, in der das Auto zwischen verschiedenen Schäden abwägen muss) utilitaristische Kalkulationen, die dem Auto eine Verhaltensalternative nahelegen.

Peter Singer
Verantwortung für den Klimawandel

1▶ Urteilen Sie spontan: Tragen Sie Verantwortung für den durch Treibhausgase verursachten Klimawandel?

Der von Menschen verursachte Klimawandel ist ein besonderes Phänomen in Bezug auf Verantwortung. Der Schaden, den jeder Einzelne durch Autofahrten, Urlaubsflüge, Energieverbrauch etc. anrichtet, ist – bezogen auf das Weltklima – überhaupt nicht wahrnehmbar. Erst durch die zusammenwirkenden Effekte des Handelns von vielen Millionen Menschen wird der Einfluss auf das Weltklima erkennbar. Trägt nun jeder von uns Verantwortung für die Schäden, die durch den Klimawandel entstehen (könnten)? Peter Singer referiert ein Argument hierzu in folgendem Textauszug.

Jonathan Glover[1] stellt sich vor, dass in einem armen Dorf hundert Menschen beim Mittagessen sind. Jeder hat eine Schale mit hundert Bohnen vor sich. Plötzlich fallen hundert hungrige Banditen über das Dorf her. Jeder der Banditen nimmt dem Dorfbewohner seine Schüssel weg, isst sie auf und galoppiert davon. In der nächsten Woche planen die Banditen
5 das Gleiche, aber einen von ihnen plagt das Gewissen, weil die armen Dorfbewohner auf diese Weise hungern müssen. Diese Zweifel werden von einem anderen Banditen beseitigt, indem er vorschlägt, dass jeder von ihnen jeweils nur eine Bohne aus der Schüssel eines jeden Dorfbewohners nehmen dürfe. Weil der Verlust einer Bohne für den Dorfbewohner keinen erkennbaren Unterschied ausmache – man merkt nicht wirklich, ob man 99 oder 100
10 Bohnen isst –, werde kein Bandit irgendjeman-dem Schaden zufügen. So fallen die Banditen wieder über das Dorf her, aber anstatt die ganze Schale eines Dorfbewohners an sich zu reißen, geht jeder Bandit zu allen hundert Dorfbewohnern einzeln und holt sich genau eine einzige Bohne aus jeder Schüssel. Die Dorfbewohner sind ebenso hungrig wie die Woche zuvor, aber die Banditen können alle gut schlafen mit ihren vollen Bäuchen; denn sie sind
15 davon überzeugt, dass keiner von ihnen irgendjemandem Schaden zugefügt hat.

Glovers Beispiel zeigt, wie absurd es ist, kleine Schäden unbeachtet zu lassen. Auch wenn keiner von uns einen wahrnehmbaren Unterschied ausmacht, ist doch jeder für einen Anteil am Gesamtschaden, den wir zusammen verursachen, verantwortlich. Stoßen wir alle, indem wir mit einer Milliarde anderer begüterter Menschen zusammenhandeln, 20 Tonnen
20 Kohlendioxid aus, macht jeder von uns nur einen unmerklichen Unterschied für das Klima aus [...]. Zusammen jedoch fügen wir einer sehr großen Zahl von Menschen sehr großen Schaden zu, und dafür müssen wir unseren Anteil an der Verantwortung tragen.

Peter Singer: Praktische Ethik. Übersetzt von Oscar Bischoff, Jean-Claude Wolf, Dietrich Klose. Stuttgart: Reclam, 2013, S. 413 f.

2▶ Betrachten Sie die von Singer behauptete Analogie zwischen dem Dorfbeispiel und dem Klimawandel. Handelt es sich hier um ähnliche Fälle?

3▶ Identifizieren Sie weitere Verantwortungsträger für den Klimawandel (im Unterschied zum „normalen" Mitbürger, der Auto fährt, seine Wohnung heizt und gelegentlich in den Urlaub fliegt).

4▶ Welche Pflichten ergeben sich für Sie persönlich aus der evtl. gegebenen Verantwortung für den Klimawandel?

5▶ (Wie) könnte man das Verteilungsproblem der Verantwortung beim Klimawandel durch politische Maßnahmen so lösen, dass die Lasten der Verantwortung gerecht verteilt werden? Überlegen Sie mögliche Lösungen. Recherchieren Sie ggf., welche Lösungen von anderen vorgeschlagen werden.

---

[1] Jonathan Glover (*1941): britischer Philosoph

Michael Hampe
Die Natur – taugt sie als Richtschnur?

Bei Lebensmitteln, beim Naturschutz – in vielen Bereichen gilt die Natur als etwas Positives, ist „natürlich" ein positiv konnotiertes Adjektiv. Mit der Frage, ob die Natur als Richtschnur für unser Handeln dienen kann, und der damit verbundenen Frage, was wir denn sinnvollerweise unter „der Natur" verstehen können, setzt sich folgender Text auseinander.

1▶ **(a)** Finden Sie zunächst Beispiele für den positiv konnotierten Gebrauch des Begriffs „Natur" und verwandter Begriffe.
(b) Lassen sich auch negativ besetzte Verwendungsweisen finden?

Als mütterliches Ganzes ist sie ein kulturelles Fantasieprodukt. Sie gibt uns keine Orientierungen vor und ist keine Richtschnur für unser Verhalten. Wir müssen selbst entscheiden, wie wir leben wollen.

Ozeane, Wälder, das Blut in den Adern, Elementarteilchen, Milliarden Lichtjahre entfernte
5 Quasare, „unsere" Sonne, Grundkräfte und Naturkonstanten – auf all dies kann das Adjektiv „natürlich" angewendet werden. Auch das, was nur mit hoch technisierten Instrumenten beobachtet werden kann, gehört zu „der Natur", genauso wie der Kletterbaum im Garten und die Organe in unserer Leibeshöhle, die eventuell sehr natürliche maligne[1] Neubildungen entwickeln.

10 Doch Vorsicht: Zu glauben, nur weil ein und dasselbe Adjektiv auf verschiedene Gegenstände anwendbar ist, gehöre etwas zu ein und derselben Substanz und füge sich zu ein und demselben Ganzen, wäre ein Trugschluss. Die Natur als Ganzes gibt es nur in unserer Fantasie [...]. Wir können keine „Ganzheit" erfahren, sondern immer nur einzelne Gegenstände, die die Imagination dann zu einer Totalität zusammenfügt. [...]

15 Ist die Natur grausam oder fürsorglich, widersprüchlich oder harmonisch? Ist sie eine lebensfeindliche Wüste oder der mütterliche Grund unserer Existenz? Für all diese Aussagen lassen sich Belege anführen. Wenn die Prognosen der Physiker stimmen, wird die grausame Sonne in ferner Zukunft die Erde zerstören, während sie jetzt fürsorglich das Leben auf ihr ermöglicht. Einige Bakterien sind vermutlich von bösen Parasiten zu netten Symbi-
20 onten mutiert, wie die Helfer in unserem Darm. Aber sie können sich auch wieder in die schädliche Richtung zurückentwickeln. [...]

Und warum gibt es so viele unvereinbare Naturbegriffe? Weil Menschen mit unterschiedlichen wissenschaftlichen und unterschiedlichen Lebenserfahrungen dazu neigen, ihre Erfahrungen im Großbegriff „der Natur" zu verallgemeinern. Wer schiffbrüchig wochenlang
25 auf dem Meer herumtrieb oder sein Haus durch ein Erdbeben verlor, hat andere Naturerfahrungen als jemand, der als Kind im Garten Igeln ein Zuhause bot. Wer in einem Hochenergiebeschleuniger nach Higgs-Bosonen fahndet, macht andere Naturerfahrungen als jemand, der die Zusammenhänge zwischen Frosch- und Algenarten in einem Feuchtbiotop rekonstruiert. [...]

30 Die vielfältigen Verwendungsmöglichkeiten, die durch Erfahrung nicht steuerbare Naturbegriffe bieten, machen die Rede von „der Natur" zu einer ideologischen Allzweckwaffe. Menschen müssen angeblich „Konkurrenz lernen", weil es in der Natur nun einmal einen Kampf um Ressourcen gibt. Aber warum sollen wir das, was in den nicht menschlichen Sphären der Welt geschieht, in den menschlichen Bereichen verlängern? Weil es in der
35 Natur ständig Erdbeben gibt, versuchen wir uns ja auch nicht dadurch abzuhärten, dass wir regelmäßig die Abrissbirne schwingen. Oder denken wir an Infektionskrankheiten. Sie sind

---
[1] bösartige

etwas Natürliches, und trotzdem streben wir danach, sie zu verhindern, und bekämpfen sie, sobald sie auftreten.

Schon seit der stoischen Antike ist immer wieder vom „naturgerechten Leben" gesprochen worden. Deshalb hoffen Menschen, wenn sie die Orientierung verlieren, weil sich ihre Kultur stark verändert, „die Natur" könne ihnen wieder eine Richtschnur für ihr Verhalten liefern. Doch wo sollen sie hinschauen? Auf das despotische Alphamännchen der Schimpansengruppe, das jeden Morgen erst einmal seine Mitaffen verprügelt, damit sie tagsüber auch spuren? Oder auf die Pinguin-Eltern, die sich fast ums Leben hungern und frieren, um ihren Nachwuchs aufzuziehen? Auf den jungen Kuckuck, der seine Stiefgeschwister aus dem Nest in die Tiefe stößt, oder auf die Kindergärten der Buckelwale? Auf homosexuelle Hyänen oder das polygam orgiastische Paarungsverhalten mancher Zahnwale? [...]

Mit einem Wort: Wir können uns an der Natur nicht orientieren. Menschliche Gruppen müssen selbst, ohne natürliche oder göttliche Transzendenz, entscheiden, wie sie leben wollen. Diese Entscheidungen betreffen Einzelwesen, zu denen sie mit ihren Sinnen Kontakt aufnehmen können und die eventuell von ihrer beschränkten Handlungsmacht betroffen sind. Ganz bestimmte Menschen müssen entscheiden, ob sie einen ganz bestimmten Baum absägen oder nicht, einen Fluss kanalisieren oder nicht. Aus den Folgen dieser Entscheidungen werden einige Menschen und einige nicht menschliche Wesen Nutzen ziehen können, andere Schäden davontragen. Die Natur an sich betrifft das nicht, weil es sie nicht gibt. Partikulare natürliche Zusammenhänge verändern sich ständig, manchmal mit menschlicher Beteiligung, manchmal ohne. Wo Menschen beteiligt sind, sollten sie gut wissen, was sie warum tun und wem sie dabei schaden könnten. Das hat Bedeutung, manchmal für viele Einzelwesen, im Unterschied zum Reden über „die Natur überhaupt."

Michael Hampe: Die Natur. Gibt es sie überhaupt? In: Die Zeit 25/2013, Philosophie-Beilage, S. 22

2▶ Tragen Sie aus dem Text die Gründe Hampes für die These zusammen, dass die Natur nicht als Richtschnur für menschliches Handeln taugt.

3▶ Hampe stellt die These auf, dass die Rede von „der Natur" als ideologische Allzweckwaffe taugt (vgl. Z. 31). Überlegen Sie, inwiefern sich dies am Biberkrieg (→ SB, S. 233) belegen lässt. Finden Sie weitere (ggf. fiktive) Beispiele.

4▶ In Abschnitt 3.2. ab → SB, S. 133 wurde der Sein-Sollen-Fehlschluss eingeführt. Vergleichen Sie die Überlegungen dort mit den Aussagen des Textes von M. Hampe.

Joseph G. Moore
Warum Artenschutz?

Frage: Mir ist die Erhaltung des Artenreichtums enorm wichtig, [ich] kann aber nicht genau sagen, warum sie mir so am Herzen liegt. Warum ist sie eigentlich bedeutsam [...] ? [...]

1▶ Formulieren Sie eine spontane Antwort auf die Frage.

Die Philosophie kann uns dabei helfen, mögliche Vorteile einer großen biologischen Vielfalt zu betrachten und zu bewerten. Dabei geht es nicht allein um Artenreichtum, sondern auch um die Vielfalt von Ökosystemen und möglicherweise sogar um die genetische Vielfalt innerhalb der Arten. [...]

5 Es gibt mehrere sehr gute eigennützige Gründe dafür, warum der Mensch die biologische Vielfalt erhalten sollte. Erstens birgt die biologische Vielfalt einen reichen Schatz an unbekannten Wirkstoffen, Nahrungsmitteln und sogar industriellen Anwendungsmöglichkeiten. Zweitens bewahrt sie Information, die uns dabei hilft, die Geschichte und die Zusammenhänge des Lebens auf der Erde besser zu verstehen. Und drittens ist die Vielfalt des
10 Lebens vielen von uns ein tiefer und Ehrfurcht gebietender Quell ästhetischer und sogar spiritueller Erfüllung. All diese Überlegungen sind instrumenteller und anthropozentrischer Art – der Wert der biologischen Vielfalt rührt bei dieser Betrachtung also allein daher, welchen Nutzen sie uns, den Menschen, bringt. Aus diesem Grund bewahrt der Mensch diese biologische Vielfalt nicht um jeden Preis: Das Überleben und Gedeihen der Mensch-
15 heit wiegt allemal schwerer als die Erhaltung einer seltenen Zecke, eines Egels oder eines speziellen Moors, deren Nutzen für uns wir (möglicherweise zu Recht) gering achten.

Philosophisch interessant ist aber, ob biologische Vielfalt einen *Wert an sich* hat, vom Nutzen für den Menschen einmal abgesehen. Haben Arten oder Ökosysteme Interessen oder Rechte, die wir respektieren sollten, unabhängig davon, ob wir davon selbst profitieren?
20 Wohlgemerkt geht es hier nicht um die Frage, welche Rechte Tiere haben sollten. So können wir etwa finden, die Interessen eines einzelnen Tieres sollten ein moralisches Gewicht haben, und fordern, Massentierhaltung und Tierversuche gehörten verboten. Daraus folgt aber nicht automatisch, dass wir auch glauben, seltene Tierarten gehörten besonders geschützt, oder Lebensformen, die die biologische Vielfalt fördern, oder „ganzheitliche Kom-
25 plexe" wie biotische Gesellschaften, ganze Ökosysteme oder gar Mutter Erde selbst [...]. Ob solche ganzheitlichen Komplexe einen Wert an sich haben, das ist die zentrale Frage der Umweltphilosophie. [...]

Ich wollte immer daran glauben, dass ganzheitliche Komplexe einen Wert an sich haben, schaffte das aber nie. Denn erstens sind Begriffe wie „ökologische Stabilität", „ökologisches
30 Gleichgewicht", „Ökosystem" und sogar „Art" [...] wissenschaftlich problematisch. Doch selbst wenn man davon absieht, erkenne ich nicht, warum solche Einheiten einen *moralischen Wert an sich* haben sollten. Deshalb behelfe ich mir mit Nutzenargumenten, wenn ich meine eigene Einstellung für einen weitgehenden Umweltschutz begründe.

Übersetzt von Martin Bauer, aus: Alexander George (Hg.): Was ist das Gegenteil von einem Löwen? München: Heyne, 2007, S. 102–104

2▶ Ordnen Sie die verschiedenen Gedankengänge aus dem Text den verschiedenen Grundpositionen der Naturethik zu.

3▶ Versuchen Sie, Beispiele dafür zu finden, dass biologische Vielfalt legitimerweise in bestimmten Fällen nicht bewahrt wird, weil der Preis zu hoch wäre.

4▶ Überzeugt Sie Moores Antwort? Formulieren Sie ggf. Kritik.

Analyse der Position Peter Singers

Der Text gibt ein zusammenfassendes Protokoll aus dem Unterricht. So oder ähnlich kann eine fortlaufende Ergebnissicherung aussehen. Dieses Protokoll wurde jeweils nach Vorstellung und Diskussion einer weiteren Position erweitert. Das Endresultat zeigt Zusatztext Z 5-8.

Zwischenresultat:

Wie machen wir uns Argumentationen anderer verfügbar?

1. Schritt *lesen:* alles verstanden, rein sprachlich?

2. Schritt *rekonstruieren:* Wie ist das Argument aufgebaut, strukturiert?

(Die Argumente aller Autoren lassen sich so wie Singers strukturieren, wobei sie aber andere moralische Prinzipien zugrunde legen und andere Situationen als Vergleichsfälle betrachten.)

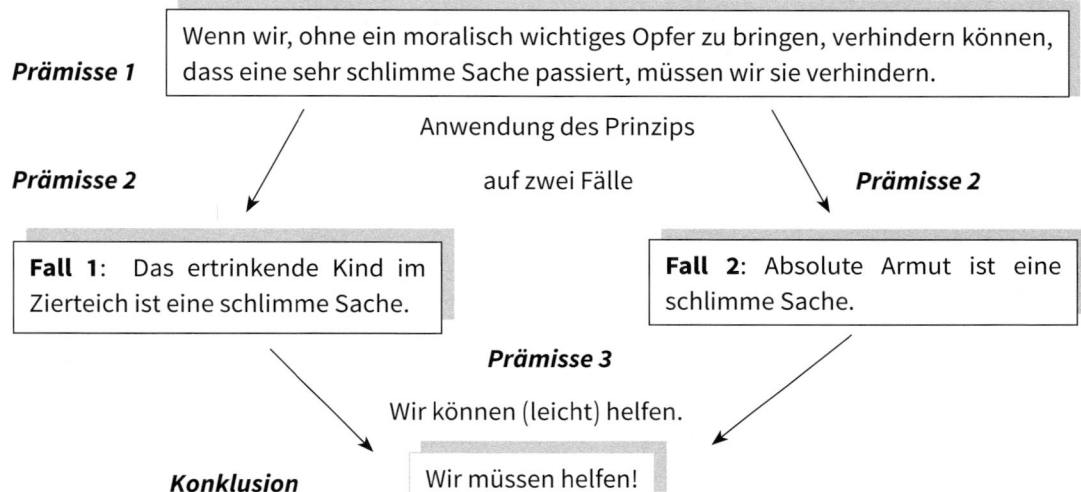

Manu benennt die Strategie Singers so: *Er vergleicht ein kleines Geschehen, bei dem* <u>*jeder*</u> *helfen würde, mit einem großen Geschehen, welches eigentlich das Gleiche ist. Er versucht dadurch, den Leser in eine moralische Zwickmühle zu bringen.*

Damit trifft Manu sehr genau den Punkt, der manchmal in der Moralphilosophie als **Merkmal der Übertragbarkeit** etwas anders so formuliert wird:

> *Ähnliche Fälle sind gleich zu entscheiden; andernfalls muss begründet werden, dass zwischen ihnen ein wichtiger Unterschied besteht; dieser Unterschied muss dann auch für andere Fälle als wichtig anerkannt werden.*

Bei allen Autoren kann man die **Folgerungen** ermitteln, die sich *ergäben,* wenn der Autor recht *hätte.* Diese Folgerungen kann man stets auch dann ermitteln, wenn man selbst der Ansicht ist, dass der Autor gar nicht recht hat (wie es z. B. bei **Ronja** gegenüber **Singers** Position tatsächlich der Fall ist).

Was ergäbe sich, wenn Peter Singer recht hätte? Wie weit reichte dann unsere Pflicht zum Helfen?

Ronja nannte dieses Kriterium:

> *Alles, was einen noch nicht relativ arm machen würde, müsste man absolut Armen abgeben, wenn es nötig ist.*

In der kontroversen Diskussion wurde vielfach behauptet, Ronjas Kriterium sei nicht zumutbar oder es führe nur zu einer Vertauschung der Besitzverhältnisse (wir würden relativ arm, die Armen relativ reich). Eine sehr wichtige Klarstellung erfolgte durch **Birthe**:

> *Ronjas Kriterium benennt den Extremfall. Wie viel müsste ich abgeben, wenn andere Menschen zu wenig oder nichts abgeben? Wenn viele (im Überfluss lebende) Menschen abgeben, dann müsste jeder von ihnen nur etwas abgeben und wäre dann von relativer Armut noch weit entfernt.*

Diesem vorläufigen Zwischenergebnis stimmten im Kurs 14 von 22 zu. Alle im Kurs, die sowohl Singers Argumentation als auch den Folgerungen bis hierhin zustimmen, müssten nun Anschlussfragen klären, wie z. B. …

1. Wie bewegt man hinreichend viele Menschen dazu, abzugeben, damit jeder, der hilft, nur relativ wenig abgeben muss?
2. Wie kann das, was abgegeben wird, so eingesetzt werden, dass es für die absolut Armen nicht ein Almosen, sondern eine Hilfe zur Selbsthilfe ist?
3. Wie kann man verhindern, dass es zu Missbrauch der Hilfe kommt?
4. (Fallen dir weitere wichtige Fragen ein?)
5. …
6. …

Fragen, Anmerkungen, Kommentare sind willkommen. Na dann, versucht nun, die Position eures Autors in ähnlicher Weise zu analysieren, wie wir es gemeinsam mit der Position Singers getan haben. *Viel Erfolg!*

Der folgende Text gibt ein zusammenfassendes Protokoll. So kann eine fortlaufende Ergebnissicherung aussehen. Dieses Protokoll stammt aus einem Kurs Praktische Philosophie in einem Jahrgang 9.

Unsere Zwischenergebnisse zu allen vier Autoren im Zusammenhang

Die Argumentationsstrategie von *Peter Singer* hatte **Manu** zu Beginn unserer Untersuchung klar benannt. Die Strategie lässt sich auf alle Autoren übertragen: *Alle benutzen Analogien. Sie vergleichen einfache Fälle, wo ganz klar scheint, wie das moralische Urteil ausfällt und was zu tun richtig wäre, und übertragen dann den einfachen Fall auf die Welthungerproblematik mit der Behauptung, dort gelte analog eben dasselbe.*

Damit traf Manu sehr genau den Punkt, den wir schon als **Merkmal der Übertragbarkeit** früher kennenlernten (vgl. auch 3.2.3 Forderungen an moralische Begründungen):

> *Ähnliche Fälle sind gleich zu entscheiden; andernfalls muss begründet werden, dass zwischen ihnen ein wichtiger Unterschied besteht; dieser Unterschied muss dann auch für andere Fälle als wichtig anerkannt werden.*

Peter Singer begründet mit der *Zierteichanalogie*, dass im Überfluss lebende Menschen die (positive) Pflicht haben, absolut Armen zu helfen. Wie weit aber reicht die Pflicht? **Ronja** nannte dieses Kriterium:

> *Alles, was einen selbst noch nicht relativ arm machen würde, müsste man absolut Armen abgeben, wenn es nötig ist.*

Muss es soweit kommen? Nein, behauptete **Birthe**:

> *Ronjas Kriterium benennt den Extremfall. Wie viel müsste ich abgeben, wenn andere Menschen zu wenig oder nichts abgeben? Wenn viele (im Überfluss lebende) Menschen abgeben, dann müsste jeder von ihnen nur etwas abgeben und wäre dann von relativer Armut noch weit entfernt.*

Diesem vorläufigen Zwischenergebnis stimmten im Kurs 14 von 22 zu. Alle im Kurs, die sowohl Singers Argumentation als auch den Folgerungen bis hierhin zustimmen, müssten nun Anschlussfragen klären, wie z. B. ...

1. Wie bewegt man hinreichend viele Menschen dazu, abzugeben, damit jeder, der hilft, nur relativ wenig abgeben muss?
2. Wie kann das, was abgegeben wird, so eingesetzt werden, dass es für die absolut Armen nicht ein Almosen, sondern eine Hilfe zur Selbsthilfe ist?
3. Wie kann man verhindern, dass es zu Missbrauch der Hilfe kommt?

Garrett Hardin nimmt als einfachen Fall eine Wiese, die als Weide von allen genutzt werden kann und deshalb überweidet werden würde. Hardin behauptet, dass Allmenden (Güter, die von allen genutzt werden können und niemandem gehören) *notwendig* in den Ruin führen. Ein öffentlicher Spielplatz würde verkommen, weil niemand sich für seinen Erhalt verantwortlich fühlte. Ohne klare Regelungen versuchen Fischer möglichst viele Fische zu fangen, was bei immer besseren Fangmethoden letztlich zum Ruin aller Fischer führt. Garrett Hardin behauptet, die Welthungerproblematik sei einer Allmende vergleichbar. Hätte er recht, dürfte man den Armen nicht helfen, weil noch mehr Arme die Folge wären, was das Problem vergrößerte, statt es zu verkleinern.

Bis auf eine Ausnahme stimmten alle im Kurs diesem Satz zu:

> *Wäre die Welthungerproblematik tatsächlich einer Allmende vergleichbar, dann hätte Hardin recht und man dürfte absolut Armen nicht helfen. Wer also helfen will, muss begründen können, wieso durch seine Hilfe die Gefahr der Allmende gar nicht entsteht.*

In der Diskussion regte sich starker Widerstand gegen die Position Hardins. Es seien Hilfen möglich, die das Welthungerproblem verkleinerten und nicht mit Verzögerung vergrößerten:

1. Hilfe zur Selbsthilfe (das wurde schon zu Singer vorgeschlagen)
2. Aufklärung, Zugang zu Verhütungsmitteln und Geburtenkontrolle
3. Bildung für Frauen (Fehlende Bildung wird als eine der wichtigen Ursachen eines zu starken Bevölkerungswachstums angesehen.)

Die Pogge-Gruppe wies darauf hin, dass ihr Autor zu zeigen versuche, wie Armut beseitigt werden könne, ohne eine Allmende zu riskieren. Hätte Pogge recht, wäre Hardins Argument entkräftet.

James Rachels nimmt als einfachen Fall ein Kind, das der Bösewicht Jack Palance neben sich verhungern lässt. Er begründet seine Position in zwei Schritten: i) Wer absolut Armen nicht hilft, ist wie Jack Palance ein moralisches Monster. ii) Einen Menschen verhungern zu lassen ist genauso schlimm, wie ihn zu töten.

Wenn wir absolut Armen nicht helfen, sind wir moralische Monster

1. Jack Palance (der ein Kind *neben sich* verhungern lässt, obwohl er es retten könnte) ist ohne Zweifel ein moralisches Monster. [21 im Kurs stimmten dem Satz zu.]
2. Die Entfernung zum Kind spielt keine Rolle: Jack Palance wäre auch dann ein moralisches Monster, wenn das Kind weit weg von ihm verhungerte, er es aber retten könnte. [12 im Kurs stimmten zu.] (Wäre das richtig, so wäre *jeder ein moralisches Monster*, der nichts gegen die Weltarmut unternimmt, obwohl er es könnte und dies auch wüsste.)
3. Reicht es, meinen Anteil an Hilfe zu leisten? Nein. Wir müssen so viele retten, wie wir können. Wenn ich bereits geholfen habe, andere aber ihren Anteil nicht leisten, dann muss ich erneut helfen. [9 stimmten dem Satz zu.]
4. Schuld lässt sich nicht teilen: Wenn viele Menschen jemanden verhungern lassen, den sie retten könnten, dann sind sie alle in *vollem Maße* verantwortlich und schuldig. [15 stimmten dem Satz zu.]

Viele glauben, jemanden zu töten sei schlimmer, als ihn sterben zu lassen. Rachels' *Äquivalenzthese* dagegen behauptet, die (positive) Hilfspflicht sei genauso stark wie die (negative) Pflicht, schlimme Taten zu unterlassen: „Sterbenlassen ist genauso schlimm wie Töten" (vgl. im Text von Rachels Zeile 7 bis 15).

Prämisse 1: Wenn es für oder gegen Handlung A dieselben Gründe gibt, wie für oder gegen Handlung B, dann sind die Gründe für A weder stärker noch schlechter als die Gründe für B; A und B sind dann moralisch äquivalent – keines von beiden ist dem anderen moralisch vorzuziehen.

Prämisse 2: Für und gegen das Sterbenlassen gibt es dieselben wichtigen Gründe wie für und gegen das Töten. [Töten ist falsch, weil jemand sein wichtigstes Gut, nämlich sein Leben verliert. Aber genau das ist auch beim Sterbenlassen der Fall.]

Konklusion: Töten und Sterbenlassen sind moralisch äquivalent – keins ist dem anderen vorzuziehen. [20 im Kurs stimmten der Begründung zu.]

Thomas Pogges Position wurde in drei Schritten vorgestellt: 1) Sein Basisargument nutzt den einfachen Fall eines Autounfalls, um zu zeigen, dass negative Pflichten stärker binden als positive Pflichten. 2) An einem typischen Beispiel („Steuerhinterziehung") zeigt Pogge, wie Industrienationen Armut verursachen. 3) Die Idee eines „Health Impact Fund" zeigt, wie Arme mit Medikamenten versorgt werden und Pharmakonzerne dennoch Gewinne erzielen könnten. Hätte Pogge in allem recht, wäre das Folgende gezeigt:

Prämisse 1: Menschen wie Nationen haben die (negative) Pflicht, zu unterlassen, was Menschen schadet, und ggf. entstandenen Schaden zu lindern.

Prämisse 2: Industrienationen (und wir als deren Bürger) verursachen absolute Armut und schaden damit Menschen in sehr massiver Weise.

Prämisse 3: Industrienationen (und wir …) könnten die Entstehung absoluter Armut effektiv verhindern und bestehende absolute Armut lindern.

Konklusion: Industrienationen (und wir …) müssen absolute Armut verhindern und bestehende lindern.

Schritt 1 „Basisüberlegung": Wer als Unbeteiligter ein Unfallopfer findet, hat die *positive* Pflicht, ihm zu helfen. Natürlich. Die Pflicht, Hilfe zu leisten, ist aber ungleich größer, wenn man für den Unfall verantwortlich ist. Denn durch den Unfall hat man die *negative* Pflicht verletzt, keinem Menschen zu schaden, und ist deshalb besonders zur Wiedergutmachung verpflichtet.

Schritt 2 „Steuerhinterziehung": Das Spiel (hier bezogen auf die USA) geht in etwa so: Der multinationale Konzern A macht in dem sehr armen Land B satte Gewinne. Statt die Gewinne im Land B zu versteuern, was der Bevölkerung zugute käme, verschiebt Konzern A die Gewinne in die Steueroase C. Durch eine geschickte Steuergesetzgebung in den USA kann Konzern A die Gewinne in die USA einführen und versteuert sie dort statt mit den üblichen 35% nur mit 5,25%. Die dringend nötigen Steuereinnahmen gehen Land B verloren. Land B wird ärmer: Es fließt deutlich mehr Kapital aus dem Land als in das Land.

Schritt 3 „Health Impact Fund": Für neue und wirksame Medikamente bekommen Pharmakonzerne 20 Jahre lang ein Monopol auf Herstellung und Verkauf. Für sehr arme Menschen sind die Medikamente unbezahlbar, da Pharmaunternehmen natürlich in den 20 Jahren Gewinne erzielen wollen und müssen. Die Idee des „Health Impact Fund" besteht darin, einen Anreiz zu schaffen, für die vernachlässigten Krankheiten der Armen Medikamente zu entwickeln und zum *Selbstkostenpreis* abzugeben. Reiche Nationen, Stiftungen und Privatpersonen zahlen Geld (6 Milliarden Dollar pro Jahr) in einen Fonds ein, aus dem die Pharmakonzerne so bezahlt werden: Je mehr Menschen ein Medikament hilft, desto mehr Geld erhält der Entwickler des Medikaments aus dem Fonds. Kann das funktionieren? Ja, sagt Pogge, und es folgen detailreiche Aufstellungen.

Im Gespräch über Pogges Position ergaben sich im Kurs diese Meinungsbilder:

- *Alle* stimmten zu, dass *negative* Pflichten stärker binden als *positive*. Damit widersprechen *alle* Rachels' Äquivalenzthese, dass beide Pflichten gleich stark seien. Zuvor hatten aber 20 Rachels zugestimmt. Was ist passiert?
- *Alle* sagen: Ja, die Industrienationen verursachen Armut und Pogges Beispiel zeigt das gut. [Magnus fragt, warum solche Gesetzeslücken nicht geschlossen werden. Jan Niklas antwortet, dass nationale Regelungen nicht reichen würden, da es internationaler Regelungen und Kontrollen bedürfe.]
- 20 sagen, dass die Bürger eines Landes die Möglichkeit haben, Druck so auszuüben, dass sich die Regierenden für internationale Regelungen einsetzen.
- Ist absolute Armut vollständig beseitigbar? 8 sagen „Ja", 14 „Nein".
- Genauer: Absolute Armut wäre *rein theoretisch* beseitigbar, aber die nötigen Schritte sind nicht durchsetzbar. „Ja" sagen 20, nur 2 widersprechen.

Anmerkungen, Fragen, Korrekturen? Dann jetzt.

Was tun mit den Resultaten? Was bedeuten sie für dich?

Barbara Bleisch
Phänomenologie der Hilfspflichten auf Distanz

Barbara Bleisch stellt alle wichtigen Merkmale von Singers Zierteichbeispiel tabellarisch dar. Gegen Singers Zierteichbeispiel wurde vielfach argumentiert, dass die Distanz ein moralisch wichtiges Merkmal sei, sodass einem Kind hier in unmittelbarer Nähe nicht zu helfen ein Verbrechen ist, nicht jedoch das Unterlassen von Hilfe für ein z. B. bengalisches Kind in 15.000 Kilometern Entfernung.

In seinem Aufsatz *Famine, Affluence and Morality* von 1972 hat Peter Singer ein erstes Mal sein Zierteich-Beispiel formuliert: „Wenn ich an einem seichten Teich vorbeikomme und ein Kind darin ertrinken sehe, so sollte ich hineinwaten und das Kind herausziehen. Das bringt zwar mit sich, dass meine Kleider schmutzig und nass werden, aber das ist bedeu-
5 tungslos, wohingegen der Tod des Kindes vermutlich etwas sehr Schlechtes wäre."
Dieses Beispiel dient der Erläuterung seines Prinzips, dass wir, wenn es in unserer Macht steht, etwas Schlechtes zu verhindern, ohne dabei etwas von moralischer Bedeutung opfern zu müssen, entsprechend handeln sollten. [...] [Dieses Prinzip] reiche aus, Hilfspflichten gegenüber Notleidenden zu begründen, die von allen Moraltheorien akzeptiert werden
10 können.
Gemäß Singer besteht im Fall des Kinds im Teich also genauso eine Hilfspflicht wie im Fall eines bengalischen Flüchtlingskindes, das vor dem Hungertod zu retten ist. Denn es sei „moralisch irrelevant, ob die Person, der ich helfen kann, ein zehn Meter von mir entferntes Nachbarkind ist oder ein Bengale, dessen Namen ich niemals erfahren werde, in 15 000 Ki-
15 lometern Entfernung. Räumliche Distanz sei hinsichtlich der Geltung von Hilfspflichten moralisch irrelevant: Wer „irgendein Prinzip der Unparteilichkeit, Universalisierung, Gleichheit oder dergleichen" akzeptiere, könne eine Benachteiligung anderer Menschen aufgrund ihrer physischen Entfernung nicht rechtfertigen. [...]
Im Folgenden interessiere ich mich für die Parallele zwischen dem Kind im Teich und dem
20 Kind im Hungergebiet. Ich gebe Singer recht, dass sicherlich viele die Intuition einer Hilfspflicht im Teich-Beispiel teilen. Hinsichtlich einer Hilfspflicht gegenüber dem Flüchtlingskind scheint dagegen eine entsprechende Intuition zu fehlen. Zwar erfüllt die meisten ein Unbehagen bei der Vorstellung, dass Kinder verhungern oder erfrieren. Dass wir in den beiden Beispielen in derselben Art und Weise moralisch zu Hilfe verpflichtet sein sollen,
25 entspricht dagegen nicht unserem spontanen Urteil. Vielmehr würden wir, wenn jemand die Parallele zöge, um etwa jemanden zu kritisieren, der für eine Hungersnot nichts spenden will, ausrufen: „Aber das ist doch nicht dasselbe!" Wie in Kapitel 2 bereits ausgeführt, stellt sich die Frage, was wir von solchen Intuitionen oder alltagsmoralischen Überzeugungen halten sollen. Selbst wenn wir [...] den Intuitionen einen hohen Erkenntniswert hin-
30 sichtlich dessen, was moralisch geboten ist, zusprechen, müssen wir unsere Intuitionen in einem zweiten Schritt stets rechtfertigen können, wollen wir daraus ein allgemein verbindliches Prinzip ableiten. Eine Möglichkeit, eine solche Rechtfertigung zu geben, ist aufzuzeigen, dass sich die Fälle „Kind im Teich" und „von Hunger bedrohtes Kind" in moralisch relevanter Hinsicht unterscheiden.
35 Auf der phänomenologischen Ebene unterscheiden sich die beiden Fälle in vielerlei Hinsicht, wie die [...] Übersicht [unten] zeigt. Zwischen den beiden Fällen identisch sind lediglich die beiden Faktoren, dass das Kind *unverschuldet* in seine Notlage geraten ist und dass die Not *lebensbedrohlich* ist. Für die Begründung einer Hilfspflicht sind diese beiden Faktoren sicher die gewichtigsten. Es ist jedoch zumindest eine offene Frage, ob alle anderen
40 Faktoren für die Pflichtbegründung und -geltung moralisch irrelevant sind. Singer negiert zwar keineswegs, dass es zwischen dem Teich-Beispiel und der Weltarmut Unterschiede auf der Ebene der Phänomene gibt: Er gesteht beispielsweise zu, dass im Teich-Beispiel ein Kind zu retten sei, während es weltweit Millionen sind, und dass eine Rettungsaktion im

Teich-Beispiel normalerweise erfolgreich ausfallen dürfte, während es hinsichtlich der
45 Weltarmut unklar sei, was eine erfolgreiche Rettung überhaupt beinhalten würde. Doch
hält er diese Unterschiede für die Pflichtbegründung für allesamt nicht relevant.

Um zu entscheiden, ob Singers Einschätzungen korrekt sind, werde ich im Folgenden die
einzelnen Faktoren gesondert untersuchen. Ich konzentriere mich dabei auf die Faktoren
der *räumlichen Distanz*, der *sozialen Distanz* und der *Vagheit* der Pflichten.

	a) Ertrinkendes Kind im Teich	b) Hungerndes Flüchtlingskind
1) Anzahl: Notleidende	ein Kind	Millionen von Kindern
2) Anzahl: potenzielle Helfer	ein Helfer	Millionen von Helfern
3) Kosten der Hilfe	nasse Kleider, Zeit	Geld
4) Kadenz der Not	(vermutlich) einmalig	(vermutlich) langfristig
5) Kadenz der geforderten Hilfe	(vermutlich) einmalig	(vermutlich) langfristig
6) Inhalt der Rettungsaktion	(mehr oder weniger) klar umrissene Handlung: in den Teich springen und Kind herausholen	mehrere Optionen
7) Erfolgswahrscheinlichkeit der Rettungsaktion	hohe Erfolgswahrscheinlichkeit (Retter hilft eigenständig)	unklare Erfolgswahrscheinlichkeit (Retter ist bei der Hilfe auf entsprechende Institutionen/Personen angewiesen)
8) Ursache der Not	Unfall	institutionelles Versagen
9) Räumliche Situation	Räumliche Nähe; Helfer und Notleidender treffen direkt aufeinander	Räumliche Distanz; Kontakt indirekt durch Medien oder Institutionen vermittelt
10) Bedeutung der Rettungsaktion für den Retter	„Heldentat"; allenfalls sinnstiftend (man hat jemandem das Leben gerettet); evtl. langfristig für den Retter: Dankbarkeit des Opfers dem Retter gegenüber	Wenig Bedeutung, es sei denn „Helfen" werde zum Lebensinhalt; Dankbarkeit für Geleistetes fraglich, evtl. nicht einmal angemessen
11) Strafrechtliche Relevanz einer Unterlassung	u.U. relevant	irrelevant

Barbara Bleisch: Pflichten auf Distanz. Berlin/New York: De Gruyter, 2010, S. 148–151

1▶ Stellen Sie dar, in welcher Weise Bleisch hier Singers Zierteich-Beispiel analysiert und für eine kritische Prüfung vorbereitet.

2▶ Analysieren Sie die Liste der 11 Merkmale. Stimmen Sie den Einordnungen zu? Halten Sie weitere, hier ungenannte Merkmale für moralisch relevant? Begründen Sie.

3▶ Wie urteilen Sie: Inwieweit sind räumliche oder soziale Distanz zu potenziellen Opfern moralisch relevant oder eben nicht?

Rolf Dobelli

Die Tragik der Allmende – Warum vernünftige Menschen nicht an die Vernunft appellieren

Dieser Text eignet sich als Ergänzung zur Position Hardins. Er zeigt, dass Hardins Position ganz sicher einen beachtenswerten Kern hat: Wie kann der (durchaus rationale) Gruppenegoismus durchbrochen werden, wenn es darum geht, übermäßigen Ressourcenverbrauch zu verhindern? Eine sowohl in dem Welthunger- wie auch dem Klimaproblem zentrale (wie ungelöste) Frage.

Stellen Sie sich ein saftiges Stück Land vor, das allen Bauern einer Stadt zur Verfügung steht. Es ist zu erwarten, dass jeder Bauer so viele Kühe wie möglich zum Weiden auf diese Weide schickt. Das funktioniert, solange gewildert wird oder Krankheiten grassieren, kurz: solange die Anzahl der Kühe eine bestimmte Zahl nicht überschreitet, das Land also nicht
5 ausgebeutet wird. Sobald dies aber nicht mehr der Fall ist, schlägt die schöne Idee der Allmende in Tragik um. Als rationaler Mensch versucht jeder Bauer, seinen Gewinn zu maximieren. Er fragt sich: „Welchen Nutzen ziehe *ich* daraus, wenn ich eine zusätzliche Kuh auf die Allmende schicke?" Für den Bauern ergibt sich ein zusätzlicher Nutzen von einer Kuh, die er verkaufen kann, also „+1". Der Nachteil der Überweidung durch eine zusätzliche Kuh
10 wird von allen getragen. Für den einzelnen Bauern beträgt der damit verbundene Verlust nur ein Bruchteil von „-1". Aus seiner Sicht ist es rational, das zusätzliche Tier auf die Wiese zu schicken. Und noch ein Tier. Und noch eins. Bis die Allmende kollabiert.

Die *Tragik der Allmende* ist – im wahrsten Sinne des Wortes – ein Gemeinplatz. Der große Irrtum besteht darin, zu hoffen, dass sie sich über Erziehung, Aufklärung, Informations-
15 kampagnen, Appelle an die „sozialen Gefühle", päpstliche Bullen oder Popstar-Predigten aus der Welt schaffen lassen werde. Wird sie nicht. Wer das Allmende-Problem wirklich angehen will, hat nur zwei Möglichkeiten: Privatisierung oder Management. Konkret: Das saftige Stück Land wird in private Hände gelegt, oder der Zugang zur Weide wird geregelt. Alles andere führt nach dem amerikanischen Biologen Garrett Hardin ins Verderben. Ma-
20 nagement kann zum Beispiel bedeuten, dass ein Staat Regeln aufstellt: Vielleicht wird eine Nutzungsgebühr eingeführt, vielleicht wird nach Augenfarbe (der Bauern oder der Kühe) entschieden, wer den Vorzug erhält.

Die Privatisierung ist die einfachere Lösung, aber auch fürs Management lässt sich argumentieren. Warum tun wir uns mit beidem so schwer? Warum hängen wir immer wieder
25 der Idee der Allmende nach? Weil uns die Evolution auf dieses soziale Dilemma vorbereitet hat. Zwei Gründe. Erstens: Während fast der gesamten Menschheitsgeschichte standen uns unbeschränkte Ressourcen zur Verfügung. Zweitens: Bis vor 10 000 Jahren lebten wir in Kleingruppen von ca. 50 Menschen. Jeder kannte jeden. War jemand auf seinen alleinigen Vorteil bedacht und nützte die Gemeinschaft aus, wurde das sofort registriert, gerächt und
30 mit der schlimmsten aller Strafen belegt: Rufschädigung. Im Kleinen funktioniert die Sanktion durch Scham noch heute: Ich hüte mich, auf einer Party den Kühlschrank meiner Freunde zu plündern, obwohl kein Polizist danebensteht. Doch in einer anonymen Gesellschaft spielt sie keine Rolle mehr.

Überall dort, wo der Nutzen beim Einzelnen anfällt, die Kosten aber bei der Gemeinschaft,
35 lauert die *Tragik der Allmende*: CO_2-Ausstoß, Abholzung, Wasserverschmutzung, Bewässerung, Übernutzung der Radiofrequenzen, öffentliche Toiletten, Weltraumschrott, Banken, die „too big to fail" sind. Das heißt aber nicht, dass eigennütziges Verhalten absolut unmoralisch ist. Der Bauer, der eine zusätzliche Kuh auf die Allmende schickt, ist kein Unmensch. Die *Tragik* ist bloß ein Effekt, der eintritt, wenn die Gruppengröße ungefähr 100 Menschen
40 übersteigt und wir an die Grenze der Regenerationskapazität von Systemen stoßen. Es

braucht keine besondere Intelligenz, um zu erkennen, dass wir in zunehmendem Maß mit diesem Thema konfrontiert werden. [...]

Natürlich: Es gibt Leute, die sehr darauf bedacht sind, den Effekt ihres Handelns auf die Menschheit und das Ökosystem zu berücksichtigen. Doch jede Politik, die auf solche Eigen-
45 verantwortung setzt, ist blauäugig. Wir dürfen nicht mit der sittlichen Vernunft des Menschen rechnen. Wie sagt Upton Sinclair so schön: „Es ist schwierig, jemanden etwas verstehen zu machen, wenn sein Einkommen davon abhängt, es nicht zu verstehen.“

Kurzum, es gibt nur die beiden besagten Lösungen: Privatisierung oder Management. Was unmöglich zu privatisieren ist – die Ozonschicht, die Meere, die Satellitenumlaufbahnen –,
50 das muss man managen.

Rolf Dobelli: Die Kunst des klaren Denkens. München: Hanser Verlag, 2011, S. 76–79

Barbara Bleisch
Schluss – oder: die Sorge, die bleibt

In einem seiner Aufsätze zur Weltarmut schreibt Stefan Gosepath: „Die moralphilosophische Unklarheit stellt sich uns als ein Problem, weil jeder gerne selber für sich Klarheit darüber haben möchte, zumindest wenn er intellektuell aufgeklärt und redlich ist, was er eigentlich angesichts von Menschen in Notlagen tun sollte. Zudem besteht, solange die
5 moralphilosophische Frage nicht geklärt ist, die Gefahr, dass zwar alle die Notlage beklagen, aber unter Umständen niemand (effektiv) hilft. Die intellektuelle Unklarheit führt so zu praktischer Apathie, die das Elend der Notleidenden noch vergrößert."

Ich habe versucht, Licht in die „intellektuelle Unklarheit" zu bringen, indem ich dem Individuum verschiedene Pflichten zugewiesen habe, die mit seinen unterschiedlichen Rollen
10 und Einflussbereichen in seiner Gesellschaft korrelieren: Es sind erstens *Bürgerpflichten*, die uns als Bürgerinnen und Bürger demokratisch regierter Länder in die Pflicht nehmen, unsere Stimmen zugunsten einer gerechteren Weltordnung zu erheben; zweitens *Konsumentenpflichten*, die uns als Käufer, Anlegerinnen, Investoren und Kundinnen dazu verpflichten, unsere Konsumentscheidungen mit Sorgfalt zu treffen und für eine Verstrickung
15 ins Unrecht Wiedergutmachung und Restitution zu leisten; und drittens *Hilfspflichten*, die Menschen dazu verpflichten, anderen Menschen in extremer Not Unterstützung zu gewähren. Diese Pflichten kommen allen Bewohnerinnen und Bewohnern der reicheren Länder zu, die in der Lage sind, den geforderten Beitrag zu leisten; es war deshalb von einem Pflichtenpluralismus die Rede. Die Weltarmut zu beseitigen ist somit eine Aufgabe, die wir alle
20 *gemeinsam* haben und die am effektvollsten und effizientesten gelöst werden kann, wenn sie koordiniert und institutionalisiert angegangen wird. In einer idealen Welt, die über die entsprechenden institutionellen Arrangements verfügt, wird die Belastung des Individuums nicht übermäßig ausfallen.

Die Sorge, die dagegen bestehen bleibt, ist die Individualethik. Es ist angesichts der Bilder
25 und Zahlen von extremer Armut, mit denen wir konfrontiert werden, schwierig, diese individualethische Perspektive begründet und gerechtfertigt aufzugeben, solange entsprechende Institutionen fehlen und die ideale Welt noch nicht Realität geworden ist. Vielleicht sollten wir diesen Blick auf die extreme Armut und das menschliche Leiden, das mit ihr einhergeht, auch gar nicht ablegen. Letztlich ist es dieser Blick, der Singer dazu bewogen
30 hat, 1972 sein Plädoyer für umfangreiche Hilfe für die Flüchtlinge im heutigen Bangladesch zu verfassen, und letztlich ist es auch dieser Blick, der in der Debatte um Weltarmut und Ethik motiviert und inspiriert. Dies wissen natürlich auch die Hilfswerke, die uns entsprechend oft mit Bildern und personalisierten Briefen wie jenen von Amina und ihrer Familie versorgen, mit dem dieses Buch begann.
35 Dennoch sollten wir nicht Amina, sondern das gesamte politische und institutionelle Gefüge im Blick haben und uns nach Kräften für gemeinsame, institutionelle Lösungen einsetzen. Wir erreichen am nachhaltigsten und am effizientesten am meisten, wenn wir *gemeinsam* vorgehen. Insofern haben wir alle vor allem die Pflicht, sensibel zu bleiben für das Elend, das andere Menschen ertragen müssen, und aktiv mitzuhelfen, entsprechende Orga-
40 nisationen zu gründen, voranzubringen und in unserer Gesetzgebung zu verankern.

Die norwegische Entwicklungspolitikerin Hilde Johnson schreibt in einem Aufsatz etwas pathetisch: „When we can put a man on the moon, why can we not eradicate poverty? The answer is – we can. We can, but we must do more, we must want more." Pathos hin oder her – es ist ihr recht zu geben.

Barbara Bleisch: Pflichten auf Distanz. Berlin/New York: De Gruyter, 2010, S. 209 – 211

1▶ Nehmen Sie Stellung: Inwieweit teilen Sie die Auffassung von Barbara Bleisch?

James Rachels
Aktive und passive Sterbehilfe

Vorbemerkung: Der Text ist lang und das Thema Sterbehilfe komplex. Nicht Vollständigkeit ist das Ziel, sondern die Diskussion einiger wichtiger Aspekte des Themas. Konzentrieren Sie sich also darauf, Rachels' Argument zu erfassen und erste Konsequenzen herauszuarbeiten. Arbeitsdefinition: Sterbehilfe ist „aktiv", wenn ein Mensch auf seinen Wunsch hin getötet wird. Sie ist „passiv", wenn bei einem Menschen auf seinen Wunsch hin lebensverlängernde medizinische Maßnahmen unterbleiben.

Dass so viele der Meinung sind, es bestehe ein gewichtiger moralischer Unterschied zwischen aktiver und passive Sterbehilfe, kommt auch daher, dass sie es für moralisch verwerflicher halten, einen Menschen zu töten, als ihn sterben zu lassen. Stimmt das denn wirklich? Ist das Töten an sich schlechter als das Sterbenlassen? Eine Antwort darauf ergibt sich
5 aus dem Vergleich zweier Fallbeispiele, die sich nur in einem Punkt unterscheiden, ansonsten aber völlig identisch sind: Im einen geht es um Tötung, im anderen um Sterbenlassen. Ausgehend von diesen Beispielen stellt sich die Frage, ob ein solcher Unterschied für die moralische Beurteilung der Handlungen von Bedeutung ist. Dass die Beispiele bis auf diesen einen Unterschied identisch sind, ist insofern wichtig, als sich eine abweichende Beur-
10 teilung der Fälle auch wirklich nur aus diesem Unterschied ergeben kann. Hier also die beiden Beispiele:
Im ersten hat Meier die Aussicht auf eine größere Erbschaft, falls seinem sechsjährigen Vetter etwas zustoßen sollte. Eines Abends schleicht sich Meier ins Badezimmer, wo der Sechsjährige gerade badet, und ertränkt das Kind. Danach richtet er alles so her, dass es
15 nach einem Unfall aussieht.
Im zweiten Beispiel hat Müller ebenfalls eine größere Erbschaft zu erwarten, wenn seinem sechsjährigen Vetter etwas zustößt. Wie Meier schleicht auch er sich ins Badezimmer in der Absicht, das Kind im Bad zu ertränken. Doch in dem Augenblick, als er das Badezimmer betritt, sieht Müller zu seiner Freude, wie der Junge ausrutscht, sich den Kopf anschlägt und
20 mit dem Gesicht nach vorn ins Wasser fällt. Müller steht daneben und hält sich bereit für den Fall, dass es nötig werden sollte, den Kopf des Kindes wieder unter Wasser zu drücken. Aber dazu kommt es nicht mehr, denn das Kind stirbt, nachdem es noch ein wenig um sich geschlagen hat, von selbst: gewissermaßen „[zufällig] durch Unfall", während Müller alles mit ansieht und nichts unternimmt.
25 Meier hat also das Kind getötet, während Müller es „nur" sterben ließ. Hierin liegt der einzige Unterschied in ihrem Handeln. Hat sich einer von ihnen unter einem moralischen Gesichtspunkt besser verhalten? Wäre der Unterschied zwischen Töten und Sterbenlassen eine an sich moralische Angelegenheit, so könnte man sagen, dass Müllers Verhalten weniger verwerflich ist als das von Meier. Aber will man das wirklich behaupten? Ich meine
30 nicht. Erstens handeln beide aus demselben Motiv – persönliche Bereicherung –, und beide verfolgen mit ihrem Handeln denselben Zweck. Aus Meiers Verhalten könnte man schließen, dass er ein schlechter Mensch ist, obgleich sich dieses Urteil durchaus auch zurücknehmen und revidieren ließe, wenn man mehr über ihn erfährt.: dass er z. B. geistig verwirrt ist. Aber ließe sich dasselbe nicht auch aus Müllers Verhalten ableiten? Und wären solche
35 weiterführenden Überlegungen nicht auch relevant im Hinblick auf eine Modifizierung dieses Urteils, wenn man darüber hinaus annähme, dass Müller zu seiner eigenen Verteidigung vorbringen könnte: „Schließlich habe ich ja nichts weiter getan, als dass ich dastand und zusah, wie das Kind ertrank. Getötet habe ich den Jungen nicht, ich habe ihn nur sterben lassen"? Nochmals: Wenn Sterbenlassen an sich weniger böse wäre als Töten, dann
40 müsste dieser Verteidigung einiges Gewicht zukommen. Dem ist aber nicht so. Eine derartige „Verteidigung" kann nur als groteske Perversion moralischer Urteilskraft aufgefasst werden. Moralisch gesehen handelt es sich gar nicht um eine Verteidigung.

Hier könnte man nun zu Recht den Einwand erheben, dass die Fälle von Sterbehilfe, mit denen sich Ärzte konfrontiert sehen, mit den hier dargestellten Beispielen überhaupt nicht
45 vergleichbar seien. Denn Ärzten gehe es weder um persönliche Bereicherung noch um die Tötung normaler und gesunder Kinder. Ärzte haben es nur mit Fällen zu tun, in denen entweder der Patient von seinem Leben nichts mehr zu erwarten hat oder in denen dieses Leben für den Patienten zu einer schrecklichen Last geworden ist oder es bald werden wird. Dennoch kommt es auch in diesen Fällen auf dasselbe heraus: Der bloße Unterschied zwi-
50 schen Töten und Sterbenlassen allein ist moralisch nicht ausschlaggebend. Wenn ein Arzt einen Patienten aus reiner Menschlichkeit sterben lässt, handelt er, moralisch gesehen, genauso, als wenn er diesem Patienten – ebenfalls aus reiner Menschlichkeit – eine tödliche Spritze gegeben hätte. Sollte er damit eine falsche Entscheidung getroffen haben – wenn sich z. B. herausstellt, dass der Patient nicht unheilbar krank war –, so wäre diese Entschei-
55 dung ebenso zu bedauern, ganz gleich, mit welcher Methode sie in die Tat umgesetzt wurde. Wenn er sich aber richtig entschieden hat, dann kommt es auf die Methode selbst nicht an.

James Rachels: Aktive und Passive Euthanasia. In: The New England journal of Medicine 292,2, 9. Januar 1975, S, 78 – 80
Übersetzt von Walter Bohnacker. In: Hans-Martin Sass (Hg.): Medizin und Ethik. Stuttgart: Reclam, 2. Revidierte Auflage 1999, S. 258 ff.

1▶ Gliedern Sie den Text und arbeiten Sie dabei Inhalt und Form der Argumentation heraus: Welche Position vertritt Rachels hier und wie begründet er sie? (Bewerten Sie noch nicht, ob er auch recht hat.)

2▶ Überlegen Sie einerseits, welche Einwände gegen Rachels' Position möglich erscheinen, und andererseits, welche Folgerungen sich ergäben, wenn Rachels recht hätte. (Bewerten Sie noch nicht.)

3▶ Versuchen Sie eine erste eigene Positionierung zu Ihnen zentral erscheinenden Aspekten des Arguments und den sich daraus ergebenden Folgerungen: Hat Rachels recht?

Eine mögliche Gliederung und logische Rekonstruktion sähe so aus. W

Zeilen 1 – 11: Vorstellung der Frage („Ist das Töten an sich schlechter als das Sterbenlas und des Vorgehens: Bewertung zweier Fallbeispiele, die sich in nur einem Merkmal unterscheiden.

Zeilen 12 – 24: Die beiden Fälle: Meier tötet niederträchtig seinen sechsjährigen Vetter. Müller schaut „nur" zu, wie der sechsjährige Vetter qualvoll ertrinkt. Beide haben exakt dieselben Motive.

Zeilen 25 – 41: Nachweis: Meier/Müller handeln gleich verwerflich. Ob ihr Handeln aktiv oder passiv ist, ist dabei unerheblich.

Zeilen 42 – 47: Einwand: Die beiden Fälle haben mit Sterbehilfe nichts gemein, denn die Handlungsmotive sind doch ganz andere.

Zeilen 47 – 55: Replik auf Einwand: Das stimmt, ist aber unerheblich. Wichtig ist nur diese Beobachtung: Besteht der *einzige* Unterschied zweier Situationen darin, dass einmal aktiv und einmal passiv gehandelt wird, so sind beide Situationen moralisch gleich zu beurteilen. *Wenn* es in der einen Situation richtig ist, jemanden sterben zu lassen, *dann* kann es in dieser Situation nicht falsch sein, ihn zu töten. *Wenn* es falsch ist, jemanden zu töten, dann kann es in derselben Situation nicht richtig sein, ihn sterben zu lassen.

Die logische Struktur:

Prämisse 1: Sind zwei Situationen moralisch gleich zu beurteilen und unterscheiden sie sich nur in genau einem Merkmal (aktives Handeln im einen und passives Handeln im anderen Fall), so spielt dieses Merkmal (aktiv oder passiv) für die moralische Beurteilung keine Rolle.

Prämisse 2: Das Verhalten von Müller im Gedankenszenario ist moralisch genauso verwerflich wie das von Meier. (Müller handelt aktiv: er tötet; Meier passiv: er verhindert nicht.)

Prämisse 3: Der einzige Unterschied in den Szenarien ist die Handlungsart (Töten, Sterbenlassen).

Konklusion: Der Unterschied zwischen Töten und Sterbenlassen ist moralisch unerheblich.

Möglicher Einwand: Sterbehilfe ist nicht mit den Gedankenszenarien vergleichbar.
Replik: Die Argumentation zeigt nur, dass Situationen, die sich allein durch Töten und Sterbenlassen und nichts sonst unterscheiden, gleich beurteilt werden müssen. Wird das Sterbenlassen als zulässig angesehen, so würde das aktive Töten an der Zulässigkeit nichts ändern. Was nicht geht, ist dieses: Töten in einer Situation als verwerflich, Sterbenlassen als erlaubt anzusehen. Man muss sich entscheiden: Entweder beides *in dieser Situation* als zulässig oder beides als erwerflich anzusehen.

6. Staatsphilosophie

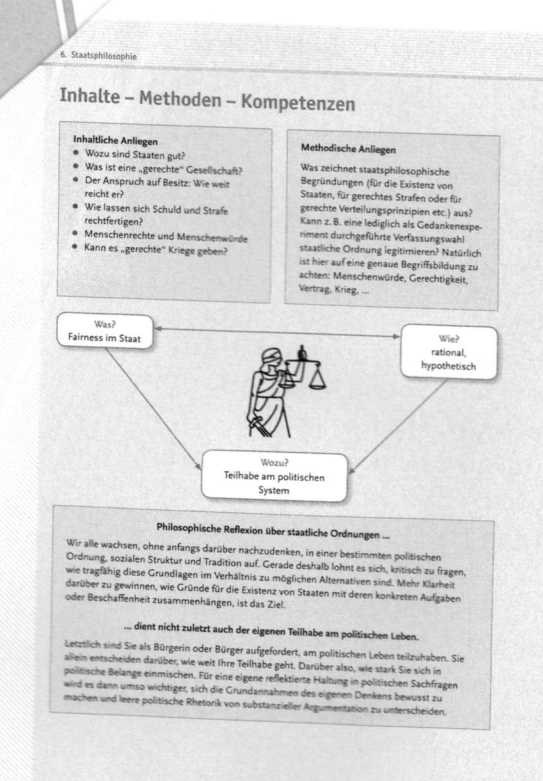

Inhalte – Methoden – Kompetenzen

Die Einführung in die Staatsphilosophie ist zweigeteilt: Im ersten Teil (6.1 und 6.2) werden Grundfragen der Staatsphilosophie eingeführt und klassische vertragstheoretische Antworten auf die Frage, was eine gerechte Gesellschaft auszeichne, ausführlich untersucht. Im Mittelpunkt steht dabei die sorgfältige Lektüre und logische Rekonstruktion philosophischer Argumentation. Im zweiten Teil (ab 6.3) werde[n] dann Einzelthemen primär aus der Gegenwartsperspekti[ve] vorgestellt und untersucht. Die Unterkapitel stehen d[abei] entsprechend jeweils für sich und können in wahlfreie[r Rei]henfolge und je nach den Erfordernissen des Lehrpla[ns be]handelt werden. Diese besondere Situation zeigt si[ch] auf den „Was - bleibt?"-Seiten. Abweichend von der[...] Kapiteln werden vier Seiten angeboten, je zwei [... zu] den Teilen. Methodisch sind die Unterkapitel ver[schieden ge]staltet, um so den unterschiedlichen inhaltlich[en ...] gerecht zu werden. So dienen etwa 6.4 und 6[.5 ...] sche Entwicklungslinien nachzuzeichnen, u[m ...] Debatte um Strafe (6.4) oder die Geltung d[er ...] te (6.5) nachvollziehen, gewichten und kri[tisieren] können. 6.6 widmet sich mit der Frage n[ach „Krie]gen" einer drängenden Frage der Angewandten Ethik; 6.3 nimmt den Be[griff „Ge]rechtigkeit" in Teilaspekten unter die Lupe. Im Unterkapitel 6.2 geht es i[m ...] Vertragstheorien, methodisch geht es im gesamten Unterkapitel vorne[hmlich um] Textinterpretation), nämlich darum, eine zusammenhängende Argu[mentation in] Textauszügen als logisch geschlossene Überlegung zu rekonstruieren[...]

Sequenz ●●●	**6.1** sollte als Grundlegung und Einführu[ng ...] wobei kleinere Auslassungen je nach [...] möglich sind. Alle anderen Unterka[pitel ...] Lehrplanerfordernis in wahlfreie[r ...] werden.
Querverweise ⬌	• **5. Angewandte Ethik** [...] und 5.6. • **4. Grundpositio[nen ...]** S. 156 ff.): dort [...]

6.1 Einführung in die Staatsphilosophie

Inhalte – Methoden – Kompetenzen

Die Einführung erfolgt zunächst (in 6.1.1) über einfache Beispiele und Texte, die in zen gen von Staat, Gesellschaft sowie Recht und Gerechtigkeit einführen, ohne dass sch systematische und vertiefte philosophische Diskussion angestrebt wird. Sehr genau ka an den Beispielen ermittelt werden, welche Einstellungen und Begründungslinien in eine gruppe vorherrschen. Das kann durchaus sehr stark variieren. Danach erfolgt eine syste schere Einführung zu der Frage „Wozu sind Staaten gut?" (6.1.2) mit einer starken Fokussie auf die Frage, ob objektive staatsphilosophische Erkenntnis möglich ist oder nicht. In 6.1.3 w diese Frage vertieft, indem der Unterschied zwischen Naturrecht und positivem Recht definit risch herausgearbeitet und an Beispielen plausibilisiert wird. Die sogenannte Radbruch'sch Formel kann am Beispiel der „Mauerschützenprozesse" oder an anderen Beispielen erprobt werden. Auch in dieser Einführung steht (wie schon in der Einführung in die Ethik) der universel le Geltungsanspruch im Mittelpunkt. Besteht er zu Recht oder ist alles relativ?

Sequenz ●●●	Es empfiehlt sich, das Kapitel als einleitendes Kapitel linear durchzuarbeiten. Bei Zeitmangel kann **6.1.1** entfallen oder stark reduziert werden, wenn Lerngruppen bereits in der Mittelstufe staatsphilosophische Themen behandelt haben. **6.1.2** und **6.1.3** sollten dagegen in jedem Fall sorgfältig als Grundlegung behandelt werden. Hinzuziehen kann man früh die „Was-bleibt?" -Seite, um den Zusammenhang zur Ethik schnell erkennbar und verfügbar zu machen.
Querverweise ◆▶	• **3.1 Einführung in die Ethik** (→ SB, S. 119 ff.)

Literatur und Links

- Das radikal Böse (Deutschland/Österreich 2013), Dokumentarfilm von Stefan Ruzowitzky

- Wilfried Hinsch, Wulf Kellerwessel, Markus Stepanians: Analytische Einführung in die politische Philosophie. Erscheint Sommer 2019 bei De Gruyter

- Norbert Hoerster: Was ist Recht? München: C.H. Beck, 2006

- Otfried Höffe: Gerechtigkeit. München: C.H. Beck, 3., durchgesehene Auflage 2015

6.1.1 Empört Euch!

Inhalte – Methoden – Kompetenzen

Die Einführung erfolgt zunächst über einfache Beispiele und Texte, die in zentrale Fragen von Staat, Gesellschaft sowie Recht und Gerechtigkeit einführen, ohne dass schon eine systematische und vertiefte philosophische Diskussion angestrebt wird. Sehr genau kann aber an den Beispielen ermittelt werden, welche Einstellungen und Begründungslinien in einer Lerngruppe vorherrschen. Das kann durchaus sehr stark variieren.

Sequenz ●●●	Bei Zeitmangel kann **6.1.1** entfallen oder stark reduziert werden, wenn Lerngruppen bereits in der Mittelstufe staatsphilosophische Themen behandelt haben.
Querverweise ◄─►	● **3.1 Einführung in die Ethik** (→ SB, S. 119 ff.)

Zu den Materialien und Aufgaben

S. 269   **1▶** Empörung. Bedeutungsübersicht laut Duden: i) von starken Emotionen begleitete Entrüstung als Reaktion auf Verstöße gegen moralische Konventionen ii) Aufstand, Rebellion, Meuterei. Synonyme zu Empörung: i) Ärger, Aufgebrachtheit, Entrüstung, Erbitterung, Erregung, Verärgerung, Wut, Zorn; (gehoben) Groll, Ungehaltenheit; (umgangssprachlich) Rage; (gehoben veraltend) [In]Grimm. ii) Auflehnung, Aufruhr, Aufstand, Erhebung, Krawall, Meuterei, Protest, Rebellion, Revolte, Tumult, Unruhen; (schweizerisch) Unrast; (bildungssprachlich) Insurrektion; (umgangssprachlich) Randale; (veraltet) Emeute, Sedition.

Aber natürlich sind die Lerngruppen erst einmal ganz frei, ihr Wortverständnis zu entwickeln. Beide Bedeutungen sollten später aber unterschieden werden. Hessels Aufruf ist ein Aufruf zu Protest und Auflehnung, also aktiv zu werden. Der Ansporn dazu mag auch in der Entrüstung über herrschende Verhältnisse liegen.

S. 269   **Claudia Henzler: Plädoyer für ein „Update" der Menschenrechts-Charta — Teil 1**
Stéphane Hessel: Empört Euch!

2▶ Hier werden viele Fragen als Anregung gestellt, um ins Thema zu kommen. Bestimmte Erwartungen sind also fehl am Platz. Es kommt ganz darauf an, ob und welche Beispiele die Lerngruppen vortragen. Ob sie dabei z. B. eher im engeren Lebensumfeld bleiben oder ob sie dabei auch große politische Zusammenhänge ansprechen. Thematisiert werden kann intensiv die oftmals vorhandene Zwiegespaltenheit: einerseits ein starkes Bewusstsein für schreiende Ungerechtigkeiten, andererseits der fehlende Antrieb, selbst dagegen aktiv zu werden.

S. 270   **Die Zeit: Aufstand der Jungen**

3▶ Die Aufgabe ist offen für Aktualisierungen. Sie eignet sich als Hausaufgabe oder als Aufgabe für Kurzreferate mit Internetrecherchen. Falls im gegenwärtigen Fokus klar andere Proteste stehen, so kann schnell zu diesen übergegangen werden.

4▶ Ein Gemeinwesen, das Freiheit und Würde als Totschlagbegriffe zwar hochhält, aber sich auch nicht nur annähernd um wirkliche soziale Gerechtigkeit kümmert, läuft Gefahr in partikuläre Gruppen zu zerfallen, die sich selbst darum kümmern, die Folgen der Ungleichheit zu bewältigen.

5▶ 6▶ Diese arbeitsteilige Gruppenarbeit kann bei Zeitmangel entfallen oder wenn zu Aufgabe 2 bereits tragfähige Empörungsanlässe genannt und diskutiert wurden.

S. 271   **7▶** Die Aufgabe erklärt sich von selbst.

S. 271   **M 1 Akrobatik, um genehmigte Atommülltransporte zu behindern?**

8▶ Die Aufgabe ist offen formuliert. Hier sind alle Reaktionen von wichtig bis ärgerlich oder überflüssig möglich.

S. 271   **M 2 Watson: Naturschützer oder Ökoterrorist?**

S. 272 **9**▶ Diese Aufgabe kann auch als Schreibübung mit Partnerkorrektur genutzt werden: i) Alle schreiben eine Stellungnahme von maximal einer Seite. ii) Jeder sucht sich einen Tauschpartner. Die Partner lesen die Stellungnahme des anderen und dürfen maximal 6 Stellen an der Seite markieren: zweimal ein „!" für „interessanter Gedanke", zweimal „?" für „das ist mir unklar, unverständlich", zweimal „W" für „das sehe ich aber anders". Danach sprechen die beiden Tauschpartner kurz über ihre jeweiligen Einschätzungen. iii) Jeder überarbeitet dann anschließend seine Stellungnahme und kann dabei die Anmerkungen des Partners nutzen. Die Ergebnisse können dann die Grundlage für die Bearbeitung von Aufgabe 10 sein.

10▶ **11**▶ Die Aufgaben sprechen für sich. Schon hier kann sich abzeichnen, dass einige eher von einem Naturrecht aus argumentieren (Watson wehrt sich nur gegen schlechte Gesetze, die das natürliche Recht der Wale nicht ausreichend schützen) und andere eher rechtspositivistisch, weil Watson ohne Legitimation Menschen gefährde oder Sachwerte zerstöre.

S. 272 **M 3 Kindsmörder entschädigen?**

12▶ Viele werden das Urteil für falsch halten. In diesem Zusammenhang kann sich schon eine Diskussion darüber andeuten, was es heißt, Rechte zu garantieren, und darüber, ob die zentralen Rechte „unveräußerlich" sind.

13▶ Die Aufgabe ist diskussions- und ergebnisoffen.

S. 273 **14**▶ Die Aufgabe ist diskussions- und ergebnisoffen. Nicht selten kommt es dazu, dass in Lerngruppen viele dafür votieren, dass z. B. das Recht auf Leben verwirkt werden kann, sodass die Todesstrafe eine legitime Strafe darstelle. Aber auch andere Rechte werden für Schwerverbrecher infrage gestellt. Als Anregung kann auch die Darstellung der Grundrechte (des Grundgesetzes, vgl. → SB, S. 359) genutzt werden. Die Gegensätze können hier so stehen bleiben, sollten dann aber im Zuge der weiteren Behandlung staatsphilosophischer Fragen erneut untersucht werden.

S. 273 **Claudia Henzler: Plädoyer für ein „Update" der Menschenrechts-Charta – Teil 2**

15▶ Die Aufgabe ist ergebnisoffen und ermuntert dazu, ein eigenes vorläufiges Resümee zu ziehen. Ernst nehmen muss man auch pessimistische Einschätzungen, solche, die sich zwar Gerechtigkeit wünschen, aber sie als nicht realisierbar oder durchsetzbar und den Einsatz für Gerechtigkeit deshalb als vergeblich ansehen.

6.1.2 Wozu sind Staaten gut?

Inhalte – Methoden – Kompetenzen

Inhaltlich werden begriffliche Grundlagen gelegt und erste Hinterfragungen angestrebt: Was ist und womit beschäftigt sich die Staatsphilosophie? Die Vielfalt der Sichtweisen sollte ans Licht kommen, ebenso aber auch die besondere Begründungslast, die sich jemand einhandelt, der die Möglichkeit staatsphilosophischer Erkenntnis skeptisch beurteilt.

Sequenz •••	**6.1.2** und **6.1.3** sollten sorgfältig als Grundlegung behandelt werden. Hinzuziehen kann man früh die „Was-bleibt?"-Seite (→ SB, S. 358), um den Zusammenhang zur Ethik schnell erkennbar und verfügbar zu machen.
Querverweise ⬌	• **3.1 Einführung in die Ethik** (→ SB, S. 119 ff.)

S. 274 **Kritias: Die Entstehung von Recht und Religion**

■1▶ Häufig werden hier Ideen und Vorstellungen genannt, wie aus kleinen, eher familiären Gruppen größere Gemeinschaften wurden, in denen die Anführer bestimmten und die dann Regeln, Rechte und Gesetze machten. Weitere Geschichten zur Erklärung sind möglich. Es kommt hier auf Fantasie und Ideenreichtum an.

■2▶ Aufgabe 2 spricht für sich. Hinterfragung und auf neue Gedanken zu kommen sind die Ziele.

S. 274 **Norbert Hoerster: Die staatsphilosophische Fragestellung**

S. 275 **■3▶** Staatsphilosophie beschreibt nicht staatliche Ordnungen, sondern bewertet sie: „Gibt es vom Standpunkt der Vernunft aus überzeugende Gründe für die Existenz eines Staates?" Solche und ähnliche Fragen werden als Rechtfertigungsfragen verstanden. Die Rechtfertigungsproblematik hat zwei Dimensionen: 1) Festlegung von Kriterien für den richtigen Inhalt staatlicher Normen und 2) eine Beantwortung der Frage, von wem und nach welchen Verfahren politische Entscheidungen gefällt werden sollen.

Manche bezweifeln, dass echte staatsphilosophische Erkenntnis möglich ist. Eine staatliche Ordnung wäre dann so legitim wie jede andere. Die Bundesrepublik Deutschland wäre nicht besser als das „Dritte Reich". Wer dagegen begründen will, dass staatliche Ordnungen ihrer Güte nach beurteilbar sind, der muss zunächst die zentralen Begriffe der Rechtfertigung sorgfältig definieren. In diesem Bemühen ist Begriffsanalyse ein unverzichtbares methodisches Hilfsmittel.

Begriffsanalyse geht in zwei Schritten vor: 1) Erläuterung und Analyse des tatsächlichen Gebrauchs eines Begriffes und 2) Festlegung und Begründung des richtigen Gebrauchs eines Begriffes. Begriffsexplikation dient dazu, den sachlichen Streit durch sprachliche Präzision vorzubereiten und zu frühe Wertungen zu vermeiden.

■4▶ Diese Aufgabe fordert Skeptiker zur Positionierung auf. Eindringlich führt Hoerster vor Augen, was es heißt, begründbare Kriterien für die Güte von Staaten zu bestreiten.

S. 276 **■5▶** Die Aufgabe spricht für sich. Sie ist geeignet, sich darin zu üben, Arbeitsdefinitionen zu entwerfen und eigene Präzisierungen zu versuchen.

■6▶ Das Referat kann im Vorfeld der Textlektüre vergeben werden. Es wird dann als Einleitung zur Besprechung des Textes gehalten. Es liegen einige Besonderheiten und Bedeutungswandel vor. Eine kurze Internetrecherche gibt schnell Aufschluss.

S. 276 **Otfried Höffe: Die Menschheit als Gerechtigkeitsgemeinschaft**

S. 277 **■7▶** Neben der folgenden Gliederung sind natürlich weitere möglich:

Z. 1–16: Gerechtigkeit als Leitziel der Menschheit seit ihrer Frühzeit

Z. 17–24: Trotz vieler Gerechtigkeitsvorstellungen gibt es doch einen unstrittigen Kern

Z. 25–34: Unparteilichkeit erster Stufe als unparteiische Regelanwendung

Z. 35–41: Unparteilichkeit zweiter Stufe als geeignete Regelfestsetzung für Lebensbereiche

Z. 42–57: Beispiele, die die Unterscheidung erklären und die Verbreitung empirisch belegen

■8▶ Im letzten Satz steht Höffes Zielbehauptung: Interkulturelle Rechtsdiskurse können oder sollten sich am Begriff der Gerechtigkeit ausrichten. Höffe zeigt die Gemeinsamkeiten auf, begründet sie aber nicht inhaltlich. Er geht eher deskriptiv und induktiv vor und legt die in seinen Augen überwältigende Übereinstimmung in den Kulturen als empirischen Beleg für die Richtigkeit von Prinzipien zumindest nahe.

Eine mögliche Gliederung und logische Rekonstruktion sähe so aus. Weitere sind denkbar.

Zeilen 1 – 11: Vorstellung der Frage („Ist das Töten an sich schlechter als das Sterbenlassen?", Z. 4) und des Vorgehens: Bewertung zweier Fallbeispiele, die sich in nur einem Merkmal unterscheiden.

Zeilen 12 – 24: Die beiden Fälle: Meier tötet niederträchtig seinen sechsjährigen Vetter. Müller schaut „nur" zu, wie der sechsjährige Vetter qualvoll ertrinkt. Beide haben exakt dieselben Motive.

Zeilen 25 – 41: Nachweis: Meier/Müller handeln gleich verwerflich. Ob ihr Handeln aktiv oder passiv ist, ist dabei unerheblich.

Zeilen 42 – 47: Einwand: Die beiden Fälle haben mit Sterbehilfe nichts gemein, denn die Handlungsmotive sind doch ganz andere.

Zeilen 47 – 55: Replik auf Einwand: Das stimmt, ist aber unerheblich. Wichtig ist nur diese Beobachtung: Besteht der *einzige* Unterschied zweier Situationen darin, dass einmal aktiv und einmal passiv gehandelt wird, so sind beide Situationen moralisch gleich zu beurteilen. *Wenn* es in der einen Situation richtig ist, jemanden sterben zu lassen, *dann* kann es in dieser Situation nicht falsch sein, ihn zu töten. *Wenn* es falsch ist, jemanden zu töten, dann kann es in derselben Situation nicht richtig sein, ihn sterben zu lassen.

Die logische Struktur:

Prämisse 1: Sind zwei Situationen moralisch gleich zu beurteilen und unterscheiden sie sich nur in genau einem Merkmal (aktives Handeln im einen und passives Handeln im anderen Fall), so spielt dieses Merkmal (aktiv oder passiv) für die moralische Beurteilung keine Rolle.

Prämisse 2: Das Verhalten von Müller im Gedankenszenario ist moralisch genauso verwerflich wie das von Meier. (Müller handelt aktiv: er tötet; Meier passiv: er verhindert nicht.)

Prämisse 3: Der einzige Unterschied in den Szenarien ist die Handlungsart (Töten, Sterbenlassen).

Konklusion: Der Unterschied zwischen Töten und Sterbenlassen ist moralisch unerheblich.

Möglicher Einwand: Sterbehilfe ist nicht mit den Gedankenszenarien vergleichbar.
Replik: Die Argumentation zeigt nur, dass Situationen, die sich allein durch Töten und Sterbenlassen und nichts sonst unterscheiden, gleich beurteilt werden müssen. Wird das Sterbenlassen als zulässig angesehen, so würde das aktive Töten an der Zulässigkeit nichts ändern. Was nicht geht, ist dieses: Töten in einer Situation als verwerflich, Sterbenlassen als erlaubt anzusehen. Man muss sich entscheiden: Entweder beides *in dieser Situation* als zulässig oder beides als verwerflich anzusehen.

6. Staatsphilosophie

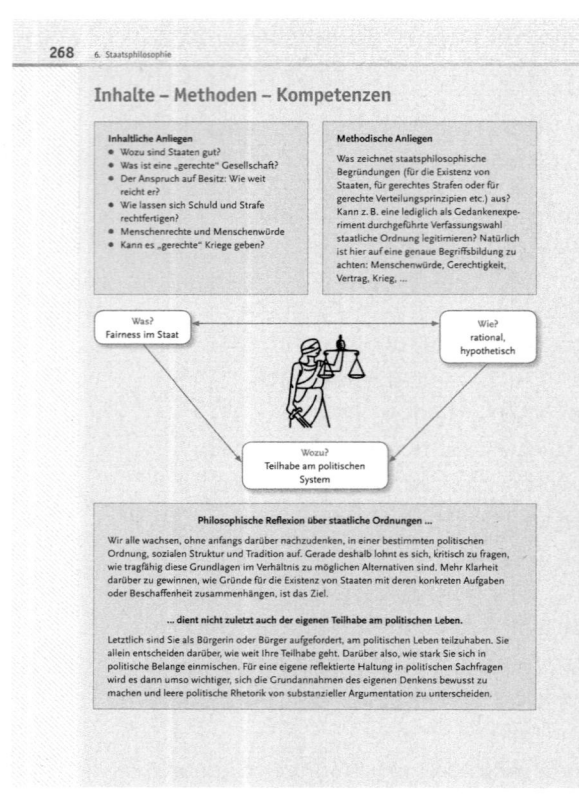

Inhalte – Methoden – Kompetenzen

Die Einführung in die Staatsphilosophie ist zweigeteilt: Im ersten Teil (6.1 und 6.2) werden Grundfragen der Staatsphilosophie eingeführt und klassische vertragstheoretische Antworten auf die Frage, was eine gerechte Gesellschaft auszeichne, ausführlich untersucht. Im Mittelpunkt steht dabei die sorgfältige Lektüre und logische Rekonstruktion philosophischer Argumentation. Im zweiten Teil (ab 6.3) werden dann Einzelthemen primär aus der Gegenwartsperspektive vorgestellt und untersucht. Die Unterkapitel stehen dementsprechend jeweils für sich und können in wahlfreier Reihenfolge und je nach den Erfordernissen des Lehrplans behandelt werden. Diese besondere Situation zeigt sich auch auf den „Was - bleibt?"-Seiten. Abweichend von den anderen Kapiteln werden vier Seiten angeboten, je zwei zu den beiden Teilen. Methodisch sind die Unterkapitel verschieden gestaltet, um so den unterschiedlichen inhaltlichen Interessen gerecht zu werden. So dienen etwa 6.4 und 6.5 dazu, historische Entwicklungslinien nachzuzeichnen, um so die heutige Debatte um Strafe (6.4) oder die Geltung der Menschenrechte (6.5) nachvollziehen, gewichten und kritisch diskutieren zu können. 6.6 widmet sich mit der Frage nach „gerechten Kriegen" einer drängenden Frage der Angewandten Ethik; 6.3 nimmt den Begriff der „sozialen Gerechtigkeit" in Teilaspekten unter die Lupe. Im Unterkapitel 6.2 geht es inhaltlich um klassische Vertragstheorien, methodisch geht es im gesamten Unterkapitel vornehmlich um Säule 4 (Faire Textinterpretation), nämlich darum, eine zusammenhängende Argumentation aus längeren Textauszügen als logisch geschlossene Überlegung zu rekonstruieren.

Sequenz ●●●	6.1 sollte als Grundlegung und Einführung linear behandelt werden, wobei kleinere Auslassungen je nach Vorerfahrungen der Lerngruppe möglich sind. Alle anderen Unterkapitel können nach Bedarf und Lehrplanerfordernis in wahlfreier Auswahl und Reihenfolge behandelt werden.
Querverweise ⟷	• **5. Angewandte Ethik** (→ SB, S. 214 ff): dort insbesondere 5.2, 5.3 und 5.6. • **4. Grundpositionen philosophischer Ethik** (→ SB, S. 156 ff.): dort insbesondere 4.4 Diskursethik.

6.1 Einführung in die Staatsphilosophie

Inhalte – Methoden – Kompetenzen

Die Einführung erfolgt zunächst (in 6.1.1) über einfache Beispiele und Texte, die in zentrale Fragen von Staat, Gesellschaft sowie Recht und Gerechtigkeit einführen, ohne dass schon eine systematische und vertiefte philosophische Diskussion angestrebt wird. Sehr genau kann aber an den Beispielen ermittelt werden, welche Einstellungen und Begründungslinien in einer Lerngruppe vorherrschen. Das kann durchaus sehr stark variieren. Danach erfolgt eine systematischere Einführung zu der Frage „Wozu sind Staaten gut?" (6.1.2) mit einer starken Fokussierung auf die Frage, ob objektive staatsphilosophische Erkenntnis möglich ist oder nicht. In 6.1.3 wird diese Frage vertieft, indem der Unterschied zwischen Naturrecht und positivem Recht definitorisch herausgearbeitet und an Beispielen plausibilisiert wird. Die sogenannte Radbruch'sche Formel kann am Beispiel der „Mauerschützenprozesse" oder an anderen Beispielen erprobt werden. Auch in dieser Einführung steht (wie schon in der Einführung in die Ethik) der universelle Geltungsanspruch im Mittelpunkt. Besteht er zu Recht oder ist alles relativ?

Sequenz	Es empfiehlt sich, das Kapitel als einleitendes Kapitel linear durchzuarbeiten. Bei Zeitmangel kann **6.1.1** entfallen oder stark reduziert werden, wenn Lerngruppen bereits in der Mittelstufe staatsphilosophische Themen behandelt haben. **6.1.2** und **6.1.3** sollten dagegen in jedem Fall sorgfältig als Grundlegung behandelt werden. Hinzuziehen kann man früh die „Was-bleibt?" -Seite, um den Zusammenhang zur Ethik schnell erkennbar und verfügbar zu machen.
Querverweise	• **3.1 Einführung in die Ethik** (→ SB, S. 119 ff.)

Literatur und Links

- Das radikal Böse (Deutschland/Österreich 2013), Dokumentarfilm von Stefan Ruzowitzky

- Wilfried Hinsch, Wulf Kellerwessel, Markus Stepanians: Analytische Einführung in die politische Philosophie. Erscheint Sommer 2019 bei De Gruyter

- Norbert Hoerster: Was ist Recht? München: C.H. Beck, 2006

- Otfried Höffe: Gerechtigkeit. München: C.H. Beck, 3., durchgesehene Auflage 2015

6.1.1 Empört Euch!

Inhalte – Methoden – Kompetenzen

Die Einführung erfolgt zunächst über einfache Beispiele und Texte, die in zentrale Fragen von Staat, Gesellschaft sowie Recht und Gerechtigkeit einführen, ohne dass schon eine systematische und vertiefte philosophische Diskussion angestrebt wird. Sehr genau kann aber an den Beispielen ermittelt werden, welche Einstellungen und Begründungslinien in einer Lerngruppe vorherrschen. Das kann durchaus sehr stark variieren.

Sequenz ● ● ●	Bei Zeitmangel kann **6.1.1** entfallen oder stark reduziert werden, wenn Lerngruppen bereits in der Mittelstufe staatsphilosophische Themen behandelt haben.
Querverweise ⬌	● **3.1 Einführung in die Ethik** (→ SB, S. 119 ff.)

Zu den Materialien und Aufgaben

S. 269 **1▶** Empörung. Bedeutungsübersicht laut Duden: i) von starken Emotionen begleitete Entrüstung als Reaktion auf Verstöße gegen moralische Konventionen ii) Aufstand, Rebellion, Meuterei. Synonyme zu Empörung: i) Ärger, Aufgebrachtheit, Entrüstung, Erbitterung, Erregung, Verärgerung, Wut, Zorn; (gehoben) Groll, Ungehaltenheit; (umgangssprachlich) Rage; (gehoben veraltend) [In]Grimm. ii) Auflehnung, Aufruhr, Aufstand, Erhebung, Krawall, Meuterei, Protest, Rebellion, Revolte, Tumult, Unruhen; (schweizerisch) Unrast; (bildungssprachlich) Insurrektion; (umgangssprachlich) Randale; (veraltet) Emeute, Sedition.

Aber natürlich sind die Lerngruppen erst einmal ganz frei, ihr Wortverständnis zu entwickeln. Beide Bedeutungen sollten später aber unterschieden werden. Hessels Aufruf ist ein Aufruf zu Protest und Auflehnung, also aktiv zu werden. Der Ansporn dazu mag auch in der Entrüstung über herrschende Verhältnisse liegen.

S. 269 **Claudia Henzler: Plädoyer für ein „Update" der Menschenrechts-Charta — Teil 1**
Stéphane Hessel: Empört Euch!

2▶ Hier werden viele Fragen als Anregung gestellt, um ins Thema zu kommen. Bestimmte Erwartungen sind also fehl am Platz. Es kommt ganz darauf an, ob und welche Beispiele die Lerngruppen vortragen. Ob sie dabei z. B. eher im engeren Lebensumfeld bleiben oder ob sie dabei auch große politische Zusammenhänge ansprechen. Thematisiert werden kann intensiv die oftmals vorhandene Zwiegespaltenheit: einerseits ein starkes Bewusstsein für schreiende Ungerechtigkeiten, andererseits der fehlende Antrieb, selbst dagegen aktiv zu werden.

S. 270 **Die Zeit: Aufstand der Jungen**

3▶ Die Aufgabe ist offen für Aktualisierungen. Sie eignet sich als Hausaufgabe oder als Aufgabe für Kurzreferate mit Internetrecherchen. Falls im gegenwärtigen Fokus klar andere Proteste stehen, so kann schnell zu diesen übergegangen werden.

4▶ Ein Gemeinwesen, das Freiheit und Würde als Totschlagbegriffe zwar hochhält, aber sich auch nicht nur annähernd um wirkliche soziale Gerechtigkeit kümmert, läuft Gefahr in partikuläre Gruppen zu zerfallen, die sich selbst darum kümmern, die Folgen der Ungleichheit zu bewältigen.

5▶ 6▶ Diese arbeitsteilige Gruppenarbeit kann bei Zeitmangel entfallen oder wenn zu Aufgabe 2 bereits tragfähige Empörungsanlässe genannt und diskutiert wurden.

S. 271 **7▶** Die Aufgabe erklärt sich von selbst.

S. 271 **M 1 Akrobatik, um genehmigte Atommülltransporte zu behindern?**

8▶ Die Aufgabe ist offen formuliert. Hier sind alle Reaktionen von wichtig bis ärgerlich oder überflüssig möglich.

S. 271 **M 2 Watson: Naturschützer oder Ökoterrorist?**

9▶ Höffe unterscheidet die Regelanwendung (ohne Ansehung der Person für alle gleich) von dem Inhalt der Regel, der Regelfestsetzung. Der Inhalt der Regel kann je nach Lebensbereich anders sein. Menschenrechte z. B. kommen jedem Menschen im gleichen Maße zu, gerechte Entlohnung dagegen orientiert sich am Leistungsprinzip oder Bestrafung an der Schwere der Schuld (vgl. Z. 17 ff.).

10▶ Höffe unterscheidet zu Beginn zwischen weniger wichtigen (strittigen) und elementaren (unstrittigen) Prinzipien (vgl. Z. 20 ff.). Die Strafe mag uns unverhältnismäßig hoch erscheinen, dennoch hätten sich die beiden Briten auch an die Gesetze des Landes halten können oder gar müssen, obwohl ihnen der Inhalt der Gesetze in Teilen uneinsichtig ist oder sie ihn unrichtig oder absurd finden.

11▶ Kritisch könnte man einwenden, dass je abstrakter die Prinzipien werden, desto größer ist scheinbar die Zustimmung. Ohne Konkretion sind sie jedoch wenig aussagekräftig. Wenn aber viele unvereinbare Konkretisierungen möglich scheinen, ist nicht viel gewonnen. Höffe könnte mit einem gewissen Recht einen Nachweis fordern, wieso eine Einigung in wichtigen Fragen nicht gelingen sollte. Hier steht sozusagen Aussage gegen Aussage. Es müsste an Beispielen geprüft werden, ob eine echte Konsensbildung möglich ist oder ob es dabei bleibt, dass zwar z. B. gerechte Entlohnung von allen gefordert wird, aber die Vorstellungen darüber, was gerechte Entlohnung genau heißt, hoffnungslos uneinheitlich ist.

S. 278   **Martin Cohen: Der Brauch ist König**

Der Text kann als eine spielerische Kritik an Höffes Nachweis durch überwältigende Verbreitung dienen. Auch wenn ungerechte Prinzipien noch so verbreitet wären, wäre das keine Rechtfertigung für sie. Verbreitung mag ein Indiz für Richtigkeit sein, eine Begründung ist es nicht.

12▶ Unter den Begriffen „Folter", „Sklaven", „Kindstötung" und „Menschenopfer" lassen sich aus Internetquellen schnell geschichtliche Nachweise zusammentragen, seit wann, in welchen Formen und bis zu welcher Zeit es die in 1 bis 4 genannten Phänomene gab oder (wie im Fall der Folter) bis heute gibt. Man denke nur an die grausamen Enthauptungen durch den IS.

13▶ Entscheidend ist, ob eine gute Begründung für die Richtigkeit einer Regel, Forderung oder Norm ohne den Hinweis auf deren Verbreitung möglich ist. Falls ja, ist die Verbreitung nur ein zusätzlicher Hinweis, wie unstrittig die Norm ist. Falls nein, ist dieser Umstand allein kein Einwand gegen die Richtigkeit der Norm, sondern nur ein Hinweis darauf, dass die Norm sich als solche noch nicht durchsetzen konnte. Verbreitung (Anerkennung in vielen Kulturen), Durchsetzung und Begründung einer Norm sind häufig nicht deckungsgleich. Vgl. auch → SB, S. 358.

6.1.3 Naturrecht und positives Recht

Inhalte – Methoden – Kompetenzen

In diesem Abschnitt wird der Unterschied zwischen Naturrecht und positivem Recht definitorisch herausgearbeitet und an Beispielen plausibilisiert. Die sogenannte Radbruch'sche Formel kann am Beispiel der „Mauerschützenprozesse" oder an anderen Beispielen erprobt werden. Auch in dieser Einführung steht (wie schon in der Einführung in die Ethik) der universelle Geltungsanspruch im Mittelpunkt. Besteht er zu Recht oder ist alles relativ?

Sequenz ●●●	Dieser Abschnitt kann auch im Zusammenhang mit den unten genannten Querverweisen isoliert vom Rest des Kapitels behandelt werden. Geltungsansprüche aus der Perspektive verschiedener Teildisziplinen der Philosophie in den Blick zu nehmen hat seinen eigenen Erkenntniswert.
Querverweise ◄►	● **3.2.2 Der Anspruch auf universelle Geltung** (→ SB, S. 138 ff.) ● **8.3.1 Geltungsanspruch religiöser Normen** (→ SB, S. 430 ff.) ● **8.3.2 Das Theodizee-Problem: Wozu sind Übel gut?** (→ SB, S. 439 f.)

Zu den Materialien und Aufgaben

S. 279   **1▶** Diese kurze Frage kann sehr schnell zu einer vertiefenden Hinterfragung führen. Häufig wird in diesem Zusammenhang von allein als Beispiel ein Widerstandsrecht vorgeschlagen oder es wird an (historischen) Beispielen gezeigt, dass geltende Gesetze auch als falsch, unmenschlich oder ungerecht eingeschätzt werden können. Die Untersuchung, ob und wie weit Rechtstreue Pflicht eines jeden Staatsbürgers ist oder ob im Gegenteil Widerstand gegen Gesetze manchmal zu einer (staatsbürgerlichen) Pflicht wird, kann schon an dieser Stelle Hinweise auf die Radbruch'sche Formel (vgl. → SB, S. 284) liefern.

   2▶ Die Frage ist schwer und soll hier sicher nur in erster Näherung behandelt werden. Entscheidend ist es, die Ideen und Antworten der Lerngruppe zu sichern und später neu zu bewerten, z. B. nach Lektüre der Einschätzung von Benjamin Lahusen („Wessen Recht gilt?", → SB, S. 285). Im Regelfall wird man sagen, dass eine nachträgliche Änderung der Rechtsgrundlagen nicht möglich ist, selbst wenn ein ehemals gebotenes Verhalten nun unter Strafe steht. Davon abweichende Einschätzungen werden sehr stark davon abhängen, ob und inwieweit auch schon zur Zeit des Handelns erkennbar war, dass es sich um Gesetze handelt, die zu befolgen Unrecht ist. Falls man die Frage bejaht und man eine Pflicht zum Widerstand anerkennt, kann man zu der Auffassung gelangen, dass es gerechtfertigt ist, altes Handeln nach neuen Gesetzen zu bewerten.

S. 280   **3▶** Die Projektbeschreibung spricht für sich. Alternativ oder als sichernde Ergänzung kann man auch einen Film analysieren: „Das radikal Böse" (Deutschland/Österreich 2013) von Stefan Ruzowitzky. Wie werden aus normalen Männern Massenmörder? Erzählt wird die Geschichte der systematischen Erschießung jüdischer Zivilisten durch deutsche Einsatztruppen aus der Perspektive der Soldaten bzw. Täter.

S. 280   **Begriffskasten: Die Unterscheidung zwischen überpositivem und positivem Recht führt zu Naturrechtslehren und Rechtspositivismus**

S. 281   **Ü1▶** Die Übung soll schnell für Bedeutungsunterschiede sensibilisieren. Sie spricht für sich.

   Ü2▶ Hier ist eine schnelle Internetrecherche möglich:

http://www.bpb.de/politik/grundfragen/deutsche-demokratie/39392/rechtssystem?p=all

https://www.bundestag.de/bundestag/aufgaben/gesetzgebung_neu/gesetzgebung
Dort kann auch ein Übersichtsplakat kostenlos heruntergeladen werden.

https://rsw.beck.de/rsw/downloads/gesetzgebung/Gerichtsaufbau.pdf
Liefert eine gute Gesamtübersicht.

Das Zivilrecht regelt das Verhältnis zwischen Bürger und Bürger. Anspruchsteller und Anspruchsgegner stehen auf einer Stufe. Im Strafrecht geht es um den Strafanspruch des Staates gegen einen mutmaßlichen Straftäter.

http://www.helpster.de/zivilrecht-und-strafrecht-den-unterschied-einfach-erklaert_105451

Ü3 ▶ Hier findet sich das Euthyphron-Problem angewandt auf die Autorität Gottes. Gute Gesetze haben sich durch ihre Begründbarkeit zu qualifizieren. „Weil Gott es so will" ist keine gute Begründung. Gottes Gebote können sich natürlich im Lichte einer unabhängigen Begründung als gut herausstellen. Fehlt aber diese von Gott unabhängige Begründbarkeit, so würden seine Gebote als willkürlich und nicht gerechtfertigt angesehen werden können. Das Euthyphron-Problem wurde theologisch auch anders gedeutet. Genaueres hierzu findet sich in Kapitel 8.3.1, → SB, S. 430 ff.

Ü4 ▶ „Sollen setzt können voraus." Insofern können manchmal Erkenntnisse über den Menschen und sein Vermögen Einfluss haben auf normative Setzungen. Die Beschreibungen über die Eigenarten des Menschen sind deskriptive Sätze und dürfen natürlich auch in normative Begründungen eingehen und darin eine Rolle spielen. Wird aber direkt aus deskriptiven Beobachtungen über Menschen auf eine Norm geschlossen, so liegt ein Sein-Sollen-Fehlschluss vor, vgl. 3.2.1 Verführerische Fehlschlüsse, → SB, S. 134.

S. 281 ### Matthias Althoff: Unterscheidung der Anliegen Recht und Gerechtigkeit

S. 282 **4 ▶** Die Idee könnte sein: Je deutlicher ein Gesetz im Widerspruch zu allgemeinen Prinzipien steht, desto eher wird es als Beispiel gelten können. Wenn die Machthaber eines Landes z. B. freie Berichterstattung verbieten und Zensur aller Berichte vorschreiben, so wird dieses Recht sicher nicht als gerecht gelten können. Umgekehrt: Da, wo Pressefreiheit auch mit staatlich garantierten Rechten verknüpft ist, fallen in diesem Punkt Recht und Gerechtigkeit zusammen.

5 ▶ Recht kann man ändern, wenn Mehrheiten dafür vorliegen oder die Machtverhältnisse es erlauben. Gerechtigkeit kann man nicht per Mehrheitsbeschluss abschaffen. Selbst wenn also Recht und Gerechtigkeit zusammenfallen, besteht dieser Unterschied weiter: Was gerecht ist, orientiert sich an guter Begründung, ob es auch Recht und Gesetz ist dagegen an Beschlussverfahren und Durchsetzungsmechanismen.

6 ▶ Die Aufgabe spricht für sich. Sie bereitet auch die Radbruch'sche Formel vor. Beispiele lassen sich schnell finden: Auch wenn die Steuergesetzgebung in vielen Punkten ungerecht erscheinen mag, ist sie dennoch unverzichtbar. Auch wenn viele Gesetze im Detail verbesserungswürdig erscheinen, ist es unverzichtbar, Gesetze zu haben. Etwas „Unvollkommenheit" ist also immer tolerierbar, solange die Alternative lautet, gar keine Gesetze zu haben. Eine Grenze ist dann erreicht, wenn die Ungerechtigkeit derart groß ist, dass sie nicht mehr in Abwägung mit der Aussage „besser diese Gesetze als gar keine" toleriert werden kann.

S. 282 ### Gustav Radbruch: Fünf Minuten Rechtsphilosophie: Positives Recht und Naturrecht

S. 283 **7 ▶** „Erste Minute": Erkennt man an, dass nur positives Recht Gesetze legitimieren kann, so werden Juristen wie das Volk wehrlos gemacht „gegen noch so willkürliche, noch so grausame, noch so verbrecherische Gesetze" (Z. 15 ff.). Recht setzt, wer die Macht dazu hat. Erkennt man aber neben „positiver Gesetzgebung" einen übergeordneten Maßstab für die Güte von Gesetzen an, so („[d]ritte Minute") erfordert gutes Recht mindestens dieses: „ohne Ansehen der Person richten, an gleichem Maß alle messen" (Z. 19 f.). Da, wo das in starkem Maße nicht der Fall ist, muss das Volk den Gesetzen nicht gehorchen und Juristen müssen „den Mut finden, ihnen den Rechtscharakter abzusprechen" (Z. 25).

8 ▶ (Dieser Artikel mag einen schnellen Einblick geben: http://www.zeit.de/zeit-geschichte/2009/01/Justiz/seite-4.) Juristen beurteilen Fälle ja gerade nach den bestehenden Gesetzen. Eine andere Beurteilungsgrundlage gibt es für sie nicht. Wenn sich ein Jurist den als schreiend ungerecht erlebten Gesetzen entziehen möchte, so kann er dies nur wie jeder Bürger tun, indem er Widerstand leistet. Leistet er diesen Widerstand nicht, sondern verbleibt im System, so wird man ihn deswegen auch zur Rechenschaft ziehen können.

S. 283   Hans Kelsen: Absolute Gerechtigkeit, ein aussichtsloses Unterfangen

S. 284   10▸ Die entscheidende Passage findet sich ab Zeile 4: Nur menschliche Interessen sind natürlich. Gesetze und Normen braucht es, um Interessenkonflikte zu lösen. Auch wenn solche Lösungen als gerecht erklärt werden, kann keine Überlegung ausschließen, dass zukünftig auch andere „gegenteilige Werturteile" möglich sind. Kelsen schließt Letztbegründung aus. Jedes Urteil muss als Urteil gedacht werden, dass unter anderen Umständen auch anders sein könnte. Menschen können ihre Interessenkonflikte nur im Umfeld des eigenen Wertesystems und niemals absolut deuten. Von der Sache her kann man Kelsen durchaus zustimmen, dass es immer denkbar ist, dass auch die beste Begründung sich im Lichte anderer Umstände als revisionsbedürftig erweisen könnte. Dennoch könnte man der Auffassung sein, dass man sich dem Ideal von Gerechtigkeit annähert, gewisse Setzungen also immer festeren Bestand erhalten und nur noch kleinere Nachbesserungen nötig sind, sodass eine vollständige Abkehr schwer vorstellbar ist.

11▸ Kelsen fordert friedliche Toleranz der religiösen wie politischen Auffassungen Andersdenkender. Er sieht, dass Toleranz als absoluten Wert zu fordern seine eigene Auffassung untergraben würde, und besteht daher darauf, „Toleranz nur im Rahmen einer positiven Rechtsordnung" (Z. 19 f.) zu fordern. Der letzte Satz ist interpretationsoffen: Was meint Kelsen mit „die höchsten sittlichen Ideale" (Z. 22)? Können auch diese durch gegenteilige Werturteile außer Kraft gesetzt werden oder gelten sie absolut? Zumindest scheinen sich hier doch einige Werturteile anzudeuten, die mehr sind als bloß relative Werte, die schnell auch durch andere ersetzt werden können. Es bleibt eine schwierige Frage, ob ein Rechtspositivist in der Darlegung seiner Auffassung streng relativistisch bleiben kann oder gelegentlich doch von Wertungen Gebrauch macht, die absoluten Charakter haben. Wenn Toleranz ins Spiel kommt, müssen stets auch die Grenzen der Toleranz bestimmt werden.

12▸ An dieser Stelle können die schon in den Hinweisen zu Aufgabe 11 angesprochenen Interpretationsschwierigkeiten thematisiert werden. Eine verbindliche Antwort ist vielleicht nicht möglich, wohl aber, ein Gespür dafür zu bekommen, wie schwer es ist, die relativistische Position konsequent und vollständig einzuhalten. Immer besteht die Gefahr, dass relativistische Ideen anzuerkennen mit absolutem Geltungsanspruch vorgetragen werden und nicht mit relativem.

S. 284   Gustav Radbruch: Gesetzliches Unrecht und übergesetzliches Recht

13▸ Es kann durchaus sein, dass die Überlegungen der Lerngruppe auch in ganz andere Richtungen gehen, z. B. Gesetze, die man für überflüssig und falsch hält, einfach nicht einzuhalten, wenn keine Entdeckung droht. Ungerechte Steuergesetze dadurch auszugleichen, dass man die Steuer betrügt. Im gegenwärtigen Rechtssystem treten ja Fälle, wie Radbruch sie im Blick hat, nicht oder jedenfalls nicht augenfällig auf.

S. 285   14▸ i) Jedes positive Recht besitzt erst einmal einen Wert: besser ein als kein Gesetz (vgl. Z. 4 ff.). ii) Vor der Zweckmäßigkeit des Rechts steht aber für das Gemeinwohl die Forderung nach Gerechtigkeit (vgl. Z. 7 ff.). iii) Manchmal fallen scheinbare Gerechtigkeit (nämlich die, die das Gesetz fordert) und wirkliche Gerechtigkeit (wie gutes Nachdenken sie ans Licht bringt) auseinander (vgl. Z. 15 ff.). iv) Ein Stück weit ist das normal und im Sinne der Zweckmäßigkeit des Rechts (besser eins als keins) hinnehmbar (vgl. Z. 21 ff.). v) Wo aber die Kluft ein unerträgliches Maß erreicht, muss „unrichtiges Recht" der Gerechtigkeit weichen (vgl. Z. 23 ff.). Widerstand wird zur Pflicht.

15▶ Die Antwort ist schlicht: wegen der Zweckmäßigkeit von Gesetzen. Besser Gesetze, die in Teilen ungerecht sind, als keine Gesetze. Der Nutzen von Gesetzen ist ein Wert an sich, der es erlaubt, kleinere Ungerechtigkeiten für den Nutzen des Systems insgesamt in Kauf zu nehmen.

16▶ Völlig offen. Seien Sie neugierig auf die Ideen Ihrer Lerngruppen.

17▶ Auch hier zählen allein die Vorstellungen der Schülerinnen und Schüler. Ggf. kann man an dieser Stelle nochmals anschließen an die Ergebnisse und Fragen aus 6.1.1.

S. 285 **Benjamin Lahusen: Wessen Recht gilt?**

S. 286 **18▶** Ab Zeile 13 erfolgt die unmittelbare Bezugnahme auf die Radbruch'sche Formel: die gesetzliche Forderung, die Sicherheit der Grenze mehr zu achten als das Leben der eigenen Bürger, sei so unerträglich weit von wahrer Gerechtigkeit entfernt, dass es als „Nicht-Recht" (Z. 20) behandelt werden müsse. Zitiert wird dazu direkt aus der Radbruch'schen Formel: Z. 16 f.

19▶ Beide Positionen können argumentativ auch vertreten werden. Eine bestimmte Wertung sollten Sie nicht vorantreiben, wohl aber darauf achten, dass die Positionen durch Begründungsversuche begleitet werden.

20▶ Die Aufgabe spricht für sich.

Z 6-1 **21▶** Vgl. auch den Zusatztext → LB, **Z 6-1** zum methodischen Arrangement einer Gerichtsverhandlung.

6.2 Was ist eine „gerechte" Gesellschaft?

Inhalte – Methoden – Kompetenzen

Die Arbeitsweise und der Projektablauf werden in *DenkArt* (→ S. 287) direkt beschrieben. Deutlich wird, dass und wie alle drei Abschnitte des Unterkapitels zusammenhängen. 6.2.1: Was sind Vertragstheorien? 6.2.2 Rekonstruktion typischer Vertragstheorien. 6.2.3 Bewertung der Stärken und Grenzen von Vertragstheorien. Den Schwerpunkt bildet dabei 6.2.2, da dort eine vertiefende Auseinandersetzung mit philosophischer Argumentation erfolgt. Wird dabei die arbeitsteilige Variante, die dort auf S. 291 beschrieben wird, gewählt, ist es für das Gelingen wichtig, Zwischenergebnisse schriftlich fixieren zu lassen, einzusammeln und korrigierend zu kommentieren. So kann die Lehrperson sicherstellen, dass in den Vorstellungen der drei Denker im Plenum keine groben Fehlinterpretationen vorgetragen werden. Das inhaltliche Hauptanliegen besteht ja darin, mit Vertragstheorien und deren verschiedenen Ausprägungen vertraut zu werden. Das methodische Hauptziel besteht darin, Texte fair zu lesen, die daraufhin zu prüfen sind, ob es sich um Vertragstheorien im Sinne Kerstings handelt. Vertragstheorien werden dabei als rein hypothetische Überlegungen verstanden. Es handelt sich damit um sehr umfangreiche, argumentativ entfaltete Gedankenexperimente, mit denen etwas bewiesen oder begründet werden soll. Insbesondere in den Überlegungen von Hobbes wird das sehr deutlich. Da die Schülerinnen und Schüler den Gedanken- und Argumentationsgang eines Autors aus nur wenigen Textauszügen (verglichen mit dem Gesamtumfang der ursprünglichen Abhandlung) ermitteln sollen, ist es sehr hilfreich, guten Gruppen, wenn sie im Zweifel sind, wie bestimmte Stellen angemessen zu interpretieren sind, die Ganzschrift zur Verfügung zu stellen, damit sie nach Belegstellen selbst suchen können. In mehreren Durchgängen der Erprobung dieses Zugangs ist es dazu gekommen, dass Hobbes- und Locke-Gruppen von der Ganzschrift in ihrer Gruppenarbeit Gebrauch machten und im Referat weitere Stellen aus der Ganzschrift als Referenzen anführten.

Sequenz ●●●	Das Kapitel kann wie im → SB, S. 287 beschrieben durchgeführt werden. Alternativ dazu ist es auch möglich, es nicht arbeitsteilig, sondern linear gemeinsam im Kurs durchzuarbeiten.
Querverweise ◄─►	● **Philosophieren: Wie und wozu? Säule 3: Hypothetisches Denken** (→ SB, S. 25 ff.) ● **Philosophieren: Wie und wozu? Säule 4: Faire Textinterpretation** (→ SB, S. 29 ff.) ● **Philosophieren: Wie und wozu? Säule 5: Konstruktive Dialoggemeinschaft** (→ SB, S. 35 ff.)

Literatur und Links

● Wolfgang Kersting: John Rawls zur Einführung. Hamburg: Junius Verlag, 3. Auflage 2015

● Nigel Warburton: Philosophie: Die Klassiker von Platon bis Wittgenstein. Übersetzt von Martin Suhr. Hamburg: rororo, 2000
Nur noch antiquarisch verfügbar. Es liefert einen schnellen und tragfähigen Einblick in das Denken wichtiger Klassiker, darunter auch Hobbes und Locke.

● Thomas Hobbes: Leviathan. Übersetzt von Jutta Schlösser. Mit einer Einführung und herausgegeben von Hermann Klenner. Hamburg: Felix Meiner Verlag, 1996.

● John Locke: Zweite Abhandlung über die Regierung. Übersetzt von Jörn Hoffmann. Durchgesehen und überarbeitet von Ludwig Siep. Frankfurt a. M.: Suhrkamp, 2007

S. 287

Z 6-2

1▶ Eine Aufgabe, die Zeit erfordert. Es lohnt sich aber, diese Zeit zu investieren. Nicht selten kommen dabei gute und sehr gute Vorwegnahmen wichtiger Ideen der Vertragstheoretiker in einfacher und verständlicher Form zum Tragen. Die erstellten Plakate können im folgenden Projekt immer wieder zurate gezogen und weiter konkretisiert werden. Das Zusatzmaterial → LB, Z 6-2 gibt ein Plakat wieder, das zeigt, womit ungefähr gerechnet werden kann.

2▶ Alternativ zu Aufgabe 1 kann auch William Goldings „Lord of the Flies" behandelt werden. Die Aufgabe spricht für sich.

6.2.1 Was sind Vertragstheorien?

Inhalte – Methoden – Kompetenzen

Vgl. auch die Einträge unter 6.2, die den Abschnitt in den übergeordneten Zusammenhang einordnen. Die im → SB auf S. 289 angebotene Visualisierung stellt als zentrales Merkmal heraus, dass Vertragstheorien nicht die historische Entwicklung von Staatenbildung nachzeichnen wollen, sondern durch das Gedankenexperiment einer fiktiven Verfassungswahl argumentativ nachzuweisen versuchen, dass alle selbstinteressierten und rationalen Menschen einer bestimmten Verfassungswahl eigentlich zustimmen müssten, weil es keine stimmigen und guten rationalen Gründe dagegen gibt. Deutlich zu unterscheiden ist daher zwischen „allgemeiner Zustimmung" (als Merkmal des Abstimmungsverhaltens von Menschen) und „allgemeiner Zustimmungsfähigkeit" als Gütemerkmal von gelingenden Argumenten im philosophischen Diskurs von Menschen.

Sequenz ●●●	Vgl. die Einträge an gleicher Stelle unter 6.2
Querverweise ⬌	Vgl. die Einträge an gleicher Stelle unter 6.2

Zu den Materialien und Aufgaben

S. 288 **Wolfgang Kersting: Das Bedürfnis nach Gerechtigkeit**

S. 289 **1▶** Die Aufgabe spricht für sich.

2▶ Ein Vorschlag für eine Paraphrase und ein Exzerpt könnte so lauten:

a. Vertragstheorien versuchen zu begründen, für welche staatliche Ordnung sich freie und gleiche Individuen in einem definierten Anfangszustand (noch ohne staatliche Ordnung) entscheiden würden, was also von allen als gerechte Gesellschaftsordnung akzeptiert werden könnte.

b. Grundlegend für Vertragstheorien ist die Annahme, dass weder eine Bezugnahme auf Gott noch auf eine natürliche Weltordnung rechtfertigen kann, welche Formen des Zusammenlebens als gerecht oder gut anzusehen sind. Auch hier hat das Individuum, d.h. der einzelne Mensch, im Mittelpunkt der Rechtfertigung zu stehen. Insbesondere schlägt sich das in folgender Forderung nieder:

c. Jeder Mensch hat das Recht, „nur durch solche Gesetze in seiner Freiheit eingeschränkt zu werden", auf die er sich als Gleicher unter Gleichen „im Rahmen fairer Verfahren" (Z. 11) einigen könnte. Gerecht und legitim ist damit, was als allgemein zustimmungsfähig begründet werden kann.

d. Vertragstheorien sind „triadisch" aufgebaut: i) eine Beschreibung der Ausgangssituation (allgemeine Problemlage), ii) Lösung des Problems, der eigentlich jeder rationale und selbstinteressierte Mensch zustimmen müsste, iii) der Vertrag und seine Folgen für die (gerechte) staatliche Ordnung.

3▶ Die Aufgabe spricht für sich. Besonders wichtig ist es, tatsächliche Zustimmung und Zustimmungs*fähigkeit* klar zu trennen.

6.2.2 Hobbes, Locke, Rawls: klassische und moderne Vertragstheorie

Inhalte – Methoden – Kompetenzen

Vgl. auch die Einträge unter 6.2, die den Abschnitt in den übergeordneten Zusammenhang einordnen. Die Überblicksseite im → SB auf S. 290 fungiert als eine Art reduzierter „advance organizer". Die Seite gibt eine erste orientierende Einordnung und benennt jeweils schon das oder eines der zentralen Anliegen der drei zu untersuchenden Vertragstheoretiker. Der Aufgabenapparat zu allen drei Autoren ist deutlich abweichend zu den sonst in *DenkArt* üblichen Aufgaben: Es gibt jeweils einen Katalog von texterschließenden Fragen, deren sorgfältige Beantwortung (aus den gegebenen Textauszügen heraus) das Verständnis sichert und eine Rekonstruktion erleichtert. Dabei sind die Fragen nicht den Textauszügen zugeordnet. Die Lerngruppen sollen sich hier selbstständig in den Textauszügen orientieren und Antworten versuchen. Die übergeordnete Struktur ist ja der Versuch nachzuweisen, in welcher Weise die drei Autoren dem von Kersting für Vertragstheorien geforderten Dreischritt folgen.

Wenn die Vertragstheorien im Rahmen eines arbeitsteiligen Projekts erarbeitet werden, ist es sinnvoll, am Ende nicht nur die drei Vertragstheorien von Hobbes, Locke und Rawls isoliert vorstellen zu lassen. Vielmehr sollte anschließend eine vergleichende Gegenüberstellung erfolgen, in der prägnant Gemeinsamkeiten und Unterschiede herausgestellt werden. Ein Versuch einer solchen Synopse findet sich in → LB, **Z 6-6** (und als Blanko-Kopiervorlage noch einmal in → LB, **Z 6-7**).

Z 6-6, Z 6-7

Sequenz ●●●	Vgl. die Einträge an gleicher Stelle unter 6.2 am Anfang des Unterkapitels
Querverweise ⬌	• Vgl. die Einträge an gleicher Stelle unter 6.2 am Anfang des Unterkapitels • **6.3 Soziale Gerechtigkeit** (→ SB, S. 310 ff.): als Ergänzung zu Lockes Eigentumsbegriff.

Zu den Materialien und Aufgaben

6.2.3 Stärken und Grenzen der Vertragstheorie

Inhalte – Methoden – Kompetenzen

Vgl. die Einträge unter 6.2, die den Abschnitt in den übergeordneten Zusammenhang einordnen.

Zu den Materialien und Aufgaben

S. 308 **Véronique Zanetti: Können hypothetische Verträge soziale Systeme rechtfertigen?**

S. 309 **1▶** Zanetti stellt Vertragstheorie als erfolgreiches Modell zur Erklärung und Rechtfertigung gesellschaftlicher Ordnung vor, das aber ernster Kritik ausgesetzt sei. Ob und inwiefern Vertragstheorie dennoch zur „Rechtfertigung sozialer Institutionen" taugt, ist die leitende Frage der Untersuchung.

2▶ Vertragstheorie ist auch trotz vielfältiger Kritiken erfolgreich und das liegt, so Zanetti, besonders an zwei „einleuchtenden Prämissen" (Z. 5, für die Rechtfertigung gesellschaftlicher Ordnung) und an „fruchtbaren Konsequenzen" (Z. 5 f.) des Zugangs, die stark für eine vertragstheoretische Rechtfertigung sprechen:

Prämisse 1: Jede Person sollte verstehen können, warum die gesellschaftlichen Grundregeln zu Recht bestehen, warum andere nicht viel besser wären (vgl. Z. 7–12).

Prämisse 2: Religiöse oder metaphysische Annahmen („Wahrheiten") scheiden als Begründungen aus. Politisches Recht ist stets ein Recht, das Menschen sich selbst geben (vgl. Z. 13-16).

Die Prämissen sichern die Idee von Vertragstheorien: Richtig ist eine Ordnung genau dann, wenn freie und gleiche Individuen ihr in einem Urvertrag zustimmten, implizit zustimmen oder hypothetisch „im Prinzip zustimmen könnten" (Z. 19). Zanetti gibt anschließend Vorteile des Gesellschaftsvertragsmotivs wieder:

Klare Konturen: Wer dazu gehört, entscheiden die Mitglieder (vgl. Z. 23–25).

Verträge geben Zusammenhalt, neue Einheiten entstehen als „politische[r] Körper" (Z. 29).

Nicht Zufall oder Konvention, sondern Zustimmung entscheidet, ob jemand zu einem politischen Körper gehört (vgl. Z. 30 f.).

Liegt Zustimmung zu politischen Regeln vor, so erwächst daraus natürlich die Verpflichtung, sie einzuhalten (vgl. 32–36f.).

Schutz des Individuums: Ihm durch politische Systeme auferlegte Pflicht bindet nur, wenn das Individuum diese auch „hätte[] wählen können" (Z. 39).

3▶ Zanetti selbst äußert Kritik am vertragstheoretischen Modell: Ein nicht geschlossener Vertrag bindet nicht (Hume), selbst wenn ich ihm zugestimmt haben würde. Als Analogie bieten sich Spielregeln (Dworkin) an: Während des Spiels kann eine Regel, der ich vor dem Spiel wohl zugestimmt hätte, dennoch nicht auf mich angewandt werden. Ausdrückliche statt hypothetischer Zustimmung wäre erforderlich. Ausgehend von dieser Feststellung ergibt sich die abschließende Frage: Kann dennoch aus rein hypothetischen vertragstheoretischen Überlegungen ein Anspruch auf Normativität abgeleitet werden? Die Frage ist diskussionsoffen. Seien Sie daher neugierig auf die Antwortversuche Ihrer Lerngruppen.

6.3 Soziale Gerechtigkeit

Inhalte – Methoden – Kompetenzen

Mit diesem Unterkapitel beginnt die Betrachtung aktueller Gegenwartsprobleme, die sich aus der Frage nach einem „gerechten" Zusammenleben in einem Staat bzw. zwischen verschiedenen Staaten ergeben. Hier (in 6.3) geht es zum einen um Fragen der gerechten Verteilung von Geld und Besitz (R. Nozick), zum anderen um Fragen der Chancengleichheit in einer Gesellschaft, insbesondere im Hinblick auf den Zugang zu staatlichen Ämtern und staatstragenden Organisationen (J. Rawls). Einen vorläufigen Abschluss bildet der Vorschlag von O. Höffe, die Frage der sozialen Gerechtigkeit über einen längeren Zeitraum in den Blick zu nehmen, indem er auf den (Aus-)Tausch von Leistungen über mehrere Generationen hinweg, etwa in Form eines Generationenvertrags, verweist.

Alle genannten Aspekte betreffen, mehr oder weniger unmittelbar, auch jede Schülergeneration, sodass man als Lehrkraft i. d. R. sowohl auf erste eigene Meinungen und Überlegungen als auch auf hilfreiches Wissen etwa aus dem Sozialwissenschafts- oder Politikunterricht wird zurückgreifen können. Fachübergreifendes oder fächerverbindendes Arbeiten bietet sich hier also durchaus an. Ein interessanter Aspekt könnte z. B. sein, inwieweit sich die unterschiedlichen Schwerpunkte der Autoren in politischen Programmen von Parteien wiederfinden lassen – ein Beitrag zur reflektierten politischen Meinungsbildung.

Sequenz ●●●	Die drei Aspekte lassen sich zwar thematisch durchaus unabhängig voneinander behandeln; da die drei Autoren aber unmittelbar aufeinander Bezug nehmen, sollte eine isolierte Behandlung der Texte zumindest durch kompakte Hintergrundinformationen zur Gesamtdiskussion unterfüttert werden.
Querverweise ⬌	● Siehe Hinweise zu den einzelnen Abschnitten

Literatur und Links

● Bernd Ladewig: Gerechtigkeitstheorien zur Einführung. Hamburg: Junius, 2011

● Henning Franzen, Lorenz Wagner: Über Gerechtigkeit (= EinFach Philosophieren. Unterrichtsmodell, hg. von Henning Franzen). Paderborn: Schöningh, 2010. Insbesondere Baustein C: Verteilungsgerechtigkeit, S. 41 – 62
In diesem Heft finden sich auch weitere hilfreiche Literaturtipps zum Thema, z. B.:

● Walter Pfannkuche: Wer verdient schon, was er verdient? Stuttgart: Reclam, 2003

● Barbara Brüning: Recht – Gerechtigkeit – Menschenrechte. Berlin: Cornelsen & Volk und Wissen, 2001

● Dieter Menath: Recht und Gerechtigkeit. München: Bayerischer Schulbuchverlag, 1997

● Weitere hilfreiche aktuelle (Sach-)Informationen bietet die Homepage der Bundeszentrale für politische Bildung (www.bpb.de), und auch auf den Onlineplattformen der großen Tages- und Wochenzeitungen und -zeitschriften finden sich in regelmäßigen Abständen Berichte zum Thema, die sich gut zum Einstieg in das Thema oder zum Überblick über den jeweils aktuellen Stand der Debatte eignen.

6.3.1 Anspruch auf Besitz – Robert Nozick

Inhalte – Methoden – Kompetenzen

Wie bereits im Moderationstext des Schülerbandes gesagt, klärt Robert Nozick in seiner Anspruchstheorie die Frage, wie Besitz gerechtfertigterweise erworben werden kann: durch eine gerechte Aneignung, eine gerechte Übertragung oder den Tausch gerechtfertigt erworbener Besitztümer zwischen rechtmäßigen Besitzern. Besitzverhältnisse, die z.B. durch Diebstahl, Ausbeutung, Sklaverei entstanden sind (also nicht aus gerechten Aneignungsweisen), müssen dagegen berichtigt werden. Geschehen Erwerb bzw. Übertragung nach den o.g. gerechten Verfahrensweisen, sind alle weiteren Besitzverhältnisse per definitionem ebenfalls gerecht. Eine ungleiche Verteilung von Besitz stellt infolgedessen für Nozick keine (soziale) Ungerechtigkeit dar, die ausgeglichen werden müsste. Die Verteilung von Besitz in einer Gesellschaft wäre insofern allein eine Frage von Verhandlungen und Absprachen zwischen Bürgern in einem freien Markt.

Sequenz ●●●	Der Einstieg in das Thema der sozialen Gerechtigkeit über die Entwicklung der Fußballergehälter evoziert erste (Vor-)Urteile über deren Angemessenheit und erste, vorläufige Schülerdefinitionen des Begriffs „gerecht" in diesem Zusammenhang. Nozicks erster Text (*Die Anspruchstheorie – Gerechtigkeit bei den Besitztümern*, → SB, S. 311 f.) liefert seine eigene Definition des gerechtfertigten Anspruchs auf Besitz, mit der die zuvor gesammelten Schülerdefinitionen verglichen werden können. Im zweiten Text (*Freies Spiel für freie Bürger*, → SB, S. 313 f.) verdeutlicht Nozick – in Abgrenzung zu anderen Theorien gerechter Verteilung – selbst an einem Beispiel, wie eine Absprache zur Besitzübertragung (*Bezahlung*) zwischen Anbieter (*Fußballspieler*) und Interessenten (*Zuschauer*) ablaufen könnte. Dies ermöglicht den Schülern eine kritische Überprüfung der Theorie an einem lebensnahen Beispiel.
Querverweise ↔	• **Philosophieren: Wie und wozu?, Säule 2: Folgerichtiges Argumentieren** (→ SB, S. 21 ff. und S. 464 ff.) • **6.2.2 Hobbes, Locke, Rawls: klassische und moderne Vertragstheorie** (→ SB, S. 290 ff.): insbesondere John Locke: Das Eigentum – M 3, → S. 299 – 301. • **6.3.3 Gerechtigkeit als Tausch – Otfried Höffe** (→ SB, S. 316 f.): insbesondere die Kritik Höffes an Nozick: → SB, S. 317, Z. 1 – 11.

Zu den Materialien und Aufgaben

S. 310 ▇**1**▶ Auffällig ist hier insbesondere die explosionsartige Steigerung der Fußballergehälter in den letzten gut fünfzig Jahren. Eine Diskussion über das Verhältnis zwischen fußballerischen Qualitäten und der Höhe des Gehalts ist mit dieser Einstiegsaufgabe voraussichtlich schnell entfacht, aber auch darüber, ob und inwiefern sich die Leistungen eines Fußballspielers von den Leistungen durchschnittlicher Arbeitnehmer (Bankangestellte, Finanzbeamte, Polizistinnen, Bäckereifachverkäufer ...) unterscheiden, um eine derartige Differenz zu rechtfertigen. Hier gilt es, erste Definitionen für ein „angemessenes" bzw. „gerechtes" Verhältnis zwischen Leistung und Lohn festzuhalten, die nach der Lektüre der folgenden Texte überprüft, verglichen und ggf. angepasst werden können.

Eine weiterführende Rechercheaufgabe hinsichtlich der Gehälter von Fußballerinnen (immerhin ist die deutsche Frauennationalmannschaft zweifacher Welt- und mehrfacher Europameister; Stand: 2016) könnte den zusätzlichen Aspekt der Geschlechtergerechtigkeit ergänzen.

S. 311 **Robert Nozick: Die Anspruchstheorie – Gerechtigkeit bei den Besitztümern**

S. 313 ▐ **2** ▸ ▐ **3** ▸ Eine erste und ursprüngliche *gerechte Aneignung* erfolgt laut Nozick bei der „Aneignung herrenloser Gegenstände" (Z. 2). Hier taucht allerdings schon ein erstes Problem bei der Benennung von Beispielen auf (s. Aufgabe 3), denn was ist heutzutage schon „herrenlos", also weder in privatem noch staatlichem Besitz? Am ehesten könnte man sich hier vielleicht verständigen auf das Aufsammeln von Früchten in freier Natur, das Jagen von Tieren in freier Wildbahn, das Schürfen von Rohstoffen in unbesiedelten Gebieten o. Ä. (vgl. dazu Lockes Gedankenexperiment zum rechtmäßigen Erwerb von Eigentum (6.2, insbesondere M 3, → SB, S. 299–301). Nimmt man allerdings nicht einen (fiktiven) „Urzustand" an, in dem niemandem etwas gehörte, wird man hier in das Problem eines infiniten Regresses geraten.)

Eine *gerechte Übertragung* findet laut Nozick dann statt, wenn jemand einen Besitz nach zulässigen Verfahren (Schenkung, Tausch gegen Geld oder andere rechtmäßig erworbene Besitztümer, …) von jemandem erwirbt, der rechtmäßigen Anspruch auf einen Besitz hat (vgl. Z. 6–13 und Z. 23–34). Dies könnte sowohl das Fahrrad sein, das man zum Geburtstag geschenkt bekommt, als auch ein Auto oder Eis am Stiel, das man beim Händler kauft, oder ein ausgelesenes Buch, das man in einem der öffentlich aufgestellten Bücherschränke der Allgemeinheit zur Verfügung stellt.

Zu Diskussionen führen könnten Fälle, in denen nach herkömmlichem Verständnis (vgl. Text S. 313, Z. 1 f.) eher unangemessen hohe Preise gefordert werden: Man denke etwa an Karten für die Fußball-WM, die legal erworben (also gerechtfertigter Besitz des Käufers) wurden und dann auf dem Schwarzmarkt zu Preisen verkauft werden, die über dem offiziellen Ausgabepreis liegen. Laut Nozicks Definition wären allerdings diese Preise auf dem freien Markt frei verhandelbar und würden den Kriterien der „gerechten Übertragung" genügen, sofern bei keiner der beteiligten Parteien eine Zwangslage ausgenutzt wird.

Besitzübertragungen können auch dann problematisch sein, wenn Menschen bestohlen oder ausgebeutet werden, etwa im Falle eines Taschendiebstahls, eines Betrugs (vgl. Z. 9), der Monopolisierung von Märkten oder der erzwungenen Nutzung von Arbeitskraft ohne entsprechenden Gegenwert wie etwa in Fällen von (Lohn-)Sklaverei oder Zwangsarbeit, die durchaus auch heute noch in modernen Formen existieren. Als weitere (historische) Beispiele könnten auch die Aneignung des Landes der amerikanischen Indianer durch die einwandernden Europäer, die Aneignung jüdischen Besitzes durch die Deutschen während der nationalsozialistischen Diktatur oder die Bodenreform in der DDR diskutiert werden.

Ungerechte Besitzverhältnisse bedürfen laut Nozick einer *Berichtigung* (vgl. Z. 35–53), da sie nicht mit den Grundsätzen der gerechten Aneignung bzw. Übertragung konform gehen. Im Falle unserer Beispiele oben könnte dies z. B. in der Rückerstattung des Diebesgutes bestehen (indem damit die vorigen, gerechtfertigten Besitzverhältnisse wiederhergestellt werden). Das Schwierige an diesem Phänomen benennt Nozick selbst: Wie weit etwa können und sollten solche ungerechten Besitzverhältnisse zurückverfolgt werden (vgl. Aufgabe 5)?

▐ **4** ▸ Die Zuordnung der Fußballergehälter kann insofern gelingen, als diesen ja i. d. R. Verträge zwischen Vereinen und Spielern zugrunde liegen. Die *Verfahren* der Übertragung sind i. d. R. also gesichert und entsprechen den von Nozick vorgeschlagenen Regeln. Problematisch wird die Sache da, wo auch Nozicks Ausführungen unausgeführt bleiben: Lässt sich z. B. eindeutig klären, auf welche Weise Vereine ihren Besitz *ursprünglich* erworben haben?

▐ **5** ▸ Rein definitorisch müssten alle ungerechten Besitzverhältnisse bis zum letzten Glied der Kette zurückverfolgt und rückabgewickelt werden – soweit dies überhaupt möglich ist und

Stammbäume (etwa von Familien, deren frühe Vorfahren ihr Vermögen auf Leibeigenschaft oder Sklaverei aufgebaut haben) eindeutig zurückverfolgt und also Verantwortlichkeiten klar zugewiesen werden können. Eventuell vorgeschlagene pragmatische Lösungen müssten in der Diskussion der Schüler abgewogen und durch kritische Prüfung u.a. auch der Rechtslage untermauert werden.

S. 313   **Robert Nozick: Freies Spiel für freie Bürger**

S. 314   ▄6▸ Nozicks Beschreibung des Settings ist selbsterklärend. „Freiwillig" zahlen die Zuschauer insofern, als sie sich in freier Entscheidung dafür aussprechen können, NN einen Teil ihres rechtmäßigen Besitzes (nämlich 50 Pfennige pro Spiel) zu übertragen, und dies aufgrund ihrer Begeisterung für sein Spiel auch gerne tun (vgl. Z. 35 f.). Sollten sie sich allerdings dagegen entscheiden, wären ihnen möglicherweise die Heimspiele der gesamten Mannschaft verwehrt (jedenfalls, wenn die Spiele nicht im Fernsehen übertragen werden), da NN den Vertrag nicht mit jedem einzelnen Zuschauer geschlossen hat, sondern mit der Mannschaft (vgl. Z. 25).

▄7▸ Nach Nozicks Definition eines „berechtigten Anspruch[s]" (Z. 46) darf man Besitz, den man nach den Grundsätzen der gerechten Aneignung erworben hat, an andere weitergeben, solange man den Grundsätzen der gerechten Übertragung folgt. Dies ist hier der Fall, insofern die Zuschauer ihr Geld freiwillig an NN weitergeben. (Die zu Aufgabe 6 formulierte Einschränkung gilt hier allerdings gleichermaßen.)

Formalisiert sähe dies etwa so aus (vgl. → SB, S. 311, Z. 14 bis S. 312, Z. 22):

0. Im Verteilungszustand V_1 ist der Besitz in einer Gesellschaft nach bestimmten Verteilungsgrundsätzen, die für die Vertreter dieser Grundsätze als gerecht angesehen werden, auf die Mitglieder der Gesellschaft verteilt (z. B.: gleiche Anteile für alle; jeder nach seinen Bedürfnissen o. Ä. …; vgl. Z. 20 f. bzw. Z. 1 f.). V_1 ist somit ein gerechter Verteilungszustand.

1. Wenn die Zuschauer in diesem Verteilungszustand V_1 ihren Besitz (von dem die zu zahlenden 50 Pfennige ein Teil sind) im Einklang mit dem Grundsatz der gerechten Aneignung erworben haben, dann haben sie einen Anspruch auf diesen Besitz. *(Dies ist gemäß den Voraussetzungen in 0. der Fall.)*

2. Wenn NN die 50 Pfennige von den Zuschauern im Einklang mit dem Grundsatz der gerechten Übertragung erwirbt, dann hat er Anspruch auf dieses Geld. *(Dies ist der Fall, insofern die Zuschauer tatsächlich Geld, das aus einem Zustand gerechter Verteilung stammt, freiwillig an NN übertragen; s. o.)*

3. Dieser neue Verteilungszustand V_2 ist auf gerechte Weise aus dem gerechten Zustand V_1 entstanden. Daher ist laut Nozicks Definition auch V_2 gerecht.

▄8▸ Hier wäre gemäß der Überlegungen aus Aufgabe 7 zu klären (durch eine seriöse Recherche der jeweiligen Faktenlage), inwieweit die eingangs genannten Fußballergehälter den Grundsätzen der gerechten Aneignung und der gerechten Übertragung folgen. Ist beides der Fall, so sind die Gehälter, egal wie hoch sie sind, gerecht.

▄9▸ Einleuchtend ist hier z. B. die Analogie zwischen der in Aufgabe 7 erarbeiteten Form des „gerechtigkeitserhaltenden" Arguments und dem wahrheitserhaltenden Charakter von Schlussregeln (→ SB, S. 464, Säule 2: Folgerichtiges Argumentieren). Als problematisch kann dagegen die vage Formulierung der Prämissen bzw. die fehlende Definition von „gerecht" angesehen werden: Was könnte mit der „komplizierte[n] Wahrheit" der Grundsätze der gerechten Aneignung bzw. Übertragung (→ SB, S. 311, Z. 5) gemeint sein? Nozick selbst gibt dazu keine Anhaltspunkte; hier müsste im Sinne der fairen Textinterpretation eine starke Lesart herausgearbeitet werden (→ SB, S. 31 f.).

10 ▸ Sinn der Aufgabe ist es, vor dem Hintergrund dieses Textes die aktuelle sozialpolitische Lage zu reflektieren (z. B. in erneuter Kooperation mit dem Fach Politik/Sozialwissenschaften) und mit Schülerinnen und Schülern die gesellschaftliche Relevanz eines philosophischen Textes zu prüfen, herauszufinden, welche Möglichkeiten und vielleicht auch Grenzen der Wirklichkeitsbewältigung in philosophischen Überlegungen stecken.

6.3.2 Das Bedürfnis nach Fairness – Rawls revisited

Inhalte – Methoden – Kompetenzen

In diesem Abschnitt werden die Aspekte im Denken des amerikanischen Philosophen John Rawls noch einmal genauer in den Blick genommen, gegen die Robert Nozick sich mit seiner Anspruchstheorie richtet:

Rawls setzt seinen Schwerpunkt auf die Chancengleichheit in einer Gesellschaft. In seinem Gedankenexperiment („Schleier des Nichtwissens" → SB, S. 305, Z. 12) gibt er ein Verfahren an, mit dem der Zugang zu Ämtern und gesellschaftlich relevanten Positionen allen Bürgern eines (Sozial-)Staats gleichermaßen offenstehen soll. Zwar könne dadurch nicht unbedingt soziale Ungleichheit vermieden werden; es müsse aber durch diejenigen, die die Ämter schließlich besetzen, gewährleistet werden, dass es den Übrigen, nicht so Glücklichen trotz strukturell bedingter Ungleichheiten besser geht, als es ohne dieses Verfahren sonst der Fall wäre. Das Verteilungsprinzip dabei ist das der Fairness.

Sequenz ●●●	Sollte das Kapitel zu den Vertragstheorien nicht vorab bearbeitet worden sein, ist ein Verweis auf die Hintergründe von Rawls' Theorie wichtig, um die hier sehr kurze Zusammenfassung angemessen einordnen zu können. Dies kann entweder per Referat geschehen (für Schülerinnen und Schüler, die schon gut mit den recht abstrakten Texten umgehen können – oder dies üben wollen) oder durch einen Lehrervortrag erläutert werden. (Eine Zusammenfassung der Rawls'schen Idee findet sich in → LB, **Z6-5**).
Querverweise ↔	● **4.3 Das größte Glück der größten Zahl? – Der Utilitarismus** (→ SB, S. 184 ff.) ● **6.2.2 Hobbes, Locke, Rawls: klassische und moderne Vertragstheorie** (→ SB, S. 290 ff.): insbesondere John Locke: Das Eigentum – M 3, → SB, S. 299 – 301.

Zu den Materialien und Aufgaben

S. 315 **John Rawls: Prinzipien der Gerechtigkeit**

S. 316 Z 6-5 **1** ▸ Hier sei auf die Rekonstruktion der Grundidee von Rawls verwiesen (→ LB, **Z 6-5**). Diese kann den Schülerinnen und Schülern z. B. auch als Zusammenfassung ausgehändigt werden.

2 ▸ **3** ▸ Mehrere Aspekte müssten in dieser Aufgabe zur Sprache kommen, z. B.:

i) Zählen Fußballergehälter überhaupt zu den Dingen, die im Rahmen des Rawls'schen Gesellschaftsmodells einer Reglementierung unterliegen sollten (→ *Freiheitsprinzip*)? Denn Unterschiede (wirtschaftliche, soziale ...) sind zum einen kaum vermeidbar und müssen, so Rawls, bis zu einem gewissen Grad hingenommen werden (→ *Differenzprinzip*)?

ii) Falls nicht hinnehmbar: Ab welchem Umfang ist eine Gehaltsdifferenz nicht mehr akzeptabel und muss dementsprechend ein Ausgleich stattfinden (→ *Differenzprinzip*)?
Hier werden die ersten Antworten in der Lerngruppe sicher auseinandergehen, je nach persönlicher Einstellung (zu möglichen Verdienstspannen, zur gesamtgesellschaftlichen Bedeutung von Fußballspielern ...), vermutlich auch je nach familiärem Hintergrund. Bestimmte „erwünschte" Antworten dürfen hier nicht das Ziel sein, allerdings müsste hier nötigenfalls allzu persönlich geprägten Überlegungen entgegengehalten werden, dass Rawls gerade solche Einflüsse durch den „Schleier des Nichtwissens" verhindern wollte.

iii) Wenn ein Ausgleich nötig scheint: Wer sollte diesen Ausgleich vornehmen, welche Institutionen müssten ggf. neu geschaffen werden? Hier wäre z. B. an steuerliche Eingriffe zu denken, an eine Begrenzung von Gehältern (Problem: Inwieweit würde dies in die Freiheitsrechte der Bürger eingreifen?), an eine stärkere Betonung des Prinzips „Eigentum verpflichtet" oder an eine Institution, die an der Aushandlung solcher Gehälter stärker beteiligt ist (→ *Prinzip der Chancengleichheit*).

Zur Klärung dieser Aspekte müssten ggf. weitere ergänzende Textauszüge von Rawls herangezogen werden, sicher wären auch hier ergänzende Informationen aus dem Fachbereich Sozialwissenschaft/Wirtschaft/Politik hilfreich.

6.3.3 Gerechtigkeit als Tausch – Otfried Höffe

Inhalte – Methoden – Kompetenzen

Otfried Höffe, der im vorliegenden Textauszug direkt auf Nozick und Rawls eingeht, schlägt einen dritten Weg vor: Seine Idee der Gerechtigkeit als Tausch stellt den Ausgleich zwischen den Generationen in den Vordergrund. Höffe überträgt dabei das Vorbild der gegenseitigen Hilfe und Unterstützung innerhalb einer Familie auf den ganzen Staat, und zwar in Form eines Generationenvertrags. Interessant ist hier insbesondere der direkte Bezug zum Leben der Schülerinnen und Schüler. Sowohl ihr engeres familiäres Umfeld kann an dieser Stelle einbezogen werden (natürlich nur auf freiwilliger Basis) als auch Überlegungen, die zeitlich und räumlich entfernte Teile der Menschheit sowie die gegenseitigen Einflüsse, denen wir unterliegen, betreffen. Methodisch ist hier besonderes Augenmerk darauf zu legen, nicht in einen reinen Befindlichkeits- und Meinungsaustausch zu geraten, sondern den Bezug zu den philosophischen Texten im Auge zu behalten.

Sequenz ●●●	Da Höffe sich sowohl auf Nozick als auch auf Rawls explizit bezieht, sollte eine isolierte Behandlung dieses Textes zumindest durch Hintergrundinformationen zur Gesamtdiskussion unterfüttert werden. Zu diesem Zweck könnten etwa interessierte Schülerinnen und Schüler (auch im Sinne der Binnendifferenzierung) mit entsprechenden Rechercheaufträgen bzw. der Aufarbeitung der Abschnitte zu Nozick (**6.3.1**) und Rawls (**6.3.2**) beauftragt werden.

	Ergänzend zum Material im Schülerband bieten die Zusatztexte Vorschläge für eine weitere Auseinandersetzung mit dem Thema an: In → LB, **Z 6-8** fasst Alasdair MacIntyre noch einmal die Positionen von Nozick und Rawls in Form zweier Personenbeschreibungen zusammen. Dieser Text eignet sich z. B. auch als Klausurtext. → LB, **Z 6-9** bietet die Möglichkeit eines arbeitsteiligen Projekts, in dem die Schülerinnen und Schüler je nach persönlichem Interesse einzelne Themenaspekte des von Franz Alt und anderen verfassten „Generationenmanifests" erarbeiten und einem größeren (Schul-)Publikum präsentieren.
Querverweise ⟷	<ul><li>**5.2 Verantwortung** (→ SB, S. 220 ff.)</li><li>**6.2.2 Hobbes, Locke, Rawls: klassische und moderne Vertragstheorie** (→ SB, S. 290 ff.): insbesondere die Materialien zu Rawls auf → SB, S. 303 – 307.</li><li>**6.3.1 Anspruch auf Besitz – Robert Nozick** (→ SB, S. 310 ff.)</li><li>**6.3.2 Das Bedürfnis nach Fairness – Rawls revisited** (→ SB, S. 315 f.)</li></ul>

Zu den Materialien und Aufgaben

S. 316 **1▶** Die Aufgabe ebenso wie der kurze Informationstext zum Generationenvertrag sprechen für sich. Eine kurze Recherche in seriösen Quellen (Gablers Wirtschaftslexikon; zahlreiche, auch kritische Zeitungsartikel zum Thema etc.) liefert ebenfalls schnelle Ergebnisse (z. B. als vorbereitende Hausaufgabe).

2▶ Die Grafik in der Infobox deutet es schon an: Angesichts der demografischen Entwicklung, soweit sie sich heute bereits abzeichnet, werden immer weniger Erwerbstätige immer mehr Rentner finanzieren müssen; die Ressourcen schwinden, die eigenen zu erwartenden Anteile schrumpfen, eine zweite Säule der Altersvorsorge scheint unvermeidlich – nur welcher Art? Obwohl in vielerlei Hinsicht noch so jung sind sich Schülerinnen und Schüler dieser Situation häufig schon sehr bewusst. Je nach familiärer Lage können Antworten sehr unterschiedlich ausfallen.

3▶ Ähnliche Überlegungen wie zu Aufgabe 2 spielen auch hier eine Rolle. Erste eigene Einschätzungen sollten hier im Vordergrund stehen – vertiefende Einsichten bedürften sicher auch eines tieferen Einstiegs in die Materie; dies wäre eher Aufgabe z. B. des SoWi-Unterrichts. Für die weiteren Untersuchungen zu Otfried Höffes Idee sollten diese ersten Einstiegsüberlegungen ausreichen.

S. 317   **Otfried Höffe: Gerechtigkeit als Tausch**

S. 318 **4▶** Höffe legt hier die Überlegung zugrunde, dass es nicht darum gehen sollte, Vorhandenes (aber woher ursprünglich Stammendes?) nach bestimmten Regeln zu verteilen: der eine erhält dies, der andere mehr/weniger/gleich viel, auf das er dann dauerhaft und alleinigen Anspruch und alleiniges Verfügungsrecht habe (insbesondere Nozick verweist darauf, 6.3.1; hier vgl. Z. 1–7). Vielmehr sollte, so Höffe, die gesamte Menschheit (einschließlich künftiger Generationen) sich als Teilhaber aller Ressourcen verstehen (vgl. Z. 7–11).

5▶ Dieser gemeinschaftliche „Besitz" an den aktuellen und zukünftigen Ressourcen der Welt bringt eine besondere Verantwortung aller mit sich. Dies schlösse nicht nur einen sorgsamen und ressourcenschonenden Umgang der heutigen Generationen mit ein, sondern würde auch generationenübergreifende Verantwortlichkeiten mit sich bringen, denn auch zukünftige Generationen sollten auf dieser Welt leben können.

6▶ Höffe legt hier einen weitgefassten Tauschbegriff zugrunde: Es geht ihm nicht nur um den Austausch materieller Güter (sei es ein eher klassischer Tausch von Rohstoffen oder Arbeitskraft gegen Geld, sei es ein Tausch von Rüben gegen Rasenmähen im Sinne einer Share-Economy), sondern auch um ideelle (vgl. Z. 21–25). Hier mag man etwa im Rahmen der Familie an Überlegungen denken, dass Eltern, die ihre Kinder aufgezogen und ihnen eine Ausbildung ermöglicht haben, am Ende ihres Lebens, eventuell krank und gebrechlich, von ihren Kindern gepflegt werden.

7▶ Die in Aufgabe 5 und 6 beschriebenen Konsequenzen könnten dem Einzelnen Überlegungen abverlangen, die seiner freien Entfaltung möglicherweise im Wege stünden. Wer z. B. gerne mit einem Crossmotorrad durch die Hochalpen fährt, müsste sich u.U. kritischen Fragen stellen; wer seine Berufung darin sieht, in Hongkong und New York für einen multinationalen Konzern zu arbeiten, wird es nicht leicht finden, dies mit der Pflege seiner Eltern oder Großeltern zu vereinbaren. Hier könnte eine Grenzziehung versucht werden zwischen (berechtigten) Einzelinteressen und (berechtigten) Gemeinwohlinteressen.

8▶ Bei dieser Aufgabe kann rasch eine lebhafte Diskussion in der Lerngruppe entstehen – die Moderation des Gesprächs kann (und sollte) sich hier darauf beschränken, Themenkomplexe abzugrenzen und nicht von einem Aspekt zum anderen zu springen, und darauf, ggf. den Rückgriff auf den jeweiligen Text und Autor einzufordern, wo die Diskussion in persönliche Befindlichkeiten und „Ich finde aber …" abzugleiten droht.

Einen grundlegenden Unterschied zwischen Nozicks Ansatz und seinem eigenen benennt Höffe selbst: die Frage des (rechtmäßigen) Eigentums. Während Nozick jedem Menschen individuellen Besitz zugesteht, über den er frei verfügen kann (nach bestimmten Regeln → SB, S. 311 f.), kommt laut Höffe der gesamten Menschheit ein „„Teilhaberrecht' an der Erde und ihren Früchten" zu (→ SB, S. 317, Z. 11). Klar ist, dass sich daraus u.U. sehr unterschiedliche Verantwortlichkeiten ergeben. Vorteil des Höffe'schen Ansatzes ist möglicherweise ein sorgsamerer Umgang mit knappen Ressourcen; schwierig dagegen könnte es sein, die Verantwortung für weiter entfernte Generationen aktuellen Generationen deutlich zu machen und gegen ihre Wünsche, Vorstellungen und Begehrlichkeiten zu verteidigen. Bei Nozicks liberalem Ansatz dagegen kann die unmittelbare Nähe zum persönlichen Besitz ein recht guter Garant für die Erhaltung zumindest dieses Teils der Ressourcen sein; andererseits heißt das nicht unbedingt, dass dies dann auch der gesamten Menschheit zugutekommen muss – es wäre ein Akt der Freundlichkeit des jeweiligen Besitzers, nicht aber einer gesamtgesellschaftlichen Verantwortung, wie sie eine sozialstaatlich organisierte Gesellschaft fordern würde.

Ein Blick auf Rawls zeigt durchaus Gemeinsamkeiten mit Höffe: Beide Konzepte verbindet etwa der sozialstaatliche Ansatz, ebenso die gesamtgesellschaftliche Verbindlichkeit in Gestalt eines impliziten Vertrages. Zu diskutieren wäre hier auch, ob die direkte Übertragung eines Prinzips von Einzelpersonen oder kleinen Gemeinschaften (wie eine Familie) auf ein ganzes Staatsgebilde, wie Höffe es vorschlägt, tragfähig ist – Rawls bestreitet genau dies in seinem Entwurf einer Theorie der Gerechtigkeit (6.3.2, → SB, S. 315). Insgesamt wäre zu prüfen, inwieweit Gerechtigkeitskonzepte, die über einen bestimmten Grad an (zeitlicher, räumlicher, persönlicher …) Nähe hinausgehen, auch tatsächlich und nachhaltig wirksam sein können.

6.4 „Strafe muss sein" – wirklich?

Inhalte – Methoden – Kompetenzen

Das Phänomen *Strafe* tritt in verschiedenen Kontexten auf, z. B. als staatliche Strafe für Gesetzesübertretungen oder auch als Erziehungsmaßnahme im familiären Kontext. Im Rahmen der politischen Philosophie soll es hier ausschließlich um das staatliche Strafen gehen. Wenn der Staat durch eine Strafe Menschen ein Übel zufügt, so bedarf dies einer guten Begründung. In diesem Unterkapitel sollen verschiedene klassische Begründungen kennengelernt und anhand vergleichsweise aktueller Fälle von Gesetzesverstößen kritisch untersucht werden.

Sequenz ●●●	Nach einem kurzen Einstieg beginnt dieses Unterkapitel mit den klassischen Straftheorien in **6.4.1**, diskutiert zwei Anwendungsfälle und das StGB in **6.4.2** und thematisiert dann ergänzend den Zusammenhang von Strafe und Schuld in **6.4.3**. Letztgenannter Abschnitt ist als Ergänzung zwar wertvoll, aber bei Zeitknappheit verzichtbar. Statt mit den Theorien zu beginnen, könnten am Anfang auch die beiden Beispielfälle stehen, zu denen Schülerintuitionen nach einer gerechten Strafe abgefragt und dann mit den klassischen Theorien verglichen werden können.
Querverweise ◆▶	• **2.3 Freiheit und Verantwortung** (→ SB, S. 101 ff.) In diesem Unterkapitel geht es um die Frage, inwiefern die Verantwortung für unser Tun von der Annahme abhängt, dass wir willensfrei sind. Immer wieder wird dabei auch die mögliche Bestrafung von Fehlverhalten kritisch untersucht.

Literatur und Links

- Bundeszentrale für politische Bildung (Hg.): Informationen zur politischen Bildung 306, 1/2010, Kriminalität und Strafrecht

- Bundeszentrale für politische Bildung (Hg.): Aus Politik und Zeitgeschichte 7/2010, Strafvollzug

- Winfried Hassemer: Warum Strafe sein muss. Berlin: Ullstein, 2009

- Norbert Hoerster: Muss Strafe sein? München: Beck, 2012

- Norbert Hoerster (Hg.): Recht und Moral. Stuttgart: Reclam, 2002
  Im 4. Kapitel diese Buches finden sich längere philosophische Texte zu verschiedenen Straftheorien und deren kritischer Diskussion.

- Tatjana Hörnle: Straftheorien. Tübingen: Mohr Siebeck, 2011

- H. Franzen/L. Wagner: Über Gerechtigkeit. Paderborn: Schöningh, 2010
  In diesem Unterrichtsmodell finden sich Unterrichtsbausteine mit Kopiervorlagen auch zum Thema „Strafe".

S. 318   Charles Taliaferro: Fehlt was?

■**1**▶ Vermutlich werden Dinge wie „Abschreckung" oder „Sühne" genannt und damit erste Intuitionen zu Strafzwecken formuliert, die im Folgenden genauer untersucht werden sollen.

1 ■**2**▶ Hier geht es lediglich um eine erste Arbeitsdefinition, die im Verlauf des Kapitels verändert werden kann. Ggf. ließe sich das auf → SB, S. 461 beschriebene Verfahren anwenden.

Z 6-10 Wenn die Begriffsklärung vertieft durchgeführt werden soll, eignet sich → LB, **Z 6-10** zu diesem Zweck. Vielleicht sollte man allerdings die Definitionen von Hart und Pollmann vorerst zurückhalten, wenn die Schülerinnen und Schüler die Aufgaben 1 und 2 auf → LB, **Z 6-10** bearbeiten.

3 ■**3**▶ Dieses Gedankenexperiment soll Gedanken anstoßen. Weder wird etwas bewiesen, noch eine Theorie veranschaulicht.

6.4.1 Die Theorie: wozu Strafe?

Inhalte – Methoden – Kompetenzen

In diesem Abschnitt werden drei klassische Straftheorien (Vergeltung, Abschreckung, Therapie) anhand verschiedener Texte thematisiert. Auf → SB, S. 320 legt eine umfangreiche Aufgabe die arbeitsteilige Erarbeitung dieser Theorien nahe. Es lässt sich aber auch auswählen oder die drei Theorien lassen sich nacheinander unterrichten. Unter den jeweiligen Texten finden sich hierzu jeweils Arbeitsaufträge, die im Folgenden kommentiert werden. In → LB, **Z 6-12** werden kritische Überlegungen zu den verschiedenen Straftheorien angestellt und eine Theorie der „positiven Generalprävention" angedeutet.

Z 6-12

S. 319 ■**1**▶ Diese Aufgabe dient dazu, einen etwas genaueren Blick auf die systematische Darstellung verschiedener Straftheorien (→ SB, S. 319) zu werfen. Am Beispiel der Todesstrafe sei ein mögliches Ergebnis erläutert: Sie könnte als Strafe für Mord im Sinne einer *absoluten* Straftheorie als passende Vergeltung verstanden werden. Häufig wird sie auch mit der *Abschreckung* begründet, wenngleich die abschreckende Wirkung sehr umstritten ist. Zweifelsfrei wird der Täter unschädlich gemacht, eine Resozialisierung erübrigt sich. Es könnte sein, dass sich unter den Schülerinnen und Schülern breite unreflektierte Zustimmung für die angedeuteten schweren Strafen zeigt (wenn dies vermutet wird, können auch andere Strafen als Beispiele herangezogen werden). Nun ist an dieser Stelle keine vertiefende Debatte um die Legitimität der Todesstrafe

Z 6-11 möglich, aber → LB, **Z 6-11** mag die Reflexion drakonischer und/oder entwürdigender Strafen anregen.

S. 320   Straftheorien auf dem Prüfstand
Hier wird ein komplexer Arbeitsauftrag gegeben, der den Schülerinnen und Schülern nahelegt, weitgehend selbstständig und arbeitsteilig die folgenden Theorien zu erarbeiten. Die Arbeitsaufträge unter den folgenden Texten mögen ihnen dabei helfen. (Nur jene werden auch kommentiert, um Dopplungen zu vermeiden.)

S. 321   M 1a Immanuel Kant: Vergeltung I

S. 321   M 1b Pius XII.: Vergeltung II

S. 322 ■**1**▶ Insbesondere im hinterlegten Satz wird deutlich, dass nach Kant die Strafe nicht bloßes Mittel zu irgendeinem (beispielsweise präventiven) Zweck sein darf, weil man dann den Täter als bloßes Mittel benutzen würde, das ist aber nach dem kategorischen Imperativ (Menschheitszweckformel, → SB, S. 178 f.) verboten. Würde man nur aus Gründen der General- oder negativen Spezialprävention strafen, wäre der alleinige Zweck der Strafe ein Nutzen für die Allgemeinheit, und dies darf nicht sein (vgl. aber Kommentar zu **4**▶). Kant schließt hier relative Strafzwecke nicht komplett aus, er verwirft sie nur als alleinigen bzw. als Hauptgrund für das Strafen.

Ab Zeile 15 weist Kant noch daraufhin, dass u. a. das gerechte Strafmaß von Rücksichten auf andere Zwecke (z. B. Abschreckung) überlagert werden könnte. (So könnten beispielsweise unangemessen drakonische Maßnahmen für die Abschreckung förderlich sein, dies wäre nach **Z 6-12** Kant nicht hinzunehmen, vgl. → LB, **Z 6-12**.)

2▶ Die Worte „vor den Schranken des Gerichts (nicht in deinem Privaturteil)" (Z. 15 f.) zeigen, dass private Rachefeldzüge, wie in der Karikatur angedeutet, nach Kant nicht akzeptabel sind.

3▶ Wie schon im Kommentar zu Aufgabe 1 angedeutet, ergibt sich Kants Forderung nach einer absoluten Straftheorie u. a. aus der Menschheitszweckformel des kategorischen Imperativs.

4▶ Zumindest der Aspekt der positiven Spezialprävention könnte auch im Sinne des Täters sein, mithin würde er nicht als bloßes Mittel betrachtet.
Nach Kant darf eine Strafe aber auch nicht bloßes Mittel sein, ein Gut „für den Verbrecher selbst" (Z. 2 f.) zu befördern.

5▶ Die Konsequenzen der kantischen Straftheorie wären, dass jede Vergeltungsstrafe – ganz unabhängig von positiven oder negativen Konsequenzen – vollzogen werden müsste. Im Lichte moderner Strafpraxis scheint das eine sehr fremde Vorstellung zu sein. Aus Z. 1–14 ergibt sich das nicht zwingend, denn dort wird nur gesagt, was Strafe nicht sein darf. Erst ab Z. 19 wird eine Gleichheit des Verbrechens und der Wiedervergeltung gefordert.

6▶ Kants Forderung nach der Todesstrafe für Mörder könnte ein solches Beispiel sein, wenngleich auch vage bleibt, in welcher Hinsicht das „Gleichgewicht" durch die Hinrichtung eines Mörders wiederhergestellt wird. Hier bedürfte es klarer Kriterien, die Pius zumindest in diesem kurzen Textausschnitt nicht gibt. Soll etwa eine Körperverletzung mit einer Körperverletzung bestraft werden? Wie soll ein Diebstahl bestraft werden? Wie eine Vergewaltigung? Ein Vertragsbruch? Unsere Strafpraxis, Freiheitsstrafen im Ausmaß an der Schwere des Verbrechens zu orientieren, könnte der Idee des „Gleichgewichts" entsprechen.

7▶ Eine Gemeinsamkeit ist die Verkettung der Strafe mit der Schuld (Kant: Der Täter muss „strafbar" befunden sein).
Eine weitere könnte die Gleichartigkeit von Verbrechen und Wiedervergeltung sein, wenn auch Pius hier etwas vage von einer Wiederherstellung eines durch das Verbrechen gestörten Gleichgewichts spricht.

S. 322 **M 2 Anselm von Feuerbach: Abschreckung**

S. 323 **1**▶ a) Eine Rekonstruktion des Arguments könnte wie folgt aussehen:

Prämisse 1: Jede Gesetzesübertretung ist durch eine „Lust" an der Begehung derselben angetrieben (vgl. Z. 1–3).
P2: Eine „Lust" an der Begehung einer Gesetzesübertretung kann durch ein „Übel" aufgehoben werden, von dem der potenzielle Täter weiß, dass es auf die Tat folgen wird (vgl. Z. 3–5).
P3: Durch Androhung eines entsprechenden Übels (z. B. per Gesetz) wird jedem potenziellen Täter bewusst, dass auf seine potenzielle Tat das entsprechende Übel folgen würde (vgl. Z. 6–10).
P4: (implizit) Es ist wünschenswert, potenzielle Täter von Gesetzesübertretungen abzuhalten.
Konklusion: Per Gesetz sollten „Übel" (Strafen) für Gesetzesübertretungen angedroht werden.

---

b) Eng verwoben mit dem obigen Argument ist die Begründung der „*Zufügung*" einer Strafe im gegebenen Fall (Z. 23). Hier geht es um die „Begründung der Wirksamkeit" (Z. 23) der Drohung, die leer und unwirksam bliebe, wenn sie nicht durch die Zufügung der Strafe bei Gesetzesbruch als ernst zu nehmende Drohung erkannt würde.

2▶ I. Ein Gesetz ist notwendig, damit die Androhung eines Übels wirksam ist. Der potenzielle Täter muss ja wissen, was ihn erwartet – und dies ist im Gesetz festgeschrieben.
II. Nur für ein begangenes Verbrechen darf eine Strafe erfolgen. Der potenzielle Täter muss ja davon ausgehen können, dass ihn die Strafe erst nach begangener Tat ereilt. Hätte er zu fürchten, dass die Strafe auch ohne Tat zugefügt würde, wäre der Effekt der Abschreckung von der Tat weit geringer.

3▶ Da für eine wirksame Abschreckung das angedrohte Übel (die Strafe) größer sein muss als die Unlust, die durch das Nichtbegehen der Tat entsteht (vgl. Z. 3–5), müssen die Strafen entsprechend hoch angesetzt werden. Deswegen kann die Strafe für einen Ladendiebstahl z. B. nicht nur das Zurückgeben der Ware beinhalten, sondern hier müsste darüber hinaus ein Übel angedroht und ggf. zugefügt werden. Dies könnte eine zusätzliche empfindliche Geldstrafe sein oder auch eine Haftstrafe. Ähnliches gilt für Sachbeschädigung. Bei einer Geschwindigkeitsübertretung im Straßenverkehr müsste das Übel ebenfalls empfindlich sein. Würde die Strafe etwa nur eine geringe Geldstrafe sein, könnten Raser versucht sein, sich das Vergnügen des Geschwindigkeitsrausches mit einer kleinen Geldstrafe zu erkaufen. Dies darf im Sinne der Abschreckung nicht sein, daher müssten Geldstrafen empfindlich sein (auch für reiche Menschen) oder ein Führerscheinentzug o. Ä. wäre anzudrohen.

S. 323   **M 3 Karl Menninger: Therapie**

S. 326   **1▶** *Gegen andere Straftheorien:*
– Es ist nicht die Strafandrohung (Abschreckung), die verbrecherische Neigungen in Schach hält, sondern das Gewissen, die Selbstachtung und der Wunsch nach sozialer Akzeptanz (vgl. Z. 1–6).
– Straftäter versuchen, sich Anteilnahme auf (für uns) unnormale Weise (durch Straffälligkeit) zu verschaffen (vgl. Z. 7–11), auch hier hilft keine Gefängnisstrafe.
– In Gefängnissen werden Straftäter nicht gebessert, eher entwickeln sie sich zum Schlechteren (vgl. Z. 14–21).
– Die Entrüstung über „Verbrecher" ist in weiten Teilen nicht nachvollziehbar (vgl. Z. 63 f.).
– Der Racheimpuls (der Vergeltungstheorie) ist von irrationaler Angst getrieben, zu ihm lassen wir uns vom Straftäter hinziehen (vgl. Z. 70–75).

Für die eigene Position:
– Menninger nimmt für sich in Anspruch, dass sein Ansatz wissenschaftlich untermauert ist (vgl. Z. 29 ff.).
– Er konstatiert, dass die Gesellschaft, die es nicht vermochte, den Straftäter zu integrieren, in der Verantwortung ist, etwas konstruktiv zu seiner Reintegration zu tun (vgl. Z. 67–70).
– Im Unterschied etwa zur Vergeltungstheorie ist der Therapie-Ansatz gelassener und würdiger (vgl. Z. 76).

2▶ Weil der Ansatz, Straftäter zu bessern bzw. zu therapieren, in Konflikt mit dem Schutzbedürfnis der Gesellschaft geraten kann, betont Menninger explizit, dass dieses Bedürfnis gewahrt bliebe, evtl. durch ergänzende Maßnahmen:
– Sicherungsverwahrung, bis eine Entscheidung über erfolgreiche Resozialisierung gefällt werden kann (vgl. Z. 31–33),
– Therapie und Bewährungshilfe schützen auch vor Rückfällen (implizit vgl. z. B. Z. 78 f.).

3▶ Eine weitere mögliche Gefahr des Therapie-Ansatzes könnte sein, dass Straftäter als „entschuldigt" gelten, weil sie aufgrund äußerer Faktoren nichts dafür können, dass sie straffällig geworden sind. Dem entgegnet Menninger, dass er alle Straftäter für verantwortlich hält und sein Ansatz dazu dient, dass diese ihre Verantwortung auf sich nehmen (vgl. Z. 43–46).

4▶ Vorteile im Sinne Menningers könnten sein, dass die Straftäter hier nicht „ohne Sinn und Zweck in Haft" (Z. 48 f.) gehalten werden, sie nicht ihre Zeit vertun (vgl. Z. 14), sondern Verantwortung lernen, Anteilnahme erfahren, resozialisiert und auf das normale (Arbeits-)Leben nach der Haft vorbereitet werden.

Nachteile könnten sein, dass die abschreckende Wirkung dieser „Strafe" gering ist (die Menninger allerdings ohnehin nicht als sinnvoll erachtet, s. o.) und dass das Vergeltungsbedürfnis der Opfer nicht befriedigt wird. Auch könnte evtl. das Vertrauen der Durchschnittsbürger in die Durchsetzung der Rechtsordnung durch den Staat geschwächt werden.

6.4.2 Die Praxis: zwei Fälle und das StGB

Inhalte – Methoden – Kompetenzen

In diesem Abschnitt werden zwei reale Fälle von Gesetzesübertretungen vorgestellt, die als Anwendung der verschiedenen Straftheorien dienen können. Auch sollen die Grundsätze der Strafzumessung im deutschen Strafgesetzbuch im Lichte der Straftheorien beleuchtet werden.

Zu den Materialien und Aufgaben

S. 326 **Berliner U-Bahn-Schläger**

S. 327 **N. angeklagt wegen Zwangsarbeit für Kinder**

S. 326 **1▶** Hier geht es um ein Spontanurteil. Diese Aufgabe könnte auch am Beginn der Einheit stehen, noch bevor die Straftheorien diskutiert werden.

2▶ Im Sinne einer *Vergeltungstheorie* ist für beide ein passendes Strafmaß schwer zu ermitteln, da Gleiches mit Gleichem hier kaum vergolten werden kann. Vermutlich müsste eine Haftstrafe gefunden werden, die nach irgendwelchen Kriterien angemessen ist und das durch das Unrecht zerstörte Gleichgewicht wiederherstellt. Im Sinne einer wirksamen *Abschreckung* müssten harte Strafen angedroht werden, in beiden Fällen vermutlich hohe Haftstrafen. Im Kinderarbeit-Fall könnten hohe Bußgelder angedroht werden, die das strafwürdige Verhalten unter ökonomischen Gesichtspunkten weniger lohnend erscheinen ließen.

Eine *Therapie* könnte für den U-Bahn-Schläger Alkoholentzug einschließen, aber auch einen grundsätzlichen Aggressionsabbau intendieren. Wichtig wäre überdies, dass durch die Haftstrafe eine Perspektive auf ein Leben danach nicht verloren geht (etwa durch Schulbesuch, Ausbildung o. Ä.). Im Falle der Kinderarbeit erscheint eine Therapie weniger Erfolg versprechend, da die Entscheidungsträger überlegt handeln, es ihnen nicht an Impulskontrolle fehlt.

3▶ Ein wesentlicher Unterschied besteht darin (s. o.), dass im Kinderarbeit-Fall die Täter überlegt handeln und ihr Tun langfristig geplant ist – anders als im U-Bahn-Schläger-Fall, bei dem der Täter impulsiv und spontan handelt. Abschreckung scheint daher im Kinderarbeit-Fall vielversprechender zu sein, da die Strafandrohung Teil einer überlegten Kosten-Nutzen-Analyse sein könnte. Eine solche Abwägung wird bei impulsivem Handeln wie beim U-Bahn-Schläger kaum stattfinden können, weshalb hier vermutlich eine Therapie zielführender sein könnte.

S. 328 **4▸** Beispielhaft seien einige Andeutungen zu einer gefährlichen Körperverletzung gemacht: Wenn der Beweggrund ziellose Aggression ist, könnte dies schlimmer sein und für ein höheres Strafmaß sprechen, als wenn der Beweggrund eine durch das Opfer erfolgte tiefe Kränkung ist. Wenn der Täter nach der Tat echte Reue zeigt, um Wiedergutmachung bemüht ist, könnte dies für ein geringeres Strafmaß sprechen, weil z. B. eine Wiederholung der Tat unwahrscheinlich ist.

5▸ *Absolute Straftheorie:* Absatz (1), in dem die Schuld als Grundlage für die Strafzumessung genannt wird. *Relative Straftheorien:* Verschiedene der genannten Umstände könnten den Aufwand für eine mögliche Resozialisierung unterschiedlich hoch erscheinen lassen. Hierzu zählen sicher das Verhalten nach der Tat und die persönlichen und wirtschaftlichen Verhältnisse des Täters sowie dessen Beweggründe und Ziele.
Da sich die Abschreckungstheorie nicht am konkreten Täter orientiert, sondern an der abschreckenden Wirkung für die Allgemeinheit, sind die genannten Umstände nicht unmittelbar relevant.

6▸ a) Offenbar hat das Gericht das reuige Verhalten nach der Tat (vgl. Z. 23), das Vorleben und die persönlichen Verhältnisse des Täters (keine Vorstrafen, „sozial eingegliedert" – Z. 26) berücksichtigt.

b) Hier könnten beispielsweise die Beweggründe bedeutsam sein, die offenbar im Profitstreben zu suchen sind. Auch zeigt sich im Verhalten nach der Tat keine Reue. Andere bzw. weitere Überlegungen sind denkbar.

6.4.3 Schuld und Strafe

Inhalte – Methoden – Kompetenzen

Insbesondere in der absoluten Straftheorie (und in § 46 StGB) gilt die Schuld als Voraussetzung und Grundlage für die Zumessung von Strafe. Akzeptiert man diese Voraussetzung, ist der Schuldbegriff zu klären, was in diesem Abschnitt in Ansätzen versucht wird. Ob diese Voraussetzung überhaupt notwendig ist, wird abschließend kurz problematisiert.

Zu den Materialien und Aufgaben

S. 329 **1▸** Hier geht es um eine erste, vorläufige Arbeitsdefinition, die später mit Hassemers Verständnis verglichen werden kann.

S. 329 **1▸ Winfried Hassemer: Schuld als Dafür-Können**

2▸ a) Unschuldig ist nach Hassemer jemand, der für eine begangene Tat nichts kann. Was das genau heißt, erschließt sich in Teilen implizit. So ist offenbar jemand unschuldig, der die Tat nicht hätte vermeiden können (vgl. Z. 7). Unschuldig könnte auch jemand sein, der nicht „kapiert, was er anrichtet" (Z. 15 f.). In beiden Fällen, so Hassemer, konnte der Täter nichts dafür. Entsprechend wäre jemand *schuldig,* der kapiert, was er anrichtet, und der die Tat hätte vermeiden können. Denn dann kann er etwas dafür, man kann ihm die Tat vorwerfen (vgl. Z. 17). Auch Autonomie scheint nach Hassemer für Schuld bedeutsam zu sein (vgl. Z. 27).

b) Wer Schuld nicht zur Voraussetzung für Strafe macht, reduziert, so Hassemer, den Menschen auf Körperlichkeit, einen Gegenstand, ein Stück Fleisch (vgl. Z. 27). Eine Strafe könnte sich dann nicht an ein autonomes Wesen mit einem entsprechenden Willen richten. Wer nichts für seine Taten kann, den darf man erziehen und sich vor ihm sichern (auch wenn er das als Strafe empfinden mag), nicht aber ihn im eigentlichen Sinne bestrafen (vgl. Z. 14 ff.).

3▶ Je nach den Ergebnissen zu Aufgabe 1 wird der Vergleich unterschiedlich ausfallen.

4▶ Als Gründe für eine mögliche Strafminderung werden Alkoholeinfluss (vgl. Z. 12 f.), Reue (vgl. Z. 21 ff.), keine Vorstrafen (vgl. Z. 25) und soziale Eingliederung (vgl. Z. 26) genannt. Ob diese *schuldmindernd* wirken, mag diskutiert werden. Insbesondere der Alkoholeinfluss wird diesbezüglich vermutlich kontrovers sein.

5▶ Angesichts der wenigen Informationen lassen sich nur Vermutungen anstellen. Die Entscheidungsträger leben wahrscheinlich sozial eingegliedert und trafen ihre Entscheidungen vermutlich nicht stets unter Alkoholeinfluss. Echte Reue zeigt sich wohl nicht, denn dann wäre die Praxis der Kinderarbeit erheblich früher eingestellt worden.

6▶ Allgemein könnten, ausgehend von den bisherigen Überlegungen, vielleicht Reue, fehlende Vorstrafen und soziale Eingliederung als strafmindernd wirken, aber auch ganz andere Diskussionsergebnisse sind denkbar. Entsprechend unterschiedlich wird die Anwendung auf die beiden Fälle ausfallen. Oft wird man vermuten müssen bzw. Aussagen der Art „Falls X gegeben ist, könnte man strafmindernd ins Felde führen, dass …" treffen.

7▶ Angaben zu den relevanten Paragrafen werden im Moderationstext auf → SB, S. 330 gegeben.

Moralische Schuld und rechtliche Schuld

8▶ a) Dies ist beispielsweise bei schweren Straftaten wie den allermeisten Tötungs- oder Körperverletzungsdelikten der Fall.

b) Historisch lassen sich viele Beispiele moralisch illegitimer Gesetze finden, deren Übertretung rechtliche Schuld, aber eben keine moralische bedeutete. Man denke z. B. an die Übertretung von Rassengesetzen. Ob es auch heute Gesetzesübertretungen geben kann, die moralisch gänzlich unproblematisch sind, bleibt wohl kontrovers. Denkbar wären z. B. Akte zivilen Ungehorsams oder aber Rechtsübertretungen, die niemanden schädigen (auch nicht die Rechtsordnung insgesamt).

c) Hier kann es sich z. B. um schwerwiegende Lügen im privaten Bereich handeln, die nicht justiziabel sind.

d) Wie bei b) lassen sich hier leicht historische, vielleicht weniger leicht aktuelle Beispiele finden. Wer etwa im „Dritten Reich" Juden Unterschlupf gewährt hat, wurde rechtlich schuldig, möglicherweise um die moralische Schuld der Nichthilfe zu vermeiden.

Gerhard Roth: Strafe ohne Schuld?

Gerhard Roth ist, wie Wolf Singer (vgl. → SB, S. 107), Hirnforscher und vertritt in Bezug auf die Willensfreiheit einen harten Determinismus. Nach seiner Auffassung sind alle unsere Entscheidungen durch Faktoren bedingt, auf die wir keinen Einfluss haben – z. B. Gene, frühkindliche Erfahrungen, Einflüsse des Elternhauses. Entsprechend könnten wir für keine unserer Taten etwas im Sinne Hassemers, denn wir hätten sie nicht vermeiden können, weil wir nicht anders hätten entscheiden können. Wir wären also niemals persönlich schuldig. Konsequenterweise schlägt Roth dann auch vor, bei der Bestrafung von Gesetzesübertretungen auf den Begriff der persönlichen Schuld zu verzichten – ganz anders als Hassemer.

Für die Einordnung des Textes ist es wichtig zu wissen, dass Roths Position in der Willensfreiheitsdebatte nur eine von mehreren ist. Ob sie überzeugend ist, wird in Unterkapitel 2.3 diskutiert. An dieser Stelle sollen nur die strafrechtlichen Konsequenzen dieser Position verdeutlicht werden.

9▶ Nach der Vergeltungstheorie wäre eine solche Rechtfertigung unmöglich. In spezial- oder generalpräventiven Theorien (vgl. → LB, **Z 6–12**) könnten jedoch Maßnahmen auch dann für sinnvoll gehalten werden, wenn keine persönliche Schuld vorliegt. Ggf. muss die Gesellschaft vor einem Straftäter geschützt werden, wenn dieser gefährlich ist. Entsprechend sieht auch unsere Rechtsordnung eine Sicherungsverwahrung vor (die aber nicht als Strafe gilt). Auch therapeutische

Z 6-12

Maßnahmen wären ggf. angesagt. Eine abschreckende Wirkung mag andere von Straftaten abhalten, auch wenn der bestrafte Täter nicht willensfrei gewesen sein sollte und im Roth'schen Sinn keine persönliche Schuld auf sich geladen hätte. Das Gefängnis hätte als Institution zur Aufrechterhaltung der öffentlichen Sicherheit nicht ausgedient, allerdings würde Hassemer (s. o.) hier vermutlich sagen, dass der Täter wie ein Stück Fleisch, wie ein Gegenstand behandelt würde – zumindest wenn die Behandlung des Täters als Strafe verstanden wird.

10▸ Wesentliche Änderung wäre in § 46 die Streichung des Absatzes (1). Weitere Aspekte von Strafrecht und -vollzug müssten recherchiert werden. Hier böte sich ein kleineres Projekt an.

11▸ Eine sehr kontroverse Frage mit dem Potenzial zu emotional erhitzten Debatten! Das gerade in diesem Bereich sensible Sicherheitsbedürfnis ruft hier nach einer präventiven Zwangstherapie oder Verwahrung. Allerdings würde zumindest der potenzielle Täter nicht mehr als autonomes Subjekt wahrgenommen. Die Konsequenzen für das Menschenbild wären ggf. weitreichend (vgl. 2.2.4 → SB, S. 98 ff.). Auch bestünde die Gefahr, dass Menschen, die niemals straffällig geworden wären (auch 90% sind nicht 100%), erheblichen Zwangsmaßnahmen ausgesetzt würden.

6.5 Menschenwürde — Menschenrechte

Inhalte – Methoden – Kompetenzen

Eine wichtige Leitfrage dieses Unterkapitels wird im → SB auf S. 267 genannt: „Gibt es grundlegende Rechte, die jedem Menschen, unabhängig von den geltenden Gesetzen des jeweiligen Staates, zukommen?" Und wenn ja, welche Rechte könnten dies sein? Und wie lässt sich deren universelle Geltung begründen? Diese Fragen werden im zweiten Teil des Unterkapitels (6.5.3 und 6.5.4) untersucht.

Oft werden Menschenrechte mit Verweis auf die unantastbare Würde des Menschen begründet, wobei der Begriff „Würde" meist inhaltlich vage bleibt. Eine Klärung wird im ersten Teil des Kapitels versucht. Die Menschenrechte werden dann als Versuch einer inhaltlichen Füllung des Würdebegriffs, wie gesagt, erst im zweiten Teil thematisiert.

Sequenz ●●●	Die Zweiteilung des Unterkapitels wurde oben schon erwähnt, beide Teile lassen sich weitgehend unabhängig voneinander unterrichten. Kernbestand sind dabei die Abschnitte **6.5.1** und **6.5.3**, während **6.5.2** und **6.5.4** jeweils kritische Ergänzungen liefern.
Querverweise ⟷	• Kants Menschheitszweckformel und seine Auffassung von der Autonomie des Menschen gelten oft als Standardauffassung des Würdebegriffs. Sie lässt sich genauer in **4.2.4 Der Mensch als Zweck** (→ SB, S. 177 ff.) und **4.2.5 Autonomie** (→ SB, S. 179 ff.) nachlesen. • Ob es überhaupt Rechte geben kann, die unabhängig von tatsächlich festgeschriebenen Gesetzen existieren, wird in **6.1.3 Naturrecht und positives Recht** (→ SB, S. 278 ff.) diskutiert. • Eine Naturrechtslehre, die geeignet sein könnte, bestimmte Menschenrechte zu begründen, findet sich in **6.2.2 Hobbes, Locke, Rawls: klassische und moderne Vertragstheorie** (→ SB, S. 290 ff.) bei John Locke, insbesondere in M 1 auf → SB, S. 297 f. • Interessante Anwendungsfragen finden sich in **8.4.1 Religion und Menschenrechte** (→ SB, S. 440 ff.): Hier geht es einerseits um die in der Allgemeinen Erklärung der Menschenrechte festgeschriebene Religionsfreiheit, aber auch um die Grenzen dieser Freiheit, die dann erreicht sein könnten, wenn die Ausübung einer Religion mit anderen Menschenrechten konfligiert.

Literatur und Links

- Franz-Josef Wetz (Hg.): Texte zur Menschenwürde. Stuttgart: Reclam, 2011

- Christoph Menke/Arndt Pollmann: Philosophie der Menschenrechte zur Einführung. Hamburg: Junius, 2007

- Heiner Bielefeldt: Philosophie der Menschenrechte. Grundlagen eines weltweiten Freiheitsethos. Darmstadt: Primus Verlag, 1998

- Avishai Margalit: Politik der Würde. Über Achtung und Verachtung. Frankfurt a. M./Berlin: Suhrkamp, 2012

- Peter Bieri: Eine Art zu leben: Über die Vielfalt menschlicher Würde. München: Hanser, 2013
  Bieri versteht Würde, wie der Titel des Buches schon sagt, als eine Art zu leben, die er an zahlreichen Beispielen aus dem Alltag und der Literatur untersucht.

- A. Pollmann: Unmoral. München: Beck, 2010
  Hier finden sich viele Facetten der Verletzung der Menschenwürde und der Menschenrechte.

- Unter www.amnesty.de und www.hrw.org/de finden sich die Websites der bekannten Menschenrechtsorganisationen *Amnesty International* und *Human Rights Watch*.

- http://www.ohchr.org/en/hrbodies/hrc/pages/hrcindex.aspx
  Dies ist die offizielle Website des UN-Menschenrechtsrats, leider nicht in deutscher Sprache. Wegen seiner Zusammensetzung ist der Rat umstritten.

6.5.1 Menschenwürde – Was ist das?

Inhalte – Methoden – Kompetenzen

Anhand von Beispielen soll eine erste, von Schülerintuitionen ausgehende Arbeitsdefinition des Menschenwürdebegriffs erfolgen, die dann anhand der Lektüre kurzer klassischer Texten ergänzt, diskutiert, verändert, präzisiert werden kann.

Zu den Materialien und Aufgaben

S. 333   **1**▸ Die Beispiele auf S. 332 sollen genau betrachtet werden, um dann möglichst präzise zu beschreiben, worin denn die Menschenwürdeverletzung liegt, wenn denn überhaupt eine vorliegt. Die Beispiele werden im Laufe des Kapitels immer wieder Gegenstand der Betrachtung sein – jeweils aus der Perspektive eines bestimmten Würdekonzepts –, deswegen ist eine erste intuitive Annäherung hier kaum verzichtbar. Wichtig ist insbesondere zu überlegen, wann eine Würdeverletzung vorliegt und wann „bloß" unmoralisches Verhalten. Damit dient diese Aufgabe der Vorbereitung der Arbeitsdefinition in Aufgabe 2.
Sinnvoll kann es sein, gemäß dem Think-Pair-Share-Prinzip diese Aufgabe in Einzelarbeit erledigen zu lassen, um alle Schülerintuitionen zu erfassen, und dann die folgende Aufgabe in kleinen Gruppen zu bearbeiten.

2▸ Die hier geforderte Arbeitsdefinition kann nach dem auf SB, S. 461 dargestellten Verfahren nach Wilson erfolgen, indem zunächst unstrittige Würdeverletzungen gesammelt werden (vielleicht auch aus den Beispielen auf S. 332, wenn sich die Schülerinnen und Schüler einig sind) und dann deren gemeinsamer Kern formuliert wird. Dem können unstrittige „Nichtverletzungen" der Menschenwürde gegenübergestellt werden. Um begriffliche Klarheit zu schaffen, sollten dies aber keine moralisch wertvollen Handlungen sein, sondern solche, die – wie in der Aufgabe formuliert – zwar moralisch oder rechtlich verboten sind, aber eben noch keine Würdeverletzung beinhalten. Schließlich geht es ja darum, genau festzuhalten, was eine Handlung nicht nur unmoralisch, sondern darüber hinaus sogar würdeverletzend macht. Anhand von Grenzfällen (vielleicht auch aus den Beispielen auf S. 332, bei denen sich die Schülerinnen und Schüler nicht einig sind) kann der formulierte Kern weiter geprüft und präzisiert werden, bis eine erste Arbeitsdefinition vorliegt, die natürlich im Laufe des Kapitels verändert werden kann. Vor allem aber kann sie die Folie bilden, vor deren Hintergrund die Vorschläge von Theoretikern geprüft werden.

Diese Aufgabe braucht, wenn sie ernsthaft ausgeführt wird, etwas Zeit.

S. 333   Giovanni Pico della Mirandola: Über die Würde des Menschen

S. 333   Immanuel Kant: Achtung vor dem moralischen Gesetz

S. 334   **3▶** Pico della Mirandola betont in diesem kurzen Textauszug die menschliche Würde als Freiheit des Menschen, sich seine Natur (die den „übrigen Geschöpfen" vorgegeben ist) selbst zu bestimmen. Er kann wählen, was, wie und wo er sein will, und dies begründet seine Würde, die es zu achten gilt. Auch Kant betont den eigenen Willen, die Fähigkeit der Selbstgesetzgebung als Grund der Würde. Allerdings formuliert er ohne religiösen Bezug. Sein nicht ganz einfaches Verständnis von Selbstgesetzgebung (Autonomie) kann im Schülerband in Kapitel 4.2.5 erarbeitet werden. Im grauen Kasten ist noch die Menschheitszweckformel des kategorischen Imperativs zitiert, die schon in Kapitel 4.2.4 ausführlich thematisiert wurde. Sie verweist auf das Instrumentalisierungsverbot (vgl. Hoerster-Text auf → SB, S. 334).

4▶ Eine unstrittige Verletzung der Selbstbestimmung des Menschen dürfte in den Beispielen „Giftmüll" und „18-jährige Afghanin" zu beobachten sein. Das Beispiel „Peepshow" ist nicht so leicht zu bewerten, weil es ja denkbar ist, dass Frauen selbstbestimmt ihrem freien Willen folgend dort auftreten, wenngleich im Bereich der Prostitution vermutlich Zwang und das Ausnutzen von Notlagen weitverbreitet sind, und dann läge natürlich eine Verletzung der Selbstbestimmung vor. Auch für die anderen beiden Beispiele müssten Randbedingungen geklärt werden, um zu beurteilen, inwiefern die Selbstbestimmung verletzt wird.

S. 334   **3▶ Norbert Hoerster: Kants Verständnis von Menschenwürde: Das Instrumentalisierungsverbot**

5▶ Hoersters Text erläutert das auf Kant zurückgehende Instrumentalisierungsverbot. Wer einen Menschen als Sklaven hält, eine Frau vergewaltigt, eine Geisel nimmt o. Ä., der trägt der Selbstbestimmung der betreffenden Person offensichtlich nicht Rechnung, sondern benutzt sie als bloßes Mittel für die eigenen Zwecke.

6▶ Im Beispiel „Giftmüll" zielt der Vorschlag offenbar auf eine Instrumentalisierung afrikanischer Menschen ab. Auch ist im Beispiel „18-jährige Afghanin" keine Achtung vor der Selbstbestimmung der jungen Frau zu erkennen. Die anderen Beispiele sind nicht so unstrittig (vgl. Kommentar zu Aufgabe 4).

6.5.2 Menschenwürde – ein problematischer Begriff?

Inhalte – Methoden – Kompetenzen

In diesem Exkurs, der zwar spannend ist, bei Zeitknappheit aber auch übersprungen werden kann, geht es darum, dass in verschiedenen Debatten der Begriff „Menschenwürde" selbst instrumentalisiert wird, um der eigenen Argumentation besonderen Nachdruck zu verleihen. Es werden hier u. a. zwei Texte vorgestellt, die beide unter Berufung auf die Würde des Menschen Sterbehilfe *verbieten* bzw. *legalisieren* wollen. Die Notwendigkeit, den Begriff „Würde" mit Inhalt zu füllen, also die Notwendigkeit präziser Begriffsanalyse, wird hier besonders einsichtig.

Sequenz ●●●	Alternativ zur vorgeschlagenen Reihenfolge könnte man auch mit der ggf. arbeitsteiligen Lektüre und Rekonstruktion der Argumentation der Texte von Böhr und Mittelstraß beginnen, die Aufgaben 3 und 4 a) bearbeiten, dann erst Hoerster lesen und 4 b) und c) bearbeiten. So lässt sich sicher ein größerer Überraschungseffekt erzielen.

Zu den Materialien und Aufgaben

S. 335 **Norbert Hoerster: Menschenwürde ohne Inhalt**

S. 336 ■■1▶ Die Kontexte, in denen laut Hoerster gern eine Berufung auf die Menschenwürde erfolgt, sind auf ganz bestimmte Weise religiöser oder weltanschaulicher Art. Man möchte die eigenen Lebensregeln, das eigene Menschenbild nicht nur für sich und die Angehörigen der eigenen Weltanschauungsgemeinschaft verbindlich machen, sondern für alle Menschen (dieses Ziel verfolgen allerdings nicht alle Religionen und Weltanschauungsgemeinschaften). Weil man aber Nichtangehörigen der eigenen Gemeinschaft gegenüber nicht mit den eigenen religiösen oder weltanschaulichen Prämissen argumentieren kann (diese würden ja vermutlich nicht akzeptiert), beruft man sich eben auf eine etwas unklare „Menschenwürde" und instrumentalisiert diese damit als ideologische Waffe, um den eigenen Forderungen besonders eindringlich Nachdruck zu verleihen. Wer wollte schon gegen die Menschenwürde argumentieren?

■■2▶ Bei dieser Aufgabe ist Kreativität gefragt, auch absurde Begründungen sind zulässig. Insbesondere in der Vergangenheit wurde beispielsweise Sexualität, die grundsätzlich nicht der Fortpflanzung dienen könnte (also auch homosexuelle Beziehungen), häufig als triebhaft-tierisch und damit würdelos bezeichnet. Warum selbstbestimmte Sexualität auch ohne Kinderwunsch (wie sie ja auch in heterosexuellen Beziehungen nicht unüblich ist) „würdelos" ist, bleibt dabei meist im Dunkeln, hier wird also eine Bewertung bloß sehr suggestiv ausgedrückt.

S. 336 **Christoph Böhr: Würde *verbietet* Sterbehilfe**
S. 337 **Jürgen Mittelstraß: Würde *gebietet* Sterbehilfe**
Die Gegenüberstellung dieser beiden Texte soll Hoersters These überprüfen helfen, ob, und wenn ja, wie, sich der Würdebegriff als ideologische Waffe in Debatten, in diesem Fall der Sterbehilfe-Debatte, verwenden lässt. Böhr argumentiert unter Berufung auf die Würde *gegen* die Legalisierung der Sterbehilfe, Mittelstraß ebenfalls unter Berufung auf die Würde *dafür.* Um die beiden Argumentationen zu verdeutlichen, könnte man von den Schülerinnen und Schülern jeweils eine Rekonstruktion des Arguments anfertigen lassen (vgl. 4 → SB, S. 32). Der unterschiedliche Gebrauch des Wortes „Würde" wird dabei deutlich werden (vgl. unten Aufgabe 3). Die beiden Texte lassen sich gut arbeitsteilig bearbeiten.

■3▶ Nach Böhr beinhaltet die Würde des Menschen „den uneingeschränkten und unbedingten Schutz seiner physischen und moralischen Integrität" (Z. 7 f.) und damit die „Unantastbarkeit und Unverletzlichkeit der Person" (Z. 12 f.). Weder Dritte noch der Mensch selbst dürfen entsprechend über seine Würde (und sein Leben) verfügen (vgl. Z. 2).

Mittelstraß dagegen versteht Würde als Selbstbestimmung, entsprechend darf ein Mensch auch über sein Leben verfügen – gerade darin zeigt sich nach Mittelstraß seine Würde als Autonomie.

■4▶ a) Beide Argumentationen lassen sich auch ohne den Würdebegriff formulieren. Böhr könnte das Verbot der Sterbehilfe mit dem Verweis auf den Schutz der physischen Integrität und die Unverletzlichkeit der Person begründen, Mittelstraß die Legalisierung mit Verweis auf die Selbstbestimmung.

b) Das ist nicht einfach zu beurteilen. Vermutlich verwenden beide Autoren den Würdebegriff, um ihrer Argumentation besonderen Nachdruck zu verleihen. Allerdings machen auch beide deutlich, was sie jeweils unter „Würde" verstehen. Damit ist ihre Position auch für Kritiker transparent und angreifbar.

c) Wie schwierig es ist, das Menschenwürdeprinzip in der vorliegenden Frage als Maßstab zu nehmen, zeigen die sehr unterschiedlichen Positionen zur Sterbehilfe, die sich beide auf die Würde berufen. Beide setzen bereits etwas voraus – Mittelstraß die Selbstbestimmung als normativen Maßstab, Böhr die Integrität und Unverletzlichkeit der Person. Welcher Maßstab der plausiblere ist, darüber lässt sich vermutlich ohne Bezug auf das Menschenwürdeprinzip urteilen.

6.5.3 Menschenrechte — Kernbestand der Menschenwürde?

Inhalte – Methoden – Kompetenzen

In diesem Abschnitt werden die Menschenrechte als möglicher Kernbestand der Menschenwürde diskutiert. Mit der Formulierung und Durchsetzung bestimmter grundlegender Rechte, die jeder Mensch hat, könnte dann die Menschenwürde gewahrt werden und sie bliebe nicht Gegenstand unterschiedlichster Deutungen (vgl. Abschnitt 6.5.2).

Links

- http://www.un.org/depts/german/menschenrechte/aemr.pdf
  Hier findet sich die vollständige Allgemeine Erklärung der Menschenrechte.

- www.fairness-stiftung.de/pdf/Nussbaum.pdf
  Z. B. hier finden sich die von Martha C. Nussbaum (s. u.) formulierten menschlichen Grundfähigkeiten, die im SB nicht abgedruckt sind.

Zu den Materialien und Aufgaben

S. 338 **Dieter Birnbacher: Menschenwürde als Ordnungsprinzip**

■1▶ Diese Aufgabe dient dazu, in einer ersten Annäherung Menschenrechte zweifach abzugrenzen. Erstens unterscheiden sie sich von vielen „gewöhnlichen" Rechten, wie sie etwa im BGB formuliert sind. Vermutlich wird als Unterschied genannt werden, dass sie irgendwie besonders fundamentale Rechte sind. Andererseits, und diese Unterscheidung ist vermutlich schwieriger, unterscheiden sie sich auch von einfachen fundamentalen moralischen Regeln, es sind eben „Rechte". Zwar sind sie an vielen Orten der Welt (noch) nicht einklagbar, doch könnte hier genannt werden, dass sie explizit formuliert wurden und diese Formulierung von der Generalversammlung der Vereinten Nationen angenommen wurde.

S. 339 ■2▶ In dieser Aufgabe geht es darum, Birnbachers Überlegungen mit Beispielen deutlich zu machen und so das Textverständnis zu sichern

a) Hier einige Beispiele, es lassen sich viele andere finden.

> *Element 1:* Recht auf ein Existenzminimum (in Deutschland etwa das Arbeitslosengeld II),
> um sich u. a. mit notwendigen Lebensmitteln versorgen zu können
> *Element 2:* Schutz vor Folter
> *Element 3:* Schutz vor Verhaftung ohne richterliche Anordnung: Recht auf Ausreise aus
> dem Staatsgebiet
> *Element 4:* (Überschneidungen mit den anderen Elementen sind gegeben) Schutz vor
> Folter; Recht auf Existenzminimum, um sich selbst versorgen zu können

b) Um alle Menschen bspw. mit einem Existenzminimum zu versorgen, die dieses nicht selbst erwirtschaften können, sind erhebliche Steuermittel nötig. Wenn dieses z. B. auch Flüchtlingen gewährt werden soll (und es handelt sich ja um ein Menschenrecht, das nicht auf Staatsbürger beschränkt werden darf), dann sind weitere erhebliche Aufwendungen erforderlich.

■3▶ a) Verboten sind Abwägungen von Gütern innerhalb der postulierten Grundgütersphäre mit Gütern außerhalb. Wenn es beispielsweise um lebensrettende Maßnahmen geht, die erhebliche finanzielle Aufwendungen erfordern (z. B. Maßnahmen im Gesundheitswesen), dann dürften diese entsprechend nicht reduziert werden, um etwa Steuergelder für Opernhäuser nicht einschränken zu müssen. Das Leben und die Gesundheit wären Grundgüter, die nicht gegen Güter wie einen Opernbesuch abgewogen werden dürften, auch dann nicht, wenn staatliche Kulturförderung als sehr wünschenswert angesehen wird.

b) Innerhalb der Grundgütersphäre dürfte es aber in Katastrophenfällen zu Abwägungen kommen. So dürfte eventuell nach einem Reaktorunfall die Freiheit der Menschen erheblich eingeschränkt werden, um gesundheitliche Risiken so gering wie möglich zu halten. Solche Abwägungen sind sicher schwierig, dürften innerhalb dieser Sphäre aber stattfinden.

■4▶ Nach Birnbacher besteht der Gehalt des Menschenwürdeprinzips in einem Ensemble verschiedener elementarer Rechte, die sogenannte Grundgüter schützen. Zu prüfen wäre daher, ob der Schutz dieser Grundgüter in den Beispielen auf → SB, S. 332 verletzt wird. Bei den Beispielen „Giftmüll" und „18-jährige Afghanin" ist dies offenkundig der Fall. Ob im Peepshow-Beispiel die Selbstachtung verletzt wird, hängt stark von den Umständen ab, unter denen Frauen dieser Tätigkeit nachgehen. Spielen Zwang oder das Ausnutzen wirtschaftlicher Not eine Rolle, ist das sicher der Fall. Im Fall des Bettlers fehlt die Versorgung mit biologisch notwendigen Existenzmitteln, auch ist durch das Betteln die Selbstachtung gefährdet. Zu fragen wäre, ob der Mann die Möglichkeit hätte, auf anderen Wegen an Existenzmittel zu kommen. Im Fabrik-Beispiel wäre z. B. zu diskutieren, ob ein 12-stündiger Arbeitstag noch mit minimaler Freiheit vereinbar ist.

S. 340 ### Martha C. Nussbaum: Menschliche Grundfähigkeiten

Martha C. Nussbaum verfolgt mit ihrem Fähigkeiten-Ansatz das Ziel, ein Minimum an menschlichen Grundfähigkeiten (über alle kulturellen Grenzen hinweg) zu beschreiben, deren Achtung bzw. Ermöglichung die menschliche Würde erfordert. Alle Regierungen der Welt sind entsprechend aufgefordert, verfassungsmäßige Prinzipien einzuführen, welche die menschlichen Befähigungen respektieren. Insofern lassen sich diese Prinzipien als eine Art Menschenrechtskatalog auffassen.

Nussbaum liefert eine Liste dieser Grundfähigkeiten, die aus zwei Gründen im Schülerband nicht abgedruckt ist. Erstens sollen Schülerinnen und Schüler selbst versuchen, eine solche

Liste zu erstellen (vgl. ■8▶), ohne zuvor von Nussbaum beeinflusst zu werden. Zweitens lässt sich die Liste leicht unter o. a. Link oder im Wikipedia-Artikel zum sog. „Capability Approach" finden.

S. 341   ■5▶ Diese Liste soll folgende Eigenschaften aufweisen:

- Sie soll – als zentrale Eigenschaft – diejenigen Fähigkeiten auflisten, die „an jedem beliebigen Ort ein Leben zu einem menschlichen machen" (Z. 12 f.) bzw. deren Fehlen ein Leben als zu verarmt erscheinen ließe, um noch ein gutes menschliches Leben zu sein (vgl. Z. 30 ff.).
- Die Liste soll offen sein (vgl. Z. 25 ff.).
- Die Liste soll potenzielle und nicht tatsächliche Fähigkeiten enthalten (vgl. Z. 34 f.).

■6▶ Nussbaum fordert, dass soziale und politische Institutionen den Menschen das geben sollen, was sie brauchen, um ihren Grundfähigkeiten gemäß tätig sein zu können (vgl. Z. 4 f. und Z. 37 f.).

■7▶ Die Liste soll „vage" und so allgemein wie möglich sein, um kulturelle und persönliche Spezifikationen zu ermöglichen (vgl. Z. 6 ff.). Dabei wird davon ausgegangen, dass wir uns über kulturelle Eigenheiten und historische Unterschiede hinweg gegenseitig als Menschen anerkennen (vgl. Z. 10 f.) und diese Anerkennung eine gemeinsame Grundlage zu haben scheint, die es herauszupräparieren gilt. Bei den Eigenschaften, deren Fehlen das Ende der *menschlichen* Lebensform bedeuten würde, unterstellt Nussbaum einen Grundkonsens (vgl. Z. 14 f.). Transkulturelle Annäherung sieht sie als Chance, eine entsprechende Liste tatsächlich kulturübergreifend erstellen zu können (vgl. Z. 20 ff.).

■8▶ Hier verbietet sich eine „Muster-"lösung, denn hier können sehr unterschiedliche Ergebnisse auftreten. Wichtig ist, die Ergebnisse im Licht der in Aufgabe ■5▶ erarbeiteten Eigenschaften zu prüfen, um sicherzustellen, dass es sich nicht bloß um individuelle oder kulturell geprägte Vorlieben handelt.

■9▶ a) Diese Aufgabe ließe sich gehaltvoll sowohl mit der selbst erstellten Liste (■8▶) als auch mit der Liste Nussbaums bearbeiten. Hier ein mögliches Beispiele aus Nussbaums Liste: Die Fähigkeit, sich guter Gesundheit zu erfreuen, kann natürlich nicht in ein Recht auf Gesundheit münden (hier wäre die Schwierigkeit zu bestimmen, was sich als Recht formulieren lässt), aber in ein Recht auf angemessene staatlich garantierte (und finanzierte) Gesundheitsversorgung.
b) Das Ergebnis dieser Diskussion ist offen. Nussbaums Liste ist sehr gehaltvoll und es ließe sich diskutieren, ob es sich hier noch um einen Minimalstandard handelt (wie Birnbacher formuliert), wenn z. B. die Fähigkeit zu spielen, Beziehungen zu Tieren unterhalten zu können oder aber auch ein Recht auf Arbeit in Nussbaums Liste genannt werden.

S. 342   **Die allgemeine Erklärung der Menschenrechte**

Aus Platzgründen ist die Erklärung im SB nicht abgedruckt, sie lässt sich aber leicht finden, etwa unter o. a. Link. Die folgenden Aufgaben dienen der vertiefenden Beschäftigung mit der Erklärung. Sie sind weder zur linearen noch zur vollständigen Bearbeitung vorgesehen – entsprechend knapp sind die Kommentare gehalten. Je nach gewünschter Intensität der Auseinandersetzung kann hier beliebig ausgewählt werden. Es kann aus Zeitgründen sinnvoll sein, den Schülerinnen und Schülern nur Auszüge der Erklärung vorzulegen und diese bearbeiten zu lassen.
Wer eine Thematisierung der historischen Entwicklung der Menschenrechte anstrebt, kann
Z 6-13   → LB, **Z 6-13** verwenden.

■1▶ Ohne Anspruch auf Vollständigkeit seien einige mögliche Verstöße genannt:
Das „Giftmüll"-Beispiel verstößt u. a. gegen Artikel 25 (Recht auf Lebensstandard, der Gesundheit gewährleistet).
Das Beispiel „18-jährige Afghanin" verstößt u. a. gegen Artikel 5 (Schutz vor grausamer, erniedrigender Behandlung).
Das Bettler-Beispiel verstößt ebenfalls gegen Artikel 25.

Das Beispiel „Fabrik" könnte gegen Artikel 24 verstoßen (Recht auf Freizeit und Begrenzung der Arbeitszeit), wenngleich hier sicher Interpretationsspielraum besteht.

Das Beispiel „Peepshow" könnte ein Beispiel erniedrigender Behandlung sein (Artikel 5), hier kommt es aber wesentlich auf die (vorhandene oder nicht vorhandene) Freiwilligkeit der betroffenen Frauen an.

2▶ Beispielhaft seien einige mögliche Zuordnungen genannt:
a) Artikel 5 (Folterverbot), Artikel 9 (Verbot willkürlicher Verhaftung)
b) Artikel 21 (u. a. Zugang zu öffentlichen Ämtern, Wahlen)
c) Artikel 25 (Lebensstandard), Artikel 26 (Bildung)

3▶ Bei den meisten Artikeln wird eine Zuordnung leicht sein. Es gibt aber auch solche, die im Grundgesetz zumindest explizit nicht zu finden sind (z. B. das Recht auf Arbeit in Art. 23. 1. der AEdM).

4▶ Diese Aufgabe muss aktuell recherchiert und kann hier nicht weiter kommentiert werden.

5▶ Diese Aufgabe könnte als Projekt etwa mit dem Politikunterricht durchgeführt werden.

6▶ Detaillierte Vergleiche sind sehr aufwendig, aber insbesondere dann lohnend, wenn die Kulturkritik (6.5.4) genauer untersucht werden soll. Ggf. kann hier der Fokus auf spezielle Menschenrechte gelegt werden und darauf, wie sie in verschiedenen Erklärungen umgesetzt werden.

7▶ Ein offenkundiger Widerspruch besteht bspw. beim Burka-Verbot nicht, dennoch kann man mit der AEdM evtl. sowohl ein Verbot als auch eine Erlaubnis der Burka im öffentlichen Raum rechtfertigen. Unter Verweis auf die Religionsfreiheit (Art. 18) müsste die Burka erlaubt sein, wenn man unterstellt, dass die (meisten?) Frauen sie freiwillig tragen. Unter Verweis auf das Diskriminierungsverbot (Art. 7) könnte man die Burka verbieten, wenn man unterstellt, dass die (meisten?) Frauen sie nicht freiwillig tragen.

8▶ Bei der Bearbeitung dieser Aufgabe wird sich zeigen, dass die drei genannten Autor/innen unterschiedlich anspruchsvolle Konzeptionen vertreten, von denen die Position Nussbaums wohl die anspruchsvollste in dem Sinn ist, dass sie am meisten Rechte fordert. Der Vergleich mit der AEdM ist spannend, aber aufwendig.

6.5.4 Menschenrechte in der Kritik

Inhalte – Methoden – Kompetenzen

In diesem Abschnitt werden kurz einige mögliche Kritiken am Konzept der Menschenrechte thematisiert. Referiert werden diese Kritiken von Amartya Sen, der selbst allerdings vom Konzept der Menschenrechte überzeugt ist. In dem Buch, aus dem der abgedruckte Textausschnitt entnommen ist, verteidigt er die Idee der Menschenrechte gegen die referierten Kritiken direkt im Anschluss an den vorliegenden Ausschnitt.

S. 343 **Amartya Sen: Drei Kritiken**

S. 344 **1▶** a) Beispielsweise ist der Artikel 5 (Verbot der Folter) in vielen Staaten nicht umgesetzt. Artikel 13, 2 (das Recht, das eigene Land zu verlassen) gilt in manchen Staaten nicht (z. B. Nordkorea). Das Recht auf Meinungsfreiheit (Artikel 19) wird in vielen Ländern eingeschränkt. Die Aufzählung lässt sich leicht fortsetzen.

b) Artikel 25 (Lebensstandard) ist ein Beispiel dafür, dass die Garantie von Menschenrechten sehr ressourcenintensiv ist und in vielen Staaten die Ressourcen für all die Dinge, die in diesem Artikel gefordert werden, durch politische Institutionen nicht bereitgestellt werden.

c) Sen selbst präzisiert diese Kritik in seinem Buch (a. a. O., S. 277 ff.) in Bezug auf asiatische Werte, die – so die Menschenrechtskritiker – häufig Disziplin und Unterordnung höher gewichten als Rechte und Ansprüche. Dies träfe viele Menschenrechte, insbesondere Abwehrrechte gegen den Staat (Meinungsfreiheit, Schutz der Privatsphäre usw.).

2▶ a) Hier könnte man z. B. Gustav Radbruch heranziehen (→ SB, S. 282 f.), der behauptet, dass es Rechtsgrundsätze gibt, „die stärker sind als jede rechtliche Satzung" (s. dort, Z. 27), die sogar Maßstab der Legitimität eines Gesetzes sein können. Menschenrechte könnten solche Grundsätze sein.

b) Versteht man die Menschenrechte als Forderung nach dem, was sein *soll,* ist die Rede von einem Menschenrecht, das etwa in einem Land nicht durchgesetzt ist, nicht inkohärent.

c) John Locke leitet seine Forderung nach dem Recht auf Leben, Besitz, Gesundheit und Freiheit daraus ab, dass alle Menschen das Werk eines Schöpfers sind (hier meint er den christlichen Gott) und dass ihre Gleichheit der Fähigkeiten eine Rangordnung verbietet, mithin, dass diese Rechte allen Menschen zukommen müssten (→ SB, S. 298). Explizit geht er auf die Frage nach unterschiedlichen Kulturen allerdings nicht ein.

Martha C. Nussbaum versucht, durch ihre Liste menschlicher Grundbefähigungen eine kulturübergreifende Grundlage für menschenrechtsähnliche Forderungen an politische Institutionen zu schaffen. Wenn dieser Ansatz überzeugt, lässt sich damit die Kulturkritik zurückweisen.

6.6 „Nie wieder Krieg!" – Oder?

Inhalte – Methoden – Kompetenzen

Dieser Abschnitt konkretisiert die Frage nach den Menschenrechten (6.5) dahingehend, ob oder mit welchen Mitteln sie durchzusetzen bzw. zu verteidigen sind, wenn Staaten grundlegende (Menschen-)Rechte ihrer Bürger massiv verletzen. Dürfen Staaten in Fällen wie z. B. der Kosovo-Krise in den 1990er-Jahren militärisch eingreifen, um Schlimmeres zu verhindern? Oder ist ein solches Eingreifen gar moralisch geboten angesichts von Tausenden oder gar Millionen Opfer? Anders gefragt: Gibt es so etwas wie einen „gerechten Krieg"?

Sequenz ●●●	Wie in den meisten Kapiteln dieses Bandes dient auch hier der **Einstieg** der (Re-)Aktivierung bereits vorhandener Kenntnisse und/oder Einschätzungen der Schülerinnen und Schüler, die im weiteren Verlauf ergänzt, differenziert, ggf. (sachlich) korrigiert werden. Das alljährlich publizierte Konfliktbarometer führt vor Augen, wo und in welchem Umfang weltweit gewaltsame Konflikte und Kriege stattfinden, von denen nur wenige regelmäßigen Eingang in die Nachrichten finden. **6.6.1** legt die begrifflichen Grundlagen und klärt zum einen, welche Haltungen gegenüber dem Krieg prinzipiell unterschieden werden. Zum anderen liefert 6.6.1 das begriffliche und konzeptionelle Fundament für die Lehre vom „gerechten Krieg", die schon Cäsar zur Rechtfertigung seines gallischen Krieges beschäftigte und die auch heute noch die argumentative Grundlage für alle Überlegungen zu „humanitären Interventionen" liefert. Hier wie auch im folgenden Unterabschnitt 6.6.2 wäre eine Zusammenarbeit mit dem Fach Geschichte sicher ertragreich. In **6.6.2** werden arbeitsteilig die in 6.6.1 eingeführten Haltungen zum Krieg an einem konkreten Beispiel vertieft (M 0–M 4) und in einer abschließenden Podiumsdiskussion gegenübergestellt. Die einzelnen Positionen können alternativ auch sukzessive mit der gesamten Lerngruppe bearbeitet werden. Bei Zeitmangel könnte ggf. auch M 4 entfallen – was allerdings u. U. den Schülerinnen und Schülern nicht gerecht würde, die sich in Aufgabe 1 dezidiert für (oder auch gerade gegen) eine radikale Friedensposition ausgesprochen haben. **6.6.3** dient insbesondere der Förderung der Handlungs- und Urteilskompetenzen der Schülerinnen und Schüler: Dieser Abschnitt konkretisiert die zuvor erarbeiteten philosophischen Argumente am Beispiel des Syrienkonflikts, der seit 2011 die internationale Staatengemeinschaft weit über die arabische Welt hinaus beschäftigt. Hier können die Schülerinnen und Schüler exemplarisch verfolgen und erproben, wie Diskussionen über mögliche Eingriffsszenarien verlaufen können und welche Konsequenzen sich daraus, aber auch aus einer Nichteinmischung ergeben können. Besonders spannend in diesem Zusammenhang ist es, die mit solchen Szenarien verbundene Rhetorik genauer zu betrachten; einen pointierten Beitrag dazu leistet der Text von Uwe Steinhoff. (Hier bietet sich eine Zusammenarbeit mit dem Fach Deutsch an, sofern dort der Bereich Rhetorik, Redeanalyse o. Ä. vorgesehen ist.) Sachliche Hintergründe und einen kompakten Überblick liefert auch das Interview mit dem Kriegsforscher Herfried Münkler in → LB, **Z 6-15**.
Querverweise ◆▶	<ul><li>**3.2.3 Forderungen an moralische Begründungen** (→ SB, S. 141 f.)</li><li>**3.3.1 Die Struktur moralischer Begründungen** (→ SB, S. 146 f.)</li><li>**3.3.2 Die Struktur moralischer Diskussionen** (→ SB, S. 148 ff.)</li><li>**4. Grundpositionen philosophischer Ethik** (→ SB, S. 156 ff.)</li><li>**6.1 Einführung in die Staatsphilosophie** (→ SB, S. 269 ff.)</li><li>**6.2.2 Hobbes, Locke, Rawls: klassische und moderne Vertragstheorie** (→ SB, S. 290 ff.): insbesondere Hobbes' und Lockes Ausführungen.</li><li>**6.5 Menschenwürde – Menschenrechte** (→ SB, S. 332 ff.)</li></ul>

Literatur und Links

- Michael Czelinski und Jürgen Stenzel (Hg.): Krieg. Philosophische Texte von der Antike bis zur Gegenwart. Stuttgart: Reclam, 2004

- Reinhard Merkel (Hg.): Der Kosovo-Krieg und das Völkerrecht. Frankfurt am Main: Suhrkamp, 2. Auflage 2000

- Gustav Gustenau (Hg.): Humanitäre militärische Interventionen zwischen Legalität und Legitimität. Tagungsband des Instituts für Internationale Friedenssicherung, Wien. Baden-Baden: nomos, 2000
  Hierin auch zwei Beiträge der im SB vertretenen Autoren: Wolfgang Kersting: Lassen sich Menschenrechte mit Gewalt zwischenstaatlich durchsetzen (S. 59 – 92); Véronique Zanetti: Menschenrechte und humanitäre Interventionspflicht (S. 93 – 107), die den Bogen schlagen zwischen den Unterkapiteln 6.2, 6.5 und 6.6.

- Herfried Münkler: Die neuen Kriege. Reinbek bei Hamburg: Rowohlt, 6. Auflage 2015

- Herfried Münkler: Kriegssplitter. Die Evolution der Gewalt im 20. und 21. Jahrhundert. Reinbek bei Hamburg: Rowohlt, 2015

- Uwe Steinhoff: Moralisch korrektes Töten. Zur Ethik des Krieges und des Terrorismus. Neu-Isenburg: Melzer, 2005

- Felix Wassermann: Asymmetrische Kriege. Eine politiktheoretische Untersuchung zur Kriegführung im 21. Jahrhundert (Dissertation Berlin, Humboldt-Universität 2014). Frankfurt am Main: campus, 2015

- Das jeweils aktuelle Konfliktbarometer stellt das Heidelberger Institut für Internationale Konfliktforschung (HIIK) auf seiner Homepage zum Download zur Verfügung:
  http://www.hiik.de/de/konfliktbarometer/ [31.3.2016].
  Dort sind auch die Ausgaben der Vorjahre zugänglich, sodass bei umfassenderer Beschäftigung mit dem Thema auch längerfristige Entwicklungen betrachtet werden können.

- Weitere aktuelle Materialien bietet die Bundeszentrale für politische Bildung:
  https://www.bpb.de/

Zu den Materialien und Aufgaben

S. 344 **1▶** **2▶** Aufgabe 1 dient, wie gesagt, einer ersten spontanen Meinungsäußerung und einer meinungsaffinen Gruppeneinteilung für Aufgabe 2. Falls sich einige Schüler partout nicht für eine der beiden Optionen entscheiden können/wollen, sollten sie in Aufgabe 2 eine erste, schnelle abwägende oder alternative Stellungnahme formulieren. Eine weitere Differenzierung erfolgt im Laufe des Unterkapitels.

S. 346 **3▶** Hier können Schülerantworten ganz unterschiedlich ausfallen, abhängig von der jeweiligen aktuellen politischen Lage, inwiefern bestimmte Konflikte in den öffentlichen, medialen Diskussionen thematisiert werden und inwiefern Schülerinnen und Schüler sich dafür interessieren. (Aus didaktischer Sicht erhellend mögen hier die Überlegungen von Julian Nida-Rümelin und Herfried Münkler sein, die auch mit der Lerngruppe fruchtbar diskutiert werden
Z 6-14
Z 6-15 können, → LB, **Z 6-14** und **Z 6-15**.)

4▶ Auch hier sollten keine inhaltlichen Ergebnisse vorweggenommen werden; nehmen Sie fürs Erste die (möglicherweise wechselnden und schwankenden) Haltungen Ihrer Schülerinnen und Schüler zur Kenntnis und greifen Sie sie ggf. am Ende des Unterkapitels wieder auf.

5▸ Hier geht es überwiegend um Sachklärung. Aufgabe der Lehrperson ist es, auf die Auswahl seriöser und zuverlässiger Quellen und eine möglichst präzise und sachliche Darstellung zu achten und diese in den Präsentationen von einer ersten (wertenden) Einschätzung zum gerechtfertigten Einsatz von Gewalt klar zu trennen.

6.6.1 „... und Friede auf Erden" – Wunsch und Wirklichkeit

Inhalte – Methoden – Kompetenzen

Vgl. auch die Einträge unter 6.6, die den Abschnitt in den übergeordneten Zusammenhang einordnen.

Sequenz ●●●	Vgl. die Einträge an gleicher Stelle unter 6.6
Querverweise ⟷	Vgl. die Einträge an gleicher Stelle unter 6.6

Zu den Materialien und Aufgaben

S. 347 **Samuel P. Huntington, Michael Walzer u. a.: Vier grundsätzliche Haltungen zum Krieg**

1▸ Das Streitgespräch zwischen den vier Haltungen (Pazifismus, Realismus, „Heiliger Krieg" und „gerechter Krieg") fordert von den Schülerinnen und Schülern, erste eigene Überlegungen zur jeweiligen Position zu formulieren (z. B. welche moralischen Prinzipien für einen „gerechten Krieg" relevant sein könnten); wichtig ist hier, die Überlegungen für die weitere Diskussion schriftlich festzuhalten.

2▸ Im Sinne einer globalen moralischen Verantwortung für ein möglichst friedliches Zusammenleben möglichst aller Menschen kann man die Aufzählung durchaus als abgeschlossen betrachten. Als weitere Kategorien könnten vielleicht Haltungen genannt werden, die im Sinne einer reinen Selbstverteidigungsstrategie von jeglicher Wertung oder Einmischung absehen, solange man nicht selbst von der Auseinandersetzung betroffen ist – eine häufig anzutreffende Strategie bei Themen, von denen man nicht unmittelbar selbst betroffen ist. Im Einzelfall wäre darauf zu achten, ob sich die genannten Varianten nicht doch in die Systematik der Aufzählung einordnen ließen.

3▸ Die persönliche Haltung jedes Einzelnen sollte frei von Kommentierung bleiben; zu achten wäre jedoch auf eine nachvollziehbare, konsistente Begründung für die jeweilige Einstellung – über eine bloße Meinungsäußerung hinaus.

S. 347 **Uwe Steinhoff: Kriterien für einen gerechten Krieg**

S. 348 **4▸** Möglicher Bedarf an zusätzlichen Erläuterungen ist von den Vorkenntnissen der jeweiligen Lerngruppe abhängig. Erläuternde Beispiele zur Illustration der einzelnen Kriterien helfen dabei und sind zahlreich in Geschichte und aktueller Politik zu finden, möglich sind aber auch konkrete Beschreibungen fiktiver Situationen. Einigkeit über die Bewertung der Beispiele wird vermutlich nicht unbedingt zu erzielen sein (Entscheidungen über humanitäre Interventionen sind nicht umsonst so umstritten), die Beispiele sollten aber das jeweilige Kriterium möglichst gut verdeutlichen. (Entscheiden Sie selbst, ob dies für die folgenden Beispiele gilt.)

Mögliche Beispiele für die Berechtigung zum Kriegseintritt (*jus ad bellum*):

1. *legitime Autorität:* In der Bundesrepublik Deutschland stellt laut Grundgesetz der Bundestag unter Zustimmung des Bundesrates den „Verteidigungsfall" fest (Grundgesetz Abschnitt Xa, Artikel 115a bis 115l).
2. *gerechter Grund:* Eintritt der Alliierten in den Zweiten Weltkrieg, insbesondere der direkt von der deutschen Wehrmacht angegriffenen und bedrohten europäischen Staaten (Negativbeispiel – nicht nur für dieses Kriterium: Angriff der deutschen Wehrmacht auf Polen 1939)
3. *gute Absichten*: Beendigung der Herrschaft der Nationalsozialisten im Zweiten Weltkrieg
4. *Proportionalität:* Als Negativbeispiel könnte hier ein Szenario dienen, bei dem „mit Kanonen auf Spatzen geschossen" wird, wenn etwa aus einem Anlass, der sich auch auf diplomatischem Wege lösen ließe, ein Krieg vom Zaun gebrochen wird.
5. *Erfolgsaussicht:* Aussicht auf Sieg ist insbesondere dann gegeben, wenn die eigene Armee der gegnerischen erkennbar überlegen ist (etwa hinsichtlich der Ausrüstung, der taktischen oder strategischen Situation).
6. *ultima ratio:* Hier steht die Frage im Raum, ob bereits alle diplomatischen Mittel ausgeschöpft sind; dies könnte etwa dann der Fall sein, wenn „Gefahr im Verzug" ist (etwa durch eine akute und massive Bedrohung) oder wenn auf der gegnerischen Seite ein „irrer Diktator" steht, der keiner diplomatischen Ansprache (mehr) zugänglich ist, und dort auch keine Aussicht oder Möglichkeit auf eine Absetzung des Herrschers durch das eigene Volk besteht.

Mögliche Beispiele für die Rechtmäßigkeit der Kriegführung (*jus in bello*):

1. *Proportionalität:* auch hier ein mögliches Negativbeispiel: Japan wurde 1945 zwar nicht „in die Steinzeit zurück[ge]bomb[t]" (Z. 27 f.), aber die Verhältnismäßigkeit der Atombombenabwürfe über Hiroshima und Nagasaki im August 1945 mit insgesamt fast 220 000 Toten (unmittelbare Opfer und Opfer durch Folgeschäden) ließe sich durchaus diskutieren; Ähnliches gilt für die Luftangriffe auf Dresden im Februar 1945.
2. *Nichtkombattanten-Immunität:* Zivile Ziele anzugreifen, etwa Krankenhäuser, Schulen, Wohngebiete, verbietet sich. Angriffe auf militärische Ziele, bei denen Zivilisten zu Schaden kommen oder sogar getötet werden könnten („Kollateralschäden"), müssten nach diesem Kriterium ebenfalls ausgeschlossen werden. Diese und ähnliche Verpflichtungen sind auch durch die Genfer Konvention geregelt.

5▶ Hier gilt es darauf zu achten, dass – unabhängig von dem gewählten Konflikt – die von Steinhoff aufgelisteten Kriterien konsequent geprüft werden (soweit dies die Informationslage zulässt).

6.6.2 Kriegsgegner – Kriegsbefürworter

Inhalte – Methoden – Kompetenzen

Vgl. auch die Einträge unter 6.6, die den Abschnitt in den übergeordneten Zusammenhang einordnen.

Sequenz ●●●	Vgl. die Einträge an gleicher Stelle unter 6.6
Querverweise ↔	Vgl. die Einträge an gleicher Stelle unter 6.6

Zu den Materialien und Aufgaben

S. 348 **Hinweise zur arbeitsteiligen Gruppenarbeit mit den Materialien M 0–M 4**

1. Ein Konflikt, auf den sich alle Arbeitsgruppen beziehen, bietet eine gemeinsame Basis für die später kontrovers darauf bezogenen Positionen und einen konkreten inhaltlichen Bezugspunkt, der möglichst für alle Schülerinnen und Schüler interessant ist. Es sollte aber darauf geachtet werden, das Beispiel möglichst klar und überschaubar zu wählen, sodass in der Präsentationsphase möglichst wenig Raum für sachlich-inhaltliche Streitfragen bleibt und der Fokus auf den Argumenten für oder gegen einen gerechten Krieg bleibt.

2. Meggle bietet in M 0 zum Einstieg in sein eigenes Argument (M 2) eine knappe Zusammenfassung des klassischen Nothilfe-Arguments zum gerechten Krieg, vor dessen Hintergrund sich die weiteren Positionen entfalten lassen. Zweck der für alle verbindlichen Lektüre ist es, eine gemeinsame Diskussionsbasis zu schaffen (insbesondere natürlich für die direkte Kontroverse zwischen Meggle und Bittner in M 2 und M 3).

Alternativ zur hier vorgeschlagenen Einzelarbeit kann M 0 auch gemeinsam im Plenum erarbeitet oder nach der Einzelerarbeitung eine kurze Zwischensicherung eingefügt werden (z. B. um unsicheren Lerngruppen eine gesicherte Grundlage zur Weiterarbeit zu bieten).

3. Die Form des Handouts oder Flyers zwingt die Schülerinnen und Schüler, die jeweilige Position knapp und möglichst klar auf den Punkt zu bringen. (Die Handouts/Flyer können zudem für spätere Klausur- oder Prüfungsvorbereitungen genutzt werden.) Darüber hinaus ist jedoch darauf zu achten, dass zur Vorbereitung der Podiumsdiskussion auch und gerade die argumentativen Zusammenhänge herausgearbeitet werden und für die komplexe Präsentationsweise verfügbar sind.

4. In der Podiumsdiskussion müssen die Schülerinnen und Schüler auf verschiedenartige Einwände und Gegenargumente eingehen können. Zu einer sinnvollen Vorbereitung gehört demnach auch, die vertretene Position auf mögliche naheliegende Einwände abzuklopfen und diese aus der eigenen Position heraus widerlegen zu können (vgl. dazu auch Schritt 3 und 4 der hermeneutisch fairen Textarbeit → SB, S. 31f.).

S. 349 **M 0 Georg Meggle: Das zentrale Argument: Gerechte Kriege sind Nothilfe**

S. 350 ◼**1**▸ Eine Gliederung des Textes könnte etwa so aussehen (andere Varianten sind möglich):

Z. 1–12: Positionierung des Autors: Gewalt (auch in Form von Kriegen) kann in bestimmten Situationen moralisch gerechtfertigt sein; die Konsequenz daraus: Ablehnung einer rigoros pazifistischen Haltung.

Z. 13–26: Darstellung des „üblichen" Arguments zur Rechtfertigung von Kriegen über das Notwehr- bzw. Nothilfe-Szenario: Ist mein eigenes Leben bedroht, darf ich mich verteidigen, notfalls auch mit Gewalt und um den Preis, dass schlimmstenfalls der Angreifer sein Leben verliert (*Recht auf Notwehr*). Dies gilt auch, wenn ich sehe, dass das Leben eines oder mehrerer anderer Menschen bedroht ist: Auch in diesem Fall darf ich alles Menschenmögliche tun, um diese(n) Menschen zu retten (*Recht auf Nothilfe*); mehr noch: Ich bin sogar moralisch dazu verpflichtet, weil ich mich ansonsten der unterlassenen Hilfeleistung schuldig machen würde (*Pflicht zur Nothilfe*).

Z. 27–34: Dies gilt nach Meggle nicht nur für Individuen, sondern auch für Staaten (die man als ein zu einer Einheit zusammengefasstes „Menschenkollektiv" auffassen kann). Überträgt man das obige Szenario auf Staaten, so wäre ein Verteidigungskrieg (im Falle eines Angriffs auf den eigenen Staat; in Deutschland: der grundgesetzlich verankerte „Verteidigungsfall") eine Art von Staatsnotwehr – und ein Beistandskrieg (im Falle eines Angriffs auf einen anderen Staat, z. B. im Rahmen eines Bündnisses wie der NATO) eine Art von moralisch legitimierter staatlicher Nothilfe.

Z. 35–52: Staaten sind allerdings nicht nur als geschlossene Einheit agierende Kollektive, sondern setzen sich auch aus Individuen und unterschiedlichen Gruppen zusammen. Werden diese durch den eigenen Staat existenziell bedroht, so tritt ein Sonderfall der Notwehr ein: das *Widerstandsrecht*. Dementsprechend haben auch hier Dritte ein Recht zur Nothilfe, um den bedrohten Individuen/Gruppen beizustehen.

Kurzgefasst könnte eine Rekonstruktion der klassischen Argumentation z. B. so aussehen:

Prämisse 1 (moralisches Prinzip): Wenn mein Leben bedroht ist, darf ich es verteidigen, notfalls auch mit Gewalt (*Recht auf Notwehr*).

Prämisse 2: Wenn das Leben eines anderen bedroht ist, darf, ja muss ich es ggf. verteidigen, notfalls auch mit Gewalt (*Pflicht zur Nothilfe*).

Prämisse 3: Auch Staaten sind Individuen (insofern sie mehrere Menschen zu einem kollektiv agierenden Einzelgebilde zusammenfassen).

Konklusion 1: Staaten haben ein Recht auf Notwehr (im Verteidigungsfall).

Konklusion 2: Staaten haben eine Pflicht zur Nothilfe (im Falle eines Angriffs von außen auf Drittstaaten).

Entsprechend gilt: Werden Bürger durch den eigenen Staat bedroht, haben sie ein „Widerstandsrecht" (Z. 39 f.). Schafft der Staat es nicht, sie zu beschützen, haben sie ein Recht auf Nothilfe durch Außenstehende.

---

2 ▸ *Inhaltliche Kritik* am Notwehr-/Nothilfe-Argument könnte z. B. hier ansetzen:

P1/2: Rigorose Pazifisten oder Vertreter eines strikten gewaltfreien/passiven Widerstands könnten ins Feld führen, dass Gewalt niemals zu rechtfertigen ist, auch nicht zur Verteidigung des eigenen Lebens oder das eines Dritten. Hier tritt der schwierige Fall ein, dass beide Seiten das gleiche Argument für gegensätzliche Positionen in Anschlag bringen: das Recht auf die Unversehrtheit des Lebens, sei es des eigenen oder das eines anderen. Der Streit besteht hier wohl eher in der Frage, bis zu welchem Punkt und mit welchen Mitteln dieses Recht durchgesetzt werden darf. Hier markieren die verschiedenen Vertreter unterschiedliche Punkte auf der Linie zwischen „Keine Gewalt, niemals" und „(Selbst-)Verteidigung bis zum Äußersten". Ein Dilemma entsteht an den beiden Enden der Skala: Wenn tatsächlich eines der beiden Leben aufgegeben werden muss, wessen Leben soll/darf dies dann sein?

P3: Ist die Existenz eines Staates (bzw. dessen existenzielle Bedrohung) tatsächlich vergleichbar mit dem Leben eines einzelnen Menschen bzw. dessen Bedrohung? Oder unterscheidet sich eine Gemeinschaft, die sich nach bestimmten (Rechts-)Grundsätzen zusammengefunden hat (und dementsprechend auch wieder auflösbar oder unter anderen Bedingungen zusammensetzbar wäre; → SB, S. 287 ff., 6.2), in entscheidender und grundsätzlicher Weise von einer Person, die nur entweder existieren oder nicht existieren kann, also leben oder (wenn sie erst einmal auf der Welt ist) tot sein kann?

Erwidern könnte man hier zum Beispiel, dass die Auflösung eines Staates selbstverständlich das vollständige Ende seiner Existenz bedeutet mit allen Konsequenzen: Aufhebung der Staatsgrenzen (und möglicher Übernahmen des Territoriums durch andere Staaten), Aufhebung aller schützenden Rechte seiner Bürger (und damit evtl. Gefährdung von deren Leib und Leben) und Anderes mehr.

Auf *formaler* Ebene wäre etwa zu prüfen, ob die unterschiedliche Verwendung des Begriffs „Staat" (einmal in der Form eines wie ein Individuum agierendes „Menschenkollektivs", ein andermal als Begriff für ein Gebilde, das sich aus vielen Individuen und Gruppen zusammensetzt, oder für einen von diesen Individuen/Gruppen unterschiedenen „Staatsapparat", der sich gegen diese wenden kann) zulässig ist oder ob hier eine Begriffsverschiebung vorliegt, durch die das Argument formal ungültig wird.

Hier könnte man im Sinne Meggles erwidern, dass egal, um welche Art von Aggressor es sich auch handelt (sei es ein einzelner Angreifer, eine Gruppe, ein außenstehender Staat oder der eigene Staat), es in dieser Frage immer um existenziell bedrohte Menschen geht, die ein Recht auf Verteidigung (Notwehr) haben bzw. auf Beistand von außen (Nothilfe), wenn sie sich nicht selbst verteidigen können.

▬3▶ Die Aufgabe spricht für sich. Sie folgt dem Prinzip der hermeneutisch fairen Textarbeit (→ SB, S. 31 f.).

S. 350 M 1 Georg Meggle: Grundzüge des Kriegsrealismus

S. 351 ▬1▶ Meggle stellt hier den Standpunkt des Kriegsrealismus aus seiner Sicht dar. Eine Verifizierung seiner Darstellung kann und sollte für interessierte, stärkere Lerngruppen durch weiterführende Recherchen und Lektüre erfolgen. Meggles Hinweise auf „klassische" Vertreter dieser Haltung liefert dazu Anknüpfungspunkte. Naheliegend wäre es hier, die zu Beginn des Kapitels gewonnenen Erkenntnisse über Hobbes zu nutzen (→ SB, S. 290 ff. 6.2.2).

Meggles Darstellung folgend ist der Kriegsrealismus eine Position, die sich von den anderen Haltungen zum Krieg grundlegend unterscheidet: In ihrem Rahmen gibt es keinen Platz für moralische Überlegungen; hier geht es nicht um „gute" Gründe für einen Krieg (gerechtfertigte Verteidigung gegen einen „bösen" Aggressor, Hilfestellung für einen bedrohten Nachbarstaat o. Ä.), sondern allein um „Interessen" (Z. 15), die gewahrt werden sollen, in der Regel die Interessen des eigenen Staates. Dies können wirtschaftliche (z. B. Zugang zu begrenzt vorhandenen Rohstoffen wie Öl, Gas, sauberes Trinkwasser ...), territoriale (Lebensraum für eine rasch wachsende Bevölkerung ...), machtpolitische (Vorherrschaft in einem bestimmten Bereich der Welt, Sicherung von Einflussbereichen ...), religiöse oder ideologische (Einrichtung oder Sicherung eines nach bestimmten Vorstellungen geleiteten Staates ...) oder auch ganz andere Interessen sein, je nachdem, was den Vertretern des Staates oder der betreffenden Gruppe wichtig erscheint. Die Durchsetzung dieser Interessen ist aus kriegsrealistischer Sicht die einzige Rechtfertigung für einen Krieg und auch dafür, welche Mittel in diesem Krieg durch Durchsetzung der Interessen eingesetzt werden.

▬2▶ Da allein die eigenen (Staats- oder Gruppen-)Interessen ausschlaggebend sind, ist diese Haltung ein „Spezialfall des Egoismus" (Z.17), der auch in ethischen Zusammenhängen außerhalb moralischer Überlegungen steht (→ SB, S. 205 ff., 4.5). Moralische Überlegungen fragen stets danach, was eine Handlung zu einer „guten" macht, und sind immer auch auf die grundsätzliche Möglichkeit einer Verallgemeinerbarkeit oder auf die Übertragbarkeit auf gleichgeartete Fälle ausgerichtet.

3▸ Da die Durchsetzung der eigenen Interessen die einzige Rechtfertigung für den Kriegsrealisten ist, ist sowohl gegenüber der eigenen Bevölkerung als auch gegenüber dem Kriegsgegner alles, was dieser Durchsetzung dient, erlaubt:

a) Gegenüber der eigenen Bevölkerung wäre z. B. in Extremfällen eine kriegstreiberische Propaganda opportun, die gezielt Falschmeldungen über das anzugreifende Land verbreitet, um sich der Unterstützung der eigenen Landsleute zu versichern (etwa durch die Behauptung, der Gegner produziere Massenvernichtungsmittel, oder durch manipulierte oder fingierte Videos von angeblichen Gräueltaten, die z. B. über soziale Medien verbreitet werden ...). Aber auch die Ausschaltung von Kritikern im eigenen Land könnte dann unter Umständen als legitim angesehen werden.

b) Gegenüber dem Kriegsgegner wäre dann der Einsatz jeglicher Mittel vertretbar, die einen Sieg garantieren (politische, propagandistische, militärische ...).

Die Übertragung auf konkrete aktuelle Krisen ist abhängig von der aktuellen politischen Lage zum Zeitpunkt der Bearbeitung dieses Kapitels. (Als „historische" Beispiele könnten etwa der Konflikt im ehemaligen Jugoslawien in den 1990er-Jahren, der auch Auslöser für die vorliegende Debatte zwischen Meggle und Bittner war, die sowjetischen bzw. US-amerikanischen Interventionen in Afghanistan 1979 und 2001 oder die Golfkriege im Irak 1990/91 und 2003 ff. herangezogen werden.) Zu beachten wäre in jedem Fall, dass hier (ungeachtet der eigenen Beurteilung dieser Haltung) tatsächlich die Position der Kriegsrealisten konsequent umgesetzt werden soll, da diese in der Podiumsdiskussion möglichst stark vertreten und begründet werden soll.

S. 351 **M 2 Georg Meggle: Humanitäre Interventionen als Pflicht**

S. 352   **1▸** Humanitäre Interventionskriege dienen laut Meggle „dem *Schutz von Gruppen, deren Mitglieder Opfer von massiven und systematischen Verbrechen gegen die Menschlichkeit bereits sind und ohne Hilfe weiterhin wären*" (Z. 27 f.). Diese Situationsbeschreibung wird durch die Formulierung des Nothilfe-Arguments in M 0 abgedeckt. Das von Meggle angeführte Auschwitz-Beispiel zeigt, dass, wenn es tatsächlich um die mögliche Verhinderung von massiven Menschenrechtsverletzungen geht, eine (häufig als Gegenargument angeführte oder vorgeschobene) Staatssouveränität zweitrangig sein sollte (vgl. Z. 19 ff.).

2▸ Würde man aus einer pazifistischen Überzeugung heraus eine gewaltsame Intervention grundsätzlich ablehnen, würden weiterhin Unschuldige leiden und Verbrechen gegen die Menschlichkeit fortgesetzt – dies kann aber nicht im Sinne einer Haltung sein, die Gewalt ablehnt. Dass dieses Problem alle Beteiligten durchaus in ein Dilemma führen kann, zeigen mehrere einschränkende Formulierungen Meggles wie seine Rede vom „ geringere[n] Übel" (Z. 22) oder die Betonung, dass es sich „wirklich" (Z. 25 und 31) um humanitäre Nothilfe-Interventionen handeln müsse. Dies stünde in einem Fall wie Auschwitz wohl außer Frage. In anderen, weniger unstrittigen oder schwer durchschaubaren Situationen könnte Meggles Vorwurf gegenüber dem Pazifismus insofern angezweifelt werden, als hier infrage stünde, welche Motive den Hintergrund einer Intervention bilden – allerdings würde in solchen Fällen wohl auch Meggle bei der Forderung nach einer Intervention Vorsicht walten lassen.

3▸ Hier gilt Gleiches wie oben (s. Aufgabe 3 zu M 1): Die Übertragung auf konkrete aktuelle Krisen ist abhängig von der politischen Lage zum Zeitpunkt der Bearbeitung dieses Kapitels. Zu beachten wäre in jedem Fall, dass hier (ungeachtet der eigenen Beurteilung dieser Haltung) tatsächlich die Position der humanitären Intervention als Pflicht konsequent umgesetzt werden soll, da diese in der Podiumsdiskussion möglichst stark vertreten und begründet werden soll.

M 3 Rüdiger Bittner: Humanitäre Interventionen sind unrecht

1▸ Unter Stichworten wie Kosovo(krieg), Jugoslawienkrieg, Kriegsverbrechertribunal etc. finden sich in den einschlägigen Nachschlagewerken und Websites (u. a. http://www.bpb.de) Zusammenfassungen der wichtigsten Ereignisse.

2▸ Das folgende Unterrichtsprotokoll zeigt, wie sich Bittners Argument rekonstruieren lässt, sodass es der Struktur moralischer Begründungen folgt (→ SB, S. 146 f., 3.3.1) und auch Bittners Argumentationsstrategie erkennbar macht.

Bittners Ausgangsfrage:
„Dürfen wir Dritte töten, oder vielleicht sogar: sollen wir sie töten, wenn damit das Töten anderer verhindert werden kann?" (Z. 7 f.)

1. *Situation S:* Jemand (z. B. Clinton) bittet jemanden (z. B. Norman), jemanden (z. B. Petrovic) zu töten, um jemanden (z. B. Milosevic) daran zu hindern, erneut jemanden (z. B. Pernat) zu töten, wie er zuvor schon jemanden (z. B. Derkian) tötete. (vgl. Z. 1–6)

2. *Moralisches Prinzip:* Es ist unrecht, „einen Menschen um eines Zieles willen zu töten, das nicht sein Ziel ist." (Z. 11 f.)

3. *S fällt unter P:* Frau Petrovic hätte selbst keinen Vorteil, sondern würde allein zugunsten Pernats verheizt. (vgl. Z. 12 f.)

---

4. *Moralischer Imperativ:* Es wäre unrecht, Petrovic zu töten, um Pernat zu retten. (vgl. Z. 13)

5. *Folgerung aus dem moralischen Imperativ:* „Clinton tut nicht recht." (Z. 9)

Das ist das Basisargument, von dem Bittner hofft, dass ihm alle zustimmen.

Nun folgt Bittners Analogie:

Prämisse 1: Clinton tut (im zivilen Szenario) unrecht. (vgl. Z. 9 und 24)

Prämisse 2: Das zivile Szenario und das Szenario humanitärer Interventionen unterscheiden sich nicht in moralisch wichtiger Weise. (vgl. Z. 26 f.)

Prämisse 3 (implizit): Ähnliche Fälle sind gleich zu beurteilen, wenn zwischen ihnen kein moralisch wichtiger Unterschied besteht.

Konklusion: Auch humanitäre Interventionen sind unrecht. (vgl. Z. 31)

Bittner nutzt hier also das Szenario seines Gedankenexperiments, um anhand der Analogie zwischen seiner „Geschichte" und den realen historischen Ereignissen zu zeigen, dass gemäß dem Merkmal der Übertragbarkeit (→ SB, S. 141, 3.2.3: Acht Forderungen an moralische Begründungen) seine Folgerungen hinsichtlich der Unrechtmäßigkeit humanitärer Interventionen korrekt sind.

3▸ Ein Beispiel für einen möglichen Angriff gegen Bittners Behauptung und ein Versuch der Verteidigung durch eine Schülergruppe findet sich in → LB, **Z 6-16**.

4▸ Bei der konkreten Übertragung auf aktuelle Krisen gilt weiterhin das oben Genannte (s. Aufgabe 3 zu M 1): Zu beachten ist in jedem Fall, dass hier (ungeachtet der eigenen Beurteilung dieser Haltung) tatsächlich die Position der humanitären Intervention als Unrecht konsequent umgesetzt werden soll, da diese in der Podiumsdiskussion möglichst stark vertreten und begründet werden soll.

◼**1**▸ Russell betrachtet das Problem der Gewalt und des Krieges eher von einer anthropologischen oder psychologischen Seite. Wird Gewalt angewendet, um anderen den eigenen Willen und die eigenen Ziele aufzuzwingen, so erzeugt dies laut Russell „einen brutalen und tyrannischen Geisteszustand" (Z. 35 f.) und zerstört den inneren Frieden und die freie Entscheidungsfähigkeit eines Menschen (vgl. Z. 47 ff.). Dies lässt sich verhindern, wenn man das eigene Wollen nicht auf private, egoistische Ziele ausrichtet, sondern auf „umfassende" (Z. 39 f.) Ziele „außerhalb [des] eigenen Lebens" (Z. 45). Das Beste, was man im Leben erreichen kann, ist, so Russell, ein Zustand, in dem man „seine eigenen Ziele anderen nicht aufzwing[t]", aber „auch nicht von anderen von allgemeinen Zielen abgelenkt" wird (Z. 47 f.). Dies führe dazu, die „eigene Freiheit ebenso gewissenhaft [zu] bewahren, wie [...] die Freiheit der anderen [zu achten]" (Z. 49 f.).

Diesen im privaten Bereich geltenden Grundsatz überträgt Russell auf das Verhalten von Nationen untereinander (vgl. Z. 51). Gewalt zu vermeiden und einer Aggression passiven Widerstand entgegenzusetzen würde demnach „mehr Mut erfordern und viel wahrscheinlicher das Beste im Leben einer Nation bewahren" (Z. 55 f.), als wenn man mit Gegengewalt antworten würde (und also in eine kriegerische Auseinandersetzung geraten würde). Passiver Widerstand führt zu einer psychologischen und moralischen Stärkung einer Nation und insgesamt zu weniger Gewalt in den internationalen Beziehungen, zumal wenn „in der aggressiven Nation ein Schamgefühl aufkommt" (Z. 18f.). Russell hält es daher für ein Gebot der „praktische[n] Vernunft" (Z. 57), „Gewalt weder anzuwenden noch ihr Folge zu leisten" (Z. 25 f.).

◼**2**▸ Russells Hinweis auf die „überlieferte[n] Phrasen" (Z. 51f.) spricht vor allem die im privaten wie nationalen Kontext verbreitete Meinung an, es zeuge von Feigheit, sich gegen einen gewaltsamen Angriff nicht ebenfalls mit Gewalt zu wehren. Prügeleien auf Schulhöfen, vor Kneipen oder Diskotheken, aber auch die nationalistisch oder ideologisch geprägte (Kriegs-) Rhetorik in Geschichte und Gegenwart bezeugen dies. Als berühmtesten Vertreter des passiven Widerstands kann man wohl Mahatma Gandhi nennen; sein Lebensweg zeigt allerdings auch mögliche Grenzen dieser pazifistischen Haltung auf. Dennoch zeitigte seine Haltung nachhaltige Wirkung in aller Welt.

◼**3**▸ Und auch hier gilt (s. Aufgabe 3 zu M 1): Die Übertragung auf konkrete aktuelle Krisen ist abhängig von der aktuellen politischen Lage zum Zeitpunkt der Bearbeitung dieses Kapitels. Zu beachten wäre in jedem Fall, dass hier (ungeachtet der eigenen Beurteilung dieser Haltung) tatsächlich die pazifistische Position konsequent umgesetzt werden soll, da diese in der Podiumsdiskussion möglichst stark vertreten und begründet werden soll.

6.6.3 Gestern, heute, übermorgen ...

Inhalte – Methoden – Kompetenzen

Vgl. auch die Einträge unter 6.6, die den Abschnitt in den übergeordneten Zusammenhang einordnen.

Sequenz ●●●	Vgl. die Einträge an gleicher Stelle unter 6.6
Querverweise ◂▸	Vgl. die Einträge an gleicher Stelle unter 6.6

Zu den Materialien und Aufgaben

S. 356 **Oktober 2014: Bürgerkrieg in Syrien – Kampf gegen IS-Terror**

1▸ Die Aufgabe spricht für sich: Eine möglichst klare Übersicht über die Sachlage ermöglicht erst eine verständige und möglichst ertragreiche Diskussion. Schaubilder oder Übersichtskarten, die für die Dauer der Bearbeitung dieses Themas immer zur Verfügung stehen und ggf. ergänzt oder überarbeitet werden können, sind hilfreich, da stets schnell auf die betreffenden Parteien oder Zusammenhänge augenfällig verwiesen werden kann.

2▸ Hilfreiche Überlegungen und Hintergründe finden sich außer in dem folgenden Text von Uwe Steinhoff auch in dem als Zusatztext angefügten Interview mit dem Kriegsforscher Herfried

Z 6-15 Münkler (→ LB, **Z 6-15**), das sich im Übrigen auch gut als orientierender Einstieg für die Lehrkraft oder als zusammenfassender Überblick am Ende der Reihe eignet.

S. 357 **Uwe Steinhoff: Intellektuelle Redlichkeit im Sprachspiel des Krieges**

3▸ Lange Zeit galt es z. B. als selbstverständlich und unhinterfragbar, dass Frauen den Männern unterlegen seien, dass Homosexualität widernatürlich und eine Sünde sei, dass Sklaverei Teil einer natürlichen Weltordnung sei, dass die Erde eine Scheibe sei und so weiter und so fort. Die Reihe der Beispiele lässt sich beliebig verlängern, an denen gezeigt werden kann, dass das scheinbar so Augenfällige und Einleuchtende sich bei genauerer Betrachtung häufig genug „keineswegs selbstverständlich, denn vielmehr völlig unbegründet und darüber hinaus [als] falsch" (Z. 9 f.) herausstellt.

4▸ Als diskussionswürdiges Beispiel könnte hier z. B. die Frage genannt werden, ob man (und wer) palästinensische Kämpfer als Terroristen, Rebellen oder Freiheitskämpfer sieht. Ähnliches könnte auch für kurdische oder tamilische Truppen gelten; ebenso die über die Jahrzehnte hinweg sehr unterschiedliche Beurteilung der Taliban in Afghanistan oder der Rolle des irakischen Präsidenten Saddam Hussein oder des libyschen Staatschefs Muammar al-Gaddafi. Und auch vor der eigenen (nationalen) Haustür lassen sich sicher weitere Beispiele finden.

5▸ Kern der Aussage ist, dass redliches Handeln (ganz besonders in so weitreichenden Zusammenhängen wie denen von Krieg und Terrorismus) wohlüberlegte Entscheidungen voraussetzt. Diese sind aber nur möglich, wenn sie auf einer seriösen Basis erfolgen, in der Urteile und Schlussfolgerungen nach bestem Wissen und Gewissen gefällt werden. Wie am Ende die Stellungnahmen der Schülerinnen und Schüler ausfallen, kann und darf nicht vorweggenommen werden – an dieser Stelle mögen auch die unterschiedlichen Haltungen zum Krieg Einfluss nehmen. Aufgabe der Lehrperson ist hier wieder, auf konsistente Begründungen jenseits reiner Meinungsäußerung zu achten.

Methode „Gerichtsverhandlung"

Die Statuslehre lässt sich für bestimmte philosophische Untersuchungen auch im Unterricht zur Strukturierung von Anklage und Verteidigung nutzen. Gerichtsverhandlungen können wie unten beschrieben vorbereitet und durchgeführt werden. Variationen sind fallgebunden natürlich denkbar und dürfen spontan hinzukommen.

Die Rollen werden im Kurs (ggf. an Kleingruppen) vergeben und während der Gerichtsverhandlung beibehalten. Am Ende dürfen selbstverständlich alle Beteiligten außerhalb ihrer Rollen urteilen.

- **Tatbestand (T)**. Worum geht es genau? Eine möglichst präzise Fallbeschreibung.
- **Beschuldigter (B)**. Wer soll für die Tat zur Verantwortung gezogen werden?
- **Richter (R)**. Unparteiische Person, die auf Einhaltung der Argumentationsregeln und auf Fairness achtet. (Das bessere Argument soll sich durchsetzen, nicht geschickte Polemik.)
- **Ankläger (A)**. Zuständig für den argumentativen Nachweis der Schuld.
- **Verteidiger (V)**. Zuständig für den Nachweis der Unschuld oder der eingeschränkten Schuld.
- **Geschworene (G)**. Sie urteilen und begründen ihr Urteil. (In der Regel ist das der ganze Kurs, der nach eingehender Verhandlung eine vorläufig abschließende Beurteilung versucht.)

Wird die Gerichtsverhandlung als Rollenspiel durchgeführt, sollten die Anklage und die Plädoyers von Anklage und Verteidigung *schriftlich* vorliegen. Nach eingehender Diskussion wird das Urteil gefällt und begründet. Eine Einigung aller ist nicht zwingend nötig, sogar eher die Ausnahme. Abweichende Urteile können als Sondervoten begründet werden. Als Ablauf einer „Gerichtsverhandlung" sind folgende Schritte denkbar:

a) Anklage klären
b) Plädoyers der Anklage und Verteidigung entwerfen
c) Gerichtsverhandlung durchführen:
   - Anklage wird verlesen und Fragen werden geklärt.
   - Plädoyers der Anklage und der Verteidigung werden gehalten.
   - Kritische Diskussion der Plädoyers, an der sich alle beteiligen können
   - Urteilsfindung (ggf. als Mehrheitsentscheid)
   - Ggf. Ausformulierung eines Widerspruchs (auch als Minderheitenvotum möglich)
d) Gespräch über die Methode: Wie gut war sie im vorliegenden Fall zur Sachklärung geeignet?

▶ Brandstiftung aus niederen Motiven; kleine Kinder verbrennen. Die Brandstifter klagen Gott an: Wie konnte er es zulassen, dass sie Brandstifter wurden? Kann es für Menschen gut sein, böse Verbrecher zu sein? – Bereiten Sie eine Gerichtsverhandlung vor und führen Sie sie durch. (Ggf. können zusätzlich die Eltern der getöteten Kinder als Nebenkläger auftreten.)

Das Inselspiel – Ein Gedankenexperiment

Sie Gehören zu einer Menge einander unbekannter Menschen, die – aus welchen Gründen auch immer – auf einer Südseeinsel landet, ohne Aussicht auf Erfolg darauf, jemals oder in absehbarer Zukunft von dort wieder wegzukommen. Einige Vorräte und technische Materialen hat die Gruppe dabei. Auf der Insel gibt es ausreichend Wasser und viele Früchte, ebenso ist das Meer reich an Fischen. Das überleben ist also möglich. Sie müssen nun mit Ihren Mitmenschen auf der Insel das Zusammenleben organisieren. Stellen Sie sich vor, Sie seien Mitglied eines Expertenteams, das den Auftrag erhalten hat, über die Formen des Zusammenlebens zu beraten.

Erarbeiten Sie Vorschläge, die Sie auf einem Plakat sichern.

Hier ein Ergebnis aus dem Unterricht:

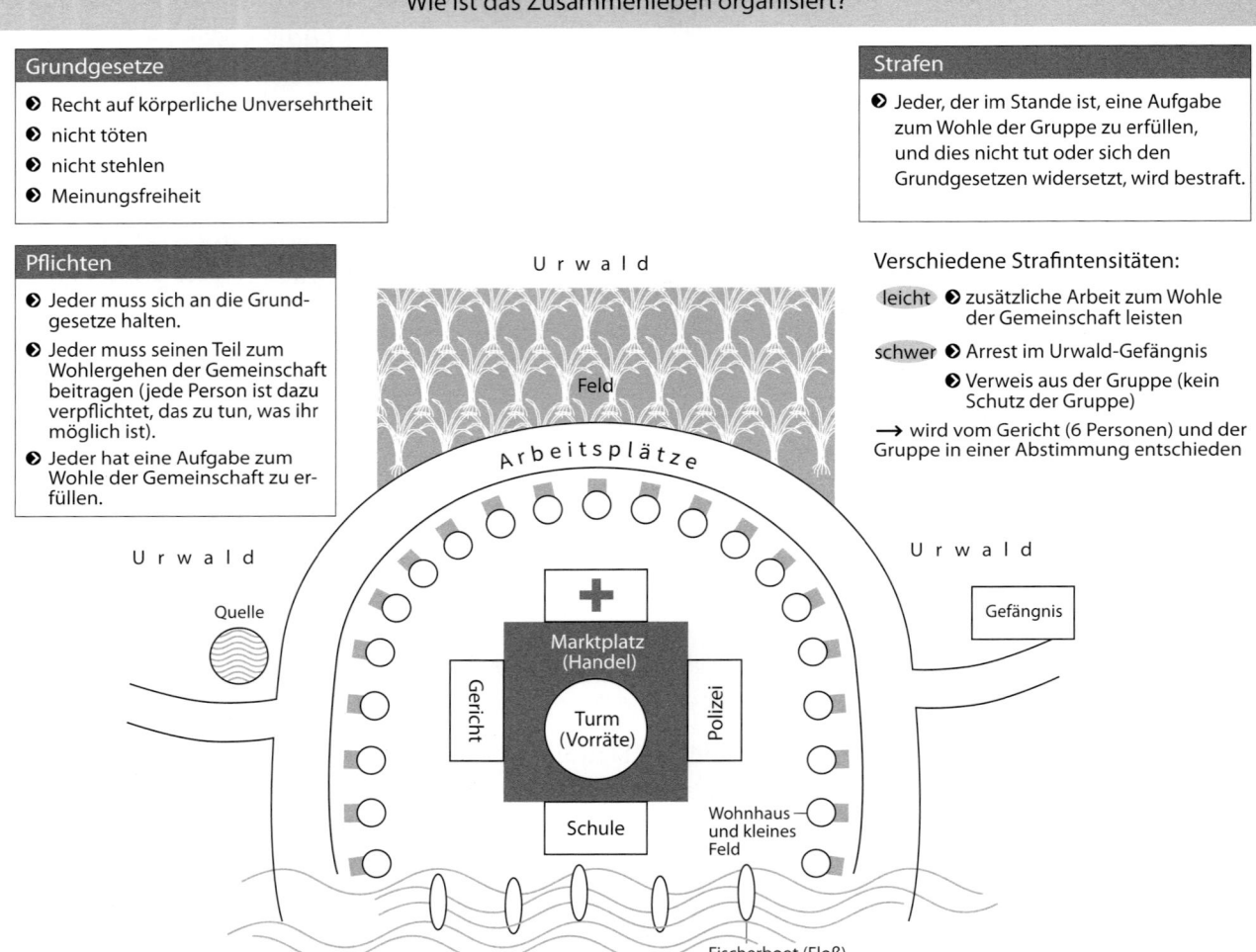

Wie ist das Zusammenleben organisiert?

Grundgesetze
- ❯ Recht auf körperliche Unversehrtheit
- ❯ nicht töten
- ❯ nicht stehlen
- ❯ Meinungsfreiheit

Pflichten
- ❯ Jeder muss sich an die Grundgesetze halten.
- ❯ Jeder muss seinen Teil zum Wohlergehen der Gemeinschaft beitragen (jede Person ist dazu verpflichtet, das zu tun, was ihr möglich ist).
- ❯ Jeder hat eine Aufgabe zum Wohle der Gemeinschaft zu erfüllen.

Strafen
- ❯ Jeder, der im Stande ist, eine Aufgabe zum Wohle der Gruppe zu erfüllen, und dies nicht tut oder sich den Grundgesetzen widersetzt, wird bestraft.

Verschiedene Strafintensitäten:

leicht ❯ zusätzliche Arbeit zum Wohle der Gemeinschaft leisten

schwer ❯ Arrest im Urwald-Gefängnis
❯ Verweis aus der Gruppe (kein Schutz der Gruppe)

→ wird vom Gericht (6 Personen) und der Gruppe in einer Abstimmung entschieden

Urwald

Feld

Arbeitsplätze

Urwald

Quelle

Gefängnis

Marktplatz (Handel)

Gericht

Turm (Vorräte)

Polizei

Schule

Wohnhaus und kleines Feld

Fischerboot (Floß)

Angela Isenberg
Rekonstruktion von Thomas Hobbes' Vertragstheorie im Leviathan

I Beschreibung der Ausgangslage: Der Naturzustand

Annahmen bezüglich des Naturzustandes:

a) Die Menschen sind **so gleich**, dass im Prinzip der Schwächste den Stärksten töten könnte. (Vgl. S. 291, M1, Z. 1 – 8)

b) Die Menschen stehen in einem **Konkurrenzkampf**:
Sie streben zwecks ihrer Selbsterhaltung nach Dingen, die, *weil nicht alles im Überfluss*
5   *da ist*, andere auch besitzen wollen bzw. schon besitzen. Sobald jemand etwas besitzt, ist die Wahrscheinlichkeit groß, dass andere ihn (mit vereinten Kräften) angreifen, um ihn seiner Besitztümer und möglicherweise auch seines Lebens oder seiner Freiheit zu berauben. (Vgl. M1, Z. 17 – 33)

c) Aufgrund von b) leben alle in ständiger **Unsicherheit** und müssen um des eigenen Über-
10   lebens willen versuchen (es gibt wegen e/f keine Rechtssicherheit!), andere zu unterwerfen und die eigene Macht so weit wie möglich auszuweiten. (Vgl. M1, Z. 34 – 37)

d) Außerdem streben die Menschen nach **Ruhm und Ansehen** und sind deshalb geneigt, einerseits andere zu verachten und andererseits ihre Verächter zu bekämpfen. (Vgl. M1, Z. 38 – 46)

15 Problemlage:
Folglich ist der Naturzustand gekennzeichnet durch die grundsätzliche Bereitschaft eines jeden, jeden anderen aus Gründen des Besitzes, der Sicherheit oder des Ansehens anzugreifen, insofern herrscht ein **Zustand des Krieges eines jeden gegen jeden**. (Vgl. M1, Z. 47 – 55)
Wegen a) kommt nie eine dauerhafte, stabile natürliche Herrschaftsstruktur zustande, die den
20 Krieg unterbinden könnte.
In diesem Kriegszustand ist keinerlei kulturelle Entwicklung möglich, das Leben der Menschen ist schlecht: voller Furcht und Gefahr, einsam, armselig, widerwärtig, vertiert und kurz. (Vgl. M1, Z. 56 – 64)

II Lösung des Problems

Definition:
25 Ein **Recht** besteht in der Freiheit, etwas zu tun oder zu lassen.
Ein **Gesetz** verpflichtet dazu, etwas zu tun oder zu unterlassen.
(Recht und Gesetz sind bezogen auf die gleiche Sache unvereinbar.) (Vgl. S. 293, M2, Z. 1 – 15)

Annahmen:
30 e) Jeder Mensch besitzt als **natürliches Recht** die Freiheit, seine eigene Macht nach seinem Willen und nach Maßgabe seiner eigenen Vernunft zu seiner Selbsterhaltung einzusetzen, d.h., im Naturzustand hat der Mensch ein **Recht auf alles**. (Vgl. M2, Z. 16 – 20)

f) Der Mensch unterliegt **Naturgesetzen**, dabei handelt es sich um Regeln der Vernunft, die den Menschen verpflichten, das zu tun, was seiner Selbsterhaltung dient, und zu un-
35   terlassen, was seiner Selbsterhaltung schadet. (Vgl. M2, Z. 21 – 24)

Im Kriegszustand ist das eigene Überleben hochgradig gefährdet. Deshalb erkennt die Vernunft als das **grundlegende Naturgesetz: Versuche, Frieden zu schaffen und zu erhalten**; falls kein Friede möglich ist, verteidige dich mit allen Mitteln. (Vgl. M2, Z. 24 – 26)

Solange aber jeder auf seinem Recht auf alles beharrt, herrscht der Kriegszustand, die Men-
40 schen können sich dann immer in die Quere kommen. Deshalb leitet die Vernunft aus dem grundlegenden Naturgesetz das **zweite Naturgesetz** ab:

Jeder sollte, sofern andere es auch sind, bereit sein, auf sein Recht auf alles zu verzichten und mit so viel Freiheit zufrieden zu sein, wie er anderen zugestehen möchte. (Goldene Regel) (Vgl. M2, Z. 27 – 34)

45 *Wieso würden freie und gleiche Individuen zustimmen?*

Der Mensch ist durch die Vernunft zwecks seiner Selbsterhaltung verpflichtet, unter der Voraussetzung, dass die anderen es auch tun, auf sein Recht auf alles zu verzichten.

(Akzeptiert man die Annahme der Verpflichtung zur Selbsterhaltung nicht, so ist es immerhin noch für all diejenigen Menschen, die mehr vom Leben wollen als die armselige Existenz im 50 *Naturzustand, vernünftig, den Naturgesetzen zuzustimmen.)*

Problem ist noch nicht gelöst: Weitere Annahme:

g) **Ohne Schrecken und Furcht vor Strafe halten Menschen sich nicht an Vereinbarungen.** Die Naturgesetze erweisen sich als wirkungslos. (Vgl. S. 294, M3, Z. 12 – 16)

55 Deshalb braucht man eine Macht, die so stark ist, dass sie den Menschen Schrecken einflößt und so die Einhaltung der Vereinbarungen und somit der Sicherheit garantiert. (Vgl. M3, Z. 17 – 20)

III   Der Vertrag und seine Folgen für die gerechte staatliche Ordnung

Diese gemeinsame Macht, das Gemeinwesen (der Staat) wird durch einen **Vertrag eines jeden mit jedem** gegründet:

Unter der Voraussetzung, dass der andere es auch tut, tritt jeder das Recht, sich selbst 60 zu regieren, an einen mehrheitlich gewählten Vertreter ab (Versammlung oder Einzelner) und **unterwirft sich damit dem Souverän.** Diesem wird das Recht übertragen, allein über Wahl und Einsatz der Mittel zur Wahrung der Sicherheit zu entscheiden. (Vgl. M3, Z. 31 – 43)

Die freien und gleichen Individuen, die den Naturgesetzen zustimmen würden, 65 **würden ebenso diesem Vertrag zustimmen, weil sie einsehen, dass die Naturgesetze ohne die Unterwerfung unter den Souverän wirkungslos bleiben.**

Der Staat dient der Sicherheit der Bürger, es ist ein mächtiger Souverän nötig, der den Menschen so viel Furcht einflößen kann, dass der Friede und die Sicherheit bewahrt bleiben und das Gemeinwesen nicht in den Kriegszustand zurückfällt. (Vgl. S. 295, M4, Z. 1 – 6)

70 **Hierzu muss der Souverän seine wesentlichen Rechte ungeteilt bewahren** (Vgl. M4, Z. 14 – 23) z.B.: Gesetze zu erlassen, Recht zu sprechen, über Krieg und Frieden zu entscheiden, Steuern zu erheben, Benennung von Beamten, Zensur von Presse und Wissenschaft (Vgl. M4, Z. 23 – 38).

Angela Isenberg, Universität Bielefeld, 2002 (Erstveröffentlichung)

Es folgt ein zweites Beispiel für eine Rekonstruktion der Kernüberlegung bei Hobbes und ein Versuch, seine Überlegung auf heutige Verhältnisse zu übertragen. Die Ergebnisse stammen direkt aus dem Unterricht:

Warum ist es nach Hobbes vernünftig, sein Recht auf alles aufzugeben? Wie aktuell ist Hobbes' Überlegung heute?

1. Jeder Mensch hat ein Recht auf alles: Er darf tun, was immer ihm nützlich erscheint, um seine Interessen zu wahren.
2. Die Ressourcen sind knapp.
3. Menschen untereinander aber sind so gleich, dass mindestens sehr viele Menschen die berechtigte Hoffnung haben können, sich durchzusetzen.

4. Da jeder weiß, dass jeder andere das auch weiß, wird jeder versuchen, seine Interessen mit List, Geschick und auch Gewalt durchzusetzen. Auch friedlichere Menschen werden so gezwungen, anderen zuvorzukommen; d.h., sie müssen präventiv aggressiv sein.

5. In diesem Zustand der permanenten Bedrohung oder der offenen Kampfhandlungen ist eine nachhaltige Entwicklung nicht möglich: keine Kultur, kein Wohlstand, keine Wissenschaft und vor allem keine Sicherheit des Lebens.

6. Wer lange leben will (und wer will das nicht?), wird alles tun, um diesen Zustand zu beenden.

7. Dilemma: Das Recht auf alles führt gerade zu einer Fortsetzung des Kriegszustandes. Hält jeder an seinem Recht auf alles fest, wird der Krieg nicht aufhören.

8. Wer also den Kriegszustand beenden möchte, dem bleibt nur der Rechtsverzicht.

Ein Aktualisierungsversuch zur Staatskonzeption von Thomas Hobbes:

	Menschen/Individuen	Staaten
Hauptinteresse	Sicherheit des Lebens	Erhaltung des Lebensraumes
Motive	nur egoistische Interessen sind natürlich	nur die nationalstaatlichen Interessen sind natürlich
Naturzustand	Krieg eines jeden gegen jeden	Jeder regelt seine Angelegenheiten selbst. Jeder gegen jeden!
natürliches Recht	Freiheit, alles zur eigenen Sicherheit Erforderliche zu tun	Freiheit, alles zu tun, was die staatlichen Interessen schützt
natürliches Gesetz	1. Suche Frieden und halte ihn ein.	1. Suche friedliche Koexistenz.
	2. Verzichte auf Teile der eigenen Freiheit (sofern alle anderen das auch tun).	2. Verzichte auf Teile der staatlichen Souveränität (sofern alle anderen das auch tun).
Vernunft	(Einsicht: Falls ich es nicht tue, ist es langfristig zu meinem eigenen Nachteil.)	(Einsicht: Falls wir es nicht tun, schadet es langfristig den eigenen Staatsinteressen.)
Vertrag Souverän Aufgabe des Souveräns	Abtretung der natürlichen Rechte an absolut herrschenden Monarchen, solange dieser Sicherheit und ein annehmliches Leben aller sicherstellen kann	Abtretung staatlicher Souveränität an absolutes Weltgremium (UNO?), solange dieses für die Wahrung ökologischer Grundrechte und eine gerechte Verteilung sorgt
Ende der Legitimation	Sicherheit nicht garantiert	keine nachhaltige Entwicklung der Ökologie der Erde

Sind wir heute in einer ähnlichen Lage (mit Handlungsbedarf) wie einst Hobbes? Probleme? Was würden Sie raten?

Ist ein Verzicht auf Teile der staatlichen Souveränität unabdingbare Voraussetzung, um die ökonomischen und ökologischen Probleme langfristig und nachhaltig zu lösen?

Welche Fragen, Möglichkeiten oder Probleme sehen Sie?

Vorschlag für eine Rekonstruktion des Gedankengangs bei John Locke

Prämisse 1: Im **Naturzustand** sind alle Menschen zunächst gleich. Es herrscht vollkommene Freiheit und jeder hat „alle Macht und Rechtsprechung" selbst inne. (S. 297, M1, § 4 u. § 6)

Prämisse 2: Es gibt ein (mithilfe unserer Vernunft erkennbares naheliegendes) **Naturgesetz**: Achte Leben, Freiheit und rechtmäßigen Besitz deiner Mitmenschen! Niemand hat besondere Privilegien, die ein anderer für sich nicht auch reklamieren könnte! (Vgl. M1, § 6)

Prämisse 3: (Definition) Der Naturzustand ist kein Kriegszustand. Menschen, die nach der Vernunft zusammenleben und dazu keine staatliche Ordnung benötigen, leben im eigentlichen Naturzustand. Gewalt oder Gewaltandrohung (auch durch einen Tyrannen) versetzt Menschen in den Kriegszustand. (Vgl. S. 298, M2, § 18 u. 19)

Prämisse 4: **Eigentum** (rechtmäßiger Besitz): Alles, was ein Mensch durch eigene Arbeit verändert hat, darf er behalten, sofern es nicht mehr ist, als er verbrauchen kann (z. B. Plantagenobst, das zu verfaulen droht, gehört wieder allen Menschen. Prämisse 7 ist zu achten). (Vgl. S. 299, M3, §§ 26 bis 33)

Prämisse 5: Die Übereinkunft, Dingen, die nicht verkommen, einen Tauschwert beizumessen (die Erfindung des Geldes), führt zu großen Besitzunterschieden. (Vgl. M3, § 36, § 46, § 48)

Prämisse 6: **Die Erfahrung lehrt**: Wo sich jemand etwas redlich erarbeitet hat, gibt es Neider und Faulenzer, die ihm die verdienten Früchte seiner Arbeit stehlen wollen. Sein Leben wird desto unsicherer und gefährlicher, je mehr er rechtmäßig erworben hat. (Vgl. S. 301, M4, § 95)

Aus den Prämissen 1 – 6 ergibt sich folgendes **Dilemma**: Wer einerseits seine Freiheit liebt, andererseits aber sein Eigentum sicher genießen möchte, befindet sich in einer Zwickmühle: Beharrt er auf seinen natürlichen Rechten, so wird sein Leben unsicher; er kann die Früchte seiner Arbeit nicht in Frieden genießen. Gibt er andererseits seine natürlichen Rechte an Dritte ab, so läuft er Gefahr, von diesen willkürlich behandelt zu werden.

Ausweg: Aufgabe des an sich guten Naturzustandes zugunsten einer einengenden bürgerlichen Verfassung (Fessel für den Einzelnen!) mit dem Ziel, das Naturgesetz durchzusetzen. Trennung der Gewalten im Staat (Legislative und Exekutive), um etwa Willkür eines absoluten Monarchen zu unterbinden. (Vgl. M4, § 99 u. S. 302, M5, §§ 124 ff.)

Prämisse 7: Rechtmäßiger Eigentumserwerb setzt auch voraus, für alle anderen genügend übrig zu lassen. Jeder kann seines Glückes Schmied sein. (Implizit in M3, §33)

Der Gesellschaftsvertrag endet, wenn das Naturgesetz nicht durchgesetzt wird!

Vorschlag für eine Rekonstruktion des Gedankengangs bei John Rawls

Rawls konstruiert seine Theorie als Gegenentwurf zu utilitaristischen Überlegungen, die Nutzenoptimierung als Entscheidungsprinzip des Einzelnen auf die Gesamtheit einer Gesellschaft übertragen (S. 304 f., M1, M2). Gerechtigkeit ist hier als Fairness zu verstehen, die allen Mitgliedern einer Gesellschaft gleiche Chancen gewährleistet und Unter-
5 schiede so weit kompensiert, dass auch der am schlechtesten Gestellte ein besseres Leben innerhalb des Systems hat als ohne dieses System (S. 306 f., M3).

1. Ausgangspunkt ist die Vorstellung, dass jeder Mensch ein Interesse daran hat, ein möglichst gutes Leben zu führen, d.h. ein möglichst großes Wohlergehen für sich selbst und eine möglichst weitgehende Förderung der eigenen Ziele zu erreichen.

10 2. Diese Idee lässt sich nicht einfach auf eine ganze Gesellschaft übertragen; denn bei einer Nutzenmaximierung für die Gesamtheit der Gesellschaft könnte es zu Härten für den Einzelnen kommen, die dessen berechtigtem Eigenwohlinteresse zuwiderlaufen.

3. Ein Mensch würde sich vernünftigerweise also nur auf einen Gesellschaftsvertrag (und damit auf eine mögliche Einschränkung seiner Freiheit und seines individuellen Stre-
15 bens nach Wohlergehen) einlassen, der ihm nicht nur den größtmöglichen gesamtgesellschaftlichen Nutzen bringt (bei dem er selbst vielleicht auf der Strecke bleiben könnte), sondern auch sein eigenes Wohl zumindest so weit berücksichtigt, dass durch die „soziale Kooperation" ein für alle besseres Leben erreicht wird, als es dem Einzelnen mit seiner Arbeit möglich wäre (vgl. M1, Z. 5 f.).

20 4. Ziel eines Gemeinwesens muss also die „Förderung des Wohls [der] Mitglieder" der Gesellschaft und die „Herbeiführung wechselseitigen Nutzens" sein (M1, Z. 3 f.). Gemäß Punkt 1 der Überlegungen könnte allerdings die Gefahr entstehen, dass der Einzelne seine eigenen berechtigten Interessen und Wünsche überproportional berücksichtigt.

5. Rawls schafft daher in seinem Gedankenexperiment folgende besondere Ausgangssitua-
25 tion: Die (fiktive) Aushandlung der Gesellschaftsstruktur zwischen den Mitgliedern der Gemeinschaft (vgl. M2, Z. 5 – 8) erfolgt unter einem „Schleier des Nichtwissens", d. h., niemand kennt seine spätere Stellung in der Gesellschaft; die Entscheidungen für bestimmte Gerechtigkeitsprinzipien sollte vernünftigerweise also jeder so fällen, dass er sich in jeder Position der zukünftigen Gesellschaft „gerecht" behandelt und gut aufgeho-
30 ben fühlen könnte (vgl. M2, Z. 8 – 15).

6. Unter dieser Annahme würde – so Rawls – jeder vernünftige Mensch eine Grundstruktur für eine Gesellschaft befürworten, die diesen beiden Gerechtigkeitsprinzipien folgt:
   - erstens dem *Freiheitsprinzip*, demgemäß alle „ein gleiches Recht auf die größtmögliche Freiheit [haben], die mit der gleichen Freiheit für alle Übrigen vereinbar ist" (M3, Z. 2 f.),
35 sodass dementsprechend für alle Bürger die gleichen Grundfreiheiten gelten müssen,
   - zweitens dem *Differenzprinzip*, das besagt, dass wirtschaftliche und soziale Ungleichheiten, die laut Rawls „unweigerlich entstehen" (M3, Z. 55), im System nur dann geduldet werden können, wenn sich aus diesen Ungleichheiten insgesamt bessere Verhältnisse auch für den „am wenigsten glücklichen Repräsentanten" (M3, Z. 59 f.) ergeben.
40 - Mit dem Differenzprinzip verknüpft ist das *Prinzip der Chancengleichheit*: Wenn Ungleichheiten unvermeidlich sind, dann müssen zumindest alle Ämter, die mit diesen Ungleichheiten in Zusammenhang stehen, allen offenstehen, Qualifikationsmöglichkeiten und freie Berufswahl müssen also gewährleistet sein (vgl. M3, Z. 7 f. und 72 ff.).

7. Die Umsetzung dieser Prinzipien gelingt am besten im Rahmen einer konstitutionellen, d.h.
45 durch Verfassung geregelten Demokratie (vgl. M3, Z. 47 ff.), da hier die Grundfreiheiten am ehesten gewährleistet sind und alle Bürger an den Entscheidungsprozessen beteiligt sind.

Originalbeitrag für diesen Band

Gesamtschau Hobbes – Locke – Rawls

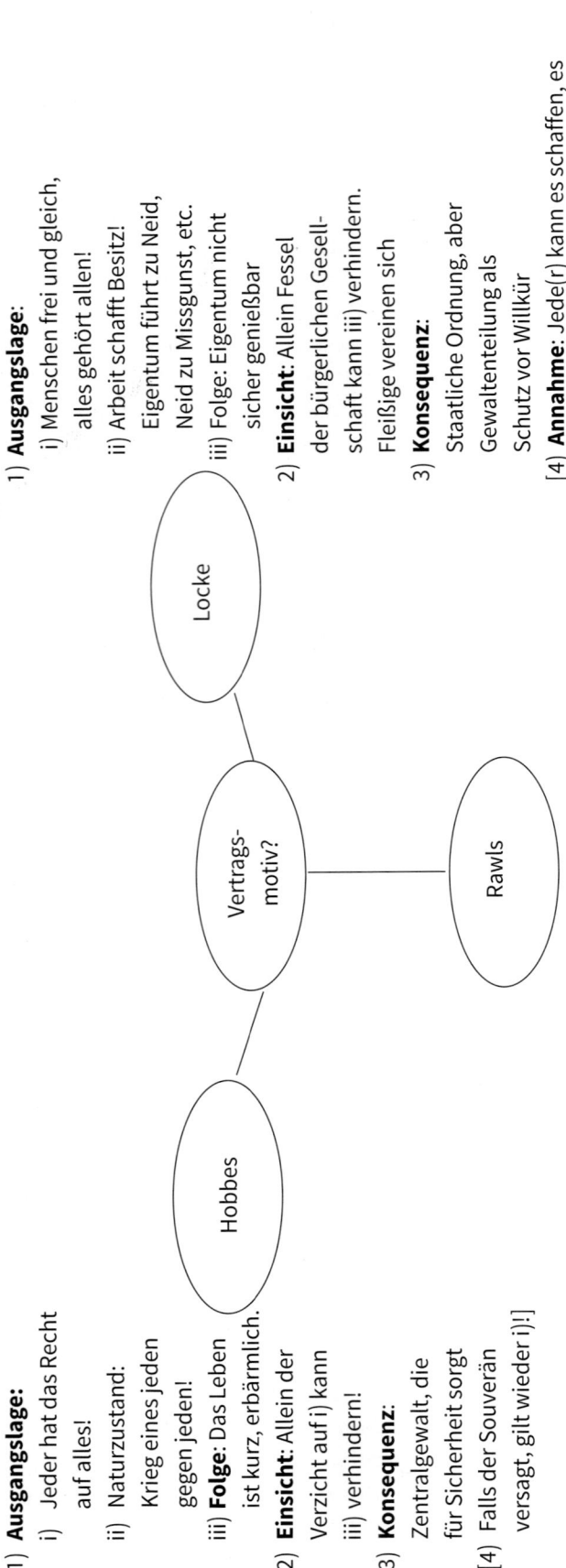

Hobbes

1) **Ausgangslage:**
   i) Jeder hat das Recht auf alles!
   ii) Naturzustand: Krieg eines jeden gegen jeden!
   iii) **Folge:** Das Leben ist kurz, erbärmlich.

2) **Einsicht:** Allein der Verzicht auf i) kann iii) verhindern!

3) **Konsequenz:** Zentralgewalt, die für Sicherheit sorgt

[4] Falls der Souverän versagt, gilt wieder i)!]

Vertragsmotiv?

Locke

1) **Ausgangslage:**
   i) Menschen frei und gleich, alles gehört allen!
   ii) Arbeit schafft Besitz! Eigentum führt zu Neid, Neid zu Missgunst, etc.
   iii) **Folge:** Eigentum nicht sicher genießbar

2) **Einsicht:** Allein Fessel der bürgerlichen Gesellschaft kann iii) verhindern. Fleißige vereinen sich

3) **Konsequenz:** Staatliche Ordnung, aber Gewaltenteilung als Schutz vor Willkür

[4] **Annahme:** Jede(r) kann es schaffen, es ist für alle genug da!]

Rawls

1) **Ausgangslage:** Jeder hat das Recht auf bestmögliche Verwirklichung seines Wohls und seiner Ziele!

2) **Problem:** Dieses utilitaristische Grundprinzip ist nicht auf eine Gesellschaft übertragbar – Gefahr, dass z. B. berechtigte Einzelinteressen (siehe 1) dem Gesamtwohl „geopfert" würden!

3) **Lösung:** Gesellschaftsstruktur muss in einem demokratischen Rahmen und unter einem „Schleier des Nichtwissens" so ausgehandelt werden, dass i) alle ihre größtmögliche Freiheit behalten, ohne andere zu beeinträchtigen (*Freiheitsprinzip*), und ii) soziale und/oder wirtschaftliche Unterschiede nur dann toleriert werden, wenn diese insgesamt zum Vorteil aller dienen (*Differenzprinzip*) und allen Mitgliedern der Zugang zu den entscheidenden Institutionen offensteht (*Prinzip der Chancengleichheit*)!

4) **Folgen des Vertrags:** Alle, auch der am schlechtesten Gestellte, führen ein besseres Leben innerhalb des Systems, als Sie es alleine und ohne dieses System schaffen könnten.

Gesamtschau Hobbes – Locke – Rawls

1) _____
_____
_____
_____
_____
_____

2) _____
_____
_____
_____

3) _____
_____
_____

1) _____
_____
_____
_____
_____
_____

2) _____
_____

3) _____
_____

Locke

Vertrags-motiv?

Rawls

Hobbes

1) **Ausgangslage:** _____

2) **Problem:** _____

3) **Lösung:** _____

4) **Folgen des Vertrags:** _____

Alasdair MacIntyre
Unterschiedliche Vorstellungen von Gerechtigkeit

In seinem Hauptwerk „Der Verlust der Tugend" nimmt der 1929 in Schottland geborene und in den USA lehrende Philosoph Alasdair MacIntyre „zur moralischen Krise der Gegenwart" Stellung. Seiner Meinung nach muss man sich von einem Anspruch auf eine universell gültige und rein rational begründbare Moral verabschieden. Stattdessen plädiert er dafür, an die antike Tugendlehre des Aristoteles (vgl. Kap. **4.1 Tugend: reine Übungssache? – Aristoteles** im SB, S. 159 ff.) anzuknüpfen und sich an moralischen Haltungen zu orientieren, die sich in lokal begrenzten und durch Tradition gewachsenen Gemeinschaften entwickelt und bewährt haben. Im Laufe seiner über 300-seitigen Abhandlung setzt er sich auch mit den Ideen seiner Zeitgenossen auseinander. In dem folgenden Textauszug stellt er die Grundzüge der Ideen von John Rawls und Robert Nozick in Form zweier fiktiver Personen vor.

Betrachten wir eine [...] Kontroverse, wie sie in der Politik der Vereinigten Staaten heute vorkommt – ich stelle sie in Form einer Debatte zwischen zwei idealtypischen Figuren vor, die ich, nicht sehr einfallsreich, A und B nenne.

A, der vielleicht ein Geschäft besitzt, aber auch Polizeibeamter oder Bauarbeiter sein kann,
5 hat mit einiger Mühe genug von seinem Verdienst gespart, um sich ein Häuschen zu kaufen, seine Kinder aufs lokale College zu schicken, seinen Eltern eine medizinische Spezialbehandlung zu bezahlen. All diese Projekte werden plötzlich durch steigende Steuern bedroht. Er betrachtet diese Bedrohung seiner Projekte als *ungerecht*; er behauptet, ein Recht auf das zu haben, was er verdient hat, und dass niemand ein Recht hat, ihm wegzunehmen,
10 was er sich ehrlich erworben und worauf er einen berechtigten Anspruch hat. Er beabsichtigt, die Politiker zu wählen, die sein Eigentum, seine Projekte *und* seine Vorstellung von Gerechtigkeit verteidigen werden.

B, der vielleicht Freiberufler, Sozialarbeiter oder jemand mit ererbtem Vermögen ist, ist beeindruckt von den willkürlichen Ungleichheiten in der Verteilung von Wohlstand, Ein-
15 kommen und Chancen. Noch beeindruckter ist er womöglich von der Unmöglichkeit für die Armen und Benachteiligten, sehr viel an ihrer Lage zu ändern, als Folge eben dieser Ungleichheiten in der Verteilung der Macht. Er hält diese beiden Arten der Ungleichheit für *ungerecht* und meint, dass sie ständig weitere Ungerechtigkeit nach sich ziehen. Allgemeiner glaubt er, dass jede Ungerechtigkeit dringend der Rechtfertigung bedarf und dass die
20 einzig mögliche Rechtfertigung der Ungleichheit darin besteht, die Lage der Armen und Benachteiligten zu verbessern – zum Beispiel durch die Förderung des Wirtschaftswachstums. Er kommt zu dem Schluss, dass die Gerechtigkeit unter den gegenwärtigen Umständen umverteilende Steuern erfordert, die Wohlfahrt und soziale Dienste finanzieren. Er beabsichtigt, die Politiker zu wählen, die umverteilende Steuern *und* seine Vorstellung von
25 Gerechtigkeit verteidigen werden.

Es ist klar, dass unter den aktuellen Umständen unserer sozialen und politischen Ordnung A und B über Politik und Politiker verschiedener Meinung sein werden. Aber *müssen* sie derart verschiedener Meinung sein? Die Antwort lautet offenbar, dass sich ihre Meinungsverschiedenheit unter bestimmten wirtschaftlichen Bedingungen nicht auf der Ebene des politischen
30 Konflikts zu manifestieren braucht. Wenn A und B einer Gesellschaft angehören, in der die wirtschaftlichen Ressourcen so sind, oder zumindest für so gehalten werden, dass B's öffentliche Umverteilungsprojekte wenigstens in einem gewissen Umfang verwirklicht werden können, ohne A's private Projekte zu gefährden, könnten A und B vielleicht einige Zeit die gleichen Politiker und die gleiche Politik wählen. [...] Aber wenn die wirtschaftlichen Umstände
35 so sind oder sich so entwickeln, dass entweder A's Projekte denen von B geopfert werden

müssen oder umgekehrt, wird sofort klar, dass A und B Ansichten über Gerechtigkeit haben, [...] die nicht vergleichbar mit denen sind, die von der Gegenseite vorgebracht werden [...]. [...] Der Begriff, mithilfe dessen jeder seinen Anspruch formuliert, ist so verschieden von dem des anderen, dass die Frage, wie und ob der Streit zwischen ihnen rational beigelegt
40 werden kann, Schwierigkeiten aufzuwerfen beginnt. Denn A strebt an, den Gedanken der Gerechtigkeit auf eine Darstellung dessen zu gründen, worauf und wie eine gegebene Person Anspruch kraft dessen hat, was sie erworben und verdient hat; B strebt an, den Gedanken der Gerechtigkeit auf eine Darstellung der Gleichheit der Ansprüche jeder Person bezüglich der Grundbedürfnisse sowie der Mittel zu gründen, solche Bedürfnisse zu
45 befriedigen. Gegenüber bestimmtem Eigentum oder Geldmitteln wird A dazu neigen, zu behaupten, dass dies gerechterweise seins sei, weil er es besitzt – er hat es rechtmäßig erworben, hat es verdient. B wird dazu neigen zu behaupten, dass es gerechterweise jemand anderem gehören sollte, weil andere es sehr viel dringender brauchen, und wenn sie es nicht haben, werden ihre grundlegendsten Bedürfnisse nicht befriedigt. Doch unsere plura-
50 listische Kultur besitzt keine Methode abzuwägen, kein rationales Kriterium, um zwischen Ansprüchen, die auf Rechtstiteln[1] beruhen, und Ansprüchen, die auf Bedürfnissen beruhen, zu entscheiden. Diese beiden Arten von Ansprüchen sind tatsächlich unvereinbar, wie ich schon angedeutet habe, und der Ausdruck, moralische Ansprüche „abzuwägen", ist nicht nur unpassend, sondern irreführend.

Alasdair MacIntyre: Der Verlust der Tugend. Zur moralischen Krise der Gegenwart. (Amerikanische Originalausgabe 1981) Übersetzt von Wolfgang Riehl. Frankfurt a. M.: Suhrkamp, 1995, S. 325–339

1▶ Erklären Sie, inwiefern (im Rahmen der Darstellung von MacIntyre) die Positionen von A und B unvereinbar sind – und weshalb die Unvereinbarkeit der beiden Argumente unter Umständen erst bei bestimmten wirtschaftlichen Entwicklungen deutlich wird.

2▶ Inwiefern führt laut MacIntyre der Ausdruck „moralische Ansprüche ‚abzuwägen'" (Z. 53) in die Irre?

3▶ Finden Sie konkrete Beispiele für die beiden „idealtypischen Figuren" A und B. (Es gibt z. B. Initiativen bekannter Persönlichkeiten des öffentlichen Lebens, die ausdrücklich höhere Vermögenssteuern für Reiche fordern.)

4▶ Für skeptische Leser: Prüfen Sie anhand der Materialien in Abschnitt 6.3.1 und 6.3.2 (→ SB, S. 310–316), ob MacIntyre Rawls' bzw. Nozicks Ideen angemessen wiedergibt.

5▶ Für politische Leser: MacIntyre legt bei seinen Ausführungen das Augenmerk besonders auf die US-amerikanische Politik (vgl. Z. 1f.). Finden Sie aktuelle Beispiele, auch aus anderen Ländern.

Wenn die Positionen von Nozick und Rawls zuvor behandelt wurden (6.3.1 und 6.3.2), eignet sich dieser Text auch als Klausurtext (z. B. mit den Aufgaben 1, 2 und 4 in leicht abgewandelter Form).

---

[1] Rechtsanspruch

Franz Alt, Thomas Bily et al.
„Wir machen uns Sorgen. Große Sorgen." – Das Generationenmanifest

1 ▶ Wagen Sie einen Blick in die eigene Zukunft: Welche „großen Sorgen" machen Sie sich, wenn Sie etwa 30 Jahre vorausblicken? Oder machen Sie sich gar keine Sorgen? Je nach Kurs können Sie Ihre Gedanken in einem kurzen Blitzlicht austauschen oder auch ganz individuell, jeder für sich, sich vergegenwärtigen, notieren, aufzeichnen ...

Kurz vor der Bundestagswahl 2013 veröffentlichte eine Gruppe von über 50 Prominenten aus Politik, Wissenschaft und Kultur in einer medienwirksamen Kampagne ein „Generationenmanifest", in dem sie „im Interesse zukünftiger Generationen und des sozialen und ökologischen Gleichgewichts" Veränderungen in zehn ihnen besonders wichtigen Bereichen des Lebens einfordern. Wie Sie persönlich zu einer solchen Kampagne stehen, ob Sie dieses Manifest mit unterzeichnen würden, müssen Sie selbst entscheiden. Fest steht allerdings, dass die angesprochenen Aspekte seit vielen Jahren Dauerbrenner in Nachrichten und Diskussionsrunden sind.

Das Generationenmanifest

Wir sind die Bürgerinnen und Bürger dieses Landes.

Wir sind die Politik. Wir sind die Wirtschaft.

Wir sind jung und alt, arm und reich, mächtig und ohnmächtig, Väter, Mütter, Söhne, Töchter, Enkel und Großeltern.

Wir machen uns Sorgen. Große Sorgen.

Und das unabhängig von der Farbe unserer politischen Überzeugungen.
Lange haben wir zugesehen, wie die Problemberge immer größer und die Politik immer handlungsunfähiger wurden. Wir leiden unter menschengemachten Naturkatastrophen und den Folgen des ungezügelten Finanzkapitalismus. Wir steuern in ein globales Desaster, wenn wir nicht umdenken und gemeinsam eine Zukunft gestalten, in der wir alle besser leben können und wollen.

[...]

Wir fordern alle Bürgerinnen und Bürger, die Politiker, die Manager und Unternehmer dieses Landes auf, sich für einen gesellschaftlichen, kulturellen, wirtschaftlichen und politischen Wandel im Sinne einer sozialen und nachhaltigen Reform einzusetzen.

In zehn politisch und gesellschaftlich besonders relevanten Bereichen benennen wir unsere Forderungen, die wir in dieser und den kommenden Legislaturperioden für die Politik, die Wirtschaft und den einzelnen Bürger als Handlungsgrundlage für notwendig halten.

Wir warnen

Im Interesse zukünftiger Generationen und des sozialen und ökologischen Gleichgewichts:

1 **Der Klimawandel, die größte Bedrohung, die wir Menschen jemals erlebt haben, wird von der Bundesregierung und allen Parteien nicht mit höchster Priorität bekämpft.** Sie setzen damit das Leben und das Wohlergehen zukünftiger Generationen aufs Spiel.

2 **Die Energiewende, das bedeutendste Projekt unserer Generation, wird von den politischen Entscheidungsträgern halbherzig und inkonsequent umgesetzt.** Wir werden sie haftbar machen, wenn sie die Chancen dieses Zukunftsprojektes aufgrund parteipolitischer Machtspiele fahrlässig gefährden.

3 **Die Regierenden regieren an uns Bürgern vorbei.** Sie verschanzen sich in ihren Elfenbeintürmen, ohne zu erklären, welche Konsequenzen sich aus weitreichenden politischen Entscheidungen (z. B. Energiewende und Eurokrise) für unser Leben und das Leben unserer Kinder ergeben werden.

4 **Die Politik der Gegenwart lädt riesige Schuldenberge auf die Schultern unserer Kinder und Enkel.** Selbst in Zeiten sprudelnder Steuereinnahmen wird das Staatsdefizit weiter erhöht statt abgebaut und damit der Handlungsspielraum der nächsten Generationen dramatisch beschnitten.

5 **Gewinne werden privatisiert, Verluste sozialisiert.** Die Regierenden lassen sich von der Finanzindustrie vorführen und missachten die Interessen der Bürgerinnen und Bürger.

6 **Politikerinnen und Politiker spalten durch ihre Tatenlosigkeit die Gesellschaft.** Sie haben in den letzten Jahren das Auseinanderdriften von Arm und Reich gesehen und billigend in Kauf genommen.

7 **Wir mehren unseren Wohlstand auf Kosten der Menschen in den Schwellen- und Entwicklungsländern, die oft unter menschenunwürdigen Bedingungen für uns arbeiten.** Es ist eine Schande, dass wir mit Übergewicht und Überfluss kämpfen, während im Rest der Welt Millionen Menschen nicht einmal das Nötigste zum Leben haben.

8 **Unser Bildungssystem versagt kläglich angesichts der Herausforderungen, die die Zukunft an uns stellt.** Alle Verantwortlichen in Politik, Wirtschaft und Gesellschaft wissen, dass unser Bildungssystem ungerecht und undurchlässig ist und die Lerninhalte unsere Kinder nicht auf zukünftige Anforderungen vorbereiten. Aber es mangelt an Mut zur radikalen Veränderung.

9 **Die nachhaltige Modernisierung der Wirtschaft wird in Sonntagsreden eingefordert, aber durch falsche Rahmenbedingungen verspielt.** Solange Subventionen in überholte statt in zukunftsweisende Industrien und Technologien gelenkt werden, verschenken wir die Chancen, die sich Deutschland als internationalem Pionier eines grünen oder blauen Wirtschaftswandels bieten.

10 **Der Generationenvertrag wurde einseitig aufgekündigt.** Die Generation der Eltern und Großeltern betreibt fahrlässige Besitzstandswahrung auf Kosten ihrer Kinder und Enkel.

http://www.generationenmanifest.de/manifest/

2▶ Anregungen zur Arbeit mit den Forderungen des „Generationenmanifests": Organisieren Sie ein arbeitsteiliges Projekt, ggf. in fachübergreifender Zusammenarbeit mit einem Sozialwissenschafts- oder Politikkurs Ihrer Jahrgangsstufe. Folgende Arbeitsschritte können hilfreich sein bei der Erarbeitung der einzelnen Themenbereiche:

- Studieren Sie die Warnungen: Halten Sie sie für berechtigt? (Stimmen sie womöglich mit Ihren vorab geäußerten Sorgen und Befürchtungen überein?) Klären Sie, sofern erforderlich, zuvor die sachlichen Hintergründe der aufgeführten Punkte. Informieren Sie sich dazu auch über die entsprechenden Forderungen der Unterzeichner auf der Website des „Generationenmanifests".
- Prüfen Sie den aktuellen Stand der Entwicklungen: Hat sich der eine oder andere der hier angeprangerten Missstände seit 2013 gebessert? Inwiefern? Warum (nicht)?
- Sofern Sie die Warnungen als berechtigt ansehen: Können, müssen wir zur Verbesserung der Situation beitragen? Was könnte Ihr Anteil sein, die Situation zu verbessern – sei es privat, in der Schule oder in anderen Organisationen und Institutionen?
- Falls Sie die Warnungen übertrieben oder unberechtigt finden: Wie könnten Sie die Vorwürfe entkräften? Wie könnte ein Gegenentwurf zu den sehr pessimistischen Situationsbeschreibungen des Manifests aussehen?
- Ziehen Sie zur philosophischen Untermauerung Ihrer Überlegungen weitere Texte aus diesem Kapitel des Schülerbandes heran, z. B. geeignete Texte aus dem Einführungskapitel (6.1) oder Auszüge aus den Texten von Rawls (6.2.2, S. 303 ff. bzw. 6.3.2), Höffe (6.3.3) oder Nozick (6.3.1).

3▶ Präsentieren Sie die Ergebnisse Ihrer Überlegungen vor einem größeren Publikum, vielleicht im Rahmen einer Projektwoche der Schule: Organisieren Sie z. B. Aktionsstände, an denen Sie für Ihr jeweiliges Projekt werben (sei es als Unterstützung des Manifests oder als Gegenentwurf) und die Hintergründe erläutern; oder stellen Sie Ihre Ergebnisse den Parallelkursen Ihrer Jahrgangsstufe (oder auch Kursen der Mittelstufe) vor und führen Sie abschließend eine Podiumsdiskussion mit Publikumsbeteiligung durch. (Vielleicht entwickelt sich daraus ja sogar ein längerfristiges Engagement, etwa in Zusammenarbeit mit Ihrer Schülervertretung.)

Was ist Strafe?

1▸ In welchen der folgenden Fälle würden Sie sagen, dass jemand eine *Strafe* bekommt?

Tafelbild

1. Ein Schüler bestiehlt seine Klassenkameraden, wird erwischt und dann durch die Schulleitung der Schule verwiesen.
2. Ein Schüler wird irrtümlich verdächtigt, seine Mitschüler zu bestehlen, und wird daraufhin der Schule verwiesen.
3. Ein Serientäter, dessen Taten Einbruch, Raub und Körperverletzung einschließen, wird vom Gericht zu einem mehrmonatigen Aufenthalt auf einem malerisch gelegenen Bauernhof verurteilt, wo er sich unter psychologischer Betreuung bessern soll.
4. Eine Mörderin wird vom Gericht mangels Beweisen freigesprochen, auf dem Weg vom Gericht nach Hause jedoch von einem Lkw überfahren.
5. Ein Mörder wird vom Gericht mangels Beweisen freigesprochen, auf dem Weg aus dem Gericht jedoch von der Schwester des Opfers erschossen.
6. In einem autoritären Regime wird zur Abschreckung im Mordfall nicht nur der Mörder eingesperrt und ausgepeitscht, sondern auch dessen Kinder.

2▸ Formulieren Sie eine Definition von „Strafe", indem sie die Schritte der Begriffsanalyse (→ SB, S. 461) durchführen. Überlegen Sie aufgrund Ihrer Ergebnisse zu Aufgabe 1, welche der beschriebenen Fälle Modellfälle, entgegengesetzte Fälle oder Grenzfälle sind.

3▸ Zwei Philosophen – H. L. A. Hart und Arnd Pollmann – haben sich an einer Definition des Begriffs „Strafe" versucht. Prüfen Sie anhand von M 1 und M 2 ob die obigen Fälle nach der jeweiligen Definition als Fall von Strafe gelten. Sind die Definitionen zu eng oder zu weit (→ SB, S. 461)?

4▸ Vergleichen Sie die beiden folgenden Definitionen miteinander und mit Ihren eigenen Vorschlägen. Welche Merkmale der Strafe werden jeweils als wesentlich angesehen?

M 1 H. L. A. Hart
Definition „Strafe"

Ich definiere den Standardfall von Strafe durch fünf Elemente:
1. Strafe muss die Zufügung von Leid oder andere Konsequenzen beinhalten, die gewöhnlich als unangenehm gelten.
2. Strafe muss einen Verstoß gegen rechtliche Normen zum Gegenstand haben.
3. Strafe muss sich gegen den richten, der tatsächlich oder vermutlich den Verstoß begangen hat.
4. Strafe muss von Menschen, und zwar einer anderen Person als dem Täter, mit Absicht vollzogen werden.
5. Strafe muss von einer Autorität ausgesprochen und vollzogen werden, die durch jene Rechtsordnung, gegen die der Verstoß gerichtet ist, konstituiert wird.

H. L. A. Hart: Eine Vereinigungstheorie von Prävention und Vergeltung. In H. L. A. Hart: Recht und Moral. Drei Aufsätze. Übersetzt von Norbert Hoerster. Göttingen: Vandenhoeck & Ruprecht, 1971, S. 61–63

M 2 Arnd Pollmann
Definition „Strafe"

Strafe will ein gerechtfertigtes zweites Übel sein, das dem Verursacher eines ungerechtfertigten ersten Übels aufgezwungen wird, um ein ungerechtfertigtes drittes Übel zu verhindern.

Arnd Pollmann: Unmoral. München: Beck, 2010, S. 266

Thomas Pogge
Menschenrechte auch für „böse" Menschen?

Ihre Vorstellung ist nun, dass man bösen (unangenehmen) Menschen die Menschenrechte vorenthalten sollte. Ich halte das aus folgenden Gründen für keine gute Idee. Zuerst einmal herrscht keine Einigkeit darüber, welche Menschen böse sind. Nehmen Sie eine Gruppe, zu der Sie gehören, und teilen Sie dann die Gruppenmitglieder in zwei Kategorien ein, „gut" und „bö-
5 se". Lassen Sie andere Gruppenmitglieder das Gleiche tun. Sie werden vermutlich feststellen, dass die Urteile nicht übereinstimmen. Nur sehr wenige Leute, die Sie als „böse" eingeordnet haben, werden sich selbst so sehen. Und einige Mitglieder werden sogar Sie als „böse" einstufen – vielleicht, weil Sie ihnen keinen Respekt erweisen. Was sollen wir angesichts einer solchen Uneinigkeit tun? Eine plausible Lösung besteht darin, sich darauf zu einigen, die Men-
10 schenrechte *aller* zu respektieren, selbst derjenigen, die man für böse hält – unter der Voraussetzung, dass alle anderen ebenfalls die Menschenrechte der Übrigen respektieren (auch derjenigen Leute, die sie für böse halten). Bei dieser Lösung zeigt sich, dass es in Ihrem Eigeninteresse sein kann, die Menschenrechte von Leuten zu respektieren, die Sie für böse halten. Das dient insofern Ihrem Interesse, als es Teil einer allgemeinen Übereinkunft ist, der zufolge
15 auch Ihre Menschenrechte respektiert werden, selbst von denjenigen, die Sie für böse halten. Vielleicht liegt Ihnen jetzt der Einwand auf der Zunge, manche Leute seien *wirklich* böse und hätten auch nicht vor, sich an eine allgemeine Übereinkunft zu halten. Stattdessen würden sie vergewaltigen, verwüsten, morden. Solche Leute, würden Sie fordern, sollten streng bestraft werden. Da stimme ich Ihnen voll zu. Indem man Leuten Menschenrechte zuer-
20 kennt, schützt man sie nicht vor schweren Strafen – man stellt nur sicher, dass solche Strafen auch gerechtfertigt sind. Niemand sollte ohne fairen Prozess schwer bestraft werden, in dem er sich mithilfe eines fähigen Anwalts gegen die Anklage wehren kann. Die Handlung, für die er angeklagt wird, muss zum Zeitpunkt ihrer Ausführung durch ein legitimes Gesetz verboten gewesen sein. Die gegen ihn vorgebrachten Beweise müssen einen unparteiischen
25 Richter oder eine unparteiische Jury über jeden vernünftigen Zweifel hinaus davon überzeugen, dass der Angeklagte tatsächlich des ihm vorgeworfenen Verbrechens schuldig ist. [...] Es gibt zwei weitere moralische Gründe, warum man die Rechte anderer respektieren sollte. Erstens bessern sich manchmal auch böse Menschen. Die Hoffnung darauf wächst, wenn wir sie gerecht und human behandeln, anstatt wie Tiere oder Monster. Und zweitens: Wenn
30 wir offenkundig bösen Menschen keine Gerechtigkeit widerfahren lassen, geben wir unsere eigene Menschlichkeit auf. Gegen Ende des Zweiten Weltkriegs sprach sich Winston Churchill dafür aus, nach dem Sieg alle führenden Nazis kurzerhand zu erschießen wie gefährliche Tiere. Die führenden Nazis gehörten zu den bösesten Menschen, die die Welt je gesehen hatte, und sie hatten ihre Verbrechen derart unverbrämt begangen, dass an ihrer
35 Schuld keinerlei Zweifel bestand. Dennoch bestand Roosevelt erfolgreich darauf, dass sie einen ordentlichen Prozess bekommen sollten. Wir waren es nicht ihnen schuldig, sondern uns selbst, ihren Opfer und der Nachwelt, in ihrer Behandlung diejenigen moralischen Standards aufrechtzuerhalten, die die Nazis für immer ausradieren wollten.

In: Alexander George (Hg.): Was ist das Gegenteil von einem Löwen? Übersetzt von Martin Bauer. München: Heyne, 2007, S. 118 ff.

1 ▸ Arbeiten Sie die Gründe heraus, die Pogge dafür angibt, dass auch Verbrechern Menschenrechte zugestanden werden sollten.
Welche konkreten Forderungen stellt er in diesem Zusammenhang an die Strafpraxis?

2 ▸ Überlegen Sie, ob die in *DenkArt* auf S. 319 und 320 präsentierten Strafen nach Pogges Einschätzung vertretbar wären.

3 ▸ Überlegen Sie weitere mögliche Gründe gegen diese Strafen.

Winfried Hassemer
Kritik an „klassischen" Straftheorien und eine Vision

Ich habe nicht genügend Fantasie, um mir gegenständlich ausmalen zu können, wie es Menschen (und auch Gesellschaften) schaffen, ihre normativen Welten auf der Grundlage einer absoluten Straftheorie zu organisieren: wenn sie zur Rechtfertigung staatlichen Strafens nur auf die Konzepte von Vergeltung und Sühne angewiesen sind, wenn sie also nicht

5 darauf verweisen können, dass staatliche Strafen auch die Welt verbessern sollen (und können), wenn sie sich auf irgendwelche präventiven Verheißungen also nicht stützen können. [...] Und so kann man gerade im scharf geführten „Schulenstreit" der Straftheorien an der Wende vom 19. zum 20. Jahrhundert studieren, dass absolute Lehren vom Sinn der Strafe schon damals nicht gewagt haben, in reiner Form aufzutreten. Sie waren vielmehr

10 durchweg verkappte Generalprävention, wenn sie etwa mit dem Argument für sich warben, die Bevölkerung werde ungerechte Strafdrohungen und unangemessene Strafbemessungen nicht akzeptieren und sich von ihnen deshalb auch nicht beeinflussen lassen. Das ist in der Sache zwar – hoffentlich – richtig, in der Theorie aber ist es Fahnenflucht. In diesem Denken ist die Angemessenheit der Strafe nicht Ziel, sondern bloß Mittel; Ziel ist,

15 wie für die generalpräventiven Lehren auch, die heilsame Wirkung des Strafens auf die Motivation der Menschen.

[...] Es steht die kritische Beurteilung der Prävention als des herrschenden Paradigmas aus, und diese Beurteilung ist für ein ausgewogenes Bild unverzichtbar: Prävention verschafft der Strafe heute nicht nur deren Sinn, sie macht sie zugleich zu einem bedrohlichen Instru-

20 ment. Auf zwei Aspekte kommt es an, auf Maß und auf Würde.

Der erste Aspekt: Im Gegensatz zu einem absoluten Verständnis der Strafe ist Prävention [...] außerstande, der Strafe ein Maß zu geben. Im Gegenteil, sie begünstigt Maßlosigkeit: Nach präventiver Logik müssen Strafen so lange und so nachdrücklich erlaubt sein, bis das irdische Ziel der Prävention erreicht ist: die Besserung des Verurteilten, die Abschreckung

25 der anderen; wer dem nicht folgen will, hat das Scheitern präventiver Bemühungen programmiert und die präventive Theorie schon damit [...] als Lügengespinst entlarvt. [...] Die absoluten Theorien haben damit kein Problem. Sie sind irdischer Zielerreichung nicht verpflichtet, und – was noch wichtiger ist – sie verstehen sich im Kern ihrer Logik als verhältnismäßige Sanktion: als angemessene Antwort auf Unrecht und Schuld. [...] Die Verhältnis-

30 mäßigkeit von Straftat und Strafe ist diesen Lehren eingeschrieben. Eine maßlose Vergeltung ist keine Vergeltung, sie ist Rache. [...]

Der zweite Aspekt: [...] [W]as sonst hat die Theorie der Abschreckung, die Theorie der „negativen Generalprävention", im Sinn als schwarze Pädagogik: als uns alle am Beispiel der Bestrafung Einzelner in heilsame Strafangst zu versetzen, uns einzuschüchtern, uns zu

35 erziehen? [...]

Nicht nur meine Vision ist die einer „positiven Generalprävention", welche die guten Seiten von klassischer und moderner Lehre verbindet und aufbewahrt: einer Vorstellung vom Sinn der Strafe, die den Menschen nicht als Gefahrenherd, nicht als Gegenstand einer gewaltförmigen Konditionierung, sondern als Bürger versteht, als jemanden, der die Strafgesetze im

40 demokratischen Prozess ja schließlich gemacht und deshalb auch zu verantworten hat. In dieser Vision bleibt die Strafe natürlich das Übel, das sie ist. Aber sie macht sich verständlich und rechtfertigt sich auch als die Botschaft, dass wir alle den Bruch einer Norm im Verbrechen nicht hinnehmen, dass wir auf der verletzten Norm bestehen, indem wir den Rechtsbruch öffentlich beantworten.

Winfried Hassemer: Vom Sinn des Strafens. In: Bundeszentrale für politische Bildung (Hg.): Aus Politik und Zeitgeschichte 7/2010, S. 3–6

1 ▸ Worin besteht nach Hassemer die „Fahnenflucht" (Z. 13) vieler absoluter Straftheoretiker?

2 ▸ (a) Beschreiben Sie in eigenen Worten die von Hassemer referierten Defizite präventiver Straftheorien.
(b) Wie könnte eine präventive Theorie vielleicht doch der „Strafe ein Maß" (Z. 22) geben?

3 ▸ Hassemer hat die Vision einer „positiven Generalprävention" (Z. 36), führt sie aber in diesem Text nicht aus. Versuchen Sie, eine Straftheorie zu skizzieren, welche die guten Seiten verschiedener absoluter und relativer Straftheorien verbindet und die im Text genannten Nachteile beider vermeidet.

Norberto Bobbio
Die Entwicklung der Menschenrechte

In der Geschichte der verschiedenen Deklarationen der Menschenrechte kann man wenigstens drei Phasen unterscheiden. Die Er-
5 klärungen entstehen zunächst in Form von philosophischen Theorien. Man muss sie also in ihrer ersten Phase in den Arbeiten der Philosophen aufspüren. Wenn wir
10 nicht bis zur Idee der Stoiker von der Universalgesellschaft vernünftiger Menschen zurückgehen wollen, [...] dann war es das moderne Naturrecht, in dem sich die Vor-
15 stellung herausbildete, der Mensch habe von Geburt an Rechte, die ihm niemand, nicht einmal der Staat, nehmen und die er auch selbst nicht veräußern kann [...].
20 Der Vater des modernen Naturrechts ist John Locke. Nach Locke ist der wahrhafte Zustand des Menschen nicht sein gesellschaftlicher, sondern sein natürlicher,
25 d. h. der Naturzustand, in dem die Menschen frei und gleich sind. Die Gesellschaft ist danach ein Kunstprodukt mit dem ausschließlichen Ziel, die größtmögliche Auswei-
30 tung der Freiheit und Gleichheit des Naturzustands zu gewährleisten. Obwohl die Idee des Naturzustands inzwischen aufgegeben wurde, findet sich doch in den ers-
35 ten Worten der Menschenrechtsdeklaration ein Echo davon: „Alle Menschen werden frei geboren, mit gleicher Würde und gleichen Rechten." Dies ist nur eine andere Formulierung, um auszudrücken, dass die Menschen von
40 Natur aus frei und gleich sind. [...] Freiheit und Gleichheit der Menschen sind keine Tatsache, sondern ein zu verfolgendes Ideal, nichts Existierendes, sondern ein Wert, eine Verpflichtung [...].

Naturrechtliche Theorien werden erstmals durch die Menschenrechtserklärung der Vereinigten Staaten von Amerika und – nur einen Wimpernschlag danach – durch die Französi-
45 sche Revolution aufgegriffen und zur Grundlage einer neuen Staatsauffassung gemacht. Der neue Staat ist nicht mehr absolut, sondern begrenzt, kein Selbstzweck, sondern Mittel zur Erreichung von Zielen, die bereits vor seiner Errichtung und unabhängig von ihr formuliert wurden. Die Forderung nach Menschenrechten gilt nicht mehr als nobles Verlangen,

Dokumente der Entwicklung der Menschenrechte

1215 Magna Charta Libertatum
Hier wurden Grundrechte des Adels gegenüber dem König festgeschrieben. Das sind keine individuellen Freiheitsrechte für alle, aber zumindest der Gedanke, dass dem Staat gegenüber Rechte geltend gemacht werden können, findet hier seinen Ausdruck.

1679 Habeas Corpus Act
Hier wird der Schutz vor willkürlicher Festnahme festgeschrieben (England).

1776 Virginia Bill of Rights und Unabhängigkeitserklärung (USA)
Erstmals wurden Menschenrechte als unveräußerliche Ansprüche für alle in Nordamerika kodifiziert. Sie dienten als Argumentationshilfe in der Auseinandersetzung mit der Kolonialmacht und wurden in den USA z. B. für Sklaven und teilweise auch für Frauen zunächst nicht verwirklicht.

1789 Erklärung der Rechte des Menschen und des Bürgers
Die Erklärung wurde von der Nationalversammlung beschlossen. 1791 wurden die Rechte in die Verfassung übernommen und damit rechtlich verbindlich.

1948 Allgemeine Erklärung der Menschenrechte

1981 Banjul-Charta
Die Staats- und Regierungschefs der Organisation der Afrikanischen Einheit verabschiedeten die Afrikanische Charta der Menschenrechte („Banjul-Charta").

1990 Kairoer Erklärung der Menschenrechte
Die Organisation der Islamischen Konferenz beschloss diese Erklärung.

sondern bildet vielmehr den Ausgangspunkt für die Errichtung eines Rechtssystems im eigentlichen Sinne des Wortes, nämlich eines Systems von positiven und tatsächlichen Rechten. Der zweite Schritt in der Geschichte der Menschenrechtsdeklarationen besteht also im
Übergang von der Theorie zur Praxis, vom Recht als reinem Denkgegenstand zum angewandten Recht. In diesem Übergang gewinnen die Menschenrechte an Konkretion, aber sie
verlieren an Universalität. Die Rechte sind von nun an geschützt, d. h., es sind wirklich positive Rechte, aber ihr Geltungsbereich ist begrenzt auf das Territorium des Staates, der sie
anerkennt. [...]

Mit der Erklärung von 1948 beginnt eine dritte und letzte Phase, in der die Forderung nach
Menschenrechten zugleich universal und positiv ist. Universal in dem Sinne, als die in ihnen enthaltenen Rechte nicht mehr nur für die Bürger eines bestimmten Staates, sondern
für alle Menschen gelten. Und positiv, weil diese Erklärung einen Prozess in Gang setzte, an
dessen Ende über eine Proklamation oder nur unspezifisch anerkannte Menschenrechtside-
ale hinaus wirkungsvolle Garantien gegen die Staaten stehen sollten, die sie verletzen. Am
Ende dieses Prozesses werden die Bürgerrechte tatsächlich im positiven Sinn zu Menschenrechten geworden sein. Zumindest werden die Rechte des Bürgers eines bestimmten Staates
keine Grenzen mehr haben, weil sie für die ganze Menschheit gelten. Mit anderen Worten,
es werden Menschenrechte im Sinne von Rechten eines Weltbürgers sein.

Man könnte den Prozess, der in die „Allgemeine Erklärung der Menschenrechte" mündet,
auch auf diese Weise beschreiben und sich dabei der traditionellen Kategorien des Naturrechts und des positiven Rechts bedienen: Die Menschenrechte entstehen als universale
Naturrechte, sie entwickeln sich weiter zu spezifischen positiven Rechten und realisieren
sich schließlich als universale positive Rechte. [...]

[Ich will] die Aufmerksamkeit auf die Tatsache lenken, dass die „Allgemeine Erklärung der
Menschenrechte" nur der Beginn eines langen Prozesses ist, dessen Abschluss wir noch gar
nicht erahnen können. Im Übrigen ist häufiger darauf hingewiesen worden, dass die Erklärung selbst die Normen, die sie proklamiert, nicht juristisch auffasst, sondern als „ein von
allen Völkern und Nationen anzustrebendes gemeinsames Ideal". Ein Bezug auf juristische
Normen bleibt hypothetisch. In der Präambel der Erklärung heißt es, es sei „unabdingbar,
dass die Menschenrechte durch juristische Normen geschützt werden, wenn man vermeiden will, dass der Mensch letzten Endes zur Rebellion gegen die Tyrannei und Unterdrückung gezwungen wird".

Noberto Bobbio: Das Zeitalter der Menschenrechte. Übersetzt von Ulrich Hausmann. Berlin: Wagenbach, 1999, S. 10 ff.

1 ▶ Stellen Sie in einer Tabelle die von Bobbio beschriebenen drei Phasen der Entwicklung der
Menschenrechte dar.

2 ▶ Erarbeiten Sie aus dem Text die Punkte, die eine Universalität der Menschenrechte begründen
können.

3 ▶ Ergänzen Sie den Kasten und recherchieren Sie weitere Dokumente der Entwicklung der
Menschenrechte.

4 ▶ Überlegen Sie, wie die Entwicklung der Menschenrechte weitergehen sollte.

Julian Nida-Rümelin
Bildungsziele des erneuerten Humanismus

Wozu die umfassende Beschäftigung mit einem so komplexen und vorrangig politischen Thema wie Krieg? Vor allem aber: Wozu die minutiöse Auseinandersetzung mit zwei so gegensätzlichen Argumenten für den sehr speziellen Fall sogenannter humanitärer Interventionen (Meggle und Bittner)? Julian Nida-Rümelin liefert im folgenden Textauszug eine Antwort, die auch über die konkreten Beispiele hinaus Gültigkeit beanspruchen kann.

In erster Linie zur didaktischen Orientierung der Lehrkraft gedacht, kann dieser kurze Auszug im Sinne einer transparenten Motivierung nicht nur dieses Themas auch mit Schülerinnen und Schülern diskutiert werden. (Weitere Anregungen und erhellende Definitionen zum Thema Krieg bietet auch ein Interview mit dem Politologen Herfried Münkler, aus dem im Anschluss Auszüge abgedruckt sind. → Z 6 – 15)

Das wichtigste kognitive Bildungsziel ist die Urteilskraft. Gerade in einer Welt, in der Informationen im Übermaß vorhanden sind, sind Menschen auf ihre Urteilskraft angewiesen, weil sie sich täglich von Neuem ihr eigenes, und im günstigsten Fall wohlbegründetes und stabiles, Urteil bilden können müssen. Sie müssen gute von schlechten Argumenten unter-
5 scheiden lernen. Die Philosophie als Logik und Argumentationslehre wäre in diesem Fall kein Fach neben anderen, sondern für kognitive Bildung generell unverzichtbar [...].
Die Entwicklung der praktischen und theoretischen Philosophie in den letzten Jahrzehnten bietet einen riesigen Fundus handlungs- und theorieleitender Kriterien und Argumente. Die praktische Philosophie ist im Wortsinne praktisch geworden, das heißt, sie hat sich von
10 den Theoriestreitigkeiten wegbewegt und sich der Detailanalyse konkreter Entscheidungssituationen zugewandt. [...]
Jugendliche müssen lernen, sich in einer komplexen sozialen Welt zu orientieren. Die kulturelle Globalisierung, die die ökonomische zunehmend ergänzen wird, verlangt nach interkultureller Kompetenz, zu der die Philosophie einen wichtigen Beitrag leisten kann.
15 Fragen der internationalen Gerechtigkeit und der Herausforderungen durch den Klimawandel sind bereits kompetent behandelt worden (z.B. Thomas Nagel, Martha Nussbaum, Thomas Pogge).
Die internationale multipolare Staatenwelt ist heute unüberschaubarer und komplexer denn je. Humanitäre Interventionen und ethisch motivierte Kriege ohne eigene Bedrohung
20 haben Eingang ins Völkerrecht gefunden und sind von wachsender Bedeutung. Die neuen Kriegsformen wie der asymmetrische Krieg (gegen den Terrorismus) und der Informationskrieg, aber auch die Massenüberwachung fordern die „Ethik internationaler Beziehungen" heraus. Damit ist politische Ethik zu einem wichtigen Ordnungsfaktor geworden. Nach vielen Jahrzehnten der Dominanz des Realismus in den internationalen Beziehungen sind
25 philosophische Fragen nicht nur von theoretischem, sondern auch von politischem Interesse.

Julian Nida-Rümelin: Bildungsziele des erneuerten Humanismus. In: Julian Nida-Rümelin, Irina Spiegel, Markus Tiedemann (Hg.): Handbuch Philosophie und Ethik. Band 1: Didaktik und Methodik. Paderborn: Ferdinand Schöningh, 2015, S. 18 f.

Herfried Münkler
Was ist Krieg?

Das folgende Interview wurde am 1. Oktober 2011 von der Bundeszentrale für politische Bildung mit dem Berliner Politikwissenschaftler Herfried Münkler geführt, der sich in mehreren Publikationen mit dem Thema Krieg beschäftigt hat. (Vgl. auch die Literaturliste zu Beginn des Unterkapitels 6.6, → SB, S. 335) Hier finden sich in kompakter Form seine Grundthesen zum Thema Krieg und darüber, wie man sich in diesem hochkomplexen Bereich zurechtfinden kann.

bpb: Warum gibt es so unterschiedliche Auffassungen darüber, was Krieg ist? Woran liegt das?

Herfried Münkler: Der große Clausewitz, der ein uniformierter Intellektueller gewesen ist, war der Auffassung, Krieg sei ein Chamäleon, d. h. etwas, das sich seinen veränderten
5 Umweltbedingungen immer wieder anpasst. Und wenn man gewissermaßen nun die konkrete Erscheinung des Krieges beschreibt, dann beschreibt man etwas von Fall zu Fall Unterschiedliches. Man muss dann schon diese intellektuelle Leistung vollbringen, das Wesen des Chamäleons, nämlich die Veränderung, zu durchschauen.

Was ist das Gegenteil von Krieg, was bedeutet Frieden?

10 **Herfried Münkler:** Ich bin mir gar nicht einmal sicher, ob in jedem Falle Frieden das Gegenteil von Krieg ist. In einem nachdrücklichen Sinne sicherlich Frieden, aber zunächst einmal wäre es „nicht Krieg".

Frieden hat ja in der Regel etwas höhere Anforderungen, nämlich die Stabilität der Verhältnisse, die Sicherheit der Nichtanwendung von Gewalt, damit verbunden auch gewisse nor-
15 mative Erwartungen wie die Sicherheit des Eigentums, die Sicherheit der Person sowie der Schutz des Lebens. Vielleicht weitergehend auch noch Gerechtigkeitsmaßstäbe und die Sicherung der Freiheit.

Wir haben uns in den letzten Jahrhunderten angewöhnt, die Anforderung an den Frieden immer ausdrücklicher und schwieriger zu machen. Was Frieden ist, ist immer anspruchs-
20 voller geworden, und insofern ist es auch nicht ganz einfach zu sagen, was Frieden ist. Es gab Zeiten, da war für die Menschen Frieden einfach nur nicht Krieg. Für uns heute ist es in der Regel mehr.

Verteilung von Rohstoffen und die Setzung von Marktbedingungen sind häufig Kriegsursachen – sind das die einzigen Gründe für Kriege?

25 **Herfried Münkler:** Nein. Das sind Ursachen von Kriegen, bei denen die großen Mächte involviert sind. Viele Kriege haben ganz andere Ursachen, z.B. ethnische Auseinandersetzungen. Man kann sagen, Identitätskriege, in denen es um die Vorherrschaft einer Sprache oder einer bestimmten Gruppe geht. Es gibt Kriege, die werden eher um Wasser, also um auch wieder natürlich eine begrenzte Ressource von lebenswichtiger Bedeutung geführt. Es
30 gibt Kriege, die werden geführt, weil in einer eigentlich sehr armen Gegend etwas gefunden worden ist, was einen sehr reich machen kann. Das können Diamanten sein, es können Edelhölzer sein, gut, die werden nicht gefunden, die sind immer da, mit denen darf allerdings nicht gehandelt werden. Es kann Koltan sein, das für unsere Handys so wichtig ist. Und derjenige, der das Gebiet kontrolliert, der kann dann die Rente einstreichen, die er
35 dafür bekommt, dass internationale Firmen genau diese Bodenschätze ausbeuten. Und Rente ist natürlich etwas sehr Beliebtes, denn die Definition für Rente ist arbeitsloses Einkommen. Arbeitslos in dem Sinne heißt, Sie beteiligen sich gar nicht daran, sondern Sie bringen sich mit militärischer Gewalt in den Besitz des Gebietes, und dann lassen Sie es sich bezah-

len. Heißt, es ist nicht die Armut, die Kriege wahrscheinlich macht, sondern die Aussicht auf schnellen Reichtum. Und das möchten natürlich viele, und dann scharen sich verschiedene Bürgerkriegsgeneräle und Warlords und wollen diese Gebiete unter ihrer Kontrolle haben, um dann entsprechend abzukassieren. Das sind, glaube ich, die wesentlichen Ursachen für Kriege, die heute geführt werden.

Können Sie verdeutlichen, warum es für Sie einen Unterschied zwischen alten und neuen Kriegen gibt? Was macht den Unterschied aus?

Herfried Münkler: In der Regel denken wir, wenn wir das Wort Krieg hören, an die klassischen zwischenstaatlichen Kriege. Also an jene Epoche der Kriegsgeschichte, in der der Staat zum Monopolisten der Kriegführungsfähigkeit geworden ist und dann gleichartige Akteure gegeneinander angetreten sind, d. h., es ist ein bestimmter Anteil der Bevölkerung rekrutiert worden. Er ist vom Staat bewaffnet worden, und er ist vom Staat ausgebildet worden. Daraus entstanden die regulären Heere. Weil auf der anderen Seite auch ein reguläres Heer war, kann man sagen, es ist ein symmetrischer Krieg gewesen. Die Akteure waren vielleicht nicht gleich stark, aber sie waren gleichartig, und es war die Voraussetzung dafür, dass sie sich reziprok als Gleiche anerkennen konnten. Darauf beruht dann Rechtlichkeit, Kriegsrecht. Die neuen Kriege sind so nicht mehr. Die Staaten sind nicht mehr die Monopolisten der Kriegführungsfähigkeit, sondern an ihre Stelle sind Warlords getreten, also lokale Kriegsherren, die den Krieg häufig nicht um politische Zwecke führen, sondern weil sie vom Krieg leben. Der Krieg ist zu ihrem Lebensunterhalt geworden.

Das erklärt in mancher Hinsicht auch, warum diese neuen Kriege so lange dauern, nicht in Jahren, sondern in Jahrzehnten gerechnet werden.

Also man kann von einer Privatisierung und Kommerzialisierung der Kriegsgewalt sprechen. Und wenn ich gesagt habe, die zwischenstaatlichen Kriege waren symmetrische Kriege, so sind diese neuen Kriege asymmetrische Kriege, d. h., es treten nicht gleichartige Akteure gegeneinander an, sondern diese bewaffneten Banden überfallen Städtchen und Dörfer, plündern die Bevölkerung aus, die wehrlos ist, die vielleicht ein paar Äxte hat, mit denen sie sich wehrt, aber das ist ja im Ernst kein Widerstand. Die vergewaltigen, rauben und morden. Es gibt also keine Strukturen, in denen klar ist, dass, wenn ich eigene Handlungen unterlasse, ich von anderen erwarten darf, dass er diese Handlungen seinerseits unterlässt, was Rechtlichkeit generiert. Wenn eine Seite alle Gewaltmittel in ihrer Hand hat und dies auch hemmungslos auslebt, und die andere Seite hat keine Möglichkeit des Widerstandes, dann gibt es kein Motiv, eine mir mögliche Gewalthandlung zu unterlassen.

Woran liegt es, dass wir von einigen Kriegen so gut wie gar nichts erfahren, andere hingegen in unserem Fokus stehen, zumindest wenn wir von Mitteleuropa bzw. Deutschland ausgehen?

Herfried Münkler: Natürlich ist in unserem Aufmerksamkeitsbereich der Krieg prominent, der in unserer Nähe stattfindet, weswegen die jugoslawischen Zerfallskriege eine hohe Aufmerksamkeit bekommen haben oder die Kriege im Nahen und Mittleren Osten. Aber die Kriege, die sehr weit weg sind und in die wir nicht selber verwickelt sind, die finden gewissermaßen ohne Aufmerksamkeit der westlichen Öffentlichkeit statt. Ein Beispiel dafür ist der Krieg im Kongo, der mit 3,7 bis 3,8 Millionen Toten der verlustreichste Krieg nach dem Zweiten Weltkrieg war, aber verglichen mit dem gegenwärtig nicht sehr verlustreichen Irakkrieg ist er faktisch nicht wahrgenommen worden. Bis jetzt. Nun, wo es darum geht, dass ein paar Bundeswehrsoldaten dort hingeschickt werden sollen, konzentrieren wir uns darauf.

Gibt es noch andere Ursachen dafür, dass bestimmte Kriege nicht in die Medienöffentlichkeit geraten?

Herfried Münkler: Ja, natürlich. Wenn die Kriege keine klaren Fronten haben, dann ist es für Journalisten und Reporter nicht sehr ratsam, sich dort hinzubegeben, weil sie nicht auf einer Seite oder vielmehr in dem Schutz einer Seite agieren und berichten können. Sie ge-
90 raten zwischen die Fronten, und das bezahlen sie sehr häufig mit dem Leben, und deswegen ist es naheliegend, dass sie es meiden, dort hinzukommen. Das Ergebnis ist, dass man darüber wenig erfährt.

Was ist der Unterschied zwischen Terror und Krieg?

Herfried Münkler: Es gibt Situationen, da gibt es Unterschiede, und es gibt welche, da ist
95 Terror ein Bestandteil der Kriegführung. In der europäischen Geschichte ab dem 19. Jahrhundert war Terror in der Regel ein Mittel, um eine Revolution in Gang zu setzen, um den Staatsapparat zu entmotivieren oder aber um Überreaktionen zu provozieren. Den Teilen der Bevölkerung, von denen man erwartete, dass sie potenziell revolutionär seien, Zutrauen einzuflößen, Zuversicht im Sinne von „Wir können siegen" und so weiter. Das gilt für die
100 Nawodniki in Russland, und das geht in unseren Tagen bis zur IRA oder ETA und zwischendrin Deutschland mit der Roten Armee Fraktion.

Viele Jugendliche gehen heute davon aus, dass die Vereinigten Staaten eine kriegführende Partei darstellen. Halten Sie dem etwas entgegen?

Herfried Münkler: Es gibt ganz fraglos Auseinandersetzungen, in denen die USA Partei
105 sind und auch ihre Eigeninteressen durchsetzen, aber es ist ganz falsch zu glauben, sie seien nur Partei. Sie sind auch der Garant der Rahmenbedingungen dessen, dass es keine Auseinandersetzungen mehr gegeben hat wie die, die wir im Allgemeinen als Zweiten Weltkrieg bezeichnen. Da sind sie nicht Partei, sondern da sorgen sie dafür, dass Formen von Parteilichkeit anders ausgetragen werden als in einer großen kriegerischen Auseinandersetzung.
110 Die Schwierigkeit in der Beurteilung und auch der moralischen Beurteilung der USA besteht eben darin, dass sie immer in dieser doppelten Position sind: einerseits der Mehrer ihres eigenen Nutzens, andererseits der Sicherer des gemeinen Nutzens. Das macht die Dinge schwierig.

Was können Sie uns zum Thema Propaganda sagen?

115 **Herfried Münkler:** Auch da würde ich zwei Hauptformen unterscheiden. Westliche Mächte müssen, wenn sie in Kriege der Peripherie der Wohlstandszone verwickelt werden, erstens ihrer Bevölkerung signalisieren: Alles nicht so schlimm, wir haben die Lage im Griff.

Zweitens müssen sie ihrer Bevölkerung sagen, wir gehen mit den Verlusten auf der Gegen-
120 seite sorgsam um. Wir sehen zu, dass wir Menschenverluste vermeiden, vor allem solche an Zivilisten. General Schwarzkopf hat diese Kontrolle der Nachrichtenlage und Bildersituation mit den berühmten Videos am Ende des Golfkrieges von 1991 relativ gut im Griff gehabt. Aber dann hat die Gegenseite nachgerüstet mit al-Dschasira, und wenn man die Bilder von Angriffen im Sinne minimalinvasiver chirurgischer Operationen, so punktgenau, wie das
125 die amerikanischen Videos gezeigt haben, dahingehend konterkariert, dass man vor allen Dingen Bilder von Opfern, zerstörte, verbrannte Körper zeigt, was dann wiederum al-Dschasira gemacht hat, dann muss man umstellen. Und die amerikanische Reaktion darauf war die Erfindung der Embedded Correspondence. Also sozusagen die Authentizität, die durch die Nähe zum Kampfgeschehen mit eingebracht werden musste, um den klinisch
130 sauberen Aspekt der Raketenvideos zu vermeiden, von denen man dann irgendwann das Gefühl hatte, das stimmt alles überhaupt gar nicht. Das ist nicht der Krieg, das sind kindische Bilder. Das ist die eine Seite.

Die andere Seite ist, dass gerade schwache Akteure, also terroristische Akteure, Bilder brauchen, um den von ihnen angegriffenen Gesellschaften über den unmittelbaren Angriff

135 hinaus für längere Zeit Angst und Schrecken zu bereiten. Wenn also das Flugzeug am 11. September mit einer entsprechenden Zeitverzögerung in die Twin Towers rast, dann konnten die Planer dieses Anschlages davon ausgehen, dass nicht nur wie beim Anschlag auf den ersten Turm ein zufälliges Kamerateam da ist, das eigentlich Feuerwehrleute bei ihrer Arbeit gefilmt hat, sondern dass dann – zumal in New York – die Kameras der Weltpresse
140 bereits darauf gerichtet sind. Das sind die Bilder, die gewissermaßen strategische Qualität haben. Hier werden also die Medien benutzt als ein Verstärker der Detonationswirkung des Angriffs. Sie erst greifen tief in unseren Psychohaushalt ein und versetzen uns in Angst und Schrecken.

Gibt es so etwas wie einen „gerechten" Krieg?

145 **Herfried Münkler:** Ja, wahrscheinlich muss man das schon sagen. Die Kriegführung der Westalliierten gegen das nationalsozialistische Deutschland war, wenn es überhaupt gerechte Gründe gibt, ein gerechter Krieg. Möglicherweise von ihnen gar nicht einmal so beabsichtigt, aber von den Ergebnissen her.

Aber die Theorie des gerechten Krieges entsteht ja aus anderen Bedingungen. Sie ist gewis-
150 sermaßen die Ergänzung dessen, was man asymmetrische Kriegsstrukturen nennen kann – auf der normativen Ebene. Nämlich eine Seite hat alles Recht auf ihrer Seite und die andere alles Unrecht, sodass also dieser Krieg nicht mehr das Kräftemessen zwischen Gleichen ist, sondern eigentlich die Durchsetzung des Rechts gegen Rechtsbrecher. So ist der gerechte Krieg definiert, und dann muss man im Einzelfall überprüfen, ob diese Konstruk-
155 tion plausibel ist oder aber ob sie bloß propagandistisch dahergezogen ist.

Was machen also Jugendliche, um sich zu orientieren? Was kann man ihnen an die Hand geben, denn irgendwelchen Medienpublikationen zu glauben wäre ja auch naiv.

Herfried Münkler: Man kann ihnen gewiss nicht vorschlagen, ins Kriegsgebiet zu fahren
160 und sich vor Ort selber ein Bild von der Sache zu machen, denn erstens ist es sehr schwer, sich in einem Gewaltgeschehen ein Bild zu machen, zweitens kommt man dabei relativ schnell vom Leben zum Tode, und drittens ist Kriegstourismus etwas, was ausgesprochen disfunktional ist und hätte möglicherweise das Ergebnis, dass es Leute gibt, die Kriege anfangen, damit sie auf diese Weise touristische Neugierwellen in Gang setzen. Also müssen
165 sie sich über Qualitätsjournale, das sind in der Regel diese Zeitungen, die wenig Bilder aber viele Buchstaben haben, informieren, vielleicht auch noch Wochenzeitungen, und sie müssen das kontinuierlich tun.

Diese kurzzeitige Aufgeregtheit, man hat was gehört, man ist empört, man ist angerührt, das sind pubertäre Befindlichkeiten, die kommen und die gehen und haben keine Bedeu-
170 tung. Wenn man auf dieser Ebene ein Urteil der Verantwortlichkeit entwickeln will, dann muss man sich über längere Zeit über eine Region informieren, man muss Kenntnisse darüber haben, wie der Konflikt entstanden ist, wie er verläuft, wie er sich verändert, wie er möglicherweise auch unsichtbar wird, um nach einigen Jahren plötzlich wieder aufzuflackern. Das ist eine sehr anstrengende Geschichte, die sehr viel Mühe, Hartnäckigkeit und
175 Klugheit verlangt. Und weil das so ist, gibt es auch so viel dummes Gerede über Kriege. Kriege zu analysieren ist, wie Max Weber sagt, das Bohren dicker Bretter. Und das Bohren dicker Bretter ist anstrengend, und die meisten drücken sich davor.

In einer so medialisierten Welt kann man sich doch eigentlich nie sicher sein, dass man nicht Opfer einer bestimmten Propagandastrategie ist. Es gibt eigentlich nie
180 die moralische Sicherheit, richtig zu urteilen, wenn man sagt, ich unterstütze diese kriegerische Handlung, weil es dem europäischen Gesamtkonzept oder der Weltarchitektur dient ...

Herfried Münkler: Ja, so ist das. Wir können uns nicht sicher sein. Wir werden uns zu keinem Zeitpunkt sicher sein können, sondern vielleicht, wenn wir uns nur zu 51 Prozent
185 sicher sind, und der Rest ist zweifelhaft, dann sollten wir die Finger davon lassen. Es wird vielleicht einen Punkt geben, an dem man auch unter den Bedingungen von Ungewissheit nicht nur handeln kann, sondern moralisch verpflichtet ist zu handeln. Es kann ja nicht sein, dass wir warten und warten, weil wir noch nicht ganz sicher sind, und um diese Sicherheit zu gewinnen, so lange warten, bis der letzte Lebende in diesem Gebiet auch noch
190 abgeschlachtet ist. Das ist das Problem, in dem man sich befindet, und da bedarf es dann, wenn man kein hundertprozentig sicheres Wissen hat, also keine vollständigen Informationen, bzw. sich nicht sicher ist, ob das, was man für sich erhält, gewiss ist, ob das taugt und nicht irgendwie gefälscht ist – da bedarf es des Takts der Urteilskraft, also eines sicheren politischen Urteils. Und je mehr [Menschen] in einer Bevölkerung ein solches Urteil haben
195 oder sich zutrauen, desto besser bestellt ist es um den Staat.

Herfried Münkler: Was ist Krieg? Interview der Bundeszentrale für politische Bildung vom 1.10.2011. In: http://www.bpb.de/gesellschaft/medien/krieg-in-den-medien/130595/interview-mit-herfried-muenkler [11.9.2016]

Referat 1: Humanitäre Interventionen

Protokoll und Zusammenfassung der bisherigen Argumente

Szenario I: Der Bitte, einen (unschuldigen) Menschen zu töten, damit ein weiterer (unschuldiger) Mensch nicht getötet wird, zu entsprechen, ist stets und ausnahmslos unrecht.

Begründung (Bittner): Niemand darf um eines Vorteils willen getötet werden, der nicht der seine ist. (Auch nicht, wenn sein Tod 10, 100 oder 1000 anderen Menschen das Leben retten würde. Das Zahlenverhältnis ist moralisch unerheblich.)

Anmerkung: Das Verbot gilt ausnahmslos, d.h. kategorisch, ganz gleich, welche Folgen auch immer dies im Einzelfall hätte. (Hier stimmten *alle* Bittner zu!) Bittner sagt: Jemand wird *verheizt*, wenn er um eines Vorteils willen getötet wird, der nicht der seine ist. Bittner unterscheidet hiervon den Fall, dass man jemanden nicht retten kann, weil man zuvor andere retten muss, und anschließend die Zeit fehlt, auch ihn zu retten. Er stirbt, wird aber nicht zugunsten anderer Menschen *verheizt*.

Szenario II: Humanitäre Intervention: Einmalig werden unschuldige Opfer in Kauf genommen, damit das anderenfalls sicher weitergehende Morden ein Ende hat.

Begründung 1 (Bittner): Szenario II entspricht in moralischer Hinsicht Szenario I, beide müssen also gleich entschieden werden. Es ist unrecht, der Bitte in Szenario I nachzukommen, also ist es auch unrecht, die Bitte um humanitäre Intervention zu erfüllen, denn bei jeder Intervention werden Unschuldige verheizt.

Begründung 2 (Karen): Bittner irrt, die beiden Szenarien sind in moralischer Hinsicht nicht gleich. Der Unterschied ist folgender: In Szenario I ist ganz klar, wer für wen verheizt werden soll. Das ist und bleibt unrecht. In Szenario II dagegen müssen alle mit dem Risiko leben, entweder durch das Regime oder durch die Hilfe ums Leben zu kommen. Hier ist also eine Risikoabwägung erforderlich und erlaubt. Den Unterschied zwischen den beiden Szenarien verdeutlicht die Überlebenslotterie:

Szenario III (Karen): Wenn zwischen zwei Lotterien zu wählen wäre, in denen es Frei- und Todeslose gibt, würde man doch klarerweise die Lotterie mit weniger Todeslosen wählen, niemand opfert dabei sein Leben für das Leben eines anderen, wie in Szenario I. Diese Überlegung zeigt, dass die unterjochten Menschen das Risiko ihrer eigenen Tötung im Zuge einer Befreiungsaktion billigen müssten. Szenario II ist also Szenario III vergleichbar und nicht Szenario I.

Szenario IV (Katharina): Das Lotteriebild ist falsch. In einer Lotterie haben alle die gleiche Chance, das Todeslos zu ziehen. Bei humanitären Interventionen ist das nicht der Fall. Da sterben bei der Befreiungsaktion auch Menschen, die durch das Regime niemals gefährdet gewesen wären. Für sie gilt weiterhin: Sie werden zum Wohle anderer Menschen „verheizt", was – wie Szenario I gerade zeigt – stets unrecht ist.

Katharinas Vergleich mit Nazideutschland allerdings zeigt eher das Gegenteil, nämlich dass Menschen, die menschenverachtende Verbrechen an Mitbürgern dulden (z.B. deren Vergasung), sich mitschuldig machen, sodass ihr Tod bei einer Befreiungsaktion kein unrecht, also kein „verheizen" wäre.

Fazit der Gruppe: Es kann Situationen geben, in denen humanitäre Interventionen als letzte Mittel erlaubt sind – insofern irrt Bittner: Sie sind nicht immer unrecht. Aber diese Fälle sind sehr sorgfältig zu ermitteln. **Katharina**: Oft ist mit einem Missbrauch zu rechnen, wo im Namen der Humanität egoistische, wirtschaftliche oder politische Interessen verfolgt werden. Oder es werden tatsächlich gut gemeinte Eingriffe gestartet, die dann aber eskalieren und mehr Leid und Unrecht verursachen als eine sich lang hinziehende Ablösung des Regimes auf diplomatischem Wege.

Nun kann die abschließende Diskussion beginnen. Wer hat recht?
Die Meinungsbilder bisher:

Humanitäre Interventionen sind unter bestimmten Umständen richtig:

	Pro	Kontra	Enthaltung
nach Szenario I + II	5	17	1
Szenario III (nach der Einführung)	15	8	–
Szenario III (nach Erläuterung)	17	1	5
Katharinas Einwand			
Endstand			

Ergebnis der Einzelstunde am letzten Donnerstag (Restgruppe bei Test)

Wir versuchten, Bittners Prinzip zu präzisieren. Hier das vorläufige Resultat:

> Es ist immer unrecht, einen (unschuldigen) Menschen, der noch lange leben könnte und der keinen anderen durch sein Handeln direkt gefährdet, um eines Vorteils willen zu töten, der nicht der seine ist.

John Stuart Mill
Auszug aus „Über Freiheit" (1859)

Die Absicht dieses Essays ist es, ein sehr einfaches Prinzip geltend zu machen, nach dem das Maß von Zwang und Kontrolle im Verhältnis zwischen der Gesellschaft und dem Individuum bestimmt werden sollte, ob die angewandten Mittel physische Gewalt in der Form gesetzlicher Strafen oder der moralische Zwang der öffentlichen Meinung sind. Dieses
5 Prinzip lautet: Der einzige Zweck, der die Menschen, individuell oder kollektiv, berechtigt, in die Handlungsfreiheit eines der ihren einzugreifen, ist Selbstschutz. Die einzige Absicht, um deretwillen Macht rechtmäßig über irgendein Mitglied einer zivilisierten Gemeinschaft gegen seinen Willen ausgeübt werden kann, ist die, eine Schädigung anderer zu verhindern. Sein eigenes physisches oder moralisches Wohl ist kein ausreichender Grund. Er kann nicht
10 rechtmäßig gezwungen werden, etwas zu tun oder zu unterlassen, weil es für ihn besser wäre, so zu handeln, weil es ihn glücklicher machen würde, weil so zu handeln nach Meinung anderer klug oder sogar richtig wäre. Das sind gute Gründe, ihm Vorstellungen [hier wohl: Vorhaltungen] zu machen oder ihm vernünftig zuzureden oder ihn zu überreden oder ihn dringend zu bitten, nicht aber, ihn zu zwingen oder ihm Schaden zuzufügen, falls er sich
15 anders verhält. Um das zu rechtfertigen, muss angenommen werden, dass das Verhalten, von dem man ihn abschrecken möchte, einem anderen schaden würde. Der einzige Teil seines Verhaltens, für den ein Mensch der Gesellschaft verantwortlich ist, ist der, der andere berührt. In dem Teil, der nur ihn selbst berührt, ist seine Unabhängigkeit im rechtlichen Sinne absolut. Über sich selbst, über seinen eigenen Körper und Geist, ist das Individuum
20 souverän.

Es ist vielleicht kaum notwendig, zu sagen, dass diese Doktrin nur für menschliche Wesen in der Reife ihrer Fähigkeiten gilt. Wir sprechen nicht von Kindern oder von jungen Leuten unterhalb des Alters, das vom Gesetz als das der männlichen oder weiblichen Volljährigkeit festgesetzt wird. Diejenigen, die noch der Fürsorge anderer bedürfen, müssen vor ihren ei-
25 genen Handlungen ebenso wie vor Schaden von außen geschützt werden. Aus demselben Grunde können wir hier jene rückständigen gesellschaftlichen Zustände außer Betracht lassen, in denen die menschliche Gattung selbst als noch unmündig angesehen werden kann. Die anfänglichen Schwierigkeiten auf dem Wege selbstständigen Fortschritts sind so groß, dass es selten eine Wahl zwischen den Mitteln zu ihrer Überwindung gibt; und ein
30 vom Geiste der Vervollkommnung erfüllter Herrscher ist berechtigt, sich jedes Mittels zu bedienen, mit dessen Hilfe sich etwas erreichen lässt, was anderenfalls vielleicht unerreichbar wäre. Despotismus ist eine legitime Regierungsform im Umgang mit Barbaren, sofern er ihre Förderung im Sinn hat und die Mittel durch die tatsächliche Erreichung des Ziels gerechtfertigt werden.
35 Das Prinzip der Freiheit lässt sich nicht anwenden auf irgendeinen Zustand vor der Zeit, da die Menschheit der Vervollkommnung durch Diskussion in Freiheit und Gleichheit fähig geworden ist. Bis dahin gibt es für sie nur den unbedingten Gehorsam gegenüber einem Akbar[1] oder einem Karl dem Großen, wenn sie das Glück hat, einen solchen zu finden. Sobald aber die Menschheit die Fähigkeit erlangt hat, sich zu ihrer eigenen Vervollkommnung
40 von Überzeugung oder Überredung leiten zu lassen (eine Periode, die alle Nationen, mit denen wir uns hier beschäftigen müssen, seit Langem erreicht haben), ist Zwang, in direkter Form oder in der von Bußen und Strafen für ein Zuwiderhandeln, als Mittel zu ihrem eigenen Wohl nicht länger zulässig und gerechtfertigt nur zum Schutze anderer.

John Stuart Mill (1806 – 1873): Über Freiheit (1859). Übersetzt von Achim von Borries. In: Norbert Hoerster (Hg.): Klassische Texte der Staatsphilosophie, München: dtv, 9. Auflage 1997, S. 273 ff.

---

[1] **Jalaluddin Muhammad Akbar** (1542–1605), Großmogul von Indien 1556–1605, einer der bedeutendsten Herrscher in der Geschichte des Landes

1▶ Arbeiten Sie heraus, welches einfache Prinzip Mill vertritt, wozu es dient und wann es zum Einsatz kommen kann.

2▶ Setzen Sie Mills Position in Beziehung zu den Ihnen bekannten Vertragstheoretikern: Welche Beschränkungen sehen diese Denker für die Freiheit des einzelnen Bürgers im Staat? (Sie müssen nicht alle Denker berücksichtigen.)

3▶ In diesem Textauszug führt Mill sein Prinzip nur ein und erläutert es.

Falls Sie dem Prinzip insgesamt zustimmen:
Begründen Sie, warum das Prinzip richtig ist, und verteidigen Sie es ggf. gegen naheliegende Einwände.

Falls Sie das Prinzip ablehnen:
Begründen Sie, warum das Prinzip nicht allgemeine Geltung beanspruchen kann. Versuchen Sie, dabei naheliegende Einwände Mills zu berücksichtigen.

zu Aufgabe 1: Die zur Diskussion stehende Frage: Wie stark darf in die Souveränität eines Menschen eingegriffen werden? (Hier sind mehrere Präzisierungen möglich. Eine reicht.) In der Staatsphilosophie ist diese Frage von zentraler Bedeutung: Jeder Staat muss die Frage klären, ob und in welchem Maße die Freiheit der Bürger beschränkt werden darf oder muss. Mill gibt zwei Fälle an, in denen Menschen in das Freiheitsrecht anderer Menschen, die zur Freiheit fähig sind, eingreifen dürfen: i) zum „Selbstschutz" (vgl. Z. 5/6), also als eine Art Notwehr, und ii) um „eine Schädigung anderer zu verhindern", also als eine Art Nothilfe (Z. 8). Keinesfalls aber darf dies zum Wohl des Betroffenen selbst geschehen (vgl. Z. 18–20), denn Selbstschädigung, so Mill, wäre sein gutes Recht.

Ob und wann dieses Prinzip Anwendung finden kann, klärt Mill im Anschluss an seine Einleitung (vgl. Z. 35–40): Dies hängt davon ab, ob der Mensch oder das Volk zur Freiheit fähig ist. Lautet die Antwort auf diese Frage Nein, so gilt: Zwang ist erlaubt zum Wohle der Betroffenen. Das gilt für Kinder und Jugendliche wie für ganze Völker (vgl. Z. 21–31). Auch Zwangsherrschaft wäre in diesem Fall legitim. Lautet die Antwort dagegen Ja, so gilt: „Über sich selbst [...] ist das Individuum souverän" (Z. 19 f.).

Für eine gute bis sehr gute Leistung wäre zur erwarten, dass der/die Schüler/in über eine rein inhaltliche Wiedergabe hinaus erläuternde Beispiele anführt, weitere Erklärungen gibt oder die Erkenntnisse systematisiert (z. B. Einordnung in Epochen, Vergleich unmündiger Kinder mit unmündigen Völkern).

zu Aufgabe 2: Hier sollte die Schülerin oder der Schüler einen oder mehrere Vertragstheoretiker so weit darstellen, dass deren Einstellung zur Frage der notwendigen Beschränkung persönlicher Freiheit im Staat sichtbar wird; Gemeinsamkeiten und/oder Unterschiede sollten in diesem Vergleich deutlich werden, ebenso mögliche naheliegende Erwiderungen der Autoren. Hier sind viele Vergleichspunkte denkbar. Möglich wären etwa folgende Aspekte:

- **Hobbes** sieht es aufgrund der Konkurrenzsituation und niederen Natur des Menschen im Naturzustand als unumgänglich an, eine Zentralgewalt einzuführen, die zur Sicherung des Friedens auch massiv in die persönliche Freiheit eingreifen darf. Er könnte etwa bestreiten, dass Mills Ideal, Menschen seien zur Freiheit fähig, je eintreten wird. Er könnte auch heute noch (zu Recht?) vorbringen, dass es immer wieder eines „Akbars" bedürfe.
- **Locke** könnte zustimmen, dass die „Fesseln bürgerlicher Gesellschaft" (→ SB, S. 301, Z. 4) nur so stark sein dürfen, wie es für die Sicherheit und das Wohlergehen aller erforderlich ist. Auch er würde Zwangsmaßnahmen ablehnen und auf die Selbstverantwortung des Individuums setzen, das fleißig für das eigene Wohl zu arbeiten versteht. Wer es zu etwas bringt, ist fein raus. Wer nicht, muss selbst sehen, wo er bleibt.
- **Rawls** könnte Mill wohl dort zustimmen, wo die Freiheit des Individuums vorrangig garantiert werden soll. Nachteile zulasten Einzelner sind für Rawls nur zulässig, wenn grundsätzlich alle Teilnehmer am Entscheidungsprozess Zugang zu den entsprechenden Institutionen haben und wenn ggf. eingesetzte (Zwangs-)Maßnahmen insgesamt zu einer Verbesserung der Situation für alle (auch die durch die Maßnahmen selbst Benachteiligten) führen.

Die Güte der Bearbeitung dieser Aufgabe hängt davon ab, wie gezielt und zutreffend Hobbes, Locke oder Rawls dargestellt werden und wie konsequent Beziehungen begründet werden. Dazu könnten auch erhellende Beispiele herangezogen werden. Was z. B. würden Mill, Locke, Hobbes oder Rawls wohl antworten: Darf jemand enteignet werden, weil sein Land für eine wichtige Zubringerautobahn benötigt wird, er es aber nicht hergeben will?

zu Aufgabe 3: Hier kann kein konkretes Ergebnis genannt werden. Wichtig ist es, eine erste in sich stimmige eigene Position zu entfalten.

Gliederung und Kernaussagen

Eine zusätzliche Strukturierungshilfe zu Mills Text bietet die folgende Übersicht. Sie kann z. B. bei einer Klausurbesprechung den Schülern zur Verfügung gestellt werden.

Z. 1–4	*Einleitung: Was will ich (Mill)?*: Ein Prinzip einführen, nach dem entschieden werden kann, wie sehr die Gesellschaft ein Individuum in seiner Handlungsfreiheit einschränken darf.
Z. 4–20	*Das einfache Prinzip wird erklärt:* i) Selbstschutz und ii) Verhinderung einer Schädigung Dritter werden als einzige Schranken der Handlungsfreiheit eingeführt. Ansonsten gilt: „Über sich selbst, über seinen eigenen Körper und Geist, ist das Individuum souverän."
Z. 21–34	*Ausnahme (Abweichung vom Prinzip):* Fehlende Fähigkeit zur Freiheit (bei Kindern oder noch unzivilisierten Gesellschaften: fehlende Einsicht des Menschen) — *Kontrollfrage:* Sind ein Mensch oder eine Gesellschaft reif genug für das „Prinzip der Freiheit"? (abgeleitet aus Z. 32) ja: nein:
Z. 35–38	Wann ist Gewaltherrschaft legitim? Wenn z. B. ein Gewaltherrscher die Entwicklung erst in die richtige Richtung lenkt. — Gewaltherrschaft ist nötig und legitim!
Z. 38–43	Wann ist Gewaltherrschaft nicht legitim? *(Zusammenfassung)* Dann, wenn die Menschen fähig sind, sich durch „Überzeugung und Überredung leiten zu lassen". — Gewaltherrschaft ist unrecht.

7. Glück und Sinn

Inhalte – Methoden – Kompetenzen

Die Frage nach Glück und Sinn beschäftigt alle Menschen (wenn auch nicht immer und zu jeder Zeit, so doch aber sicher dann, wenn besondere Ereignisse zu einer Hinterfragung des bisher Gewohnten oder zu einer Neuorientierung im Leben zwingen). Die Frage nach dem Lebensglück wird im Kapitel in drei Hinsichten bedeutsam: 7.1) Was empfehlen antike Philosophen, wie das Leben am besten gelebt oder geführt werden sollte? Diese Positionen sind nicht primär vorschreibend, sondern sie unterbreiten Denkangebote und legen jeweils Vorstellungen darüber dar, wie und durch welches Handeln ein Leben sinnvoll und erfüllt sein kann. Solche Standpunkte kritisch zu erschließen und anschließend zu diskutieren ist das Ziel. Dabei kommt es eher darauf an, den je orientierenden Wert für das eigene Leben einzuschätzen, und weniger darauf, die Positionen gegeneinander auszuspielen oder eindeutige sachliche Entscheidungen anzustreben. 7.2) Glück, Sinn und Erfüllung werden in der „Glücksforschung" empirisch untersucht. Sind verlässliche empirische Aussagen darüber möglich, was glücklich macht und worin menschliches „Glück" letztlich besteht? An einigen Beispielen und Resultaten können erste Antworten betrachtet und kritisch eingeschätzt werden. 7.3) Zur Diskussion angeboten werden einige verschiedene Auffassungen rund um die Frage nach dem Sinn des Lebens. Das kritische Verstehen dieser Positionen sowie der Versuch einer eigenen Positionierung stehen im Mittelpunkt der Bemühungen. Hier ist der Einzelne in seinem Urteil gefordert, ob und inwieweit die vorgestellten Ideen dazu beitragen können, die persönliche Sinnsetzung ein Stück weit zu hinterfragen und zu durchdenken.

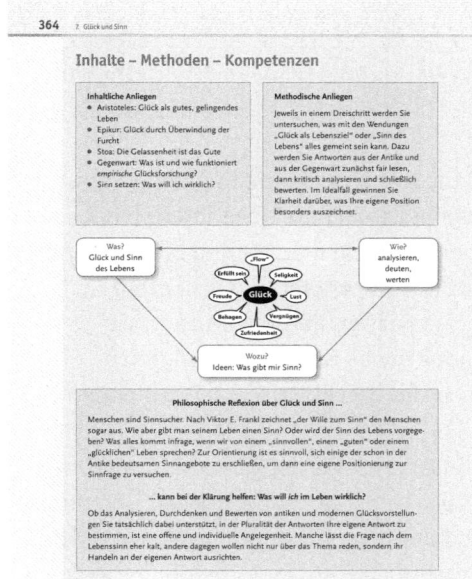

Sequenz ●●●	Die drei Unterkapitel können in wahlfreier Reihenfolge oder Auswahl bearbeitet werden.
Querverweise ◀▶	• **Philosophieren: Wie und wozu?, Säule 4: Faire Textinterpretation** (→ SB, S. 29 ff.) • **Philosophieren: Wie und wozu?, Säule 5: Konstruktive Dialoggemeinschaft** (→ SB, S. 35 ff.) • **3.1.2 Ethik: begriffliche Grundlagen** (→ SB, S. 124 ff.) • **8.1 Erscheinungsformen von Religion** (→ SB, S. 411 ff.) • **8.5 Religionen der Welt und ihre Werte** (→ SB, S. 449 ff.)

7.1 Antike Positionen zum Glück

Inhalte – Methoden – Kompetenzen

Besonders schön ist, dass die Denker, die im Unterkapitel zu Wort kommen, nicht als Moralisten auftreten, die mit erhobenem Zeigefinger ein bestimmtes Leben fordern oder vorschreiben wollen. Vielmehr appellieren sie lediglich an jeden Menschen, sein philosophisches Talent zu nutzen, um selbst zu erkennen, was im Leben ihm wirklich guttut und was nicht. Die Gedanken, Ideen und Einsichten dieser antiken Denker sollen den Lesern also Anregung sein, in der schweren Frage der Gestaltung des eigenen Lebens mehr Klarheit zu erlangen: Was zeichnet eigentlich ein gelingendes Leben aus? Welche Rolle spielen dabei Glück, Sinn und Tugend? Neben den inhaltlichen Anregungen ist es ein Hauptanliegen des Kapitels, die vorgestellten klassischen Texte genau zu lesen und möglichst stark zu machen, um ein eigenes Urteil vorzubereiten, inwiefern die vorgestellten Positionen für die eigene Lebensgestaltung hilfreich sein können.

Sequenz ●●●	Die drei Abschnitte können in wahlfreier Reihenfolge oder Auswahl (je nach Erfordernissen des Lehrplans) behandelt werden. Reizvoll ist auch die arbeitsteilige parallele Erschließung der Abschnitte als Projekt: Lassen Sie arbeitsteilig drei Gruppen (Aristoteles, Epikur, Stoa) mit den Texten der entsprechenden Abschnitte eine Konferenz vorbereiten, auf der a) Leben und Werk antiker Philosophen und b) deren Denken exemplarisch an Beispielen vorgestellt werden und die c) in einen Sinnbasar mündet, wo an Informationsständen Angebote unterbreitet und diskutiert werden, wie ein Mensch sein Leben führen kann, damit es gelingt. Führen Sie dann die Konferenz im Kurs durch. Natürlich kann das Projekt auch etwas weniger umfangreich durchgeführt werden: Auf die arbeitsteilige Erschließung der drei klassischen Positionen folgt deren Vorstellung und Diskussion im Plenum. Abweichend von der Systematik in anderen Kapiteln finden sich die zur Vertiefung von Unterkapitel **7.1** gedachten Texte *verteilt* am Ende von 7.1.1 bis 7.1.3. Sie können isoliert und unabhängig voneinander als Vertiefung zu nur jeweils einer der antiken Positionen gelesen werden oder eben auch im Zusammenhang und unter Bezugnahme auf sowohl Aristoteles als auch Epikur und die Stoa. Die vertiefenden Texte zu den drei Positionen finden sich im Schülerband unter den folgenden Überschriften: Zu Aristoteles auf → SB, S. 371: Ist das Glück wirklich das höchste Gut? Zu Epikur auf → SB, S. 379: Momente des Glücks durch Genügsamkeit? Zur Stoa auf → SB, S. 388: Alte Stoa in neuem Gewand Ergänzend kann auch → LB, **Z 7–4** hinzugenommen werden.
Querverweise ◆▶	● **Philosophieren: Wie und wozu?, Säule 4: Faire Textinterpretation** (→ SB, S. 29 ff.) ● **3.1.2 Ethik: begriffliche Grundlagen** (→ SB, S. 124 ff.)

Literatur und Links

● Hellmut Flashar: Aristoteles – Lehrer des Abendlandes. München: C. H. Beck, 2., durchgesehene Auflage 2013, insbesondere Kapitel 3: Ethik – Wege zum Glück

● Carl-Friedrich Geyer: Epikur zur Einführung. Hamburg: Junius Verlag, 2015

● Epikur: Philosophie der Freude. Übersetzt von Paul M. Laskowsky. Berlin: Insel Verlag, 1988

● Wolfgang Weinkauf (Hrsg.): Die Philosophie der Stoa. Übersetzt von Wolfgang Weinkauf. Stuttgart: Reclam, 2001

● Julian Baggini: Der Sinn des Lebens. Übersetzt von Sonja Hauser. München: Piper, 5. Aufl. 2010

● Ulrich Schnabel: Muße – Vom Glück des Nichtstuns. München: Karl Blessing Verlag, 2010

● Max Frisch: Fragebogen. Frankfurt a.M.: Suhrkamp Verlag, 1998 (erstmals 1988)

7.1.1 Glück als gutes, gelingendes Leben – Aristoteles

Inhalte – Methoden – Kompetenzen

Aristoteles vertritt in der Frage, was als glückliches Leben zu bezeichnen sein könnte, eine Position, die sich von dem, was Wilhelm Schmidt als (modernes) „Wohlfühlglück" bezeichnet, grundsätzlich unterscheidet – nicht das Einlösen von Wellness-Hoffnungen steht im Zentrum, sondern viel eher etwas, was man etwas flapsig als „rundlaufendes", etwas weniger flapsig als „gelingendes" Leben bezeichnen könnte. Nicht nach perfekten (episodischen) Momenten, sondern nach gelingenden längeren Perioden, ja eigentlich nach der Periode des Lebens als Ganzem wird also gefragt. (Vgl. auch Zusatzmaterial → LB, **Z 7–1**)

Sequenz ●●●	Um die Position zu verstehen, müssen einige von Aristoteles' Grundsatzüberlegungen, die im Unterkapitel **4.1** (Tugend: reine Übungssache? – Aristoteles, → SB, S. 159 ff.) reaktiviert oder, wenn sie nicht im Unterricht bearbeitet wurden, neu eingeführt werden. In den Hinweisen unten werden dazu Vorschläge angeboten, welche die angebotene arbeitsteilige parallele Erarbeitung auch ohne vorherige Behandlung von Unterkapitel 4.1 ermöglichen. Der Zusatztext zu Nozicks Gedankenexperiment einer Glücksmaschine (in der Variante von Baggini) kann sowohl als Vertiefung von Aristoteles, als auch als Vertiefung der antiken Glückspositionen überhaupt eingesetzt werden.
Querverweise ◄──►	• **Philosophieren: Wie und wozu?, Säule 3: Hypothetisches Denken** (→ SB, S. 25 ff.) • **4.1 Tugend: reine Übungssache?– Aristoteles** (→ SB, S. 159 ff.) • **7.3 Sinn setzen – Was will ich wirklich?** (→ SB, S. 399 ff.)

Literatur und Links

• Ursula Wolf: Aristoteles' „Nikomachische Ethik", Darmstadt: Wissenschaftliche Buchgesellschaft, 2. Auflage 2007

• Ursula Wolf: Die Philosophie und die Frage nach dem guten Leben. Reinbek bei Hamburg: Rowohlt, 1999. Darin Kapitel 2 (S. 47–66)

Zu den Materialien und Aufgaben

S. 365   **Ursula Wolf: Aristoteles: Leben und Werk**

▬1▶ Heidegger soll einmal eine Vorlesung mit den Worten eröffnet haben: „Aristoteles wurde geboren, arbeitete und starb. Wenden wir uns also seinem Denken zu." Offensichtlich hielt er die Bedeutung der Biografie für das Verständnis eines Denkers für wenig relevant. Natürlich sind auch viele andere Antworten möglich: Von Einstimmung und Einordnung über einen ersten Zugriff bis hin zu Ablehnung: Einordnende Texte lese ich erst nach der Erstlektüre, damit mein Ersteindruck nicht verfälscht wird – danach versteht man auch die Einordnungen besser und kann das eigene Bild ggf. revidieren oder erweitern. *DenkArt* stellt meist die (ideen- und sonstige geschichtliche) Einordnung der behandelten Philosophen und ihrer Ideen zurück zugunsten einer sofortigen, spontanen Aktualisierung dessen, worum es eigentlich geht – zurecht? Lassen Sie sich von den Antworten Ihrer Schülerinnen und Schüler überraschen.

2▶ Eine mögliche Lösung könnte so aussehen: Aristoteles, geboren 384 v. Chr. und gestorben 323 v. Chr., entwickelte als Schüler Platons dessen Ideen kritisch weiter, arbeitete zwischenzeitlich als Erzieher Alexanders des Großen und gründete schließlich in Athen eine eigene Schule. Aristoteles unterscheidet den Menschen als Menschen vom Menschen als Bürger. Als erster Philosoph der Antike verfasste er mit der „Nikomachischen Ethik" eine Ethikabhandlung, die auf das Leben des Einzelnen bezogen war und die Realisierung eines glücklichen Lebens auch abseits des politischen Betriebs für möglich hält. Im Zentrum seiner Überlegungen zur Moralphilosophie steht die Frage nach dem, was der Mensch „wirklich" ist. Während die Einzelwissenschaften (wie etwa die Medizin) einzelne Eigenschaften des Menschen verbessern wollen, konzentriert sich die Ethik auf die Frage, was für den Menschen als Menschen gut ist und wie es im praktischen Leben zu verwirklichen sein könnte.

3▶ Wenn Aristoteles bereits im Unterricht behandelt wurde, sind entscheidende Begriffe: das Glück als Selbstzweck, die Tugend als goldene Mitte und Garant für die individuelle Glückseligkeit und (vielleicht, wenn das behandelt wurde) die Vernunft als Richtschnur des menschlichen Lebens.

Wenn Aristoteles nicht im Unterricht behandelt wurde, können die Schülerinnen und Schüler aus dem Text z. B. folgende Vorannahmen folgern: Aristoteles untersucht den Menschen einerseits als politisches Wesen, andererseits als Individuum abseits der Politik. Das menschliche Gut unterscheidet sich von menschlichen Einzelgütern wie etwa Gesundheit dadurch, dass es das höchste Gut ist, auf das alle anderen Güter bezogen sind.

Aristoteles: Glück und Lebensformen

Die Fassung des Unterkapitels zu Aristoteles' Glücksphilosophie im SB ist für Lerngruppen konzipiert, die (bspw. anhand von Unterkapitel 4.1 → SB, S. 159 ff.) bereits einige Grundkenntnisse zu Aristoteles' Ethik gesammelt haben. Sollte Aristoteles nicht behandelt worden sein, ist zumindest eine Behandlung des Textauszuges „Das höchste Gute" (→ SB, S. 159 f.) unabdingbar (Lösungshinweise → LB, S. 177).

4▶ Die Frage führt ins Zentrum von Aristoteles' Glücksphilosophie: Die Kriterien für Glück als gelingendes Leben sind in diesem Ansatz objektiv vorgegeben. Wenn Sie die Schüler und Schülerinnen fragen, ob sie Fälle kennen, in denen es Meinungsverschiedenheiten in Bezug auf die Zeit nach dem Abitur zwischen ihnen oder Freunden und Freundinnen und Eltern gibt, kommen erfahrungsgemäß schnell Beispiele aus dem Feld „irgendwas mit Kunst, Musik usw." oder „irgendwas mit Medien" machen. Gestritten wird in der Regel über Fragen wie Sicherheit, Materielles usw. Die Phase kann kurz gehalten werden.

5▶ Aristoteles führt drei Lebensformen an: eine den materiellen Genüssen gewidmete, eine der „Ehre", gewidmete und die „betrachtende" Lebensform. Außerdem fragt er, inwiefern ein dem Gelderwerb gewidmetes Leben anstrebenswert sein könnte. Aristoteles grenzt diese Formen v. a. durch zwei Frage gegeneinander ab: Inwiefern realisiert sich der Mensch ganz darin? (Vgl. implizit Z. 4 f.) Und inwiefern handelt es sich bei den angestrebten Zielen um einen Selbstzweck? (Vgl. Z. 7–13 und Z. 14–18.)

6▶ Hedonistische Lebensformen sind etwa das Leben mancher Reicher oder (vielleicht) auch das Leben nach Susan Wolfs Modell „Blubb" (→ SB, S. 401, Z. 30 ff.). Eine der Ehre gewidmete „politische" Lebensform führen etwa Politiker, vielleicht auch Schuldirektoren oder Künstler, wenn das Streben nach öffentlicher Anerkennung die Hauptantriebskraft ihres Tuns ist. Die betrachtende Lebensform wird erst an späterer Stelle im Lehrbuch ausgeführt (→ SB, S. 370), erste Spekulationen können beispielsweise Wissenschaftler oder Mönche anführen. Eine dem Gelderwerb gewidmete Lebensform strebt vermutlich nach möglichst hohen Boni, vielleicht lässt sich allerdings auch ein arbeitsames Leben, bei dem der Gelderwerb (ohne Ansehen des Inhalts der Arbeit) die zentrale Motivation der Arbeit ist, darunter fassen.

7▶ Man möchte von anderen geehrt werden, die etwas von dem, wofür man geehrt wird, verstehen, also die Qualität, das Gute (die „areté", die eigene Tugend/Kompetenz) der Tätigkeit einschätzen können. Deshalb ist nicht die bloße Tatsache des Geehrtwerdens die entscheidende Grundlage dieser Lebensform, sondern die wohlverstandene Ehre meint ein Geehrtwerden, *weil* man über diese Qualitäten verfügt. Also sind diese Qualitäten (in Aristoteles' Denken: die „areté" das eigentliche Ziel der der Ehre gewidmeten Lebensform.

8▶ Aristoteles relativiert seine brüske Ablehnung der Lust als eigentliches Lebensziel, wenn er schreibt, dass die Menge die Lust „nicht ganz grundlos" (Z. 2) vorziehe. Verdeutlichen lässt sich diese Relativierung in der späteren Behandlung von Epikur (vgl. etwa → SB, S. 375, Z. 14 ff.). Dass Aristoteles die Lust als eigentliches Lebensziel als „sklavisch" ablehnt, erklärt sich wohl daraus, dass hier „primitive" Lüste als Lebensziel angenommen werden – das widerspricht seiner Vorstellung von dem, was den Menschen eigentlich ausmacht (vgl. → SB, S. 160 f., v.a. auch Z. 10 ff.), insofern kommt solche Lust als wahres Glück und höchstes Gut des menschlichen Lebens nicht infrage. Dieses, so lässt sich folgern, liegt in etwas, in dem sich der Mensch als Mensch realisiert.

Vielleicht lässt sich der Begriff der „Ehre" in Aristoteles' Verständnis am ehesten als „Anerkennung" fassen. Aristoteles kritisiert neben dem in den Hinweisen zu **5▶** bereits Dargestellten, dass sich der Geehrte von den Ehrenden abhängig mache (vgl. Z. 8). Aus seiner Kritik (vgl. Z. 8 ff.) folgt, dass das wahre Glück etwas der Person Eigenes und Unverlierbares sein soll – es darf nicht vom Tun anderer Menschen abhängen, muss sich selbst genug sein. Insofern kann ein der Ehre gewidmetes Leben nicht ein dem höchsten Guten, dem Glück gewidmetes Leben sein.

Das dem Gewinnstreben gewidmete Leben ist keine eigene Lebensform, Aristoteles' Überlegung greift seine erste Definition des Glücks als Selbstzweck (→ SB, S. 159 f.) wieder auf – Geld als Mittel ist sicherlich kein Selbstzweck, ein dem Gelderwerb gewidmetes Leben kann also nicht ein dem Glück gewidmetes Leben sein. Aus der Vertauschung von Mittel (Geld) und Zweck (Glück) bezieht der von Spaemann angeführte Witz seinen Witz.

All diese Ansätze werden bei der Behandlung von Aristoteles' weiteren Überlegungen zum Glück, v.a. aber seiner Idee einer „betrachtenden Lebensweise", aufgegriffen (vgl. → SB, S. 370).

9▶ Die Aufgabe ist ergebnisoffen.

S. 368   ## Aristoteles: Glück als gute Tätigkeit

Wie oben angemerkt, ist die Fassung des Unterkapitels zu Aristoteles' Glücksphilosophie im SB für Lerngruppen konzipiert, die bereits einige Grundkenntnisse zu Aristoteles' Ethik gesammelt haben. Der anmoderierende Text auf S. 368 kann, wenn Aristoteles nicht behandelt worden ist, flankiert werden durch den Hinweis auf die „Was-bleibt"-Seite → SB, S. 212, auf der Aristoteles' Mesotes-Lehre knapp zusammengefasst dargestellt ist: Ein im aristotelischen Sinne glückliches Leben ermöglicht die vernunftgesteuerte Einübung von Tugenden, die durch einen goldenen Mittelweg zwischen einem Zuwenig und einem Zuviel von Charaktereigenschaften charakterisiert sind.

S. 370   **1▶** Die folgenden Lösungen stellen nur mögliche Lösungen dar. Andere Interpretationen sind natürlich denkbar. Solche Unterschiede ans Licht zu bringen und dann gemeinsam am Text selbst zu erklären ist eines der zentralen Ziele der Aufgaben 1–3.

i) *Die gängigen Meinungen. Glück als Tätigkeit:* Tugenden werden erst dadurch zu Tugenden, dass sie auch im wirklichen Leben realisiert werden, das Glück liegt also in der tugendhaften Tätigkeit, nicht in der bloßen Absicht oder Bereitschaft. Erst wenn wir entsprechend handeln, wird das Glück zu einem Glück, so darf man folgern, das v.a. *von uns* abhängt. Insofern hebt Aristoteles in diesem Textabschnitt die gängige Meinung, das Glück liege in der Tugend (vgl. Z. 1), besonders hervor. Aber auch andere gängige Ansichten über das Glück werden, wie die folgenden Textauszüge zeigen, nicht verworfen: Dass das Glück auch mit Lust verbunden ist, thematisiert Abschnitt ii, die Rolle des äußeren Gedeihens Abschnitt iii, den Zusammenhang zwischen Glück und Weisheit Abschnitt v.

ii) *Das tugendhafte Leben ist angenehm:* Wenn das Glück ein seelischer Zustand ist und in einem Sich-Erfreuen-An besteht, so erfreut sich der Liebhaber der Tugend an Handlungen der Tugend, insofern ist das tugendhafte Leben für den Tugendhaften per se angenehm. Im Umkehrschluss gilt, dass jemand, der sich an guten, tugendhaften Handlungen nicht erfreuen kann (man mag hier an sauertöpfische Moralapostel denken), kein guter, tugendhafter Mensch genannt werden kann. So kommen im Glück das Gute und das Angenehme zusammen.

iii) *Die Rolle des Zufalls und der äußeren Güter für das Glück:* Auch wenn für Aristoteles das Glück im Gutsein liegt, leugnet er doch nicht die Rolle der äußeren Umstände, die (zumindest zum Teil) nicht von uns abhängen, wie beispielsweise Freunde, Reichtum, Macht und (wohlgeratene) Kinder (man könnte auch an weitere Dinge wie Gesundheit, (akustische) Ruhe usw. denken): Das Glück benötigt zusätzliche günstige Umstände, diese werden allerdings als „Hilfsmittel" charakterisiert (Z. 34), nicht als das Glück selbst.

iv) *Noch einmal zu den Vergnügungen:* Wenn das Glück im Handeln liegt, muss es in einem Handeln liegen, das man um seiner selbst willen (und nicht als Mittel zu anderen Zwecken) wählt. Diese Begründung kennen wir schon als Selbstzweckhaftigkeit des Glücks. Dieser Überlegung gibt Aristoteles hier einen zusätzlichen Dreh: Das Glück ist zudem *autark*, d.h. in einem Zustand, in dem nichts fehlt, es ist, wie die Übersetzung des griechischen Begriffs heißt, „selbstgenügsam", es macht *für sich allein* das Leben lebenswert und man wird nichts darüber hinaus suchen müssen. Auch wenn manche lustvolle („primitive", → LB, S. 381) Vergnügungen um ihrer selbst willen gewählt werden, ist doch die „reine[...] und freie [...] Lust" (Z. 53) vorzuziehen, da sie zum einen nicht auf Kosten der Gesundheit und des Besitzes (vgl. Z. 52) geht, zum anderen von den Guten gewählt wird: Diese Überlegung wird veranschaulicht durch einen Vergleich der Guten mit den Erwachsenen und der (noch) nicht Guten mit den Kindern: Was Letztere wählen, ist häufig unklug.

v) *Das Glück liegt in der betrachtenden Lebensform*: In diesem Abschnitt bindet Aristoteles seine Überlegungen zum Glück in geraffter Form zusammen und liefert zudem eine knappe Bestimmung der in seinen Überlegungen zu den Lebensformen (vgl → SB, S. 367, Z.14) ausgesparten „betrachtenden Lebensform". Wie diese konkret aussieht, wird nicht genauer bestimmt, deutlich aber wird, dass sich diese Lebensform darum bemüht, „das Schöne und Göttliche" (Z. 63 f.) zu erkennen. Ein diesem Ziel gewidmetes Leben realisiert das Beste (die beste Tätigkeit) im Menschen, den Geist (die geistige Tätigkeit) (und ist insofern das beste denkbare Leben), es erschöpft sich nicht, denn wir können länger Lust im Denken empfinden als in anderen Genüssen, zumal es sich um besonders reine Genüsse handelt (vielleicht ist bspw. gemeint: um Genüsse, die der körperlichen Dialektik von Hunger und Sättigung, vom Reiz des Neuen und Überdruss enthoben sind: Wir können uns über einen viel längeren Zeitraum interessiert einem geistigen Problem widmen als einem körperlichen Genuss, der sich recht bald erschöpft). Das betrachtende Leben ist zudem der Abhängigkeit von anderen enthoben und so wahrhaft autark. Das Geistige ist so zusammenfassend das wahre Ziel, das um seiner selbst willen geliebt wird, und ein der geistigen Betrachtung gewidmetes Leben ist das glücklichste denkbare Leben.

S. 371

Z 7-1

2▸ Zusammengefasst vertritt Aristoteles eine Position, die weniger auf das Erleben glückhafter Momente hin ausgerichtet ist, sondern vielmehr im Gelingen des Lebens ein dauerhaftes Glück anstrebt (vgl. auch → LB, **Z 7-1**). Glücklich ist ein Leben in Tätigkeiten, die um ihrer selbst willen angestrebt werden und in sich selbst vollkommen befriedigend sind. Am ehesten gelingt ein menschliches Leben, das sich auf geistige Tätigkeiten konzentriert und dabei die besten Anlagen des Menschen verwirklicht.

3▸ Auch für ein dem Geistigen gewidmetes Leben müssen gewisse Grundbedürfnisse befriedigt sein. Sind diese allerdings befriedigt, benötigt die betrachtende Lebensform nichts weiter und ist insofern eher autark als beispielsweise die auf Anerkennung ausgerichtete soziale Lebensform, die immer auch anderer Menschen bedarf.

Diese Überlegung enthält eine gewisse innere Spannung, was beispielsweise daran deutlich wird, dass es sich bei den für ein gutes, glückliches Leben notwendigen Tugenden in aller Regel um soziale Tugenden handelt (vgl. auch → SB, S. 165, Aufgabe 7). Auch für Menschen, die sich nicht der (letztlich realistisch gesehen wohl doch nur für wenige erreichbaren und anstrebenswerten) betrachtenden Lebensform widmen, sollte ein (zumindest möglichst) glückliches Leben denkbar sein. Und auch der Weise kann, wie Aristoteles einräumt, seiner geistigen Lebensform „[v]ielleicht [...] besser" (Z. 82) nachgehen, wenn er Mitarbeiter hat. Insofern scheint aus Aristoteles' Überlegungen hervorzugehen, dass für viele eine aus Praxis und Theorie, aus sozialer und geistiger Betätigung gemischte Lebensform das Optimum an Gelingen ermöglichen könnte? Oder ist auch ein der reinen Kontemplation gewidmetes Leben denkbar und vielleicht sogar anstrebenswert? Hier gibt es in den Kursen üblicherweise ganz unterschiedliche Positionen.

Aufgabe 3 kann auch arbeitsteilig in Gruppen dem Vorschlag (→ SB, S. 371) folgend bearbeitet werden.

S. 371 [3] Julian Baggini: Die Glücksmaschine

Baggini stellt seine Lesart eines Gedankenexperiments von Robert Nozick vor, mit dem dieser beweisen möchte, dass Glückserlebnisse nicht das höchste Gut im Leben sein können. Bevor das Gedankenexperiment analysiert und diskutiert wird, sollten eventuelle Unklarheiten einvernehmlich geklärt sein: So ist wichtig, dass der Mensch in der Erlebnismaschine nicht weiß, dass er sich in einer Erlebnismaschine befindet (vgl. Z. 21 ff.). Eine gewisse gedankliche Schwierigkeit besteht darin, sich im Vornhinein (vgl. Z. 16 f.) für die Art der Erlebnisse, die man haben wird, zu *entscheiden*. Baggini ist hier im Vergleich zu Nozicks Original etwas unscharf.

Deutlich sein sollte zudem, dass Nozick vorschreibt, dass man sich *lebenslang* in diese Maschine zu begeben hat.

Die zentrale Frage formuliert Nozick im Übrigen so: „Was könnte denn für uns von Bedeutung sein außer dem, wie unser Leben von innen erlebt wird?" (ebda.) Üblicherweise wird das Gedankenexperiment als Argument gegen den Hedonismus interpretiert, es lässt sich aber auch für die Diskussion von Aristoteles' Glücksvorstellungen einsetzen.

S. 372 ▰1▸ a) Baggini gibt zwei Hinweise: Z. 3–6 variiert Peter Singers Zierteichbeispiel (→ SB, S. 254 f.) und zeigt den intuitiv einleuchtenden Vorrang negativer Pflichten: Es sei unter Umständen „wichtiger" (Z. 2), per se schlechte Dinge auszumerzen, als nach per se guten zu streben.

Aber selbst, wenn das Wohl anderer zugunsten der egoistischen Konzentration auf das eigene Wohl ausgeblendet wird, gebe es manches, das wichtiger sei als das Glück. Als Argument referiert Baggini Nozicks Gedankenexperiment einer Erlebnismaschine, für die sich seiner Ansicht nach nur eine Minderheit entscheiden würde (vgl. Z. 30). Wenn die meisten das wirkliche Leben mit seinen ungewissen Glücksperspektiven dem mit Gewissheit glücklichen Leben in der Maschine vorziehen, ist das, was hier den Ausschlag gibt, wichtiger als die mit Gewissheit glücklichen Erlebnisse.

b) Formalisiert könnte man das Argument beispielsweise so fassen:

> *Prämisse 1:* Im Gegensatz zum Leben in der Wirklichkeit kann das Leben in der Glücksmaschine glückliche innere Erlebnisse, die den eigenen Wünschen entsprechen, *garantieren*.
>
> *P2:* Wenn Menschen vor die Wahl gestellt würden, den Rest ihres Lebens in dieser Maschine zu verbringen, würden die meisten Menschen das Leben in der Glücksmaschine ablehnen.
>
> *P3:* Wenn die meisten Menschen die garantiert glücklichen inneren Erlebnisse in der Glücksmaschine ablehnen, obwohl ihnen in der Wirklichkeit genauso glückliche innere Erlebnisse nicht garantiert sind, muss es für sie etwas Wichtigeres im Leben geben als glückliche innere Erlebnisse.
>
> *Konklusion 1 (*aus *P2* und *P3):* Da die meisten Menschen das Leben in der Glücksmaschine ablehnen, muss es für sie Wichtigeres im Leben geben als glückliche innere Erlebnisse.
>
> *P4:* Wenn Glück das höchste Gut wäre und Glück aus glücklichen inneren Erlebnissen bestehen würde, gäbe es für die meisten Menschen nichts Wichtigeres im Leben als glückliche innere Erlebnisse.
>
> *K2* (aus *K1* und *P4*): Glück, verstanden als identisch mit glücklichen inneren Erlebnissen, kann für die meisten Menschen nicht das höchste Gut sein.

c) Hinweise gibt Z. 43–47: „Authenzität" meint in diesem Zusammenhang, kein Trugleben zu führen, sondern ein wirkliches, eben „authentisches" Leben. Wichtiger, als glückliche innere Erlebnisse zu haben, ist dann also, ein „richtiges" (wirkliches) Leben zu leben. Wir wollen *tatsächlich* etwas tun und nicht nur das Gefühl haben, etwas zu tun. Wir wollen mit *wirklichen* Menschen umgehen und nicht nur mit unseren Erlebnissen von wirklichen Menschen.

2 ▸ Mit Aristoteles müsste sicher *P4* infrage gestellt werden: Seine „eudaimonia"-Konzeption geht über glückliche innere Erlebnisse hinaus. Dies wurde in der Arbeit an diesem Abschnitt u.a. an zwei Stellen deutlich: Bei der Behandlung der Lebensformen wird die der Lust gewidmete als „sklavenhafte" abgelehnt (→ LB, S. 381) und an anderer Stelle die „reine" und „freie" Lust, die etwa das Nachdenken bieten kann, anderen Genüssen vorgezogen. Rückzufragen wäre allerdings beispielsweise, ob mit Aristoteles auch die Erfüllung ausgesprochen verfeinerter Wünsche (etwa dem Wunsch, die Erlebnisse in der Folge eines tugendhaften Lebens erleben zu dürfen) als „sklavenhaft" abgelehnt werden müsste. Inwiefern die betrachtende Lebensweise in der vorprogrammierten Welt der Erlebnismaschine realisiert werden könnte, ist vielleicht fraglich, wenn beispielsweise angenommen wird, dass es gerade die Erkenntnis *neuer* Zusammenhänge ist, welche das meiste Vergnügen bereitet. (Überhaupt lässt sich fragen, ob die Erlebnismaschine (wie das Leben) neue, unerwartete Erlebnisse ermöglichen kann.)

In der hier (→ LB, S. 383) vorgeschlagenen Lesart der aristotelischen Glücksphilosophie kann vielleicht gerade die Mischung aus (sozialer) Praxis und Betrachtung ein gutes Leben ermöglichen. Wie soll damit der Ausstieg aus den realen sozialen Kontexten (und u.a. auch der Schmerz der uns nahen Menschen, die uns in ein Glückskoma abgeben mussten) sowie auch die Unmöglichkeit, in realen sozialen Kontexten reale Veränderungen bewirken zu können, in Einklang gebracht werden? Und auch die Bestimmung des Menschen, wie sie im „ergon"-Argument entfaltet wird (→ SB, S. 160 f.), realisiert sich wohl nicht nur im inneren Erleben? Und dass der tugendhafte Mensch bei Aristoteles vorbildhaft ist in seiner Tugendhaftigkeit (die ja zum guten Leben führt), lässt sich mit einem Leben in der Erlebnismaschine auch nur schwer vereinbaren?

Übrigens wird die Glücksmaschine im Unterricht nach meiner Erfahrung durchaus unterschiedlich und nie ohne Kontroversen diskutiert (so habe ich auch schon Kurse erlebt, die sich mehrheitlich (angeblich zumindest) für ein Leben in der Erlebnismaschine entschieden hätten (und damit *P2* bezweifeln) und ausgesprochen kreative Ideen von Erlebnisprogrammierungen im Sinne von Aristoteles' Glücksphilosophie (langsamer Anstieg des Glücksempfindens durch zunehmend tugendhafte Lebensführung mit luststeigernden Rückfällen usw.) entwickelt haben. Das zu- (und ggf. auch unkommentiert stehen-)zulassen, macht – viel Vergnügen. (Sinnvoll ist vielleicht ein kurzer Hinweis darauf, dass sich populäre moderne Glücksvorstellungen (Glück als eine Art „Wohlfühlglück") von Aristoteles' Idee des Glücks als „gelingendem Leben" unterscheiden: Für die Alten war Gelingen wohl doch mehr als nur ein „gutes Gefühl", nämlich eine Antwort auf die Frage, was mache ich aus meiner Zeit hier.)

7.1.2 Die Lust ist das Gute – Epikur

Inhalte – Methoden – Kompetenzen

Manche mag es enttäuschen, dass sich hinter dem Label „Die Lust ist das Gute" ausgerechnet eine asketische Position verbirgt, in deren Mittelpunkt die Überwindung der Furcht steht. Epikurs Ideen haben zu vielfältigen Missdeutungen Anlass gegeben. Im Mittelpunkt des Interpretationsanliegens steht daher die faire Rekonstruktion von Epikurs Position, soweit sie in den Auszügen aus dem Brief an Menoikeus sichtbar wird. So kann der hedonistische Lustkalkül neu gedeutet und bewertet werden. Sollten Bentham und Mill vor Epikur behandelt worden sein, kann zusätzlich Epikur als Vorläufer der beiden betrachtet werden. Umgekehrt kann bei der Einführung des Utilitarismus Epikurs Grundanliegen wiederholt werden als Vorläufer einer am Lustprinzip orientierten Folgenabwägung.

Sequenz ●●●	Der Abschnitt zu Epikur kann insgesamt linear behandelt werden. Die Aktualisierungen (→ SB, S.379: Momente des Glücks durch Genügsamkeit?) stellen eine Option zur Vertiefung dar. Wenn sie behandelt werden, bietet es sich an, die beiden Aktualisierungen arbeitsteilig zu erarbeiten und dann im Plenum vorzustellen und zu diskutieren. Den inhaltlichen wie methodischen Kern bildet die Untersuchung von Auszügen aus Epikurs Brief an Menoikeus. Diese können gemeinsam gelesen oder arbeitsteilig als Gruppenpuzzle bearbeitet werden.
Querverweise ◄──►	• **4.3.2 Klassiker des Utilitarismus: Bentham und Mill** (→ SB, S.185 ff.) • **4.5 Warum überhaupt moralisch sein?–Aspekte der Moralkritik** (→ SB, S.205 ff.) • **7.3 Sinn setzen – Was will ich wirklich?** (→ SB, S. 399 ff.)

S. 373 **Gisela Striker: Epikur: Leben und Werk**

▮**1**▸ Die Aufgabe ist offen gestellt. Natürlich sind viele Antworten möglich. Von Einstimmung und Einordnung bis hin zu Ablehnung: Einordnende Texte lese ich erst nach der Erstlektüre, damit mein Ersteindruck nicht verfälscht wird. Danach versteht man auch die Einordnungen besser und kann das eigene Bild ggf. revidieren oder erweitern. (Vgl. auch die Ausführungen im → LB, S. 379, zu Aufgabe 1.)

S. 374 ▮**2**▸ Eine mögliche Lösung könnte so aussehen: Epikur, geboren 341 v. Chr. auf Samos und gestorben 271 in Athen, war weder ein Sektenführer noch ein großer Philosoph mit eigenen Theoriebildungen, sondern er war eher ein Aufklärer, der durch gute Gründe Menschen von Aberglauben, Irrationalismus oder Resignation dem Leben gegenüber befreien wollte. In einem Vorort von Athen erwarb er ein Grundstück (Garten des Epikur), wo er und seine Anhänger (einschließlich Frauen und Sklaven) ein harmonisches und selbstgenügsames Leben zu verwirklichen versuchten. Aberglaube und Furcht vor dem Tod sah Epikur als Haupthemmnisse an, die einem glücklichen Leben im Wege stehen. In der christlichen Tradition wurde Epikur als heidnischer Philosoph nicht studiert, sondern eher „in Bausch und Bogen" verurteilt. Es ist wenig von Epikur überliefert, darunter drei Briefe: i) An Herodot (Naturphilosophie), ii) An Pythokles (Astronomie) und iii) An Menoikeus (Ethik). Als Ergänzung zur Lernkarte eignet sich nach Abschluss der Lektüre auch der Absatz zu Epikur auf den „Was-bleibt?"-Seiten (→ SB, S. 406 f.) oder eine kurze Charakterisierung durch Epikur selbst:

„Die vier Heilmittel: Immer sollen dir die vier Heilmittel zur Hand sein: Vor der Gottheit brauchen wir keine Angst zu haben. Der Tod bedeutet Empfindungslosigkeit. Das Gute ist leicht zu beschaffen. Das Schlimme ist leicht zu ertragen." (Epikur: Philosophie der Freude. Übersetzt von Paul M. Laskowsky. Berlin: Insel Verlag, 1988, S. 102.)

▮**3**▸ Aberglaube, Irrationalität und Todesfurcht verhindern, dass Menschen glücklich, d.h. harmonisch und selbstgenügsam zusammenleben. Hier können Sie den Deutungen der Lerngruppe freien Lauf lassen. Sorgen Sie aber für eine Sicherung, damit nach der Textlektüre ein Vergleich mit den eigenen (Vor-)Erwartungen gehaltvoll möglich wird.

S. 375 **Epikur: Lust als Lebensziel**

▮**4**▸ Gutes Essen, viele Gespräche und reichlich Wein in netter Gesellschaft könnte eine Richtung der Interpretation sein, ebenso aber auch, wie zwanghaft und mit aufgesetzter Freude eine Tischgemeinschaft der Etikette folgen muss.

▮**5**▸ Der Textauszug erinnert an Benthams Einführung der beiden Herrscher „Leid" und „Freude" (→ SB, 4.3.2., S. 186 f.). Epikur wird deshalb manchmal auch als einer der Vorläufer Benthams angesehen. Epikur gibt eine ähnliche Begründung wie Bentham, dass wir nämlich unauflöslich empfindende Wesen sind. Wobei „Schmerz" als Inbegriff für Empfindungen dient, die wir nicht mögen, die uns Unbehagen oder Angst bereiten. Solche, die wir deshalb vermeiden wollen. Angestrebte, gewünschte, angenehme Empfindungen bezeichnet Epikur als „Lust". Die Beispiele zeigen an, dass „Lust" mit „angenehmer Empfindung" gleichzusetzen ist und nicht mit „Lust" im Sinne von Ekstase oder „lustvollem Leben". Die geistigen Freuden sind dabei Mittel, ein Leben mit angenehmen Empfindungen ohne Angstgefühle möglich zu machen.

▮**6**▸ Ein gesunder Körper ist Basis für angenehme Empfindungen. Wer das Ziel hat, angenehm (d. h. gut) zu leben, wird unterlassen, wovon er einsieht, dass es ihn von dem Ziel entfernen würde. Hier können nun viele Beispiele angeführt werden: Wer den Genuss von Musik liebt, wird sich nicht die Ohren durch überlaute Musik per Kopfhörer ruinieren wollen, auch wenn die laute Musik erst einmal angenehme Gefühle erzeugt. Wer durch die Gemeinschaft mit einem anderen

Menschen Geborgenheit erfährt, wird das nicht durch eine Intrige aufs Spiel setzen wollen. Gesundheit (geistige wie körperliche) im Sinne der Fähigkeit, angenehme Empfindungen zu genießen und unangenehme zu vermeiden, liegt dem Streben aller Menschen zugrunde, die einmal erkannt haben, dass die Güte ihres ganzen Erlebens daran gekoppelt bleibt, ob es angenehm (lustvoll) oder unangenehm (schmerzhaft) ist. Auch bereits die Aussicht auf schöne Empfindungen in der Zukunft ist eine schöne Empfindung, die das Handeln entsprechend anspornt und motiviert.

S. 375 **1▶** Die Frage ist diskussionsoffen. Vielleicht kommen die Schülerinnen und Schüler von ganz allein auf die Erkenntnis, die der Psychologe Dan Gilbert durch Befragung von Lottogewinnern herausbekam: Der Happiness-Effekt hält nur durchschnittlich drei Monate an. Auch Trauer vergeht in den meisten Fällen schnell, wenngleich sie in manchen Fällen auch lebenslang erhalten bleiben kann. Wünschenswert sind viele Beispiele, die zeigen, dass Menschen sich immer neue Ziele setzen und Glückserleben nur eine vorübergehende Erscheinung ist. Die erste Fahrt im eigenen Auto mag überaus genussvoll sein, aber wie schnell wird daraus Routine. Die Palette der **Z 7-3** Beispiele ist vielfältig und endlos. Zusatztext → LB, **Z 7-3** bietet hierzu einen vertiefenden Text von Rolf Dobelli („The Hedonic Treadmill") an, in dem Dobelli selbst das kleine Gedankenexperiment kommentiert.

S. 376 **Epikur: Brief an Menoikeus**

S. 378 **2▶** Die folgenden Vorschläge stellen nur mögliche Lösungen dar. Andere Interpretationen sind natürlich denkbar. Darin zeigt sich auch der Wert der Übung. Verschiedene Leser interpretieren u. U. sehr unterschiedlich. Solche Unterschiede ans Licht zu bringen und dann gemeinsam am Text zu klären ist eines der zentralen Ziele der Aufgaben 2–4.

i) *Über den Wert des Philosophierens*: Philosophieren ist ein Mittel zum Zweck, durch das man erkennen kann, worin die „Gesundheit der Seele" (Z. 2) besteht. Dieses Mittel tut Alten wie Jungen gleichermaßen gut: Alten, um sich im Alter die Freuden der Vergangenheit gegenwärtig zu halten; Jungen, um ihnen die Furcht vor der Zukunft zu nehmen.

ii) *Über das wahre Verhältnis der Götter zu uns*: *eine Randbemerkung*: Dieser Absatz ist sehr kurz. Ihm ist als Erschließungshilfe eine Anmerkung angefügt, die meine eigene Deutung zur Diskussion anbietet: Wenn es die Götter im üblichen Wortsinn gibt, dann interessieren sie sich sicher nicht für uns Menschen. Menschen müssen Götter also nicht fürchten.

iii) *Über die Überwindung der Todesfurcht*: a) „[D]ass es im Nichtleben nichts Schreckliches gibt" (Z. 25 f.), ist die zentrale Einsicht, die im Leben Ängste nimmt und dadurch zu mehr Lebensqualität führt. Schlimm wäre der Tod, führte er zu schlimmen Empfindungen. Aber der Tod ist das Ende aller Empfindungen. b) „[...] der Tod [...] geht uns nichts an; denn solange wir existieren, ist der Tod nicht da, und wenn der Tod da ist, existieren wir nicht mehr." (Z. 31 ff.) c) Es mag zwar eine Angst vorm Sterben geben, eine Angst vorm Tod jedoch ist unbegründet. Manchmal begrüßen Menschen den Tod als Erlösung vom Leben. Richtig verstanden ist weder der Tod ein Übel noch das Leben abzulehnen (selbst wenn es durch Übel begleitet sein sollte).

iv) *Über das Ziel gescheiten Wählens und Meidens*: Wir wählen und meiden, „indem wir mit der Empfindung als Maßstab jedes Gut beurteilen" (Z. 54), und zwar mit dem Ziel, „weder Schmerz noch Verwirrung" (Z. 46) zu empfinden. Gesundheit von Leib und Seele und nicht etwa Völlerei oder Sinnenexzesse sind die Ziele. Freiheit von Begierden, Schmerz und Verlustängsten. Richtiges Wählen und Meiden setzt Kenntnisse über das Leben voraus, um zu erkennen, dass manchmal Schmerz gut ist, weil er angenehmes Erleben bedingt, und manchmal Lusterleben schlecht ist, weil sich infolge ein „Übermaß an Lästigem"(Z. 56) ergibt. So erkennt der Mensch, welche seiner Begierden nichtig (z. B. ewig leben zu wollen) sind und welche natürlich. Von den natürlichen Begierden erkennt er einige als notwendig für seine Glückseligkeit (z. B. Überwindung der

Furcht), seinen Körper (Gesundheit) und für sein Leben (Grundbedürfnisse, z. B. Luft zum Atmen). Alle anderen natürlichen Begierden (z. B. Sexualtrieb) sind zwar natürlich, aber entbehrlich.

v) *Über Selbstgenügsamkeit als großes und Einsicht als größtes Gut*: „[I]n der echten Überzeugung, dass jene den Überfluss am süßesten genießen, die seiner am wenigsten bedürfen" (Z. 65 ff.), kommt Epikur zur richtigen Interpretation seiner Formel, die Lust sei das Gute: „Wenn wir also sagen, dass die Lust das Lebensziel sei, so meinen wir nicht die Lüste der Wüstlinge und das bloße Genießen, sondern wir verstehen darunter, weder Schmerz im Körper noch Beunruhigung in der Seele zu empfinden." (Z. 74 ff.) Die Einsicht in diese Zusammenhänge unseres Wollens kann uns vor der Flucht in Bedürfnisbefriedigung bewahren, unsere Ängste überwinden und eine Beruhigung des Denkens bewirken.

3▸ Epikurs Anliegen in Kurzform: spartanischer Genuss statt Völlerei, Selbstgenügsamkeit statt Jagd nach Neuem und Furchtlosigkeit statt Angst vor Leid, Tod und Gottheiten. Naiver Hedonismus ist somit unvereinbar mit Epikurs Denken: Seelenruhe und die Überwindung der Furcht vor dem Tod sind Epikur weitaus wertvoller als die Befriedigung körperlicher Begierden. Ziel ist ein selbstgenügsames Leben im Kreise Gleichgesinnter in der Einsicht, „dass es nicht möglich ist, lustvoll zu leben, ohne verständig, schön und gerecht zu leben, noch auch verständig, schön und gut, ohne lustvoll zu leben." (Z. 83 ff.)

4▸ Ab Zeile 74 kommt unmissverständlich zum Ausdruck, was Epikur alles nicht mit Lust meint: weder Völlerei noch Geilheit noch Ausschweifungen jedweder Art oder ausschweifende Hochgenüsse besonderer Art des Essens oder Trinkens oder der ausgefallenen Lebensgestaltung. Mit Lust ist das unmittelbar positive Erleben gemeint, z. B. als angenehmes, befriedigendes, freudvolles, beruhigendes, ausgeglichenes Erleben, insbesondere auch im Denken und Fühlen, abseits von der Befriedigung körperlicher Bedürfnisse. Empfindungen also, die einen Menschen frei und „wunschlos" glücklich machen können. Alternativen zu Lust im Sinne Epikurs

Z 7-2 wären etwa „Zufriedenheit", „Wohlbefinden", „Ausgeglichenheit", „innere Ruhe". (Hier kann auch ergänzend ein Gedicht von Günter Frorath über Epikur gelesen werden. Vgl.→ LB, **Z 7-2**.)

5▸ Die Interpretation ist natürlich frei. Naiv: Zuckerwerk ist eine nichtige, entbehrliche Begierde und kann bei einem genussvollen Frühstück auch fehlen, ebenso Wein. Butter ist eine natürliche, aber nicht notwendige Zutat, Brot und Äpfel sind eher lebensnotwendig. Je einfacher ein Frühstück (im Sinne von frei von den Körper belastenden statt nährenden Genussmitteln), desto besser für den Menschen. Alternativ zur Bildbetrachtung kann auch das Gedicht von

Z 7-2 Günter Frorath gelesen werden. Vgl. → LB, **Z 7-2**.

6▸ Neugier und Forschergeist sind wichtige Antriebe für Menschen, auch Schmerzen und geistige Verwirrung oder Irritation zu riskieren, der Wunsch zu gewinnen oder das Bedürfnis nach Anerkennung und Wertschätzung. Die Diskussion über solche Beispiele kann zu einer Vertiefung führen, was und was nicht unter Vermeidung von Schmerzen und Verwirrung subsumierbar ist.

7▸ Seien Sie neugierig auf die Ideen Ihrer Lerngruppen. Die Aufgabe ist offen gestellt. Ergän-
Z 7-4 zend kann auch → LB, **Z 7-4** hinzugenommen werden.

S. 379 **M 1 Joseph M. Bocheński: Über den Wert kleiner vergänglicher Momente des Glücks**

1▸ Der Duden zu Eitelkeit: i) (abwertend) eitle [Wesens]art oder ii) (gehoben veraltend) Nichtigkeit, Vergeblichkeit. Synonyme zu Eitelkeit: zu i) Einbildung, Koketterie; (bildungssprachlich) Dandytum; (abwertend) Geckenhaftigkeit, Gefallsucht, Selbstgefälligkeit; (umgangssprachlich abwertend) Affigkeit; (veraltend abwertend) Putzsucht, Stutzerhaftigkeit, Stutzertum. Zu ii) Bedeutungslosigkeit, Belanglosigkeit, Inhaltslosigkeit, Nutzlosigkeit, Unwichtigkeit, Vergeblichkeit, Wertlosigkeit, Zwecklosigkeit; (gehoben) Nichtigkeit; (bildungssprachlich) Inanität, Substanzlosigkeit; (abwertend) Hohlheit, Leere

S. 380 **2▶** Havelismus verwendet der Autor als Inbegriff für Vergeblichkeit. Sosehr sich Menschen auch um weltliche Güter bemühen und sie auch kurzfristig erreichen, so vergeblich sind sie, weil sie so vergänglich sind. Da nichts von Bestand ist, scheint das Bemühen, etwas von Bestand zu schaffen, von vornherein vergeblich. Besonders deutlich wird dies in der Auffassung des Buddhismus, für den alles Leiden im Begehren und Festhalten-Wollen besteht. Aus der Perspektive in 100 Jahren scheint es unerheblich, welchen Erfolg im Leben ein Mensch heute hatte. Für die vielen kleinen Projekte der Menschen, ob z. B. eine Bäckerei Erfolg hat oder Konkurs anmelden muss, ob eine Ehe hält oder nicht, ob ein Kind Abitur macht oder nicht u.s.w., gilt: Es ist schlicht unerheblich, ob es so oder anders verlief. Auch im Alltagsdenken kommen solche Ideen auf, wenn nach dem allgemeinen Sinn gefragt wird.

3▶ Der Autor deutet mit diesem Satz an, was der Fehler der Sinnsucher sein könnte: Auch wenn es keinen allgemeinen Sinn gibt, sind es doch die Momente des Erlebens selbst, die den Sinn ergeben. Das Leben für den Augenblick. Auch wenn z. B. jemand im späteren Beruf scheitert, der Moment der Freude bei der Ausgabe seines Reifezeugnisses war fantastisch, aber eben vergänglich. Hier sind leicht viele Beispiele konstruierbar. Sicher ist dem Autor darin recht zu geben, dass die große Sinnsuche bedeuten könnte, schöne Momente im Leben zu verpassen, und es deshalb lohnend sein könnte, sich in viele kleine (endliche) Projekte verstrickt zu sehen, statt nach dem großen Sinn Ausschau zu halten.

4▶ Fragen Sie mich, so antworte ich frei und gerne, Bocheński hat recht, große Philosophie kann Menschen verführen. Orientierung am kleinen Glück richtet erst einmal keinen Schaden an. Dennoch: Große Probleme erfordern auch Antworten, die über den privaten Lebenshorizont einzelner Menschen hinausweisen. Sich rauszuhalten kann auch Ursache für Unglück sein.

S. 381 **M 2 Ulrich Schnabel: Leben als letzte Gelegenheit, Flow als Ziel?**

1▶ Seien Sie offen für Deutungen. Gemeint sein könnte: Weltrettungshektiker machen sich das Leben schwer, aber erreichen nichts. Oder: Wer die Welt erhalten möchte, sollte entspannen und von da aus kühl und unaufgeregt agieren. Oder: Verbissenheit hilft selten weiter. Oder: …

S. 382 **2▶** Die Aufgabe ist bewusst offen gestellt. Nicht wichtig ist es, allen Facetten des Textes gerecht zu werden. Er soll das Denken anregen und zu eigenen Beispielen ermuntern. Seien Sie neugierig darauf, welche Beispiele für „Flow" Ihre Schülerinnen und Schüler anbieten.

3▶ Die Aufgabe ist offen für unterschiedliche Beantwortungen.

7.1.3 Die Gelassenheit ist das Gute – Stoa

Inhalte – Methoden – Kompetenzen

Die Stoa gehört neben den Schulen von Aristoteles, Platon und dem Garten Epikurs zu den vier klassischen Philosophenschulen Athens. Alte, mittlere und neuere (oder auch späte) Stoa reichen vom 4. vorchristlichen Jahrhundert bis ins 2. Jahrhundert nach Christus; die Ursprünge liegen in Athen, die mittlere Periode sowohl in Athen als auch in Rom, das Zentrum der späten Stoa ist Rom. Natürlich ist es nicht möglich, in diesem kurzen Abschnitt der Stoa als Ganzer gerecht zu werden. So werden die Unterschiede der verschiedenen Phasen in erkenntnistheoretischer oder kosmologischer Hinsicht sowie im Aufbau der Moralideen keine Berücksichtigung finden. Allein die Vorstellungen Senecas zu einem gelingenden Leben stehen im Mittelpunkt der Untersuchung, um sie mit den Vorstellungen von Aristoteles und Epikur vergleichen zu können.

Problematisch (und im Abschnitt unbehandelt) bleibt es zu ermitteln, wie die Stoiker das Verhältnis von Kausalität und Determinismus eigentlich einschätzen. Stellenweise scheint ein lückenloser Determinismus vorzuherrschen, der es fraglich erscheinen lässt, ob moralische Erwägungen darin überhaupt sinnvoll Platz finden können (→ vgl. dazu auch Kapitel 2.3 Freiheit und Verantwortung). In der Erarbeitung der Position Senecas steht an zentraler Stelle deshalb auch die Frage an, in welcher Weise laut Seneca das eigene Schicksal aktiv gestaltet werden kann und in welcher Weise es einem Menschen bloß widerfährt und er es deshalb tunlichst so akzeptieren sollte, wie es nun mal ist, statt immer wieder erfolglos dagegen aufzubegehren.

Sequenz •••	Der Abschnitt zur Stoa sollte chronologisch behandelt werden. Die Aktualisierungen („Alte Stoa in neuem Gewand") stellen dabei eine Option zur Vertiefung dar. Wenn sie behandelt werden, bietet es sich an, die Aktualisierungen in selbstbestimmt gewählten Gruppen zu versuchen, indem Bezüge zum eigenen Leben hergestellt werden. Den inhaltlichen wie methodischen Kern bildet die Untersuchung von Auszügen aus Senecas „De vita beata". Diese können gemeinsam gelesen oder arbeitsteilig als Gruppenpuzzle bearbeitet werden.
Querverweise ⟷	• **2.3 Freiheit und Verantwortung** (→ SB, S. 101 ff.) • **4.5 Warum überhaupt moralisch sein? - Aspekte der Moralkritik** (→ SB, S. 205 ff.) • **7.3 Sinn setzen – Was will ich wirklich?** (→ SB, S. 399 ff.)

Zu den Materialien und Aufgaben

S. 382 ▬▶ Was verbinden Sie mit „stoischer Ruhe"? Der Duden bietet an: „so, dass man nicht leicht die Ruhe verliert oder sich aufregt." Als Sprachbeispiel wird genannt: „Er hat alles mit stoischer Gelassenheit ertragen." Jedenfalls das Gegenteil von einem Hektiker, Choleriker, Angsthasen oder Aktivisten. Jemand, der ruhig und gelassen auch in schwierigen Situationen agiert und auch mit partiellen Niederlagen unaufgeregt umzugehen vermag.

S. 383 **Luc Ferry: „Die von der Halle" und ihre Nachfolger**

▬**1**▶ Internetrecherchen werden schnell Ergebnisse liefern. Die Ergebnisse z. B. aus Wikipedia sind für die Belange des Unterrichts ausreichend und auch verlässlich genug.

▬**2**▶ Natürlich ist die Beantwortung ergebnisoffen und es sind verschiedene Stellungnahmen möglich. Meine eigene Einschätzung ginge in diese Richtung: Ein kluger Gedanke, eine schlaue Begründung sprechen erst einmal für sich und sind auch aus sich selbst heraus erwägenswert. Ob derjenige, der den Gedanken zuerst äußerte und argumentativ verteidigte, sich selbst an die sich aus dem Gedanken ergebenden Handlungskonsequenzen halten wollte, konnte oder nicht, ist zweitrangig. Unfair ist es daher, einem Gedanken seine Tiefe abzusprechen, weil sein Erfinder nicht fähig oder willens war, sich selbst daran zu halten. Jemand könnte z. B. hervorragend darin sein, moralische Konfliktsituationen klug zu entscheiden, aber dennoch unfähig, selbst in wichtigen Hinsichten ein moralisches Leben zu führen.

S. 384 **Mark Aurel: Die Philosophie als Geleit durchs Leben**

▬**3**▶ Schön ist es, wenn die Schülerinnen und Schüler tatsächlich Personen aus dem eigenen Umfeld z. B. der Schule und Jahrgangsstufe wählen und alltagspraktische Spielszenen entwerfen. Ein Vorspielen führt schnell zu Diskussion, Bestätigungen oder Änderungswünschen, die auch zu einem nochmaligen Blick in den Text führen.

4▶ Es sind Stellungnahmen in beide Richtungen denkbar: die Dinge nehmen, wie sie kommen, weil nichts für die Ewigkeit ist und alles vergänglich, oder aber sich auflehnen, vermeintlich Langlebiges oder gar Unvergängliches anstreben und auf die Ewigkeit hoffen. Wie schon Epikur erteilt auch Mark Aurel religiösen Vorstellungen von einem Leben nach dem Tod eine Absage. Nicht selten erregt das den Widerspruch nicht nur von religiös denkenden Schülerinnen und Schülern.

5▶ Hier könnte Mark Aurel differenzieren: Es geht um die stoische Hinnahme dessen, was man nicht ändern kann, also aller Ereignisse, die Menschen schicksalhaft widerfahren oder unausweichlich auf sie zukommen. Allein darauf bezogen ist „stoisches Ertragen" das empfohlene Mittel, denn ein aussichtsloses Auflehnen und der vergebliche Versuch, zu ändern, was nicht zu ändern ist, führen zu einem tieferen Leid der Seele. Warum man aber Dinge, die man ändern kann – und sei es nur für eine begrenzte Zeit –, nicht ändern, sondern ertragen sollte, ergibt sich aus Marc Aurels Beschreibung des menschlichen Lebens nicht. Schwer fällt es, den letzten Satz im Textauszug zu interpretieren. Im Wortsinn eher ein naturalistischer Fehlschluss: Gut ist, was natürlich ist (→ SB, S. 134 ff., 3.2.1 Verführerische Fehlschlüsse).

Seneca: De vita beata – Über das glückliche Leben

S. 385

S. 388 **1▶** Die folgenden Vorschläge stellen nur mögliche Lösungen dar. Andere Interpretationen sind natürlich denkbar. Darin zeigt sich auch der Wert der Übung. Verschiedene Leser interpretieren u. U. sehr unterschiedlich. Solche Unterschiede ans Licht zu bringen und dann gemeinsam am Text zu klären ist eines der zentralen Ziele der Aufgaben 1 und 2.

i) *Weg und Ziel stoischer Philosophie*: Im Leben ohne Orientierung irrt umher, wer weder Weg noch Ziel seines Lebens kennt. Deshalb muss als Erstes das Ziel bestimmt und dann der Weg dorthin ermittelt werden. Anders als bei echten Wegen, darf man sich dabei aber nicht auf die (irreführenden) ausgetretenen Pfade der Massen verlassen, sondern muss seiner Vernunft folgen. Sich auf die Masse zu verlassen bedeutet, alte Irrtümer fortleben zu lassen. Man muss sich deshalb von der „Meinung der Masse freimachen" (Z. 45.). Was aber ist der richtige Weg? Das kann mit der Vernunft ermittelt werden.

ii) *Das glückliche Leben*: 1. Versuch: „Glücklich ist also ein Leben, welches mit seiner Natur in Einklang steht." (Z. 50 f.) Welche Merkmale stehen nun aber mit der Natur des Lebens im Einklang? Leidensfähig sein, sich den Zeitumständen fügen, sich um seinen Körper kümmern, die Möglichkeiten des Schicksals nutzen, statt sich sklavisch dem Schicksal auszuliefern. Daraus ergeben sich „beständige Gemütsruhe und Freiheit" (Z.61). Die „sinnlichen Genüsse" (Z. 62) spielen eine untergeordnete Rolle, alles ist zu überwinden, was uns schwächt. Seiner Natur nicht entsprechen zu können ist Zeichen persönlicher Schwäche.

iii) *Das glückliche Leben*: 2. Versuch: Ein glückliches Leben besteht darin, einen „freien Geist" zu besitzen, der die „Furcht und Begierden"(Z. 71) beherrscht, sich um Sittlichkeit bemüht und Übel meidet (vgl. Z. 71 ff.). Dies wiegt viel mehr, als „die vergänglichen Triebe des Körpers" (Z. 77) zu befriedigen. Um nicht in die „Knechtschaft" von „Sinnenlust und Schmerz" (Z. 79) zu geraten, ist es wichtig, geistige Freiheit zu erreichen, indem man eine „Gleichgültigkeit gegenüber dem Schicksal" (Z. 81 f.) entwickelt.

iv) *Das glückliche Leben: 3. Versuch*: Wieder ist die Vernunft das entscheidende Mittel, um den Weg zum Glück zu ermitteln. Ziel ist eine Befreiung von der Sinnenlust, d.h. in einen Zustand zu kommen, in dem man „nichts mehr begehrt und nichts mehr fürchtet" (Z. 89 f.). Natürlich muss man sich auch dann mit den Umständen seines Schicksals auseinandersetzen, aber stets so, dass man nicht auf die Verlockungen der Sinneslust hereinfällt, sondern „sich mit den Umständen, wie sie auch immer sind, zufriedengibt" (Z. 107).

v) *Cui bono? Oder: Was haben wir davon?:* Wer „über jedes Verlangen hinaus ist" (Z. 119 f.), dem wird auch nichts fehlen, und wer in sich selbst ruht und dem Schicksal angstfrei entgegenblickt, hat es nicht nötig, von außen Bestätigung zu erfahren. Sich dem Zustand anzunähern steigert die persönliche Freiheit. Wer das nicht kann, wird sein Leben lang ein Gefesselter, ein Getriebener bleiben, der sich nicht befreien kann aus dem Gewirr von Erwartungen an das Leben und den schmerzhaften Enttäuschungen dieser.

2▶ Schicksalsergebenheit, Furchtlosigkeit, Entsagung der körperlichen Sinneslust zugunsten einer geistigen Befreiung von Angst vor der Zukunft und enttäuschten Erwartungen. Der Vernunft kommt dabei die zentrale Rolle zu, Menschen frei zu machen, insbesondere frei von den Begierden, um nicht Sklave der „kleinlichen, armseligen und vergänglichen Triebe des Körpers" (Z. 77) zu sein, und fähig, dem eigenen Schicksal gegenüber gleichgültig zu sein. Gleichgültig heißt dabei aber nicht, sich willenlos treiben zu lassen, sondern sich stets um Gutes zu bemühen und Schlechtes zu meiden, nicht aber mit dem Schicksal zu hadern, wenn es ein schweres Los bereithält.

3▶ Die Aufgabe ist offen gestellt. Einerseits ist es für viele eine anziehende Vorstellung, dazu fähig zu sein, dem eigenen Schicksal angstfrei zu begegnen und die Dinge so zu nehmen, wie sie nun mal kommen. Andere sehen den privaten Gestaltungsspielraum weitaus größer und vermuten hinter der Forderung Senecas eher ein Ausweichen davor, die eigenen Gestaltungsmöglichkeiten selbstbestimmt zu nutzen, um ein erfülltes Leben zu erreichen, das auch stark durch „Sinnengenuss" geprägt ist und auch sein darf. Eine Gegenposition nimmt z. B. Joseph M. Bocheński ein: Über den Wert kleiner vergänglicher Momente des Glücks, vgl. → SB, S. 379 f.

4▶ Die Aufgabe ist ergebnisoffen gestellt. Möglich sind vielfältige Stellungnahmen. Einziges Gütekriterium ist, ob die Stellungnahmen Senecas Ideen fair berücksichtigen.

S. 389 Albert Ellis: Wir bestimmen unsere Gefühle selbst

1▶ Irrational daran ist die unkritische und überzogene Verallgemeinerung. Dennoch handelt es sich um sehr verbreitete Denkweisen, die Menschen gerade dann beherrschen, wenn sie zu Selbstabwertung oder Selbstüberhöhung neigen und der realistische Blick auf eine Situation ihnen gerade nicht möglich ist. Die Frageliste von Ellis kann dann ein Mittel sein, Übertreibungen im eigenen Denken zu erkennen und angemessen zu relativieren. Aber Vorsicht: Einige der Sätze könnten hartnäckig sein, weil die eigene Weltanschauung sie zu stark stützt. Es könnte interessant sein, nach weiteren Beispielen zu fragen, in denen unzulässige und eigentlich abwegige Verallgemeinerungen dazu führen, dass sich ein Mensch unnötig durch Selbstabwertung belastet oder in absurder Weise selbst überhöht. Wo aber ist die Grenze zwischen sinnvoller Selbstkritik und Selbstabwertung sowie gesundem Selbstvertrauen oder sinnvollem Ehrgeiz und Selbstüberhöhung?

S. 390 **2▶** Die Aufgabe lebt natürlich von den Beispielen der Schülerinnen und Schüler selbst. Sie kann auch im geschützten Raum von selbstbestimmt gewählten Gruppen bearbeitet werden. Ins Plenum sollten jedenfalls nur solche Beispiele gelangen, die angstfrei vorgetragen und offen diskutiert werden können. Selbstoffenbarungen sind jedenfalls nicht das Ziel der Übung.

Georges Friedmann: Geistige Übungen

S. 390 **3▶** **4** Nutzen Sie die Spielfreude von Kursen. Der Fantasie sind hier keine Grenzen gesetzt. Auch hier sind Selbstoffenbarungen nicht das Ziel, wohl aber spielerisch Ideen zu entwickeln, wie einigen der allzu menschlichen Gefährdungen durch die Übung begegnet werden könnte. Die anschließende Diskussion ist offen und muss keinen Entscheid herbeiführen. Die unterschiedlichen Ansichten können in der Regel problemlos nebeneinander stehen bleiben.

5▶ Die Frage vertieft die Ergebnisse zu den Aufgaben 3 und 4. Sie kann natürlich entfallen, wenn schon dort der orientierende Wert ausdrücklich mit erörtert worden ist.

Es sind vielfältige Anknüpfungspunkte, Gemeinsamkeiten, aber auch Unterschiede möglich. Gemeinsam könnte sein, selbst mehr Gelassenheit dem Schicksal gegenüber zu erreichen und sich nicht vom Alltag beherrschen zu lassen.

7.2 Empirische Glücksforschung

Inhalte – Methoden – Kompetenzen

Im außerschulischen Alltag dürften die Schülerinnen und Schüler Literatur zur Glücksfrage v.a. in Zeitschriftenartikeln, eigens dem Thema gewidmeten Zeitschriften wie „Happinez" oder auch in einer breiten Palette von häufig gut verkauften Ratgebern suchen und finden. Oft sind Texte dieser Art esoterisch oder psychologisch grundiert, oft ziehen sie zudem die Ergebnisse empirischer Glücksforschung hinzu, um ihre Behauptungen mit sei es einer wissenschaftlichen Grundlage, sei es einem wissenschaftlichen Anstrich zu versehen. Ergebnisse der empirischen Glücksforschung werden breit rezipiert (einige Beispiele finden sich auf der Einstiegsseite → SB, S. 363). Im folgenden Unterkapitel wird exemplarisch eine These der empirischen Glücksforschung (dass Glückliche länger leben) untersucht und gefragt, woran sich erkennen lässt, ob die Interpretation empirischer Daten und Befunde haltbar ist. Methodisch wird dazu die Unterscheidung von Korrelation und Kausalität eingeführt. Die Frage danach, wie (und auch: ob überhaupt) Glück empirisch messbar ist, wirft eine Reihe von weiteren prinzipiellen Fragen nach dem Glück auf, von denen aus sich Bezüge zu Unterkapitel 7.1 herstellen lassen.

Sequenz ● ● ●	Das Unterkapitel kann vor oder nach den antiken Glückstheorien behandelt werden. Dabei bietet sich der Abschnitt **7.2.3** auch als allgemeiner Einstieg in das Thema Glück überhaupt an. Die Unterabschnitte **7.2.1** und **7.2.2** sollten zusammen behandelt werden, die Reihenfolge der beiden Unterabschnitte kann dabei auch vertauscht werden.
.Querverweise ◂━▸	● **7.1 Antike Positionen zum Glück** (→ SB, S. 365 ff.)

Literatur und Links

- Martin E. P. Seligman: Der Glücks-Faktor. Übersetzt von Siegfried Brockert. Köln: Bastei-Lübbe, 8. Auflage 2011

- Barbara Ehrenreich: Smile or Die. Wie die Ideologie des positiven Denkens die Welt verdummt. Übersetzt von Gabriele Göckel und Barbara Steckhan. München: Antje Kunstmann, 2010

- Hans-Hermann Dubben/Hans-Peter Beck-Bornholdt: Der Hund, der Eier legt. Erkennen von Fehlinformationen durch Querdenken. Reinbek bei Hamburg: Rowohlt, 6. Auflage 2011

- Dieter Birnbacher: Philosophie des Glücks (http://www.jp.philo.at/texte/BirnbacherD1.pdf) [06.03.2016]. Birnbachers Gegenüberstellung von subjektivistischen und objektivistischen Glückstheorien aus philosophischer Perspektive bietet reichhaltige Vertiefungsmöglichkeiten zum Abschnitt 7.2.3.

7.2.1 Haben Glückliche ein längeres Leben?

Inhalte – Methoden – Kompetenzen

Vgl. die Einträge unter 7.2, die den Abschnitt in den Zusammenhang des Unterkapitels einordnen.

Zu den Materialien und Aufgaben

S. 391 **Martin E. P. Seligman: Glück und langes Leben**

1▶ Hier wird es unterschiedliche Vorschläge geben, etwa vom regelmäßigen Kefir-Konsum („das Getränk der Hundertjährigen") über regelmäßigen Sport bis zu einem erfüllten Leben.

S. 392 **2▶** Die Frage dient allein der Fokussierung der Schüleraufmerksamkeit auf die beiden hinterlegten Textausschnitte, sie kann sehr schnell abgehandelt werden.

3▶ a) Hierzu müssen v.a. Z. 45–53 genauer gelesen werden: Laut Seligman korrelieren positive Emotionen wie Fröhlichkeit und Zufriedenheit (vgl. Z. 52) und die Lebenserwartung.

b) Die fröhlichste und zufriedenste Nonne hat die längste Lebenserwartung. Verallgemeinert also: Fröhliche Menschen leben länger.

c) Vgl. Z. 15–26: Da Nonnen einen sehr langen Zeitraum unter vergleichbaren Lebensumständen leben, scheinen die Unterschiede, die „wissenschaftliche Daten gewöhnlich durcheinanderbring[en]" (Z. 25 f.), ausgeschlossen.

4▶ Hier sind ganz unterschiedliche Reaktionen denkbar. Vielleicht halten manche Schülerinnen und Schüler das Untersuchungsdesign durch die enge Eingrenzung der Lebensumstände der miteinander verglichenen Personen für überzeugend, vielleicht sind anderen die Kriterien, anhand derer die Texte miteinander verglichen werden, zu unscharf usw. Grundsätzliche Einwände formuliert der folgende Text von Barbara Ehrenreich.

S. 392 **Barbara Ehrenreich: Zur Ideologie des positiven Denkens**

Vor der Behandlung des Textes liegt eine kurze Einführung in den biografischen Hintergrund der Entstehung von Ehrenreichs Buch nahe: Die erfolgreiche Autorin sah sich nach einer Brustkrebsdiagnose mit ständigen Aufforderungen zu einer optimistischen Lebenseinstellung konfrontiert. Daraufhin informierte sie sich im Netz über die Erfahrungsberichte anderer an Brustkrebs erkrankter Frauen und fühlte sich dabei zunehmend einsam: „Keine der Frauen, die sich in den Blogs zu Wort meldete, schien meine Wut über die Krankheit und die begrenzten Behandlungsmöglichkeiten zu teilen. [...] Positives Denken scheint in der Welt des Brustkrebses erste Bürgerpflicht, sodass Frau sich schon fast zu einer Entschuldigung genötigt sieht, wenn sie unglücklich ist [...]. Die Brustkrebsszene zeichnet sich nicht nur durch eine betonte Fröhlichkeit und das Fehlen jeglichen Aufbegehrens aus, sie scheint die Erkrankung oft sogar zu begrüßen. So schreibt ‚Mary' im Besucherforum der Bosom-Buds-Website: ‚Ich bin jetzt wirklich viel feinfühliger und überlegter geworden. Es mag komisch klingen, aber früher habe ich mir um alles Sorgen gemacht. Nun mag ich meine Kräfte nicht mehr mit Grübeln verschwenden. Ich genieße mein Leben und bin in vielerlei Hinsicht weit glücklicher als zuvor.' [...] Ich [...] schickte an das Besucherforum von komen.org einen Beitrag unter dem Betreff „Wütend". Darin beklagte ich mich in kurzen Stichworten über die Schwächung durch die Chemotherapie, über hartherzige Versicherungsgesellschaften, über Umweltgifte [...]. Als Antwort erhielt ich ein paar aufmunternde Worte zu meinem Streit mit der Krankenversicherung [...], ansonsten aber im Wesentlichen einen einstimmigen Chor von Zurechtweisungen. ‚Suzy' schrieb mir: ‚Ich sage es nur ungern, dass du bei all dem eine schlechte Einstellung hast, aber ich muss es tun. Sie wird dir nicht im Mindesten helfen.' [...]" (Barbara Ehrenreich: Smile or Die. Wie die Ideologie des positiven Denkens die Welt verdummt. München: Antje Kunstmann, 2010, S. 35 – 42) Da diese Zwangsverpflichtung zu einer optimistischen Herangehensweise an die Krankheit im öffentlichen Diskurs durch eine Fülle von Studien und anscheinend wissenschaftlichen Argumenten zum Zusammenhang von Überleben einer Krebserkrankung und Optimismus unterfüttert wurde, begann sie, sich genauer mit diesen, wie sie meint, „ideologischen" Argumenten zu beschäftigen, Bestandteilen „[e]iner Ideologie, die uns auffordert, die Realität zu leugnen, uns fröhlich in unser Unglück zu fügen und nur uns selbst für unser Schicksal verantwortlich zu machen" (ebda., S. 55) (s. a. den kleinen Ausschnitt in → SB, S. 398). In diesem Zusammenhang befasste sie sich auch kritisch mit Seligmans Buch „Der Glücks-Faktor".

S. 394 ■5▶ Ehrenreich stellt fest, dass die meisten Studien zum Zusammenhang von Glück/Optimismus und Gesundheit nur Korrelationen herstellen, die nichts über kausale Zusammenhänge aussagen. Manchmal lassen sich zudem die Kausalverbindungen auch umgekehrt lesen (vgl. Z. 4 f.; vgl. → SB, S. 396, Fall I und II).

Gegen die Nonnenstudie und ähnliche Untersuchungen führt sie v.a. drei kritische Rückfragen ins Feld:

(1) Die Frage, nach welchen Kriterien „das Glück" gemessen wird: Vielleicht sagen die kurzen Aufzeichnungen weniger etwas über die psychische Grundstimmung der Autorinnen als über ihre Fähigkeit, ihren Gefühlen schriftlich angemessen Ausdruck zu verleihen?

(2) Die Frage, ob einzelne Untersuchungsergebnisse verallgemeinerbar sind: Eine Untersuchung, die einen Zusammenhang zwischen authentischem Lächeln auf Klassenfotos (als Indikator für eine optimistische Grundlebenseinstellung) und dem späteren Lebensglück herzustellen versucht, konnte bei einer Vergleichsuntersuchung an einer anderen Schule nicht bestätigt werden.

(3) Die Ausklammerung wichtiger, möglicherweise entscheidender Faktoren: So fragt Ehrenreich bei einer Untersuchung zum Zusammenhang von subjektivem Glücksgefühl und körperlicher Gesundheit, warum hier zwar Faktoren wie Bildung, Gewicht usw., nicht aber vielleicht viel entscheidendere Faktoren wie körperliche Betätigung berücksichtigt wurden.

Zusammenfassend gibt sie andere Untersuchungen wieder, denen zufolge Pessimismus wegen der damit einhergehenden größeren Risikovermeidung vielleicht sogar besser für die Gesundheit sein könnte.

■6▶ Die Aufgabe ist ergebnisoffen.

■7▶ Gar nicht, es bräuchte aber vielleicht andere Studien, um das zu beweisen.

■8▶ Hier sind verschiedene Antworten denkbar – vielleicht lassen sich biochemische Zusammenhänge zwischen Glückshormonen und verlangsamter Zellalterung nachweisen und so einen kausalen Zusammenhang wahrscheinlich machen? In jedem Fall aber müsste er überzeugend dafür argumentieren, warum es sich bei den Ergebnissen der Studien nicht nur um Korrelationen, sondern um Kausalitäten handelt.

7.2.2 Kausalitäten oder nur Korrelationen?

Inhalte – Methoden – Kompetenzen

Vgl. die Einträge unter 7.2, die den Abschnitt in den Zusammenhang des Unterkapitels einordnen.

Zu den Materialien und Aufgaben

S. 395 **Hans-Hermann Dubben/Hans-Peter Beck-Bornholdt: Der Hutskandal**

Die Physiker Dubben und Beck-Bornholdt nehmen in einer Reihe von Büchern unzulässige Deutungen von wissenschaftlichen Untersuchungen aufs Korn. In „Der Hund, der Eier legt" nehmen sie sich im Kapitel „Die Ursache aus Anlass des Grundes" Fehlinterpretationen durch unzulässige Zuschreibung kausaler Beziehungen in Korrelationen vor. Diese Überlegungen liefern den theoretischen Hintergrund für Ehrenreichs Kritik an Seligman in Abschnitt 7.2.1: Haben Glückliche ein längeres Leben?

1▶ a) Es liegt eine Korrelation zwischen der Verbreitung von Huttragen und dem Auftreten von Lungenkrebs (je mehr Hutträger desto mehr Lungenkrebserkrankte) vor (s. Abbildung 2).

b) Aus den vorliegenden Daten lässt sich ebenfalls eine Korrelation zwischen dem Nichttragen von Hüten und der Lungenkrebsrate ablesen (s. Abbildung 3).

c) Aus der zugrunde gelegten Verteilung von Huttragen und Lungenkrebs (s. Abbildung 1) lassen sich beide Korrelationen ableiten. (Man könnte allerdings auch die Autoren kritisch zurückfragen, ob sich ihre Zahlen in Z. 25–27 zwangsläufig aus Abbildung 1 ergeben. Das ist nur der Fall, wenn sich die Verteilung tatsächlich genauso wie in Abbildung 1 gestaltet, also etwa in Balkonur exakt 20% der Bevölkerung zugleich Hutträger und Lungenkrebserkrankte sind; allgemeiner: dass bekannt ist, wie hoch der Anteil der Lungenkrebserkrankten an den Hutträgern ist. Wenn dies nicht bekannt ist, ergeben sich die Ausführungen der Hutmacherindustrie nicht aus den allgemeinen Zahlen. Dann ergibt sich nur, dass der Anteil der Hutträger an den Lungenkrebserkrankten in den drei Ländern zwischen 17% (wenn Abbildung 1 genau den Anteil der Lungenkrebserkrankten wiedergibt, also von 6 Hutträgern 1 an Lungenkrebs erkrankt ist) und 100% liegt (wenn, was ja theoretisch möglich ist, alle Hutträger zugleich Lungenkrebserkrankte sind).

d) In möglicherweise zufällige Korrelationen werden kausale Zusammenhänge hineingedeutet.

S. 396 **ü1▶**

1 A ist die Ursache von B.

2 B ist die Ursache von A.

3 Die Korrelation ist zufällig.

4 Die Korrelation ist zufällig (die Gehetzten sind nicht unglücklich, weil sie hetzen, sondern weil sie nass werden usw.). Andere Lesart: A (langsam gehen/rennen) und B (fröhlich und entspannt gehen bzw. gehetzt rennen) haben die gemeinsamen (aus Sicht des Außerirdischen nicht erkennbaren) Ursachen Regen und Regenschirm bzw. kein Regenschirm.

5 A und B haben eine gemeinsame Ursache (die Stärke der Brände).

7.2.3 Glück messen

Inhalte – Methoden – Kompetenzen

Vgl. die Einträge unter 7.2, die den Abschnitt in den Zusammenhang des Unterkapitels einordnen.

Zu den Materialien und Aufgaben

S. 397 **Martin E. P. Seligman: Der Fordyce-Emotions-Fragebogen**

S. 398   ■**1▶** Die Aufgabe ist selbsterklärend. Die Reaktion der Schülerinnen und Schüler auf die eigene Erfahrung beim Ankreuzen kann ganz unterschiedlich ausfallen. Die Schwierigkeiten, die der Test aufwirft, bestehen vor allem im Subjektivismus des Glücksempfindens: Das moderne Glücksempfinden unterliegt mit Dieter Birnbacher (s. Literaturangaben) einem doppelten Subjektivismus: Zum einen ist es als subjektiver Zustand möglicherweise unabhängig von äußeren Umständen (ein Beispiel ist das Märchen von „Hans im Glück"), zum anderen ist es bewertungsrelativ (manches macht den einen glücklicher als die andere). So besehen sagt der Fragebogen allenfalls etwas über das Glücksempfinden des Einzelnen aus, eine objektive Vergleichbarkeit

Z 7-5 aber dürfte kaum herstellbar sein. → LB, **Z 7-5** gibt ein Material zum Easterlin-Paradox, dessen Behandlung sich hier anschließen lässt: Auch Daten wie die hier zum Glücksindex verwendeten beruhen üblicherweise auf Befragungen mit Instrumenten wie dem Fordyce-Emotions-Fragebogen. Gefragt werden kann dann, ob und gegebenenfalls wie die Fragebögen verändert werden müssten, um tragfähige Ergebnisse liefern zu können.

7.2.4 Empirische Glücksforschung in der Kritik

Inhalte – Methoden – Kompetenzen

Vgl. die Einträge unter 7.2, die den Abschnitt in den Zusammenhang des Unterkapitels einordnen.

Zu den Materialien und Aufgaben

Die beiden fakultativen Zusatztexte bringen zwei weitere kritische Rückfragen an die empirische Glücksforschung, die im bisherigen Unterricht vielleicht noch nicht behandelt worden sind.

S. 398 **Barbara Ehrenreich: Glück und Politik**

■**1▶** Wie oben (→ LB, S. 394 f.) schon zitiert, sieht Ehrenreich das Optimismusdiktat, das ihrer Ansicht nach mittels der empirischen Glücksforschung verhängt wird, kritisch als „Ideologie": Wenn jeder seines Glückes Schmied ist, wird er seine Energie auf das eigene Verhalten und die eigene Wahrnehmung der Umstände konzentrieren, anstatt die Verhältnisse zu ändern. So besehen kann die empirische Glücksforschung dazu beitragen, ungerechte politische Verhältnisse zu stabilisieren.

2▶ Der Verweis auf die Unmöglichkeit der Veränderung der Verhältnisse war in den genannten Beispielen falsch – warum sollte er in Bezug auf die Umstände, die Seligman anführt, richtig sein?

3▶ Seligman könnte beispielsweise anführen, dass der oft mühsame und in vielem erst einmal erfolglose Kampf gegen ungerechte Verhältnisse in Bezug auf das eigene Privatglück ein größeres Opfer darstellt als die Befriedigung, die das Gefühl, auf der richtigen Seite zu kämpfen, an zusätzlichem Glück vermitteln kann. Die Diskussion von Ehrenreichs Position kann zu ganz unterschiedlichen Urteilen führen.

S. 399   Dieter Birnbacher: Das Glücksparadox

4▶ a) Laut Birnbacher widersetzt sich das Glück dem Versuch, es direkt anzustreben, möglicherweise ist das direkte Anstreben von Glücksgefühlen diesen sogar eher hinderlich als förderlich. Vgl. etwa auch die Strophe aus Brechts Song: „Lied von der Unzulänglichkeit des menschlichen Planens":

> Ja, renn nur nach dem Glück
> Doch renne nicht zu sehr!
> Denn alle rennen nach dem Glück
> Das Glück rennt hinterher.
>
> In: Bertolt Brecht: Ausgewählte Werke in sechs Bänden.
> Frankfurt/M.: Suhrkamp, 2005, Bd. 3, S. 145 f.

b) Glück wird nicht als Leistung erlebt, sondern allenfalls als (einem „widerfahrende") Belohnung für eine Leistung. Außerdem ist Glück ein „unselbstständiger Wert" (Z. 14 f.), der stets an die Realisierung anderer Ziele gebunden ist.

5▶ Hier sind unterschiedliche Antworten denkbar und wünschenswert. Klar werden sollte vielleicht, dass sich das Streben eher auf die für einen wichtigen Glücksgüter als auf das Glücksempfinden selbst konzentrieren sollte: Wer sich verliebt, um glücklich zu sein, wird vielleicht weniger Glücksgefühle haben, als jemand, der sich verliebt, weil er die tollste Frau/den tollsten Mann, die/den es gibt, kennengelernt hat. Ähnliches gilt für Urlaubsreisen und alle anderen Ziele, die einen glücklich machen können: Vielleicht stellt sich das Glück umso stärker und klarer ein, je mehr man sich auf die Sache selbst einlässt (→ SB, S. 381, Flow). Birnbacher bestreitet ja nicht, dass es möglich ist, das Glück anzustreben, ja rational zu planen, er stellt nur fest, dass dieser Planung „enge Grenzen" gesetzt sind.

7.3 Sinn setzen – Was will ich wirklich?

Inhalte – Methoden – Kompetenzen

Im Mittelpunkt stehen hier eigene Bemühungen, in der Frage der Sinnsetzung etwas Klarheit zu bekommen, und zwar in Auseinandersetzung mit gegebenen Positionen. Dazu ist es hilfreich, zunächst zu fragen, was mit sinnvollem Leben eigentlich gemeint ist (Susan Wolf), und dann mindestens zwei alternative Antworten zu betrachten. Wenn die Untersuchung in Kursen auf großes Interesse stößt, kann man das Projekt ausweiten und die Schülerinnen und Schüler können sich selbst die Positionen aus einem großen Pool von Antworten wählen, die sie untersuchen wollen. Als Basisliteratur eignet sich dazu hervorragend die unten in der Literatur angeführte Textsammlung „Der Sinn des Lebens" von dtv.

Sequenz ●●●	Hier bietet sich eine arbeitsteilige Behandlung der Positionen an. Sie wird im → SB auf S. 399 f. genau beschrieben. Die Gruppeneinteilungen können nach Neigung und Interesse erfolgen. Ggf. kann eine weitere Gruppe auch **K 7-1** für eine Vorstellung im Plenum vorbereiten, wenn dieser Text nicht als Klausurtext benötigt wird.
Querverweise ◄─►	• **7.1 Antike Positionen zum Glück** (→ SB, S. 365 ff.) • **8.1.2 Die Macht des Glaubens an den Glauben** (→ SB, S. 415 ff.) • **8.5.1 Religionen im Wandel** (→ SB, S. 449 ff.)

Literatur und Links

- Christoph Fehige, Georg Meggle, Ulla Wessels (Hg.): Der Sinn des Lebens. München: dtv, 2000

- Georg Meggle: Das Leben eine Reise? In: http://www.sozphil.uni-leipzig.de/cm/philosophie/files/2013/03/GM-1997c.pdf

- Julian Baggini: Der Sinn des Lebens. Übersetzt von Sonja Hauser. München: Piper, 4. Aufl. 2009

- Günter Ropohl: Sinnbausteine für ein gelingendes Leben. Leipzig: Reclam, 2003

Zu den Materialien und Aufgaben

S. 399 Der Arbeitsauftrag beschreibt eine arbeitsteilige Projektarbeit. Diese kann bei Interesse und Bedarf sehr gut vertieft werden, in dem weitere Texte aus dem oben genannten Band „Der Sinn des Lebens" (dtv) hinzugezogen werden.

S. 400 **M 1 Susan Wolf: Wann ist ein Leben sinnvoll?**

S. 401 **1▶** Susan Wolf leitet aus drei typischen Beispielen, die die meisten Menschen als Beispiele für ein misslingendes Leben ansehen würden, drei Kriterien für ein sinnvolles Leben ab: „Dass uns etwas an einem sinnvollen Leben liegt, heißt meinem Vorschlag zufolge: Uns liegt daran, aktiv und teils erfolgreich für Projekte (‚Projekte' im weiten Sinn) engagiert zu sein, die nicht nur einen positiven Wert zu haben scheinen, diesen vielmehr wirklich haben." (Z. 47 ff.) Susan Wolf betreibt eine typische Begriffsanalyse und liefert damit auch ein weiteres Beispiel für Säule 1: Sorgfältige Begriffsklärung (→ SB, S. 18) neben dem Problem Nina und das Eichhörnchen. Geklärt wird jeweils ein kritischer Begriff. Dort: Was heißt „umrunden", hier: Was meinen wir mit „sinnvollem Leben"? Ob so ein Leben wirklich möglich ist, ist damit noch nicht beantwortet.

Z 7-6 **2▶** Eine mögliche Schülerlösung vermittelt → LB, **Z 7-6**. Es war das Handout einer Gruppe, die über Wolfs Begriffsanalyse referierte.

S. 402 **3▶** Die Aufgabe ist diskussionsoffen. Beide Ergebnisse sind wünschenswert: Wolf ist in ihrer Analyse erfolgreich, aber auch begründete Erweiterungen ihrer Analyse sind denkbar.

4▶ Hier ist eine der Stellen, wo es zum „Schwur" kommen kann: Gibt es nun objektive Werte oder ist alles hoffnungslos relativ? Woran erkennt man, ob Projekte Wert haben oder eben nur subjektiv eine gewisse Bedeutung erlangen? Als Lehrperson kann (und sollte) man sich hier enthalten. Wichtig hingegen ist es, ggf. als Lehrperson Begründungen für (auch radikale) Positionen konsequent einzufordern.

S. 402 **M 2 Georg Meggle: Das Leben eine Reise?**

S. 403 **1▶** Getestet werden kann, ob und inwieweit die Analogie zwischen dem Leben und einer Reise tragfähig ist. So wie eine Reise überdeterminiert sein kann (ich habe viele Gründe für die Reise, jedoch einer davon hätte schon genügt), so kann auch der Sinn des Lebens überdeterminiert sein: Es gibt viele Gründe, dass Leben als sinnvoll zu betrachten. Dabei ist es nicht wichtig, ob ein übergeordneter Sinn zusätzlich existiert. Umgekehrt: Selbst wenn es einen übergeordneten Sinn gäbe, könnte er im Widerstreit zu meinen Zielen stehen. Die für mich wichtige Frage lautet also: Was will ich? Und sie lautet nicht: Was wollen andere Instanzen (eingeschlossen ist, so man denn will, natürlich auch Gott), was ich wollen sollte?

2▶ Seien Sie neugierig! Beide Antworten sind möglich. Immer wieder ist es interessant zu erleben, wie sich in Kursen die Mehrheitsverhältnisse zu der Frage einstellen. Hier kann z. B. auch „Gott" als Sinnstifter genannt werden. Welche Konsequenzen jeweils die Entscheidung hat, von außen kommende Sinninstanzen zuzulassen oder nicht, beschreibt sehr treffend und sprachlich schön Peter Bieri. Vgl. → LB, **K 7-1**. Der Text kann auch als Klausur eingesetzt werden.

K 7-1

3▶ Auch diese Frage ist diskussionsoffen. Bestimmte, feste Antworten verbieten sich.

S. 404 **4▶** Die Aufgabe regt dazu an, sich die eigenen Ziele im Leben vor Augen zu führen und zu diskutieren, ob und inwieweit sie „einem Sinn" zuzurechnen sind oder eben zeigen, dass das Leben „sinnmäßig überdeterminiert" sein kann.

5▶ Spekulative Antworten in breiter Vielfalt sind schön, um den Blick für Lebenspläne und Varianten zu öffnen.

S. 404 **M3 Thomas Nagel: Ist das Leben absurd?**

S. 405 **1▶** *Ist das Leben absurd?* Thomas Nagel bejaht die Frage und rät zur Gelassenheit. Absurd ist für Nagel eine Situation dann, wenn Erwartung und Wirklichkeit in einem krassen Missverhältnis stehen: Eine fatale Niederlage wird als grandioser Sieg gefeiert. Unsere Absurdität besteht für Nagel in unserer Fähigkeit, uns von außen betrachten zu können, aber unauflöslich an die Bedingungen der eigenen Existenz gebunden zu bleiben. Von außen betrachtet ist jedoch das, was wir mit viel Ernst betreiben, um leben zu können, ganz zufällig, belanglos und egal. Wie urteilen Sie selbst?

2▶ Eine eher unernste Aufgabe, oder nicht? Ist, was Philosophen mit so großem Ernst betreiben, von außen betrachtet (was keinem von uns möglich ist) nur eine Travestieshow?

3▶ Für Nagel spricht tatsächlich unsere Fähigkeit, die Perspektiven anderer einnehmen zu können und von dort aus die Beliebigkeit unserer Anliegen zu erkennen. Ob man sich so oder so entscheidet, ob man dieses oder jenes anstrebt, scheint egal. Obwohl tiefgläubiger Katholik, kann man sich doch denken und ausmalen, wäre man anders aufgewachsen ein tiefgläubiger Moslem zu sein. Unplausibel wird die Sicht Nagels dann, wenn Unmenschlichkeiten in den Blick kommen: Ist es auch von außen betrachtet absurd, Menschen vor Entrechtung, Verfolgung und Mord zu schützen? Selbst dann, wenn deren Leben und Leiden keinerlei Bedeutung für z. B. die Rückschau auf heute aus der Zukunft darstellt?

4▶ Eine diskussionsoffene Frage. Hier sind vielfältige Resultate möglich. Die Begründung und deren Güte allein zählen. Ggf. kann → LB, **Z 7-7** als Vertiefung und Beantwortungshilfe gelesen werden.

Z 7-7

Dieter Birnbacher
Episodisches und periodisches Glück

Das Erste, was eine Philosophie des Glücks über das Glück zu sagen hat, ist, dass „Glück"
alles andere als ein eindeutiger sprachlicher Ausdruck ist und auch dann, wenn „Glück" im
Sinn von „happiness" und nicht von „good luck" verstanden wird, dieser Ausdruck verschiedene Rollen übernimmt und in verschiedenen Begriffsfeldern operiert. Versuchen wir
5 uns also zuallererst in der von Aristoteles bis Wittgenstein für die Philosophie zentralen
Kunst der *Unterscheidung* – in der Hoffnung, dass sich dadurch einige der den Glücksbegriff
umgebenden Dunkel- und Rätselhaftigkeiten auflösen.

Die vielleicht wichtigste Unterscheidung ist die zwischen zwei unterschiedlichen Rollen,
die der Glücksbegriff in unserem Sprechen und Denken übernimmt, und zwar als „episodi-
10 sches" und „periodisches" Glück.

Was ist „episodisches" Glück? Episodisch bedeutet, dass ein innerer Zustand eine bestimmte Zeit andauert und sich während dieser Zeit mehr oder weniger konstant durch hält. Wir
kennen ein solches episodisches Glück hauptsächlich in zwei Varianten; als akutes *Glücksgefühl*, das uns – erwartet oder unerwartet – befällt, und als das Glück der Hingabe, der
15 *Versenkung* an und der Versunkenheit in einer Sache oder einer Tätigkeit. [...]

Zwischen diesen beiden Formen eines episodischen Glücks, der akuten Euphorie und dem
Glück der Versunkenheit, und dem *periodischen* Glück besteht ein tief greifender, kategori-
aler Unterschied. Beide Formen des episodischen Glücks gehören zur Kategorie der Empfindungen oder Stimmungen. Es sind beide Mal innere Zustände, wenn auch Zustände
20 komplexer Art. Auch wenn sie aus Aktivitäten fließen, haben sie etwas Passives und Rezep-
tives, das sie einer direkten willentlichen Steuerung entzieht.

Ganz anders bei der anderen Variante, dem periodischen Glück. Bei diesem handelt es sich
nicht um *Zustände*, sondern um *Urteile*, nämlich um Urteile über die Gesamtqualität unterschiedlich ausgedehnter Perioden des eigenen oder eines fremden Lebens. Auch hier geht
25 es um *innere* und nicht um äußere Zustände. Es geht um das Leben nur insoweit, als sich
dieses in einem inneren Erleben niederschlägt. Aber stärker als bei der zweiten Form des
episodischen Glücks ist hier die Beurteilung eine Beurteilung ex post[1]: Beim periodischen
Glück wird eine bestimmte Periode eines Lebens oder ein ganzes Leben als insgesamt glücklich oder unglücklich beurteilt. [...]

30 Dass das Zusprechen von Glück beim „periodischen" Glück auf einem zusammenfassenden
Urteil und nicht auf einem aktuellen Bewusstmachen von Empfindungen oder Stimmungen
beruht, hat gravierende Folgen für die Wahrheitschancen der entsprechenden Aussagen.
Periodische und insbesondere „übergreifende" Selbst- und Fremdzuschreibungen von Glück
oder Unglück sind in viel höherem Maße als Urteile über aktuelle Empfindungen und Stim-
35 mungen kognitiven und affektiven Verzerrungstendenzen ausgesetzt: der illusionären „Ver-
klärung" der Vergangenheit, der Verdrängung unangenehmer oder peinlicher Vorkomm-
nisse, der depressiven Verdüsterung der Erinnerungen oder schlicht der Überbewertung der
jeweils letzten und deshalb am lebendigsten haften gebliebenen Phase.

Ein Jahr oder ein ganzes Leben sind aber noch nicht deshalb als Ganze „glücklich" oder
40 „unglücklich", weil sie – im Sinne von „Ende gut, alles gut" – ein glückliches oder unglück-
liches Ende nahmen. Die Schlusskadenz macht nicht die ganze Sinfonie. Adäquat ist ein
Urteil über Glück und Unglück ganzer Perioden nur dann, wenn es aus der Gesamtheit der
einzelnen Episoden eine Summe zieht, in der alle Episoden gleichberechtigt berücksichtigt
sind. [...]

http://www.jp.philo.at/texte/BirnbacherD1.pdf, e-Journal Philosophie der Psychologie, März 2005 [06.03.2016]

---

[1] ex post: im Nachhinein

Günter Frorath
Epikur, der Lustprofessor

Auf der Welt gibt's ohne Ende
Universitätsgelände,
wo man geistreich und gelehrt ist,
was ja meistens nicht verkehrt ist.

5 Und so was gab's auch in Athen.
Dort gründete 310
vor unserer modernen Zeit
den Campus der Zufriedenheit
ein Prof mit Namen Epikur.
10 Was lehrte er? Vergnügen pur!

Für das, was er da ausgesät,
hat man ihn später oft geschmäht.
Sein Campus sei auf jeden Fall
Ein ziemlich übler Schweinestall.

15 Doch stand am Tor: „Mein Freund, tritt ein.
Hier gibt es Wasser und nicht Wein.
Hier wird mit Überfluss gegeizt.
Begierden werden nicht gereizt."

Da sagte sich der Neuadept:
20 „Bei Zeus, das ist kein Lustkonzept."
Doch bald schon wusste er es besser.
Hört her, jetzt spricht der Lustprofesser:

„Das Abendessen, wenn es schmeckt,
und man dabei die Lippen leckt,
25 das freut des Weisen Magen sehr,
vorausgesetzt, er war noch leer.

Doch hast du vor dem Essen dir
Schon eine Wurst gegönnt samt Bier,
dann bleibt der Lustgewinn recht fraglich,
30 du fühlst dich nämlich unbehaglich.

Dann greifst du schnell zur Ouzoflasche,
und lügst dir so was in die Tasche:
statt zu verdau'n wirst du besoffen,
du wankst zum Klo, die Hose offen.

Den nächsten Tag kannst du vergessen. 35
Bis abends kannst du nichts mehr essen.
Drum denk bei Teller, denk bei Glas:
Genuss gibt's nur bei Augenmaß.

Das gilt auch beim Geschlechtsverkehr.
Da ist auch weniger oft mehr. 40
Wer rammelt um des Rammelns willen,
wird seinen Hunger niemals stillen.

Betrittst du, Freund, hier mein Gebäude,
gibt es stattdessen Daseinsfreude.
Man isst nur, wenn man Hunger hat, 45
und wird dann auch von Suppe satt.

Doch sei auch nicht die Nacht vergessen;
mit Schlafen ist's ja wie mit Essen:
schlaf nicht zu lang und nicht zu knapp,
denn beides macht auf Dauer schlapp. 50

Und dann? Dann gehst du froh mit andern
durch Feld und Auen heiter wandern,
ganz wach im Kopf, hell im Gemüte,
ein Lustgefäß voll Geist und Güte.

Empathisch hörst du auf zu hassen, 55
du wirst von Kopf bis Fuß gelassen,
und dann verschwindet auch zugleich
die große Angst vorm Totenreich.

Du siehst: ich pred'ge keine Tugend,
und doch verderb' ich nicht die Jugend, 60
denn wer sich so Genuss verschafft,
ist automatisch tugendhaft."

Der Dichter findet das nicht schlecht.
Und reimt: der Epikur hat recht.
Schön ist die Lehre vom Genuss. 65
Und damit –

Schluss.

Rolf Dobelli
The Hedonic Treadmill

Angenommen, eines Tages klingelt Ihr Telefon: Man teilt Ihnen mit, dass Sie zehn Millionen im Lotto gewonnen haben. Wie werden Sie sich fühlen, und wie lange werden Sie sich so fühlen? Anderes Szenario: Ihr
5 Telefon klingelt, und man teilt Ihnen mit, dass Ihr bester Freund gestorben ist. Wie werden Sie sich fühlen, und wie lange werden Sie sich so fühlen? [...] Wird der Lottogewinn von zehn Millionen Sie viele Jahre lang glücklich machen? Der Harvard-Psychologe Dan Gil-
10 bert hat Lottogewinner untersucht und festgestellt, dass der Happiness-Effekt nach durchschnittlich drei Monaten verpufft. Drei Monate nach der großen Banküberweisung werden Sie so glücklich oder unglücklich sein wie zuvor. [...]
Anderen geht es nicht besser: Menschen, die einen Karriereschritt geschafft haben, sind
15 nach durchschnittlich drei Monaten wieder so glücklich oder unglücklich wie zuvor. Dasselbe bei jenen, die immer den neuesten Porsche haben müssen. Die Wissenschaft nennt diesen Effekt *Hedonic Treadmill* (auf Deutsch etwa: Zufriedenheits-Hamsterrad): Wir arbeiten und steigen auf und leisten uns mehr und schönere Dinge, und doch werden wir nicht glücklicher.
20 Wie sieht es bei negativen Schicksalen aus – zum Beispiel bei einer Querschnittlähmung oder dem Verlust eines Freundes? Auch hier überschätzen wir systematisch die Länge und Intensität zukünftiger Emotionen. Wenn eine Liebe in [die] Brüche geht, bricht die Welt zusammen. Die Gepeinigten sind zutiefst überzeugt, nie mehr auch nur den Hauch von Glückseligkeit zu verspüren – doch nach durchschnittlich drei Monaten lachen sie wieder.
25 Wäre es nicht schön, wir wüssten genau, wie glücklich uns ein neues Auto, eine neue Karriere, eine neue Beziehung machen würde? Dann könnten wir klarer entscheiden und würden nicht mehr ständig im Dunkeln tappen. Ja, schön wäre es, und in Ansätzen möglich. Hier die wenigen wissenschaftlich gesicherten Tipps: 1) Vermeiden Sie negative Effekte, an die man sich auch nach langer Zeit nicht gewöhnt: Pendelverkehr, Lärm, chronischen
30 Stress. 2) Erwarten Sie nur einen kurzfristigen Effekt von materiellen Dingen – Autos, Häuser, Boni, Lottogewinne, Goldmedaillien. 3) Dauerhafte positive Effekte haben vorwiegend damit zu tun, wie Sie Ihre Zeit verbringen. Sorgen Sie für möglichst viel Freizeit und Autonomie. Tun Sie, was Ihrer Passion am nächsten kommt – auch wenn Sie einen Teil Ihres Einkommens einbüßen. Investieren Sie in Freundschaften. Bei Frauen haben Brustim-
35 plantate einen dauerhaften Happiness-Effekt, bei Männern ist es der berufliche Status – allerdings nur, solange der Mann nicht gleichzeitig die Vergleichsgruppe wechselt. Wenn Sie also zum CEO[1] aufsteigen und sich dann nur noch mit anderen CEOs unterhalten, verpufft der Effekt.

Rolf Dobelli: Die Kunst des klaren Denkens. München: Carl Hanser , 2011, S. 189 – 191

1▶ Erklären Sie, was man unter „Hedonic Treadmill" versteht. Bestätigt Ihr Alltag das schnelle Verpuffen des „Happiness-Effekt[s]" (Z. 11) oder kennen Sie Gegenbeispiele?

2▶ Zeigen Sie auf, welche Tipps gegeben werden. Überzeugen sie Sie?

3▶ Nehmen Sie selbst Stellung: Überzeugt Dobellis Überlegung oder eher nicht?

---

[1] CEO: Chief Executive Officer bezeichnet geschäftsführende Vorstandsmitglieder, Vorstandsvorsitzende, Generaldirektoren oder zeichnungsberechtigte Geschäftsführer.

Ulrich Schnabel
Leben als letzte Gelegenheit

Eines Tages, so erzählte mir einmal ein Freund, sei ihm die Tatsache des eigenen Todes radikal bewusst geworden. Und zwar nicht auf die übliche rationale Weise – dass wir sterben müssen, wissen wir schließlich alle –, nein, er habe plötzlich ganz unmittelbar, geradezu körperlich gespürt, dass sein Leben irgendwann unwiderruflich zu Ende sei. „Das hat mich
5 im wahrsten Sinn des Wortes umgehauen. Ich fiel zu Boden, schnappte nach Luft und wurde von einer Woge des Entsetzens überspült, wie ich sie noch nie erlebt hatte", schilderte er seine jähe Erkenntnis. Erst nach Stunden habe er sich einigermaßen beruhigt und wieder halbwegs seine gewöhnlichen Aufgaben bewältigen können. Doch die Erfahrung habe ihn seither nie wieder losgelassen und seinen Blick auf die eigene Existenz grundlegend verän-
10 dert.

Für gewöhnlich sind wir alle Meister im Verdrängen des Todes. Wir führen unser Leben, wie Immanuel Kant einmal bemerkte, in der Regel so, als wären wir unsterblich. Und doch ist da irgendwo im Unterbewusstsein dieses nagende Gefühl der eigenen Endlichkeit, die Ahnung, dass all unser Bemühen, all unsere Erfolge eines Tages hinfällig werden. Und
15 wenn einem dies vollständig ins Bewusstsein dringt, kann das eine Art Schock auslösen.

Denn sosehr auch Wissenschaft und Technik in den vergangenen dreihundert Jahren das menschliche Leben verändert haben – angesichts des Todes stehen wir vor denselben existenziellen Fragen wie die Menschen des Mittelalters oder der Prähistorie. Und aller Aufklärung und allem neuzeitlichen Fortschritt zum Trotz – die Angst vor unserer letzten Stunde
20 ist nicht etwa kleiner geworden, sondern möglicherweise sogar größer als je zuvor. Denn mit der modernen Nüchternheit und dem Siegeszug des rationalen Denkens ist uns zugleich jener Trost abhandengekommen, den früher die Religion versprach – nämlich die Hoffnung auf ein (wie auch immer geartetes) Leben nach dem Tod. Heute ist selbst unter gläubigen Christen das Vertrauen in das Heilsversprechen ihrer Religion erschüttert. Und
25 den meisten säkularen Zeitgenossen klingt das Reden von einem „Jenseits", einem „ewigen Leben" oder gar der Wiederauferstehung nur noch wie ein Märchen aus alten Zeiten, das in der Moderne jegliche Bedeutung verloren hat. Dem Tod stehen sie ganz nüchtern gegenüber und sehen ihn einfach als großes schwarzes Nichts, mit dem alles zu Ende ist.

Das aber hat dramatische Folgen sowohl für unsere Vorstellung vom Leben als auch für
30 unseren Umgang mit der Zeit. Denn was uns mit der Erlösungshoffnung eben auch verloren ging, ist jene religiöse Dimension, die auf den Begriff „Ewigkeit" gebracht wurde. Statt mit dieser unendlich ausgedehnten Zeit zu rechnen, bleiben uns heute nur die wenigen Jahre und Jahrzehnte unserer eigenen, erschreckend kurzen Existenz.

„War einstmals die Dauer der Welt, von ihrer Erschaffung bis zum Untergang im letzten
35 Gericht, die Zeiteinheit, mit der die Menschen rechneten, so wird am Beginn der Neuzeit die Dauer des Lebens von der Geburt bis zum Tod zur bestimmenden Einheit", schreibt die Sozialwissenschaftlerin Marianne Gronemeyer. Die Frage nach der Bedeutung des Todes sei daher in der Moderne unauflöslich verknüpft mit der Frage nach dem richtigen oder „guten Leben". Und als gutes Leben gilt heute allgemein das „erfüllte Leben", das darin be-
40 steht, möglichst viel von dem, was die Welt zu bieten hat, auszukosten.

Drastisch formuliert: Unser Leben wird zur „letzten Gelegenheit". Denn wer die Aussicht auf eine Fortsetzung im Jenseits verloren hat, dem bleibt nur eine Hoffnung auf das Paradies – er muss es hier und heute verwirklichen.

Ulrich Schnabel: Muße – Vom Glück des Nichtstuns. München: Karl Blessing Verlag, 2010, S. 192 f.

▰▶ Arbeiten Sie heraus, wie Schnabel die Wendung Leben als „letzte [ ] Gelegenheit" (Z. 41) in dem Textauszug einführt und erläutert.

Gesellschaftlicher Reichtum = gesellschaftliches Glück?

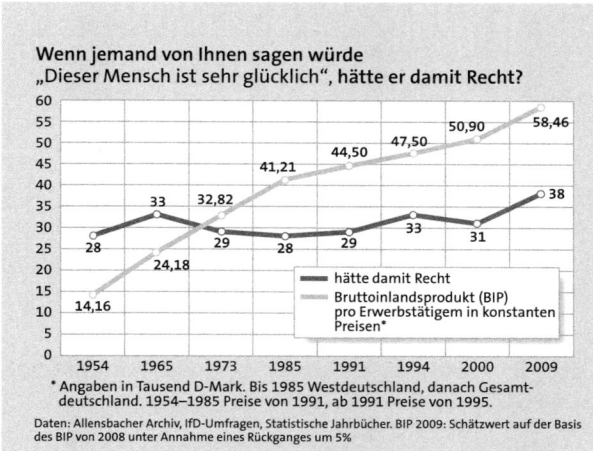

Wenn jemand von Ihnen sagen würde „Dieser Mensch ist sehr glücklich", hätte er damit Recht?

Legende:
— hätte damit Recht
— Bruttoinlandsprodukt (BIP) pro Erwerbstätigem in konstanten Preisen*

Werte „hätte damit Recht": 28 (1954), 33 (1965), 29 (1973), 28 (1985), 29 (1991), 33 (1994), 31 (2000), 38 (2009)

Werte BIP: 14,16; 24,18; 32,82; 41,21; 44,50; 47,50; 50,90; 58,46

* Angaben in Tausend D-Mark. Bis 1985 Westdeutschland, danach Gesamtdeutschland. 1954–1985 Preise von 1991, ab 1991 Preise von 1995.

Daten: Allensbacher Archiv, IfD-Umfragen, Statistische Jahrbücher. BIP 2009: Schätzwert auf der Basis des BIP von 2008 unter Annahme eines Rückganges um 5%

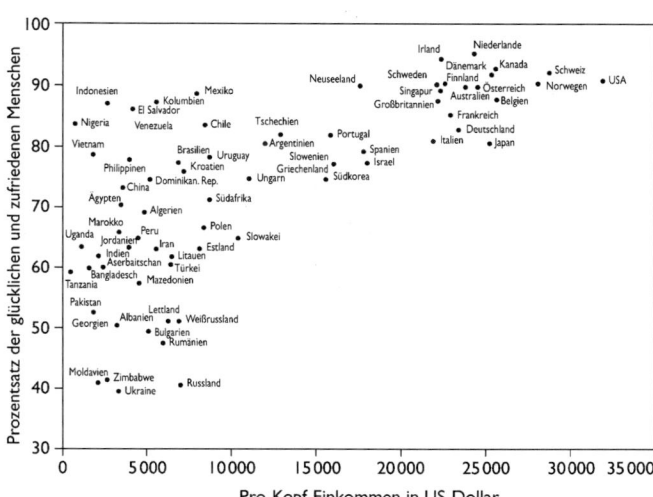

Mit der Frage, wie sich diese empirischen Befunde erklären lassen, beschäftigt sich auch der britische Wirtschaftswissenschaftler Richard Layard. Er geht von einer einfachen Frage aus:

Stellen Sie sich vor, Sie könnten es sich aussuchen, in welcher der beiden folgenden Welten Sie leben möchten:

– In der ersten Welt verdienen Sie 50 000 Euro im Jahr, während das Durchschnittsgehalt Ihrer Mitmenschen bei 25 000 Euro liegt.

5 – In der zweiten Welt würden Sie 100 000 Euro im Jahr verdienen, während das Durchschnittsgehalt der übrigen Menschen bei 250 000 Euro liegt.

Angenommen, die Preise sind in beiden Welten die gleichen. Für welche Welt würden Sie sich entscheiden? [...]

Richard Layard: Die glückliche Gesellschaft. Übersetzt von Jürgen Neubauer. Frankfurt a. M.: Campus Verlag, 2005, S. 53

1▶ Ermitteln Sie die Ergebnisse im Kurs.

2▶ Bei einer Befragung von Medizinstudenten der Universität Harvard entschied sich eine Mehrheit für die erste Variante. Interpretieren Sie die Ergebnisse aus Ihrem Kurs und aus der Befragung in Harvard und setzen Sie sie mit den beiden Grafiken oben in Beziehung.

3▶ Stellen Sie zusammenfassend Vermutungen zum Zusammenhang von gesellschaftlichem Reichtum und gesellschaftlichem Glück an. Überlegen Sie, ob und gegebenenfalls wie Sie Ihre Vermutungen überprüfen könnten.

(Den Schülerinnen und Schülern lag der gesamte Artikel von Susan Wolf zur Bearbeitung vor. Seien Sie also nicht überrascht, wenn in diesem Handout mehr Informationen enthalten sind, als sich dem Textauszug, der in *DenkArt* abgedruckt ist, direkt entnehmen lassen.)

Handout zu Susan Wolf: „Wann ist ein Leben sinnvoll?"

Susan Wolf geht in sechs Schritten vor:
1. Wann stellt sich die Frage: „Wann ist ein Leben sinnvoll?"
2. Wo liegt der Unterschied zu der Frage: „Was ist der Sinn des Lebens?"
3. Was wollen wir, wenn wir ein lebenswertes Leben wollen? (Um die Frage zu beantworten, stellt Wolf dar, was kein lebenswertes Leben ist.)
4. Schlussfolgerung aus 1) – 3)
5. Definition der Ausdrücke „Projekt" und „positiver Wert", Unterscheidung zwischen „sinnvolles Leben" und „sinnvoll (er)scheinendes Leben"
6. Schlussfolgerung aus 5)

Zu 1) Die Autorin erklärt, dass die Frage, wann ein Leben sinnvoll ist, heißt, zu fragen, wann ein Leben lebenswert ist. Dazu geht sie auf die drei Beispielsituationen „Sterbebett", „Offenbarung" und „Verzweiflung" ein, in denen man sich diese Frage stellt.
a) *Sterbebett*: Mit der Situation „Sterbebett" ist gemeint, dass man sein Leben rückblickend bewertet und hinterfragt, ob es sich gelohnt hat. Susan Wolf ergänzt, dass diese Frage generell aufkommt, wenn man mit dem Tod konfrontiert wird, also auch, wenn ein Freund stirbt oder man in anderen Situationen daran erinnert wird, dass man jederzeit sterben kann.
b) *Offenbarung*: Mit der Situation der „Offenbarung" ist gemeint, dass man eines Tages feststellt, dass das eigene Leben sinnlos ist, und man seinem Leben daraufhin eine ganz neue Richtung gibt. Dies unterlegt die Autorin mit Beispielen.
c) *Verzweiflung*: Bei der „Verzweiflung" geht es darum, dass man z. B. nach einem Fehlschlag oder großem Leid vermutet, dass das eigene Leben keinen Sinn hat, und versucht, sich davon zu überzeugen, dass es trotzdem einen Grund gibt, weiterzuleben.
d) *Kinderkriegen*: Manche Menschen denken, dass Kinder das Leben erst sinnvoll machen, während andere sich bewusst gegen das Kinderkriegen entscheiden, weil sie denken, dass Kinder ihnen gerade die Möglichkeit nehmen, den Dingen nachzugehen, die ihrem Leben einen Sinn geben.
e) *Berufswahl*: Die einen entscheiden sich für einen Beruf, bei dem sie sich für etwas einsetzen, das sie für sinnvoll halten. Andere hingegen entscheiden sich bewusst gegen eine Karriere, um Zeit zu haben, sich für ein außerberufliches Projekt zu engagieren.
Susan Wolf ergänzt, dass die Frage, ob das eigene Leben sinnvoll ist, viel häufiger und unbewusst auch in anderen Situationen aufkommt.

Zu 2) Wolf behauptet, dass zwei verschiedene Fragen nach dem „Sinn des Lebens" existieren: 1. Was ist der Sinn des Lebens?, 2. Wann ist ein Leben sinnvoll? Ihr Unterschied besteht darin, dass man bei der ersten nach der Bedeutung des menschlichen Lebens als solches fragt und bei der zweiten nach der Bedeutung der eigenen Existenz. Außerdem sagt sie, dass uns die Frage, auch ohne dass wir ausdrücklich darüber nachdenken, wichtig ist. Viele Leute denken nur deshalb nicht darüber nach, weil sie sich sicher sind, dass ihr Leben einen Sinn hat.

Zu 3) Um die Frage „Wann ist ein Leben lebenswert" zu beantworten, geht Susan Wolf darauf ein, was wir in unserem Leben vermeiden wollen. Dazu nimmt sie sinnlose Leben als Beispiele:

a) *Beispiel „Blubb"*: „Blubb" ist eine Person, die tagtäglich vor dem Fernseher sitzt, Bier trinkt und sich Seifenopern anschaut. Das Leben eines solchen Menschen ist also passiv und ohne Beziehung zu irgendjemandem.

b) *Beispiele aus der Kategorie Nutzlos*: 1. Ein Reicher, dessen Leben nur aus nutzlosen Aktivitäten wie Partys, Reisen und Geldausgeben besteht. 2. Der Manager, der jeden Tag 12 Stunden unter großem Stress arbeitet, um sein Vermögen zu erhöhen. 3. Ein Schweinezüchter, der mehr Land kauft, um mehr Getreide anzubauen, um mehr Schweine zu füttern, um mehr Land zu kaufen usw.

c) *(Strittige) Beispiele aus der Kategorie Bankrott*: Eine Person engagiert sich für ein Projekt, das sich am Ende als Bankrott erweist: 1. Die Firma eines Mannes, der sich sein ganzes Leben lang ihrem Aufbau gewidmet hat, um sie seinen Kinder zu übergeben, geht als er gerade in seinen Ruhestand eintreten will, pleite. 2. Das Lebenswerk eines Wissenschaftlers wird durch Bekanntgabe eines medizinischen Durchbruchs nutzlos gemacht, kurz bevor seine eigenen Forschungen zu den gleichen Ergebnissen geführt hätten. 3. Eine Frau, deren Beziehung im Lebensmittelpunkt steht, stellt fest, dass ihr Mann sie die ganze Zeit über betrogen und ihre Anbetung ausgenutzt hat.

Zum 3. Fall fügt die Autorin hinzu, dass man ihn nicht eindeutig unter die Kategorie „nutzlos" einordnen kann und dass sie ein solches Leben nicht als sinnlos ansieht.

Zu 4) Aus den Beispielen schlussfolgert Susan Wolf, was ein sinnvolles Leben ausmacht:

1. Eine Person muss sich – anders als „Blubb" – aktiv engagieren (aktiv sein).
2. Man darf sich nicht – wie in den „Nutzlos"-Fällen – für irgendetwas aus beliebigen Gründen und mit beliebigen Zielen engagieren. ➔ Man muss sich für Projekte mit positivem Wert engagieren.
3. Damit wir den „Bankrott" vermeiden, müssen unsere Aktivitäten erfolgreich sein.

Also heißt „sinnvoll leben", dass man sich aktiv und teils erfolgreich für ein Projekt engagiert, das einen positiven Wert hat.

Zu 5) Mit „Projekt" meint die Autorin alle Arten von Aktivitäten (und nicht nur zielgerichtete Aufgaben). Der „positive Wert" lässt sich nicht unproblematisch definieren, da es niemanden gibt, der das Recht hat zu beurteilen, welche Projekte einen positiven Wert haben und welche nicht (da z. B. jemand, der nichts von Sport hält, keinen Sinn im Golfspielen sieht, ein Golfspieler jedoch schon, also einen positiven Wert darin sieht). Eine maximal tolerante Interpretation von einem positiven Wert soll also möglich sein. Wolf schließt jedoch den allein subjektiven Wert als Interpretation aus. Damit meint sie, dass ein Projekt nicht *allein* dadurch sinnvoll wird, dass jemand es für sinnvoll hält. Ein Mensch kann sich über den Wert seiner Projekte schlicht irren. Man muss also einen Unterschied zwischen „ein sinnvolles Leben führen" und „ein Leben führen, dass uns sinnvoll erscheint" machen.

Zuletzt geht sie noch mal auf die Beispielsituation „Offenbarung" ein und behauptet, dass man seinem Leben, nachdem man „aufgewacht" ist und erkannt hat, dass das eigene Leben sinnlos ist, keinen Sinn geben kann, indem man eine Therapie macht, die einen dazu bringen würde, zu glauben, dass das Leben (doch) einen Sinn hat.

Zu 6) Antwort auf die Frage „Wann ist ein Leben sinnvoll/lebenswert?":

> Also heißt „sinnvoll leben", dass man sich aktiv und teils erfolgreich für ein Projekt engagiert, das positiven Wert hat und nicht nur zu haben scheint.

Thomas Nagel
Innensicht und Außensicht

Von weit genug außerhalb gesehen, ist meine Geburt offenbar zufällig, mein Leben zwecklos, mein Tod unerheblich. Aus der Innenperspektive ist im Gegenteil das Faktum, dass ich auch nicht hätte geboren werden können, so gut wie unvorstellbar, mein Leben von ungeheurer Wichtigkeit und mein Tod eine Katastrophe. Obgleich diese einander diametral ent-

5 gegengesetzten Perspektiven unleugbar ein und derselben Person angehören – wäre dem nicht so, dann entstünde erst gar kein Problem –, arbeiten sie unabhängig genug voneinander, um die jeweils andere Perspektive in Erstaunen versetzen zu können – ganz wie eine Identität, die wir für eine Weile vergessen haben. [...]

Begreife ich mich objektiv als eine kleine, kontingente und höchst transitorische Seifenbla-

10 se in der unermesslichen Lauge des Universums, erzeugt dieser Gedanke eine Einstellung, die an Indifferenz grenzt. [...] Mein ursprüngliches Selbstverhältnis ist hiervon aber grundverschieden und gerät mit der objektiven Einstellung in Kollision. [...]

Zweifellos werden viele von uns, die das Unbehagen ihrer objektiven Distanzierung von sich erfahren haben, dieses Faktum schlicht verdrängen und in der Welt weiterleben, als

15 gäbe es die externe Auffassung gar nicht. Andere werden derlei existenztielle Besorgnisse als erfundene und künstliche Probleme abzuweisen suchen. Ich jedenfalls halte beide dieser Reaktionen für unangemessen, denn zum einen ist der objektive Standpunkt – und zwar auch in seinen Extrembereichen – ein viel zu wesentliches Stück unserer Natur, um ohne Unaufrichtigkeit verabschiedet werden zu können, zum anderen mag die Bemühung um

20 eine individuelle Lebensführung, die ihn einschließt und ihm Rechnung trägt, auch dann ein lohnendes Ziel sein, wenn uns seine restlose Integration mit Notwendigkeit misslingen muss. [...]

Welche Vermittlung ihm [dem Menschen] auch immer möglich sein wird, er muss sie in seinem eigenen Kopf vollziehen, und die Möglichkeiten hierfür sind beschränkt. Es geht

25 aber nicht bloß um ein intellektuelles Problem. Der externe Standpunkt und die Aussicht unseres Todes erzeugen im Leben tatsächlich einen Verlust des Gleichgewichts. Die meisten von uns überkommt urplötzlich Schwindel bei dem Gedanken an die ungeheure Unwahrscheinlichkeit ihrer Geburt oder bei der Vorstellung, dass die Welt auch ohne sie munter weitergehen wird. Und viele verspüren einen fortwährenden Sog des Absurden bei den

30 Vorhaben und Ambitionen, die als Motor ihres jeweiligen Lebens fungieren. Diese eher schmerzlichen Verdrängungserscheinungen der externen Auffassung sind von einer vollen Entfaltung unseres Bewusstseins gar nicht zu trennen.

Thomas Nagel: Der Blick von nirgendwo. Übersetzt von Michael Gebauer. Berlin: Suhrkamp, 2012 [1986], S. 361 **ff.**

Peter Bieri
Religiöse und säkulare Identität

Die moralische Identität von Menschen ist oft eingebettet in eine religiöse Identität. Eine Religion ist in der Regel ein Weltbild mit drei Komponenten: einer Auskunft über den Ursprung der Welt, einer Vorstellung von moralischer Integrität und einem Vorschlag zum Umgang mit Erfahrungen, die unsere Kräfte zu übersteigen drohen, wie Tod, Schmerz und
5 Einsamkeit. Will man eine Kultur verstehen, so muss man sich fragen, in welchem Ausmaß und in welcher Form sie eine religiös geprägte Kultur ist. Und wenn man in einem Prozess der Bildung aus blinden Prägungen herauswächst und sich eine bewusste kulturelle Identität erarbeitet, so bedeutet das immer auch, sich vis-à-vis von religiösen Weltdeutungen zu definieren: Glaube ich an eine göttliche Schöpfung, oder suche ich eher in der Biologie und
10 Astrophysik nach Erklärungen für die Entstehung der natürlichen Welt? Verlasse ich mich in meinem moralischen Urteil auf eine göttliche Autorität und heilige Schriften, oder bilde ich mir mein eigenes Urteil, indem ich auf meine moralischen Empfindungen höre und mir selbstständig überlege, was man von den anderen und sich selbst an Achtung und Verzicht verlangen muss, damit es ein Zusammenleben ohne Grausamkeit gibt? [...]
15 Das gilt auch für die beiden letzten großen Themen einer Kultur, die ich erwähnen will: die Vorstellungen von *Sinn* und *Glück*. Für jemanden, der aus einer religiösen Identität heraus lebt, gibt es eine Definition eines sinnvollen und glücklichen Lebens, die von außen kommt und ihre Autorität aus heiligen Schriften, einer Offenbarung oder einer kirchlichen Institution herleitet. Danach hat mein Leben einen Sinn, weil es in eine größere Ordnung und ei-
20 nen größeren Plan passt, den nicht ich selbst entworfen habe, und auch das Glück eines solchen Lebens, wenn es mehr ist als oberflächlicher Genuss und flüchtige Freude, liegt in seinem Beitrag zu etwas, dessen Bedeutung weit über mich hinausreicht. Für eine säkulare, weltliche Identität ist es anders. Hier gibt es keinen übergeordneten, von mir unabhängigen Sinn und keinen Maßstab für Glück, der jenseits meiner Bedürfnisse läge. Den Sinn meines
25 Lebens schaffe ich mir selbst, er ergibt sich aus der Logik meines seelischen Lebens, er ist wandelbar, und ich anerkenne keine Autorität, die mich darüber belehren könnte.
Diesen Unterschied zwischen religiöser und säkularer Kultur kann man auch noch anders ausdrücken. Jede Kultur ist auch eine Definition von dem, was *wichtig* ist. Wenn es eine religiöse Kultur ist, wird das festgelegt von religiösen Führern, Institutionen und Texten. Es
30 kann eine Kluft geben zwischen dem, was *mir* wichtig ist oder wäre, und dem, was die religiösen Instanzen als wichtig verkünden. In einer säkularen Kultur ist das anders. Hier bestimmen einfach ihre Mitglieder, was wichtig ist, und es gibt, anders als in einem religiösen Zusammenhang, keinen prinzipiellen Unterschied zwischen dem, was wir für wichtig *halten*, und dem, was wichtig *ist*. Wir sind, was Sinn, Glück und Wichtigkeit anlangt, keiner
35 höheren Instanz gegenüber verantwortlich; verantwortlich sind wir nur uns selbst und den anderen gegenüber. Das macht die Sache sowohl leichter als auch schwerer. Leichter, weil wir uns durch keine fremden Vorstellungen unterjocht fühlen müssen. Schwerer, weil es bedeutet, dass wir Selbsterkenntnis und Übersicht über uns selbst brauchen, um ein klares Bewusstsein davon zu haben, was wir als wichtig erachten. Sich selbst in diesem Sinne zu
40 kennen und zu verstehen, ist ein wesentlicher Bestandteil von Bildung [...]

Peter Bieri: Wie wollen wir leben? München: dtv, 5. Auflage 2014, S. 77–80

1▶ Arbeiten Sie heraus, wie Bieri religiöse Identität von säkularer abgrenzt.

2▶ Erörtern Sie, wie Menschen ermitteln können, was „wichtig" (Z. 32) für sie ist. Nehmen Sie dabei auch Bezug auf die im Unterricht diskutierten Positionen.

3▶ Nehmen Sie selbst Stellung: In welchem Maß sind Menschen, „was Sinn, Glück und Wichtigkeit anlangt, keiner höheren Instanz gegenüber verantwortlich" (Z. 36 f.)?

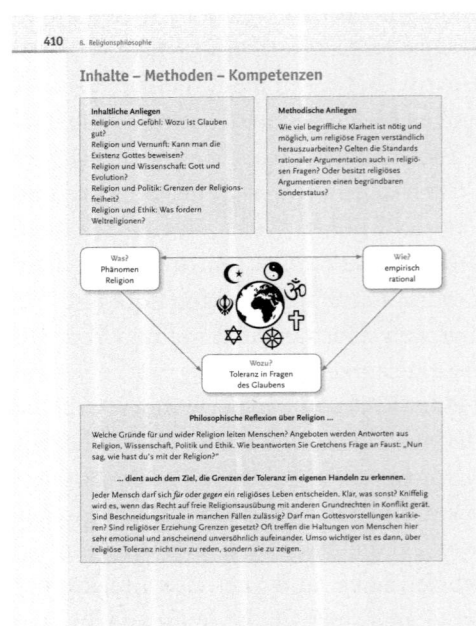

Inhalte – Methoden – Kompetenzen

Das übergeordnete pädagogische Anliegen im Unterricht, wenn es um Religionsphilosophie geht, ist das folgende: Bediene als Lehrperson das bei vielen jungen Menschen vorhandene Bedürfnis nach religiösen, metaphysischen Themen, *ohne* dabei selbst Partei zu ergreifen oder gar für eine Seite zu missionieren. Das Überwältigungsverbot gilt in Fragen der Religion und Weltanschauung in ganz besonderer Weise. So soll also weder für den Theismus noch den Atheismus oder sonst etwas missioniert werden. Aber es soll in gemeinsamer Untersuchung und Diskussion von religionsphilosophischen Themen klarer werden können, wofür sich jemand entscheidet, der sich für oder gegen ein religiöses Leben entscheidet. Dabei ergeben sich für *jede* Behandlung von religiösen Themen im Philosophieunterricht drei übergeordnete Ziele:

i) Schütze nichtreligiöse Mitmenschen vor „paternalistischen" Überwältigungsversuchen religiöser Menschen, die meinen, sich wegen offenbarter oder gefühlter „Glaubensgewissheiten" oder durch das Berufen auf Traditionen in das Leben anderer massiv einmischen zu müssen. Solche Einmischungen in das Leben anderer sollten besonders für jemanden tabu sein, der sein eigenes Leben durchaus religiös ausrichten möchte. Hier die Grenzen der positiven wie negativen Religionsfreiheit zu erkunden ist für jeden aufgeklärten Menschen wichtig, ganz unabhängig davon, wie er sich selbst zu Glaube und Religion positioniert.

ii) Schütze religiöse Mitmenschen vor schnell geführten Attacken, die Religion und Glaube mit fehlender Vernunft oder Aufgeklärtheit gleichsetzen. „Die ignorieren die naturwissenschaftlichen Fakten." Dieser Schuss kann auch schnell nach hinten losgehen. Auch hier müssen die Grenzen der positiven wie negativen Religionsfreiheit kritisch in den Blick genommen werden. Aus der berechtigten Haltung, sich selbst weltanschaulich und religiös zu enthalten, darf nicht die Forderung werden, Religion aus dem öffentlichen Leben zu verbannen.

iii) In gemeinsamer Diskussion über alle Fragen der Religion sollte deutlich werden können, woran jemand glaubt, wenn er an „soundso" glaubt, und welche Konsequenzen sich aus diesem Glauben ergeben oder eben nicht ergeben. Dafür beispielsweise gut geeignet ist das Problem der Theodizee (→ vgl. 8.3.2), d. h. die Rechtfertigung der Güte Gottes angesichts der Übel in der Welt. Kann Gott trotz aller Übel allwissend, allgütig und allmächtig sein? Ebenso geeignet sind aber auch Vorstellungen über die Seele, den Tod oder Wiedergeburt. Was sichert die Identität von Seelen, wenn es tatsächlich so etwas wie Auferstehung in der ein oder anderen Form gäbe? Hier ist sorgfältige Begriffsarbeit nötig, damit ein verständlicher Austausch über solche Fragen möglich wird.

Sequenz ●●●	Es empfiehlt sich, mit Teilen von Unterkapitel **8.1** zu beginnen, um eine gemeinsame begriff-liche Grundlage zu erhalten, die es erlaubt, über Phänomene des Glaubens klar reden zu können. Die weiteren vier Unterkapitel können wahlfrei und den Interessen im Kurs oder den Erfordernissen des Curriculums folgend bearbeitet werden. Da, wo Querverweise möglich sind, können vertiefend einzelne Texte auch aus anderen Unterkapiteln mit einbezogen werden.

Querverweise
◄─►
	• **Philosophieren: Wie und wozu?, Säule 1: Sorgfältige Begriffsklärung** (→ SB, S. 18 ff.):
	  – Allmacht. Könnte Gott einen Stein schaffen, den er nicht heben kann?
	• **Philosophieren: Wie und wozu?, Säule 2: Folgerichtiges Argumentieren** (→ SB, S. 21 ff.):
	  – Wie hängen die Begriffe „Allwissenheit" und „Willensfreiheit" zusammen?
	Die beiden Beispiele zeigen, was es heißt, die Güte von Argumenten über Gott unabhängig davon zu untersuchen, ob man selbst gläubig ist, und ermuntern so zu einem analytischen Umgang mit religiösen Argumenten.

8.1 Erscheinungsformen von Religion

Inhalte – Methoden – Kompetenzen

Das einführende Kapitel dient dazu, den Blick für Phänomene der Religion zu schärfen und zu erkennen, wie stark (auch bei nicht religiös empfindenden Menschen) das Denken durch religi-öse Motive beeinflusst wird. Neben dem Streit, ob es eine wahre Religion gibt, wie sie aussieht und was ihren Wahrheitsanspruch rechtfertigt, geht es darum, ganz unbedarft und neugierig die vielfältigen Phänomene zu betrachten, in denen sich die Auswirkungen von Religion auf das Leben von Menschen zeigen.

Sequenz ●●●	Je nachdem, wie stark ein Kurs an logischer Analyse oder an der Beschreibung und Betrach-tung religionssoziologischer Phänomene interessiert ist, kann man zunächst auch mit **8.1.2** Die Macht des Glaubens an den Glauben beginnen, „Schlachtfeld Gott" (→ SB, S. 411 f.) auslassen und zum Abschluss die erforderliche Begriffsklärung (→ SB, S. 413) durchführen. Umgekehrt kann eine intensive Behandlung von „Schlachtfeld Gott" die Lerngruppe induktiv zu tragfähigen Ergebnissen und Begriffsfestlegungen führen, sodass der Text von Vollmer (→ SB, S. 413 f.) gar nicht oder nur als systematisierende Zusammenfassung gelesen wird.
Querverweise ◄─►	• **Philosophieren: Wie und wozu?, Säule 1: Sorgfältige Begriffsklärung** (→ SB, S. 18 ff.): Allmacht. Könnte Gott einen Stein schaffen, den er nicht heben kann?

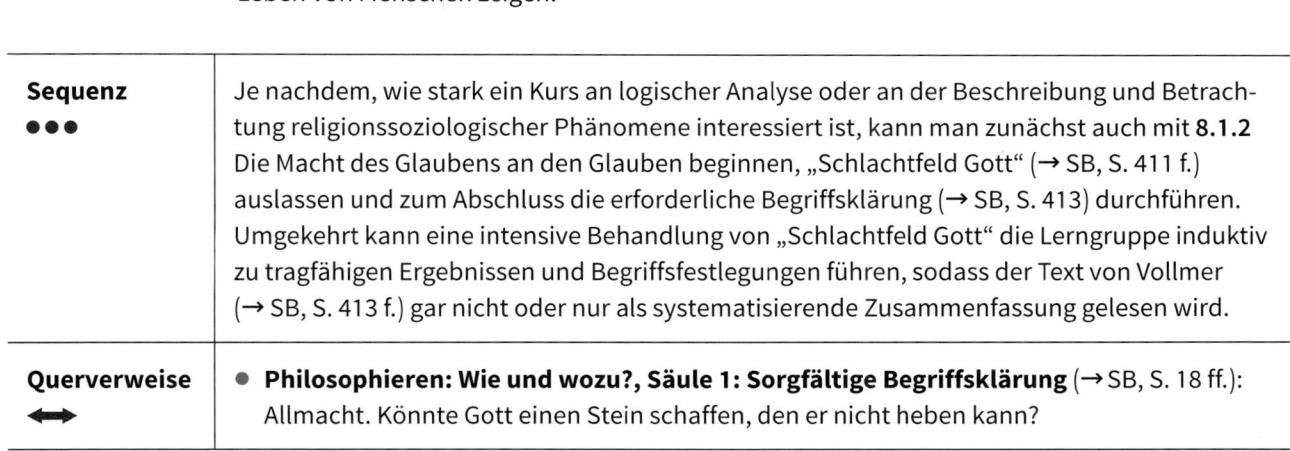

Literatur und Links

• Norbert Hoerster: Die Frage nach Gott. München: C. H. Beck, 2005

• Ansgar Beckermann: Glaube. Berlin/Boston: De Gruyter, 2013

• Ulrich Schnabel: Die Vermessung des Glaubens – Forscher ergründen, wie der Glaube entsteht und warum er Berge versetzt. München: Pantheon Verlag, 2. Aufl. 2010

8.1.1 Woran glaubt, wer an Gott glaubt?

Inhalte – Methoden – Kompetenzen

Zunächst soll in spielerischer Form („Schlachtfeld Gott") der Blick dafür geschärft werden, dass religiöse Aussagen – wie andere Aussagen auch – *logisch* zusammenhängen können und deshalb die Bejahung eines Satzes Konsequenzen für die Bejahung oder Verneinung anderer Sätze einschließen kann. *Wer hier „Ja" sagt, kann da nicht „Nein" sagen. Wer Satz A bejaht, muss Satz B verneinen.* Derartige logische Zusammenhänge können ganz unabhängig von den je persönlichen Glaubenssätzen gemeinsam aufgestellt und untersucht werden. Als Grundlage für gute Diskussionen über Gott und Religion ist es enorm hilfreich, vorab zu klären, in welchem Sinn Menschen an „Gott" glauben können. Die durch Gerhard Vollmer vorgetragenen zentralen Unterscheidungen sorgen dafür, sich immer dann, wenn es inhaltlich kontrovers zugeht, als Philosophin oder Philosoph erneut zu fragen, wie die zentralen Begriffe der Debatte, etwa „Gott", „Güte", „personaler Schöpfer", „erste Wirkursache" u. s. w., von den Diskutanten benutzt werden.

Sequenz ●●●	Die einführende Sequenz kann ganz oder in Teilen entfallen, wenn die Lerngruppe bereits in der Mittelstufe intensive Begriffsklärung zu religiösen Begriffen betrieben hat. Der Text von Vollmer eignet sich dann für eine schnelle und gezielte Wiederholung der einschlägigen Unterscheidungen, die jeweils an Beispielen verdeutlicht werden können.
Querverweise ◄►	• **8.3.1 Geltungsanspruch religiöser Normen** (→ SB, S. 430 ff.): Das Euthyphron-Problem (→ SB, S. 430) fordert in besonderer Weise dazu auf, das eigene Gottesverständnis zu prüfen und zu fragen, was es heißen soll, „Gott sei gut" (→ SB, S. 438). • **8.3.2 Das Theodizee-Problem: Wozu sind Übel gut?** (→ SB, S. 439): Die Analyse des Theodizee-Problems erfordert es, die zentralen Begriffe *Güte, Allmacht, Allwissenheit, Übel* zu definieren und dann zu prüfen, ob und wie sie (sprach-)logisch zusammenhängen.

Zu den Materialien und Aufgaben

S. 411 **Julian Baggini, Jeremy Stangroom: Schlachtfeld Gott**

1▶ In der Spontanphase dürfen alle Vorstellungen nebeneinander stehen bleiben. Es ist in hohem Maße wünschenswert, wenn hier im Unterricht die Unterschiedlichkeit und auch Unverträglichkeit von Vorstellungen ans Licht kommen. Eine vertiefende Diskussion ist an dieser Stelle noch nicht vorgesehen. Interessant für den Folgeunterricht ist es allerdings, als Lehrperson besonders die wechselseitig unverträglichen Vorstellungen zu sichern, um sie nach der Auswertung des Tests (S. 412) erneut im Kurs zu betrachten.

S. 412 **2▶** **3▶** Als Auswertungshilfe kann der Zusatztext → LB, **Z 8-1** zum Einsatz kommen. Es müs-
Z 8-1 sen (und können!) in der Regel nicht alle Verständnisprobleme beseitigt werden. Zentral ist die Erkenntnis, dass es – wie bei Nina und dem Eichhörnchen (→ SB, S. 18 f.) – auf genaue Definitionen ankommt. Je nach Definition und Sprachverständnis ergeben sich dann aus der Beantwortung einer Frage Folgerungen für die Beantwortung weiterer Fragen im Test. Hierfür in eher spielerischer Form zu sensibilisieren ist alleiniges Ziel des Spiels. Weltanschauliche Rechthabereien sollten deshalb vorsichtig, aber konsequent unterbunden werden.

S. 413 **4▶** Abgesehen von Zwischenformen ergeben sich oft zwei Lager: Diejenigen, die sagen, Aussagen über Religion seien genauso wie andere Aussagen über die Welt zu behandeln. Rationale Stimmigkeit ist dann ein Gütekriterium dafür, wie ernst man die Aussagen nehmen kann. Andere sagen, dass religiöse Aussagen einen Sonderstatus genießen, weil sie über Dinge reden, die nicht oder nur in grober Näherung in Worte sicher fassbar sind. Scheinbare Ungereimtheiten liegen nur an unserem Unvermögen mit unserer unzureichenden Sprache und unserem unzureichenden Weltverständnis über das Verhältnis des Menschen zu Gott und den Zusammenhang von Diesseits und Jenseits zu sprechen. Die Lehrperson braucht (und soll) hier keine Einigung zu erzwingen. Stückweise Klarheit darüber zu erreichen, welchen Status religiöse Aussagen nun in verschiedenen Zusammenhängen des Lebens haben, ist Aufgabe aller Unterkapitel.

S. 413 **Gerhard Vollmer: Bin ich Atheist, Theist oder Agnostiker?**

Dieser Text legt wichtige begriffliche Grundlagen für ein genaueres Verständnis darüber, was unter „Gott" zu verstehen ist und was es demnach heißt, an Gottes Nichtexistenz zu glauben.

5▶ Bitte sammeln Sie hier nur die im Kurs vertretenen möglichen Definitionen. Der spätere Vergleich mit den durch Vollmer referierten Definitionen dient dann der vertiefenden Sachklärung.

S. 414 **6▶** Vgl. „Was bleibt", → SB, S. 458: Im Kasten finden sich die durch Vollmer genannten Definitionen.

S. 415 **7▶** Hier können ggf. die Ergebnisse aus Aufgabe 5 einfließen. Präzisierungen sind in jeder Hinsicht erlaubt. Falls sich die Definitionen im Kurs von den üblichen deutlich absetzen sollten, muss das nicht verhindert werden, sondern der unterschiedliche Gebrauch sollte deutlich benannt und festgehalten werden. Z. B. ist es eine Sache, unter „Gott" die erste Wirkursache der Welt zu verstehen, und eine ganz andere, „Gott" als personalen Schöpfergott anzusehen. Diese Unterscheidung kann z. B. später einen Hinweis auf den logischen oder inhaltlichen Fehler (je nach Sichtweise) in Craigs kosmologischem Argument liefern (vgl. → SB, S. 422: William Lane Craig: Existiert Gott?).

8.1.2 Die Macht des Glaubens an den Glauben

Inhalte – Methoden – Kompetenzen

In diesem kurzen Abschnitt geht es um Religionssoziologie und die Abgrenzung der Wahrheitsfrage (Treffen die Inhalte einer Religion zu?) von der Wirkungsfrage sowie der Frage nach der historischen Genese von Religionen (Wie sind Religionen entstanden? Welche Rolle spielt der Glauben an Gott im Leben von Menschen?). Zur eigenen fachlichen Vorbereitung lohnt es sich ungemein, längere Passagen aus dem Buch von Ulrich Schnabel („Die Vermessung des Glaubens") zu lesen, um die Besonderheiten der wissenschaftlichen Untersuchung von Religion und Glauben kennenzulernen.

Sequenz ●●●	Da in diesem Unterabschnitt viele Informationen und Erklärungen und eher wenig dezidiert philosophische Argumentation enthalten sind, bietet es sich an, den einführenden Text „Der falsche Streit" (→ SB, S. 415 f.) gemeinsam zu erarbeiten und die beiden Aspekte Religionssoziologie (→ SB, S. 417 f.) und das Phänomen des Glaubens an den Glauben (→ SB, S. 418 f.) arbeitsteilig zu behandeln und sich wechselseitig zu präsentieren. Bei besonderem Interesse können zusätzliche Rechercheaufträge zu Vertiefungen der beiden Aspekte führen. Z. B. das Recherchieren von weiteren besonders abstrus anmutenden religiösen Vorstellungen, die ihren Vertretern allerdings selbstverständlich und natürlich erscheinen. Oder Situationen, wo der Glaube an den Glauben die Wahrheitsfrage zu verdrängen scheint.
Querverweise ◄─►	● **8.5.1 Religionen im Wandel** (→ SB, S. 449 ff.) ● **8.5.2 Das Problem der Deutung heiliger Schriften** (→ SB, S. 454 ff.) Beide Unterkapitel können vertiefend hinzugezogen werden, wenn sich die Diskussion im Kurs von religionssoziologischen Fragen hin zur Wahrheitsfrage verschiebt: Was ist der richtige Inhalt einer Religion (das Deutungsproblem) und welche Inhalte sind im Angebot?

Zu den Materialien und Aufgaben

S. 415   **Ulrich Schnabel: Der falsche Streit**

■**1**▶ Die Aufgabe spricht für sich. Die Auffassungen sollten noch nicht im Kurs ausgetauscht und diskutiert werden. Es hat für jeden Leser einen eigenen Wert, seine Antworten zu benennen und dann im Lichte der Lektüre zu präzisieren und zu bewerten.

S. 416   ■**2**▶ Was vereint die Glaubensvorstellung der Fang und des Christentums? Beide machen jeweils von Vorstellungen Gebrauch, die ohne den kulturellen und religiösen Hintergrund unbedarften Neulingen abstrus erscheinen (müssen). Dass die abstrusen Merkmale des eigenen Glaubens Gläubigen oft gar nicht auffallen oder bewusst sind, zeigt nur, wie tief die Gläubigen in

Z 8-8   ihrem eigenen kulturellen Umfeld verwurzelt sind. Im Zusatztext → LB, **Z 8-8** unternimmt Michael Schmidt-Salomon den Versuch, in religionskritischer Absicht, zentrale Glaubensinhalte des Christentums so darzustellen, dass sie ähnlich abstrus wirken, wie die Glaubensinhalte der Fang. Gelingt sei Versuch oder verstellt er einen unvoreingenommenen Blick auf das Christentum?

■**3**▶ Es ist dem Theologen Graf recht zu geben: Der Versuch, die „Vogelperspektive" (manche sagen auch: die alle Zusammenhänge durchschauende „Gottesperspektive") einzunehmen, ist zum Scheitern verurteilt. Und zwar selbst dann, wenn es sie gäbe, da kein sicheres Kriterium erkennbar ist, an dem man ausmachen könnte, ob diese oder jene Perspektive besser, objektiver, rationaler oder angemessener ist. Niemand kann seine eigenen (oft auch unbewussten) Glaubensvorstellungen beiseitelassen und die Welt unvoreingenommen betrachten.

■**4**▶ ■**5**▶ Seien Sie schlicht neugierig auf die Antworten. Die Vielschichtigkeit der Antworten ist hier lohnendes Ziel. Falls sich die Lerngruppe wider Erwarten schwertun sollte, können die Aufgaben auch übergangen werden.

■**6**▶ Das Projekt ist optional zur Vertiefung geeignet. Es lohnt sich besonders in Kursen, in denen ein Werben für mehr wechselseitige Toleranz in den Ansichten über die „wahre" Religion wichtig erscheint.

S. 417   **M1 Ulrich Schnabel: Was wir von der Religion lernen können**

■**7**▶ Hier ist eine schnelle Sammlung das Ziel. Weder Vollständigkeit noch ein Bewerten der kurzen Begriffsklärung sind nötig. Es ist zudem ziemlich wahrscheinlich, dass auch die im Text auftauchende Bedeutung (Glaube, der „Krankheiten heilen" kann) genannt wird.

S. 418 **8▶** Religion ist natürlich, Wissenschaft und auch Theologie dagegen sind es nicht. Glaube manifestiert sich eher im „schnellen" Denken (als automatischer Denkreflex). Wissenschaft und Theologie dagegen beruhen auf „langsamem Denken", das durch Reflexion und kritisches Hinterfragen sowie durch ausgefeilte Theoriegebäude mit vielen Annahmen und Folgerungen gekennzeichnet ist.

9▶ Insbesondere ist der Textauszug ab Zeile 7 bis Zeile 31 auszuwerten. Während Glaube zur normalen Grundausstattung des Menschen gehört und Bestandteil der sich im Laufe der Evolution herausgebildeten Denk- und Gefühlsreflexe ist, ist das abstrakte und wissenschaftliche Denken, aber auch das abstrakte theologische Denken, Menschen im Alltag eher fern und nicht unmittelbar bedeutsam. Der Unterschied zwischen „schnellem" und „langsamen Denken" kann auch gut im Kurs in einem kleinen Test simuliert werden, vgl. → SB, S. 473, Übung 2.

10▶ Das Gespräch kann offen geführt werden. Beide Antworten sind möglich. Eine abschließende Entscheidung ist natürlich nicht erforderlich. Hier zählen allein die vorgetragenen Gründe.

S. 418 **M2 Richard Dawkins: Glauben an den Glauben**

11▶ Eine kurze Arbeitsdefinition genügt, die dann im Zuge der Textbehandlung anhand von Beispielen präzisiert oder erläutert werden kann. Etwa: *In schweren Lebenslagen Zuspruch erhalten, der die Situation erträglicher macht.* Oder laut Duden: *etwas, was jemanden in seinem Leid, seiner Niedergeschlagenheit aufrichtet.*

S. 419 **12▶** Die Vorstellung, dass wir alle geborgen in der Hand Gottes sind, kann in viel stärkerem Maße in Situationen des Leidens Trost spenden, als die Vorstellung, das eigene Leid beruhe nur auf Zufall, diene keinem Zweck und sei im Weltenlauf nicht mal eine Randnotiz.

13▶ Jemand, der an die Flugsicherheit glaubt, wird u. U. eine Notsituation ruhiger überstehen, als jemand, der sehr genau die Gefährlichkeit der Situation einschätzen kann, aber zum Zuschauen verdammt ist. Natürlich wird die Situation selbst durch die beiden Sichtweisen nicht beeinflusst, wohl aber das Denken und Fühlen derer, die die Situation überstehen müssen. Auch wenn bestimmte Glaubensannahmen eindeutig zu einer Beruhigung des Seelenlebens führen, ist das kein Beleg für die Wahrheit der Annahmen. Dies macht Dawkins eindringlich an seinem Beispiel deutlich, „wenn alle Atheisten verzweifelte Neurotiker wären" (Z. 16).

14▶ Hier zählt alleine, ob aus der Lerngruppe heraus Beispiele genannt werden. Ist das nicht der Fall, kann man schnell zu Aufgabe 15 wechseln. (Ein Beispiel etwa könnte Norbert Blüms einstiges Mantra sein: „Die Rente ist sicher!")

15▶ Die Frage soll zu einer eigenen Stellungnahme ermuntern. Ein bestimmtes inhaltliches Ergebnis wird nicht erwartet.

8.2 Religion, Vernunft, Wissenschaft

Inhalte – Methoden – Kompetenzen

In diesem Unterkapitel wird die Frage nach der Existenz Gottes in zwei logischen Hinsichten untersucht: i) Was ist von Versuchen zu halten, Gottes Existenz deduktiv zwingend zu beweisen? Exemplarisch dafür wird der ontologische Beweis Anselms textanalytisch genau unter die Lupe genommen und letztlich verworfen. ii) Auch wenn Gottes Existenz nicht deduktiv zwingend bewiesen werden kann, so gibt es vielleicht induktive, empirische Gründe für seine Existenz. Hier werden ein kosmologischer und ein teleologischer Gottesbeweis skizziert und untersucht. Gott als beste Erklärung dafür, dass die Welt voller Gestaltung und Ordnung ist, gerät ins Wanken durch die Evolutionstheorie, die zeigt, in welchem Sinn Ordnung und Gestaltung auch ohne Plan und Planer entstehen können.

Sequenz ●●●	Die drei Unterabschnitte können in wahlfreier Folge und jeweils auch unabhängig voneinander behandelt werden.
Querverweise ◆━▶	• **Philosophieren: Wie und wozu?, Säule 4: Faire Textinterpretation** (→ SB, S. 29 ff.) • **Philosophieren: Vertiefungen und Übungen, Fallstricke induktiver Logik Ockhams Rasiermesser** (→ SB, S. 477)

Literatur und Links

- Kann man Gottes Existenz beweisen (→ kosmologisch, teleologisch, ontologisch)?:
  - Norbert Hoerster: Glaube und Vernunft. Stuttgart: Reclam, 1988, insb. Kapitel 1 und 2, teilweise auch 9
  - Nigel Warburton: Was können wir wissen, was dürfen wir tun. Übersetzt von Martin Suhr. Reinbek bei Hamburg: Rowohlt, 1998, Kapitel 1
  - John Leslie Mackie: Das Wunder des Theismus. Übersetzt von Rudolf Ginters. Stuttgart: Reclam, 1997, insb. Kapitel 3, 5 und 8

- Theodizee: Warum ist die Welt trotz Gottes Güte und Macht so schlecht?:
  - Hubert Schleichert: Wie man mit Fundamentalisten diskutiert, ohne den Verstand zu verlieren, München: Beck, 1997, S. 19–23
  - Norbert Hoerster: Glaube und Vernunft. Stuttgart: Reclam, 1988, Kapitel 3
  - Norbert Hoerster: Zur Unlösbarkeit des Theodizee Problems. In: Theologie und Philosophie 60 (1985), S. 400–409
  - Nigel Warburton: Was können wir wissen, was dürfen wir tun. Übersetzt von Martin Suhr. Reinbek bei Hamburg: Rowohlt, 1998, Kapitel 1
  - John Leslie Mackie: Das Wunder des Theismus. Übersetzt von Rudolf Ginters. Stuttgart: Reclam, 1997, insb. Kapitel 9
  - Raymond Smullyan: Das Tao ist Stille. Übersetzt von Robert Riedel. Frankfurt a. M.: Fischer, 1997, Kapitel 22: Ist Gott Taoist? (Ein toller „Dialog" zwischen einem Sterblichen und Gott über Übel, Sünde, freien Willen.)

- „Gibt es Gott?": Kreationismus – Debatte – http://www.giordano-bruno-stiftung.de/meldung/duesseldorfer-kreationismus-debatte

8.2.1 Gottes Existenz beweisen – (wie) geht das?

Inhalte – Methoden – Kompetenzen

Gottesbeweise sind ein bestens geeignetes Übungsfeld, um Argumente logisch klar zu rekonstruieren und eine Fehleranalyse durchzuführen. Dabei finden sich sowohl deduktive (z. B. Anselms ontologischer Beweis) wie auch induktive (z. B. die beste Erklärung für die Ordnung in der Welt ist das planvolle Handeln Gottes). Diese letztgenannte Idee, „Geist zuerst", wird durch die Evolutionstheorie nachhaltig infrage gestellt. So sehen sich auch Kreationisten (Anhänger der

Schöpfungsthese und des *Intelligent Design*) in erbitterter Gegnerschaft zur Evolutionstheorie, nach der „Geist" erst spät in der Evolution auftritt und daher nicht die Ursache für Evolution sein kann.

Sequenz ●●●	Für Kurse, die neu in das Thema Gottesbeweise einsteigen, ist es ratsam, nicht direkt mit dem ontologischen Beweis zu starten, sondern mit einer intuitiven Näherung zu beginnen. Dazu eignet sich gut der Beweisversuch von William Lane Craig (→ SB, S. 422 f.).
Querverweise ◆━━▶	● **Philosophieren: Wie und wozu?, Säule 4: Faire Textinterpretation** (→ SB, S. 29 ff.) ● **Philosophieren: Vertiefungen und Übungen, Fallstricke induktiver Logik Ockhams Rasiermesser** (→ SB, S. 477)

Zu den Materialien und Aufgaben

S. 420 **Anselm von Canterbury: Dass Gott wahrhaft existiert**

1▶ Es genügt, einige der üblicherweise Gott zugeschriebenen Eigenschaften zu sammeln.

S. 421 **2▶** Ja, die Aufgabe hat es in sich. Sehr geübte Kurse können die fünf Schritte kritischer Textarbeit selbstständig erledigen. Mit Kursen, die noch eher ungeübt im logischen Rekonstruieren sind, sollte man die fünf Schritte nacheinander gemeinsam durchlaufen, wobei zwischen den Schritten Plenarphasen zur Sicherung von Zwischenständen stattfinden, die es der Lehrperson erlauben, in formaler Hinsicht nötige Korrekturen anzuregen und auch durchzuführen. Der Zu-

Z 8-2, Z 8-3 satztext → LB, **Z 8-2** bietet eine Rekonstruktion des ontologischen Beweises von Anselm zur Prüfung an. Anhand dieser Rekonstruktion wird dann eine mögliche Fehleranalyse vorgeführt. Zum Einüben können weitere Gottesbeweise durch die Schüler arbeitsteilig analysiert werden. Zusatztext → LB, **Z 8-3** enthält als Anregung zwei Beweise von Thomas von Aquin. Die Idee wäre also diese: einmal eine vollständige Fehleranalyse vorzumachen oder gemeinsam durchzuführen und dann probieren es die Schülerinnen und Schüler an weiteren Beispielen aus, Fehleranalysen selbst zu erstellen.

Z 8-4 Alternativ kann auch der Zusatztext → LB, **Z 8-4** eingesetzt werden, um die Kritik Kants (Existenz ist kein definitorisches Merkmal: ein gedachter Hunderter hat die gleichen Eigenschaften wie ein echter Hunderter) und die Kritik Ayers (Anselm verwechselt Existenz als definierende Eigenschaft mit dem Existenzquantor, der auf die Erfüllbarkeit einer Definition abzielt) schnell zugänglich zu machen.

3▶ bis **5▶** Die Aufgaben können geübten Kursen den Weg zu einer Fehleranalyse des Beweises weisen: Anselm zeigt nicht, ob seine Definition von Gott erfüllt ist, sondern zeigt nur, dass es im Sinne der Definition widersprüchlich wäre, zu sagen, Gott existiere nur im Verstand, aber nicht in Wirklichkeit.

3▶ Der Beweisgang lässt sich in weiten Teilen ganz analog führen. Anselm könnte versuchen, Gaunilo schon den allerersten Schritt zu verwehren: So wie es keine größte Zahl gibt, gibt es auch keine schönste Insel. Zu jeder schönen Insel ist eine vorstellbar, die noch schöner ist. Anders ist das bei der Definition Gottes. Gott wird ja gerade als dasjenige Wesen definiert, zu dem kein größeres denkbar ist. Diese absolute Obergrenze für Größe und Macht kann es nur ein Mal geben und das unterscheidet die Definition Gottes von anderen ähnlich ausschauenden Definitionen wie der allerschönsten Insel. Ebenso könnte Anselm an späterer Stelle im analogen Beweis Widerspruch einlegen: Während ein nur gedachter Gott gegenüber einem existierenden Gott weniger vollkommen wäre, ist eine nur gedachte schönere Insel im Vergleich zu einer realen schönen Insel tatsächlich auch als nur gedachte Insel schöner als ihr reales Gegenstück. Ob Gaunilo sich damit zufriedengäbe? Was könnte er entgegnen?

4▶ 5▶ Die vier Beispiele sollen dafür sensibilisieren, wie Definitionen einerseits und ihre Erfüllbarkeit andererseits zusammenhängen können:

a) Jeder versteht die Definition und weiß, welche Eigenschaft die Zahl haben müsste, die die Definition erfüllt. Aber es gibt diese Zahl nicht. Zu *jeder* Zahl echt kleiner als 2 kann man eine größere angeben, die ebenfalls echt kleiner als 2 ist. Beispiele: 1,9 < 1,99 < 1,999 < …< 2

b) Sofort ist ersichtlich, dass die ganze Zahl 1 die in der Definition geforderte Eigenschaft hat.

c) Definiert wird eine Kugel. Perfekte Kugeln aus Materie gibt es nicht. Die Definition ist nur als abstrakter Gegenstand des mathematischen Denkens erfüllbar.

d) Hier sind die sogenannten theoretischen Terme physikalischer Theorien gemeint, z. B. gelten Quarks als Grundbausteine unserer Materie. Gibt es Quarks nun wirklich? Ja: wenn die Theorie richtig ist. Nein: wenn die Theorie mal durch eine ganz andere ersetzt werden muss, die Quarks verneint. Dazu kann man zur Erklärung ein berühmtes Beispiel aus der Wissenschaftsgeschichte anbieten: So ist es dem *Phlogiston* ergangen, das zu Beginn des 18. Jahrhunderts von Forschern postuliert wurde, um zu erklären, warum ein Feuer ohne Frischluftzufuhr verlöscht: Luft ist „phlogistongierig" und verbrennende Stoffe geben Phlogiston frei, bis die Luft gesättigt ist. Dann hört das Feuer auf zu brennen. Erst die Entdeckung des Sauerstoffs machte dann das postulierte Phlogiston am Ende des 18. Jahrhunderts schlicht überflüssig. Die Luft nimmt nicht Phlogiston auf, sondern gibt Sauerstoff im Verbrennungsprozess ab. Fehlt Sauerstoff, geht das Feuer aus.

S. 422   William Lane Craig: Existiert Gott?

7▶ Das folgende Vorgehen hat sich im Unterricht sehr bewährt: Es wird nur der Anfang des Textes bis zu den beiden Fragen vorgelesen. Anschließend wird erst alleine und dann in kleinen Gruppen Aufgabe 7 bearbeitet. Dabei kann man auch meinungsaffine Gruppen bilden. Die Ergebnisse werden direkt von den Schülerinnen und Schülern an die Tafel geschrieben, wobei auf der einen Tafelhälfte dann die Argumente für die Existenz Gottes und auf der anderen die dagegen sprechenden Gründe notiert werden. Der Kurs teilt sich auf: Auf der einen Seite die Befürworter und auf der anderen die Gegner. Nun werden die Argumente nacheinander vorgestellt und diskutiert. Dabei können einzelne Kursteilnehmer auch die Seite wechseln. In der Diskussion werden in aller Regel viele zentrale Argumente und Gesichtspunkte schon antizipiert, etwa das Problem des Übels oder Gott als beste Erklärung dafür, dass etwas ist und nicht nichts. Erst nach dieser offen angelegten Kontroverse wird der Beweis von Lane zu Ende studiert.

S. 423   **8▶** Interessant ist hier, dass es sich, wenn der Beweis gelingt, um einen Schluss auf die beste Erklärung handelt. Zu zeigen wäre also, dass keine bessere, alternative Erklärung möglich ist (→ SB, S. 477). Dieser zentrale Nachweis unterbleibt allerdings bei Craig. Am Ende wird einfach nur behauptet, statt es zu begründen, dass einzig und allein eine (allmächtige) Person als Ursache für das Universum infrage kommt. Wenn der Beweis und die Kritik an ihm vertiefend behandelt werden sollen, ist es lohnend, auch Teile der Kritik durch Michael Schmidt-Salomon zu betrachten [http://www.giordano-bruno-stiftung.de/sites/default/files/download/existmss2.pdf; die ersten beiden Seiten des Dokuments eignen sich hervorragend als Zusatztext für eine Kritik an der Argumentation von Craig, falls die Lerngruppe von alleine keine aussichtsreiche Kritik erreicht]. Alle Texte der Debatte finden Sie hier: http://www.giordano-bruno-stiftung.de/meldung/duesseldorfer-kreationismus-debatte [letzter Zugriff 20.03.2016]. Sie können als PDF direkt heruntergeladen werden und stehen dann für den Unterricht zur Verfügung.

8.2.2 Darwins Erbe – Gestaltung ohne Planer?

Inhalte – Methoden – Kompetenzen

Entscheidend (eigentlich sogar für das Verständnis des gesamten Abschnitts) ist die Einstiegspassage Zeile 1 bis 8 des Auszuges von John Hospers (Schuf Gott durch Evolution?). Die Welt erscheint geordnet, klar strukturiert und zweckmäßig eingerichtet. Wo immer einem im Leben Ordnung begegnet, werden darin die Absichten eines Planers sichtbar, der für die Ordnung sorgte. Wenn das im Kleinen so ist, wird es im Großen sicher nicht anders sein. Der (für viele auch heute noch schwer zu fassende) Gegenentwurf, die Evolutionstheorie, geht jedoch davon aus, das Gestaltung und Ordnung auch ohne Planer durch reine Zufallsprozesse entstehen können. Wie das zu verstehen ist, deutet Daniel Dennett an (→ SB, S. 427, „Darwins gefährlicher Gedanke"). Der gesamte Abschnitt ist dem Verständnis geschuldet, wie sich mit Darwin die Sicht auf die Welt änderte: Wie wurde vor Darwin (schon in der Antike bei Aristoteles beginnend) über „Zielgerichtetheit" gedacht, wie heute im Lichte der Evolutionstheorie? Als besonders zentral für das Verständnis erweist sich dabei der algorithmische Gedanke, der zeigt, wie durch algorithmische Vorgänge ganz allmählich aus einfachen Strukturen komplexere entstehen können, am Ende auch Wesen, die Bewusstsein und Geist haben.

Sequenz ●●●	Es empfiehlt sich der Chronologie des Abschnitts streng zu folgen. Falls zuvor das Thema Gottesbeweise behandelt wurde (**8.2.1**), liefert Hospers (Schuf Gott durch Evolution?) in naheliegender Weise den Übergang. Einerseits stellt er einen weiteren induktiven Gottesbeweis vor, andererseits kommentiert er den (auch durch die katholische Kirche) unternommenen Versuch, Schöpfungsthese und Evolutionsgedanken zu vereinbaren: Gott schuf durch Evolution.
Querverweise ⟷	• **1.2.4 Denken, kommunizieren, verstehen** (→ SB, S. 56 ff.): Denken als Algorithmus: Das Chinesische Zimmer. • **5.3.1 Annäherung an den Begriff *Natur*** (→ SB, S. 233 ff.) • **8.3.2 Das Theodizee-Problem: Wozu sind Übel gut?** (→ SB, S. 439): Die Analyse des Theodizee-Problems kann Argumente liefern, die zeigen, wieso die zentralen Begriffe *Güte, Allmacht, Allwissenheit* nicht mit der Behauptung vereinbar sind, Gott schuf durch Evolution. • **Philosophieren: Vertiefungen und Übungen, Fallstricke induktiver Logik: Ockhams Rasiermesser** (→ SB, S. 477)

Zu den Materialien und Aufgaben

S. 423 **◼1▶ Richard Dawkins: Die Gotteshypothese**

◼1▶ Klar muss werden, dass die Gotteshypothese im Sinne Dawkins den personalen Schöpfer der Welt meint. Andere Ursachen nicht personaler Art scheiden aus, da es gerade auf das absichtsvolle Gestalten auf Grundlage eines Planes ankommt. Besonders deutlich wird auch, warum sich die Gotteshypothese und die Evolutionstheorie (in der Lesart Dawkins) ausschließen. Ist die Evolutionstheorie wahr, so ist Gott eine Illusion.

S. 423 **John Hospers: Schuf Gott durch Evolution?**

Hospers geht der Frage nach, ob Gott vielleicht durch Evolution als Schöpfer tätig ist. Dann liefe die Schöpfung noch und ginge ganz allmählich voran. In diesem Sinn könnte die Wahrheit der Evolutionstheorie zusammen mit dem Glauben an einen Schöpfungsakt Bestand haben. Hospers führt dann aber vor, dass die Eigenschaften Gottes und die Eigenschaften der Evolution unverträglich erscheinen.

S. 425 ■■**2**▸ Vorrangig ist der erste Absatz Zeile 1–8 zu untersuchen und es ist klarzustellen, was das alte Denken auszeichnet: ohne Plan keine Ordnung. Kein Plan ohne Planer. Die Plädoyers der Schülerinnen und Schüler werden wahrscheinlich Beispiele für wunderbare Gestaltung in Naturprozessen thematisieren, bei denen schwer vorstellbar ist, dass sie aus dem Nichts heraus entstanden sein sollen. Flora und Fauna bieten da ungezählte Beispiele für Symbiosen, die komplizierte und filigrane Regelkreise und Steuerungsmechanismen hervorbringen, die das Ganze im Gleichgewicht halten. An dieser Stelle wären auch kritische Plädoyers erlaubt, die menschliches Eingreifen in natürliche Regelkreise als gefährlich ansehen. Hier könnte ein Bezug zum Thema „Achtung vor der Natur" entstehen und die Frage aufkommen, ob und inwieweit der Mensch selbst als Gestalter und Konstrukteur in seine eigenen „natürlichen" Lebensgrundlagen eingreifen darf (→ SB, S. 233 ff., 5.3.1).

■■**3**▸ Manchmal ist hier mit starken Einwänden zu rechnen. Es missfällt manchen Denkern sehr, die banalen Beispiele von Geistern auf die lieb gewonnene Idee „Gott" anzuwenden. In diesem Fall muss die Lehrperson deutlich machen, dass das sich stellende erkenntnistheoretische Problem (vgl. Z. 28–36) anhand solcher Beispiele nur deutlich gemacht werden soll. Weitergehende Analogien oder gar Herabsetzungen von Gottvorstellungen ins Banale sind nicht das Ziel. Die Abwesenheit von etwas, das einerseits unbeobachtbar ist und andererseits zur Erklärung von nichts beiträgt, ist prinzipiell nicht beweisbar. Dennoch kann es sehr gute Gründe geben, davon auszugehen, dass es das Postulierte (z. B. die Geister Verstorbener) nicht gibt, nämlich dann, wenn alle Phänomene, die durch die Geister erklärt werden sollen, durch ganz natürliche Ursachen erklärt werden können. Um die erkenntnistheoretische Sachlage klarer werden zu lassen, kann bei Bedarf der Begriffskasten „Ockhams Rasiermesser" (→ SB, S. 477) zur Erläuterung genutzt werden.

■■**4**▸ Hospers führt es drastisch und in klaren Worten aus: „Die ganze Natur ist rot von Blut." (Z. 54) „Denn die Evolution ist ein endloser Schauplatz von Plage, Schmerz und Tod." (Z. 44 f) Besonders interessant ist es zu fragen, ob sich angesichts der gegebenen Sachlage eine Theodizee anbietet, die diese Leiden zu rechtfertigen vermag und mit der Güte Gottes zu vereinbaren weiß. Viele halten dies für ausgeschlossen, aber wer weiß? (Hier kann – sei es nun je nach Unterrichtsgang im Vorgriff oder im Rückgriff – die Idee „Gott schuf durch Evolution" mit dem Problem der Theodizee in Zusammenhang gebracht werden → SB, S. 439 f. 8.3.2).

■■**5**▸ Diese Aufgabe bietet sich besonders dann an, wenn es Vertreter im Kurs gibt, die Gottglauben und Evolutionsgedanken für vereinbar halten. Aber auch für reine Sprachlogiker wäre es eine Herausforderung zu prüfen, in welchem Sinn Schöpfung durch Evolution mit der Idee eines maximal gütigen Gottes vereinbar ist.

S. 425 **M 1 Daniel C. Dennett: Darwins Umkehrung der kosmischen Pyramide**

S. 426 ■■**6**▸ Die Idee ist einfach und schnell verständlich. Wie suggestiv und in anderen Zusammenhängen auch sehr naheliegend das vordarwinsche Denken ist, kann die Grafik klarmachen, die Z 8-6 im Zusatztext → LB, **Z 8-6** angeboten wird. In ihr werden die vier Wirkursachen nach Aristoteles vorgestellt. Die Grafik ist selbsterklärend und ihr Inhalt kann anhand weiterer eigener Beispiele vertieft werden.

S. 426 **M 2 Rainer Hamwöhner: Zelluläre Automaten**

Fall sich im Kurs „Informatiker" befinden, also Schülerinnen und Schüler oder Sie selbst, kann das Beispiel der zellulären Automaten genutzt werden, um auf spielerische Weise die Merkmale von Algorithmen einzuführen und zu zeigen, wie auf der Grundlage einfacher Algorithmen komplexe Strukturen entstehen können.

S. 427 **M 3 Daniel C. Dennett: Darwins gefährlicher Gedanke: Evolution als Algorithmus**

7▶ Die drei entscheidenden Eigenschaften werden in den Zeilen 13 bis 17 eingeführt: inhärente Neutralität, Einfachheit und garantierte Ergebnisse. Das Beispiel der Stahlhärtung zeigt, wie sie zu verstehen sind. Das entscheidende Merkmal ist das der inhärenten Neutralität: Man kann auf der algorithmischen Ebene Wirkungsweisen erkennen, ohne zu wissen, wie die Wirkungen letztlich verursacht werden. So konnte Darwin auch ohne die Erkenntnisse der modernen Genetik die Grundmechanismen der Evolution postulieren. Die Bestätigung erfolgte erst viel später nach der Entdeckung der DNA. Das Besondere an zellulären Automaten ist, dass die einzelnen Schritte des Algorithmus genau bekannt sind, man durch die Analyse der Schritte aber nicht die allgemeinen Strukturen (Gleiter, Gleiterkanonen …) erkennen kann. Das, was der Algorithmus letztlich an abstrakten Strukturen erzeugt, zeigt sich nur, wenn man den Algorithmus aus verschiedenen Initialzuständen heraus tatsächlich ablaufen lässt. Ähnlich kann man sich die Evolution selbst vorstellen. Die Grundregeln der Evolution mögen einfach zu beschreiben sein. Was durch sie an Abstraktion, Gestaltung und Ordnung erzeugt wird, ist nicht durch die Analyse der Regeln sicher vorhersehbar. Das zeigt sich erst, wenn der Algorithmus selbst abläuft. Um zu wissen, was die Evolution hervorbringt, muss man sie schlicht ablaufen lassen. Der weitere Verlauf ist also ergebnisoffen.

8▶ Der entscheidende Punkt wurde in der Lösung zu Aufgabe 7 bereits genannt: Durch Versuch und Irrtum kann empirisch bestimmt werden, bei welchen Arbeitsschritten der Stahl härter wird und bei welchen nicht. So konnten Generationen von Schmieden auch ohne Kenntnisse über das Entstehen von Kristallstrukturen den Arbeitsschritten auf die Spur kommen, die bewirken, dass der Stahl mit jedem Durchgang härter wird. Hypothesen über algorithmische Schritte lassen sich einfach testen: Dass z. B. bei der Stahlhärtung bestimmte Schritte erfolgreich sind, zeigt schlicht der Zustand des Materials nach dem Abkühlen.

9▶ Nun müssen die Erkenntnisse zusammengeführt werden: Evolution läuft nach einfachen Regeln ab, die (wie zelluläre Automaten) allmählich aus Chaos Ordnung und langsam auch Gestaltung erzeugen. Hier ist besonders darauf zu achten, ein Gefühl für die schier unendliche Langsamkeit dieses Prozesses (z. B. im Vergleich zur Dauer eines menschlichen Lebens) zu bekommen. Damit Ordnung entsteht, ist jedenfalls kein Plan erforderlich und damit ist dann auch der Planer entbehrlich geworden.

8.2.3 Was sind Wunder und gibt es sie?

Inhalte – Methoden – Kompetenzen

Dieser kleine Abschnitt dient der Übung, Texte in einen Gesamtzusammenhang einzuordnen und sich so zu erschließen. Einerseits soll ein genaueres Begriffsverständnis, was unter Wundern zu verstehen ist, erreicht werden, andererseits soll es darum gehen, Leseverständnis am Text selbst zu belegen. Das muss sorgfältig geschehen, da ja an inhaltlichen wie formalen sprachlichen Kriterien zu begründen ist, wie die Abschnitte eines Textpuzzles vermutlich aufeinander folgen.

Zu den Materialien und Aufgaben

David Hume: Über Wunder

1▶ Die Originalreihenfolge lautet C-A-D-B-E: Seien Sie offen dafür, wenn sich andere Reihenfolgen auch plausibel zu einem Ganzen fügen. Sprechen Sie dann von möglichen Reihenfolgen in Abgrenzung zur Originalreihenfolge.

S. 429 **2▶** Hier ist ein offener Meinungsaustausch möglich. Es können unterschiedliche Kriterien ge-sammelt und diskutiert werden. Eine Einigung ist nicht nötig.

8.3 Religion und Ethik

Inhalte – Methoden – Kompetenzen

Das Unterkapitel ist sowohl inhaltlich wie auch methodisch besonders reizvoll: Welchen Gel-tungsanspruch haben religiöse Begründungen? Hier steht das Euthyphron-Problem im Mittel-punkt, auch dann, wenn die Besonderheiten der jüdischen, islamischen und christlichen Ethik dargestellt werden. Das Problem des Übels stellt ein echtes Problem für alle Gläubigen dar: Wie kann Gott es zulassen, dass Menschen Menschen so viel Leid antun? Wie kann Gott so viel Übel verursachen oder gar guten Menschen Leid antun?

Sequenz ●●●	Beide Abschnitte sind unabhängig voneinander. Die Reihenfolge kann vertauscht werden oder aber nur eines von beiden wird behandelt.
Querverweise ◄─►	● **3.2.2 Der Anspruch auf universelle Geltung** (→ SB, S.138 ff.) ● **3.2.3 Forderungen an moralische Begründungen** (→ SB, S.141 ff.)

Literatur und Links

● Michael Schmidt-Salomon: Manifest des evolutionären Humanismus – Plädoyer für eine zeitgemäße Leitkultur. Aschaffenburg: Alibri Verlag, 2. korrigierte und erweiterte Auflage 2006

● Peter Vardy: Das Rätsel von Übel und Leid. Übersetzt von Clemens Wilhelm. Bearbeitet von Perry Schmidt-Leukel. München: Don Bosco Verlag, 1998 [Nur antiquarisch erhältlich.]

● Harold Kuschner: Wenn guten Menschen Böses widerfährt. Übersetzt von Ulla Galm-Frie-boes. München: Tomus Verlag, 1983

8.3.1 Geltungsanspruch religiöser Normen

Inhalte – Methoden – Kompetenzen

Im Zentrum des gesamten Abschnitts steht das Euthyphron-Problem. Woher beziehen religiöse Normen ihren Geltungsanspruch? Ist es der Wille Gottes, der gebietet, dieses zu tun und jenes zu lassen, oder ist es der Nachweis, dass Gott in seiner Güte nur solche Normen fordert, die mora-lisch richtig sind. Ob und wie sich die drei großen abrahamischen Religionen und wie sich hu-manistische Standpunkte zum Euthyphron-Problem positionieren, wird weite Teile der weite-ren Untersuchung einnehmen.

Sequenz ●●●	Das Euthyphron Problem muss am Anfang erarbeitet und eingeschätzt werden. Ob und wie weit alle drei abrahamischen Religionen behandelt werden, können Sie von Lehrplan und den Interessen des Kurses abhängig machen. Ggf. können die wichtigen Merkmale der islamischen, christlichen und jüdischen Ethik auch arbeitsteilig untersucht und die Ergebnisse dann im Plenum vorgestellt und diskutiert werden.
Querverweise ◀▶	• **6.1.2 Wozu sind Staaten gut?** (→ SB, S. 274 ff.) • **8.5.2 Das Problem der Deutung heiliger Schriften** (→ SB, S. 454 ff.)

Zu den Materialien und Aufgaben

S. 430   Gareth B. Matthews: Das Euthyphron-Problem

1▶ Seien Sie neugierig auf die Besetzungsvorschläge. Ggf. lohnt sich ein Rechercheauftrag an Kursteilnehmende, wie denn nun Ethikkommissionen tatsächlich besetzt werden. Zu erwarten ist, dass Theologen ganz sicher dabei sind, vielleicht auch Philosophen, natürlich die Ärzteschaft und Patientenvertreter.

2▶ Die Frage des Sokrates führt in der monotheistischen Variante dazu, dass Gläubige sich positionieren müssen, ob sie dem theologischen Voluntarismus (gut ist, was Gott fordert) oder dem theologischen Rationalismus (Gott fordert nur Richtiges, folgt also einem allgemeinen moralischen Standard) zustimmen. Gelegentlich wird versucht, hier ein Sowohl – als – auch zu begründen, um der Entscheidung zu entgehen (vgl. dazu auch die Lösungshinweise zu Aufgabe 4).

3▶ i) theologisch-voluntaristisch: Töte nicht, denn Gott missbilligt, wenn Menschen Menschen töten. ii) theologisch-rationalistisch: Töte nicht, denn Gott weiß als allwissendes Wesen, dass Töten schlecht ist (etwa deshalb, weil es Menschen ihre wichtigstes Gut nimmt), und Gott verbietet deshalb das Töten.

4▶ Seien Sie auch hier neugierig, wie die Lerngruppe auf den Versuch reagiert. Jedenfalls ist dies die häufig anzutreffende Antwort von Theologen, um einer Entscheidung ausweichen zu dürfen. In der Regel wird schnell klar, dass auf Nachfrage keine verständliche Antwort angeboten wird, warum hier ein Sowohl – als – auch möglich sein sollte. Oft werden dabei Beschreibungen für Gott verwandt, die in Normalsprache nicht mehr verständlich sind. In der Regel ist die Grenze des Diskutierbaren dann erreicht, wenn deutlich wird, dass sprachliche Präzision als übertriebene logische Spitzfindigkeit in der theologischen Erwägung unerwünscht ist, weil zu viele eindeutige Entscheidungen und Festlegungen mit unangenehmen theologischen Konsequenzen nötig werden.

S. 431   Dieter Birnbacher: Die Berufung auf Gott führt nicht zu allgemein begründbaren Normen

Dieter Birnbacher beschreibt eine Zwangslage, in die aufgeklärte Christen geraten, wenn sie moralische Normen religiös rechtfertigen wollen. Birnbacher bezeichnet diese Zwangslage als Dilemma christlicher Moralbegründung.

S. 432   5▶ Zentral ist, dass die Schülerinnen und Schüler das Dilemma in eigenen Worten und auch in unterschiedlichen Varianten benennen und an Beispielen erläutern. So lassen sich sowohl vielfältige Beispiele für religiöse Normen angeben, die nur religiös begründbar sind (z. B. Beschneidungsrituale), und andere, die auch ohne Rückgriff auf Religion begründbar sind (z. B. Tötungsverbot). Es folgen zwei Beispiele für alternative Paraphrasen des Dilemmas:

„Das Dilemma: Ist eine Norm nur durch einen Rückgriff auf den Willen Gottes und nicht anders begründbar, dann kann sie Atheisten nicht einsichtig gemacht werden. Kann eine Norm auch Atheisten einsichtig gemacht werden, dann ist eine religiöse Rechtfertigung überflüssig. Die religiöse Begründung einer Norm ist also entweder schlicht überflüssig oder aber sie ist nicht verallgemeinerbar, sodass ihr Geltungsanspruch auf eine Religionsgemeinschaft beschränkt bleiben muss."

„Das Dilemma der christlichen Ethik besteht nach Birnbacher darin, dass sich religiöse Überzeugungen und der universale Geltungsanspruch moralischer Normen nicht miteinander vereinbaren lassen. Während religiöse Moral eine Spezialmoral für die Glaubensanhänger ist, fordert die allgemeine Moral die Einhaltung verbindlicher Normen von allen Menschen, egal welchem Glauben oder welcher Weltanschauung die Menschen ansonsten anhängen."

6▶ So einfach die Antwort auch immer ist, so schwer ist sie durchzusetzen: Moralische Begründungen dürfen nicht von unbegründbaren, metaphysischen oder jenseitigen Voraussetzungen abhängen, z. B. davon, was Gott von uns fordert. Auch Gott, vertreten durch die Theologen, muss seine Gebote so begründen, dass sie jedem, auch Atheisten, einsichtig gemacht werden können. Dann aber ist ein Verweis auf Gott in moralischen Begründungen unnötig. Etwa: Gott fordert X, weil X zu tun richtig ist. Richtig ist es, weil … Und nun folgt die eigentliche, von Gott ganz unabhängige Begründung der Norm.

7▶ Die Frage ist offen gestellt. Für alle kritischen Fragen ist stets der gesamte Kurs aufgefordert zu klären, wie Birnbacher darauf wohl reagieren müsste. Hier können sich die Schülerinnen und Schüler darin üben, aus der Perspektive eines anderen zu argumentieren. Bestimmte inhaltliche Ergebnisse werden nicht erwartet. Die vermuteten Antworten Birnbachers dürfen durchaus spekulativ sein, sie dürfen aber den Inhalten des Textauszuges nicht widersprechen.

S. 432 ### Rupert M. Scheule: Christliche Ethik – Glaube und Moral

8▶ Scheule zeigt auf, dass das Euthyphron-Problem in der theologischen Tradition bedeutsam ist und es sich sogar gut dazu eignet, anhand der Antworten bestimmte Traditionen zu unterscheiden. Er deutet (ohne es zu erklären) an, dass biblische Offenbarung und autonome moralische Vernunfterkenntnis keine Gegensätze sein müssen, sondern ein Sowohl-als-auch möglich sei. Zu klären wäre dann, in welchem Sinn biblische Offenbarung Vernunfterkenntnis befördert. Im nachfolgenden Text wird Scheule eine Antwort dafür anbieten.

9▶ Seien Sie neugierig und offen und nicht zu enttäuscht, wenn die religionskundlichen Kenntnisse sich in Grenzen halten. Unserer Erfahrung nach steigt der Anteil derjenigen in den Kursen an, die die zentralen „Botschaften" der großen Religionen gar nicht kennen. Manchmal aber gibt es auch regen Austausch und auch Streit darüber in Kursen, was den Kern des Christentums oder des Islam denn nun eigentlich ausmache.

10▶ Da hier eher religionskundlich ein Überblick über ethische Grundhaltungen in den drei abrahamischen Religionen gegeben werden soll, ist es ratsam, die Informationen arbeitsteilig zu ermitteln und dann vorzustellen und zu diskutieren. Sowohl sich selbst, aber auch der Lerngruppe gegenüber muss dabei stets klar sein, dass nur Ideen und Leitlinien erfasst und durchdacht werden können. Zu verwickelt und zum Teil auch unvereinbar sind die vielen raffinierten theologischen Denkfiguren als Antworten auf die Frage, was eigentlich den Kern der eigenen Religion ausmache.

S. 433 ### Rupert M. Scheule: Proprium Christianum?

S. 434 **11▶** Das vorgetragene Argument verbindet einen religionssoziologischen Hintergrund mit dem Problem der Rechtfertigung moralischer Normen. Durch die religiöse Sozialisation wird die Aufmerksamkeit der Menschen gerade auf solche Situationen gelenkt, die ein moralisches Eingreifen auch vom Standpunkt einer universalistischen Moral geboten erscheinen lassen. Religion weist den Weg zur Auszeichnung der relevanten Situationen. Vernunft und Begründung zeigen anschließend, wie in den Situationen zu handeln ist. Zu fragen ist allerdings, ob das Gleichnis des barmherzigen Samariters tatsächlich erst dazu führt, Hilfe für wildfremde Menschen zu erwägen, oder ob umgekehrt das Gleichnis deshalb Eingang in die Bibel gefunden hat, weil das Bedürfnis, Menschen in Not zu helfen (das sich kulturübergreifend findet), natürlich auch eine Basis im Glauben haben sollte.

12▶ Die Aufgabe ist aus dem alltäglichen Leben heraus nicht so leicht lösbar. Hier lohnt es sich, bei den Ethnologen nachzufragen. So gibt es Stämme, wo die Mütter ihre Kinder zu absoluter Friedfertigkeit erziehen und aggressives Verhalten nicht gefördert, sondern friedlich unterbunden wird. Anders in einem Stamm, wo die Mütter gerade die Jungen zu Stärke, Durchsetzung und Aggression erziehen. Hier wird sofort erkenntlich, dass ein und dieselbe Situation in den unterschiedlichen Findungshorizonten ganz anderes Handeln und Denken über das Handeln erzeugen. So würde das Prügeln zweier Jungen im ersten Stamm durch die Mütter unterbunden, im zweiten Stamm käme vielleicht sogar noch Aufmunterung dazu. Würde im ersten Fall der „Sieger" getadelt, würde im zweiten Fall der Sieger durch seine Mutter belobigt, der Unterlegene durch seine Mutter angestachelt, es besser zu machen.

13▶ Findungshorizont „Schöpfung": der Mensch verstanden als dasjenige Wesen, das über die Natur herrscht, aber eben nicht beliebig, sondern mit dem Auftrag, die „sehr gute" Schöpfung zu bewahren. Die Natur als gemeinsamen Lebensraum für Mensch und Tier zu bewahren kann auch Gegenstand der allgemeinen Moral sein, die fragt, ob und wie weit es dem Menschen erlaubt ist, die Natur nach seinen Ideen zu gestalten. Welche Änderungen sind gut, welche gefährden „die Schöpfung"? Diesen durchaus wünschenswerten Anliegen werden sich sicher auch viele humanistisch Denkende anschließen, die zwar den Begriff „Schöpfung" eher meiden würden, sich aber gleichwohl für den Erhalt der Lebenswelt aus ähnlichen Motiven wie Gläubige einsetzen.

Findungshorizont „Reich Gottes": Das Reich Gottes beginnt auf Erden dann, wenn Menschen sich dafür einsetzen, Gerechtigkeit zu schaffen, den Hunger zu beseitigen, Vergebung zu üben, Toleranz und Mitmenschlichkeit zu praktizieren. Hier ist es wahrscheinlich, dass auch viele nichtchristliche Moralen diesen Forderungen zustimmen (→ SB, S. 276, Otfried Höffe: Die Menschheit als Gerechtigkeitsgemeinschaft). Kritisch könnte man fragen, ob Scheule hier in einseitiger Auswahl nur solche Forderungen der Bergpredigt nennt, die allgemeine Zustimmung finden (auch in überwältigend vielen anderen Kulturen), aber solche nicht nennt, die den auch in der Bergpredigt vorhandenen inhumanen Charakter betreffen. Als Ergänzung hierzu würde sich die Übung eignen, die sich im Abschnitt 8.5.2 Das Problem der Deutung heiliger Schriften findet: Heilige Schriften auf der Suche nach göttlicher Wahrheit (→ SB S. 456).

14▶ Nun, probieren Sie selbst Antworten und seien sie neugierig auf die der Schülerinnen und Schüler. An dieser Stelle ist es erneut besonders zentral, dass die Lerngruppe als Übung auf die Perspektivübernahme achtet, d. h., dass Fragen und Antworten (eben als Scheule oder als Birnbacher) erkennbar aus deren Perspektive geäußert werden. Natürlich sind am Ende auch eigene Einschätzungen der Schülerinnen und Schüler unabhängig von den Positionen der beiden Autoren willkommen.

S. 434 Susanne Talabardon: Jüdische Ethik in der Moderne

S. 436 15▶ Die allgemeinen Leitlinien sind Mitmenschlichkeit und das Bemühen um ein gelingendes Leben. Die konkretisierenden besonderen Merkmale werden ab Zeile 8 bis Zeile 14 als die sieben Noachidischen Gebote vorgestellt. Für sie wird beansprucht, für alle Menschen zu gelten. Für Juden hinzu kommt das Gebot, sich dem jeweils geltenden Recht unterzuordnen, solange dabei Juden nicht gezwungen werden, die jüdische Moral zu brechen.

16▶ Drei Traditionen oder Konfessionen sind zu unterscheiden (vgl. Z. 23 ff.): i) Die Ultra-Orthodoxen gehen davon aus, dass die Tradition prinzipiell nicht verändert werden dürfe. ii) Konservative und Progressiv-Liberale gehen von einer historischen Bedingtheit der Tradition aus, die neuen Rahmenbedingungen angepasst werden darf. iii) Liberale Gemeinschaften unterscheiden ethische (und damit unveränderbare) von rituellen (und damit veränderbaren) Forderungen der Tradition. Die Ehe- und Sexualethik weist eine enge Orientierung an dem Fortpflanzungsgebot auf und wäre damit unveränderbar.

17▶ Auch hier ist zentral, dass die Perspektivübernahme gelingt, d.h., dass Fragen und Antworten (eben als Talabardon oder als Birnbacher) erkennbar aus deren Perspektive geäußert werden. Insbesondere die engen Forderungen zu Ehe- und Sexualmoral könnten deutlichen Widerspruch (vonseiten Birnbachers) hervorrufen als Beispiele für Forderungen, die eben nicht verallgemeinerbar sind. Natürlich sind auch hier am Ende Einschätzungen und Bewertungen der Schülerinnen und Schüler willkommen.

S. 436 Thomas Eich: Islamische Ethik

S. 437 **18▶** Die theologisch-voluntaristischen Anteile zeigen sich unmissverständlich in der Wendung (ab Zeile 8) „Gott führt irre, wen er will …", und noch schärfer in „Gott leitet das Volk der Frevler nicht recht." (Z. 12) (Gemeint sind die Juden.) Hier ist „bußfertige" Unterwerfung unter die Gebote Gottes gefordert, um von ihm auf den rechten Weg (gegeben durch Koran und Sunna) geführt zu werden. Ab Zeile 15 werden dann Passagen genannt, die sich für das gottgewollte eigenverantwortliche Wollen und Handeln von Menschen aussprechen. Sunniten (90% der Muslime) verstehen sich stärker voluntaristisch, während für Schiiten eine Erkenntnis des richtigen menschlichen Handelns auch durch die Vernunft möglich ist.

Die zitierten Stellen sind – insbesondere den voluntaristischen Zweig betreffend – schwer verdaulich, da Gott hier ein Handeln unterstellt wird, dass ihn selbst eher in einem moralisch zweifelhaften Licht erscheinen lässt: Was ist von einem Gott zu halten, der Menschen statt zur Erkenntnis bewusst in die Irre führt? Statt vorschneller Kritik wäre hier eventuell vertiefend zu erkunden, wieso sich ein so drastisches Gottesverständnis dennoch weit verbreiten kann. Es muss Menschen ansprechen und berühren, sodass sie ein Leben gemäß den Regeln auch heute zu führen bereit sind.

S. 438 **19▶** Das Kernproblem besteht darin, dass das moderne Leben viel komplexer und vielschichtiger ist, als es die heiligen Schriften widerspiegeln. Koran und Sunna geben für viele Lebenssituationen in direkter Auslegung eben keine Handlungssicherheit, sondern die hohen Geistlichen müssen die für die heutigen Lebensverhältnisse passenden Verhaltensvorschriften irgendwie aus den heiligen Schriften ableiten oder in sie hineindeuten.

20▶ Erneut ist zentral, dass die Perspektivübernahme gelingt, d. h., dass Fragen und Antworten (eben als Eich oder Birnbacher) erkennbar aus deren Perspektive geäußert werden. Insbesondere die stark voluntaristische Anlage muss Widerspruch vonseiten Birnbachers hervorrufen. Es könnte jedenfalls betont werden, dass die islamische Moral sich als Moral Gottes für die Gläubigen versteht. Darüber hinaus können Ungläubige ihr Leben anders gestalten.

S. 438 Ursula Wessels: Die Berufung auf Gottes Willen ist begründungsbedürftig

S. 439 **21▶** Kann man moralische Forderungen durch eine Berufung auf Gottes Willen rechtfertigen? Die Autorin verneint dies. Dazu zeigt sie am Beispiel des Tötens auf, dass eine Berufung auf Gott entweder einen willkürlich gesetzten moralischen Standard fordert oder aber auf einen von Gott unabhängigen Standard für Gut und Böse verweist. Beide Fälle sind, so glaubt sie, für den (rationalen) Theologen unangenehm.

Die Autorin führt zum Nachweis eine Begriffsanalyse der Wendung „moralisch geboten, weil Gott es will" durch. Bedeutet diese Wendung, dass etwas deshalb richtig ist, weil Gott es fordert, so würde „Gott ist gut" nur bedeuten „Gott erfüllt seine Standards", „Gott tut, was er für richtig hält", oder „er tut, was er will". Jede Forderung, egal welchen Inhalts, wäre dann zu erfüllen, egal was wir selbst von ihr halten. Bedeutet die Wendung etwas anderes, so ist sie schlicht unverständlich oder aber deutet darauf hin, dass auch Gott einem unabhängigen Maßstab für Gut und Böse entsprechen möchte. Moralbegründung käme somit ohne Berufung auf Gottes Willen aus:

Einem willkürlichen Gott, der Gut und Böse definiert, wie es ihm gerade passt, wird man als moralisch motivierter Mensch nicht folgen wollen. Ein Gott aber, dessen Güte sich erst an einem unabhängigen Standard zu erweisen hat, ist – jedenfalls für die Begründung moralischer Normen – überflüssig, da man sich direkt, ob nun als Theist oder als Atheist, um das Auffinden und Begründen moralischer Normen kümmern kann. Der Verweis auf Gottes Willen hilft also in moralischen Argumentationen nicht wirklich weiter.

Die Argumentationsfigur kann als Dilemma rekonstruiert werden. Die Autorin versucht nämlich, den weitverbreiteten Glauben zu unterlaufen, religiöse Menschen hätten in moralischen Fragen einen besseren, privilegierten Zugang zu Gut und Böse. Folgt man der Autorin, so ist eine Berufung auf Gott entweder willkürlich – und deshalb zurückzuweisen – oder unterscheidet sich in keiner Weise von den Zugangsmöglichkeiten zur Bestimmung des Guten, die auch Atheisten offenstehen. Eine eigene religiöse Moralbegründung scheint entbehrlich zu sein. Gottes Wille als Begründung einer Norm wäre, hätte die Autorin recht, als willkürlich oder als selbst begründungsbedürftige Behauptung zurückzuweisen.

Tafelbild

Formal:	Entweder A oder nicht A.	(A = Gott ist der Standard für Gut und Böse)
	Wenn A, dann auch C.	(C = Eine Berufung auf Gottes Willen
	Wenn nicht A, dann C.	rechtfertigt nicht, was gut ist!)
	Also C.	

22▸ Die Argumentationsfigur ist gültig. Angriffe auf die Argumentation werden sich daher gegen die Wahrheit der Prämissen wenden. Z. B. wären denkbar: i) Es handelt sich gar nicht um eine echte Alternative, es gibt eine verdeckte dritte Möglichkeit einer sinnvollen Berufung auf Gottes Willen; ii) obwohl Gott der Standard für das Gute ist, hat die Wendung „Gott ist gut" dennoch eine gehaltvolle Bedeutung, die sich von „Gott tut, was er will", unterscheidet; iii) das moralisch Richtige ist ohne Hilfestellung des gütigen Gottes gar nicht ermittelbar, da z. B. unsere Verstandeskräfte dafür nicht ausreichen. Wir bleiben also darauf angewiesen, in Vertrauen auf einen gütigen Gott, seine Gebote zu erfüllen, auch wenn wir sie nicht nachvollziehen können. (Philosophischer Hintergrund ist erneut das Euthyphron-Problem. Platon: „Ist etwas deshalb fromm, weil die Götter es lieben, oder lieben die Götter es, weil es fromm ist?" Vgl.→ SB, S. 430.)

23▸ Der runde Tisch (oder das Podium) könnte mit Birnbacher, Scheule, Talabardon, Eich und Wessels als inhaltsgebundene Positionen besetzt sein. Auf dem Tisch stehen Namensschilder der fünf. Weitere Stühle können frei besetzt werden, auf ihnen argumentiert jemand dann aus seiner eigenen Position heraus. Zu Beginn werden die fünf Stühle mit Namen davor von den Schülern eingenommen, die die Position vorstellten. Im Laufe des Gesprächs kann man die Positionen wechseln. Am runden Tisch können z. B. 8 Plätze vergeben werden. Der Restkurs hört zu, darf Zuschauerfragen stellen und nach einer Weile auch dadurch, dass sich jemand z. B. hinter den Stuhl von Eich stellt, versuchen, aus dessen Perspektive zu argumentieren. Das Ziel für alle besteht darin, die Positionen klarer zu bekommen und die Differenzen auszumachen. Ein Wahrheitsentscheid wird am Ende wohl nicht möglich oder wünschenswert sein.

8.3.2 Das Theodizee-Problem: Wozu sind Übel gut?

Inhalte – Methoden – Kompetenzen

Hier können zwei Dinge zusammen das Ziel sein: Zum einen ein erster Zugang zum Theodizee-Problem. Zum anderen eine schnelle und gezielte Einführung in die *status*-Lehre als Argumentationsform vor Gericht.

Sequenz ●●●	Der Abschnitt ist voraussetzungsfrei behandelbar.
Querverweise ⟷	• **8.2.1 Gottes Existenz beweisen – (wie) geht das?: William Craig Lane: Existiert Gott?** (→ SB, S. 422 f.) (Die Theodizee-Frage ist auch eine, die die Existenz Gottes nachhaltig infrage stellt. Die Übel in der Welt zeigen, dass es Gott nicht gibt.) • **8.2.2 Darwins Erbe – Gestaltung ohne Planer?: John Hospers: Schuf Gott durch Evolution?** (→ SB, S. 423 f.) (Würde ein gütiger und mächtiger Gott dies tun?)

Zu den Materialien und Aufgaben

S. 439 **Die *status* – Lehre**

S. 440 **1▶** Lassen Sie sich überraschen. An dieser Stelle sind meinen Lerngruppen immer lustige und auch treffgenaue Beispiele eingefallen. Über „Warum haben Sie Ihre Hausaufgabe nicht gemacht?" bis hin zu „Warum sind Sie fremdgegangen?" Das Spektrum ist weit.

2▶ Wenn Sie das Thema im Projekt vertiefen, liefert bei Bedarf eine Internetrecherche vielfältige Materialien und auch Stellungnahmen sowohl von Theologen wie von Religionskritikern. Die Frage „Wie konnte Gott Auschwitz zulassen?" führt sehr eindrücklich vor Augen, wie sehr Gottes Güte angesichts derartiger menschlicher Gräueltaten in Zweifel gezogen wird.

8.4 Politik und Religion

Inhalte – Methoden – Kompetenzen

Zwei eher weniger genuin philosophische Abschnitte. Dennoch: Gerade die Akzeptanz der Menschenrechte in der Frage der Religionsfreiheit als auch die Frage nach der Wiederkehr der Religionen sind gesellschaftspolitisch wie weltpolitisch hochaktuell.

Sequenz ●●●	Die beiden Unterabschnitte sind unabhängig voneinander behandelbar
Querverweise ⟷	• **6.5 Menschenwürde – Menschenrechte** (→ SB, S. 332 ff.)

Literatur und Links

- Markus Tiedemann: Kann man Gott beleidigen? http://www.fr-online.de/kultur/lieber-fanatiker-kann-man-gott-beleidigen-,1472786,30926240.html [21.03.2016]
- Markus Tiedemann: Liebe Fanatiker! Frankfurt : Societäts-Verlag, 2016
- Ulrike Hinrichs (et.al.): Unsere Tochter nimmt nicht am Schwimmunterricht teil! 50 religiös-kulturelle Konfliktfälle. Mühlheim a. d. Ruhr: Verlag an der Ruhr, 2012

8.4.1 Religion und Menschenrechte

Inhalte – Methoden – Kompetenzen

Vgl. die Einträge unter 8.4, die den Abschnitt in das Unterkapitel einordnen.

Zu den Materialien und Aufgaben

S. 440 **Heiner Bielefeldt: Religionsfreiheit – Was schließt sie ein, was aus?**

1▶ Sichern Sie die Einschätzungen. Die Auflösung erfolgt dann durch den folgenden Text.

S. 441 **2▶** Es kommt hier allein darauf an, an Beispielen für positive wie negative Religionsfreiheit sowie durch Beispiele für vermutete Falschanwendungen der Religionsfreiheit genauer zu ermessen, was denn nun Religionsfreiheit ein- und was ausschließt.

S. 442 **3▶** Der Projektvorschlag ermuntert dazu, im aktuellen Zeitgeschehen nach Beispielen zu suchen, in denen es zentral um Fragen der positiven wie negativen Religionsfreiheit geht. Die drei Textbeispiele können dabei Anregung geben. Sie können, müssen aber nicht behandelt werden. Z. B. Fragen der Sexualmoral, der Erziehungsfreiheit, des politisch-religiösen Fanatismus oder der religiösen Toleranz sind im Zeitgeschehen immer wieder drängend aktuell.

S. 442 **Stephan Goertz: Ideologischer Irrweg?**

Sich dem spannungsgeladenen Thema Religiosität und Homosexualität zuzuwenden ermöglicht es fast immer, tagesaktuelle Stellungnahmen einfließen zu lassen. Hier wird auch sehr schnell deutlich, dass religiöse, rechtstheoretische und moralische Diskussionen in einer Gesellschaft keinen Konsens mehr erreichen, wenn es z. B. um die Frage geht, welchen Rechtsstatus homosexuelle Lebensgemeinschaften haben (dürfen).

S. 443 **Johan Schloemann: Nach dem Burkini-Urteil Sprung ins kalte Wasser**

S. 444 **Ursula Rüssmann: Fromm, frech und frei**

Auch die allgemeine Frage, ob und wann religiösen Vorschriften ein Sonderstatus im Rahmen der freien Religionsausübung zusteht, wird immer wieder zu Fragen führen, deren Beantwortungen eine Grenzziehung und das Abwägen von Grundrechten und Pflichten erforderlich machen. Auch hier ist zu erwarten, dass es über den Basistext hinaus stets tagesaktuelle Beispiele dafür gibt, dass religiöse Menschen sich in ihrer (menschenrechtlich und grundgesetzlich) garantierten freien Religionsausübung eingeschränkt sehen.

S. 445 **Matthias Kamann: Christen werden weltweit am stärksten unterdrückt**

Im Textauszug wird deutlich, wie zerbrechlich und weltweit gefährdet das Menschenrecht der Religionsfreiheit tatsächlich ist. Auch wird klar, dass neben der zu bemängelnden Ungleichbehandlung von Religionsgemeinschaften durch staatliche Ordnungen auch sehr viele Verletzungen der Religionsfreiheit durch die Religionsgemeinschaften selbst erfolgen, die Religionsfreiheit gegenüber anderen Glaubensgemeinschaften oder humanistischen, nicht religiösen Gemeinschaften nicht achten.

Neben diesen drei Beispielen sind natürlich sehr viele weitere denkbar. Z. B. der islamistisch motivierte Anschlag vom 7. Januar 2015 auf die Redaktion der Satirezeitschrift „Charlie Hebdo". Hier könnte die Frage behandelt werden, was Satire darf und ob es überhaupt möglich ist, Gott zu beleidigen. Einen schnellen und guten Einstieg in solche Fragen liefern Markus Tiedemanns kurzen Briefe an den Fanatiker: http://www.fr-online.de/kultur/lieber-fanatiker-kann-man-gott-beleidigen-,1472786,30926240.html.

8.4.2 Säkularisierung: Geht es auch ohne Religion?

Inhalte – Methoden – Kompetenzen

Vgl. die Einträge unter 8.4, die den Abschnitt in das Unterkapitel einordnen. In dem Abschnitt geht es allein um eine Auseinandersetzung mit der auf Max Weber zurückgehenden religionssoziologischen Säkularisierungsthese: Die speziellen Bedingungen des Christentums in Europa setzen den Prozess der „Entzauberung der Welt" unaufhörlich in Gang und werden letztlich zum weltweiten Ende der Religionen führen. Diese These hat sich eher als unhaltbar erwiesen. Wie aber kann ein Konzept von Religion in der Moderne aussehen? Hier sind am Ende auch die Schülerinnen und Schüler gefordert, Ideen zu entwickeln.

Zu den Materialien und Aufgaben

S. 446 **Karl Gabriel: Jenseits von Säkularisierung und Wiederkehr der Götter**

S. 449 **1▶** Im Textauszug sind die Zeilen 15 bis 44 genauer zu betrachten. Zentral ist dieser Satz: „Für Weber konnte die moderne, auf Weltbeherrschung zielende Rationalität nur über die Religion ihren Siegeszug beginnen." (Z. 25 f.) Das westliche Christentum als besondere Voraussetzung für die schrittweise „Entzauberung der Welt". Einmal „entzaubert" komme der Religion im sich durchsetzenden Kapitalismus nur noch die Funktion zu, im Bereich des Privaten wirksam zu sein. Weber ging dabei davon aus, dass diese Entwicklung sich unaufhaltsam von Europa über die ganze Welt ausbreiten würde. Säkularisierung im Sinne Webers als ein notwendig ablaufender Prozess, der zielgerichtet auf das Ende der Religionen zusteuere, wird nur noch von sehr wenigen Denkern heute vertreten. Hinzu kommen Vorbehalte, die in der Säkularisierungsthese ein weiteres Beispiel für einen ungerechtfertigten Eurozentrismus sehen: Warum sollte, was in Europa passierte, Vorbild für die ganze Welt sein?

2▶ Zur Beantwortung der Frage sind die Zeilen 45 bis 96 zu lesen: Zwei Beispiele zeigen an, dass davon, dass Religion auf ihr Ende zusteuere, keine Rede sein kann: zum einen das Christentum, das gerade in großen Teilen der Welt expandiert, zum anderen die Expansion des Islam in Europa. Noch wesentlich stärker wächst der Islam in Indonesien, aber auch in Schwarzafrika. Angesichts der Entwicklungen kann von einem Verschwinden der Religion also nicht die Rede sein. „Im Gegenteil: Die Religion ist in vielen Teilen der Welt eindeutig auf dem Vormarsch." (Z. 71) Bezogen auf Europa gibt es starke Anzeichen dafür, dass die Säkularisierung weiter voranschreitet. Der Einfluss der Kirchen sinkt, die Mitgliederzahlen gehen zurück und nichts deutet auf eine Wiederkehr der Religion im Sinne der kirchlichen Tradition hin. Die These der Wiederkehr unterscheidet daher zwischen Kirchlichkeit und alternativer, außerkirchlicher Religiosität, die aber, schaut man genau hin, „primär im Umfeld der Kirchen" (Z. 87 f.) stattfindet. „Wo die kirchliche Religion geschwächt ist, findet auch die alternative Religiosität keinen Nährboden."(Z. 88 f.)

3▶ In den Zeilen 97 bis 115 findet sich das Fazit Gabriels und seine eigene These: Weder die Säkularisierungsthese noch die These von der Wiederkehr der Götter können überzeugen. Religion (und Tradition) sollten nicht im Gegensatz zur Moderne, sondern in der Moderne gesehen werden. In einem ergebnisoffenen Prozess muss sich in der „Vielfalt der Moderne" (Shmuel Eisenstadt) zeigen, ob und in welchen Formen Religionen zu neuen tragfähigen Modellen kommen, die Religion, Politik, Wirtschaft und Wissenschaft in ein stimmiges Verhältnis bringen.

4▶ Bestimmte inhaltliche Ergebnisse dürfen hier nicht erwartet werden. Vielmehr kommt es auf die Ideenbildungen an, welche Rolle Religion in modernen Gesellschaften zukommen darf und sollte. (Als zusätzlichen Input kann man sehr gut den kurzen Kommentar im Zusatzmaterial LB, **Z 8-7** nutzen. Wie ändert sich die Sicht auf die Säkularisierungsthese im Lichte der globalen Entwicklungen z. B. im Zusammenhang mit Islam und Islamismus oder religiös motiviertem Terrorismus?)

5▶ Es kommt darauf an, möglichst vielfältige Deutungen zu versuchen, die nebeneinander stehen bleiben können.

8.5 Religionen der Welt und ihre Werte

Inhalte – Methoden – Kompetenzen

Im Religionskapitel geht es hauptsächlich um eine religionsphilosophische Auseinandersetzung mit zentralen religiösen, aber auch religionskritischen Begründungen. In den beiden kurzen Abschnitten dieses Unterkapitels stehen dagegen etwas Religionskunde (8.5.1) und das Problem, wie heilige Schriften zu deuten sind (8.5.2), zur Debatte. Da es hoffnungslos wäre, auf nur wenigen Seiten zu versuchen, den inhaltlichen Anliegen auch nur der großen Religionsgemeinschaften gerecht zu werden, haben wir den Versuch erst gar nicht unternommen und bieten Ulrich Schnabels Test an, die Antworten großer Weltreligionen auf zehn existenzielle Fragen zuzuordnen. Dabei ist von vornherein klar, dass es nicht um religionswissenschaftliche Feinheiten geht, sondern um relativ unstrittige Merkmale, die die Antworten der großen Religionen verbinden oder trennen. Mehr Raum als gegeben hätte das Problem, wie heilige Schriften angemessen gedeutet werden können, verdient. Sehr gute vertiefende Anregungen liefert das unten angegebene Buch von Hubert Schleichert, das sich auch als Ganzschrift für den Unterricht eignet.

Sequenz ●●●	Die beiden Abschnitte sind unabhängig voneinander und können in wahlfreier Reihenfolge behandelt werden.
Querverweise ◀▶	• **8.3 Religion und Ethik** (→ SB, S. 429 ff.): Schon hier wird deutlich, dass auch die drei großen abrahamischen Religionen jeweils aus unterschiedlichen Strömungen bestehen, die inhaltlich unvereinbare Deutungen ihrer heiligen Schriften vornehmen.

Literatur und Links

• Knaurs Großer Religionsführer. Augsburg: Weltbild Verlag, 1999

• Hubert Schleichert: Wie man mit Fundamentalisten diskutiert, ohne den Verstand zu verlieren. München: C.H. Beck, 1997

- Bundeszentrale für politische Bildung: Entscheidung im Unterricht – Salafismus in der Demokratie. Heftnummer 2.12 (Bestellnummer 2 480), 2013

- Franz Buggle: Denn sie wissen nicht, was sie glauben – Oder warum man redlicherweise nicht mehr Christ sein kann. Eine Streitschrift. Aschaffenburg: AlibriVerlag, überarbeitete und erweiterte Neuauflage 2004

8.5.1 Religionen im Wandel

Inhalte – Methoden – Kompetenzen

Dieser Abschnitt ist weniger vertiefender philosophischer Reflexion gewidmet, sondern eher dem Aufzeigen der ungeheuren Vielfalt religiöser Strömungen. Schon einige davon hinsichtlich ihrer Antworten auf zentrale existenzielle Fragen zu unterscheiden ist reizvoll und kann anregen, die eigene Antwort zu bestimmen.

Sequenz ●●●	Diesen Abschnitt kann man nur linear durcharbeiten.
Querverweise ⬌	● **8.1 Erscheinungsformen von Religion** (→ SB, S. 411 ff.)

Zu den Materialien und Aufgaben

S. 450 ■1▶ Der Rechercheauftrag spricht für sich. Er kann entfallen, wenn im Kurs kein Wunsch nach mehr Differenzierung vorhanden ist. Dennoch sollte dann anhand der gegebenen Tabelle problematisiert werden, dass der Anteil der „Atheisten" an der Weltbevölkerung schwerlich ermittelbar ist. Wie hoch z. B. ist der Anteil der Menschen, die zwar einer christlichen Konfession angehören, aber davon überzeugt sind, dass es Gott nicht gibt? Wie viele Menschen weltweit, die von Gottes Nichtexistenz überzeugt sind, gehören einer Religion an, weil sie massive Repressalien fürchten, wenn sie ihre Überzeugung öffentlich machen würden?

S. 450 **Ulrich Schnabel: Wie sich die Religionslandschaft verändert**

S. 451 ■2▶ Der einleitende Text sensibilisiert dafür, wie aussichtslos es wäre, die Vielfalt der religiösen Landschaften im Detail genau zu untersuchen und die Strömungen theologisch sauber voneinander zu trennen. Dies scheitert häufig schon allein daran, dass die „Vogelperspektive" (→ SB, S. 416) bezogen auf religiöse Glaubenssysteme nun mal nicht existiert. Schon die Frage, wie man das Wesen des Christentums zutreffend beschreiben sollte oder kann, wird zu kontroversen theologischen Debatten unter den Anhängern des Christentums selbst führen. Der Test will an einflussreiche „Lebensbewältigungsstrategien" erinnern, die sich in den religiösen Traditionen der Welt finden.
Z 8-5 Schnabels Antworten auf die zehn existenziellen Fragen sind im Zusatztext → LB, **Z 8-5** zu finden.

■3▶ Vermieden werden sollten hier Rechthabereien über den „wahren Inhalt" von religiösen Strömungen. Im Bedarfsfall sollte immer wieder an die grau unterlegte Passage (→ SB, S. 451) erinnert werden: Der Test dient ohne Anspruch auf theologische Korrektheit dazu, Prozesse der Selbsterforschung in Gang zu bringen.

S. 452 Ulrich Schnabel: Zehn existenzielle Fragen – und die Antworten großer Weltreligionen

Z 8-5 Die Auflösung zu dem Test findet sich im Zusatztext → LB, **Z 8-5**.

8.5.2 Das Problem der Deutung heiliger Schriften

Inhalte – Methoden – Kompetenzen

Was tun eigentlich Religionsstifter? Wie entsteht eine neue Religion? Mindestens zwei Erklärungen (neben weiteren) stehen zur Wahl:

a) Ein Mensch wird auserwählt. Direkt von Gott oder von einem göttlichen Boten (im Judentum, Christentum und Islam ist dies z. B. der Engel Gabriel) erhält der Mensch den Auftrag, Gottes Wort und Willen den Menschen kundzutun. Dieser Auserwählte predigt die neue Lehre und versammelt so Anhänger um sich. Alle Anhänger gemeinsam bemühen sich dann, den im heiligen Text offenbarten Glauben richtig zu interpretieren, um die göttlichen Forderungen in der Gesellschaft allgemein durchzusetzen.

b) Ein schlauer Mensch betrachtet die Missstände seiner Zeit und überlegt, wie Wohlverhalten unter den Menschen erreicht werden kann. Da Menschen ein natürliches Bedürfnis nach Religion haben, denkt sich der schlaue Mensch ein Glaubensgebäude aus, schreibt es nieder und behauptet dann, alles sei ihm direkt von Gott eingegeben worden. Dieser schlaue Mensch versammelt Anhänger um sich. Alle gemeinsam sorgen dann für die Verbreitung und eine wachsende Anhängerschaft. Als Orientierung dient die (angeblich) offenbarte heilige Schrift. Wie kann das eine sicher vom anderen getrennt werden?

Sequenz ●●●	Es können in freier Abstimmung mit der Lerngruppe eine (oder arbeitsteilig auch mehrere) Schwerpunkte gewählt werden.
Querverweise ◄►	–

Literatur und Links

- Franz Buggle: Denn sie wissen nicht, was sie glauben – Oder warum man redlicherweise nicht mehr Christ sein kann. Eine Streitschrift. Aschaffenburg: Alibri Verlag, überarbeitete und erweiterte Neuauflage 2004

Zu den Materialien und Aufgaben

Alle drei Textbeispiele sprechen für sich und deuten an, um welche Fragen und Probleme es geht. Die Literaturangaben weisen jeweils den Weg zu weiterem zur Vertiefung geeignetem Material.

S. 455 **Hubert Schleichert: Was ist Fanatismus?**

Es ist immer wieder verwirrend, wie schnell es friedfertigen Christen gelingt, eindeutig inhumane Stellen in der Bibel auszublenden zugunsten eines an Menschenwürde und wechselseitig friedvoller Achtung ausgerichteten humanen Gottes- und Menschenbildes. Es ist sehr lohnenswert, einige Passagen aus der Streitschrift von Franz Buggle (s. Literaturhinweis oben) auszuwählen, der überwältigend viele längere inhumane Stellen aus dem Alten wie dem Neuen Testament vorstellt und immer wieder sinngemäß fordert: „Der Leser zweifelt? Dann lese er die Bibel, am besten einmal Buch xyz im Zusammenhang ganz." Erst selektive Bibelexegese erlaubt es, eine eindeutig humane Botschaft in die Bibel hineinzulesen, aber eben nur um den Preis des Ignorierens der ebenso eindeutigen wie unmissverständlichen inhumanen Stellen. Das Buch von Buggle ist besonders Gläubigen zur Lektüre zu empfehlen. Es handelt sich tatsächlich um eine Streitschrift, deren Inhalten aber aufgeklärte Christen nicht ausweichen sollten, wenn zu begründen ist, warum man dennoch redlicherweise Christ sein kann.

Die Geschichte der noch jungen Religion der Baha'i zeigt eindrucksvoll den Weg eines Religionsstifters. Interessant ist, ob diese Religion als gleichberechtigt als vierte abrahamische Religion neben den großem drei (Judentum, Christentum und Islam) anzusehen ist. Hier gehen die Meinungen gerade unter Gläubigen sehr auseinander. Im Sinne der Religionsfreiheit ist die Antwort eindeutig: Baha'i haben exakt dieselben Rechte wie jede andere Religionsgemeinschaft auch. Keiner Religion steht es zu, anderen Religionen den Charakter wahren Glaubens abzusprechen.

Julian Baggini, Jeremy Stangroom
Wie haben Sie abgeschnitten?

Die folgende Anleitung zur Auswertung führt schon sehr weit und zeigt, worauf es im Spiel („Schlachtfeld Gott") ankommt: Auch religiöse Aussagen kann man nicht in beliebiger Auswahl bejahen. Das wird Denker, die an der Stimmigkeit ihrer Aussagen interessiert sind, dann ungemütlich, wenn sie erkennen, dass mehrere ihrer lieb gewonnenen Sätze nicht zugleich wahr sein können. Welchen können sie aufgeben? Für die Detailanalyse der „Treffer" empfehlen wir das Buch von Baggini und Stangroom „Der kleine Denkverführer" zur Anschaffung. Dort finden Sie viele weitere Denkspiele, die auch außerhalb von Unterricht und Schule ihren eigenen Reiz haben.

Die Auswertung wirkt auf den ersten Blick schwieriger als die der anderen Aufgaben, aber keine Sorge, so kompliziert wird's gar nicht!
[Die Antwort „falsch" auf die Fragen 2, 3, 4, 5, 6, 9, 10, 14 oder 15 spielt in der Auswertung keine Rolle.] Bei allen anderen müssen Sie das zu Ihrer Antwort gehörige Kästchen im fol-
5 genden Diagramm suchen.

1. Schraffieren Sie alle Kästchen, die Ihren Antworten entsprechen. Wenn Sie sich beispielsweise bei Nummer 14 für „wahr" entschieden haben, sollten Sie dieses Kästchen ganz schraffieren, das aus zwei durch eine Linie verbundenen Teilen besteht.
2. Überprüfen Sie jetzt, ob irgendeiner der Pfeile nur durch ganz schraffierte Kästchen
10 führt. Sehen wir uns zum Beispiel den ersten Pfeil an. Wenn Sie Nummer 3 mit „wahr" beantwortet haben und Nummer 13 mit „falsch", haben Sie Treffer Nummer 6 erlitten. [...]
3. In drei Fällen ist möglicherweise ein Tiebreak nötig, um festzustellen, ob Sie einen Treffer erlitten haben oder einen Kompromiss eingehen müssen.
15 4. Geben Sie sich, wenn Sie Ihre Treffer und Streifschüsse ausgemacht haben, für jedes Zugeständnis einen Punkt und für jeden Treffer drei Punkte.

0 Punkte: Gratulation! Sie gehören zu den weniger als 10 %, die dieses Schlachtfeld vollkommen unverletzt durchschreiten. Sie sind in puncto Stimmigkeit vorbildlich.
1 bis 3 Punkte: Sie sind gerade irrational genug, um menschlich zu wirken, besitzen aber
20 einen beeindruckenden Intellekt.
4 und 5 Punkte: Sie sind stimmiger im Denken als der Durchschnitt, aber nicht ganz perfekt.
6 bis 10 Punkte: Ihre Vorstellungen über Gott und Religion sind uns nicht klar und konsistent genug, aber Hopfen und Malz scheint auch nicht verloren zu sein.
mehr als 11 Punkte: Sie haben sich nicht wirklich mit den Fragen auseinandergesetzt, oder?

25 ## Die Tiebreaks

Tiebreak A: Sie halten es nicht für gerechtfertigt, seine Annahmen über die externe Welt auf eine feste innere Überzeugung zu stützen, wenn es keine äußeren Beweise für die Richtigkeit dieser Überzeugung gibt. Sie haben aber gleichzeitig die Evolutionstheorie verworfen, obwohl die Mehrheit der Wissenschaftler meint, dass äußere Belege auf ihre Richtig-
30 keit hindeuten und es keine Beweise gibt, die sie widerlegen. Natürlich behaupten Kreationisten, die Faktenlage sei alles andere als schlüssig. Doch damit stehen sie im Widerspruch zur gängigen wissenschaftlichen Meinung. Folglich müssen Sie sich entscheiden: Wollen Sie a) einen Streifschuss hinnehmen und sagen, dass es – egal, was Wissenschaftler dazu sagen – Belege für die Unrichtigkeit der Evolutionstheorie gibt, oder b) einen Treffer
35 kassieren und zugeben, dass Ihre Überzeugungen in dieser Hinsicht tatsächlich widersprüchlich sind?

Tiebreak B: Sie haben behauptet, dass jedem Wesen, das man mit Fug und Recht Gott nennen kann, an so wenig Leid wie möglich auf der Welt gelegen sein müsste. Aber Sie sagen auch, dass Gott alles, was heute als moralisch verwerflich gilt, moralisch akzeptabel
40 machen könne und umgekehrt. Das heißt, Gott könnte die Linderung des Leids in eine Sünde verwandeln. Doch Sie glauben, dass Gott das Leid verringern wollen muss. Es gibt einen Ausweg aus der Zwickmühle: Wollen Sie a) das Zugeständnis machen zu sagen, dass Gott das moralisch Verwerfliche möglicherweise möchte (hier die Argumentation: Er muss die Linderung des Leids zur Sünde machen, aber wenn er das täte, wäre das, was er möchte,
45 nämlich die Reduktion des Leids, moralisch verwerflich), oder b) einen Treffer akzeptieren und zugeben, dass Ihre Überzeugungen zu diesem Thema in sich widersprüchlich sind?
Tiebreak C: Sie behaupten, die Evolutionstheorie sei im Wesentlichen wahr. Sie sagen jedoch auch, es sei unsinnig, ohne hieb- und stichfeste Beweise für Gottes Existenz an ihn zu glauben. Das Problem liegt darin, dass es keine sicheren Belege für die Wahrheit der Evolu-
50 tionstheorie gibt – auch wenn alles darauf hindeutet. Folglich scheinen Sie einerseits sichere, unwiderrufliche Beweise für Gottes Existenz zu fordern, die Evolutionstheorie andererseits ohne diese zu akzeptieren. Sie haben die Wahl: Wollen Sie a) das Zugeständnis machen zu behaupten, für den Glauben an Gott seien höhere Nachweisstandards anzulegen als für den Glauben an die Evolution, oder b) einen Treffer hinnehmen und zugeben, dass Ihre
55 Antworten widersprüchlich sind?

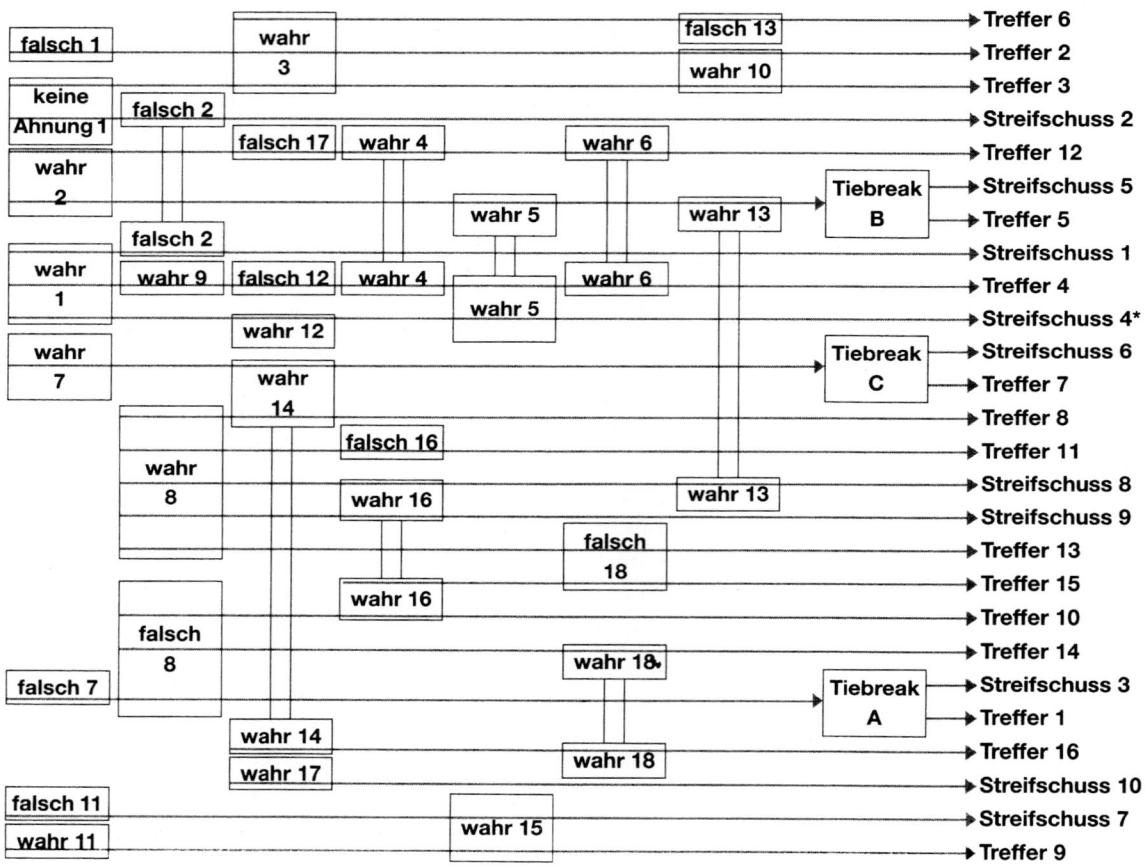

* Nur wenn Sie bei den Nummern 4, 6 und/oder 9 mit „wahr" geantwortet haben.

436

Das Ziel des Spiels bestand darin, unversehrt über das intellektuelle Schlachtfeld zu gelangen, auf dem Sie sich zwei Arten von Verletzungen einhandeln konnten.

Einen direkten Treffer mussten Sie hinnehmen, wenn Sie eine in sich widersprüchliche Antwort gegeben hatten. [...] Allerdings konnten Sie nur zwischen bereits ausgewählten
60 und sorgfältig formulierten Aussagen wählen. Möglicherweise haben Sie einen Treffer kassiert, weil das Ihrer eigenen Überzeugung näher liegende Statement in einen Widerspruch führt. Hätten Sie die Aussage selbst formulieren dürfen, wäre es Ihnen vielleicht gelungen, das zu umgehen und trotzdem eine ähnliche Ansicht auszudrücken.

So etwas ist im Rahmen eines Spiels unvermeidlich. Nehmen Sie also einen direkten Treffer
65 nicht persönlich und seien Sie nicht zu frustriert, wenn die gebotenen Optionen Sie zu einer Entscheidung gezwungen haben, die Sie eigentlich nicht wollten.

Einen Streifschuss mussten Sie hinnehmen, wenn Ihre Wahl etwas implizierte, das gemeinhin als merkwürdig, nicht plausibel oder schwer verdaulich erachtet würde. Hier bleibt mehr Manövrierspielraum, weil das, was viele für außergewöhnlich oder bizarr halten, bei
70 manchen durchaus als normal gelten kann. Also bitte keine allzu schlechte Laune bei Zugeständnissen, denn vielleicht ist ja unsere Weltsicht seltsam!

Wir führen schon seit geraumer Zeit eine Online-Version dieses Spiels durch und bekommen immer wieder zu hören, wir täuschten uns, seien dumm, böse oder auf dem direkten Weg in die Hölle. Damit nicht auch Sie so etwas von uns denken, stellen wir Ihnen [...] ei-
75 nige der beliebtesten Kommentare vor. Vielleicht ist der Sinn des Spiels dann leichter zu begreifen.

Einen Vorwurf hören wir häufig: dass diese Aufgabe dazu diene, Gläubige in die Falle zu locken. Doch das stimmt nicht. Nur drei der 26 Treffer und Streifschüsse erfordern eine „wahr"-Antwort auf die Aussage, dass Gott existiert.
80 Besonders entrüstet reagierten Teilnehmer meist auf die Nessie-Frage. Viele meinen, wir wollten sagen, der Glaube an Gott sei genauso unsinnig wie der an das Ungeheuer von Loch Ness. Aber darum geht es uns nicht. Wir möchten vielmehr feststellen, wie die vernünftige Basis für den Glauben oder Nichtglauben an *alle möglichen* Dinge aussieht.

Um die Aussage von Nessie zu wiederholen: „Wenn es nach jahrelangen Bemühungen nicht
85 gelungen ist, eindeutige Beweise für die Existenz des Monsters von Loch Ness zu finden, ist es vernünftig zu glauben, dass es ein solches Monster nicht gibt."

Wenn Sie dem zustimmen, sagen Sie im Endeffekt, dass die Abwesenheit von Beweisen manchmal der Beweis für die Abwesenheit ist. Mit anderen Worten: Es kann vernünftig sein zu glauben, dass etwas nicht existiert, selbst wenn seine Nichtexistenz sich nicht bele-
90 gen lässt. Das gilt, wenn sich keine Beweise finden lassen, wo sie sein müssten, wenn es das Ding tatsächlich gäbe.

Doch das widerspricht dem Prinzip, das hinter Aussage 15 steckt: „Solange es keine zwingenden Argumente oder Belege für die Nichtexistenz Gottes gibt, ist Atheismus eine Frage des Glaubens, nicht der Rationalität." Das entspricht der Ansicht, dass die Abwesenheit von
95 Beweisen nicht der Beweis für Abwesenheit ist und es sich, solange man die Nichtexistenz von etwas nicht beweist, um einen reinen Glauben an die Nichtexistenz handelt. Danach wäre allerdings auch der Nichtglaube an Nessie eine Glaubensfrage und keine rationale Überzeugung.

Nun könnten Sie einwenden, Nessie und Gott seien zwei sehr unterschiedliche Wesen, doch
100 das ist nicht der Punkt. Wir wollen nicht behaupten, dass die Sachlage bei Gott genauso eindeutig ist wie beim Ungeheuer von Loch Ness. Uns geht es nicht um die Argumentation für oder wider Gottes Existenz, sondern eher um die Prinzipien, auf denen die Beweisführung beruht. Wir weisen Widersprüchlichkeiten darin nach. Diese Prinzipien sagen jedoch nichts über die Wahrscheinlichkeit oder Nichtwahrscheinlichkeit von Gottes Existenz aus.

Julian Baggini, Jeremy Stangroom: Der kleine Denkverführer – Philosophische Spiele. Übersetzt von Sonja Hauser. München: Piper Verlag, 2009, S. 73 ff.

1 ▶ Werten Sie Ihre Antworten gemäß Anleitung aus und bestimmen Sie Ihre Punkte. Sind Sie mit Ihren Treffern und Streifschüssen einverstanden oder regt sich Widerstand?

2 ▶ Setzen Sie sich in kleinen Gruppen zusammen und werten Sie Ihre Antworten gemeinsam aus. Achtung: Dabei ist nicht wichtig, welche Antworten Sie letztlich für richtig halten, sondern allein, welche Antworten miteinander unverträglich sind oder zusammen sonderbar anmuten.

3 ▶ Ermitteln und diskutieren Sie Einwände, die gegen das Spiel erhoben werden könnten. Überzeugt Sie die Zurückweisung der Standardeinwände durch die Autoren?

Matthias Althoff
Analyse des ontologischen Arguments Anselms

Wenn man Anselms Text von oben nach unten folgt, lassen sich die folgenden Bestandteile isolieren. Es ist nun eine reine Geschmacksfrage, ob man – wie hier geschehen – den unstrittigen Hauptteil von der strittigen Widerspruchsüberlegung trennt oder ob man den Beweis als Ganzen rekonstruiert. Ebenso sind zu der hier vorgestellten Rekonstruktion
5 ganz sicher alternative Rekonstruktionen denkbar. Wenn Sie also anders rekonstruiert haben oder rekonstruieren wollen, so ist das sicher erwünscht. Versuchen Sie dennoch auch der hier vorgelegten Rekonstruktion zu folgen. Prüfen Sie dabei, ob die Rekonstruktion i) mit dem Text vereinbar ist und ob ii) die Kritik am Beweis berechtigt ist. Oder fallen Ihnen Argumente ein, wie Sie Anselm gegen die Kritik verteidigen könnten? Es folgt nun eine
10 Rekonstruktion des ontologischen Beweises und dann eine Fehleranalyse, die den Beweis als Pseudobeweis enttarnt.

Prämisse 1: „Gott" ist definiert als dasjenige, „über das hinaus nichts Größeres gedacht werden kann."
Prämisse 2: Selbst der Tor, der die Existenz Gottes leugnet, versteht die Definition „Gott".
15 *Prämisse 3*: Was jemand versteht, ist in seinem Verstand.
Folgerung 1 aus *P2* und *P3*: Gott ist im Verstand (auch in dem des Toren).
Prämisse 4: Wenn Gott im Verstand ist, dann existiert er auch wirklich (in Wirklichkeit).

Konklusion (mit dem „Modus ponens" aus *Folgerung* 1 und *P4*): **Gott existiert wirklich (in Wirklichkeit).**

---

20 Die Grundstruktur des Beweises ist einfach und es ist ersichtlich, dass im entscheidenden Schritt lediglich der Modus ponens (→ SB, S. 467) benötigt wird. Logisch scheint alles noch in Ordnung zu sein. Wäre Prämisse 4 nun tatsächlich wahr, so wäre Gottes Existenz bewiesen. Anselm begründet die entscheidende Prämisse 4 durch einen Widerspruchsbeweis. Solche Überlegungen gehen so: Man starte mit der Negation der zu beweisenden Aussage
25 als Prämisse und zeige dann, dass diese Prämisse zu einem Widerspruch führt. Da aus etwas Wahrem kein Widerspruch folgen kann, sondern nur Wahres, muss die Annahme falsch sein und ihr Gegenteil (die zu beweisende Aussage) somit wahr. „Widerspruchsbeweise", bekannt auch als *reductio ad absurdum* (lat.: Zurückführung auf Sinnloses), sind besonders in der Mathematik, aber auch in der Philosophie gebräuchlich. So beweist nun
30 Anselm die zentrale Prämisse 4:

Angenommen, *Prämisse 4* wäre falsch und Gott existierte nur im Verstande.
Prämisse 5: Wirklich sein ist größer, als nur im Verstande sein.
Folgerung 2 aus der *Annahme* und *P5*: Im Widerspruch zur Definition „Gott" könnte etwas Größeres als Gott gedacht werden, nämlich der gedachte Gott, der zusätzlich wirklich ist.

---

35 Der Widerspruch basiert auf der Annahme, Prämisse 4 sei falsch. Prämisse 4 kann also nicht falsch sein. Sie muss wahr sein (*tertium non datur*). Nun stehen wir mit einem bewiesenen Gott da. Das kann doch gar nicht wahr sein, sagen insbesondere Gläubige, für die Glaube gerade nicht die Möglichkeit des Wissens und Beweisens einschließt. Wo aber könnten sich im Beweis Fehler verbergen? Im ersten Teil werden eigentlich nur der Modus
40 ponens angewandt und Selbstverständlichkeiten über das Verstehen von Definitionen geäußert. Da scheint logischer Einspruch ausgeschlossen. Im zweiten Teil wird nur die Defi-

nition „Gott" (P0) und die harmlose Prämisse 5 benutzt. Auch hier scheint kein logischer Fehler in Sicht zu sein. Wo also ist der Haken, wo kann der begründete Einspruch ansetzen?

45 Hilfreich könnte es im Vorfeld der Fehleranalyse sein, daran zu erinnern, was eine Definition ist (→ SB, S. 460 f.). Eine Definition von x (z. B. „Gott", „Haus", „Auto", „Ehepartner", „Vergaser") ist die Zusammenstellung der Prädikate (Eigenschaften), die ein Gegenstand (oder ein Mensch oder eine Sache) erfüllen muss, um ein x zu sein. So könnten wir etwa Gott als das Wesen auszeichnen, das die Eigenschaften e_1, e_2, e_3, e_4, ... und e_n hat. So etwa könnte die Liste der definierenden Merkmale beginnen:

50 e_1 = Allmacht: Gott kann alles, was möglich ist zu tun, auch tun!

e_2 = Allgüte: Gott will nicht, dass Böses geschieht!

e_3 = Allwissenheit: Gott kennt alle Konsequenzen seines Handelns und weiß über alles Bescheid!

e_4 = Über Gott hinaus kann nichts Größeres gedacht werden … (und viele weitere).

55 Bei Definitionen ist die alles entscheidende Frage stets, ob sie erfüllbar sind. Damit ist gemeint, ob es etwas gibt, das die in der Definition geforderten Eigenschaften tatsächlich hat. Meistens ist das der Fall, oft aber auch nicht. So wissen wir alle, welche Eigenschaft die größte Zahl kleiner als 2 haben müsste (sie ist kleiner als 2 und zwischen ihr und 2 gibt es keine weiteren Zahlen), aber es gibt eben keine Zahl, die diese Eigenschaft tatsächlich hat.
60 Noch einmal der zentrale Punkt der Klarheit halber: Es ist stets eine Sache, eine Definition zu verstehen, und eine ganz andere Sache, zu prüfen, ob es etwas gibt, das die in der Definition geforderten Eigenschaften auch tatsächlich aufweist.

Diese Unterscheidung liefert den Schlüssel zur Fehleranalyse am Beweis Anselms. Zunächst müssen wir die Wendung „Gott existiert nur im Verstand" genauer anschauen. Es 65 sind zwei Lesarten zu unterscheiden:

i) Die Definition „Gott" ist verständlich und wer sie hört, weiß, welche Eigenschaften Gott haben müsste, wenn es ihn gäbe. Aber es gibt nichts, das die Definition „Gott" erfüllt. Wenn man „Gott existiert *nur* im Verstand" so deutet, ergibt sich leider kein Widerspruch zu irgendwas und der Beweis steckt fest und erreicht nicht sein Ziel.

70 ii) Die zweite Deutung geht von der Annahme aus, es gäbe ein x, das die Definition „Gott" erfüllt, aber dieses Wesen existierte *nur* im Verstand (und nicht wirklich). Diese Annahme widerspräche tatsächlich der Definition Gottes. Aber leider folgt daraus nicht die gewünschte Konklusion, sondern nur ein viel schwächerer Konditionalsatz: *Wenn es ein x gibt, das die Definition „Gott" erfüllt, dann kann es nicht bloß im Verstand existieren, sondern*
75 *müsste auch wirklich sein.* Diese Konklusion wird sauber hergeleitet, führt aber nicht zum Beweisziel. Offen bleibt die Frage, ob es etwas gibt, das die Definition „Gott" erfüllt.

Anselm beweist uns lediglich, dass seinem Sprachgebrauch von „Gott" folgend der Satz „Gott existiert nur im Verstand" allein aufgrund sprachlicher Festlegungen in sich widersprüchlich wäre. Wir haben etwas über Sprache und nichts über die Wirklichkeit erfahren.
80 Insbesondere ist es weiterhin eine offene Frage, ob ein Wesen mit den typischen göttlichen Eigenschaften nun existiert oder nicht. Der ontologische Beweis ist vom Tisch. Endgültig, oder?

Originalbeitrag für diesen Band

Thomas von Aquin
Zwei (von fünf) Wegen zur Erkenntnis Gottes

Der zweite Weg zur Erkenntnis Gottes geht von der Idee der bewirkenden Ursache aus. Wir finden nämlich, dass in der Welt der wahrnehmbaren Dinge eine Ordnung bewirkender Ursachen herrscht. Doch wir entdecken keinen Fall (und ein solcher ist auch nicht möglich), in dem etwas die bewirkende Ursache seiner selbst ist. Denn sonst würde es vor sich
5 selbst Priorität besitzen; und das ist unmöglich. Nun kann man aber in der Folge der bewirkenden Ursachen nicht ins Unendliche fortschreiten. Denn bei allen bewirkenden Ursachen, die einer Ordnung folgen, ist das erste Glied die Ursache des mittleren und das mittlere Glied die Ursache des letzten – gleichgültig, ob das mittlere Glied nur ein einziges ist oder sich aus einer Reihe zusammensetzt. Wenn man nun die Ursache wegnimmt, so ver-
10 schwindet auch die Wirkung. Wenn es folglich unter den bewirkenden Ursachen kein erstes Glied gibt, so wird es auch kein letztes und kein mittleres Glied geben. Wenn man jedoch in der Folge der bewirkenden Ursachen ins Unendliche fortschreiten könnte, so gäbe es keine erste bewirkende Ursache. Das bedeutet aber, es gäbe keine letzte Wirkung und auch keine mittleren bewirkenden Ursachen. Und das ist offenkundig falsch. Also ist es unum-
15 gänglich, eine erste bewirkende Ursache anzunehmen. Und diese nennen alle „Gott".
Der dritte Weg zur Erkenntnis Gottes geht vom Möglichen und vom Notwendigen aus und sieht so aus: Wir finden unter den Dingen solche, deren Existenz wie Nichtexistenz gleichermaßen möglich ist, da sie irgendwann entstehen und wieder vergehen. Für alle diese Dinge ist es unmöglich, immer zu existieren: Etwas, dessen Nichtexistenz möglich ist, exis-
20 tiert auch zu irgendeiner Zeit nicht. Wenn es aber auf schlechthin alles zutreffen sollte, dass seine Nichtexistenz möglich ist, dann muss es eine Zeit gegeben haben, zu der tatsächlich nichts existierte. Wenn das aber der Fall wäre, dann würde auch heute nichts existieren; denn etwas, das nicht existiert, beginnt nur zu existieren durch etwas anderes, das existiert. Wenn also irgendwann nichts existierte, dann konnte auch nichts zu existieren beginnen,
25 und es würde zu keiner Zeit etwas existieren. Das aber ist offenkundig falsch. Deshalb sind nicht alle Dinge in ihrer Existenz bloß möglich; es muss irgendetwas geben, dessen Existenz notwendig ist. Doch jedes notwendige Ding ist in seiner Notwendigkeit entweder von etwas anderem verursacht oder nicht. Nun ist es aber nicht möglich, in der Folge der notwendigen Dinge, deren Notwendigkeit von etwas anderem verursacht ist, ins Unendliche fort-
30 zuschreiten (wie wir ja bereits für die Folge der bewirkenden Ursachen bewiesen haben). Deshalb müssen wir ein Ding oder Wesen als Existent annehmen, das aus sich selbst heraus notwendig ist: das seine Notwendigkeit nicht von etwas anderem empfängt, sondern vielmehr anderem dessen Notwendigkeit verleiht. Und dieses Wesen nennen alle „Gott".

Sancti Thomae Aquinatis: Summa theologica. Band 1. Madrid: Biblioteca de Autores Cristianos, 1961, S. 18. In deutscher Übersetzung von Norbert Hoerster abgedruckt in: Norbert Hoerster (Hg.): Glaube und Vernunft. Stuttgart: Reclam, 1985, S. 26 f.

▶ Folgen Sie in der Analyse der Beweise den fünf Schritten hermeneutisch fairer Textarbeit:

1. Lesen Sie Thomas so, dass er recht hat. (Hermeneutische Billigkeit)

2. Rekonstruieren Sie den Gedankengang: Zerlegen Sie die Überlegung in übersichtliche einzelne Schritte, und zwar so, dass insgesamt ein gültiger Schluss entsteht.

3. Überlegen Sie, wo inhaltliche und wo formale Kritik ansetzen könnte? Wie könnte diese Kritik begründet oder präzisiert werden?

4. Verteidigen Sie Thomas gegen die Kritik, wenn dies möglich ist.

5. Beurteilen Sie abschließend die Überlegung von Thomas von Aquin.

Teilen Sie den Kurs ein: Die eine Hälfte bearbeitet Thomas' „zweiten", die andere den „dritten Weg".

EA: Führen Sie für eine der beiden Überlegungen von Thomas von Aquin selbstständig die ersten beiden Schritte kritischer Textarbeit durch.

GA 1: Arbeiten Sie nun zu zweit oder zu dritt (an einem Beweis): Stellen Sie sich Ihre Rekonstruktionen wechselseitig vor und einigen Sie sich ggf. auf eine starke gemeinsame Fassung. Achten Sie darauf, sie am Text selbst abzusichern. Führen Sie dann Schritt drei und vier der kritischen Textanalyse durch.

GA 2: Je eine Gruppe zum „zweiten" und eine zum „dritten Weg" stellen sich wechselseitig ihre Resultate vor und bereiten eine abschließende Bewertung (Schritt 5) der beiden Beweise vor.

Plenum: Rekonstruktionen werden vorgestellt und diskutiert. Eine abschließende Bewertung der Beweise, ggf. mit Fehleranalyse.

Zur Orientierung für die Lehrkraft folgen nun zwei mögliche Rekonstruktionen. Sie zeigen insbesondere, dass es beim Rekonstruieren oft darauf ankommt, die Zwischenfolgerungen anzugeben und dabei zu nennen, auf welchen Annahmen sie beruhen. Bitte probieren Sie unbedingt auch selbst aus, wie Sie rekonstruieren würden.

Thomas von Aquin: Zwei Formen des kosmologischen Beweises

„Der zweite Weg zur Erkenntnis Gottes geht von der Idee der bewirkenden Ursache aus."

(1) Prämisse 1: „In der Welt der wahrnehmbaren Dinge" gilt: Ohne Ursache keine Wirkung! („Nimmt man die Ursache weg, verschwindet auch die Wirkung.")

(2) Prämisse 2: Nichts (in der sinnlichen Welt) kann sich selbst verursachen!

(3) Aus (1) und (2): Für je drei Stadien in einer zeitlich geordneten Ursache-Wirkungs-Kette gilt: Ohne erstes kein mittleres, ohne mittleres kein letztes Glied. (So ist der Sohn nicht ohne Mutter und die Mutter nicht ohne Großmutter möglich.)

(4) Aus (3): Insbesondere: Wenn es keine erste Ursache gäbe, dann auch keine mittleren Wirkungen als Ursachen für letzte Wirkungen.

(5) Prämisse 3 (implizit): Es gibt aber mittlere und letzte Wirkungen. (Marie ist Mutter von Christa, Christa ist Mutter von Matthias und Matthias steht nun mal hier.)

---

(6) Konklusion aus (4) und (5): Es gibt eine erste Ursache. „Und diese nennen alle ‚Gott'."

„Der dritte Weg zur Erkenntnis Gottes geht vom Möglichen und vom Notwendigen aus und sieht so aus:"

(1) Prämisse 1:	Es gibt zwei Arten Dinge: A) Dinge, deren Existenz wie Nichtexistenz möglich ist, die entstehen und vergehen. B) Dinge, die notwendig existieren.
(2) Prämisse 2:	Jedes Ding aus A existiert auch zu irgendeiner Zeit nicht.
(3) Prämisse 3:	Wenn es nur Dinge der Klasse A und keine der Klasse B gäbe, dann hätte es eine Zeit gegeben, in der nichts existierte.
(4) Prämisse 4:	Nichts kann aus sich selbst heraus anfangen zu existieren.
(5) Aus (4):	Wenn es eine Zeit gab, in der nichts existierte, dann existierte auch heute nichts.
(6) Prämisse 5 (implizit):	Es gibt „offenkundig" etwas und nicht nichts.
(7) Aus (5) und (6) mit MT:	Es gab keine Zeit, in der nichts existierte.
(8) Aus (7) und (3) mit MT:	Es gibt nicht nur Dinge der Klasse A, sondern auch Dinge der Klasse B, die also notwendig existieren.
(9) Prämisse 6:	Für jedes notwendige Ding gilt: Entweder wurde seine notwendige Existenz verursacht oder es ist „aus sich selbst heraus notwendig".
(10): Prämisse 7:	Der zweite Weg zeigte uns dies: Jede Verursachungskette hat notwendig ein erstes Glied, also einen Anfang.
(11) Konklusion:	Es gibt etwas, das „aus sich selbst heraus notwendig ist". „Und dieses Wesen nennen wir alle ‚Gott'."

Alfred Jules Ayer
Kritik am ontologischen Beweis

Die oberste Prämisse des Beweises lautet, dass Gott vollkommen ist – in einem Sinn, der bedeutet, dass kein größeres Wesen als Gott vorstellbar ist. Das soll definitionsgemäß wahr sein. Wir erfahren nicht genau, was unter Vollkommenheit und Größe verstanden wird, doch spielt das keine Rolle für den Beweis, solange er zu seiner zweiten Prämisse fortschrei-
5 ten kann, die besagt, dass ein bloß imaginäres Wesen nicht so groß ist wie ein reales Wesen. Auch das soll definitionsgemäß wahr sein. Nun wird argumentiert, dass Gott nicht das größte Wesen wäre, das man sich vorstellen kann, wenn er nicht existierte. Da er per definitionem das größte Wesen ist, das man sich vorstellen kann, folgt daraus, dass er existiert. Zu sagen, dass er notwendig existiert, bedeutet in diesem Zusammenhang nichts anderes,
10 als dass seine Existenz aus seinem Wesen folgt, das heißt aus der Art, in der er definiert wurde.

Obgleich selbst in unserer Zeit einige Philosophen von diesem Argument überzeugt worden sind, ist es sicherlich falsch. Der häufigste, von Kant formulierte Einwand besteht darin zu leugnen, dass die Existenz von etwas in seiner Definition enthalten sein kann. Einen
15 Gegenstand zu definieren heißt, seine Prädikate anzuführen, die er zu erfüllen hat; und die Existenz, so sagt Kant, ist kein Prädikat. Man kann z. B. einen Zentauren als ein Geschöpf definieren, das den Kopf und die Arme eines Menschen, aber den Körper und die Beine eines Pferdes besitzt. Sagt man darüber hinaus, dass es Zentauren gibt, so erweitert man nicht etwa die Definition um eine zusätzliche Eigenschaft; man gibt den Gegenständen, auf wel-
20 che sie sich bezieht, kein weiteres Prädikat, wie man es etwa täte, wenn man den Zentauren als kriegerisch bezeichnete. Man macht vielmehr eine andersartige Aussage, nämlich die falsche Aussage, dass die Definition erfüllt sei. Im gleichen Sinne kann man die Eigenschaften aufzählen, welche die Vollkommenheit eines Gottes ausmachen, also Allmacht, Allwissenheit, höchste Güte oder was immer; doch wenn man zusätzlich von seiner Existenz
25 spricht, führt man keine weitere Eigenschaft an, sondern behauptet zu Recht oder zu Unrecht, dass es etwas gibt, das die angeführten Eigenschaften besitzt.

Dieser Einwand geht, so meine ich, in die richtige Richtung. Trotzdem ist er nicht vollkommen befriedigend, weil er zu viel Gewicht auf eine Regel für die Formulierung von Definitionen legt, von der man sich vorstellen kann, dass sie durchbrochen wird. Schlägt man zum
30 Beispiel in einem Lexikon unter „Zentaur" nach, so wird man finden, dass einem Zentauren nicht nur die von mir angeführten Eigenschaften, sondern darüber hinaus auch die Eigenschaft zugeschrieben wird, ein Fabelwesen zu sein. Würde man dies ernsthaft als Bestandteil der Definition betrachten, dann dürfte man in dem unwahrscheinlichen Falle, dass man ein Wesen entdeckt, das den übrigen Attributen eines Zentauren entspricht, dieses Wesen
35 streng genommen nicht als Zentauren bezeichnen; man müsste einen anderen Ausdruck zur Bezeichnung dieses Wesens finden, das sich von einem Zentauren gerade dadurch unterscheiden würde, dass es kein Fabelwesen ist. Ganz entsprechend könnte jemand, so denke ich, darauf beharren, dass es zur Bedeutung des Ausdrucks „Gott" oder jedes beliebigen anderen Ausdrucks gehört, dass er eine Existenzannahme enthält. Zu behaupten „Gott
40 existiert nicht" wäre dann ein falscher Sprachgebrauch, weil in dem Attribut der „Nicht-Existenz" verneint würde, was im Satzsubjekt vorausgesetzt worden wäre. Doch jetzt wird deutlich, dass mit diesem Manöver nichts gewonnen ist, denn es bleibt eine offene Frage, ob der Subjektbegriff eine Anwendung besitzt.

Gehen wir also ruhig davon aus, dass es zur Definition eines vollkommenen Wesens gehört,
45 dass es nicht imaginär ist. Trotzdem kann man die Frage, ob es etwas gibt, das alle übrigen Eigenschaften eines vollkommenen Wesens besitzt und zugleich imaginär ist, sinnvoll verneinen. Selbst wenn wir also dem heiligen Anselm einräumen, dass das größte Wesen, das

man sich vorstellen kann, als existierend gedacht werden muss, so folgt daraus nicht, dass es tatsächlich etwas gibt, das diesem Begriff entspricht.

Alfred Jules Ayer: Die Hauptfragen der Philosophie. Übersetzt von Friedrich Griese. München: Piper, 1976, S. 269 f. (Die vorliegende Passage wird zitiert in: Norbert Hoerster: Glaube und Vernunft. Stuttgart: Reclam, 1985, S. 24 f.)

1▶ Prüfen und kommentieren Sie: Die Rekonstruktion aus dem Unterricht und die von Ayer (Z. 1–9) sind unterschiedlich formuliert. Sind sie auch inhaltlich verschieden oder in den wichtigen Schritten äquivalent?

2▶ Arbeiten Sie heraus und erläutern Sie die Kritiken in eigenen Worten:

i) Worin besteht für Ayer Kants Kritik am ontologischen Beweis?

ii) Inwiefern ist die Kritik Kants in Ayers Augen angreifbar?

iii) Welche Kritik übt Ayer selbst am ontologischen Beweis?

3▶ Nehmen Sie selbst Stellung: Überzeugen Sie Ayers Ausführungen zum ontologischen Gottesbeweis?

Der Text hat sich auch als Klausurtext bewährt.

Gliederung des Textauszugs und Angabe der Hauptgedanken:

Zeilen 1–11: Ayers Rekonstruktion des ontologischen Beweises. (Sie ist hinsichtlich der Widerspruchsüberlegung identisch mit der Überlegung aus dem Unterricht. Die Rekonstruktion Ayers konzentriert sich allerdings auf die Widerspruchsüberlegung; die aus dem Unterricht dagegen orientiert sich ausführlicher am Verlauf von Anselms Originaltext. Da Ayer hier nur die Widerspruchsüberlegung angreifen möchte, ist es zulässig, andere Details von Anselms Überlegungen, die die Widerspruchsüberlegung nicht direkt betreffen, wegzulassen.)

Zeilen 12–26: Kants Einwand: Existenz ist keine der Eigenschaften, die zur Definition von etwas taugen. Die Behauptung, x existiere, erweitert nicht etwa die Definition von x, sondern ist eine Behauptung über die Welt, die eben wahr sein kann oder falsch: Entweder gibt es etwas, das die Definition von x erfüllt, oder es gibt nichts, das die Definition erfüllt.

Zeilen 27–32: Ayers Kritik an Kants Einwand: Existenz oder Nicht-Existenz kann sehr wohl zu den definierenden Merkmalen gehören. Es ist z. B. eine wichtige Eigenschaft von Fabelwesen, nicht zu existieren. Entdeckte man ein Tier mit allen Eigenschaften von Einhörnern, so dürfte man es nicht Einhorn nennen, denn schließlich gehört es zu den wichtigen Merkmalen von Einhörnern, Fabelwesen zu sein.

Zeilen 32–49: Ayers Verbesserung des Einwands Kants: Selbst wenn es zur Definition Gottes gehörte, dass jede Entität, die die Definition erfüllt, notwendig real wäre, so folgte daraus eben nicht, dass es eine Entität gibt, die die Definition tatsächlich erfüllt. Aber Letzteres will Anselm uns weismachen.

Ulrich Schnabel
Auflösung des Religionstests

1. Wie ist die Welt entstanden?
a) Hinduismus
b) Chinesischer Universismus
c) Christentum, Judentum, Islam
d) Buddhismus (auch Hinduisten könnten so antworten)
e) Atheismus

2. Welche Vorstellung von „Gott" könnten Sie für sich akzeptieren?
a) Chinesischer Universismus
b) Islam
c) Christentum
d) Hinduismus
e) Judentum
f) Atheismus
g) Buddhismus

3. Die existenzialistische Frage schlechthin: Woher komme ich?
a) Atheismus
b) Islam
c) Judentum
d) Buddhismus (auch mit Hinduismus kompatibel)
e) Hinduismus (wird auch von manchen Buddhisten geteilt)
f) Christentum
g) Chinesischer Universismus

4. Warum lebe ich?
a) Buddhismus
b) Atheismus
c) Islam
d) Judentum
e) Chinesischer Universismus
f) Christentum
g) Hinduismus

5. Warum gibt es das Böse in der Welt?
a) Christentum
b) Islam
c) Judentum
d) Atheismus
e) Hinduismus
f) Buddhismus
g) Chinesischer Universismus

6. Einfache Glaubenssätze – wählen Sie einen fürs Poesiealbum
a) Atheismus (Kants kategorischer Imperativ)
b) Christentum
c) Islam
d) Hinduismus (ein Vers des Bhakti-Heiligen Tukârâm)
e) Judentum (aus dem Talmud)
f) Buddhismus
g) Chinesischer Universismus

7. Was ist der Weg zum Heil?
a) Atheismus
b) Christentum (Protestantismus)
c) Christentum (Katholizismus)
d) Islam
e) Chinesischer Universismus
f) Judentum
g) Buddhismus
h) Hinduismus

8. Und was ist die größte Sünde?
a) Chinesischer Universismus (Lao-tse)
b) Christentum
c) Islam
d) Hinduismus (auch mit Buddhismus kompatibel)
e) Atheismus
f) Judentum
g) Buddhismus (auch mit Hinduismus kompatibel)

9. Wer vermittelt Wahrheit in Glaubensfragen?
a) Hinduismus
b) Buddhismus
c) Christentum (Protestantismus)
d) Islam
e) Judentum
f) Atheismus
g) Christentum (Katholizismus)

10. Zu guter Letzt die ewige Frage: Was erwartet mich nach meinem Tod?
a) Christentum, Islam
b) Judentum
c) Chinesischer Universismus [...]
d) Hinduismus
e) Buddhismus
f) Atheismus

Ulrich Schnabel: Die Vermessung des Glaubens. München: Pantheon Verlag, 2. Aufl. 2010, S. 90–93

Aristoteles' Metaphysik

Demgemäß gibt ARISTOTELES für die Entwicklung **vier Ursachen** an:

- **Formursache** (causa formalis). Ein Gegenstand bestimmt sich nach seiner Form: z. B. ein Haus nach seinem Plan.
5 - **Zweckursache** (causa finalis). Nach dem teleolog. Grundgedanken des ARISTOTELES geschieht nichts ohne Zweck: beim Haus z. B. Schutz vor dem Wetter.
- **Antriebsursache** (causa efficiens). Jede Entwicklung bedarf eines Motors, der sie vorantreibt: beim Haus z. B. die Arbeit der
10 Maurer, Zimmerleute.
- **Stoffursache** (causa materialis). Jeder Gegenstand besteht aus Materie: beim Haus Ziegel, Steine etc. (Abb. C)

Letztere Ursache ist der Grund für die Zufälligkeiten und Unregelmäßigkeiten der Gegenstände:
15   Die Materie „sperrt sich" gegen die Formung.

Aus dem Gedanken der Entwicklung ergibt sich für das aristotel. System auch ein **Schichtenbau** der Welt, die von der untersten Grenze, dem reinen Stoff, zur reinen Form, seiner obersten Grenze, aufsteigt und sich so durch die aristotel. *Physik* zieht.
20   Demgemäß muss also das Höchste, die Gottheit, reine Form sein.

Weil ARISTOTELES Form und Denken in Beziehung setzt, ist sein Gott reiner Geist, der sich selbst zum Denkgegenstand hat.
    Er ist in die *Theoria*, das reine geistige Schauen seiner selbst,
25 versunken.

Ein weiteres Attribut ergibt sich daraus, dass die Welt in ihrem ständigen Wandel der Bewegung bedarf. Da der Anstoß zur Bewegung aber nicht ins Unendliche weitergehen darf, muss es einen ersten Beweger geben, der selbst unbewegt ist.
30   Dieser **unbewegte Beweger** ist der aristotel. Gott.

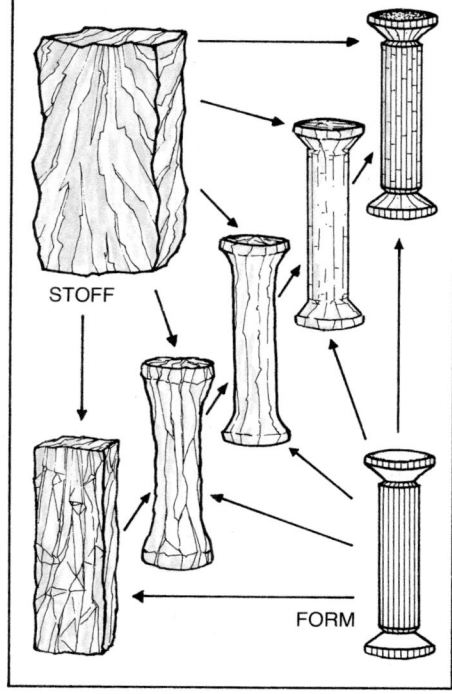

B Entwicklung des Gegenstands aus Stoff und Form

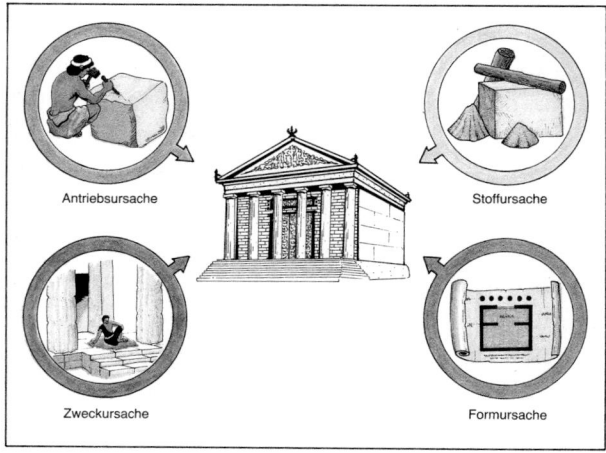

C Die vier Ursachen des Aristoteles

Peter Kunzmann, Franz-Peter Burkard, Franz Wiedmann: dtv-Atlas Philosophie. München: Deutscher Taschenbuch Verlag, 13. Aufl. 2007, S. 48

Tomáš Halík

Hüter der Aufklärung

In Gestalt des Islam kehrt die Religion ins säkularisierte Europa zurück. Für Christen ist das eine völlig neue Herausforderung. Braucht die katholische Kirche wieder ein Konzil, um sich auf die neue Zeit vorzubereiten?

Die Welt erlebt eine Wiederkehr der Religion. Die Zivilisationswende setzte nach der Kulturrevolution der 1960er-Jahre ein. Dabei handelt es sich nicht um eine einfache Rückkehr zu früheren Formen, über die sich die traditionellen Institutionen freuen könnten. Die neuen Äußerungen der Religion machen sie im Gegenteil bestürzt, nicht minder die Bekenner der Säkularkultur. Die „Wiederkehr des Verdrängten" – wie aus der Psychoanalyse bekannt – ist keine „ewige Wiederkehr desselben", sondern eine Umwandlung dessen, was unterbunden war.

Inwieweit sind die Christen darauf vorbereitet? Das Zweite Vatikanische Konzil 1962 bis 1965 hat die Kirche auf das Leben in der aus dem Aufklärungshumanismus hervorgegangenen säkularen Gesellschaft eingestellt. Es bleibt die Frage, ob diese Reform nicht zu spät kam und ob sie die Kirche auch auf die unerwartete Wiederkehr der Religion und das Leben in der globalen postsäkularen Gesellschaft vorbereitet hat. Wird nicht bald ein Drittes Vatikanisches Konzil gebraucht? Oder das erste ökumenische lateinamerikanische, afrikanische oder asiatische?

Einst war es die Kirche, die das gute Erbe der Antike ins Mittelalter rettete. Das Zweite Vatikanum besaß ein gutes intellektuelles Fundament. Große Theologen – insbesondere in Deutschland und Frankreich – hoben den von der modernen Philosophie und Wissenschaft geworfenen Fehde-Handschuh auf und reagierten auf die dramatischen Erfahrungen der Menschheit in den Weltkriegen. Welche Theologie wird man für das nächste Reformkonzil brauchen, zu dem das in vielem umwälzende Pontifikat von Papst Franziskus die ersten Schritte tut?

In drei Erscheinungsformen kehrt Religion heute in die Gesellschaft zurück: in der Politisierung der großen Religionen, in der religiösen Wende in der postmodernen Philosophie und im wachsenden Interesse an Spiritualität. In allen drei Bereichen gibt es für das Christentum der Zukunft sowohl Chancen als auch Gefahren. Keiner anderen Religion war es gegönnt, durch eine solche Reifeprüfung zu gehen, durch die Glut intensiver rationaler Kritik, wie dem Christentum im Zeitalter der europäischen Modernität. Hat das Christentum bereits alles herausgeholt, was es durch Konfrontation mit der Säkularisation gewinnen konnte und sollte?

Die auffallendste Form der Wiederkehr der Religion ist deren Präsenz auf der politischen Bühne; am stärksten in der islamischen Welt. Die arabische Welt lehnte die gewaltsame Säkularisation durch diktatorische Regime ab. Nach dem Sturz der Diktatoren kam es zu einem Chaos, in dem islamische Extremisten immer mehr Einfluss gewinnen. Der Krieg gegen den Terrorismus in seiner militärischen Form muss aber einen Krieg der Ideen einbeziehen. Es geht darum zu verhindern, dass der überwiegende Teil von 1,6 Milliarden Muslimen der sowohl durch islamische Extremisten als auch durch Islamophobe im Westen suggerierten Idee unterliegt, es handele sich um den Krieg zwischen dem Islam und dem Westen. Wer nicht unterscheidet zwischen Islam und Islamismus, erfüllt den Islamisten ihren größten Wunsch und spielt mit dem Feuer.

Ein ähnlicher Feind des Westens ist der russisch-orthodoxe politische Fundamentalismus, Ideengeber für den Nationalismus Wladimir Putins und dessen Streben nach Rekonstruktion des sowjetischen Reiches. Ideologen der russisch-orthodoxen Kirche verbreiten die Idee, der Westen habe das Christentum verworfen und sei moralischem Verfall erlegen. Der frü-

here KGB-Agent Putin werde zum „neuen Kaiser Konstantin", zum Beschützer des Christentums und Schöpfer eines neuen christlichen Reiches. Einer der Repräsentanten der russisch-orthodoxen Kirche hatte sogar zur Schaffung einer Koalition der Orthodoxie, des
50 Islam und der katholischen Kirche aufgerufen, einer Art neuer Heiligen Allianz „gegen den Protestantismus und säkularen Humanismus". Fundamentalisten aller Religionen, vereinigt euch! Faschisierende Strömungen im konservativen Katholizismus unterstützen Russland hierin und sind besonders auf die Destruktion der Europäischen Union erpicht.

Wie die Politik der Aufnahme von Flüchtlingen auch immer sein mag, es ist offensichtlich,
55 dass sich die ethnische Zusammensetzung Europas ändern wird. Augenblicklich konzentrieren wir uns auf sicherheitsgebundene, soziale und ökonomische Aspekte dieser Krise. In Zukunft erwarten uns jedoch weit größere Probleme des kulturellen Zusammenlebens. In einer Zeit, die der jetzigen in vielem ähnlich war, der nach dem Fall des Römischen Reiches, der Massenmigration germanischer Stämme, hat es die katholische Kirche geschafft, an die
60 Migranten auch das Erbe antiker Zivilisation, römisches Recht und griechische Metaphysik, zu übergeben. Wenn die Kirche damals imstande war, die Früchte der antiken Gesellschaft an die neuen Europäer weiterzuleiten, werden es auch heutige Christen schaffen, die positiven Werte der säkularen Kultur der Aufklärung weiterzuleiten, obwohl sich die Aufklärer gegenüber der Kirche feindlich verhielten? Werden sie imstande sein, den Zuwande-
65 rern Werte zu zeigen, wie die Gleichstellung der Geschlechter, die Religionsfreiheit und -toleranz, denen sie sich einst selbst widersetzten?

Ich denke, auf die katholische Kirche wartet eine ähnliche geschichtsbildende Aufgabe wie damals an der Schwelle des Mittelalters, falls sie sich der enorm wichtigen Rolle eines Dolmetschers zwischen dem Islam und dem säkularen Westen annimmt; sie kann doch in vie-
70 lem besser als die Atheisten den Islam verstehen und auch besser als die Muslime den Säkularhumanismus, dieses ungewollte Kind des westlichen Christentums.

Die Kirche der Zukunft sollte das sein, was die Universität in ihren Anfängen sein wollte – eine Gemeinschaft des Lebens, des Gebets und der Lehre. Sie sollte die eigentlichen Wurzeln des Christentums wiederentdecken: den Glauben, die Hoffnung und die Liebe.

75 Tomáš Halík: Gastkommentar in der SZ vom 15.01.2016, http://www.sueddeutsche.de/politik/gastkommentar-hueter-der-aufklaerung-1.2819600

Michael Schmidt-Salomon
Homo demens und die wundersame Welt der Religioten

Der Autor legt eine Streitschrift vor. Seine Wortwahl ist nicht gerade zimperlich. Seine Urteile hart und direkt. Reizvoll ist es, zu untersuchen, ob und inwieweit der sachliche Kern richtig ist und inwieweit er sogar mit Schnabels (→ SB, S. 415) Darstellung übereinstimmt. Beschreiben beide insgesamt dasselbe Phänomen? Aus der Sicht des eigenen Glaubenssystems erscheinen andere Glaubenssysteme stets wie Unfug pur, je unvereinbarer sie mit ihm sind.

Seien wir doch ehrlich: Die *Geschichte der Menschheit* ist über weite Strecken eine *Geschichte der Unmenschlichkeit!* Über Jahrtausende hatten wir nichts Besseres zu tun, als uns gegenseitig niederzumetzeln. [...] Eine weit treffendere Artbezeichnung als *Homo sapiens* [der weise Mensch] wäre daher *Homo demens*, der irre, der wahnsinnige Mensch. Denn genau
5 das zeichnet uns vor allen anderen Tieren besonders aus: *Nur wir sind irrsinnig genug, unser Leben für pure Fiktionen wie „Gott" und „Vaterland", „Ehre" und „Ruhm" aufzuopfern.* Keine Ideologie ist absurd genug, als dass wir für sie nicht bis zum bitteren Ende kämpfen würden. Es reicht, einen Blick in die Geschichte der Religionen zu werfen, um sich ein Bild von der kolossalen Wahnfähigkeit des Menschen zu machen: Kein noch so neurotischer Schim-
10 panse würde jemals in den Krieg ziehen, um zu beweisen, dass er den *cooleren imaginären Freund* („Gott") an seiner Seite hat. Wir Menschen haben das jedoch immer wieder getan – und ein Ende dieser stumpfsinnigen Groteske ist nicht in Sicht. [...]

Homo demens erschuf die Götter nach seinem Ebenbild – kein Wunder, dass sie sich in einem so beklagenswerten Zustand befinden. Denken Sie nur an die christliche Standardaus-
15 führung des *Deus demens* (des „wahnsinnigen Gottes"), von dem das meistgedruckte Buch aller Zeiten (!), die Bibel, folgende Absonderlichkeiten zu berichten weiß:

Nachdem Gott das unendliche Universum mit seinen Trilliarden von Sternen und Planeten erschaffen hatte, ärgerte er sich über das Verhalten einiger affenartiger Lebensformen auf der Erde so sehr, dass er beschloss, fast alle Lebewesen auf diesem Planeten zu ertränken
20 (Sintflut). Doch dieser grauenhafte Biozid reichte nicht aus, um den allmächtigen Schöpfer mit seinen Geschöpfen wieder zu versöhnen. Dies war wohl der Grund dafür, dass Gott im Lauf der Zeit einen Wesenszug entwickelte, den man bei einem Menschen als „multiple Persönlichkeitsstörung" diagnostizieren würde, der bei einem allmächtigen Wesen aber liebevoll „Dreifaltigkeit" genannt wird. Jedenfalls ersann Gott in diesem dreifaltigen Zustand
25 einen verwegenen Plan: Sein erster Teil (Gottvater) sandte den zweiten Teil (Heiliger Geist) aus, um eine Menschenfrau zu schwängern, sodass schließlich der dritte Teil (Gottessohn) als Mensch gewordener Gott geboren wurde. Ziel der Mission: Der Gottessohn sollte auf grausame Weise hingerichtet werden und dann am dritten Tag wieder von den Toten auferstehen. Warum? Weil Gott offenbar nur durch diesen Akt der Selbstbestrafung – auch
30 dies ein bekanntes Muster aus der Psychiatrie – mit sich und seiner Schöpfung wieder ins Reine kommen konnte.

Im Gedenken an diese hochgradig psychopathologische „Erlösungstat" feiern die Anhänger des dreifaltigen Gottes noch heute ein seltsames Ritual, in dessen Mittelpunkt kleine, runde Teigoblaten stehen, die an den Boden von Kokosmakronen erinnern. [...J]edenfalls sollen
35 sich die profanen Teigoblaten während des Rituals wahrhaftig (nicht bloß symbolisch) in den milliardenfach sich replizierenden Leib des verstorbenen Erlösers verwandeln. Dieser Leib wird von den Gläubigen gleich nach der Wesensverwandlung der Oblate verspeist, denn das hatte der Gottessohn seinen Jüngern in der „Heiligen Schrift" aufgetragen: „Wer mein Fleisch isst und mein Blut trinkt, hat das ewige Leben, und ich werde ihn aufwecken
40 am letzten Tag. Denn mein Fleisch ist wirklich eine Speise, und mein Blut ist wirklich ein

Trank. Wer mein Fleisch isst und mein Blut trinkt, der bleibt in mir, und ich bleibe in ihm."[1]
Na dann: Guten Appetit! [...]

Versuchen Sie einmal, sich von allen Denkgewohnheiten frei zu machen, die Ihnen wohl
schon von Kindesbeinen an eingetrichtert wurden: *Würden Sie einem Menschen, der eine*
45 *solche Geschichte ernsthaft glaubt, für zurechnungsfähig halten?* Würden Sie es als sinnvoll
erachten, ihn in ein politisches Amt zu wählen? Würden Sie ihm – einem rituellen Kanni-
balen! – bedenkenlos Ihre Kinder anvertrauen? Lassen Sie sich ruhig Zeit mit der Beantwortung dieser Fragen.

Michael Schmidt-Salomon: Keine Macht den Doofen – Eine Streitschrift. München: Piper Verlag, 2010, S. 13–15

1▶ Was versteht Schmidt-Salomon unter dem „Homo demens" genau? Wählen Sie auch eigene
Beispiele zur Erläuterung.

2▶ Welche Behauptungen stellt der Autor über den christlichen Glauben auf?

3▶ Sie zweifeln? Recherchieren Sie, ob die Behauptungen, die der Autor über den christlichen
Glauben aufstellt, zutreffend sind oder schief, unfair, übertrieben oder irreführend. Korrigieren
Sie ggf. die Darstellung. Wie beurteilen Sie nun die zentralen Glaubensinhalte des Christen-
tums, insbesondere des Abendmahls?

4▶ Wie beantworten Sie die Fragen am Schluss des Textauszugs?

---

[1] Johannes Evangelium 6,54 – 6,56

Michael Schmidt-Salomon
Ethik ohne Gott – eine Entscheidung für den Menschen

Der Autor nimmt eine stark religionskritische Haltung ein. Ob und in welcher Weise sie treffend ist und bei Gläubigen Beachtung finden sollte, können Sie in dieser Klausur herausarbeiten.

Dass wir Menschen ohne verbindliche ethische Richtlinien dastehen würden, wenn Gott nicht existierte, ist selbst heute noch ein von Theologen gern verbreitetes Gerücht. Dabei wurde es schon von Sokrates etwa 400 Jahre vor der angeblichen Geburt des christlichen „Erlösers" mit guten Argumenten ad absurdum geführt. Die Argumentationsfigur des Sok-
5 rates beruhte im Kern auf zwei einfachen Fragen: 1. Sind Gottes Gebote deshalb gut, weil Gott sie gebietet? 2. Wenn ja, wäre es dann moralisch gerechtfertigt, Kinder zu foltern oder zu ermorden, wenn Gott ein entsprechendes Gebot aufstellte?

Das Raffinierte an dieser Fragestellung des Sokrates ist, dass sie den Gläubigen in ein ethisches Dilemma bringt. Entweder er gibt die These auf, Werte seien über Gottes Gebote be-
10 gründbar (was eventuell seinem Glauben widersprechen würde), oder aber er muss akzeptieren, dass Gottes Gebote auch dann noch gültig sind, wenn sie offensichtlich Inhumanes einfordern.

Um sich aus diesem Dilemma zu befreien, könnte der Gläubige behaupten, dass ein allgütiger Gott niemals derartig grausame Gebote erlassen würde. Abgesehen davon, dass dies im
15 Falle des jüdisch-christlich-muslimischen Gottes, der die Ausrottung ganzer Völker befohlen hat[1], nicht stimmt, so würde ein solcher Lösungsversuch nur zeigen, dass der Gläubige – losgelöst von allen vermeintlichen göttlichen Vorgaben! – über eigene moralische Standards verfügt, anhand derer er eigenmächtig Gottes Güte beurteilt. Dies wiederum wäre ein Beleg dafür, dass der Gläubige seine eigenen Werte bloß auf Gott projiziert –
20 und nicht, wie er meint, eigene Werte von diesem ableitet.

Tatsächlich haben Menschen in der Geschichte immer wieder ihre historisch gewachsenen Wertvorstellungen als Gottes Gebote ausgegeben und dadurch argumentativ unangreifbar gemacht, was meist mit fatalen gesellschaftlichen Konsequenzen verbunden war. Weil sich Menschen Gott stets nach dem eigenen historischen Ebenbild schufen, musste der Gott des
25 Alten Testaments in erschreckender Permanenz Vernichtungskriege gegen gegnerische Völker führen, glaubten Christen bis in die jüngste Vergangenheit hinein, ihre heilige Pflicht vor Gott bestünde darin, Juden als vermeintliche Gottesmörder zu verfolgen, wurde nach den schrecklichen Erfahrungen der beiden Weltkriege in Europa (als es sich nicht mehr schickte, an einen Gott zu glauben, der Ungläubige „in den Ofen wirft") ein pazifistisch
30 anmutender Gott der Nächstenliebe aus der theologischen Mottenkiste hervorgezaubert, während die aktuelle amerikanische Version des Christengottes seinen Segen spendet für völkerrechtswidrige Kreuzzüge wider das sogenannte „Böse". [...]

Klar ist: Wer auch nur halbwegs redlich mit [...] „heiligen Texten" umgeht, der weiß, dass sie mit Humanität, mit der Gewährung von Menschenrechten, Demokratie, Meinungsfrei-
35 heit etc., herzlich wenig zu tun haben. Würden sich Küng[2] und seine Anhänger nicht kontinuierlich selbst belügen, müssten sie zugeben, *dass sämtliche religiösen Quellentexte weit unter dem ethischen Mindeststandard jeder halbwegs zivilisierten Gesellschaft stehen.*

---

[1] „Du wirst alle Völker verzehren, die der Herr, dein Gott, für dich bestimmt. Du sollst in dir kein Mitleid mit ihnen aufkommen lassen." (Deuteronomium 7,16) [vgl. DenkArt, S. 436: Gemeint ist das 5. Buch Mose.]

[2] Der Schweizer Reformtheologe (und Papstkritiker) Hans Küng (geb. 1928) gründete die Stiftung Weltethos. Aus der Programmatik: „Wir bekräftigen, dass sich in den Lehren der Religionen ein gemeinsamer Bestand an Kernwerten findet und dass diese die Grundlage für ein Weltethos bilden."

Dies gilt nicht nur für die in diesen Texten enthaltenen *göttlichen Gebote* (beispielsweise die Forderung nach der Todesstrafe für homosexuelle Handlungen[3] oder Glaubensabfall in den Quellentexten des Judentums, Christentums und des Islam), sondern auch für das dort angeblich dokumentierte *Verhalten der vermeintlich obersten, moralischen Autorität* (Gott).

Als *ethisches Vorbild für unsere Zeit* taugt der Gott der Juden, Christen und Muslime gewiss nicht. Im Gegenteil. Wäre die Bibel tatsächlich „Gottes Wort", müsste man den in ihr wirkenden göttlichen Tyrannen gleich mehrfach wegen *kolossaler Verbrechen gegen die Menschlichkeit* anklagen! *Kein noch so verkommenes Subjekt unserer Spezies hat jemals derartig weitreichende Verbrechen begangen, wie sie vom Gott der Bibel berichtet werden!* Man denke nur an die völlige Auslöschung von Sodom und Gomorra, den weltweiten Genozid an Menschen und Tieren im Zuge der sogenannten „Sintflut" oder aber an die für Christen wie Muslime verbindliche Androhung ewiger Höllenqual, gegen die jede irdische und damit endliche Strafmaßnahme verblassen muss.

Michael Schmidt-Salomon: Manifest des evolutionären Humanismus – Plädoyer für eine zeitgemäße Leitkultur. Aschaffenburg: Alibri Verlag, 2. korrigierte und erweiterte Auflage 2006, S. 65–68

1 ▸ Stellen Sie das Grundproblem dar, zu dem Schmidt-Salomon hier Stellung bezieht, und ordnen Sie es in den Kontext der Religionsphilosophie ein.

2 ▸ Arbeiten Sie Schmidt-Salomons Antwort und die sie stützenden Gründe heraus und grenzen Sie seine Position von den im Unterricht behandelten ab.

3 ▸ Nehmen Sie selbst Stellung: In welchem Sinn kann oder sollte Ethik ohne Bezugnahmen auf Gott und/oder „heilige Texte" auskommen?

---

[3] „Schläft einer mit einem Mann, wie man mit einer Frau schläft, dann haben sie eine Gräueltat begangen; beide werden mit dem Tod bestraft; ihr Blut soll auf sie kommen." (Leviticus 20, 13) [vgl. DenkArt, S. 436: Gemeint ist das 2. Buch Mose.]

Philosophieren: Vertiefungen und Übungen

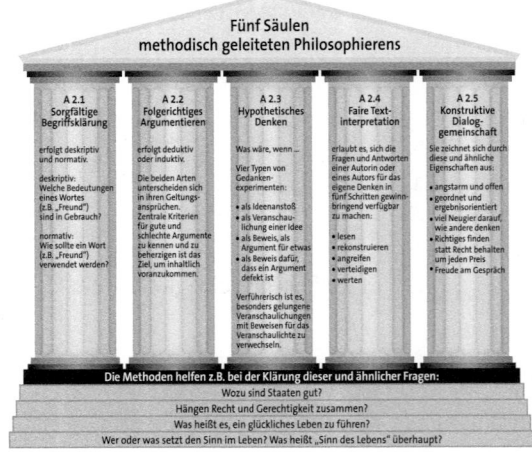

Inhalte – Methoden – Kompetenzen

Neben dem Anliegen, das methodische Können zu erweitern, dient der Anhang dazu, den Sinn oder die Bedeutung der Methoden verständlich zu machen. Welchen inhaltlichen Gewinn kann jemand haben, der sein Nachdenken rational strukturieren möchte und zunehmend sicherer lernt, dies auch zu tun? Unerlässlich sind für zunehmende Genauigkeit im Denken Kenntnisse in Logik und Argumentationstheorie. Natürlich: Philosophieunterricht ist nicht der Ort, eine fundierte Einführung in verschiedene Formen der Logik zu geben, aber er ist der Ort, wo deutlich werden kann, dass eine gelungene philosophische Problemreflexion Kenntnisse in Argumentationstheorie voraussetzt. Denn wie soll jemand die Güte von Argumenten beurteilen können, der nicht weiß, woran Güte erkennbar ist? Mehr Zutrauen in das eigene Denken zu erlangen bedeutet auch, Zutrauen zu den Denkmethoden zu haben. Dieses Zutrauen wird umso gerechtfertigter, je mehr Einsicht in die Leistungsfähigkeit und Angemessenheit der Methoden an typischen Beispielen erlebbar wird, Beispiele, in denen die Anwendung der Methoden tatsächlich zu vertiefenden Einsichten führt.

In *DenkArt* tauchen etwa an vielen Stellen Beispiele für das Sorites- oder auch Haufenparadoxon auf, ohne dass ein systematischer Lösungsversuch angeboten wird. Das ist insofern unbefriedigend, weil hier ein Paradoxon aus der wiederholten Anwendung der sichersten Schlussweisen, die man sich denken kann, zu entstehen scheint. Das Vertrauen in diese basalen Schlussweisen (den Modus ponens und den Modus tollens) würde wachsen, wenn plausibel gezeigt werden könnte, wodurch das Paradoxon entsteht und wie seine Entstehung vermieden werden kann. Zur Ergänzung wird deshalb (interessierten Kursen) dazu gezielt ein Angebot gemacht (vgl. Material → LB, **M 2**). Darin zeigt sich insbesondere, dass i) Sprachanalyse und sprachliche Genauigkeit vor Argumentationsfehlern schützen und dass ii) viele Fragen der praktischen Philosophie in ganz naheliegender Weise auf Grenzziehungsprobleme führen, die dadurch gekennzeichnet sind, dass trotz der verbleibenden Vagheit zentraler Begriffe dennoch willkürfrei Grenzen gezogen werden müssen.

Sequenz ●●●	Der Anhang kann linear, aber auch in Abschnitten nach Bedarf gelesen werden. Zu Säule 2 (Folgerichtiges Argumentieren) findet sich im SB ab S. 464 ein in sich im SB geschlossener Einführungskurs in Argumentationstheorie. Der Logikkurs könnte mit einer komplexeren Untersuchung zum Problem der Grauzone abgeschlossen werden. Das Problem der Grauzone entsteht unweigerlich, wenn unklar ist, ob bestimmte eng verwandte Fälle nun alle unter ein und dasselbe Moralprinzip fallen oder nicht. Dann wird eine willkürfreie Grenzziehung nötig, die die Fälle trennt (vgl. dazu auch **3.3.2** Die Struktur moralischer Diskussionen und im Anhang S. 463: Begriffe klären, um Grenzen zu ziehen). Ein Gestaltungsvorschlag, wie man dem Problem der Grauzone begegnet, das aufgrund unmerklich kleiner Übergänge entsteht und ein typisches Grenzziehungsproblem darstellt, findet sich in Material → LB, **M 2**, das direkt im Unterricht eingesetzt werden kann.

| Querverweise | Querverweise sind in allen Kapiteln von *DenkArt* möglich. Die folgende Liste nennt Beispiele, wo es unmittelbar und schwerpunktmäßig um Anwendung und/oder Einübung des methodischen Rüstzeugs geht. |

- **Philosophieren: Wie und wozu?, Wie philosophieren?** (→ SB, S.17)
- **1.2.4 Denken, kommunizieren, verstehen** (→ SB, S. 56 ff.) und **1.2.5 Personale Identität** (→ SB, S. 64 ff.): Argumentieren mithilfe von Gedankenexperimenten.
- **3.3 Moralisch Argumentieren** (→ SB, S.146 ff.): Spezielle Formen des folgerichtigen Argumentierens.
- **4.2.3 Der kategorische Imperativ** (→ SB, S. 174 ff.), **4.3.2 Klassiker des Utilitarismus: Bentham und Mill** (→ SB, S. 185 ff.), **4.4.2 Grundprinzipien der Diskursethik** (→ SB, S. 202 ff.): Metaethisch fundierte Begründungsverfahren.
- **5.6.2 Gibt es eine Pflicht zu helfen?** (→ SB, S. 253 ff.), **6.2 Was ist eine „gerechte" Gesellschaft?** (→ SB, S. 287 ff.), **6.6 „Nie wieder Krieg!" – Oder?** (→ SB, S. 344 ff.), **7.3 Sinn setzen – Was will ich wirklich?** (→ SB, S. 399 ff.): Hermeneutisch faire Texterschließung von widerstreitenden Positionen zu einer Problemfrage.
- **8.1.1 Woran glaubt, wer an Gott glaubt?** (→ SB, S. 411 ff.): Auf Folgerichtigkeit, Konsistenz und Kohärenz im eigenen Denken achten.
- **8.2.1 Gottes Existenz beweisen – (wie) geht das?** (→ SB, S. 420 ff.): Logische Rekonstruktion und logische Analyse.

Säule 1: Sorgfältige Begriffsklärung

Zu den Materialien und Aufgaben

S. 460 **Verschiedene Techniken der Begriffsanalyse (John Wilson)**

S. 462 **Ü 1▸** Ziel ist es nicht, eine über jeden Zweifel erhabene Definition zu erarbeiten, sondern an den vorgeschlagenen Erweiterungen oder Einschränkungen zu sehen, was es konkret heißen kann, dass eine Definition zu eng bzw. zu weit ist. So ist ein Stuhl etwa von einer Bank, einem Sessel oder Gegenständen, die zwar zum Sitzen genutzt werden, aber keine Stühle sind, zu trennen. So kann man auch sehen, dass es kein Problem darstellt, wenn Spezialfälle auftauchen, eine Definition so zu erweitern, dass sie auch ihnen Rechnung trägt. Werden Definitionen in diesem Sinn als vorläufig angesehen, ist es unproblematisch, in Diskussionen mit schnellen Arbeitsdefinitionen zu starten, die dann durch die Diskussion ggf. Zug um Zug präziser gefasst werden. Die beiden Beispiele „Stuhl" und „Gebäude" eignen sich zur Veranschaulichung des Verfahrens deshalb, weil jeder eine Vorstellung davon hat, zunächst keine wichtigen moralischen Fragen auf dem Spiel stehen und jeder konkrete Definitionsvorschlag fast automatisch zur Diskussion von Grenzfällen führt.

Ü 2▸ Tragfähig sind Ergebnisse immer dann, wenn sie Unterscheidungen ans Licht bringen, die an paradigmatischen Beispielen erläutert oder getestet werden. Die drei Beispiele sind insofern gehaltvoller, weil hier über die bloße Definition hinaus schon viele normative Vorstellungen mitschwingen.

Ü 3▸ Beide Beispiele eignen sich, eher spielerisch Nebenbedeutungen zu entdecken und von der Hauptbedeutung zu trennen: a) Hier wird „alles wahrnehmen" getrennt von genauen Beobachtungen, um „etwas Neues zu entdecken." Ersteres ist „nur aufmerksam", Klugheit erfordert noch etwas, das hinzukommt. b) Hier wird eine Definition zu weit ausgelegt. Die hier angesprochene Form von Notlüge ist, jemandem wissentlich etwas zu verschweigen, also nicht die ganze Wahrheit zu sagen. Da wir stets in unserer Rede etwas auslassen, wäre jede Rede in diesem Sinn

„notlügen". Hier kann ein wichtiger Zusatz Abhilfe schaffen: „[N]icht die ganze Wahrheit" sagen heißt: etwas für die Beurteilung der Situation Relevantes wegzulassen, sodass dem Adressaten der Rede falsche Schlüsse nahegelegt werden.

S. 463 **Begriffe klären, um Grenzen zu ziehen**

S. 464 **Ü 1 ▶** Ganz sicher nicht unter die Formel fallen alle Gesetze und Bestimmungen und Rechtsprechungen, die man sich zwar vielleicht sogar berechtigt anders denken kann, die aber keine Entwürdigung, Entrechtung oder Unterdrückung von Menschen bedeuten und wo Möglichkeiten bestehen, sich politisch für eine Gesetzesänderung zu engagieren. Anders wird das in dem Maße in Situationen, in denen beispielsweise systematische „Entwürdigung", „willkürliche Verfolgung" oder „Unterdrückung" von Menschen durch einen Staat und seinen Rechtsapparat ins Spiel kommen.

Für eine vertiefende Ausarbeitung einer Definition eignet sich die Gegenüberstellung der Vorteile des Rechtspositivismus und der Naturrechtslehren (→ SB, S. 282).

Ü 2 ▶ Hier das Ergebnis eines EF-Kurses (Jg. 10):

Vorläufiges Endergebnis unserer Betrachtung des Falls: Wir erreichten zwei im Kurs unstrittige moralische Normen oder Prinzipien. Eure Formulierungen (viele weitere sind denkbar und auch gebräuchlich):

Tafelbild

> **Autonomieprinzip:** Jeder Mensch, der geistig dazu in der Lage ist, ist frei (freie Entfaltung) in seinen Entscheidungen über sein eigenes Leben, solange er die Rechte anderer Menschen nicht verletzt. (Nicht dazu in der Lage sind geistig noch unreife, geistig behinderte, psychisch gestörte oder demente Menschen.)
>
> **Abhängigkeitsprinzip:** Wenn Menschen nicht in der Lage sind, über ihre Angelegenheiten zu entscheiden, dann müssen Dritte bestimmen, was das Beste für sie ist. (Wer entscheiden darf oder muss, hängt vom Einzelfall ab. Manchmal sind es die nächsten Angehörigen, manchmal unabhängige Fachleute.)

Klar wurde, dass der kritische Ausdruck „geistig in der Lage sein" der ist, der genauestens geklärt werden müsste. Von ihm hängt so vieles ab: Wer ist in der Lage, seine Belange selbst zu regeln, wer bedarf des Schutzes und der Führung Dritter?

Janine drückte einen weitreichenden wie zutreffenden Zusammenhang der beiden Prinzipien so aus: *„Eigentlich sieht man ja, dass es nur ein Prinzip ist. Jeder darf bis auf gewisse Ausnahmefälle über sich bestimmen. Das zweite Prinzip regelt dann, was in den Ausnahmefällen des ersten Prinzips zu tun ist."* Wenn Janine recht hat, ist stets nur eins der Prinzipien in einer Situation auch anwendbar. An genau der Stelle versteckt sich häufig der moralische Streit. Nicht die Prinzipien an sich sind strittig, sondern deren Anwendungskriterien in der Grauzone. Ein zweijähriges Kind überschaut zu wenig, um selbst zu entscheiden. Eine 21-jährige Frau kann in der Regel dagegen sehr wohl Entscheidungen für ihr eigenes Leben treffen. Da sind wir uns einig. Aber ist die 13-jährige Hannah in der Lage, selbst zu entscheiden? (Jasmin wies zu Recht darauf hin, dass uns die entscheidenden Informationen zu Hannah eigentlich fehlen, um die letzte Frage zu beantworten.)

Janines Bemerkung bedeutete das Ende der Diskussion im Kurs. Geistige Reife pauschal an einem Alter festzumachen, verbietet sich tatsächlich. Hier muss im Einzelfall das Individuum selbst, um das es geht, hinsichtlich seiner Fähigkeit zur Autonomie beurteilt werden. Vor dem Hintergrund eines Zeitungsberichts geht das sicherlich nicht.

Ü3 Einen Einstieg in einen vertiefenden Definitionsversuch können z. B. die ersten Näherungen an die Prinzipien der Autonomie und Abhängigkeit liefern, die im Protokoll (vgl. oben Ü2) auftauchen.

Säule 2: Folgerichtiges Argumentieren

Die Lösungshinweise zu den Aufgaben und Übungen sind bereits im → SB ab S. 482 abgedruckt.

S. 480 **Anregung 3: Sind Sie bellsüchtig? Wie steht es um Ihre Fähigkeit, Wahrscheinlichkeiten einzuschätzen? Eine Übung ergänzende Lösungshinweise, s. a. → SB, S. 486)**

1. Urlaub in Traumatien: Bellsuchtgefahr
2. Daheim: Test auf Bellsucht, für den gilt:
   a) 99 von 100 Infizierten werden erkannt, 1 irrtümlich nicht.
   b) 98 von 100 Gesunden werden negativ getestet, 2 irrtümlich positiv.
3. Ca. jeder tausendste Tourist infiziert sich mit Bellsucht.
4. Ihr Test ist positiv!
Frage: Wie wahrscheinlich ist es, dass Sie bellsüchtig sind?

Lösung: Es besteht noch kein Grund zur Panik! Die Wahrscheinlichkeit, infiziert zu sein, beträgt nur ca. 5 %. Wieso? Angenommen, es gibt 100 100 Touristen. Davon haben sich ca. 100 (also jeder tausendste) mit Bellsucht infiziert. Alle 100 100 werden getestet:

Tafelbild

	Personen	Test positiv	Test negativ
Krank	100	99 (korrekt)	1 (irrtümlich)
Gesund	100 000	2 000 (irrtümlich)	98 000 (korrekt)
Summe	100 100	2 099	98 001

Wahrscheinlichkeit (tatsächlich infiziert, **_falls_** positiv getestet) = $\dfrac{99}{2\,099} \approx 0{,}047 \approx 5\,\%$

Wahrscheinlichkeit (infiziert, **_obwohl_** negativ getestet) = $\dfrac{1}{98\,001} \approx 0{,}00001 \approx 0{,}001\,\%$

Aufgabe: Wie wahrscheinlich ist es, tatsächlich infiziert zu sein, wenn der Test unter allen 2099 positiv getesteten Personen wiederholt wird und Sie wiederum positiv sind? Wie groß sind Ihre Chancen, trotzdem nicht bellsüchtig zu sein?

Tafelbild

	Personen	Test positiv	Test negativ
Krank	99	98 (korrekt)	1 (irrtümlich)
Gesund	2 000	40 (irrtümlich)	1 960 (korrekt)
Summe	2 099	138	1 961

Wahrscheinlichkeit (nicht infiziert, **_obwohl_** wieder positiv) = $\dfrac{40}{138} \approx 0{,}29 \approx 30\,\%$

Ihre Chance liegt also immer noch bei ca. 30 %, nicht zu den Infizierten zu gehören!

Auf den folgenden Seiten werden Angebote für zusätzliche Unterrichtssequenzen zum Thema Logik und Argumentieren angeboten:

1. Wie beweist man eigentlich die Gültigkeit von Schlussweisen? → **M1**
2. Das Sorites-Paradoxon als ein Problem der Grauzone → **M2**
3. Der Wert allgemeiner Argumentationsschemata – das Toulmin-Schema → **M3a** und **M3b**

Wie beweist man die Gültigkeit von Schlussweisen?

Für „gültige" *Schlussweisen, Schlüsse, Arten zu schließen, Schlussmuster, Schlussstrukturen, Argumentationsweisen, Schlussformen* oder wie auch immer man **die Form eines Arguments** bezeichnen will, fordert das deduktive Schließen, dass **jede** Anwendung einer dieser Formen bei wahren Prämissen eine wahre Konklusion in diesem Sinne garantiert: Es ist unmöglich mit einer gültigen Form und etwas Wahrem zu starten, aber bei etwas Falschem zu landen. Das ist gemeint, wenn es heißt, die Form eines Arguments sei *wahrheitserhaltend*.

In diesem Sinne kann die elementare Logik als Lehre der *wahrheitserhaltenden* Schlussformen aufgefasst werden. Manchmal ist es sehr knifflig, die logische Form eines philosophischen Arguments zu ermitteln. Der Streit darüber, welche Form eigentlich einem Argument zugrunde liegt, ist oft ein Streit unter Gelehrten über die richtige Interpretation eines Arguments.

Dass eine Schlussform nicht gültig ist, zeigt man durch ein Gegenbeispiel, das die Schlussform korrekt anwendet, aber von Wahrheit zu Falschheit führt.

Durch Beispiele allein kann man natürlich nicht beweisen, dass eine Schlussform gültig (im Sinne von *wahrheitserhaltend*) ist. Dazu muss man zeigen, dass es ein Gegenbeispiel garantiert nicht geben kann. Dies wird häufig *indirekt* gezeigt, nämlich dadurch, dass die Annahme, die Prämissen seien wahr, die Konklusion aber falsch, zu einem handfesten Widerspruch führt.

Für indirekte Beweise sind diese Zutaten nötig, die alle im Logikkurs in *DenkArt* eingeführt werden:

1. Elementare Aussagen sind *wahrheitsdefinit*. (Dahinter verbirgt sich im Kern das *tertium non datur*: Jede Aussage ist wahr oder falsch und nichts sonst.)
2. Der Satz vom ausgeschlossenen Widerspruch. (Keine Aussage ist zugleich wahr und falsch.)
3. Zusammengesetzte Aussagen sind *wahrheitsfunktional*. (Der Wahrheitswert einer komplexen Aussage ergibt sich eindeutig aus den Wahrheitswerten ihrer Teilaussagen. Achtung: Sehr viele umgangssprachliche Sätze sind in diesem Sinne *nicht* wahrheitsfunktional: „Peter kommt zur Party, *weil* Hannes kommt." Selbst wenn beide zur Party kommen, wissen wir dadurch noch nicht, ob der Satz nun wahr ist oder nicht.)
4. In der Aussagenlogik werden die Wahrheitsfunktionen durch Wahrheitstafeln dargestellt. Zwei Aussagen sind *äquivalent* (und damit gegeneinander austauschbar), wenn ihr Wahrheitswerteverlauf identisch ist. (Weiter unten folgen Aussagen, die untereinander äquivalent sind. Dies zeigen unmittelbar ihre Wahrheitswerte.)

Wie beweist man z.B., dass der *Modus tollens* und der *Modus ponens* gültige Schlussformen sind? Es ginge (eine Besonderheit der Aussagenlogik) allein mit Wahrheitstafeln. (Versuchen Sie es.) Beweisen wir es aber der Übung halber indirekt, um das Verfahren zu demonstrieren:

```
Modus ponens:    Prämisse 1      Wenn A, dann B.
                 Prämisse 2      A ist der Fall.
                 Konklusion      Also ist B der Fall.
```

Angenommen:	(1) *Wenn A, dann B.*	Angenommen, die Prämissen des MP
Angenommen:	(2) *A*	sind wahr, aber
Angenommen:	(3) *nicht-B*	die Konklusion ist falsch.
aus (2) und (3):	(4) *A und nicht-B*	Und-Einführung
aus (1):	(5) *nicht (A und nicht-B)*	{Beweis der Äquivalenz siehe unten}
aus (4) und (5):	(6) *(A und nicht-B)* **und** *nicht (A und nicht-B)* **Widerspruch, der sich zwingend aus den Annah-men ergibt**	

Damit ist gezeigt, dass die drei Annahmen zu Beginn der Überlegung nicht zugleich wahr sein können. Die Wahrheit von je zwei der Annahmen würde notwendig die Falschheit der dritten einschließen. Konkreter: Ist die Konklusion eines Arguments, das den MP nutzt, tatsächlich falsch, so weiß man sicher, dass mindestens eine der Prämissen auch falsch sein muss.

Die im Beweis benutzten Ersetzungen durch äquivalente Aussagen beweist man **direkt** anhand der Definitionen der wahrheitsfunktionalen Junktoren „*nicht*", „*wenn-dann*", „*und*" sowie „*oder*" in einer Wahrheitstafel:

A	B	*(wenn A, dann B)*	*(nicht-A oder B)*	*nicht (A und nicht-B)*	
w	w	**w**	**w**	**w**	f
w	f	**f**	**f**	**f**	w
f	w	**w**	**w**	**w**	f
f	f	**w**	**w**	**w**	f

```
modus tollens:   Prämisse 1      Wenn A, dann B.
                 Prämisse 2      B ist nicht der Fall.
                 Konklusion      Also ist A nicht der Fall.
```

Angenommen:	(1) *Wenn A, dann B.*	Prämissen des MT
Angenommen:	(2) *nicht-B*	wahr, aber
Angenommen:	(3) *A*	Konklusion falsch
aus (2) und (3):	(4) *B*	mit dem Modus ponens
aus (4) und (5):	(5) nicht-B und B	**Widerspruch**

Die drei Annahmen zu Beginn des Beweises können nicht zugleich wahr sein. Die Wahrheit von je zwei der Annahmen zieht notwendig die Falschheit der dritten nach sich. Konkreter: Ist die Konklusion eines Arguments, das den MT richtig anwendet, falsch, so ist zwingend mindestens eine der Prämissen falsch.

So weit alles klar? Einsprüche und Fragen bitte sofort. Das hilft allen.

Sorites: Das Haufenparadoxon

Was zeichnet Paradoxien aus und wie können sie analysiert werden? Als typisches Beispiel, das schon seit der Antike viele Denker herausforderte, stellen wir das Haufenparadoxon vor, auch bekannt als „Sorites-Fehlschluss" oder als „Sorites" (griechisch sorós für „Haufen"). Eike von Savigny behauptet in seiner Analyse des Paradoxons, dass es sich bei näherem Hinsehen in Wohlgefallen auflöse. Seine Fehleranalyse macht auf ein grundsätzliches Problem aufmerksam, das sich fast durchgängig stellt, wenn schwere normative Fragen in der praktischen Philosophie zu beantworten sind. Es geht z. B. um Fragen der medizinischen Ethik (ab wann in der Embryonalentwicklung sind Embryonen zu schützen?) oder politischen Philosophie (wie weit reicht ziviler Ungehorsam? Wann endet die Pflicht zum Rechtsgehorsam und beginnt das Recht oder gar die Pflicht zum Widerstand?), deren Beantwortung es zwingend erfordert, klare und willkürfreie Grenzen trotz unvermeidbarer Unschärfen oder Vagheiten in den zentralen Begriffen zu ziehen. Aber alles der Reihe nach …

Richard M. Sainsbury
Was sind Paradoxien?

Paradoxien machen Spaß. Sie sind meistens leicht aufzustellen und fordern sofort zu einem Versuch heraus, sie zu „lösen".

Eine der am schwierigsten zu handhabenden Paradoxien ist gleichzeitig auch eine derjenigen, die am leichtesten aufzustellen sind: die Lügnerparadoxie. Eine Version dieser Parado-
5 xie bittet, über den Menschen nachzudenken, der einfach sagt: „Was ich jetzt sage, ist falsch." Ist es wahr, was er sagt, oder ist es falsch? [...][1]

Paradoxien sind ernst zu nehmen. Anders als Scherzfragen und Party-Rätsel, die auch Spaß machen, werfen Paradoxien wichtige Probleme auf. Historisch sind sie mit Krisen und revolutionären Fortschritten des Denkens verbunden. Mit ihnen zu ringen heißt, nicht bloß
10 ein intellektuelles Spiel zu spielen, sondern sich mit zentralen Fragen auseinanderzusetzen. [...]

Unter einer Paradoxie verstehe ich Folgendes: Eine scheinbar unannehmbare Schlussfolgerung, die durch einen scheinbar annehmbaren Gedankengang aus scheinbar annehmbaren Prämissen abgeleitet ist. Der Schein muss trügen, denn das Annehmbare kann nicht mit
15 annehmbaren Schritten zum Unannehmbaren führen. Also haben wir allgemein die Wahl: Entweder ist die Schlussfolgerung gar nicht wirklich unannehmbar, oder aber der Ausgangspunkt bzw. der Gedankengang hat eine Schwäche, die nicht offen zutage liegt. [...]

Richard. M. Sainsbury: Paradoxien. Übersetzt von Vincent C. Müller. Stuttgart: Reclam, 2001, S. 11 f.

1▶ Erläutern Sie, was Sainsbury unter „Paradoxien" versteht und wie er ihre Bedeutung einschätzt.

2▶ Sainsburys Herleitung der „Lügnerparadoxie" (Z. 15) haben wir ausgelassen. Probieren Sie eine Herleitung.

3▶ Was alles unterscheidet die Lügnerparadoxie von Party-Rätseln?

4▶ Ist der Befehl des Monarchen an seinen Chefbarbier erfüllbar? „Rasiere alle und nur die, die sich nicht selbst rasieren." Worin besteht hier das Paradoxon?

Richard. M. Sainsbury
Vagheit: Die Haufenparadoxie

Unterscheiden sich zwei Leute in ihrer Größe um einen Millimeter, dann, so sind wir geneigt zu glauben, sind entweder beide groß oder keiner von beiden. Wenn der eine 1,95 m misst und der andere einen Millimeter weniger, dann sind beide groß. Ist einer 1,40 m groß und der anderer einen Millimeter größer, dann sind beide klein. Diese scheinbar auf der
5 Hand liegende und unbestrittene Annahme scheint zu der paradoxen Schlussfolgerung zu führen, dass jedermann groß ist. Man fasse eine Reihe von Größen ins Auge, die mit 1,95 m beginnt und in Schritten von einem Millimeter absteigt. Jemand mit 1,95 m ist groß. Unserer Voraussetzung gemäß ist es dann auch jemand von 1,94 m und 9 mm. Wenn jedoch eine Person mit diesem Maß groß ist, dann muss auch eine um einen Millimeter kleinere Person
10 groß sein, und so weiter ohne Ende – bis wir absurderweise gezwungen sind zu sagen, jemand von 1,40 m sei groß, ja jedermann sei groß.

In antiker Zeit wurde eine ähnliche Paradoxie erzählt, in der es um Haufen geht, und die griechische Bezeichnung für „Haufen" – sorós – hat dazu geführt, dass das Wort „Sorites" häufig zur Bezeichnung aller Paradoxien dieser allgemeinen Gattung verwendet wird. An-
15 genommen, wir haben einen Sandhaufen: Nimmt man ein Korn weg, so ist das Verbleibende immer noch ein Haufen. Das Entfernen eines einzelnen Kornes kann keinen Haufen in etwas verwandeln, das kein Haufen ist. Wenn zwei Ansammlungen von Sandkörnern sich in deren Anzahl um nur ein Korn unterscheiden, dann sind entweder beide Haufen oder keiner von beiden. Diese anscheinend auf der Hand liegende und unbestrittene Behaup-
20 tung scheint zu der paradoxen Schlussfolgerung zu führen, dass alle Ansammlungen von Sandkörnern Haufen sind, selbst solche mit nur einem Element.

Richard. M. Sainsbury: Paradoxien. Übersetzt von Vincent C. Müller. Stuttgart: Reclam, 2001, S. 41

5▸ Verdeutlichen Sie die Haufenparadoxie an den beiden Beispielen aus dem Textauszug.

6▸ Geben Sie weitere Beispiele für kontinuierliche Übergänge an, die ebenfalls das Sorites-Paradoxon veranschaulichen können.

7▸ Erörtern Sie, welche Möglichkeiten bestehen, das Paradoxon zu lösen.

8▸ Sind Embryonen Menschen? Was antworten Sie spontan?

Reinhard Merkel
Sind Embryonen Menschen? – Kritik am Kontinuumsargument

Sollen dem Embryo aus moralischen Gründen Menschenwürde und ein eigenes Recht auf Leben zugeschrieben werden? Vier prinzipielle Argumente dafür sind denkbar: erstens die Zugehörigkeit des Embryos zur Spezies Homo sapiens; zweitens das stufenlose Kontinuum seiner weiteren Entwicklung bis zum geborenen Menschen (sofern er nicht getötet wird);
5 drittens das schon im frühesten Embryonalstadium vorhandene Potenzial zu ebendieser und jeder weiteren Entwicklung; und viertens eine bestimmte Identität bereits des Embryos mit allen späteren Mensch-Zuständen seiner möglichen Existenz. Nennen wir diese Argumente das Spezies-, das Kontinuums-, das Potenzialitäts- und das Identitätsargument und betrachten sie genauer. [...]
10 Was damit [dem Kontinuumsargument[1]] gemeint ist, hat am besten das BVerfG in seinem ersten „Fristenlösungsurteil" von 1975 formuliert: Der menschliche Entwicklungsprozess sei „ein kontinuierlicher Vorgang, der keine scharfen Einschnitte aufweist". Daher sei es

---

[1] Das Kontinuumsargument dient uns als Beispiel, dass das Haufenparadoxon auch in moralischen Debatten bedeutsam ist. Merkels Analyse der drei weiteren Argumente hätte ihren eigenen Reiz. Vgl.→ LB, S. 40.

willkürlich, einen solchen „Einschnitt" zu markieren. Deshalb müsse der Lebens- und Würdeschutz schon mit dem Anfang der embryonalen Entwicklung einsetzen.

15 Das ist das tragende Argument der Entscheidung. Erstaunlich ist dies deshalb, weil es einen klassischen, nämlich seit der Antike bekannten Fehlschluss demonstriert. Dass ein Vorgang ein Kontinuum darstellt, bedeutet keineswegs, dass man in ihm keine gut und willkürfrei begründeten „Einschnitte" machen könnte. Wer zweifelt, folge mir wieder in ein Beispiel der Veranschaulichung: Ein Mann von 1,50 Meter Körpergröße ist ein kleiner Mann; 1 Mil-
20 limeter mehr an Größe macht ganz gewiss nicht den entscheidenden Unterschied von „klein" zu „groß" aus. Nun fahre man mit der Addition jeweils eines Millimeters fort (und wer Zeit und Geduld hat, kann auch mikrometerweise zählen): Jedes Mal markiert der Vorgang nicht den entscheidenden Einschnitt, vor dem der Mann „klein" und nach dem er „groß" genannt werden muss. Wenn ich richtig rechne, muss man die Addition genau tau-
25 sendmal wiederholen, um bei dem Ergebnis zu landen, dass ein Mann von 2,50 Meter Größe ein kleiner Mann sei.

Keiner dieser Übergänge stellt einen „scharfen Einschnitt" zwischen klein und groß dar, wie ihn das Verfassungsgericht für einen Willkürausschluss verlangt. Dennoch können wir völlig willkürfrei zwischen einem kleinen Mann von 1,50 Meter und einem großen von 2,50
30 Meter unterscheiden, genauso wie wir zwischen stockdunkler Nacht und sonnenhellem Tag unterscheiden können, auch wenn im Zwielicht der Morgendämmerung keine einzige der dabei verrinnenden Hundertstelsekunden einen „scharfen Einschnitt" markiert, vor dem es dunkel und nach dem es hell gewesen wäre. [...]

Reinhard Merkel: Rechte für Embryonen? Die Zeit, 5/2001
(Der Auszug wird in einem größeren Zusammenhang im Lehrerband auch im Zusatztext → LB Z 0-6 angeboten.)

9 ▶ Stellen Sie das Kontinuumsargument dar und erläutern Sie es. Arbeiten Sie heraus, wie sich die Haufenparadoxie in der Embryonalentwicklung zeigt.

10 ▶ Zeigen Sie auf, wie Merkel das Urteil des Bundesverfassungsgerichts von 1975 kritisiert. Ist sein Einwand überzeugend?

11 ▶ Merkel kritisiert das Kontinuumsargument, zeigt aber nicht, wie begründbar sein könnte, ab wann beginnendes Leben zu schützen ist. Was antworten Sie?

Matthias Althoff
Das Problem der Grauzone in normativen Debatten

Die folgende Darstellung orientiert sich eng an der Rekonstruktion und Analyse des Sorites-Fehlschlusses durch Eike von Savigny[1]. Sein Lösungsvorschlag ist deshalb besonders reizvoll, weil er konstruktiv aufzeigt, was in normativen Debatten eigentlich zu leisten wäre, in denen das Haufenparadoxon auftaucht und z.B. im Kontinuumsargument (vgl.
5 Merkel oben) selbst Entscheidungen des Bundesverfassungsgerichts beeinflusst. Es folgt nun eine logische Rekonstruktion, die zeigt, wie das Haufenparadoxon entsteht. „X Körner" stehe dabei im Folgenden als Abkürzung für „X Körner, auf minimaler Fläche aufgeschüttet". Betrachten wir nun die folgenden Prämissen. Die erste ist eine Tatsachenbehauptung, alle folgenden sind Konditionalsätze:

10 Prämisse 1: 10 000 Körner bilden einen Haufen.
Prämisse 2: Wenn 10 000 Körner einen Haufen bilden, dann auch 9 999.
Prämisse 3: Wenn 9 999 Körner einen Haufen bilden, dann auch 9 998.
Prämisse 4: Wenn 9 998 Körner einen Haufen bilden, dann auch 9 997.

...

---

[1] Eike von Savigny: Passive Disobedience as Violence: Reflections on German High Court Decisions. In: J.B. Brady, N. Garver (Hg.): Justice, Law, and Violence. Philadelphia 1991, S. 53–64

¹⁵ Prämisse 9 998: Wenn 4 Körner einen Haufen bilden, dann auch 3 Korn.

Prämisse 9 999: Wenn 3 Körner einen Haufen bilden, dann auch 2 Korn.

Prämisse 10 000: Wenn 2 Körner einen Haufen bilden, dann auch 1 Korn.

Die Prämissen 2 bis 10 000 bringen lediglich zum Ausdruck, dass zwei Haufen, die sich nur um ein Korn unterscheiden, entweder beide Haufen sind oder eben keiner von beiden. Keine der Prämissen für sich alleine sagt etwas darüber aus, ob z. B. 77 Körner oder 97 Körner oder 1 003 Körner (auf minimaler Fläche aufgeschüttet) nun einen Haufen hergeben oder nicht. Mit Prämisse 1 nimmt das Unheil seinen Lauf und die Paradoxie Gestalt an, und zwar durch die fortgesetzte Anwendung von zwei absolut untadeligen logischen Schlussweisen, nämlich dem „Modus pones" (aus „Wenn A, dann B" und „A ist der Fall" folgt „B ist der Fall") und dem „Modus tollens" (aus „Wenn A, dann B" und „B ist nicht der Fall" folgt „A ist nicht der Fall"[2]).

Prämisse 1 trifft zu, denn 10 000 Körner (auf minimaler Fläche aufgeschüttet) bilden einen Haufen. Wer würde das bestreiten? Der Modus ponens angewandt auf die Prämissen 1 und 2 liefert die erste Folgerung: 9 999 Körner bilden einen Haufen. Die erneute Anwendung des Modus ponens auf die erste Folgerung und Prämisse 3 liefert die zweite Folgerung: 9 998 Körner bilden einen Haufen. Usw. 9 999 Anwendungen des Modus ponens führen deduktiv zwingend zu der offensichtlich absurden Konklusion, dass bereits ein Korn einen Haufen bildet. Aber, wir wissen sicher: Ein Korn bildet keinen Haufen. Wer würde das bezweifeln? Aus dieser Tatsache folgt zusammen mit Prämisse 10 000 mittels Modus tollens zwingend, dass auch zwei Körner keinen Haufen bilden. Wenn zwei Körner jedoch keinen Haufen bilden, folgt daraus zusammen mit Prämisse 3 (wiederum als Anwendung des Modus tollens), dass auch drei es nicht tun. In umgekehrter Reihenfolge führen nun also 9 999 Anwendungen des Modus tollens zu der gleichfalls absurden Schlussfolgerung, dass 10 000 Körner keinen Haufen bilden. Insgesamt erhalten wir die absurde Konklusion: Wenn 10 000 Körner einen Haufen bilden, dann bilden sie keinen Haufen.

Wenn wir mit logisch gültigen Schlussweisen zu einer derart absurden Konklusion gelangen, dann muss mindestens eine der Prämissen falsch sein, könnte man geneigt sein zu sagen. Aber welche? Prämisse 1 scheint nicht infrage zu kommen. Was jedoch stützt den Glauben an die Wahrheit jeder der Prämissen 2 bis 10 000? Es ist die Idee, dass es keine scharfe Grenze gibt, an der sich Haufen und Nichthaufen nur durch genau ein Korn unterscheiden. Dieselbe Idee findet sich immer wieder in vielen Beispielen, wo es um kleine Übergänge oder kleinste Unterschiede geht:

i) Für zwei sich nur kleinstmöglich unterscheidende Farben gilt: Ist die eine grün, so auch die andere.

ii) Ist ein Fötus in der x-ten Sekunde seiner Reifung kein Mensch, dann auch nicht eine Millisekunde später. Umgekehrt: Ist ein Säugling ein Mensch, dann auch bereits eine Millisekunde früher.

iii) Ist jemand arm, so macht ein Cent mehr ihn nicht reich.

iv) Ist jemand klein, dann ändert sich das nicht dadurch, dass er einen Millimeter wächst.

Gibt es einen aussichtsreichen Ansatzpunkt, das Paradoxon aufzulösen? Nach von Savignys Vorschlag entsteht es nur, wenn die „Wenn-dann-Sätze" (unsere Prämissen 2 bis 10 000) tatsächlich eine *transitive* Beziehung zum Ausdruck bringen. Transitive Beziehungen sind gerade dadurch gekennzeichnet, dass sie beliebig viele Anwendungen des Modus ponens ohne erneute Ansehung von Zwischenergebnissen erlauben. Die Kleiner-Relation z. B. ist in diesem Sinne transitiv:

Wenn Peter kleiner als Paul ist und Paul kleiner als Tobias, dann ist natürlich auch Peter kleiner als Tobias. Wer auch immer kleiner als Peter sein sollte, ist dann ganz sicher auch

---

[2] Sie zweifeln? Im Anhang von *DenkArt* (vgl. S. 467 und S. 483) werden die beiden Schlussweisen eingehender dargestellt. Insbesondere auch, warum die Anwendung dieser Schlussweisen niemals von Wahrheit zu Falschheit führen kann. Aber genau dieses scheint im Haufenparadoxon zu passieren. Ein weiterer Grund, warum Logiker so sehr an seiner Auflösung interessiert sind.

kleiner als Tobias. Hier kann nichts schiefgehen. Selbst dann, wenn noch beliebig viele weitere Konditionale dieser Art eingeführt würden und die Schlusskette, die von Peter zu 65 Tobias führt, beliebig verlängerten.

Die Fehleranalyse von Eike von Savigny weist darauf hin, dass wir auf eine sprachliche Ungenauigkeit hereinfallen. Häufig werden Beziehungen als einfache Wenn-dann-Sätze formuliert, die vordergründig wie transitive Beziehungen aussehen und scheinbar die Mehrfachanwendung des Modus ponens gestatten. Formulieren wir den gemeinten Zusam- 70 menhang jedoch präziser, so zeigt sich unmittelbar, dass der Modus ponens nicht mehrfach anwendbar ist. Die unscharfe Formulierung „Wenn x Körner ein Haufen ist, dann ist y ein Haufen", muss präzisiert werden. Hier die Vorschläge von Savigny:

Wenn x ein Haufen ist, dann ist y relativ zu x ein Haufen.

Wenn x ein Haufen ist, dann ist es y verglichen mit x auch.

75 Was ändert die genauere Fassung? Das Paradoxon verschwindet:

Prämisse 1: x ist ein Haufen.

Prämisse 2: Wenn x ein Haufen ist, dann ist y relativ zu x ein Haufen.

Prämisse 3: Wenn y ein Haufen ist, dann ist z relativ zu y ein Haufen.

Modus ponens (angewandt auf Prämisse 1 und Prämisse 2): y ist relativ zu x ein Haufen.

80 Diese Folgerung erlaubt es nicht, den Modus ponens auf Prämisse 3 erneut anzuwenden. Der Sorites-Fehlschluss entsteht nicht mehr. Um den Modus ponens erneut anwenden zu können, wären zusätzliche Gründe nötig. Viele Relationen sind in diesem Sinne nicht transitiv: Etwas kann zugleich klein und groß sein, nämlich Matthias ist klein relativ zum Eiffelturm und Matthias ist groß relativ zu einer Amöbe. Solche Relationen können eben nicht 85 unabhängig von ihrer sprachlichen Verwendung analysiert werden.

Fazit: So also hängen der Sorites-Fehlschluss, Moral- und Staatsphilosophie zusammen: Auf viele philosophische Fragen gibt es deshalb keine schnellen Antworten, weil sie Grenzziehungsprobleme enthalten, die zeigen, warum es nicht möglich ist, kontextunabhängig einfache Schlussweisen mehrfach durchzuführen. In *jedem* Einzelfall muss neu dafür argu- 90 mentiert werden, dass z.B. der Übergang von

(1) „a ist relativ zu b nicht schlimm" zu

(2) „a ist nicht schlimm"

gerechtfertigt ist. Der bloße Verweis auf (1) reicht dazu nicht aus.

Originalbeitrag für diesen Band

12▶ Prüfen Sie die Rekonstruktion des Haufenparadoxons. Zeigen die Einzelschritte, dass es sich jeweils um klare und einfache Anwendungen des Modus ponens und des Modus tollens handelt, die zusammen zu einem absurden Ergebnis führen?

13▶ Erläutern Sie, wie die Prämissen zu lesen sind, damit der Sorites-Fehlschluss vermieden wird.

14▶ Wie beurteilen Sie die folgenden Fälle: Verbirgt sich auch darin das Haufenparadoxon? Falls ja: Versuchen Sie, es plausibel und willkürfrei zu lösen.

Fall 1: Wehret den Anfängen. Wird erst einmal etwas Unordnung im Klassenraum toleriert, wird die Unordnung unmerklich immer mehr zunehmen, da es normal erscheint. Deshalb sind schon kleinste Unordnungen im Klassenraum sofort abzustellen.

Fall 2: Betrachten Sie Merkels Analyse des Kontinuumsarguments (S. 461 f.) (ggf. erneut) und prüfen Sie Ihre Antworten zu Aufgabe 8.

Hubert Schleichert

Der Wert allgemeiner Argumentationsschemata – das Toulmin-Schema

„Je universeller eine Argumentationslehre ist, desto nichtssagender wird sie, das ist nicht zu vermeiden," behauptet Hubert Schleichert. Im folgenden Text erläutert er, wie das zu verstehen ist und worin dennoch der Wert allgemeiner Argumentationsschemata besteht. Der Textauszug startet mit einer allgemeinen Feststellung, die uns schon von Jay Rosenbergs allgemeiner Beschreibung des Argumentierens bekannt ist: „Argumentieren ist das Angeben von Gründen für Überzeugungen" oder in den Worten Schleicherts: „Das logische Grundschema des Argumentierens ist also: *Aus Argumenten A$_1$, A$_2$, ..., A$_n$ folgt die These T.*"

Das Enthymem

Das Enthymem ist eine im Alltag häufig benutzte Form des Argumentierens. [...] Mit dem Begriff Enthymem ist zweierlei gemeint:

1. In so gut wie allen alltäglichen Argumentationen erwähnt man nicht alle eigentlich nötigen Prämissen ausdrücklich, denn das wäre unnötig, langweilig, abstoßend, quälend.

5 Wendet sich ein Redner an ein ihm wohlbekanntes Publikum, z. B. an Rechtsanwälte, Ärzte, Katholiken etc., so kann er bei seinen Zuhörern ohne Weiteres bestimmte Kenntnisse und Urteile voraussetzen und muss sie nicht ausdrücklich erwähnen. Man argumentiert korrekt, aber enthymematisch, wenn man sagt: *Sokrates ist sterblich, denn er ist ein Mensch.* Durch explizites Hinzufügen des nur im Geiste (*en thymo*) formulierten, aber

10 nicht ausgesprochenen Arguments *Alle Menschen sind sterblich* wird daraus die Standardform eines korrekten logischen Schlusses: *Alle Menschen sind sterblich; Sokrates ist ein Mensch; also ist Sokrates sterblich.* Bei Bedarf kann eine enthymatische Argumentation durch Hinzufügen der fehlenden Argumente also stets auf die Form eines vollständigen Schlusses gebracht werden. [...]

15 2. Im Bereich des menschlichen Handelns oder Wissens lässt sich selten etwas mit absoluter Sicherheit behaupten, immer könnte es sich auch anders verhalten. Man kann oft nur Wahrscheinlichkeitsaussagen machen, Thesen oder Argumente über das, was meistens oder vermutlich so und so ist. Dies ist die zweite Bedeutung von Enthymem. Man nehme etwa die folgende Argumentation: *Man darf dem Politiker X nichts glaube, denn er steht*

20 *gerade im Wahlkampf.* Man wird eine solche Argumentation zwar nicht völlig ablehnen, aber doch einige Bedenken haben. Es soll dem Vernehmen nach Politiker geben, denen man Wahlversprechen glauben darf. Die Auflösung des Enthymems hätte also etwa so zu lauten: *Politiker lügen im Wahlkampf häufig; X ist ein Politiker; also lügt X mit einer gewissen Wahrscheinlichkeit.* Das ist ein Wahrscheinlichkeitsschluss. Der Schluss als solcher ist

25 korrekt und zwingend, aber er garantiert nur eine gewisse Wahrscheinlichkeit für die These, weil auch die Argumente nur eine gewisse Wahrscheinlichkeit besitzen.

Universelle Argumentationsschemata

Das schon erwähnte universelle Schema einer korrekten Argumentation: *Aus Argumenten A$_1$, A$_2$, ..., A$_n$ folgt die These T* lässt sich noch weiter ausdifferenzieren, z. B. nach einem Vor-

30 schlag von Toulmin. Man kann die Argumente einteilen in solche, die sich konkret und speziell auf den vorliegenden Fall beziehen („Daten"), und in allgemeinere Sätze, Gesetzmäßigkeiten oder Grundsätze („Prinzipien"). Diese Dichotomie ist keineswegs immer eindeutig, aber in vielen Fällen ist sie ein gutes Hilfsmittel für die Analyse. Eine weitere Verfeinerung des Schemas betrifft die Sicherheit, mit der die These aus den Argumenten gefolgert

35 werden kann. Manchmal folgt die These notwendig, manchmal nur wahrscheinlich. Schließlich gehen in Argumentationen immer explizite oder implizite Ausnahmebedingungen ein, d. h., die These soll aus den Argumenten folgen, außer wenn bestimmte Ausnahmebedingungen erfüllt sind. Einschränkende Bedingungen könnten allerdings auch als Daten

oder Prinzipien formuliert werden, doch ist es mitunter zweckmäßig, sie eigens anzuführen, um z. B. extreme Sonderfälle, an die man normalerweise nicht denkt, gesondert zu erfassen.

Die Tatsache, dass eine Frau schwanger ist, ist aufgrund der biologischen Gesetzmäßigkeiten
ein zwingendes Argument dafür, dass einige Zeit davor ein Geschlechtsverkehr stattgefunden
hat – außer es liegt entweder eine künstliche Befruchtung oder der seltene Fall einer Einwir-
kung des Heiligen Geistes vor.

Damit erhält man das folgende universelle „Toulmin-Schema" des Argumentierens: *Aus*
Daten D_1 ... D_n und Prinzipien P_1 ... P_n folgt, sofern nicht eine der Ausnahmen E vorliegt, mit
der Sicherheit S die These T.

Der Wert des Schemas von Toulmin besteht hauptsächlich darin, dass es eine Anleitung zur
genauen und vollständigen Rekonstruktion einer Argumentation gibt. Im Alltag werden
Argumentationen kaum je vollständig formuliert, sondern nur skizziert. So werden z. B.
Prinzipien, die allgemein bekannt oder nicht kontrovers sind, gar nicht angeführt. Aber eine kritische Auseinandersetzung mit einer Argumentation ist erst möglich, wenn letztere
nicht in enthymematischer Gestalt vorliegt, sondern auf die Form eines logisch einwand-
freien Beweises gebracht wurde.

Das Toulmin-Schema hat große Ähnlichkeit mit einem Schema, das schon viel früher von
Hempel und Oppenheim für die Struktur wissenschaftlicher Erklärungen angegeben worden ist. Das Hempel-Oppenheim-Schema besagt im Wesentlichen: Eine Erklärung für eine
Tatsachenfeststellung T besteht darin, dass T aus allgemeinen Sätzen (Naturgesetzen) A_1 ...
A_n und aus speziellen Sätzen (Anfangs- und Randbedingungen) D_1 ... D_n logisch hergeleitet
wird, also: *Aus A_1, ... , A_n und D_1, ... , D_n folgt T.*

So folgt z. B. aus den Gravitationsgesetzen, zusammen mit Daten über einen speziellen Apfel an einem speziellen Ast, dass dieser Apfel, wenn man seinen Stiel durchtrennt, in einer
bestimmten Zeit auf die Erde fällt. Diese Analogie zum Toulmin-Schema ist nicht überra-
schend; Erklären, Argumentieren, Beweisen sind logisch gesehen dasselbe.

Hubert Schleichert: Wie man mit Fundamentalisten diskutiert, ohne den Verstand zu verlieren. München: C. H. Beck,
2. Aufl. 1997, S. 17 ff.

1▶ Zeigen Sie die beiden Bedeutungen von Enthymem auf und erläutern Sie sie an typischen
Beispielen aus Alltagsargumentationen.

2▶ Zeigen Sie, dass Schleichert tatsächlich das Schema Toulmins darstellt, indem Sie seine
Darstellung mit der schematischen Darstellung Toulmins im folgenden Text (**M3b**) vergleichen.

3▶ Vergleichen Sie das Toulmin-Schema mit dem von Hempel und Oppenheim. Nehmen Sie zum
letzten Satz Stellung: Sind Erklären, Argumentieren und Beweisen logisch gesehen dasselbe?

Stephen Toulmin
Der Gebrauch von Argumenten

Toulmin kritisiert eine bestimmte, sehr enge Sicht auf Logik und ihre Aufgabe im wissenschaftlichen wie alltäglichen Argumentieren. Nicht erwarten darf man (nach Toulmins Analyse) eine Logik- und Argumentationstheorie, die universell und einheitlich für alle Bereiche des Argumentierens Güte- oder Wahrheitskriterien liefern kann, ohne auf die (inhaltlichen) Besonderheiten des Bereichs einzugehen, in dem etwas begründet, bewiesen oder erklärt werden soll. Im Folgenden finden Sie einige Stellen aus Toulmins Buch zusammengestellt, die zeigen können, wie dies gemeint ist. Toulmin gibt eine allgemeine Beschreibung der zentralen Bestandteile von Argumentationen an und veranschaulicht sie an einem einfachen Beispiel. Ob die abschließend erreichte allgemeine Form vollständig ist, d. h., ob jede Form des Argumentierens durch sie beschreibbar ist, lässt Toulmin verständlicherweise offen: „Diese Form ist vielleicht nicht endgültig.“

Wir sagen vielleicht: „Petersen ist nicht römisch-katholisch.“ – „Warum?“ – Wir gründen unsere Behauptung auf das Wissen, dass er Schwede ist, wodurch es sehr unwahrscheinlich wird, dass er römisch-katholisch ist. – Der Ankläger behauptet vor Gericht: „Wilkinson hat einen Verstoß gegen die Straßenverkehrsordnung begangen.“ Zur Stützung seiner Behaup-
5 tung sind zwei Polizisten bereit zu bezeugen, dass sie gemessen haben, wie er mit 70 km/Std. in geschlossener Ortschaft gefahren ist. In jedem dieser Fälle wird eine ursprünglich aufgestellte Behauptung durch Angabe weiterer relevanter Tatsachen gestützt.
Wir haben also schon eine Unterscheidung zur Verfügung, mit der wir beginnen können, nämlich die Unterscheidung zwischen der *Behauptung* oder der *Konklusion*, deren Taug-
10 lichkeit wir zu begründen versuchen (K), und den Tatsachen, die wir als Begründung für die Behauptung heranziehen. Diese bezeichne ich als unsere *Daten* (D). Wenn der Opponent fragt „Worauf stützt du dich?“, mag ihm die Angabe der Daten […] als Antwort dienen. […] Es kann jetzt von uns verlangt werden, dass wir zu den Tatsacheninformationen, die wir schon angegeben haben, nicht noch weitere hinzufügen, sondern dass wir vielmehr zeigen,
15 in welcher Weise die schon angegebenen Daten für unsere Schlussfolgerung Relevanz besitzen. Umgangssprachlich kann jetzt die Frage statt bisher „Worauf beziehst du dich?“ lauten: „Wie kommst du dahin?“ […] Angenommen, wir treffen auf diese neue Frage. Wir müssen dann nicht weitere Daten vorbringen (denn bezüglich derer kann sofort derselbe Zweifel erhoben werden), sondern Aussagen von einer davon ziemlich verschiedenen Art:
20 Regeln, Prinzipien, Schlussregeln oder was auch immer und nicht zusätzliche Informationen. […] An dieser Stelle braucht man deshalb allgemeine, hypothetische Aussagen, die als Brücken dienen können […]. Diese können normalerweise sehr kurz formuliert sein (in der Form „Wenn D, dann K“). Es ist aber um der Klarheit willen vorteilhaft, sie wie folgt zu erweitern und expliziter zu formulieren: „Solche Daten wie D berechtigen uns zu solchen
25 Konklusionen oder Behauptungen wie K“, oder auch „Vorausgesetzt, dass D, dann kann man annehmen, dass K“.
Aussagen dieser Art bezeichne ich als *Schlussregeln* (SR), um sie sowohl von Schlussfolgerungen als auch von Daten zu unterscheiden. […] Das Wissen, dass Harrys Haare rot sind, berechtigt uns dazu, jede Vermutung zu verwerfen, dass sie schwarz sind – und zwar auf-
30 grund der Schlussregel „Wenn etwas rot ist, ist es nicht auch noch schwarz.“ […]
Wir haben jetzt die Wörter zur Verfügung, die wir zur Aufstellung eines ersten Skeletts für ein Schema zur Analyse von Argumentationen benötigen. Wir können die Beziehung zwischen den Daten und der Behauptung, zugunsten derer diese angegeben werden, durch ei-

nen Pfeil symbolisieren. Um anzugeben, was diesen Schritt von Daten zur Schlussfolgerung
35 erlaubt, können wir die Schlussregel unmittelbar unter den Pfeil schreiben:

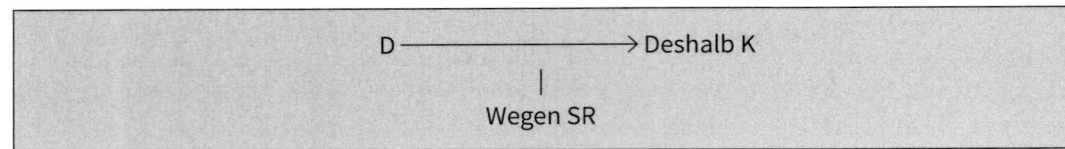

Oder, um ein Beispiel anzugeben:

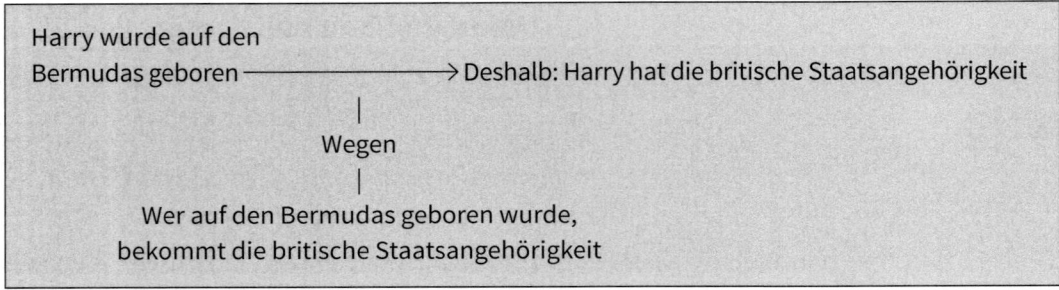

[...] Einige Schlussregeln erlauben uns, eine Behauptung unzweideutig anzunehmen, wenn
die betreffenden Daten unterstellt werden können. Diese Schlussregeln berechtigen uns
dazu, in geeigneten Fällen unsere Konklusion mit dem Adverb „notwendigerweise" auszu-
40 zeichnen. Andere erlauben uns den Schritt von den Daten zur Schussfolgerung entweder
versuchsweise auszuführen oder aber unter Vorbehalt gewisser Bedingungen, Ausnahmen
oder Einschränkungen. In diesen Fällen sind andere Modaloperatoren – wie „wahrscheinlich" oder „vermutlich" angemessen. [...]
Wenn wir diese Merkmale unserer Argumentationen ebenfalls berücksichtigen, wird unser
45 Schema komplexer. Modale Operatoren (O) und die Bedingungen der Ausnahme und der
Zurückweisung sind sowohl von den Daten als auch von den Schlussfolgerungen verschieden, und man muss ihnen gesonderte Plätze in unserer Darstellung geben. [...]
Zur Veranschaulichung: Unsere Behauptung, dass Harry britischer Staatsangehöriger ist,
kann normalerweise durch Hinweis auf die Information verteidigt werden, dass er auf den
50 Bermudas geboren wurde. Denn dieses Datum stützt unserer Schlussfolgerung aufgrund
der in den britischen Gesetzen zur Staatsangehörigkeit enthaltenen Schlussregeln. Aber
diese Argumentation allein ist nicht hinreichend, wenn Versicherungen über seine Abstam-
mung und darüber, dass er seit seiner Geburt nicht die Nationalität gewechselt hat, fehlen.
Unsere Information begründet nur, dass die Schlussfolgerung „vermutlich" und unter den
55 entsprechenden Vorbehalten gilt. Die Argumentation nimmt jetzt die Form an:

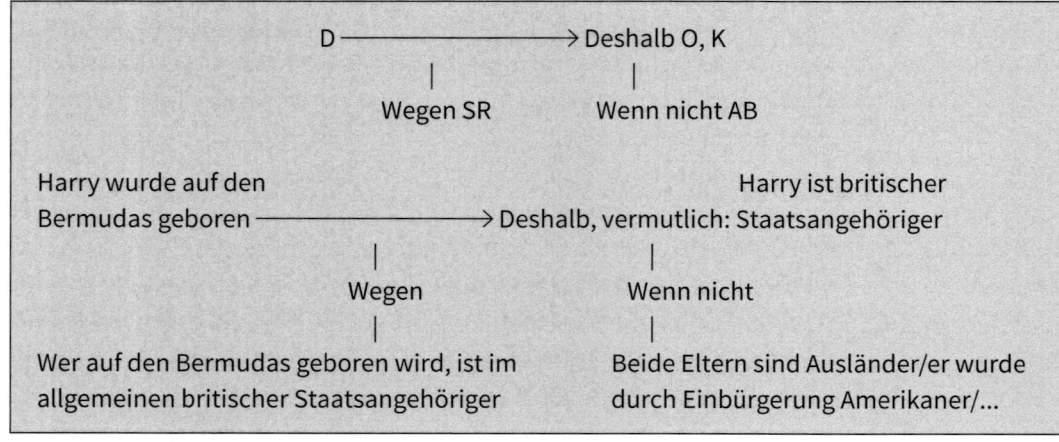

[...] Eine letzte Unterscheidung [...] muss ausführlich behandelt werden. Zusätzlich zu der Frage, ob bzw. unter welchen Bedingungen eine Schlussregel in einem bestimmten Fall anwendbar ist, kann die Frage gestellt werden, warum diese Schlussregel *allgemein* als zulässig akzeptiert werden sollte. Das heißt, dass wir zur Verteidigung einer Behauptung unsere
60 Daten, unsere Schlussregel sowie die betreffenden Einschränkungen und Bedingungen angeben können und dass es dennoch sein kann, dass unser Opponent noch nicht zufrieden ist. Es kann nämlich sein, dass er sich nicht nur bezüglich dieser speziellen Argumentation unschlüssig ist, sondern auch bezüglich der allgemeineren Frage, ob die Schlussregel überhaupt annehmbar ist. Er gibt vielleicht zu, dass unter der Annahme der allgemeinen Akzep-
65 tierbarkeit dieser Schlussregel unsere Argumentation zweifellos einwandfrei wäre. Wenn Fakten wie D tatsächlich ausreichen zur Stützung einer Behauptung wie K, schön und gut. Aber beruht nicht diese Schlussregel ihrerseits noch auf etwas anderem? Ein Angriff auf eine bestimmte Behauptung kann in dieser Weise weiterführen zu einem allgemeineren Angriff auf die Zulässigkeit eines ganzen Bereichs von Argumentationen. Er sagt vielleicht:
70 „Du nimmst an, dass man von jemandem, der auf den Bermudas geboren wurde, annehmen kann, dass er britischer Staatsangehöriger ist – aber wieso bist du dieser Meinung?" Wie uns dieses Beispiel in Erinnerung ruft, stehen hinter unseren Schlussregeln normalerweise weitere Versicherungen, ohne die die Schlussregeln selbst weder zulässig noch geläufig wären. Diese anderen Dinge können wir als die *Stützung* (S) der Schlussregeln bezeichnen.
75 Diese „Stützung" unserer Schlussregeln müssen wir gewissenhaft untersuchen. [...]
Wir müssen insbesondere beachten, wie sich die Art der Stützung, die unsere Schlussregeln verlangen, bezüglich unterschiedlicher Argumentationsbereiche ändert. [...] Wir könnten der Vielseitigkeit halber noch verschiedenartigere Beispiele – aus dem Bereich der Ethik, der Mathematik oder der Psychologie – anfügen. Aber sobald wir nach der *Stützung* fragen,
80 auf der eine Schlussregel in jedem dieser Bereiche beruht, tauchen große Unterschiede auf. Die Art der Stützung, auf die wir zur Begründung der Zulässigkeit der Schlussregel verweisen müssen, ändert sich beim Übergang von einem Argumentationsbereich zu einem anderen beträchtlich. [...] Für den Augenblick können wir die [...] Frage offenlassen, wie wir unsere Schlussregeln in den Bereichen der Ethik, Mathematik und Psychologie begründen.
85 Im Augenblick versuchen wir nur, die *Veränderlichkeit* oder *Bereichsabhängigkeit* der Stützung zu zeigen, die wir zur Begründung unserer Schlussregeln benötigen.
Diesem zusätzlichen Element können wir in unserem Schema für Argumentationen einen Platz verschaffen, indem wir es unter die bloße Angabe der Schlussregel schreiben, für die es als Stützung dient:

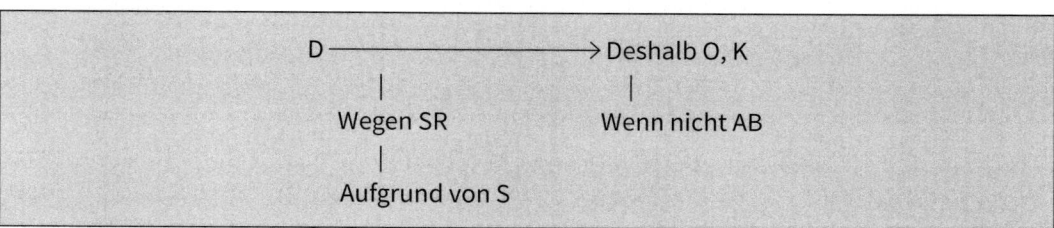

90 Diese Form ist vielleicht nicht endgültig. Für die Zwecke unserer gegenwärtigen Diskussion ist sie komplex genug. [...] Das Ergebnis [in unserem Beispiel] ist eine Argumentation mit der folgenden Struktur:

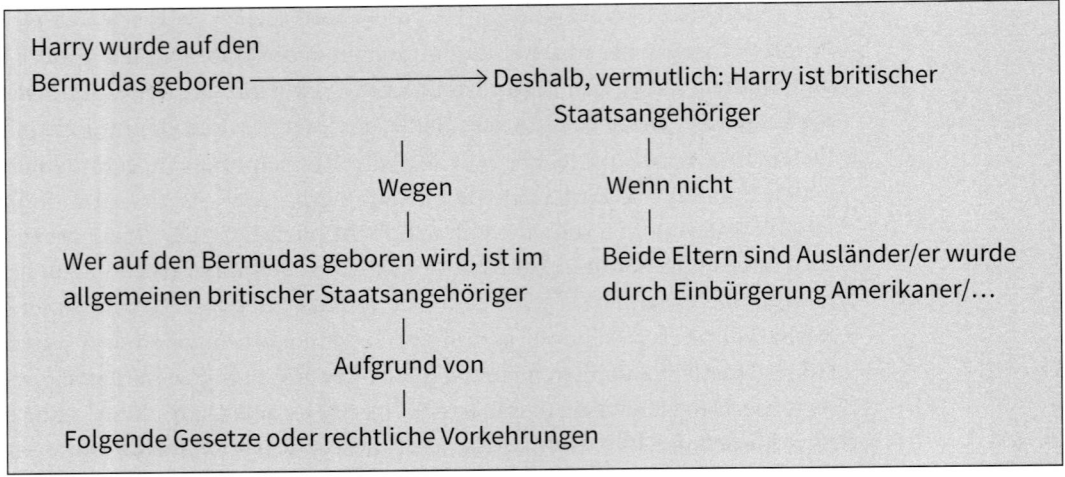

[...]

Mit welchem Bereich der Argumentation wir es auch zu tun haben, wir können unsere
95 Argumentationen immer in folgender Form darstellen:

$$D \longrightarrow K$$
$$SR$$

Die Berufung auf eine solche Argumentation beinhaltet die Unterstellung, dass die Schlussregel SR uns nicht nur den Übergang von D zu K erlaubt, sondern auch *begründet* ist. Deshalb hängt eine rationale Diskussion irgendeines Bereichs von der Möglichkeit der *Begrün-*
dung von Schlussregeln in diesem Bereich ab. In dem Ausmaß, in dem in einem bestimmten
100 Bereich gemeinsame Schlussregeln existieren, ist ein juristischer Ansatz bei unseren Problemen möglich. Wenn wir die Frage stellen, wie weit die Kompetenz des Gerichtshofs der
Vernunft reicht, müssen wir deshalb die Frage beiseitelassen, inwieweit in jedem Bereich
Argumentationen analytisch[1] sein können. Stattdessen müssen wir unsere Aufmerksamkeit auf die davon ganz verschiedene Frage konzentrieren, in welchem Ausmaß es bereits
105 begründete Schlussregeln in der Naturwissenschaft, in der Ethik oder in der Moral, in der
Kunstkritik, bei der Beurteilung des Charakters von Menschen und so weiter gibt. Weiter
müssen wir uns fragen, inwieweit die Verfahren zur Überprüfung der Zuverlässigkeit von
Prinzipien und der Annehmbarkeit von Schlussregeln allgemein anerkannt und akzeptiert
sind. Sobald zwei Leute in irgendeinem Bereich gemeinsame Verfahren zur Überprüfung
110 von Schlussregeln akzeptieren, können sie die Tauglichkeit von Argumentationen in diesem Bereich beurteilen. Nur wenn diese Bedingung nicht erfüllt ist, sodass sie also keine
gemeinsame Grundlage haben, von der sie ausgehen können, nur dann ist ihnen eine rationale Beurteilung nicht mehr möglich.
[...]
115 Zuerst muss man erkennen, dass Gültigkeit ein bereichsabhängiger Begriff ist. Argumentationen innerhalb jedes Bereichs können durch diesem Bereich angemessene Standards beurteilt werden, und einige Argumentationen werden diesen Standards nicht genügen. Man
muss sich aber darauf einstellen, dass die Standards bereichsabhängig sind und dass die von
einer Argumentation in einem Bereich zu fordernden Qualitäten der Natur der Sache nach
120 bei völlig tauglichen Argumentationen eines anderen Bereichs fehlen werden.
[...] Wenn wir nach der Gültigkeit, Notwendigkeit, Strenge oder Unmöglichkeit von Argumentationen bzw. Konklusionen fragen, müssen wir diese Frage innerhalb der Grenzen ei-

---

[1] „Eine von D zu K führende Argumentation heißt analytisch genau dann, wenn die Stützung für die Schlussregel, die
die Argumentation ermöglicht, explizit oder implizit die Information enthält, die in der Schlussfolgerung selbst
übermittelt wird. [...] Wenn die Stützung für die Schlussregel nicht die Information enthält, die in der Schlussfolgerung mitgeteilt wird, [ist die] Argumentation [...] substanziell." (a.a.O. S. 113)

nes gegebenen Bereichs stellen [...]. [...] Auf diese Weise würde die scharfe Trennung zwischen der Logik selbst und den Fächern, deren Argumentationen der Logiker untersucht,
125 aufgehoben werden. (Einige Philosophen sehen darin vielleicht einen Grund, die Logik noch entschiedener auf die „Bedingungen des verständlichen Redens" zu beschränken – das heißt auf Konsistenz und den Respekt vor Folgerungsbeziehungen. Wir haben aber gesehen, wie hoch der Preis für dieses Programm ist, wenn man es vollständig ausführt.) Weil wir die Notwendigkeit akzeptieren, am Anfang unserer Untersuchung die in einem beliebi-
130 gen Bereich geläufigen Formen der Argumentation zusammenzutragen, ist unser Ausgangspunkt zugestandenermaßen empirisch. [...] Die Logik muss aber nicht nur stärker empirisch werden; sie wird sich auch stärker historisch ausrichten müssen. Neue und bessere Methoden des Argumentierens für irgendeinen Bereich auszudenken bedeutet, nicht nur in der Logik einen großen Schritt voran zu machen, sondern auch in dem betreffenden
135 Bereich selbst. Bedeutende logische Neuerungen sind wesentlicher Bestandteil von bedeutenden wissenschaftlichen, moralischen, politischen oder gesetzlichen Neuerungen. Zum Beispiel haben in den Naturwissenschaften solche Leute wie Kepler, Newton, Lavoisier, Darwin und Freud nicht nur die Meinungen verändert, sondern auch unsere Argumentationsweisen und unsere Standards der Relevanz und des Begründens. Sie haben also gleicher-
140 maßen die Logik und den Bestand der Naturwissenschaften bereichert. Grotius und Bentham, Euklid und Gauss haben dieselbe zweifache Leistung in anderen Bereichen erbracht. Wir müssen die Argumentationsweisen, die sich in beliebigen Bereichen eingebürgert haben, untersuchen und sie als historische Fakten akzeptieren, wissend, dass sie außer Gebrauch gesetzt werden können – dies aber nur als Ergebnis eines revolutionären Fortschritts
145 in unseren Denkmethoden. In einigen Fällen sind diese Methoden nicht weiter zu rechtfertigen – jedenfalls nicht mittels Argumenten. Wir müssen uns mit dem Faktum begnügen, dass sie sich in der Praxis eingebürgert haben.

Stephen Toulmin: Der Gebrauch von Argumenten. Übersetzt von Ulrich Berk. Kronberg/Ts: Cornelsen Scriptor Verlag, 1975, S. 88–96, S. 155 f. und S. 222 ff.

1 ▸ Erläutern Sie die Bestandteile des Toulmin-Schemas an einem selbst gewählten Beispiel.

2 ▸ In *DenkArt* tauchen viele spezielle Argumentationsweisen auf, die in unterschiedlichen Bereichen, in denen Dinge zu begründen sind, Anwendung finden. Zeigen Sie jeweils, wie sie im allgemeinen Argumentationsschema von Toulmin dargestellt werden könnten, und ermitteln Sie, wonach ihre Güte in den unterschiedlichen Bereichen beurteilt wird:
- **Deduktives Schließen** (→ SB, S. 464 ff.) Säule 2: Folgerichtiges Argumentieren
- **Induktives Schließen** (enumerative Verallgemeinerung und Schluss auf die beste Erklärung) (→ SB, S. 477 ff.) Fallstricke induktiver Logik
- **Argumentieren mit Analogien und Gedankenexperimenten** (→ SB, S. 25 ff.) Säule 3: Hypothetisches Denken
- **Praktischer Syllogismus und moralisches Argumentieren** (→ SB, S. 146 ff.) Moralisch argumentieren, insb. 3.3.1 Die Struktur moralischer Begründungen
- **Der kategorische Imperativ als Argumentationsfigur** (→ SB, S. 174 ff.) 4.2.3 u. 4.2.7
- **Der hedonistische Lustkalkül Benthams** (→ SB, S.185 ff.) 4.3.2
- **Der Legitimationsanspruch konsequenzialistischer Moralbegründung** (→ SB, S.192 ff.) 4.3.3
- **Kontraktualismus** (Forderungen an gelingende vertragstheoretische Argumente) (→ SB, S. 288 ff.) 6.2.1 Was sind Vertragstheorien?
- **Diskursethik als Begründungsverfahren** (→ SB, S. 202 ff.) 4.4.2 Grundprinzipien der Diskursethik
- **Status-Lehre: Verteidigung vor Gericht** (→ SB, S. 439 ff.) 8.3.2 Das Theodizee-Problem: Wozu sind Übel gut?
- **3.2.3 Forderungen an moralische Begründungen** (→ SB, S. 141 ff.)

3▶ Zeigen Sie an Beispielen konkreter Argumentationen, dass die Zuordnungen im Toulmin-Schema nicht immer eindeutig möglich sind.

4▶ Erörtern Sie an geeigneten Beispielen aus verschiedenen Bereichen, in denen argumentiert wird: Wie ist es zu verstehen, dass die Stützung von Schlussregeln nur bereichsabhängig möglich ist und ggf. auch einem Wandel unterworfen ist?

5▶ Erläutern Sie die folgende Darstellung, indem Sie jeweils treffende Beispiele angeben:

deduktiv
sicher, aber „langweilig", man schließt auf Sachverhalte, die schon in den Prämissen enthalten sind. Es wird verdeutlicht, was alles in den Prämissen steckt

Logik

induktiv
unsicher, aber Hypothesenbildung, man schließt durch Verallgemeinerung auf Sachverhalte, die nicht schon in den Prämissen enthalten sind

abduktiv
erklärende Hypothese, unsicher, z. B. ärztliche Diagnostik: Von Symptomen wird auf eine Krankheit als Erklärung der Symptome geschlossen.

Bildnachweis

S. 95: Francis Fukuyama: Our Posthuman Future. Consequences of the Biotechnology Revolution. Farrar, Straus and Giroux 2003; S. 96, 97: picture alliance/United Archives; S. 345: © picture-alliance/ANP XTRA; S. 403: Illustration von Birgit Lang aus: Rolf Dobelli: Die Kunst des klaren Denkens. München: Carl Hanser Verlag, 2011, S. 188; S. 405 rechts: Richard Layard: Die glückliche Gesellschaft. Kurswechsel für Politik und Wirtschaft. Aus dem Englischen von Jürgen Neubauer. Frankfurt/New York: Campus Verlag 2005, S. 46; S. 447: Peter Kunzmann/Franz-Peter Burkhard/Franz Wiedmann: dtv-Atlas Philosophie. Grafische Gestaltung von Axel Weiß. © 1991 dtv Verlagsgesellschaft, München